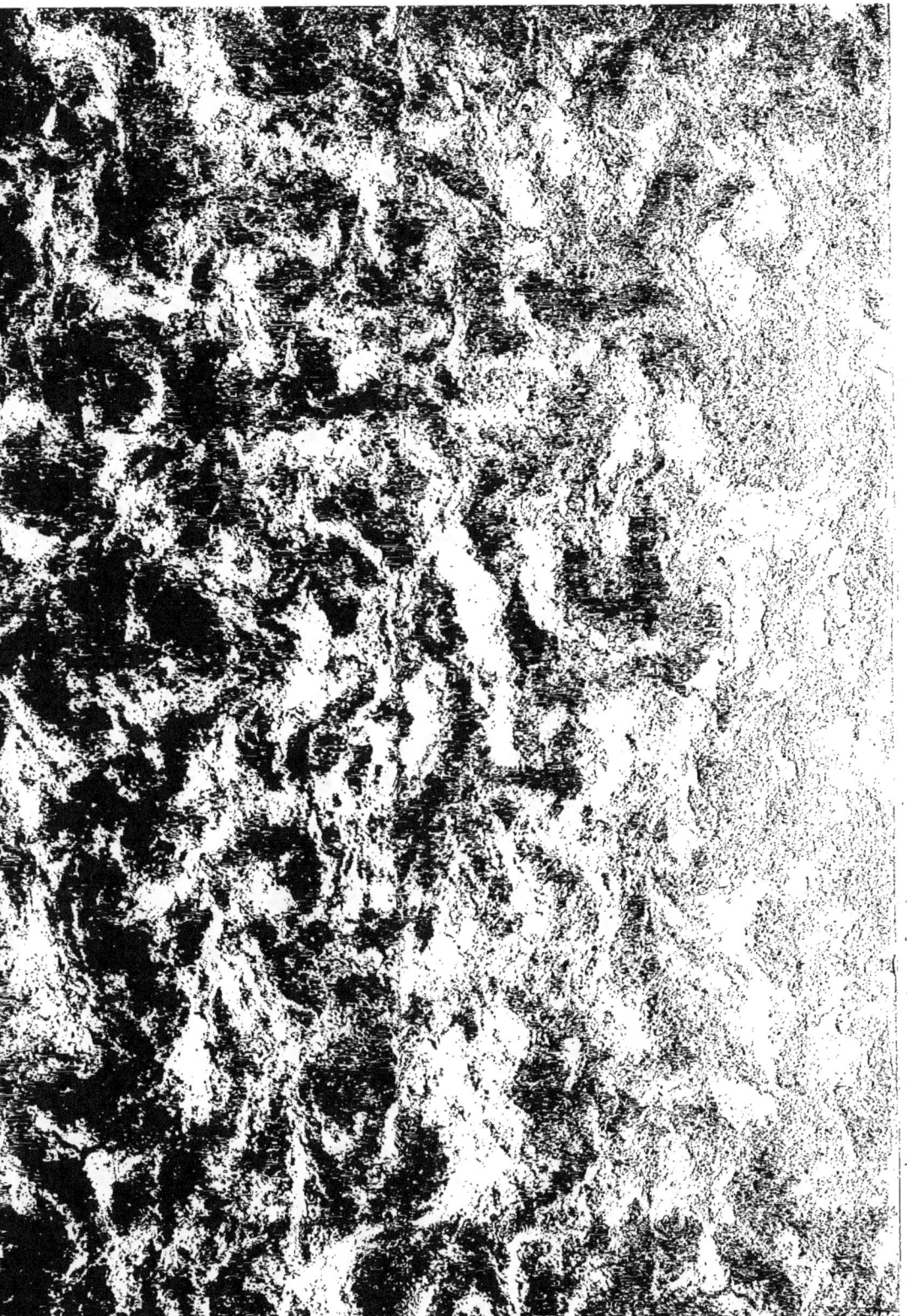

CAMPAGNE DE RUSSIE

TOME III

DROITS DE REPRODUCTION ET DE TRADUCTION RÉSERVÉS

Commandant MARGUERON

DE LA SECTION HISTORIQUE DE L'ÉTAT-MAJOR DE L'ARMÉE

CAMPAGNE DE RUSSIE

PREMIÈRE PARTIE

PRÉLIMINAIRES DE LA CAMPAGNE DE RUSSIE, SES CAUSES, SA PRÉPARATION
ORGANISATION DE L'ARMÉE DU 1ᵉʳ JANVIER 1810 AU 31 JANVIER 1812

> « ... Le système militaire est d'opposer la force à la force, et la saine politique veut qu'on se mette en garde dès l'instant qu'une force peut vous menacer. »
> NAPOLÉON.

TOME III

PARIS
Henri CHARLES-LAVAUZELLE
Éditeur militaire
10, Rue Danton, Boulevard Saint-Germain, 118

(MÊME MAISON A LIMOGES)

Résumé des faits du 1ᵉʳ juillet 1811 au 31 janvier 1812.

Tout en se mettant en garde du côté de la Russie, Napoléon continue à méditer un projet de descente contre l'Angleterre : il désigne Anvers, Boulogne et Cherbourg, comme étant les trois points d'où ses armées doivent menacer cette puissance ; la flottille de Boulogne reçoit l'ordre de faire de fréquents appareillages dans la Manche ; des intelligences sont nouées avec les principaux personnages de l'Irlande pour se ménager des appuis dans le pays et faciliter l'expédition. *Angleterre.*

Malgré des observations réitérées, la Prusse persiste à faire secrètement des armements. Napoléon, prévoyant le cas où cette puissance se soulèverait, prévient le prince d'Eckmühl qu'il aurait à se porter avec son armée sur Berlin. Les troupes westphaliennes se réuniraient à Magdebourg, les troupes saxonnes à Glogau et celles du grand-duché sur la Vistule, pour en interdire le passage (septembre 1811). *Prusse.*

La Suède ne cessant de témoigner de la condescendance aux Anglais, l'Empereur fait entendre de nouvelles plaintes. Au mois de novembre, il fait rédiger une note très précise relatant tous ses griefs, et, le mois suivant, menace le cabinet de Stockholm d'une rupture, s'il supporte l'établissement des Anglais dans la baie de Goeteborg. *Suède.*
Récriminations et menaces sont vaines : non seulement la Suède tolère la contrebande anglaise dans la Poméranie suédoise, mais elle y prend elle-même une part active. Dans ces conditions, Napoléon n'hésite pas à donner l'ordre à Davout de réoccuper cette province, d'y saisir les denrées coloniales et de fermer toute issue entre la Suède et le continent poméranien (janvier 1812).

Voulant se rendre compte de l'état des esprits dans les territoires nouvellement annexés à l'empire, Napoléon fait, en septembre, *Hollande.*

octobre et novembre 1811, un long voyage dans le Brabant et la Hollande : il reçoit sur son parcours les autorités civiles, les municipalités, les corporations, met à profit ses séjours pour passer des revues, inspecter les fortifications, visiter les ports, les vaisseaux, les arsenaux, les chantiers; partout il donne des ordres pour améliorer l'état des troupes, multiplier les travaux de défense, afin de fermer les ports aux Anglais et mettre les côtes à l'abri de leurs coups.

Une note du 19 septembre indique l'itinéraire suivi pendant son voyage.

Russie.

Napoléon insiste à nouveau auprès du cabinet de Pétersbourg sur son désir de voir finir promptement son différend avec la Russie : il est prêt, dit-il, à cesser ses armements, qui ne sont, du reste, que défensifs, si, de son côté, l'empereur Alexandre veut en faire autant.

Pour dissiper les alarmes des Russes, il fait répandre le bruit d'un prochain retrait des troupes d'Allemagne, et, feignant même un commencement d'exécution, il prescrit au prince d'Eckmühl de faire rétrograder deux bataillons westphaliens, qui sont en marche pour rejoindre leur brigade à Danzig (juillet).

Mais ces mesures, pas plus que les négociations, n'éloignent le conflit ni ne l'atténuent; elles ne font que retarder le choc. On semble de part et d'autre n'avoir qu'un but : gagner du temps et activer les préparatifs de la guerre.

Préparatifs de la Russie.

Du côté de la Russie, l'entrée des marchandises coloniales dans les ports sous de faux pavillons, l'accélération des travaux de fortifications, — notamment à Riga, à Dunabourg et à Bobrouïsk, — les fréquents mouvements de troupes, la formation de nouvelles divisions, l'esprit public, l'intermittence dans les bruits de guerre, l'opinion répandue chez les puissances voisines, les flatteries faites aux Polonais, sont autant d'indices qui donnent, chaque jour, plus de consistance aux probabilités d'une rupture.

Malgré les fréquents changements apportés dans l'organisation de l'armée russe, l'Empereur, grâce aux renseignements qui affluent de toutes parts, peut se rendre compte de sa composition[1].

Voici quelle était cette composition en juillet et août 1811, d'après les rapports du général Rapp, gouverneur de Danzig, et du général polonais Rozniecki :

---

1. Un livret, qui n'a pu malheureusement être retrouvé, était établi à cet effet et tenu à jour graduellement.

RÉSUMÉ DES FAITS DU 1er JUILLET 1811 AU 31 JANVIER 1812. 7

Composition de l'armée russe [1].

1° *D'après un rapport du général Rapp, envoyé par le prince d'Eckmühl à l'Empereur le 17 juillet 1811.*

	EMPLACEMENTS.	OBSERVATIONS.
1er corps d'armée, Gal WITTGENSTEIN, quartier général à Riga. { 5e divis. d'infanterie, Gal Kosalkowski, quartier général à Riga. { 4 régiments d'infanterie... 2 — de chasseurs... (2 batteries de position... Artillerie. { 1 batterie de 6 pièces... 1 compagnie d'artillerie à cheval...	Aux environs de Riga.	
14e divis. d'infanterie, Gal Sazonov, quartier général à Vindau. } Même composition que la 5e division	Dans les départements de Revel et de Riga.	
11e divis. de cavalerie, Gal Kokhovski. { 2 régiments de hussards... 2 — de cosaques...	Cantonnés partie en Livonie, partie sur les frontières de la Samogitie.	
1re div. de cuirassiers, Gal Depreradovitch, encore à Pétersbourg. { 1 régiment de cuirassiers (celui de l'Empereur). 1 — de chasseurs (celui de l'Impératrice) 1 — de dragons...	»	
2e corps d'armée, Gal BAGGOVOUT. { Division d'infanterie, Gal cte Strogovitz, à Vilna. { 5 régiments de grenadiers... Artillerie. { 1 compagnie d'artillerie à cheval... 1 parc de 48 pièces de campagne...	A Vilna et environs.	
	4e divis. d'infanterie, Gal .... à Vilna. { 4 régiments d'infanterie... 2 — de chasseurs à pied... Artillerie. { 1 batterie de 12 pièces de position. 1 — de 6 pièces de position... 1 — d'artillerie à cheval ...	Campés sous Vilna.

1. En rapprochant cette composition de celle qui est indiquée dans l'annexe n° 3 jointe au tome I, on pourra se rendre compte de la valeur approximative des renseignements fournis à l'Empereur.

	EMPLACEMENTS.	OBSERVATIONS.
2ᵉ *corps d'armée*, Gᵃˡ BAGGOVOUT, (*suite*). 17ᵉ divis. d'infanterie, Gᵃˡ Alexeïev, à Dunabourg. { 4 régiments d'infanterie............ 2 — de chasseurs à pied........... Artillerie. { 1 batterie de 12 pièces de position. 1 — de 12 pièces de campagne. 1 — d'artillerie à cheval......	Toute la division est campée sous les murs de Dunabourg, fournissant 5.000 travailleurs aux travaux de la place.	Quelques jours après, un rapport, daté du 16 juillet et transmis le 5 août par le prince d'Eckmühl à l'Empereur, porte 2ᵉ division de cavalerie au lieu de 3ᵉ, et indique : comme composition, 4 régiments de dragons, 2 de hussards et 4 de cosaques ; et comme cantonnements, Roujana, Proujanoui, Kobrim, Dwin et Ratno. Le même rapport ajoute qu'à l'exception de la 11ᵉ division, campée entre Stalovitsch et Ostrov, du 13ᵉ chasseurs à pied qui est à Mir, de 2 bataillons de grenadiers en garnison à Nesvij, du régiment de hussards de Szunski et de 3 régiments de cosaques dispersés dans tout le gouvernement de Novogrod, le reste des troupes du 3ᵉ corps est signalé comme ayant pris des directions différentes.
3ᵉ *corps d'armée*, Gᵃˡ ESSEN, à Slonim. 11ᵉ divis. d'infanterie, Gᵃˡ Lavrov, à Slonim. { 4 régiments d'infanterie............ 3 — de chasseurs............ Artillerie. { 1 batterie de 24 pièces de campagne. 1 compagnie d'artillerie à cheval.. Parc et train à Slonim...........	Campés entre Slonim et Jourovitsa.	
	3ᵉ divis. d'infanterie, Gᵃˡ Konovnitsyne, à Minsk. { 2 régiments d'infanterie............ 2 — de chasseurs à pied............ Artillerie. { 12 pièces de 12.......... 12 pièces de 6........... 1 batterie d'artillerie légère......	La 3ᵉ division, ayant à sa suite le parc d'artillerie de Nesvij, est signalée comme étant attendue à Pinsk.	
	3ᵉ div. de cav. légère, Gᵃˡ Pahlen, à Novogrodek. { 2 régiments de hussards........... 4 — de cosaques............	Cantonnée à Novogrodek, Mir, Tsouiren et Stalovitsch.	
4ᵉ *corps d'armée*, Gᵃˡ DOKTUROV, à Doubno. 7ᵉ divis. d'infanterie, Gᵃˡ Koutouzov. { 4 régiments d'infanterie............ 3 — de chasseurs à pied........... Artillerie. { 1 batterie de 12 pièces de position. 1 — de 12 pièces de campagne. 1 — d'artillerie légère......	En Volhynie.	
	24ᵉ divis. d'infanterie, Gᵃˡ Koutouzov (le même que celui command¹ la 7ᵉ divis.) Même composition que la 7ᵉ division........		

RÉSUMÉ DES FAITS DU 1er JUILLET 1811 AU 31 JANVIER 1812.

Xe corps d'armée, Gal DOKHTOUROV, à Doubno (suite).
- Divis. de cuirassiers, (4 régiments de cuirassiers,
- (Gal Tchaplits. — de dragons............) En Volhynie.
- 4e div. de cav. légère, Gal Tchaplits (le même que celui commandant la div. de cuirassiers). (2 régiments de hussards............ 4 — de cosaques............)

La division sibérienne n° 25 est destinée au corps du général Dokhtourov.

2° D'après un rapport du général Rozniecki, en date du 1er août, transmis le 10 du même mois par le prince d'Eckmühl à l'Empereur.

Droite : Gal BAGGOVOUT.
- 4e division........................ à Vilna.
- 17e division, général Alexeiev (ne fait partie de la droite que depuis le 1er juillet 1811)....... à Dunabourg.
- Division de cavalerie, Gal Korf. (16 escadrons de dragons........ 16 — de hussards........ 2.000 cosaques........) sur le Niémen, à deux jours de marche de la frontière.

Centre : Gal ESSEN, à Slonim.
- 3e division, général Konovnitsyne.......
- 11e division, général Lavrov (portait le n° 2 avant le 13 juin)....
- Division de cavalerie Patten............
entre Novogrodek et Slonim.

Gauche : Gal DOKHTOUROV, à Loutsk.
- 7e division, général Kaptsevitch............ à Loutsk et environs.
- 25e division (anciennement division sibérienne), général Likhatchev.... dans les environs de Medjiboj et Letitschev.
- Division de cavalerie Tchaplits............ dispersée, partie dans l'ancien palatinat de Bratslav, partie en Podolie.

Infanterie : Les divisions d'infanterie sont à 6 régiments de 2 bataillons, à 650 hommes chacun, soit environ 10.000 hommes par division.
Cavalerie : Les régiments de cuirassiers, dragons, hussards et hulans sont à 4 escadrons de 125 chevaux chacun.
Cosaques : 4 régiments sont attachés à chaque division de cavalerie, 1 à chaque division d'infanterie.

Artillerie :
Par division d'infanterie : 2 batteries à pied.
Par division de cavalerie : 2 batteries d'artillerie légère.
Par corps d'armée : 3 batteries d'artillerie légère de réserve.
Chaque batterie a 12 pièces, dont 4 obusiers.

RÉSERVES.

Réserve de l'aile droite : division de grenadiers, cantonnée sur la Dvina, près de Vitebsk et de Polotsk.
Réserve du centre : 3^{rs} bataillons, employés aux travaux de Bobrouïsk.
Réserve de l'aile gauche : 24e division, cantonnée en juillet entre Kiev, Biélaïa-Tserkov, Boghouslavl.
En août, une partie de cette division se rapproche de la 7e.
La droite est en outre flanquée du *corps de Wittgenstein*, composé des 5e et 14e divisions d'infanterie, cantonnées entre Mitau et Pétersbourg, et de la division de cavalerie, commandée provisoirement par le général Kokhovski, comprenant :

16 escadrons de dragons......................
16   —   de hussards...................... } 40 escadrons.
 8   —   de hulans........................

Sont signalés également :

Cantonnées sur le Dniester.
{ Les trois divisions d'infanterie Souvarov, Lewis et l'ex-division Dokhtourov, et une division de cavalerie, général Knorring, composée de 16 escadrons de cuirassiers et de 8 de hulans, le tout formant environ 21.600 hommes d'infanterie et 2.500 hommes de cavalerie.

Sur la frontière même ou proche du duché.
{ Seize régiments de cosaques, chacun de 500 chevaux au maximum. Ces cosaques appartiennent aux divisions Kokhovski, Korf, Pahlen et Tchaplits; ils sont renforcés en août de deux nouveaux régiments venant de l'intérieur, soit en tout dix-huit régiments.

Les deux tableaux ci-dessus, présentant l'organisation de l'armée russe, et provenant l'un de Danzig, l'autre de Varsovie, sont loin d'être complets, mais ils permettent de se faire une idée des divergences qui existaient entre les diverses sources, et des difficultés qu'on rencontrait à cette époque pour établir la réalité des faits.

Dans le courant du mois *d'août*, la frontière est strictement fermée sur tous les points; les rapports signalent de nombreuses constructions de fours en Lithuanie et la formation d'un magasin considérable à Loutsk. Indépendamment des préparatifs matériels, la Russie ne néglige pas le côté moral et fait tous ses efforts pour séduire l'esprit des Polonais en leur prodiguant des faveurs et en leur faisant espérer la renaissance de leur patrie.

En septembre, par suite des fréquents déplacements effectués dans les corps de troupe, la composition de l'armée russe se modifie. A la date du 14, le général Rozniecki en fait connaître la nouvelle répartition, ainsi qu'il suit :

RÉSUMÉ DES FAITS DU 1ᵉʳ JUILLET 1811 AU 31 JANVIER 1812. 11

Calcul approximatif de l'effectif des corps cantonnés dans les provinces polonaises.

			Hommes.
1ᵉʳ corps, Général WITTGENSTEIN, à Riga.	5ᵉ et 14ᵉ divisions d'infanterie....... Cavalerie : division Kokhovski.......	En Samogitie et en Courlande.	
2ᵉ corps, Général BAGGOVOUT, à Vilna.	4ᵉ et 17ᵉ divisions d'infanterie....... Cavalerie : division Korf............	Gouvernements de Vilna, Mohilev, Polotsk.	
3ᵉ corps, Général ESSEN.	2ᵉ et 3ᵉ divisions d'infanterie........ Cavalerie : division Pahlen..........	Gouvernements de Grodno et Minsk.	
	Infanterie. { 8 divisions à 9.000 h.........		72.000
	Division de grenadiers.........		6.000
	25ᵉ division...................		9.000
	TOTAL de l'infanterie........		87.000
4ᵉ corps, Général DOKHTOUROV, remplacé en octobre par Bagration.	7ᵉ division (général Kapsevitch)... 25ᵉ division (général Likhatchev), composée de 4 régiments de mousquetaires seulement, sans chasseurs à pied.................. Cavalerie : division Tchaplits.......	Gouvernements de Vinnitza et de Kiev. En décembre ce corps est signalé en Volhynie, réparti le long de la frontière depuis Brest jusqu'au Dniester.	
	Cavalerie. { 4 div. de cavalerie à 3.200 h..		12.800
	Division de cuirassiers.........		2.400
	Div. de cuirass. et chass.......		1.700
	TOTAL.....................		16.900
Cosaques............	24 régiments.....................	Échelonnés sur la frontière.	
	Cosaques.. 24 régiments		12.000
	TOTAL de la cavalerie........		28.900
	TOTAL GÉNÉRAL de l'inf. et de la cavalerie..		115.900
Réserves............	Division de grenadiers (4 régiments)......................... 24ᵉ division d'infanterie............ Div. de cuirass. { 4 régiments de cuirassiers...... Gᵃˡ Knorring. { 1 régiment de hulans............. Div. de cuirass. { 8 escadrons de cuirassiers....... et de chass., { 9 escadrons de général chasseurs........ Depreradovitch.	Entre Vilna et la Dvina. Aux environs de Kiev. Aux environs de Ouman et en Ukraine. Aux environs de Revel et de Riga. En décembre, le prince Poniatowski indique cette division à l'aile gauche au lieu de l'aile droite.	
	Moins les 2 régiments de chasseurs qui manquent à la 25ᵉ div. (4ᵉ corps), soit...		3.000
	RESTE ENVIRON		112.900
	Dans ce calcul, les régiments d'infanterie sont comptés à 3 bataillons de 500 hommes chacun.		
Artillerie............	L'artillerie est signalée comme étant belle et nombreuse. — On peut compter 4 pièces de campagne par 1.000 hommes.		

En octobre, on signale un certain nombre de généraux se réunissant en conseil, à Vilna pour la droite, à Slonim pour le centre, et à Berditschev pour la gauche. Ces réunions « paraissent avoir pour objet de combiner des moyens de défense plutôt que des plans d'agression » (renseignements de M. Bignon, du 26 octobre).

En novembre, les bruits de guerre se renouvellent. Une suspension d'armes aurait été, dit-on, consentie avec la Turquie, pour un temps illimité, et un congrès serait tenu à Giurgévo pour négocier les préliminaires de la paix.

Au point de vue militaire, Bagration aurait remplacé Dokhtourov dans le commandement du 4ᵉ corps, ce qui aurait occasionné entre ces deux généraux de la mésintelligence et une vive animosité; la 2ᵉ division de grenadiers, composée de neuf régiments, aurait reçu l'ordre de se rapprocher de la frontière entre Riga et Vilna, et le corps d'observation de Wittgenstein se serait porté, fin novembre, de la Courlande en Samogitie.

En décembre, on affirme que d'énormes magasins sont établis tout le long de la frontière ainsi que dans le chef-lieu de chaque district ; « les Russes parlent hautement de la formation de six nouveaux régiments de cavalerie, sur le pied de l'ancienne cavalerie polonaise, avec des gentilshommes polonais et lithuaniens ».

En janvier 1812, l'opinion généralement répandue est que l'empereur Alexandre, aussitôt les hostilités commencées, se proclamera roi de Pologne avec la constitution du 3 mai 1791 [1].

Le corps du général Bagration, dont le quartier général est à Jitomir, s'étend depuis Brest-Litovsk juqu'à Kamenets, en Podolie. Il comprend, assure-t-on :

Infanterie.	La division	Dokhtourov,	quartier général	à Doubno,
	—	Kaptsevitch,	—	à Kovel,
	—	Likhatchev,	—	à Zaslav.
Cavalerie..	Une division de cavalerie de dix rég. de toutes armes...	Tchaplits,	—	à Konstantinov.
Réserve...	Une division sous les ordres du prince de	Mecklembourg,	—	à Kamenets.
	Une division sous les ordres du prince	Kolioubakine,	—	à Lipovets.

Ces deux dernières divisions, fortes d'environ 20.000 hommes. seraient placées de telle sorte qu'elles puissent, suivant les circonstances, se porter soit contre les Turcs soit contre le grand-duché.

Les troupes sont disposées de la manière suivante :

En 1ʳᵉ ligne, les cosaques garnissant la frontière ;

En 2ᵉ —, les régiments de chasseurs à pied ou infanterie légère ;

En 3ᵉ —, l'infanterie de bataille, avec l'artillerie dans les intervalles, et derrière l'infanterie toute la cavalerie.

---

1. Voir tome II, page 8, le renvoi indiquant, d'après Zielinski, les grandes lignes de cette constitution du 3 mai 1791, tant désirée par la majorité des Polonais.

Emplacements des principaux magasins : Loutsk, Kovel, Zaslav, Doubno, Kamenets et Pinsk.

D'après les renseignements recueillis par un officier venu de la Volhynie, vers la fin de décembre, l'ensemble de l'armée russe, échelonnée depuis Mitau, dans la Courlande, jusqu'à Kamenets, en Podolie, s'élèverait à environ 200.000 hommes ; l'aile droite serait commandée par le général Bennigsen, le centre par le ministre de la guerre Barclay de Tolly, et l'aile gauche par le prince Bagration.

Armée d'Allemagne. — Les 4es et 6es bataillons destinés à l'armée d'Allemagne sont complétés à 700 hommes, au moyen de tout ce qui est disponible dans les dépôts ; ils se mettent en marche du 15 au 25 juillet pour rejoindre leurs régiments respectifs ; ceux qui sont destinés au corps Davout passent par Wesel.

Au mois d'août, il est organisé, au corps d'observation de l'Elbe, une cinquième division (général Compans) avec quatre régiments tirés des divisions existantes, ce qui porte l'effectif de ce corps à 90.000 hommes, en y comprenant les troupes alliées de la garnison de Danzig, qui forment une division, la 7e, sous les ordres du général Grandjean.

En décembre, trois nouvelles divisions d'infanterie, les 6e, 8e et 9e, viennent s'ajouter au corps d'observation de l'Elbe ; elles sont organisées avec des régiments français et hollandais, des bataillons suisses et croates, et le régiment illyrien ; elles se réunissent : la 6e à Osnabrück, la 8e à Munster et la 9e à Nimègue.

Le corps d'observation du Rhin, qui a pris, le 1er juillet, la dénomination de *corps d'observation des côtes de l'Océan*, ne subit aucun changement dans sa composition jusqu'au mois de janvier. Les 1re et 2e divisions sont formées et maintenues au camp de Boulogne, la 3e au camp d'Utrecht, et la 4e à celui de Emden, dans l'Ost-Frise.

Le corps d'observation d'Italie est constitué à trois divisions d'infanterie, plus deux divisions de cavalerie et la Garde royale qui est destinée à être jointe à la Garde impériale.

A la fin de décembre, l'ensemble des corps d'observation constitue, avec la cavalerie, la *Grande Armée* [1].

Cavalerie. — Les régiments de carabiniers et de cuirassiers qui, suivant l'ordre de l'Empereur du 17 avril 1811, doivent former les 2e, 3e et 4e divisions, se mettent en marche en septembre et octobre, pour se grouper à Bonn, Erfurt et Cologne. La première division est en Allemagne, rattachée au corps d'observation de l'Elbe.

Artillerie. — L'immense matériel d'artillerie qui doit servir à cette nombreuse armée est réuni en grande partie dans les places de Metz, Mayence, Wesel, la Fère et Strasbourg, tenu prêt à se

---

[1]. Voir tome I, annexe n° 6, Armée d'Allemagne, d'avril 1811 à fin janvier 1812.

mettre en route. Le complément nécessaire au corps de l'Elbe est expédié en Allemagne dès la fin de novembre.

Génie. — Le matériel du génie comprend, outre les caissons des compagnies de mineurs et de sapeurs, un approvisionnement d'outils emmanchés, des madriers, des fers et des pilots, — tout façonnés pour construire des ponts sur pilotis, — des cordages, nacelles, flambeaux et pièces de rechange de toute espèce.

Une compagnie de sapeurs est attachée à chaque division d'infanterie, trois à la Garde, sept au parc. Dix compagnies de mineurs, dont six au parc, doivent assurer tout le service de la Grande Armée.

Service des ponts. — Un grand équipage de pont est organisé à Danzig ; il consiste en deux équipages à même de jeter deux ponts sur la Vistule, en un pont à cordages, avec ancres et fers, et en quatre avant-gardes de pont (une à chacun des trois corps d'observation et la 4e à la Garde).

Les pontonniers sont répartis de la manière suivante : une compagnie par corps d'observation, une à la Garde et neuf au grand parc des ponts.

Équipages de siège. — Deux équipages de siège sont préparés, l'un à Danzig et l'autre à Magdebourg.

Garde impériale. — La Garde est elle-même préparée à entrer en campagne. Tout ce qu'elle a de cavalerie en Espagne, ainsi que les cadres du 4e voltigeurs et du 4e tirailleurs, reçoivent l'ordre de rentrer en France. On l'appelle *grande réserve* [1].

Service des transports. — Il est adopté et prescrit la construction d'un nouveau modèle de chariot attelé de quatre chevaux, portant quatre milliers et pouvant, à l'occasion, être chargé jusqu'à six [2]. Ce chariot, dont les corps d'armée doivent être dotés dans une proportion égale au nombre de leurs bataillons, est servi par les équipages militaires ; il a l'avantage de pouvoir contenir, outre le pain et le biscuit, du blé, de la farine, des fourrages, que les caissons ne peuvent transporter.

Deux nouveaux bataillons d'équipages militaires, les 14e et 15e, sont organisés avec des voitures légères à quatre roues, dites « à la comtoise », pouvant porter six quintaux métriques. Il est formé également, avec des équipages de bœufs, deux autres bataillons, le 20e à Danzig et le 21e à Sampigny.

Places d'Allemagne. — Magdebourg, Stettin, Custrin, Glogau, sont armées et approvisionnées en poudre, projectiles et cartouches d'infanterie.

Danzig devient une grande place de dépôt et un centre de construc-

---

1. Voir la composition de la Garde impériale en janvier 1812, tome I, chap. I, page 31.
2. Le millier valait environ 1.000 livres, exactement 489 k. 50.

CHAPITRE XV

Juillet 1811.

Préparatifs maritimes contre l'Angleterre, en juillet. — *Conscription :* appel de la réserve de 1811 (1er juillet); appel des conscrits de 1812 dans les cantons maritimes (14 juillet); levée de la conscription de 1810-1811 dans la 32e division militaire (19 juillet). — *Armée d'Allemagne :* ancienneté exigée pour les sous-officiers et caporaux (1er, 7, 14, 20 et 27 juillet); marche des convois d'artillerie (2 juillet); mise en marche : 1° des 4es et 6es bataillons des régiments du corps de l'Elbe (4 juillet); 2° des détachements tirés du régiment de Walcheren et des îles de Goërée et de Schouwen (3, 7, 28 et 30 juillet). Formation d'une 6e division (4 juillet). Etat présentant les années de service des officiers, sous-officiers et caporaux des régiments du corps de l'Elbe (8 juillet). Ordre de faire rétrograder à Magdebourg deux bataillons westphaliens en marche sur Danzig; bruits pacifiques à répandre en Allemagne (19 et 24 juillet). Complément nécessaire dans les régiments de cuirassiers pour atteindre l'effectif fixé; des conscrits, des manœuvres à exécuter, des revues à passer, etc. (20 juillet). Instructions du maréchal Davout concernant le tiercement des bataillons (24 juillet). Nombre d'hommes disponibles dans les dépôts (25 juillet). Emplacement des cinq divisions (26 juillet). — *Corps d'observation de l'armée du Rhin :* artillerie régimentaire (1er juillet). — *Renseignements :* 1° sur la Russie (3, 5, 11, 15, 17, 19, 25, 31 juillet); 2° sur la Prusse (19, 31 juillet). — *Transports militaires :* substitution d'un nouveau chariot à l'ancien caisson (4 et 7 juillet). — *Place de Danzig :* approvisionnement de siège (4 juillet). — *Blocus continental :* instructions du maréchal Davout (5 juillet); effet produit sur le commerce anglais (29 juillet). — *Relations diplomatiques* concernant : 1° la Russie (15, 18, 20, 28 juillet); 2° la Suède (15, 21 juillet). — *Génie et artillerie :* fonds affectés au service de ces deux armes (14 juillet). — *Cavalerie :* des remontes (14 juillet); création de neuf régiments de chevau-légers (15 juillet). — *Garde impériale :* du choix des hommes (18 juillet); du mode d'incorporation des vélites (29 juillet). — *Divers :* situation que présenteront les troupes actives et sédentaires dans l'intérieur de l'empire au 1er septembre 1811 (4 juillet). Prohibition des tenues de luxe dans les corps (19 juillet). Du mauvais état des selles confectionnées à Paris (23 juillet). De l'incorporation des étrangers (27 juillet). Des colonels et des majors en second (29 juillet). Formation des camps de Boulogne, d'Utrecht et de Suidlaaren (19 et 26 juillet).

Juillet 1811 : Coup d'œil sur les préparatifs maritimes de Napoléon contre l'Angleterre. *pour mémoire*.

† Comme il est dit au chapitre précédent, dans le résumé des faits, Napoléon ne cesse, jusqu'à la fin de l'année 1811, de méditer des projets et de prendre des mesures contre l'Angleterre; mais ses plus graves préoccupations se tournent du côté de la Russie. Aussi, pour ne pas trop étendre les matières au delà du cadre de cet ouvrage et multiplier outre mesure les documents, s'est-on borné, dans les chapitres qui suivent, à ne présenter qu'un résumé succinct des préparatifs maritimes, sans y joindre les pièces à l'appui.

Ce résumé suffira pour témoigner que l'Empereur a eu le constant désir de frapper directement son irréconciliable ennemi, persuadé, du reste, que c'était le moyen le plus sûr et le plus prompt d'en finir avec les difficultés qu'il rencontrait de toutes parts et de mettre un terme aux préjudices considérables que causait en Europe la rigoureuse application de son système continental.

Au commencement de juillet, les Anglais ayant attaqué la ligne d'embossage de Boulogne, Napoléon ordonne au ministre de la marine de pousser l'armement de la flottille et l'organisation des équipages, tandis que le duc de Feltre est chargé de nouer avec les Irlandais des intelligences pouvant favoriser ses plans d'expédition (4 juillet).

Son intention est de réunir sur l'Escaut, au mois de septembre, en signe d'agression, 30 vaisseaux de guerre à même de porter, avec les frégates, 18.000 hommes (11 juillet).

Pour atteindre ce but, il prescrit d'activer la construction des navires sur les chantiers de Venise et de Trieste, fait mettre sous voiles les corvettes, frégates, bricks et appareiller les vaisseaux, indique les dispositions à prendre pour préparer à l'offensive les trois escadres d'Anvers, de Boulogne et de Cherbourg (25 juillet).

Le 29 juillet, il ordonne la formation de bataillons d'ouvriers de marine; ces bataillons sont organisés au nombre de huit au commencement du mois d'août. Il fait, en outre, hâter la levée du contingent de la conscription maritime et invite le prince Eugène à lancer des bâtiments légers à la poursuite des corsaires anglais dans l'Adriatique (31 juillet).

Appel de la réserve de 1811; répartition des hommes.

Par décret du 1ᵉʳ juillet 1811, les conscrits, au nombre de 24.000 environ, formant la réserve de 1811, doivent être mis sur-le-champ en activité.

« Les premiers départs, dit l'article IV, auront lieu le 15 août prochain; les derniers seront effectués avant le 31 du même mois. »

Le lendemain, 2 juillet, l'Empereur fait connaître au comte de Cessac que la répartition des 24.000 hommes appelés sera faite comme il suit :

    1.400 hommes pour les régiments dont les dépôts sont en Bretagne;
    11.500 hommes pour les régiments dont les dépôts sont à Bayonne et dans la 11ᵉ division militaire;
    4.600 hommes pour Paris, dans les dépôts de la Garde.

TOTAL.. 17.500 hommes.

JUILLET 1811.

Les 6.600 hommes restant doivent être affectés :
    1.000 à l'artillerie,
    1.400 au train,
    1.000 aux équipages militaires,
    2.000 à la cavalerie,
    1.200 aux fusiliers de la Garde.

TOTAL..   6.600 hommes.

On verra ultérieurement qu'au mois de novembre, sur les 117.801 conscrits appelés de la classe 1811, 113.617 avaient été incorporés.

L'EMPEREUR AU GÉNÉRAL CLARKE, DUC DE FELTRE, MINISTRE DE LA GUERRE, A PARIS.

Saint-Cloud, le 1ᵉʳ juillet 1811.

Monsieur le duc de Feltre, le 6ᵉ bataillon du 15ᵉ léger m'a paru beau, mais il a des sous-officiers ayant moins d'un an de service qui doivent rentrer dans les rangs comme soldats. On ne doit considérer comme sous-officiers que ceux envoyés dans les cadres de l'armée d'Allemagne; les autres doivent rentrer comme soldats aux compagnies. On prendra, pour les remplacer, des hommes du dépôt de Fontainebleau ayant deux ans de service au moins et trois mois d'école de Fontainebleau[1]. La même observation s'applique aux 32ᵉ et 58ᵉ, dont les 5ᵉˢ et 6ᵉˢ bataillons viennent d'être formés et qui ont des conscrits sous-officiers; remplacez-les par des hommes tirés de Fontainebleau. La même disposition doit s'appliquer à tous les 6ᵉˢ bataillons qui viennent de l'armée d'Allemagne; il n'a été envoyé que la moitié des cadres. Les sous-officiers manquant doivent être envoyés de Fontainebleau. Donnez sur-le-champ des ordres en conséquence. Ce serait une chose funeste que d'avoir dans les cadres des sous-officiers n'ayant point fait la guerre, sans services et sans expérience.

NAPOLÉON.

Ordre de faire rentrer dans le rang les sous-officiers des 6ᵉˢ bataillons qui n'ont pas au moins deux ans de service.

Rapport du ministre de la guerre à l'Empereur, du 1ᵉʳ juillet 1811.

Sa Majesté m'a autorisé à laisser à Strasbourg et à Mayence le matériel d'artillerie destiné à l'équipage du corps d'observation du Rhin et aux régiments d'infanterie de ce corps d'observation, mais elle m'a prescrit de lui faire connaître à quelle époque ces régiments auraient leurs chevaux d'attelage, pour envoyer, s'il y avait lieu, les compagnies d'artil-

Corps d'observation du Rhin : artillerie régimentaire

---

1. Voir tome II, chap. XII, page 144, la note relative à l'École de Fontainebleau (4 avril 1811).

lerie régimentaire dans ces deux places pour s'y exercer et y prendre leur matériel.

J'ai, en conséquence, l'honneur de rendre compte à Sa Majesté que, d'après la situation de ces quinze régiments au 15 juin, tous avaient le complet de leurs chevaux d'attelage, à l'exception du 126ᵉ régiment qui n'avait pas encore reçu ses chevaux, mais qui devait les recevoir incessamment.

J'ai fait numéroter à Strasbourg et à Mayence les 150 voitures d'artillerie destinées pour ces régiments.

Ceux qui composent les deux premières divisions les prendront à Strasbourg et les autres à Mayence.

Ces régiments sont également prévenus de ces dispositions.

Duc de Feltre.

LE PRINCE D'ECKMUHL A L'EMPEREUR.

Hambourg, 2 juillet 1811.

Compte-rendu de la marche des convois d'artillerie en cours d'expédition pour Danzig.

Sire, Votre Majesté m'a demandé, le 23 juin dernier, un état indiquant les différents convois d'artillerie, par terre et par eau, en cours d'expédition pour Danzig.

J'ai l'honneur d'adresser à Votre Majesté un état qui renferme tous les renseignements qu'Elle demande ; Elle remarquera que la majeure partie des convois est arrivée, et qu'il n'y a plus en route que le grand convoi parti par eau de Magdebourg, et les convois transportant les 1.500 fusils.

D'après les époques de départ, il est présumable que tout sera arrivé à Danzig avant la fin de ce mois.

J'ai fait porter sur ce tableau la note du plomb que j'ai envoyé pour confectionner des cartouches d'infanterie.

Je ne puis pas faire connaître à Votre Majesté la force exacte des escortes, parce que, d'après les comptes qui m'ont été rendus, on a profité du passage des troupes et détachements qui se rendaient à Danzig ; de manière que ces escortes étaient tantôt d'une compagnie, tantôt de deux, quelquefois d'un bataillon ou d'un régiment, et lorsque l'escorte n'était pas suffisante, on y joignait des détachements des garnisons de Magdebourg et de Stettin ; ainsi, tous les convois sont arrivés sans obstacles et sans accidents.

Les bateaux du grand convoi ont 200 hommes d'escorte et une demi-compagnie de pontonniers.

Quant aux voitures agricoles, on en a acheté 181, attendu qu'elles ne peuvent transporter que deux milliers. On n'a pas eu le temps de les choisir ; cependant il n'y a eu aucun accident ni aucun retard dans la marche du convoi.

J'ai donné des ordres au général Rapp pour que ces voitures soient placées sous des hangars, qu'on y fasse les réparations nécessaires, et qu'on prenne toutes les précautions pour leur conservation.

Prince d'Eckmuhl.

Quelques jours après, le 9 juillet, le ministre de la guerre rend compte également à l'Empereur de la marche des huit convois d'artillerie (armes et munitions) dirigés sur Danzig.

Rapport du ministre de la guerre à l'Empereur, du 9 juillet 1811.

J'ai l'honneur de mettre sous les yeux de Sa Majesté l'état des huit convois d'artillerie dirigés sur Danzig (armes et munitions).

Les cinq premiers y étaient arrivés avant le 20 du mois dernier; le 6e devait y arriver le 1er juillet; le 7e y sera du 9 au 27 de ce mois.

Le 8e est le seul qui se fasse par eau et dont l'arrivée ne peut être fixée qu'approximativement.

Ce 8e convoi se compose de 49 bateaux et était le 12 juin à Driesen.

On estime qu'il faut quarante et un jours de navigation pour que ce convoi fasse le trajet de Driesen à Danzig; ainsi, il est probable qu'il y sera rendu au 22 juillet.

Le prince d'Eckmühl ne m'a point fait connaître la force des escortes, parce qu'elle a varié et que l'on a profité de l'envoi des troupes qui se rendent à Danzig pour faire escorter ces convois.

Jusqu'à présent aucun accident n'est arrivé, aucune plainte n'a été portée, et les cinq premiers convois sont arrivés à Danzig en bon état.

Duc de Feltre.

Enfin, le 29 juillet, le prince d'Eckmühl fait connaître que le grand convoi de munitions d'artillerie, portant entre autres 300 milliers de poudre, est arrivé le 24 à Danzig.

L'EMPEREUR AU PRINCE D'ECKMÜHL, COMMANDANT L'ARMÉE D'ALLEMAGNE, A HAMBOURG [1].

Saint-Cloud, le 3 juillet 1811.

Éventualité de l'envoi d'une division française en Poméranie, ordre de réunir à Stettin les régiments de Berg, de Hesse et de Bade.

Mon Cousin, je reçois votre lettre du 28 juin. Je désire que vous réunissiez à Stettin le régiment du grand-duché de Berg, le régiment de Hesse-Darmstadt et le régiment de Bade, parce qu'il est possible que j'envoie une division française dans la Poméranie suédoise, et j'y joindrais alors ces régiments, pour que les troupes françaises soient toujours disponibles. Mes corsaires sont journellement insultés sur ces côtes. Je me déciderai à cette mesure demain ou après. Donnez, en attendant, des ordres en conséquence de cette lettre.

Napoléon.

1. Bien que les divisions placées sous les ordres du maréchal Davout aient été réunies, depuis le mois d'avril 1811, en un corps dit *d'observation de l'Elbe*, le prince d'Eckmühl conserve jusqu'au 24 octobre de la même année le titre de *commandant de l'armée d'Allemagne*.

LE PRINCE D'ECKMUHL A L'EMPEREUR.

Hambourg, le 3 juillet 1811.

Renseignements sur les mouvements de l'armée russe

Sire, j'ai l'honneur d'adresser à Votre Majesté l'extrait d'une lettre de Samogitie, du 15 juin, sur les mouvements des troupes russes, qui m'a été envoyé par le général Rapp.

PRINCE D'ECKMUHL.

On est toujours menacé d'une guerre prochaine et inévitable. On fait dans toute la Russie les préparatifs en conséquence. L'armée de Lithuanie s'augmente beaucoup. Les régiments de la Courlande, de la Finlande et des provinces les plus éloignées s'y concentrent. Quelques-uns même de l'armée de Turquie sont arrivés, et on soutient que la paix avec cette puissance est déjà conclue, ce qui donne l'espoir à l'armée de Lithuanie d'être augmentée du corps d'observation qui gardait jusqu'à présent le cours du Danube. L'artillerie est superbe et nombreuse. Les ateliers d'artillerie, du génie, et les magasins d'habillement et d'équipement qui étaient à Vilna ont été transférés à Dunabourg et à Bobrouisk que l'on continue toujours de fortifier.

Le grand-duc Constantin a passé par Kovno, d'où il devait se porter sur Brzesc (*Brest-Litorsk*), où se rassemble le gros de l'armée.

A Grodno, on fait de grands préparatifs pour la réception de l'empereur Alexandre et du prince Nicolas; on dit même que l'Empereur était déjà à Minsk.

L'esprit de l'armée est assez bon; les officiers se vantent publiquement d'être bientôt à Varsovie.

Les autorités du gouvernement central ont reçu des ordres pour traiter avec la plus grande douceur les habitants de la Lithuanie et leur persuader que leur pays ne sera jamais le théâtre de la guerre.

L'EMPEREUR AU MINISTRE DE LA GUERRE.

Paris, le 3 juillet 1811.

Détachements de conscrits à faire partir des îles de Goêree, Schouwen et Walcheren et à diriger sur l'Elbe.

Monsieur le duc de Feltre, donnez ordre au général commandant l'île de Gorée[1] de faire partir les deux compagnies du 43e, du 22e et du 27e formant un bataillon de 900 hommes, et de les diriger sur Gorcum, d'où elles se rendront, par terre et par la rive droite du Rhin, sur Hambourg. A leur arrivée à cette destination, le prince

---

1. *Gorée* doit s'orthographier *Gœroe* d'après le dictionnaire de Viviez de Saint-Martin, et *Goêree* d'après celui de Larousse. C'est cette seconde manière qui a été adoptée dans la rédaction des notes ou des analyses, mais on a cru devoir, en ce qui concerne les pièces originales, respecter l'orthographe employée à l'époque.
On écrit également *Goedereede*.

d'Eckmühl placera les soldats qui les composent dans ses différents régiments, en ayant soin de porter d'abord au grand complet les deux régiments qui sont à Stettin, de sorte que chaque bataillon soit fort de 840 hommes présents sous les armes. Les officiers et sous-officiers de ces compagnies retourneront dans l'île de Walcheren.

Donnez le même ordre au bataillon de l'île de Schouwen.

Vous laisserez maîtres le général Gilly [1], pour le bataillon de l'île de Schouwen, et le général qui commande à Gorée pour le bataillon de l'île de Gorée, de retarder le départ de ces deux bataillons, s'ils ne sont pas parfaitement armés et équipés; mais, dans ce cas, ils devront vous rendre compte des raisons qui auront retardé ce départ. Vous prescrirez à l'un et à l'autre de ces généraux les mesures nécessaires pour empêcher la désertion, et vous préviendrez de ce mouvement les commandants des divisions militaires et le prince d'Eckmühl.

Faites-moi connaître si les quinze compagnies des 5es et 6es bataillons des corps qui sont à l'armée d'observation de l'Elbe seront bientôt prêtes à partir avec les 2.250 conscrits de Walcheren qu'elles doivent recevoir; mon intention, après que j'aurai reçu votre rapport, serait aussi de les diriger sur le corps d'observation de l'Elbe. Cela ferait donc, y compris les onze 1res compagnies des 5es bataillons, 5.700 hommes de renfort que recevraient les bataillons de guerre du prince d'Eckmühl. Cela ferait près de 140 hommes par bataillon.

Faites-moi connaître l'état de situation du régiment de Walcheren. Je ne serais pas éloigné d'en faire partir également les deux premiers bataillons pour le corps d'observation de l'Elbe, ce qui porterait à 7.200 hommes les recrues fournies à ce corps d'armée. Ce nombre, divisé par 45 bataillons, ferait près de 200 hommes par bataillon et devrait les porter au grand complet.

Je désire cependant ne faire ces mouvements qu'autant que les premiers auront réussi.

NAPOLÉON.

Le 4 juillet, l'Empereur donne l'ordre au ministre de la guerre de compléter les 4es et 6es bataillons des régiments de l'armée d'Allemagne et de les mettre en marche, du 15 au 25 juillet, sur Wesel, où ils doivent être passés en revue et, de là, dirigés sur leurs régiments respectifs, dans la 32e division militaire.

Le prince d'Eckmühl est chargé, à leur arrivée, d'en faire le tiercement, de manière à établir dans chacun d'eux une égale proportion d'anciens et de nouveaux soldats. On trouvera plus loin, à la date du 24 juillet, l'instruction arrêtée par le maréchal pour effectuer ce tiercement entre les 1er, 2e, 3e, 4e et 6e bataillons de chaque régiment.

Ordres pour la mise en marche des 4e et 6e bataillons des régiments de l'armée d'Allemagne et pour leur tiercement à l'arrivée. Formation d'une 5e division.

1. Le général de division Gilly était commandant des îles de la Zélande, c'est-à-dire des îles de Walcheren, nord et sud Beveland, Tholen, Sin-Philipsland et Schouwen.

A partir du 1er août, le corps de l'Elbe doit comprendre cinq divisions [1], soit 79 bataillons ou 64.000 hommes, et être en mesure, passé le 1er septembre, de s'ébranler peu de jours après en avoir reçu l'ordre.

Suivant un décret rendu le 1er juillet, la direction de ce corps, au point de vue administratif, est confiée à un commissaire ordonnateur en chef.

L'EMPEREUR AU MINISTRE DE LA GUERRE.

Saint-Cloud, le 4 juillet 1811.

Monsieur le duc de Feltre, donnez ordre que les 4e et 6e bataillons du 13e léger reçoivent tout ce qui est disponible dans le 5e bataillon et se complètent chacun à 700 hommes.

Donnez le même ordre au 7e léger et aux 17e, 30e, 33e, 48e, 12e, 21e, 85e, 108e, 61e, 111e et 57e de ligne.

Les 6es bataillons du 15e léger et du 25e de ligne seront complétés à 840 hommes.

Ces 28 quatrièmes et sixièmes bataillons se mettront en marche du 15 au 25 juillet, parfaitement habillés et équipés, et se dirigeront sur Wesel et de là sur leurs régiments respectifs, dans la 32e division militaire.

Les deux bataillons de chaque régiment marcheront sur une seule colonne.

Vous enverrez un officier général à Wesel, afin qu'à leur passage par cette ville chacun de ces bataillons soit passé en revue et que l'on constate leur bon état, l'état de leur habillement, équipement, leur nombre, les places vacantes, etc.

Les deux bataillons du 7e léger s'embarqueront sur le Rhin à Huningue.

Les bataillons qui sont à Strasbourg, Mayence, Spire, s'embarqueront sur le Rhin jusqu'à Wesel.

Le général Compans pourrait être chargé de passer cette revue ; il devra être rendu le 25 juillet à Wesel.

Vous ordonnerez au prince d'Eckmühl de former sa cinquième division conformément à ce que j'ai prescrit.

Il résulte de l'état que vous m'avez remis qu'il manque au complet de ce corps 8.000 hommes ; 1.650 sont déjà partis de l'île de Walcheren. Les bataillons de Gœree et de Schouwen forment 1.800 hommes ; les quinze compagnies des 5es et 6es bataillons, qui pourront partir dans le courant de juillet, compléteront les renforts envoyés à cette armée à 5.600 hommes.

---

[1]. Non compris la 7e division formée à Danzig, sous les ordres du général Grandjean.

Il ne manquera donc plus que 3.000 hommes à son complet. Il y sera pourvu dans le courant d'août et de septembre par le régiment même de Walcheren.

NAPOLÉON.

L'EMPEREUR AU PRINCE D'ECKMUHL, A HAMBOURG.

Saint-Cloud, le 4 juillet 1811.

Mon Cousin, j'ordonne qu'au 15 juillet vos 4es et 6es bataillons se mettent en marche pour Wesel, d'où vous leur ferez rejoindre leurs régiments respectifs. Les 4es et 6es bataillons ne doivent avoir ni grenadiers ni voltigeurs. Vous aurez soin d'ordonner le tiercement, afin que les anciens soldats soient dans la même proportion que les nouveaux. Les 4es bataillons du 15e léger et du 25e de ligne, qui arrivent d'Espagne et que je vais compléter, vous joindront un mois après. Vous aurez donc ainsi 79 bataillons. Faites toutes les dispositions pour qu'à dater du 1er août votre armée soit partagée en cinq divisions, sans compter celle de Danzig, qui sera la 7e.

Je vous ai déjà annoncé que onze compagnies de vos régiments, qui sont dans l'île de Walcheren, allaient vous amener 1.650 hommes; que douze compagnies, appartenant à des régiments qui ne font pas partie de votre corps d'armée et qui sont dans les îles de Schouwen et de Goërée, allaient vous amener 1.800 hommes; que quinze compagnies, appartenant à vos 6es et 5es bataillons, partiraient de l'île de Walcheren et vous amèneraient 2.250 hommes. Il ne manquera donc plus, pour compléter vos bataillons à 840 hommes, que 3.000 hommes, qui seront fournis au mois d'août par le régiment de Walcheren.

Vous devez répartir les 1.800 hommes des bataillons des îles de Goërée et de Schouwen entre ceux de vos bataillons qui seraient les plus faibles.

Le ministre de la guerre vous fera connaître mes intentions pour la formation de votre 5e division. Je suppose que vous avez le personnel et le matériel d'artillerie, du train, les sapeurs, etc., nécessaires pour cette division.

Je compte que, si vous deviez marcher au 1er août, vous marcheriez avec cinq divisions, ou 79 bataillons ou 64.000 hommes d'infanterie; ce qui, avec la 7e division de Danzig, vous ferait près de 80.000 hommes. Il sera nécessaire que vous fassiez passer des revues de tous ces régiments, afin qu'il n'y ait aucune place vacante, ni d'officier ni de sous-officier, au 1er septembre, qu'il y ait un général de brigade par régiment et un major en second. Vous mettrez trois bataillons sous les ordres directs du colonel, et deux bataillons sous les ordres directs du major en second. Je crois vous avoir fait connaître, et je dois vous répéter que tous vos généraux et officiers doivent être à leur poste, et le personnel et le matériel d'artillerie, les équipages militaires, le train du génie, parfaitement complets; de sorte que votre corps d'armée puisse, passé le 1er septembre, se mettre en mouvement peu de jours après que vous en auriez reçu l'ordre.

NAPOLÉON.

Les 4es et 6es bataillons des régiments du corps de l'Elbe se mettent en route pour l'Allemagne dans la 2e quinzaine de juillet. Tous (sauf le 4e bataillon du 33e léger, qui part de Emden) se rendent d'abord à Wesel, où ils sont passés en revue par le général Compans, qui a reçu pour mission de constater leur composition, leur force, leur situation au point de vue des cadres, de l'habillement, de l'équipement et de l'armement, de s'assurer en un mot qu'ils sont en état de faire campagne.

Ces bataillons arrivent à Hambourg dans le courant du mois d'août.

L'EMPEREUR AU GÉNÉRAL LACUÉE, COMTE DE CESSAC, MINISTRE DIRECTEUR DE L'ADMINISTRATION DE LA GUERRE, A PARIS.

Saint-Cloud, le 4 juillet 1811.

Substitution d'un nouveau chariot à l'ancien caisson des transports militaires.

Monsieur le comte de Cessac, je réponds à votre lettre du 3 sur les transports militaires. Je ne juge pas convenable de signer le projet de décret que vous me présentez, parce qu'il me semble qu'il n'y a pas besoin de changement. Les bataillons resteront comme ils le sont, à 40 voitures par compagnie. Au lieu de leurs caissons actuels, ils auront des chariots du modèle que vous m'avez présenté. Reste à savoir s'il faut donner à ces chariots 4 ou 6 chevaux. La question est facile à résoudre. Je pense que les chariots doivent être construits de manière à pouvoir porter 6 milliers[1] dans l'occasion; mais ils ne doivent ordinairement être attelés que de 4 chevaux et ne porter que 4 milliers pesant. Trois chariots portant 4 milliers porteront 12 milliers et emploieront 6 hommes, 3 voitures et 12 chevaux; deux chariots portant 6 milliers et attelés de 6 chevaux porteront également 12 milliers et n'exigeront que 6 hommes, 12 chevaux et 2 voitures; il y aura donc une voiture d'économisée. Ainsi, sous ce point de vue, il vaudrait mieux n'avoir que des voitures portant 6 milliers que d'en avoir portant 4 milliers. Mais ces voitures doivent aussi porter du pain; or, trois chariots porteront 4.800 rations de pain : deux chariots ne porteraient que 3.200; deux chariots ne porteraient que 5.600 rations de biscuit, et encore difficilement : trois chariots en porteront 7.500 ou 7.600.

---

1. Le millier valait environ 1,000 livres, exactement 489 k. 50.

Ce raisonnement sera *a fortiori* pour le fourrage et les liquides. C'est ce qui me décide à n'atteler les chariots que de 4 chevaux, en ne les chargeant que de 4 milliers. Dès lors je n'ai aucun autre changement à faire à l'organisation que de substituer un chariot du nouveau modèle à un caisson des transports militaires; or, ce changement, je désire le faire partout.

NAPOLÉON.

L'EMPEREUR AU MINISTRE DIRECTEUR DE L'ADMINISTRATION DE LA GUERRE.

Saint-Cloud, le 4 juillet 1811.

Instructions relatives à l'approvisionnement de siège de Danzig.

Je réponds à votre lettre du 3 sur l'approvisionnement de Danzig. Il est vrai que dans le premier moment de presse, et lorsque les événements paraissaient s'accélérer, j'écrivis au prince d'Eckmühl que j'accordais un million, sans discussion, pour qu'il fît entrer à Danzig tout ce qui manquait à l'approvisionnement de siège; mais, aussitôt que les choses sont devenues plus calmes, je lui mandai que cela était inutile et qu'il fallait économiser l'argent. Le blé, la farine sont dans une grande abondance à Danzig; le vin, l'eau de vie, les fourrages, les bestiaux également. Quant au bois de chauffage, il y a une si grande quantité de bois aux environs de Danzig que c'est une chimère de vouloir s'occuper de cela. Remettez-moi sous les yeux l'état de ce que le général Rapp a acheté, de ce qu'il doit se procurer au dernier moment (le bois de chauffage est de ce nombre), les marchés qu'il a passés, à quel prix, pour quel objet et pour quelle quantité d'argent. Dans le fait, s'il a acheté des choses qui soient utiles à l'approvisionnement de siège et qui ne se trouvaient pas dans la ville, il est bon de les payer et de les garder.

(D'après la minute.)

LE MINISTRE DE LA GUERRE A L'EMPEREUR.

4 juillet 1811.

Situation des troupes actives et sédentaires, qui se trouveront dans l'intérieur de l'empire au 1er septembre 1811.

Sire, j'ai l'honneur de soumettre à Votre Majesté le tableau de la situation générale et détaillée des troupes de toutes armes qui se trouveront dans les trente-deux divisions militaires de l'empire, dans l'Illyrie, dans les royaumes d'Italie et de Naples, ainsi que dans le gouvernement de Corfou, au 1er septembre 1811, après le départ de toutes les troupes que Votre Majesté a désignées pour être employées aux quatre corps d'observation.

Ce tableau est divisé en deux parties :

La 1re comprend les troupes actives dans l'intérieur, qui se composent de 29 demi-brigades provisoires, dont Votre Majesté m'a prescrit de lui proposer la formation par son ordre en date du 24 mai.

La 2e partie comprend les troupes stationnaires, qui se composent des dépôts des régiments d'infanterie et de troupes à cheval, de l'artillerie et du génie qui n'ont point été désignées pour être employées aux armées, et des troupes de garnison, c'est-à-dire des vétérans, des compagnies de réserve, de la gendarmerie, des canonniers gardes-côtes, canonniers-vétérans, etc.

La récapitulation générale est divisée en *troupes actives* dans l'intérieur et en *troupes stationnaires*.

Les troupes actives dans l'intérieur s'élèveront au 1er septembre 1811, savoir :

l'infanterie à	113.415	hommes
la cavalerie à	11.522	—
Total des troupes actives	124.937	hommes

Les troupes stationnaires présenteront :

pour l'infanterie	13.043	h^{mes}
pour la cavalerie	6.319	—
et pour l'artillerie, le génie, les vétérans, les compagnies de réserve, la gendarmerie, les canonniers gardes-côtes, canonniers-vétérans, etc.	95.828	—
Total des troupes stationnaires	115.190	hommes
Total général	240.127	hommes

Il manquera, pour compléter à 840 hommes tous les bataillons employés aux armées et à 250 hommes tous les escadrons	53.984	hommes
Et pour compléter à 800 hommes les 4es bataillons qui resteront dans l'intérieur, à 500 hommes les 5es bataillons qui entrent dans la composition des demi-brigades provisoires et à 100 hommes le dépôt de chaque régiment de troupes à cheval	60.699	hommes
Total du manque au complet	114.683	hommes

Ce travail a été fait avec le plus grand soin.

(D'après la minute.)

L'EMPEREUR AU PRINCE D'ECKMUHL, A HAMBOURG.

Saint-Cloud, le 5 juillet 1811.

Je lis avec attention le 82e procès-verbal des séances du conseil de Hambourg, du 18 juin, et j'y vois que, sur une demande du général Liébert si les denrées coloniales venant de Gœteborg doivent être admises, le conseil répond *non,* parce que la Suède n'est pas dans le système continental. Cette réponse m'a paru étrange. Je vous écris donc pour vous donner une direction précise sur cette question. Les marchandises coloniales venant de Suède et de Prusse doivent être confisquées, car elles viennent d'Angleterre ; toute denrée coloniale, de quelque lieu qu'elle vienne, doit être confisquée, car elle vient d'Angleterre. Envoyez des ordres et tenez la main pour que toutes les marchandises coloniales quelconques soient confisquées, n'importe le lieu d'où elles viennent. Ceci doit vous servir de direction pour Danzig. Je suppose que ma ligne de douanes du côté de terre est établie et qu'aucune denrée coloniale n'y peut passer. Par une erreur, la Saxe et la Westphalie avaient laissé entrer des marchandises coloniales venant de Prusse, et avaient pris pour bons les droits qu'elles avaient payés en Prusse ; la Saxe et la Westphalie se sont ravisées. Portez une attention particulière à cet objet, qui est majeur. Toute denrée coloniale doit être confisquée, à moins qu'elle ne vous ait payé le droit.

NAPOLÉON.

Instructions à Davout sur les dispositions du blocus dans la mer du nord.

LE PRINCE D'ECKMUHL A L'EMPEREUR.

Hambourg, 5 juillet 1811.

Sire, j'ai l'honneur d'adresser à Votre Majesté les derniers rapports de Varsovie. Je lui enverrai ces jours-ci un tableau de la formation de l'armée russe en quatre corps d'armée, et de l'emplacement de chaque régiment, relevé sur les différents rapports transmis par le général commandant dans le grand-duché et M. Bignon, résident de Votre Majesté à Varsovie. Ils doivent être très exagérés quant au nombre, puisque, d'après ce relevé, la Russie aurait entre la Livonie et la Podolie une armée de plus de 200.000 hommes ; mais on peut en conclure que les rassemblements sont considérables.

PRINCE D'ECKMUHL.

Renseignements sur la Russie.

Lettre de M. Bignon, résident de France à Varsovie.

Varsovie, le 26 juin 1811.

Par ma dernière lettre, j'ai parlé à Votre Excellence d'un rapport que je venais de recevoir d'un agent que j'ai envoyé à Vilna, et qui s'y trouve encore dans ce moment ; j'ai l'honneur de remettre ci-joint à Votre Excellence copie de ce rapport, que j'ai lieu de croire très exact[1].

BIGNON.

Vilna, le 12 juin 1811.

Voici jusqu'à présent ce qui est positif :

Il se trouve à Vilna même :

1° Un bataillon de garnison, colonel Stempel ;
2° Deux bataillons du régiment de mousquetaires Krzemienszuck, colonel Pisznicki ; un bataillon travaille aux fortifications de Dunabourg ;
3° Le régiment de mousquetaires de Minsk, colonel Krassawiz ;
4° Une compagnie de la 4° brigade d'artillerie, batterie du colonel-lieutenant Wajaykof ;
5° La 19° compagnie de pontonniers de réserve de la 3° brigade d'artillerie du colonel Bogdanovski ;
6° La 6° compagnie de réserve de la 2° brigade d'artillerie à cheval, capitaine Zachaczewski, attaché à l'état-major ;
7° Quarante-sept cosaques, employés à la correspondance militaire et à faire des patrouilles à Vilna.

Il y a un hôpital militaire de 1.500 hommes.

En ce moment les pièces et les munitions de guerre sont transportées de Vilna à Dunabourg.

A Troki, il y a une compagnie d'artillerie à cheval du colonel Zalizin.

A Oszmiana (*Ochmïana*), une compagnie de grosse artillerie, colonel-lieutenant Taube, forte de 325 chevaux destinés au service des canons de gros calibre et des chariots à poudre, et le régiment de dragons de Kargopolski, colonel Pohl ;

A Olszani (*Olchanouï*) à 4 milles d'Oszmiana (*Ochmïana*), même district, le régiment de mousquetaires de Czermikowski ;

A Iwié, à 7 milles d'Oszmiana (*Ochmïana*), près du Niémen, même district, un régiment de hussards et un de chasseurs dans le district ;

A Smorgonie (*Smorghoni*), la 3° compagnie de la 3° brigade d'artillerie de 318 hommes et 12 canons, commandée par le colonel-lieutenant Diderix, le 6° des six frères de ce nom ;

Cette brigade n'a que trois compagnies, mais les autres sont, à ce qu'il paraît, composées de six, huit, douze et même jusqu'à vingt compagnies ;

A Mosty (*Mostouï*), une compagnie de la 3° brigade d'artillerie ;

---

1. Voir la carte de la frontière occidentale de la Russie, jointe au tome I.

A Widze (*Vidzouï*), district de Braslaw, est le général de division Korf, commandant plusieurs régiments de cavalerie, sous les ordres duquel sont les régiments de hussards et dragons cantonnés dans le district d'Oszmania (*Ochmïana*), ci-dessus mentionné;

A Szadowo (*Chadovo*), en Samogitie, deux compagnies de la 4ᵉ brigade d'artillerie. Là se trouve le général-major prince Jaswilt. Il commande les brigades ci-dessus énoncées, cantonnées à Oszmiana (*Ochmïana*), Mosty (*Mostoui*), Vilna et Smorgonie (*Smorghoni*).

De Jodziski (*Jodichki*) s'est rendue à Michalizki (*Mikhaïlichki*), sur la Vilia, district de Vilna, une compagnie d'artillerie légère.

A Dunabourg, le régiment de Tobolsk, colonel Szreder. Le régiment d'Iägerski, colonel Fiédorow, et le régiment de Wolhynie.

Il y a, de plus, dans cette ville, un grand nombre de bataillons de réserve.

On compte à Dunabourg 19.000 hommes occupés aux travaux de la forteresse, qui, ce printemps, a beaucoup souffert par la débâcle des glaces. On n'a fait l'année dernière aucun rempart, sinon des travaux pour placer 72 canons. Le rempart n'est fait qu'en sable.

Le général de division Baggovout, résidant à Vilna et qui fait en ce moment une excursion à Dunabourg, commande toutes les troupes qui s'y trouvent et la division cantonnée à Vilna et environs.

Il vient d'y avoir sur le Niémen du mouvement dans la position des Cosaques et des Tartares qui gardent cette frontière.

Diverses nouvelles.

Le général Konowniczyn (*Konovnitsyne*), commandant la 3ᵉ division, est à Minsk.

Le général de la 3ᵉ division Lawrow (*Lavrov*) est à Slonim, où il commande le corps du général-lieutenant Essen.

Le général-lieutenant Wittgenstein doit arriver de la Courlande à Minsk pour commander tout le gouvernement de Minsk.

La nouvelle que le général Bennigsen aura le commandement des trois gouvernements n'est pas encore confirmée.

Il n'est plus question de l'arrivée de l'empereur Alexandre à Vilna; on dit que ce prince passera incognito par Dunabourg.

Depuis trois semaines la police est très rigoureuse à Vilna.

Extrait d'un rapport de Terespol, du 15 juin 1811.

Les régiments de cosaques, qui se trouvaient dans les environs de Pinsk et qui devaient s'approcher de la frontière, se sont retirés dans l'intérieur.

Le régiment de mousquetaires, dont l'état-major se trouvait à Prozanna (*Proujanoui*), a aussi dû quitter ses cantonnements.

Des voyageurs arrivés récemment de Pétersbourg assurent que l'arrivée du général Lauriston y a consolidé l'amitié et la bonne harmonie entre les deux cours.

Extrait d'un rapport d'un officier de confiance envoyé à Terespol.

De Terespol, le 23 juin 1811.

A Riga et les environs, il se trouve 30.000 hommes; les faubourgs de cette ville sont fortifiés à doubles remparts, il s'y trouve 60 canons de gros calibre en batterie; le magasin rassemblé est de 500.000 czetwerts[1].

Dunabourg est fortifié au mieux; il y travaille une vingtaine de mille hommes qui ont leurs cantonnements dans la ville même et les environs.

Le magasin de Dunabourg est de 100.000 czetwerts.

La force des troupes dans les environs de cette place monte à 30.000 hommes; à Slonim, il ne se trouve pas 3.000 hommes et le grand hôpital. Depuis Vilna jusqu'à Oszmiana (*Ochmïana*) il cantonne deux divisions, d'à peu près 12.000 hommes chacune.

On a cessé de parler de l'arrivée de l'Empereur en Lithuanie, qui devait effectivement avoir lieu il y a quelque temps; l'Empereur devait se rendre à Bobruysk, tous les préparatifs étaient faits depuis Pétersbourg; mais personne ne savait où l'Empereur se porterait de Bobruysk, parce qu'on observait là-dessus le plus grand secret; on avait ordonné la réparation des chemins dans presque tous les gouvernements; le palais de Bialystok était remis en état et il était parvenu un ordre secret au horodniézy (maire) de Brzesc (*Brest-Litowsk*) de préparer des logements pour des personnes de la première distinction.

Un courrier arrivé de Paris, presque au moment du départ de l'Empereur, a changé le plan du voyage et tous les préparatifs pour cet effet.

Le gouverneur de Minsk a confié à plusieurs personnes, et d'après d'autres il a même dit publiquement, que le prince d'Oldenbourg, beau-frère de l'Empereur, doit être fait roi de Pologne et qu'on doit traiter pour ce sujet avec l'empereur des Français; l'on cherche la vraisemblance de ceci dans ce que tous les préparatifs de la guerre ont été interrompus et les ports fermés aux Anglais comme ils ne l'ont jamais été; c'est ce qu'assurent tous les marchands d'ici, et ce qui se trouve confirmé par un marchand arrivé hier de Liebau.

Extrait du rapport d'un commissaire en date du 16 juin 1811.

L'ordre en Russie est qu'un sujet du duché de Varsovie doit être sous la surveillance de la police, quoiqu'il soit muni d'un passeport en règle.

Le général Baggovout est parti dans les premiers jours de ce mois, pour aller à la rencontre de son souverain, qui est attendu à Dunabourg.

Les troupes rassemblées à Slonim et environs doivent exécuter, le mois prochain, des grandes manœuvres en présence de l'empereur Alexandre.

Une compagnie de 12 pièces d'artillerie à pied, commandée par le colonel Tolbuzin, campe à Gopita, route de Vilna, à 4 milles de cette ville et à 1 mille de Troki.

---

1. Czetwert, mesure de capacité équivalant à 209 litres.

A Vilna même, se trouvent trois régiments de la 4ᵉ division. Celui de Krymecki campe dans le bourg Pohulanka, et les deux autres sont en quartier.

Deux compagnies d'artillerie de 12 pièces, dont une à cheval, fortes d'environ 200 hommes, et 4 à 500 chevaux, campent sur la place derrière le pont Vert. Les bouches à feu de ces compagnies sont presque toutes neuves. Le calibre des pièces d'artillerie à pied est de 12, celui de l'artillerie à cheval de 6. Les chevaux sont bons; les canonniers paraissent bien exercés, mais mécontents de leur sort.

Il ne se trouve qu'un bataillon de grenadiers sur le chemin de Vilna à Kovno, dans la petite ville d'Olkieniki; toutes les autres troupes du corps d'Essen sont cantonnées, depuis Vilna, vers Slonim, jusqu'à Brzesc (*Brest-Litovsk*).

On fait quelques préparatifs à Vilna pour la réception de l'Empereur.

Dans le gouvernement de Grodno et le district de Bialystok, il ne se trouve aucune troupe.

D'Augustowo, du 20 juin 1811.

Le magasin de Bialystok, devant avoir 300.000 korzecks[1], qui a été amené à Grodno et devait être transporté sur le Niémen à Jourbourg (*Georgenbourg*), reste encore à Grodno.

On a cessé de parler de guerre en Russie.

Le sucre et le café sont baissés en Russie au point qu'ils ne se vendent que 3 florins 10 gros de Pologne, la livre.

De Lomza, le 21 juin.

On dit que l'Empereur ne viendra pas à Bialystok.

On dit que tous les maréchaux des districts vont être appelés à Pétersbourg pour donner leur opinion sur l'élection du roi de Pologne.

A Mydzyborz (*Medjiboj*) se trouve la division de Luchaszew (*Likhatchev*) de quatre régiments d'infanterie;

Aux environs de Letyczew (*Létitschev*), celle de Lewicky (?) de trois régiments d'infanterie;

Aux environs de Luck (*Loutsk*), celle de Kapcewicz (*Kaptsevitch*), de cinq régiments d'infanterie;

A Ostrog, deux compagnies d'artillerie;

A Lubar (*Lioubar*), deux compagnies d'artillerie;

A Polonnoe (*Polonnoé*), deux compagnies d'artillerie;

A Stary-Konstantinov, deux compagnies d'artillerie.

Il y a des magasins considérables depuis Zytomierz (*Jitomir*) jusqu'à Dubno.

On commence à fortifier Stary-Konstantinov.

---

1. Nous n'avons pu parvenir à déterminer exactement à quelle mesure correspondait le *korzeck*: on employait à Cracovie le *korczyk*, qui était une mesure de 5 pots, égalant 51 litres 137. A Radom (Pologne) on se servait, comme mesure pour les légumes, du *koretz*, qui équivalait à 192 livres.

Extrait d'un rapport du général Rozniecki, de Siedlce, du 23 juin 1811.

Depuis ma dernière, rien de nouveau positivement, sinon que les Cosaques qui avaient, il y a à peu près vingt jours, renforcé le cordon de frontière, ont retiré ces renforts pour faire une espèce de seconde ligne de postes ; ils font les rondes et les patrouilles comme ceux de la première ligne.

Le reste des cosaques rejoignent en partie les divisions de cavalerie, et en partie forment de petites réserves, en avant des deux premières lignes de postes de frontière.

La 25e division, cantonnée à Mizdryborg (*Medjibcj*), était sous les ordres du général Atysrezow (?) et aujourd'hui on nous la rapporte sous ceux du général Lichaczew (*Likhatchev*).

J'attends aussi de jour en jour le capitaine Plosziznyski, envoyé à Vilna, porteur d'une lettre de prétexte pour le gouverneur de la province.

Ce qu'il y a de sûr, c'est que presque tous les régiments changent de divisions, et que sur les troupes qu'ils renvoient sur la frontière de la Turquie, ils font marcher celles qui sont proches de nos frontières, pour que le mouvement soit aperçu par nous, et qu'ils font marcher par le Dnieper les troupes qui, de la Moldavie, arrivent pour renforcer leur armée, pour nous dérober par là toute espèce de connaissance assurée de ces mouvements.

Les dernières lettres de la Dvina m'assurent monter le nombre de leurs bataillons de recrues à 37 qui se trouvent placés à Bobruysk (*Bobrouïsk*) et à 19 ceux placés dans les environs de Dunabourg. Ces bataillons servent à compléter les cadres des régiments qui arrivent par le Dnieper et qui sont affaiblis parce qu'ils ont souffert en Moldavie.

Toutes ces troupes vont camper ; je guette ce moment pour les y faire reconnaître par des émissaires affidés ; cela nous rassurera en entier sur leur nombre.

(Archives nationales, AF IV, 1655.)

Ordre de diriger sur Hambourg les conscrits tirés du régiment de Walcheren. Le 7 juillet, l'Empereur, pour faire suite à sa lettre du 3, donne l'ordre au ministre de la guerre de diriger sur Hambourg les 2.250 conscrits réfractaires du régiment de Walcheren, qui ont été incorporés dans les cadres des quinze compagnies des 5es et 6es bataillons des régiments du corps de l'Elbe.

L'EMPEREUR AU MINISTRE DE LA GUERRE.

Saint-Cloud, le 7 juillet 1811.

Monsieur le duc de Feltre, donnez ordre que les compagnies des 17e, 108e, 12e, 48e, 21e, 30e, 33e et 61e de ligne, complétées par des conscrits réfractaires de l'île de Walcheren, formant huit compagnies ou 1.200 hommes, partent de l'île de Walcheren du 15 au 20 juillet pour se rendre à Hambourg. Ces 1.200 hommes seront incorporés à Hambourg dans les différents régiments. Les compagnies des 85e, 57e et 111e partiront du 25 au 30 juillet, et les quatre compagnies des 7e et 13e légers, au plus tard le 10 août. Ainsi, ces 2.250 hommes seront arrivés en Allemagne dans le courant du mois d'août, ce qui, avec les 1.600 hommes des deux bataillons des îles de Goêree et de Schouwen, fera un renfort de 5.600 hommes. Il ne manquera donc plus, pour les régiments de l'armée d'Allemagne, que 3.000 hommes pour être portés au grand complet.

NAPOLÉON.

Ces 2.250 conscrits arrivent à Hambourg dans le courant du mois d'août et sont immédiatement répartis dans les régiments du corps de l'Elbe.
L'ordre de départ concernant les hommes des bataillons des îles de Goêree et de Schouwen n'est donné que le 28 juillet 1811.

L'EMPEREUR AU MINISTRE DIRECTEUR DE L'ADMINISTRATION DE LA GUERRE.

Saint-Cloud, le 7 juillet 1811.

Ordre concernant les chariots ou caissons dont les bataillons d'équipages militaires doivent être pourvues

Monsieur le comte de Cessac, je viens de prendre un décret pour que les compagnies d'équipages militaires qui se réunissent à Pau et qui doivent se servir des voitures, aient des chariots au lieu de caissons. Vous verrez que sur les cinq bataillons d'équipages destinés pour l'Allemagne, je donne, par le même décret, des chariots aux 2e, 6e et 7e bataillons, qui sont à Commercy, Metz et Nancy; mais que le 9e et le 12e continuent à se servir des caissons. Je suppose que les trois dernières compagnies du 12e sont parties pour se rendre du côté de Hambourg. D'après ces dispositions, il faudrait faire cesser à Sampigny la construction des caissons pour ne plus s'occuper que de la construction des chariots. Les caissons seront uniquement destinés pour les bataillons d'infanterie. Quant aux compagnies de l'armée d'Espagne, il est important de se presser pour avoir un résultat. Je ne juge pas à propos d'augmenter la nourriture, parce qu'en temps de guerre on ne donne que ce qu'on peut et qu'il y aurait plus d'inconvénients que d'avantages à augmenter encore la variété des rations.

NAPOLÉON.

L'EMPEREUR AU PRINCE D'ECKMÜHL, A HAMBOURG.

Saint-Cloud, le 7 juillet 1811.

<small>Corps d'observation de l'Elbe : ordre de faire rentrer dans le rang les sergents et caporaux n'ayant pas deux ans de service. Du complétement des bataillons de guerre.</small>

Mon Cousin, en passant la revue du 6e bataillon du 13e d'infanterie légère, je me suis aperçu qu'on avait fort mal à propos nommé des caporaux et des sergents qui n'avaient pas deux ans de service. Je les ai fait rentrer dans les compagnies et on les a remplacés par des sous-officiers tirés de Fontainebleau. Mais, comme on peut avoir fait la même chose aux autres 6es bataillons, je désire que vous écriviez pour faire rentrer dans les compagnies les nouveaux sergents et caporaux qui n'auraient pas deux ans de service; qu'on demande au ministre de la guerre des hommes de Fontainebleau pour les remplacer, ou que vous y mettiez d'anciens soldats que vous tirerez des bataillons de guerre, quand ces 6es bataillons vous auront rejoint. Je ne saurais trop vous recommander de faire passer des revues de régiment à l'arrivée de ces bataillons pour vous assurer que les caporaux et sergents ont au moins deux ans de service.

Je viens d'appeler la réserve, et sur cette levée je viens de donner de quoi compléter le 4e bataillon du 13e léger et le 4e du 25e de ligne, ce qui vous complètera vos 4es bataillons; je viens aussi de donner 200 hommes à chacun de vos corps, afin d'avoir dans les 5es bataillons un fonds qui puisse porter vos 79 bataillons de guerre au complet; car mon intention est toujours que votre corps soit composé de six divisions, y compris la 7e qui est à Danzig; que tous les bataillons aient 840 hommes présents sous les armes, et qu'en septembre vous ayez 79 bataillons français, 9 bataillons des 127e, 128e et 129e régiments[1]; total 88 bataillons, qui, avec les 16 bataillons de Danzig, vous feront 104 bataillons ou 84.000 hommes d'infanterie, ayant leur artillerie régimentaire, leurs caissons régimentaires, leur artillerie de ligne, leurs caissons des transports militaires, leurs ambulances, leurs chirurgiens, leurs administrations, tout en état de faire campagne.

Il sera nécessaire que vous réunissiez chaque division séparément et que vous en passiez la revue d'ici au 15 septembre. Il est nécessaire également que vos généraux de division, vos généraux de brigade, vos adjudants-commandants, colonels, majors en second, que tout le monde soit présent. Les 240 caissons du 12e bataillon des équipages militaires doivent être arrivés. Pour les autres bataillons d'équipages qui vous sont destinés, j'ai remplacé les caissons par des chariots qui portent le double avec le même nombre de chevaux.

NAPOLÉON.

---

1. L'Empereur écrit le même jour au prince d'Eckmühl, au sujet de ces régiments : « Mon Cousin, quand les 127e, 128e et 129e régiments seront formés, des détachements viendront à Paris, où je leur remettrai moi-même des aigles. »

LE PRINCE D'ECKMUHL A L'EMPEREUR.

Hambourg, le 8 juillet 1811.

Votre Majesté m'ayant fait connaître, par sa lettre du 7 mai, qu'Elle désirait savoir combien avaient d'années de service les capitaines, lieutenants et sous-lieutenants de l'armée d'Allemagne, ainsi que les sergents et caporaux, j'ai l'honneur de lui adresser le travail que j'ai fait faire pour remplir ses intentions. Il est fait par régiment. Elle verra que tous les cadres sont composés de vieux militaires ayant plus ou moins d'années de service.

PRINCE D'ECKMUHL.

(Archives nationales, AF IV, 1655.)

État général des services des officiers, sous-officiers et caporaux composant les cadres des régiments du corps d'observation de l'Elbe.

† Les tableaux ci-après forment, dans leur ensemble, un document extrêmement précis et très utile à méditer, si l'on veut se rendre compte des qualités vraiment supérieures des cadres de l'armée française avant la campagne de Russie.

On trouvera dans ces tableaux le nombre des années de service des officiers, sous-officiers et caporaux qui constituaient, en quelque sorte, la charpente de chacun des régiments du corps d'observation de l'Elbe. Les chiffres indiqués font ressortir avec une brutale précision, et mieux qu'on ne saurait le démontrer de toute autre façon, quelle solidité et quelle expérience de la guerre devaient posséder de pareils éléments dans les différentes armes ; il suffit, en effet, de réfléchir que tout militaire comptant à cette époque six à sept ans de présence sous les drapeaux avait déjà pris part à de nombreuses et brillantes campagnes et s'était mesuré sur les champs de bataille avec la plupart des armées de l'Europe.

Quant à la valeur des soldats qui emplissaient de tels cadres, on peut aussi s'en faire une idée réelle, en se rappelant qu'aucune des classes appelées antérieurement à celle de 1811 n'avait été encore libérée et que les hommes de troupe ne quittaient alors le service que par retraite, vétérance ou réforme.

Si l'on ajoute à ces considérations l'entrain, l'endurance, le fanatisme qui animait ces vieilles troupes, on est frappé de la vigueur et de la puissance de l'instrument dont disposait le génie de Napoléon pour mener la guerre.

ARMÉE D'ALLE

ÉTAT SOMMAIRE DES OFFICIERS ET SOUS-OFFICIERS, INDIQUANT

Infanterie

GRADES.	12ᵉ RÉGIMENT. Nombre d'unités.	12ᵉ RÉGIMENT. Années de service.	17ᵉ RÉGIMENT. Nombre d'unités.	17ᵉ RÉGIMENT. Années de service.	21ᵉ RÉGIMENT. Nombre d'unités.	21ᵉ RÉGIMENT. Années de service.	25ᵉ RÉGIMENT. Nombre d'unités.	25ᵉ RÉGIMENT. Années de service.	30ᵉ RÉGIMENT. Nombre d'unités.	30ᵉ RÉGIMENT. Années de service.	33ᵉ RÉGIMENT. Nombre d'unités.	33ᵉ RÉGIMENT. Années de service.	48ᵉ RÉGIMENT. Nombre d'unités.	48ᵉ RÉGIMENT. Années de service.
Colonels............	1	28	1	19	1	20	1	20	1	20	1	20	1	22
Chefs de bataillon......	1	29	1	22	1	29	1	29	2	19	1	26	1	29
	2	19	1	18	2	19	1	19	1	18	1	19	1	20
	»	»	1	9	»	»	1	18	»	»	1	18	1	19
Adjudants-majors......	1	18	1	18	1	19	1	14	1	18	1	18	1	20
	1	8	1	16	1	17	2	6	1	16	1	9	1	20
	1	4	1	11	1	12	»	»	1	7	1	7	1	17
Officiers payeurs.......	1	11	1	11	1	19	1	19	1	7	1	19	1	18
Officiers porte-aigles....	1	18	1	9	1	17	1	8	1	25	1	18	1	18
Capitaines	5	18	1	27	1	24	1	33	1	24	1	29	1	28
	1	16	4	20	5	20	1	25	3	20	3	20	1	25
	1	11	6	19	7	19	1	24	4	19	2	19	5	20
	1	8	2	18	1	18	1	22	2	18	2	18	2	19
	2	7	1	11	»	»	1	19	2	11	1	17	1	18
	2	6	2	7	»	»	2	18	2	7	2	13	1	12
	3	5	»	»	»	»	2	14	»	»	2	12	2	7
	»	»	»	»	»	»	1	12	»	»	1	9	»	»
	»	»	»	»	»	»	»	»	»	»	»	»	»	»
	»	»	»	»	»	»	»	»	»	»	»	»	»	»
Lieutenants	1	19	1	19	1	20	1	25	1	19	3	19	1	20
	4	18	2	18	1	19	3	19	1	18	2	18	2	19
	1	12	4	14	1	18	1	12	1	17	1	13	1	18
	1	11	1	10	1	17	1	7	1	12	1	7	4	7
	1	10	1	9	1	13	2	6	1	11	3	5	1	6
	1	7	1	5	2	12	1	5	1	7	2	4	2	4
	2	6	»	»	1	10	3	4	1	5	»	»	1	2
	1	5	»	»	1	8	»	»	2	4	»	»	»	»
	1	4	»	»	1	6	»	»	»	»	»	»	»	»
	»	»	»	»	1	5	»	»	»	»	»	»	»	»
	»	»	»	»	3	4	»	»	»	»	»	»	»	»
	»	»	»	»	»	»	»	»	»	»	»	»	»	»
	»	»	»	»	»	»	»	»	»	»	»	»	»	»
	»	»	»	»	»	»	»	»	»	»	»	»	»	»
Sous-lieutenants	1	19	3	18	1	20	2	19	2	18	3	18	1	21
	2	18	1	17	3	19	1	11	3	17	1	16	1	19
	1	14	2	14	1	18	5	8	1	16	1	11	3	18
	1	12	3	11	1	17	1	6	3	11	2	10	2	17
	3	11	3	8	4	13	1	5	3	8	1	9	2	12
	1	9	2	7	2	12	2	4	2	4	2	8	1	11
	2	7	2	5	1	11	»	»	1	3	2	7	1	10
	1	6	3	4	1	9	»	»	»	»	1	5	1	8
	5	5	»	»	1	6	»	»	»	»	1	4	1	6
	1	4	»	»	1	4	»	»	»	»	»	»	1	5
	»	»	»	»	1	3	»	»	»	»	»	»	»	»
	»	»	»	»	1	2	»	»	»	»	»	»	»	»
Adjudants sous-officiers.	2	11	1	19	1	17	1	19	1	11	3	11	1	19
	1	10	1	12	1	13	1	17	1	9	2	5	1	17
	1	9	1	8	2	12	1	11	1	8	1	4	2	12
	1	4	3	5	2	8	1	9	1	7	»	»	2	15
	1	3	»	»	»	»	2	8	1	4	»	»	»	»
Tambours majors	1	8	1	8	»	»	»	»	1	8	1	9	1	20

JUILLET 1811.

MAGNE (1811).

LE NOMBRE DE LEURS ANNÉES DE SERVICE EN JUILLET 1811.

de ligne.

GRADES.	57ᵉ RÉGIMENT.		61ᵉ RÉGIMENT.		111ᵉ RÉGIMENT.		65ᵉ RÉGIMENT.		108ᵉ RÉGIMENT.		OBSERVATIONS.
	Nombre d'unités.	Années de service.	Nombre d'unités.	Années de service.	Nombre d'unités.	Années de service.	Nombre d'unités.	Années de service.	Nombre d'unités.	Années de service.	
Colonels........	1	29	1	20	1	24	1	20	1	27	
Chefs de bataillon.......	1	28	1	25	1	23	2	20	1	26	
	1	25	1	19	1	19	1	19	2	19	
	1	12	»	»	1	18	»	»	»	»	
Adjudants-majors......	1	20	1	19	1	19	1	27	1	19	
	2	19	»	»	1	16	1	18	1	17	
	»	»	»	»	1	6	1	7	1	9	
Officiers payeurs.......	1	19	1	12	1	7	1	19	1	17	
Officiers porte-aigles. .	1	19	»	»	»	»	1	19	1	19	
Capitaines............	1	25	5	19	1	29	1	30	1	20	
	1	22	1	25	1	29	1	27	7	19	
	2	21	1	21	1	21	1	28	2	18	
	4	20	2	18	2	19	1	22	1	17	
	5	19	1	20	3	18	6	20	1	16	
	1	18	2	13	1	17	3	19	1	12	
	1	10	1	11	1	16	1	9	1	9	
	»	»	1	6	1	15	»	»	»	»	
	»	1	»	»	3	14	»	»	»	»	
	»	»	»	»	1	13	»	»	»	»	
Lieutenants	1	20	2	18	1	34	1	20	1	24	
	3	19	1	13	1	25	2	19	2	19	
	1	18	1	12	1	24	1	18	2	17	
	2	17	1	11	1	20	2	17	3	7	
	1	15	2	8	2	19	1	15	2	4	
	1	10	2	7	1	18	1	12	1	5	
	2	7	1	6	1	17	1	8	»	»	
	1	6	2	5	1	10	3	7	»	»	
	1	5	»	»	2	9	2	4	»	»	
	»	»	»	»	1	7	»	»	»	»	
	»	»	»	»	1	6	»	»	»	»	
	»	»	»	»	1	5	»	»	»	»	
	»	»	»	»	1	4	»	»	»	»	
	»	»	»	»	1	(1)	»	»	»	»	(1) Ce lieutenant hollandais n'a pas d'état de service.
Sous-lieutenants	1	19	1	19	1	26	1	19	1	21	
	1	12	3	18	1	20	1	18	4	19	
	2	8	2	12	1	19	1	17	1	18	
	1	7	2	10	1	18	1	13	1	17	
	1	6	2	9	1	14	1	10	1	16	
	1	5	1	7	3	10	3	9	1	14	
	6	4	1	5	2	9	2	8	1	11	
	1	3	1	4	2	7	1	7	1	9	
	»	»	»	»	3	6	5	4	2	7	
	»	»	»	»	1	5	1	2	1	6	
	»	»	»	»	»	»	»	»	2	4	
	»	»	»	»	»	»	»	»	»	»	
Adjudants sous-officiers.	1	12	1	12	1	13	2	13	3	17	
	1	8	2	10	1	12	1	9	1	12	
	2	7	1	6	1	9	1	8	1	6	
	1	6	2	4	1	8	1	7	1	3	
	1	5	»	»	2	7	1	6	»	»	
Tambours-majors.......	1	19	1	9	1	27	1	8	1	17	

Infanterie

GRADES	12ᵉ RÉGIMENT.		17ᵉ RÉGIMENT.		21ᵉ RÉGIMENT.		25ᵉ RÉGIMENT.		30ᵉ RÉGIMENT.		33ᵉ RÉGIMENT.		48ᵉ RÉGIMENT.	
	Nombre d'unités.	Années de service.	Nombre d'unités.	Années de service.	Nombre d'unités.	Années de service.	Nombre d'unités.	Années de service.	Nombre d'unités.	Années de service.	Nombre d'unités.	Années de service.	Nombre d'unités.	Années de service.
Sergents-majors.......	3	18	1	18	2	18	2	12	1	11	2	18	1	19
	1	17	1	16	2	13	2	9	2	9	1	16	2	18
	1	15	2	12	2	12	6	8	2	7	1	14	1	17
	2	11	1	11	1	10	2	7	4	6	2	11	1	16
	1	10	1	9	1	9	2	6	4	5	1	10	1	15
	3	9	3	8	2	8	1	3	4	4	1	8	3	12
	4	6	4	5	3	7	»	»	1	2	1	7	2	8
	2	5	5	3	2	6	»	»	»	»	2	6	1	7
	1	4	1	10	3	5	»	»	»	»	1	5	1	6
	1	2	»	»	1	3	»	»	»	»	4	3	1	5
	»	»	»	»	1	2	»	»	»	»	2	3	1	3
	»	»	»	»	»	»	»	»	»	»	1	2	4	2
	»	»	»	»	»	»	»	»	»	»	»	»	»	»
Sous-officiers porte-aigles..........	2	18	1	18	1	18	1	19	1	18	1	18	1	18
	»	»	1	11	1	17	1	17	1	17	1	17	1	17
Sergents...........	1	30	1	20	2	20	1	26	1	20	2	29	1	20
	1	22	4	19	1	19	1	21	3	18	1	20	3	19
	10	18	7	18	8	18	1	20	5	17	3	19	11	18
	1	17	2	17	12	17	12	19	7	14	10	18	7	17
	2	16	2	16	2	13	10	18	2	12	4	17	3	16
	1	13	5	15	10	12	3	17	6	11	1	16	5	15
	2	12	5	13	3	10	3	13	6	9	1	14	2	13
	5	11	5	12	3	9	5	12	6	8	2	13	16	12
	6	10	1	11	6	8	1	11	6	7	5	12	3	11
	9	9	7	9	8	7	1	10	6	6	2	11	4	10
	8	8	15	8	6	6	3	9	22	5	9	10	1	9
	4	7	7	7	8	5	21	8	4	4	4	9	1	8
	11	6	5	5	5	4	3	7	5	3	6	8	4	7
	8	5	4	4	1	3	4	6	»	»	4	7	8	6
	3	4	2	3	1	1	2	5	»	»	5	6	4	4
	1	3	3	2	»	»	1	4	»	»	5	5	1	3
	1	6 mois	2	1	»	»	»	»	»	»	7	4	2	2
	»	»	»	»	»	»	»	»	»	»	1	3	»	»
	»	»	»	»	»	»	»	»	»	»	4	2	»	»
	»	»	»	»	»	»	»	»	»	»	»	»	»	»
	»	»	»	»	»	»	»	»	»	»	»	»	»	»
Fourriers...........	1	11	2	8	1	8	6	6	2	7	1	11	1	7
	1	7	5	5	14	5	1	5	1	6	1	8	2	6
	1	6	3	4	2	4	2	4	3	5	2	5	3	5
	1	5	2	3	2	3	1	3	4	4	4	4	3	4
	2	4	5	2	»	»	6	2	4	3	3	3	3	3
	2	3	2	(1)	»	»	1	1	4	1	7	2	5	2
	10	2	»	»	»	»	»	»	»	»	»	»	»	»
	1	1	»	»	»	»	»	»	»	»	»	»	»	»
	»	»	»	»	»	»	»	»	»	»	»	»	»	»
Caporaux...........	7	18	2	19	2	19	5	19	1	17	1	24	1	20
	1	17	1	18	4	18	3	17	1	11	1	20	1	19
	1	16	1	17	3	17	2	15	2	9	2	19	4	18
	1	13	2	15	1	16	4	14	8	8	2	18	10	17
	2	12	1	14	3	13	1	13	8	7	1	17	2	15
	4	11	2	11	10	12	4	12	29	6	1	14	7	12
	5	10	3	12	1	11	1	11	19	5	1	13	4	11
	10	9	7	9	4	10	2	10	25	4	3	12	5	10
	8	8	17	8	10	8	8	9	33	3	7	11	6	9
	12	7	12	7	4	7	28	8	19	2	8	10	11	8
	19	6	11	6	15	6	19	7	»	»	5	9	7	7
	25	5	31	5	34	5	21	6	»	»	14	8	10	6
	27	4	38	4	27	4	20	5	»	»	12	7	24	5
	8	3	11	3	8	3	7	4	»	»	7	6	17	4
	18	2	9	2	18	2	5	3	»	»	13	5	27	3
	1 tambour.	18	»	»	1	1	7	2	»	»	31	4	11	2
	»	»	»	»	4	2	3	18 mois	»	»	21	3	1 tambour.	6 mois
	»	»	»	»	»	»	»	»	»	»	16	2	1 tambour.	12
	»	»	»	»	»	»	»	»	»	»	2	1	»	»
	»	»	»	»	»	»	»	»	»	»	»	»	»	»

légère (suite). JUILLET 1811. 41

GRADES	57ᵉ RÉGIMENT.		61ᵉ RÉGIMENT.		111ᵉ RÉGIMENT.		85ᵉ RÉGIMENT.		105ᵉ RÉGIMENT.		OBSERVATIONS.
	Nombre d'unités.	Années de service.	Nombre d'unités.	Années de service.	Nombre d'unités.	Années de service.	Nombre d'unités.	Années de service.	Nombre d'unités.	Années de service.	
Sergents-majors.......	2	20	1	18	1	29	1	18	1	30	(1) De l'année courante.
	1	15	1	14	3	11	2	9	1	29	
	2	13	2	12	2	10	4	8	2	19	
	2	12	1	10	5	9	5	7	1	18	
	2	8	2	9	1	8	4	6	1	17	
	2	7	3	6	3	7	3	5	1	15	
	4	6	1	8	2	6	»	»	1	13	
	4	5	6	3	1	3	»	»	4	12	
	»	»	2	2	1	2	»	»	1	11	
	»	»	»	»	»	»	»	»	1	8	
	»	»	»	»	»	»	»	»	1	7	
	»	»	»	»	»	»	»	»	2	6	
	»	»	»	»	»	»	»	»	1	5	
	»	»	»	»	»	»	»	»	1	4	
Sous-officiers porte-aigles...........	2	19	2	18	1	26	1	20	2	18	
	»	»	»	»	1	23	1	18	»	»	
Sergents.......	1	27	3	19	1	30	1	22	7	19	
	1	20	11	18	1	25	1	20	5	18	
	7	19	4	17	2	23	12	19	1	17	
	6	18	1	16	2	22	6	18	4	13	
	7	17	1	15	1	20	1	17	11	12	
	5	16	2	12	2	19	2	14	2	11	
	2	15	1	11	2	18	4	13	1	10	
	2	14	2	10	3	17	4	12	7	9	
	5	13	14	9	1	16	8	11	5	8	
	14	12	10	8	3	15	3	10	4	7	
	4	11	5	7	3	14	10	9	10	6	
	5	10	5	6	2	13	12	8	11	5	
	1	9	7	5	3	12	4	7	4	4	
	6	8	4	4	6	11	2	6	3	3	
	3	7	3	3	7	10	5	5	1	1	
	2	6	2	2	7	9	1	4	»	»	
	1	5	1	1	10	8	2	3	»	»	
	1	4	»	»	6	7	1	2	»	»	
	1	3	»	»	3	6	»	»	»	»	
	»	»	»	»	4	5	»	»	»	»	
	»	»	»	»	5	4	»	»	»	»	
	»	»	»	»	2	3	»	»	»	»	
	»	»	»	»	2	2	»	»	»	»	
Fourriers.......	7	6	1	11	1	1	1	9	2	6	
	4	3	1	9	2	9	2	7	3	5	
	3	4	1	8	1	8	2	6	6	4	
	3	2	1	7	3	6	8	5	2	3	
	»	»	1	6	3	5	1	4	3	2	
	»	»	1	5	2	4	2	3	2	1	
	»	»	2	3	1	3	3	2	1	4 mois.	
	»	»	8	2	1	2	»	»	»	»	
	»	»	3	1	1	1	»	»	»	»	
Caporaux..	5	19	1	19	1	32	1	20	2	19	
	3	18	5	18	2	29	3	19	3	18	
	8	17	1	17	1	22	2	18	1	17	
	2	16	1	11	1	21	2	17	2	13	
	1	15	3	10	1	20	2	12	1	12	
	1	14	12	9	1	18	3	11	5	11	
	3	13	14	8	1	15	3	10	5	9	
	17	12	9	7	1	13	9	9	5	8	
	5	11	23	6	2	12	24	8	6	7	
	3	10	21	5	10	10	27	7	22	6	
	4	9	17	4	15	9	16	6	33	5	
	10	8	21	3	19	8	15	5	32	4	
	13	7	19	2	17	7	15	4	25	3	
	21	6	»	»	10	6	13	3	3	2	
	19	5	»	»	26	5	13	2	2	1	
	13	4	»	»	23	4	1	1	1	6 mois.	
	3	3	»	»	9	3	»	»	1 tambour.	17	
	14	2	»	»	5	2	»	»	»	»	
	3	1	»	»	1	1	»	»	»	»	
	»	»	»	»	1 tambour.	15	»	»	»	»	

Infanterie

GRADES.	7ᵉ RÉGIMENT d'infanterie légère.		13ᵉ RÉGIMENT d'infanterie légère.		15ᵉ RÉGIMENT d'infanterie légère.		33ᵉ RÉGIMENT d'infanterie légère.		OBSERVATIONS.
	Nombre d'unités.	Années de service.	Nombre d'unités.	Années de service.	Nombre d'unités.	Années de service.	Nombre d'unités.	Années de service.	
Colonels............	1	22	1	25	1	20	1	14	
Chefs de bataillon	1 1 1	25 19 18	1 major en second 2	20 » 20	1 1 1	26 18 16	1 1 »	21 17 »	
Adjudants-majors..........	1 1 1	19 18 17	1 1 1	19 19 18	1 1 1	15 11 10	1 1 1	26 16 12	
Officiers porte-aigles.......	1	19	1	19	1	11	1 officier à la suite	17	
Officiers payeurs	»	»	1	19	1	9	1	23	
Capitaines..............	1 1 2 3 2 1 » » » » »	26 20 19 18 17 17 » » » » »	2 1 1 3 7 » » » » » »	24 23 21 19 18 » » » » » »	1 1 4 3 4 1 » » » » »	22 21 20 19 18 8 » » » » »	1 1 3 1 1 3 2 1 1 1	29 28 24 23 23 19 18 17 16 15 12 9	
Lieutenants	1 2 1 1 6 1 1 » »	19 17 12 8 7 6 4 » »	2 1 1 1 3 4 » » »	19 18 12 7 6 5 » » »	2 3 1 2 1 1 » »	20 18 9 8 7 6 5 » »	1 2 1 1 1 2 1 1	19 17 16 15 11 9 8 5 4	
Sous-lieutenants	2 3 2 1 1 1 3 2 1 » »	19 18 17 8 7 6 4 2 1 » »	2 1 6 2 1 1 2 2 1 » »	19 17 18 12 12 9 7 6 4 » »	2 4 1 1 2 2 1 » » »	19 18 13 12 11 9 4 3 » » »	1 1 1 1 2 1 4 2 2 1 1	16 15 13 12 11 10 8 6 4 2 1	
Adjudants sous-officiers.....	3 1 2 » » »	8 5 3 » » »	2 2 2 » » »	18 11 5 » » »	1 1 1 1 1	12 11 9 7 6 5	» » » » »	» » » » »	
Tambours-majors	1	16	1	11	1	5	»	»	

JUILLET 1811.

légère.

GRADES.	7ᵉ RÉGIMENT d'infanterie légère.		13ᵉ RÉGIMENT d'infanterie légère.		15ᵉ RÉGIMENT d'infanterie légère.		33ᵉ RÉGIMENT d'infanterie légère.		OBSERVA-TIONS.
	Nombre d'unités.	Années de service.	Nombre d'unités.	Années de service.	Nombre d'unités.	Années de service.	Nombre d'unités.	Années de service.	
Sous-officiers porte-aigles...	2 »	17 »	1 1	20 18	1 1	17 15	» »	» »	
Sergents-majors	1 1 1 2 1 1 4 9 2 1 » »	19 18 12 9 8 7 6 5 4 3 » »	4 1 1 1 4 1 1 5 1 » » »	18 17 13 11 8 7 6 5 4 » » »	2 2 3 6 1 4 1 » » » » »	18 9 8 7 6 5 3 » » » » »	1 1 2 2 2 2 1 2 2 2 1 1	21 17 15 13 14 13 12 11 9 8 6 3	
Sergents	1 2 10 5 1 3 2 2 1 4 22 8 3 5 3 2 1 » » »	20 19 18 17 15 14 13 12 10 9 8 7 6 5 4 3 1 » » »	1 6 26 1 1 2 6 7 9 3 6 2 4 1 1 » » » » »	23 19 18 16 15 12 11 8 7 6 5 4 3 2 1 » » » » »	1 1 1 2 1 1 1 2 2 4 20 27 4 7 1 1 » » » »	20 18 17 16 15 14 12 11 10 9 8 7 6 5 4 2 » » » »	1 1 1 6 2 2 1 5 1 5 11 4 5 10 1 7 2 8 2 1	27 26 20 18 17 16 15 14 13 12 11 10 9 8 7 6 5 4 3 2	
Fourriers.............	1 3 1 2 1 2 2 6 » » »	9 8 7 6 5 4 3 2 » » »	2 » 1 2 2 » » » » » »	6 5 4 3 2 » » » » » »	1 2 3 1 1 5 1 » » » »	8 6 5 4 3 2 6 mois. » » » »	1 1 2 1 1 1 1 3 3 4 1	19 17 13 10 7 5 5 3 2 1	
Caporaux.............	1 2 1 2 3 1 1 1 4 28 17 12 27 27 4 12 1 1 tambour.	18 17 15 14 13 12 11 10 9 8 7 6 5 4 3 2 1	1 4 26 1 1 1 1 6 11 27 6 27 6 8 19 1 tambour. 6	20 19 18 16 15 13 12 11 8 7 6 5 4 3 2	1 1 1 1 3 1 6 17 38 13 34 6 7 15 1 tambour.	18 16 15 14 11 10 9 8 7 6 5 4 3 2	1 1 1 3 1 3 7 3 14 11 18 31 8 19 11 » » »	25 22 21 15 13 12 11 10 9 8 7 6 5 4 3 2	

Cavalerie

GRADES.	7ᵉ HUSSARDS.		8ᵉ HUSSARDS.		1ᵉʳ CHASSEURS à cheval.		2ᵉ CHASSEURS à cheval.		3ᵉ CHASSEURS à cheval.		16ᵉ CHASSEURS à cheval.	
	Nombre d'unités.	Années de service.	Nombre d'unités.	Années de service.	Nombre d'unités.	Années de service.	Nombre d'unités.	Années de service.	Nombre d'unités.	Années de service.	Nombre d'unités.	Années de service.
Colonels.............	1	26	1	20	1	22	1	25	1	13	1	29
Chefs d'escadrons	1	24	1	10	1	25	1	23	1	30	1	19
	1	19	1	8	1	18	1	17	1	21	1	13
	»	»	1	(1)	»	»	1	12	1	20	»	»
Capitaines...........	1	28	2	20	1	20 1/2	2	26	1	27	1	20
	1	26	1	19	2	19	1	25	1	23	1	19
	1	24	1	18	1	13	1	23	2	19	4	18
	1	20	1	16	1	12 1/2	3	18	1	17	1	5
	2	19	1	12	1	10 1/2	»	»	1	14	»	»
	1	7 1/2	1	5	1	5	»	»	1	5	»	»
	»	»	1	(2)	»	»	»	»	»	»	»	»
Adjudants-majors	1	22	1	21	1	11	1	25	1	10	1	10
	1	19	1	13	1	18	1	18	1	5	1	4 1/2
Lieutenants	2	20	1	18	1	19 1/2	2	25	1	22	2	18
	1	19	1	17	1	17	1	23	1	16	2	6
	2	18	1	16	1	10	1	20	1	14	1	15
	2	15	1	13	1	8 1/2	1	17	1	12	1	12
	»	»	1	10	1	7	1	7	3	4	1	4
	»	»	1	9	1	6 1/2	2	5	»	»	»	»
	»	»	1	8	»	»	»	»	»	»	»	»
	»	»	1	5	»	»	»	»	»	»	»	»
	»	»	1	(3)	»	»	»	»	»	»	»	»
Sous-lieutenants	1	23	1	20	1	20	1	25	1	28	2	18
	2	19	3	18	2	19	2	19	1	23	1	17
	1	18	2	14	1	15	2	18	1	20	2	16
	3	15	1	12	1	14	1	17	3	19	1	15
	4	13	1	9	1	12	1	12	1	18	1	14
	1	12	1	8	2	11	4	8	2	17	2	12
	1	10	1	7	1	10	3	7	1	15	1	10
	2	6	1	6	5	9	1	6	2	12	2	7
	4	5	1	5	1	7	5	5	1	9	1	6
	2	2	1	4	4	5	2	3	1	8	5	5
	1	1 1/2	3	2	1	3	»	»	2	7	1	4
	»	»	1	1	1	1	»	»	4	5	1	3
	»	»	1	(4)	1	(5)	»	»	1	2	»	»
Maîtres armuriers......	»	»	»	»	1	18 1/2	»	»	1	17	»	»
Adjudants sous-officiers.	1	13	1	11	1	17	1	17	1	7	1	13
	1	9	1	4	»	»	1	7	1	6	1	11
	1	8	»	»	»	»	»	»	»	»	»	»

(1) A la suite, officier d'ordonnance de l'Empereur.
(2) Arrivé au corps, n'a pas donné son état de service.
(3) A la suite, inconnu.
(4) A la suite, écuyer de l'Empereur.
(5) A la suite, en convalescence depuis 3 ans, ne pourra jamais rejoindre.

JUILLET 1811.

...égère.

GRADES.	7e HUSSARDS.		8e HUSSARDS.		1er CHASSEURS à cheval.		2e CHASSEURS à cheval.		3e CHASSEURS à cheval.		16e CHASSEURS à cheval.	
	Nombre d'unités.	Années de service.	Nombre d'unités.	Années de service.	Nombre d'unités.	Années de service.	Nombre d'unités.	Années de service.	Nombre d'unités.	Années de service.	Nombre d'unités.	Années de service.
...réchaux des logis chefs..........	1	13	1	19	1	10	2	13	1	17	1	18
	1	10	2	8	1	7	1	9	1	13	1	17
	1	8	1	7	4	5	1	8	1	11	1	15
	3	7 1/2	2	4	1	4	1	7	1	8	2	12
	1	6	1	3	1	3	3	6	1	7	1	11
	1	5 1/2	1	2	»	»	»	»	2	6	1	10
	»	»	»	»	»	»	»	»	1	3	1	3
...réchaux des logis....	1	21	1	25	5	19	1	27	1	22	3	17
	3	18	1	23	2	17	1	20	1	21	2	16
	5	15	2	20	1	15	2	17	1	19	1	15
	1	14 1/2	5	17	1	14	3	16	1	18	8	12
	3	14	2	16	1	13	3	15	4	17	6	11
	4	13	1	14	1	12	1	14	1	14	1	10
	3	12	2	10	2	11	4	13	2	13	2	8
	1	9 1/2	2	8	2	10	3	12	9	12	2	7
	1	9	3	7	2	9	2	10	1	9	3	5
	2	8	3	6	3	8	1	9	3	8	4	4
	2	7 1/2	2	5	2	7	4	8	1	6	»	»
	1	7	7	4	2	5	2	7	3	5	»	»
	4	5	1	3	2	4	2	6	1	3	»	»
	1	4	»	»	5	3	2	4	1	2	»	»
	1	2	»	»	»	»	1	3	2	(1)	»	»
...urriers..........	1	6	2	4	2	5	1	6	Ni les brigadiers, ni les fourriers ne sont indiqués sur l'état.		2	8
	1	5	1	3	5	3	1	5			2	5
	1	4	5	2	1	2	4	4			2	3
	4	3	»	»	»	»	2	2			1	2
	2	2	»	»	»	»	»	»			1	1
...poraux ou brigadiers.	2	18	3	17	1	12	1	21			1	14
	2	14	3	16	3	10	1	19			1	13
	1	13	1	15	5	9	2	18			6	12
	1	12	1	14	1	8	3	17			2	11
	2	11	2	13	4	7	2	16			1	10
	3	10	1	12	2	6	1	15			4	9
	7	9	6	11	11	5	5	14			6	8
	3	8	1	10	9	4	4	12			5	7
	7	7	7	9	17	3	5	11			1	6
	7	6	6	8	5	2	1	10			11	5
	6	5	2	7	1 trompette.	3 1/2	4	9			15	4
	11	4	1	6	»	»	8	8			6	3
	8	3	6	5	»	»	5	7			3	2
	4	2	11	4	»	»	4	6			2	1
	»	»	10	3	»	»	6	5			»	»
	»	»	1	2	»	»	9	4			»	»
	»	»	»	»	»	»	2	3			»	»
	»	»	»	»	»	»	1	2			»	»

(1) Au dépôt, leurs services ne sont pas indiqués.
NOTA. — Le 1er chasseurs a un artiste vétérinaire qui a 7 ans et demi de service.

CAMPAGNE DE RUSSIE.

Grosse

GRADES.	2ᵉ RÉGIMENT de cuirassiers.		3ᵉ RÉGIMENT de cuirassiers.		9ᵉ RÉGIMENT de cuirassiers.		12ᵉ RÉGIMENT de cuirassiers.		OBSERVATIONS.
	Nombre d'unités.	Années de service.	Nombre d'unités.	Années de service.	Nombre d'unités.	Années de service.	Nombre d'unités.	Années de service.	
Colonels..................	1	22	1	19	1	19	1	14	
Chefs d'escadrons	1 » »	20 » »	1 1 1	23 20 18	1 1 1	23 20 18	1 » »	32 » »	
Adjudants-majors.........	1 1	19 17	1 1	23 8	1 1	26 5	1 1	17 13	
Capitaines...............	1 1 2 1 1 1 »	27 25 24 13 19 6 »	1 1 1 2 1 1 1	30 25 21 19 18 14 8	2 1 3 1 » » »	25 24 19 18 » » »	1 1 3 1 1 » »	27 22 18 17 14 » »	
Lieutenants	1 2 1 1 » »	19 9 7 6 » »	1 1 3 1 » »	18 12 8 5 » »	1 1 1 1 1 1	26 21 20 19 18 15	1 1 2 1 3 »	28 24 13 7 6 »	
Sous-lieutenants	1 2 1 1 1 1 1 2 2 3 2	26 24 19 17 16 15 14 10 7 5 4	2 2 4 1 2 2 3 » » » »	17 13 8 7 6 5 4 » » » »	1 1 2 4 3 1 2 » » » »	25 20 19 18 13 5 2 » » » »	1 1 2 1 1 3 2 1 1 »	22 19 18 14 13 11 10 7 6 3 »	
Artistes vétérinaires.......	1	30	»	»	1	30	1	5	
Maîtres armuriers..........	1	14	»	»	»	»	1	34	
Adjudants sous-officiers....	1 1	17 13	1 1	7 5	1 1	12 8	1 1	18 7	
Maréchaux des logis chefs..	2 3 2 2 » » »	18 7 6 1/2 4 » » »	1 1 1 1 1 1 3	10 9 8 7 6 5 4	1 1 1 2 1 1 »	18 9 8 6 4 3 »	2 1 2 1 1 1 »	12 10 7 6 5 3 »	

JUILLET 1811.

Cavalerie.

GRADES.	2ᵉ RÉGIMENT de cuirassiers.		3ᵉ RÉGIMENT de cuirassiers.		9ᵉ RÉGIMENT de cuirassiers.		12ᵉ RÉGIMENT de cuirassiers.		OBSERVATIONS.
	Nombre d'unités.	Années de service.	Nombre d'unités.	Années de service.	Nombre d'unités.	Années de service.	Nombre d'unités.	Années de service.	
Maréchaux des logis	1	18	3	18	1	27	1	19	
	1	13	1	17	1	25	2	18	
	5	12	1	14	1	21	1	17	
	1	11	2	13	2	19	2	13	
	2	9	2	11	4	18	3	12	
	4	8	1	10	2	17	1	10	
	5	7	2	9	1	14	1	9	
	6	6	1	8	3	13	3	8	
	1	5	10	7	4	12	6	7	
	1	4	4	4	1	11	2	6	
	1	3	4	3	1	10	1	5	
	2	1 1/2	»	»	3	9	2	4	
	»	»	»	»	1	8	2	3	
	»	»	»	»	1	6	»	»	
	»	»	»	»	1	4	»	»	
	»	»	»	»	2	3	»	»	
Fourriers	1	6	Non portés sur l'état.		1	7	1	6	
	2	4			2	4	4	5	
	3	3			3	3	1	4	
	1	2			1	2	2	3	
Brigadiers	2	18	1	19	1	26	1	19	
	1	17	2	18	2	20	2	18	
	1	16	2	13	2	19	2	17	
	1	13	2	12	2	18	3	10	
	1	10	5	10	3	13	1	9	
	5	8	1	9	1	12	6	8	
	12	7	8	8	1	11	9	7	
	3	6	6	7	1	10	7	6	
	4	5	8	6	2	8	5	5	
	9	4	8	5	2	7	18	4	
	14	3	4	4	4	6	6	3	
	5	2	3	3	4	5	1	1	
	4	1	9	2	21	4	1 trompette.	22	Le 12ᵉ cuirassiers a, en outre : 1 vaguemestre, 18 ans de service; 1 maître-sellier, 8 ans de service.
	1 trompette.	10	5	1	7	3	»	»	
	»	»	4	»	4	2 1/2	»	»	
	»	»	»	»	2	2	»	»	
	»	»	2	»	1 trompette.	1 1/2	»	»	
	»	»	»	»		2	»	»	

Artillerie et génie.

ARTILLERIE A PIED.					ARTILLERIE A CHEVAL.				
Bataillons.	Compagnies.	GRADES.	Nombre d'unités.	Années de service.	Bataillons.	Compagnies.	GRADES.	Nombre d'unités.	Années de service.
1ᵉʳ	3ᵉ	(1)			1ᵉʳ	7ᵉ	(1)		
	17ᵉ						Capitaine................	1	25
	4ᵉ						Premier lieutenant........	1	8
	5ᵉ						Second lieutenant.........	1	4
	6ᵉ						Maréchal des logis chef....	1	8
5ᵉ	9ᵉ							1	19
	16ᵉ					4ᵉ	4 maréchaux des logis......	2	18
	19ᵉ							1	12
	1ᵉʳ						Fourriers.................	1	12
	2ᵉ							1	18
		Capitaine................	1	26			4 brigadiers.............	2	18
		2 premiers lieutenants.....	1	11				1	12
			1	7	3ᵉ		Capitaine................	1	19
		Second lieutenant.........	1	4			Premier lieutenant........	1	»
		Sergent-major............	1	12			Second lieutenant.........	1	4
	3ᵉ		1	21			Maréchal des logis chef....	1	8
		4 sergents...............	2	12				1	19
			1	7	5ᵉ		4 maréchaux des logis......	2	17
		Fourrier................	1	7				1	11
			1	18			Fourrier.................	1	3
		4 caporaux..............	1	17				1	19
			1	12			3 brigadiers.............	1	17
			1	7				1	6
	6ᵉ	(1)					Capitaine................	1	18
		Capitaine................	1	26			Premier lieutenant........	1	6
		2 premiers lieutenants.....	1	15			Second lieutenant.........	1	14
			1	10			Maréchal des logis chef....	1	13
		Sergent-major............	1	13	1ᵉʳ			1	18
	9ᵉ		1	19			4 maréchaux des logis......	1	17
		4 sergents...............	2	18				2	6
			1	13			Fourrier.................	1	6
		Fourrier................	1	9	5ᵉ		4 brigadiers.............	2	18
			2	16				2	9
7ᵉ		4 caporaux.............	1	15		2ᵉ			
			1	14		3ᵉ	(1)		
	12ᵉ					4ᵉ			

	14ᵉ	(1)			PONTONNIERS.				
	15ᵉ								
		Capitaine................	1	26		1ᵉʳ	(1)		
		2 premiers lieutenants.....	1	13		7ᵉ			
			1	12			Capitaine................	1	20
		Sergent-major............	1	23	1ᵉʳ		Premier lieutenant........	1	21
	16ᵉ		1	23			Sergent-major...........	1	18
		4 sergents...............	1	18				1	20
			1	13			4 sergents...............	1	18
			1	12	3ᵉ			1	13
		Fourrier................	1	8				1	11
		4 caporaux.............	4	18			Fourrier.................	1	4
	18ᵉ							1	17
	21ᵉ	(1)					4 caporaux..............	2	12
	22ᵉ							1	4

GÉNIE.									
		Capitaine................	»	»			Capitaine................	»	»
		Lieutenant...............	»	»			Lieutenant...............	»	»
	4ᵉ(1)	Sergent-major............	»	»		3ᵉ(1)	Sergent-major............	»	»
		Sergents.................	»	»			Fourrier.................	»	»
		Fourriers................	»	»			Sergents.................	»	»
		Caporaux................	»	»			Caporaux................	»	»
		Capitaine................	1	19			Capitaine................	»	»
		Lieutenant...............	1	18			Lieutenant...............	»	»
		Sergent-major............	1	17 1/2		5ᵉ(1)	Sergent-major...........	»	»
3ᵉ	5ᵉ	4 sergents...............	4	17 1/2	5ᵉ		Sergents.................	»	»
		Fourrier.................	1	7 1/2			Fourrier.................	»	»
			1	18			Caporaux................	»	»
			1	17 1/2			Capitaine................	1	18
		8 caporaux..............	2	7 1/2			Lieutenant...............	1	19
			3	3			Sergent-major............	1	19
			1	5				3	13
		Capitaine................	1	17		9ᵉ	4 sergents...............	1	4
		Lieutenant...............	1	17			Fourrier.................	1	13
		Sergent-major............	3	17				1	19
	6ᵉ	4 sergents...............	1	10			7 caporaux..............	3	18
			1	17				3	13
		4 caporaux..............	1	11				1	12
			2	7				1	11

(1) Toutes ces compagnies n'ont pas encore envoyé leurs états.

JUILLET 1811.

Train.

Bataillons.	Compagnies.	GRADES.	Nombre d'unités.	Années de service.	Bataillons.	Compagnies.	GRADES.	Nombre d'unités.	Années de service.
	1re	(1)			3e bis (suite).	6^e	Lieutenant............	1	»
	2^e						Maréchal des logis chef......	1	18
	3^e							1	18
							4 maréchaux des logis.......	2	7
		Sous-lieutenant.............	1	18				1	6
		Maréchal des logis chef......	1	11			Fourrier.................	1	6
			1	21				1	13
	4^e	4 maréchaux des logis..	1	20			4 brigadiers...............	1	9
			1	17				2	6
			1	11					
1er principal.		Fourrier....................	1	2			Adjudant-major............	1	20
			3	7			2 lieutenants...............	2	19
		4 brigadier.................	1	8					
		Lieutenants commandant.....	1	25			4 sous-lieutenants..........	2	20
		Maréchal des logis chef......	1	7				1	19
			2	19				1	18
	5^e	4 maréchaux des logis..	1	18					
			1	7				4	17
		Fourrier....................	1	6			7 maréchaux des logis chefs..	1	9
			1	15				1	»
		4 brigadiers................	1	11				1	3
			2	2					
	6^e	(1)						1	27
		Sous-lieutenant commandant..	1	19				8	17
		Maréchal des logis chef......	1	7				1	16
			1	20				1	14
	1re	4 maréchaux des logis........	1	17	8e bis	32 maréchaux des logis........		1	12
			1	16				5	9
			1	5				5	8
		Fourrier....................	1	7				1	6
			1	8				4	3
		4 brigadiers................	1	7				2	2
			2	2					
		Lieutenant commandant......	1	19				2	8
		Maréchal des logis chef......	1	8				2	3
			1	17			6 fourriers.................	1	2
	2^e	4 maréchaux des logis........	1	16				1	1
			1	7					
		Fourrier....................	1	3				1	18
			1	17				2	17
3e bis		4 brigadiers................	2	17				1	16
			1	7				1	14
			1	5			26 brigadiers...............	2	11
		Lieutenant commandant......	1	10				8	8
		Maréchal des logis chef......	1	7				4	7
			2	18				4	5
	3^e	4 maréchaux des logis........	1	11				2	4
			1	2			Adjudant-major............	1	20
		Fourrier....................	1	7					
			1	10				1	26
		4 brigadiers................	2	7			3 lieutenants...............	2	19
			1	5					
		Sous-lieutenant commandant..	1	9			Sous-lieutenant............	1	18
		Maréchal des logis chef......	1	17					
			1	11				1	9
		4 maréchaux des logis........	1	10			6 maréchaux des logis chefs..	4	5
	4^e		1	8				1	3
			1	3	9e principal.				
		Fourrier....................	1	»				1	9
			1	18				1	8
		4 brigadiers................	1	8			24 maréchaux des logis......	14	5
			1	3				7	4
			1	2				1	1
		Sous-lieutenant commandant..	1	19				1	9
		Maréchal des logis chef......	1	7			4 fourriers.................	2	2
			1	18				1	1
	5^e	4 maréchaux des logis........	1	17					
			2	11				8	5
		Fourrier....................	1	8			24 brigadiers...............	13	4
			1	15				2	2
		4 brigadiers................	1	17				1	1
			1	16					
			1	7					

(1) Toutes ces compagnies n'ont pas encore envoyé leurs états.

Quelques jours après, le 14 juillet, l'Empereur, qui a remarqué que plusieurs sous-officiers et caporaux portés sur les états ci-dessus n'avaient pas les deux années de service exigées, en fait l'observation au prince d'Eckmühl et lui réitère l'ordre de faire cesser ces irrégularités.

L'EMPEREUR AU PRINCE D'ECKMUHL, A HAMBOURG.

Trianon, le 14 juillet 1811.

Mon Cousin, j'ai lu avec attention l'état des services des officiers et sous-officiers de votre corps d'armée. Je vois avec peine que presque partout il y a des sergents, des caporaux, etc., qui n'ont qu'un an de service. Faites-vous rendre compte de ces irrégularités et réitérez les ordres qu'aucun sous-officier ne soit nommé qu'il n'ait au moins trois ans de service. Je vois dans le 13e d'infanterie légère qu'il y a un sergent qui n'a qu'un an de service, qu'il y a 19 caporaux qui n'ont que deux ans de service. Dans le 12e régiment de ligne, il y a un sergent qui n'a que six mois de service, etc. Cela ne devrait pas être. Pourquoi toutes ces irrégularités ?

NAPOLÉON.

LE PRINCE D'ECKMUHL A L'EMPEREUR.

Hambourg, le 11 juillet 1811.

Renseignements sur la Russie.

Sire, j'ai l'honneur d'adresser à Votre Majesté les rapports de Varsovie[1].

PRINCE D'ECKMUHL.

Nouvelles certaines datées de Kamienec (Kaménets) Podolski, le 17 juin 1811.

Il n'y a que cinq divisions en Moldavie. La 9e, ci-devant du prince Suwarow (*Souvarov*), est la plus proche des frontières de la Pologne, car elle est campée sur la rive droite du Dniester, entre Choczim (*Khotin*) et Zwaniec (*Ivanets*). Les numéros des autres divisions et les noms de leurs commandants sont inconnus. Celui de la 9e n'est pas encore nommé.

Il y a en Podolie trois divisions, les 11e, 12e et 18e ; une se trouve près Mohilow (*Mohilev, sur le Dniestr*), commandée par le général Kolioubakine, et deux près Kamienec (*Kaménets*). Le prince Szczerbatow (*Chtcherbatov*) a son quartier à Kamienec (*Kaménets*) même. Ces trois divisions sont venues de la Moldavie et, par conséquent, sont faibles.

Dans le district de Tarnopol, il n'y a que deux régiments de cosaques et point d'infanterie.

D'après les nouvelles les plus sûres, il paraît qu'après l'arrivée du

---

1. Voir la carte de la frontière occidentale de la Russie, jointe au tome I.

JUILLET 1811.

seraskiev à Bucharest, la paix a été conclue, ou au moins une suspension d'armes pour dix-huit mois.

Les troupes russes se tiennent tranquilles sur la rive gauche du Danube.

Extrait d'un rapport de Lublin, du 27 juin.

Il y a de nouveau des mouvements dans l'armée russe. Les troupes campées près de Luck (*Loutsk*) se sont portées vers Dubno, où, s'étant réunies avec d'autres régiments, elles sont entrées dans le camp tracé sur le chemin menant à Ostrog. Ce corps est composé des régiments ci-après, savoir :

Mousquetaires.. { de Szafiesyki / de Minsk }	2	régiments
Grenadiers de Katarinoslaw	1	—
Cuirassiers d'Ogierski	1	—
Hulans de Lithuanie	1	—
— de Marianpol	1	—
Dragons de Niezen	1	—
5ᵉ régiment de chasseurs	1	—
16ᵉ —	1	—
	9	régiments

et un parc d'artillerie.

On parle de l'arrivée en Wolhynie de la division de Kotuzow (*Koutouzov*).

D'Augustowo, 27 juin.

On disait autrefois que le rassemblement des Russes sur les frontières du duché n'était qu'une mesure de précaution, occasionnée par le mouvement des troupes du duché; maintenant, les Russes parlent ouvertement, dans les sociétés intimes, d'une prochaine invasion dans le duché sur trois points : par la Prusse; directement sur Varsovie, depuis Grodno ; et par la Galicie, et que la disposition de leur armée est conforme à ce plan. Ils assurent, en outre, que le plus grand corps, se concentrant en Courlande, doit être destiné pour le premier point; un moindre corps pour le second; et le plus petit, se rassemblant en Wolhynie. pour le troisième. On complète ce dernier avec des recrues natives de l'ancienne Russie.

Le 25 courant, on attendait à Grodno le général Essen et plusieurs régiments.

D'Augustowo, du 26 juin 1811.

On a la nouvelle certaine, à Grodno, que le général en chef Essen y doit arriver le 27 courant, et qu'il y a en marche pour Grodno une division venant de la Wolhynie et une autre du gouvernement de Minsk. Jusqu'à présent il ne s'y trouve que les cosaques, qui ont été considérablement renforcés. Le magasin de Bialystok, qui a été amené à Grodno, pour être transporté à Jourbourg, sur le Niémen, est encore à Grodno.

La plupart des grains de ce magasin sont gâtés; on ne peut les transporter vu la petitesse des eaux du Niémen.

Les ports sont fermés aux Anglais; mais, sous pavillon américain, on fait entrer toutes marchandises anglaises ou coloniales.

L'Empereur est encore à Pétersbourg et on ignore entièrement s'il entreprendra quelque voyage.

On a toujours des communications avec l'Angleterre par Gothembourg.

Le général Lauriston a été très bien reçu et très bien vu à Pétersbourg.

Les gardes sont toujours à Pétersbourg. Le nombre de troupes, dans cette ville, est d'environ 25 à 30.000 hommes.

Le cours du papier-monnaie a baissé au point qu'on donne 13 roubles en papier pour un ducat[1].

Il n'est pas connu, à Pétersbourg, qu'on soit prêt à conclure la paix avec les Turcs.

Mise en activité des conscrits de la classe 1812 dans les cantons maritimes.

Par décret du 14 juillet 1811, les 6.667 conscrits de la classe 1812, dont l'appel a été autorisé dans les cantons littoraux des trente départements maritimes par un sénatus-consulte du 19 février 1811, sont mis en activité. Le premier détachement de chaque département est mis en route le 25 septembre. Ces conscrits sont répartis entre les corps d'artillerie de marine et les équipages de haut bord et de flottille.

(*Voir, pour la constitution de ces équipages, la note insérée dans le tome I, chapitre VI, pages 162 et suivantes.*)

L'EMPEREUR AU MINISTRE DE LA GUERRE.

Trianon, le 14 juillet 1811.

Fonds affectés en 1811 au service du génie et de l'artillerie.

Je réponds à votre lettre du 13, bureau du matériel du génie. La somme de 23 millions pour le génie est de rigueur. Je vous prie de ne pas la dépasser. Si cela est nécessaire, réduisez le crédit des travaux de Rochefort à 250.000 francs, le crédit des tours à 400.000 francs; ce qui vous ferait une augmentation de 450.000 francs. Je n'ai demandé qu'on organisât au complet que les compagnies du train qui sont à Metz, destinées au corps d'observation de l'Elbe, du Rhin, d'Italie. N'accordez aux bataillons de sapeurs et de mineurs, au lieu de 600.000 francs, que 400.000. Réglez-vous là-dessus, car je suis obligé à des dépenses considérables cette année. Je ne veux pas qu'on dépasse pour l'artillerie et le génie les sommes que j'ai réglées; et je prévois que je serai obligé de dépenser encore 500.000 francs pour les armées et les parcs.

(D'après la minute.)

---

1. Le ducat équivaut à 12 francs en or. Le rouble d'argent n'ayant qu'une valeur nominale, sa valeur réelle varie suivant les cours.

L'EMPEREUR AU MINISTRE DIRECTEUR DE L'ADMINISTRATION DE LA GUERRE.

Trianon, le 14 juillet 1811.

Je reçois votre rapport du 10 juillet. Je vois qu'il faudrait encore 9.000 chevaux pour compléter à 400.000 chevaux l'effectif des régiments qui sont en Allemagne, au delà des Alpes et dans l'intérieur. Il en faudrait 3.000 pour la 4e commande, 3.000 pour la 5e et 2.600 pour le complément. Je ne compte pas dans ce moment faire cette nouvelle commande de 9.000 chevaux; et si pourtant les événements changeaient et que je me décidasse à faire de nouvelles commandes, j'accorderais la faculté de prendre jusqu'à des chevaux de 8 ans et j'augmenterais le nombre proportionnel des juments; mais je ne consentirais pas à recevoir des chevaux de 4 ans. Je ne ferai une remonte aussi considérable que par suite des besoins du moment. Or, des chevaux si jeunes ne deviendraient bons qu'au moment de les réformer; ce serait une duperie; j'augmenterais mes dépenses sans augmenter mes moyens de faire la guerre.

(D'après la minute.)

Instructions relatives aux commandes de chevaux qui restent à faire pour les remontes de la cavalerie.

L'EMPEREUR A M. MARET, DUC DE BASSANO, MINISTRE DES RELATIONS EXTÉRIEURES, A PARIS.

Trianon, 15 juillet 1811.

Monsieur le duc de Bassano, il faudrait expédier un courrier en Russie pour répondre aux dépêches du comte Lauriston[1]. Vous lui ferez connaître d'abord qu'il n'y a pas de bâtiments américains; que tous les bâtiments prétendus américains sont anglais ou chargés pour le compte des Anglais; que les Anglais arrêtent les bâtiments américains et ne les laissent pas naviguer; que, si le ministre d'Amérique soutient le contraire, il ne sait ce qu'il dit.

Vous ferez connaître ensuite au comte Lauriston que nous attendons avec impatience que la Russie ait envoyé des pouvoirs au prince Kourakine[2] ou à qui de droit, pour régler tout ce qui est relatif aux différends survenus entre les deux puissances au sujet du duché d'Oldenbourg et effacer l'apparence des brouilleries auxquelles la note de la Russie aux diverses cours a donné lieu; que je suis prêt à diminuer la garnison de Danzig et à cesser des armements qui me coûtent beaucoup, si la Russie, de son côté, veut en faire autant; que, du reste, mes armements ne sont que défensifs et provoqués par ceux de la Russie.

NAPOLÉON.

Instructions à transmettre à Lauriston au sujet du blocus continental et de l'Oldenbourg.

---

1. Lauriston (Law de) comte, général de division, ambassadeur de France à Saint-Pétersbourg.
2. Kourakine (prince), ministre plénipotentiaire de Russie à Paris.

L'EMPEREUR AU MINISTRE DES RELATIONS EXTÉRIEURES.

Trianon, le 15 juillet 1811.

Réparation à exiger pour les outrages faits au pavillon français dans la Poméranie suédoise.

Monsieur le duc de Bassano, il est nécessaire de passer une note au ministre de Suède pour appuyer la plainte du vice-amiral de Stralsund et demander vengeance du sang français qui a été répandu, vu qu'on ne peut regarder comme une satisfaction ce qui a été fait. Vous demanderez réparation de tous les outrages qu'on ne cesse de tolérer en Poméranie contre mon pavillon et l'assurance qu'ils ne se reproduiront plus à l'avenir.

Portez plainte au prince Schwarzenberg [1] sur la partialité que montrent les généraux autrichiens en Pologne.

Écrivez au baron Alquier [2] que je suis fâché des troubles de la Suède; mais que je ne puis que regretter que la Suède, sans aucun fondement, lève des troupes, inquiète le Danemark et tout le monde, dans l'état de délabrement où sont ses finances. Le baron Alquier doit, avec beaucoup de légèreté et avec toute la prudence convenable, influer pour que la cour de Suède prenne le ton qui convient à cette puissance, et pour que les Suédois se conduisent comme le comportent leurs circonstances, sans verve et sans passion.

NAPOLÉON.

Chevau-légers : personnel, habillement, armement, remontes.

On a vu tome II, page 370, qu'un décret du 18 juin 1811 avait prescrit la formation de neuf régiments de chevau-légers avec six régiments de dragons (les 1er, 3e, 8e, 9e, 10e et 29e), les 1er et 2e lanciers polonais (ex-régiments de cavalerie de la Légion de la Vistule) et le 30e chasseurs, formé par le prince d'Eckmühl, à Hambourg.

Le décret ci-après, du 15 juillet, règle pour ces régiments l'organisation du personnel, l'habillement, l'équipement, l'armement et les remontes.

DÉCRET DU 15 JUILLET 1811.

Titre Ier.

Organisation du personnel.

ART. 1er. — Chacun des neuf régiments de chevau-légers créés par notre décret du 18 juin 1811 sera composé d'un état-major et de quatre escadrons divisés chacun en deux compagnies, ainsi qu'il suit :

---

1. Schwarzenberg (prince de), ambassadeur d'Autriche à Paris.
2. Ministre de France à Stockolm.

ÉTAT-MAJOR.	OFFICIERS et hommes de troupe.	CHE-VAUX.	PAR COMPAGNIES.	OFFICIERS SOUS-OFFICIERS et hommes de troupe.	CHE-VAUX.
Colonel...............	1	3	Capitaine..........	1	2
Major	1	3	Lieutenant........	1	1
Chefs d'escadrons......	2	4	Sous-lieutenant....	2	2
Adjudants-majors......	2	4			
Quartier-maître........	1	1		4	5
Chirurgiens { major.......	1	1	Maréchal des logis chef.......... ...	1	1
Chirurgiens { aide-major....	1	1	Maréchaux des logis	4	4
Chirurgiens { sous-aides ...	2	2	Brigadier fourrier..	1	1
	11	19	Brigadiers.........	8	8
Adjudants sous-officiers.	2	2	Chevau-légers (dont 1 maréchal ferrant).	108	108
Brigadier trompette....	1	1			
Vétérinaires	2	2	Trompettes	2	2
Maître { tailleur.........	1	»			
Maître { sellier..........	1	»			
Maître { bottier	1	»			
Maître { armurier, éperonnier.......	1	»			
	20	24		128	129

Ainsi, la force de chaque régiment sera de 1.044 hommes, dont 43 officiers et 1.001 sous-officiers et chevau-légers, et de 1.056 chevaux dont 59 d'officiers et 997 de troupe.

ART. 2. — Lorsque ces régiments recevront l'ordre d'entrer en campagne, tous les officiers, à l'exception des chirurgiens, seront tenus de se pourvoir d'un cheval de plus; il leur sera alloué, à cet effet, une ration de fourrage en sus de celles qui leur sont allouées en temps de paix.

ART. 3. — Nos régiments de chevau-légers jouiront de la même solde et des mêmes masses que nos régiments de chasseurs, à l'exception de celle de l'habillement qui sera déterminée, lorsque notre ministre directeur de l'administration de la guerre aura établi le devis de la dépense de cette masse.

Titre II.

Habillement.

ART. 4. — L'habillement des chevau-légers sera composé :

1° D'un habit court de drap vert pour les six premiers régiments et de drap bleu pour les 7e, 8e et 9e régiments; doublure blanche avec collet, parements et revers de couleur distinctive. Les revers seront longs et carrés, agrafés du haut en bas et pourront, au besoin, croiser et boutonner sur la poitrine;

2° D'un gilet rond sans manches, en drap blanc; les boutons de l'habit et du gilet seront plats et de métal jaune; ils porteront le numéro du régiment;

3° D'un gilet d'écurie en drap vert, avec boutons de même étoffe sans liséré ni couleur distinctive;

4° D'une calotte à la hongroise en drap vert;

5° D'un pantalon ouvert, ou surculotte, de drap vert, garni d'une peau de veau et d'un bord en drap de la couleur du régiment;

6° D'un caleçon de toile;

7° D'un bonnet de police en drap vert;

8° De bottes à la hussarde, avec éperons en fer adaptés au talon.

Les couleurs distinctives pour les revers, collets et parements, seront :

1er régiment de chevau-légers		.....	Écarlate;
2e	—	.....	Aurore;
3e	—	.....	Rose;
4e	—	.....	Cramoisi;
5e	—	.....	Bleu céleste;
6e	—	.....	Rouge garance.

Les chevau-légers porteront un aigle en drap vert sur les retroussis de l'habit.

Titre III.
Coiffure.

ART. 5. — Les six premiers régiments de chevau-légers auront pour coiffure des casques. Les 7e, 8e et 9e régiments auront des bonnets *à la polonaise*.

Titre IV.
Équipement de l'homme.

ART. 6. — La giberne et le porte-giberne des chevau-légers seront les mêmes que pour les chasseurs; il n'y aura que dix hommes par compagnie qui auront des porte-carabines.

ART. 7. — Les chevau-légers porteront sur l'habit un ceinturon de deux pouces et demi de largeur ayant sur le devant une plaque en cuivre avec l'aigle impérial[1].

Titre V.
Armement.

ART. 8. — Les armes des chevau-légers seront :

1° Un sabre de chasseur, à poignée en cuivre, à trois branches, avec lame recourbée et évidée;

---

1. Par un décret du mois d'août, le ceinturon à la hussarde est substitué à celui déterminé par l'article 7 énoncé ci-dessus.

2° Une lance de 2 mètres 648 millimètres (8 pieds, 6 pouces) y compris le fer, et conforme au modèle déterminé par notre ministre de la guerre;

3° Un pistolet.

Art. 9. — Les maréchaux des logis et les fourriers ne seront pas armés de la lance, mais ils auront un second pistolet et une carabine.

Les brigadiers auront dans la fonte droite, au lieu du second pistolet, une hache dont le manche sera long d'un demi-mètre.

Art. 10. — Les dix hommes, par compagnie, armés de carabines au lieu de lances, feront, au besoin, le service de tirailleurs.

Titre VI.
Équipement du cheval.

Art. 11. — La selle des chevau-légers sera conforme au modèle qui sera déterminé par notre ministre de la guerre.

La schabraque sera en peau de mouton bordée de drap de la couleur du régiment.

Titre VII.
Remontes.

Art. 12. — La taille des chevaux sera depuis 1 mètre 459 millimètres (4 pieds, 6 pouces) jusqu'à 1 mètre 513 millimètres (4 pieds, 8 pouces); ils devront réunir à la légèreté, la tournure et les formes convenables à l'arme des chevau-légers.

Art. 13. — Des modèles des différents effets d'habillement, équipement et harnachement seront envoyés à chacun de nos régiments de chevau-légers, avec injonction de s'y conformer exactement, tant pour la forme que pour les dimensions.

NAPOLÉON.

LE PRINCE D'ECKMUHL A L'EMPEREUR.

Hambourg, le 15 juillet 1811.

Sire, j'ai l'honneur d'adresser à Votre Majesté les derniers rapports de Varsovie et un de Danzig, sur les mouvements des Russes [1].

PRINCE D'ECKMUHL.

Renseignements sur la Russie.

---

1. Voir la carte de la frontière occidentale de Russie, jointe au tome Ier.

Déposition d'un voyageur parti de Vilna le 7 juin et arrivé à Varsovie le 4 juillet 1811.

Il se trouve à Vilna un régiment d'infanterie de Krzemieniec, du colonel Pysznicky, et différents détachements d'autres régiments, de la force environ d'un régiment entier, un escadron d'artillerie à cheval de vingt-quatre pièces et une compagnie de cosaques.

Il a passé depuis peu, près de Vilna, un régiment de cosaques se rendant aux frontières.

Il n'y a pas de magasin à Vilna ; mais le gouvernement a ordonné des versements considérables. Il s'y trouve 40.000 pouds (40 livres, le pouds) [1] de poudre et 9.000 boulets de différents calibres, dans l'arsenal.

Le prince Romanov et le sieur Treskin ont été envoyés de Pétersbourg dans le gouvernement de Vilna, pour reconnaître le pays et désigner les étapes.

Les Russes ne doivent agir que défensivement en Turquie, et le général Kotuzow (*Koutouzov*) doit tâcher de faire la paix.

On dit qu'il se trouve aux environs de Slonim les deux divisions des généraux Essen et Baggovout.

Déposition d'un voyageur parti de Pétersbourg le 10 juin et arrivé à Varsovie le 4 juillet.

Il y a, près de Riga, un camp composé d'infanterie, de cavalerie et d'artillerie. On travaille aux fortifications de cette ville.

Il a été défendu, par un ukase, de parler politique. Les gardes sont toujours à Pétersbourg.

L'Empereur n'a pas encore quitté la capitale, quoique les chevaux aient été commandés aux relais, et le voyage projeté pour faire le tour d'une partie de la frontière a été empêché par la chute que Sa Majesté a faite de cheval.

Déposition d'un voyageur parti de Luck (Loutsk) le 18 juin et arrivé à Varsovie le 4 juillet.

Depuis Krzemieniec (*Krémenets*) jusqu'à Luck (*Loutsk*), il y a quinze régiments d'infanterie dont cinq dans la première de ces places, cinq à Dubno et cinq à Luck (*Loutsk*). Ces quinze régiments doivent être commandés par le général Doctorov (*Dokhtourov*).

C'est au commencement de juin que les régiments sont arrivés au camp près de Luck (*Loutsk*).

Il doit y avoir dans le magasin de Luck 400.000 czetwers[2], tant en farine qu'en avoine. Il y a un autre magasin à Dubno.

Les Russes espèrent, malgré les apparences de guerre, que tout finira amicalement. Il paraît qu'ils ne souhaitent pas trop la guerre.

Les régiments doivent avoir la moitié de recrues, et ceux d'infanterie 2.000 hommes.

---

1. Le poud = 40 livres russes ; la livre russe équivaut à 406 grammes en poids français.
2. Le czetwert = 209 litres.

Le général Lewicki a son quartier à Mituszow, village situé à 8 milles de notre frontière.

Les Russes doivent avoir passé le Danube pour n'agir que défensivement. Il doit arriver à Zitomierz (*Jitomir*) quatre divisions de la Valachie, pour être complétées, ayant beaucoup souffert. Ces divisions sont commandées par le général Kamiensky (*Kamensky*), frère de celui qui est mort.

Le général Kotuzow (*Koutouzov*) a déjà pris le commandement en chef de l'armée de Valachie.

Déposition d'un voyageur parti de Niemierow (gouvernement de Bialystok) le 2 et arrivé à Varsovie le 4 juillet.

Deux régiments de cosaques se trouvant dans le district de Bialystok doivent avoir reçu ordre de se rendre dans les environs de Jourbourg en quatorze jours. Ces deux régiments étaient seuls dans le district de Bialystok.

Les paysans désirent beaucoup la guerre, espérant jouir de la liberté comme toutes les classes dans le duché.

Extrait d'un rapport de Biedziska, sur la haute Vistule, du 26 juin 1811.

Le général autrichien Meyer, accompagné d'un major du génie et de l'inspecteur de la douane de Niepolomice, a parcouru la frontière depuis Cracovie jusqu'à Baranow, pour désigner l'emplacement des nouveaux poteaux, avec l'inscription, en quatre langues, indiquant la neutralité du pays; la même mesure a eu lieu pendant la dernière guerre entre la France et la Prusse, sur la Pilica, formant alors la ligne de neutralité entre la Prusse et l'Autriche.

Extrait d'un rapport de Lomza, du 2 juillet.

Deux paysans s'étant sauvés de la Prusse ont déclaré avoir été employés à mener cent cinquante-cinq bœufs de la Russie en Prusse; que ces bœufs étaient escortés par des cosaques russes, que cent en ont été laissés à Tilsit et remis à deux Russes qui se trouvaient là avec quelques invalides prussiens pour les recevoir, et les cinquante-cinq restants ont été menés à Goldap. Ils ont ajouté qu'on s'attendait, à Tilsit, à ce que les Russes devaient y venir le 20 juin, et qu'ils avaient vu à Goldap quatre quartiers maîtres russes.

Extrait d'un rapport de Lublin, du 1er juillet.

Le camp de Luck (*Loutsk*) est composé de six régiments, savoir :

Les 4e, 5e, 27e et 28e de chasseurs;
Le régiment de mousquetaires de Moscou;
Et celui de grenadiers de Libau.

Les généraux Doctorow (*Doktourov*) et Kapcewicz (*Kaptsevitch*) sont à Luck (*Loutsk*).

On augmente encore les magasins de Luck (*Loutsk*).

Le général Lewis est cantonné avec sa division à Bobruïsk. On conduit beaucoup d'approvisionnements militaires dans cette place.

Extrait d'un rapport du sous-préfet de Hrubieszow, du 29 juin.

On dit en Volhynie :

1° Que tous les magasins de ce gouvernement sont transportés à Luck (*Loutsk*);

2° Que l'Empereur est attendu tant dans le pays que sur la frontière, à l'effet de quoi on continue à faire des préparatifs; mais qu'on sait qu'il doit se porter, par Woznesensk, Winnica (*Vinnitsa*), Kamieniec-Podolski (*Kaménets*), au corps d'armée concentré sur la frontière autrichienne.

D'après d'autres nouvelles, qui s'accordent avec celles reçues de l'Autriche, il doit passer par Tarnopol et se rendre à Léopol. Le gouverneur de la Galicie a dû en être prévenu officiellement.

Extrait d'un rapport venu de Pologne.

La plus grande partie de l'infanterie qui compose la 5ᵉ division de l'armée russe est employée journellement aux fortifications de la place de Riga, ainsi qu'à la tête de pont construite sur la rive gauche de la Dvina.

Il est très difficile de se procurer des renseignements exacts sur le système de ces immenses travaux. Tout étranger est suivi de très près dans la place, et les patrouilles militaires, secondées de la police, arrêtent tous ceux dont la curiosité paraît suspecte.

Les Russes continuent avec la même activité les travaux de Dunabourg, qui doit être construite d'après un système de défense tout nouveau. Elle sera garnie de 500 bouches à feu de gros calibre, et tous ces ouvrages seront revêtus en maçonnerie. 6.000 hommes y travaillent journellement. On croit que la place sera achevée sous peu de temps.

La place de Bobruïsk est également fortifiée avec beaucoup de soin; elle est moins étendue que Dunabourg, mais aussi forte par sa position; 300 pièces doivent servir à son armement. Toutes ces pièces sont neuves et arrivées récemment de Saint-Pétersbourg.

Des travaux aussi considérables ont fatigué une partie de l'armée. Le soldat, mal payé, mal nourri, est dégoûté d'un service trop pénible; aussi la désertion est fréquente. Les officiers, quoique désirant la guerre, la craignent cependant. Les bruits d'une rupture presque inévitable avec la France ont cessé depuis quelques jours.

Les troupes qui se trouvent en Livonie et en Courlande n'ont pas été renforcées jusqu'à présent. Les différents dépôts qui arrivent du fond de l'empire descendent plus bas en Lithuanie. A mon retour de la Courlande, j'ai rencontré : à Poniewiéz (*Ponéviej*), le régiment d'infanterie de Wolhcim (?); à Wilkomierz (*Vilkomir*), celui des hussards d'Élisabeth; à Vilna, **un régiment de chasseurs à pied**, le régiment d'infanterie de Krzemienczoug et celui de Minsk, une batterie de 12 pièces de position et une compagnie d'artillerie légère; à Ivië, le régiment de hussards d'Issumaki; à Bialystok, un bataillon de grenadiers et deux régiments de chasseurs à pied.

Tous les approvisionnements en vivres, qui se trouvaient à Bialystok, ont été transférés depuis peu dans le fond du pays.

En passant à Brzesc (*Brest-Litovsk*), j'ai rencontré un transport de pontons et une batterie d'artillerie légère. Les postes des frontières, composés pour la plupart de cosaques, ont été renforcés depuis quelques jours ; ils ont redoublé d'activité et de surveillance.

LE PRINCE D'ECKMUHL A L'EMPEREUR.

Hambourg, le 17 juillet 1811.

Sire, j'ai l'honneur d'adresser à Votre Majesté les derniers rapports de Varsovie. J'y joins des renseignements que je viens de recevoir de Dantzig, sur la composition de l'armée russe.

PRINCE D'ECKMUHL.

Renseignements sur l'armée russe et sur les troupes autrichiennes de Galicie.

Extrait d'un rapport envoyé par le général Rapp.

L'armée russe, qui se trouve dispersée depuis Riga jusqu'à Wlodzimierz (*Vladimir*) et Brody, forme quatre corps d'armée :

Le *premier*, commandé par le lieutenant-général comte Wittgenstein, ayant son quartier général à Riga. Ce corps d'armée est composé ainsi :

1° 5° division d'infanterie, général Kosalkowski (?), dont le quartier général est à Riga ; la force de cette division est de :
4 régiments d'infanterie ;
2 — de chasseurs à pied ;
2 batteries de position ;
1 — de pièces de 6 ;
1 compagnie d'artillerie à cheval.

2° 14° division d'infanterie, général Sazonov, dont le quartier général est à Windeau (*Vindau*) ; sa force est la même que celle de la 5° division.

Ces deux divisions sont campées : la 5° sous Riga, la 14° dans les départements de Reval et de Riga.

3° De la 1re division de cavalerie légère, général Kochowski (*Kokhovsky*), composée de :
2 régiments de hussards ;
4 — de cosaques, cantonnés partie en Livonie, partie sur les frontières de la Samogitie.

4° De la 1re division de cuirassiers, général Depreradowicz (*Depreradovitch*), qui est encore à Pétersbourg ; sa composition est de :
1 régiment de cuirassiers, celui de l'Empereur, commandé par le général-major Knorring ;
1 régiment de chasseurs, celui de l'Impératrice, commandé par le colonel baron de Rosen ;
Et 4 régiments de dragons.

Le *second corps d'armée*, commandé par le lieutenant-général Baggovout, dont le quartier général est à Vilna.

La composition de ce corps est de :

1° La division d'infanterie du général comte Strogowice (*Strogovitz*), dont le quartier général est aussi à Vilna ; elle est forte de :
1 régiment de grenadiers, général-major commandant Sapolski ;
1 — — Mordvinov ;
1 — — Prince de Wurtemberg ;

1 régiment de grenadiers, général-major commandant Neversky;
1   —   —   c^{ts} d'Arakczejew
(*Araktchéïev*).

Partie de ces régiments est à Vilna, en garnison, partie aux environs. Une compagnie d'artillerie à cheval et un parc de 48 pièces de campagne.

2° La 4ᵉ division d'infanterie, commandée par le général Lawszin (*Lavchine*), ayant son quartier à Vilna.

Cette division est composée de :

2 régiments d'infanterie, commandés par les colonels de Pisznicki et de Krazowski, campés sous Vilna;
1 régiment, celui de Tobolsk;
1   —   celui de Volhynie;
4   —   de chasseurs à pied;
1 batterie de 12 pièces de position;
1   —   —   de 6;
1   —   d'artillerie à cheval.

3° La 17ᵉ division d'infanterie, commandée par le général comte d'Alexejew (*Alexeïev*), ayant son quartier général à Dunabourg. Toute la division est campée sous les murs de cette place et fournit journellement 5.000 travailleurs. Sa force est de :

4 régiments d'infanterie;
2   —   de chasseurs à pied;
1 batterie de 12 pièces de position;
1   —   —   de campagne;
1   —   d'artillerie à cheval.

Le 3ᵉ *corps d'armée*, commandé par le général comte d'Essen, dont le quartier général est à Slonim; il est composé de :

1° La 11ᵉ division d'infanterie du général Korczakiew (*Kortchakiev*), dont le quartier général est aussi à Slonim; sa force est de :

4 régiments d'infanterie,   campés entre Slonim et Zurowice
3   —   de chasseurs à pied,   (*Iourovitsa*).
1 batterie de 24 pièces de campagne;
1 compagnie d'artillerie à cheval;
Le parc et le train de cette division sont à Slonim.

2° De la 3ᵉ division d'infanterie du général Konowiczine (*Konovnitsyne*), dont le quartier général est à Minsk. Cette division est composée :

Du régiment d'infanterie du Nourom, général-major de Drsissen;
Celui de Kapoo, général-major Wolkov;
Et 2 régiments de chasseurs à pied;
12 pièces de 12;
12   —   6;
Et 1 batterie d'artillerie légère.

3ᵉ De la 3ᵉ division de cavalerie légère, commandée par le général comte Pahlen; son quartier général est à Nowogrodeck (*Novogrodek*).

Cette division est forte de :

1 régiment de hussards de Pahlen;
De celui d'Ackterski;
4 régiments de cosaques.

Cette division est cantonnée entre Nowogrodeck (*Novogrodek*), Mir, Czyrcin (*Tsouïrin*) et Stolawicz (*Stalovitsch*).

Le 4ᵉ *corps* est commandé par le lieutenant-général Doctorow (*Doktourov*), dont le quartier général est à Dubno. Ce corps est composé :

1° De la 7ᵉ division d'infanterie du général Kotuzow (*Koutouzov*), établi à Vilna. Cette division est composée de :

4 régiments d'infanterie ;
3 — de chasseurs à pied ;
1 batterie de 12 pièces de position ;
1 — — de campagne ;
1 — d'artillerie légère.

2° De la 24ᵉ division d'infanterie du général Kotuzow (*Koutouzov*), le même que ci-dessus : la force de ces deux divisions est égale.

3° De la division de cuirassiers du général Czaplic (*Tchaplits*), composée de 4 régiments de cuirassiers et de 4 de dragons.

4° Et enfin de la 4ᵉ division de cavalerie légère, commandée par le même général ; elle est composée :

Des hussards de Pantograd ;
De ceux de Lithuanie ;
Et de 4 régiments de cosaques.

Renseignements envoyés par le général Zayonchek.

Extrait d'un rapport de Zawihost [1], *du 1ᵉʳ juillet* 1811.

Il a été ordonné récemment aux douanes autrichiennes de ne laisser entrer ni sortir personne, sans un passeport du gouvernement de Léopol (ou *Lemberg*), sans avoir égard à aucun passeport étranger, tel que ce soit. Les habitants sont très mécontents de cette mesure.

On dit que les troupes autrichiennes sont en mouvement, et qu'il doit être choisi, par des généraux désignés pour cet effet, trois endroits pour l'établissement de camps, savoir : aux environs de Brody, Iaroslaw et Cracovie. On ignore le but de ce rassemblement.

Extrait d'un rapport de Swiniary (?), *du 30 juin* 1811.

Les habitants de la partie de la Galicie située sur la Vistule ont reçu, ces jours-ci, une circulaire qui leur enjoint de se pourvoir de pain et d'autres subsistances, pour des troupes qui doivent passer par ces contrées, d'où l'on présume que des troupes autrichiennes de l'intérieur du pays se porteront sur la Vistule.

Extrait d'un rapport de Terespol, en date du 30 juin.

On dit que les travaux de fortification de la place de Bobruïsk doivent cesser tout à fait, vu que l'officier du génie envoyé de Pétersbourg a représenté à l'Empereur que la position de cette place n'était pas bonne,

---

1. Sur la Vistule, au nord de Sandomir, près de la frontière de Galicie.

à cause des grandes forêts qui avoisinent et des montagnes qui dominent les ouvrages. On assure que ce même officier a trouvé plus convenable, pour cet effet, le faubourg de Pinsk et qu'on y doit construire des fortifications.

Extrait d'un rapport du sous-préfet de Tykoczyn, du 3 juillet.

Le gouverneur du district de Bialystok, Szczerbinin, part pour Pétersbourg; il a été appelé, à cause de plusieurs plaintes portées contre lui. Le commandant militaire Szyc s'y rend également pour la même raison. Le gouverneur Szezerbinin sera remplacé par le conseiller intime Korostowiow, qui, jusqu'à présent, a été, à Kyjow (*Kiev*). Deux officiers du génie russe font la levée de la frontière depuis Grodno jusqu'à Brzesc (*Brest-Litovsk*).

On assure que la place de Bobruïsk sera abandonnée, et que tous les travaux y ont déjà cessé; on doit fortifier un endroit situé au milieu des marais, près de Pinsk.

Extrait d'un rapport de Lomza, du 6 juillet 1811.

Un citoyen, demeurant près de la frontière, assure que le 27 et 28 juin des officiers du génie russe ont levé avec détails la frontière, le long du Bug et de la Narew, et de là se sont rendus à Brzesc. On n'établit aucun magasin dans le district de Bialystok, quoiqu'on ait emmené celui qui s'y trouvait.

Extrait d'un rapport de Lomza, du 7 juillet 1811.

Le général Essen est arrivé le 1er de ce mois à Grodno, et, après avoir parcouru le lendemain, avec le sénateur Lanskoi, la frontière depuis Lososna, pour reconnaître les environs de Grodno que des officiers du génie ont levé le jour après, 3 du courant, il est reparti pour Slonim.

Les troupes russes restent dans leurs cantonnements, et il n'y a aucune nouvelle qu'il y ait quelques mouvements de troupe dans l'intérieur du pays.

Extrait d'un rapport de la douane de Luszkow (sur le Bug), du 6 juillet 1811.

Trois officiers de la division de Doctorow (*Doktourov*) sont venus reconnaître la frontière formée par le Bug; ils ont commencé leurs opérations depuis Ustilug (*Oustiloug*), se dirigeant sur Krylow. Ces officiers ont avec eux un sous-officier et quatre soldats, et, en outre, journellement douze cosaques pour les aider. Les habitants russes et les cosaques assurent que ces officiers sont venus choisir des endroits pour des camps, et que l'armée russe doit avoir ordre d'entrer dans le duché.

Extrait d'un rapport de Hrubieszow, du 6 juillet 1811.

Le reviseur de la douane de Grodek vient de rapporter:
Que trois officiers russes font la reconnaissance du Bug, qu'ils ont commencé leur opération le 2 du courant depuis Ustilug (*Oustiloug*), et se dirigent vers Krylow; ces officiers ont avec eux un sous-officier et quatre soldats, et journellement douze cosaques pour les aider; la même chose est confirmée par le baillif de Stryzow, en y ajoutant que ces officiers sont

des Français envoyés de Pétersbourg; qu'ils ont ordre de choisir un endroit pour un camp et le tracer à une demi-meile de la frontière; qu'un de ces officiers est parti pour Dubno et que les autres continuent le travail.

Les cosaques qui aident ces officiers foulent sans aucun ménagement le blé, ce qui paraît assez indiquer qu'on a en effet l'intention de placer un camp.

L'EMPEREUR AU MINISTRE DES RELATIONS EXTÉRIEURES.

Trianon, le 18 juillet 1811.

Monsieur le duc de Bassano, par le courrier que vous expédiez en Russie, il est nécessaire d'instruire, confidentiellement et pour sa gouverne, le comte Lauriston que les 4ᵉˢ et 6ᵉˢ bataillons des régiments du corps d'armée que commande le prince d'Eckmühl rejoignent cette armée; que cette mesure est nécessitée par le besoin de réunir les régiments; que c'est bien une trentaine de mille hommes de plus qui vont se trouver dans la 32ᵉ division militaire, où les vivres sont à très bon marché, mais que cela ne forme pas un régiment de plus; que les 3ᵉˢ bataillons de la brigade de Westphalie, qui est à Danzig, étaient en marche pour rejoindre leur brigade; que j'ai jugé à propos de leur donner contre-ordre, me conformant au désir que paraît avoir l'empereur de Russie que la garnison de Danzig ne soit pas augmentée.

NAPOLÉON.

Instructions à donner à Lauriston au sujet du mouvement de concentration des 4ᵉˢ et 6ᵉˢ bataillons de l'armée d'Allemagne.

L'EMPEREUR AU MINISTRE DE LA GUERRE.

Trianon, le 18 juillet 1811.

Témoignez mon mécontentement au colonel du 9ᵉ de cuirassiers, qui a envoyé à la Garde un mauvais sujet qui avait été trois mois en prison. Ordonnez-lui les arrêts pour vingt-quatre heures et mettez-le à l'ordre de l'armée. C'est me manquer essentiellement que d'envoyer des mauvais sujets dans ma Garde.

Donnez ordre que le choix des hommes destinés pour la Garde soit fait par les inspecteurs, et que désormais ils en désignent vingt par régiment de cavalerie et vingt par régiment d'infanterie, sauf à faire, sur ces vingt, l'appel de ce qui sera nécessaire.

NAPOLÉON.

Ordre de veiller à ce qu'on fasse toujours un choix sévère des hommes destinés à la Garde.

Le ministre directeur de l'administration de la guerre aux colonels et chefs de corps de toutes armes.

Paris, le 19 juillet 1810.

<small>Le comte de Cessac renouvelle les défenses relatives aux dépenses de luxe faites pour la tenue dans les corps de troupe.</small>

Depuis longtemps, Messieurs, mon prédécesseur s'était aperçu que le vain désir de faire distinguer leurs régiments par une tenue appelée brillante avait souvent engagé des chefs de corps à faire des dépenses non autorisées, ou même interdites par les règlements; que ces dépenses, nuisibles à l'ordre de la comptabilité, puisqu'elles détournaient les fonds de leur véritable destination, obéraient les masses et privaient souvent le soldat des objets de première nécessité.

Pour faire rentrer les conseils d'administration dans les bornes d'une sévère économie, le ministre directeur général des revues, par sa circulaire du 19 avril 1807, avait ordonné aux inspecteurs et sous-inspecteurs aux revues, d'après les ordres de Sa Majesté, de rejeter des comptes des corps toutes les dépenses faites pour achat d'objets dont l'usage ne serait pas ou formellement prescrit pour l'uniforme de chaque arme, ou expressément autorisé par le ministre.

Ces mesures, Messieurs, n'ont pas eu tout l'effet qu'on en attendait: quelques chefs de corps ont continué de se livrer à des dépenses inutiles, et c'est à cette cause, sans doute, qu'il faut attribuer une partie des dettes considérables dont la masse d'habillement d'un grand nombre de corps est actuellement grevée.

Mais c'est principalement au soldat que nuisent les innovations arbitraires introduites dans l'uniforme des troupes, et l'intérêt du soldat est toujours le premier objet que l'Empereur envisage.

Sa Majesté est informée qu'il a été fait au soldat, dans beaucoup de corps, des retenues illégales; qu'on lui prend des sommes considérables pour lui donner des effets légers, dont il est ensuite forcé de faire usage pendant l'hiver; que ses intérêts et sa santé sont également compromis par l'effet de ces mesures irrégulières.

Sa Majesté a remarqué que ces abus ont fait un très grand mal au soldat pendant la guerre; elle m'ordonne de vous faire connaître de nouveau sa volonté. Elle n'entend pas qu'on délivre au soldat d'autres effets que ceux dont l'emploi est expressément autorisé, ni qu'on lui fasse des retenues pour lui donner des effets que les règlements n'admettent pas.

Conformément aux intentions de Sa Majesté, j'écris à M. le conseiller d'État directeur général des revues, pour qu'il renouvelle toutes les prohibitions relatives aux dépenses de luxe. Les inspecteurs aux revues vont recevoir de nouveaux ordres pour qu'il ne soit alloué aux corps aucune dépense qui ne soit, ou nécessitée par les règlements relatifs à l'uniforme, ou expressément autorisée par des décisions particulières.

Toutes dépenses de luxe, toutes dépenses non autorisées resteront à la charge du conseil d'administration. On punira de plus avec sévérité tout chef de corps qui les aura ordonnées ou tolérées, ou qui se sera permis d'introduire la plus légère innovation dans l'uniforme.

Comte de Cessac.

L'EMPEREUR AU GÉNÉRAL DE DIVISION COMTE DUMAS, DIRECTEUR
DES REVUES ET DE LA CONSCRIPTION MILITAIRE, A PARIS.

Trianon, le 19 juillet 1812.

Monsieur le comte Dumas, la conscription de 1808 et de 1809 a été levée dans la 32ᵉ division militaire par le roi de Westphalie. Il n'y a donc à lever que celle de 1810 et celle de 1811. La conscription de chaque année dans ces départements doit être de 3.000 hommes. L'Allemagne ne demande pas les mêmes ménagements que l'Italie; les Allemands sont accoutumés à servir; 3.000 hommes ne sont donc pas de trop. Le prince d'Eckmühl m'annonce un projet de décret et un état de répartition de ces 3.000 hommes; 500 seront nécessaires pour l'artillerie, le train, les équipages militaires, la Garde, la cavalerie; il ne restera donc plus que 2.500 hommes pour les régiments qui sont dans la 32ᵉ division militaire.

NAPOLÉON.

Appel des classes 1810 et 1811 dans la 32ᵉ division militaire.

L'Empereur, après s'être informé auprès du comte de Cessac, ministre directeur, de la somme que coûteraient deux camps établis, l'un à Utrecht de 15.000 hommes et l'autre dans la Frise de 6.000 hommes, écrit au duc de Feltre:

L'EMPEREUR AU MINISTRE DE LA GUERRE.

Trianon, le 19 juillet 1811.

Je désire que le camp d'Utrecht se forme dans la première quinzaine d'août. Mais, au lieu de camper les troupes, je désirerais les faire cantonner. Envoyez un adjudant commandant à Utrecht, et faites-moi connaître comment étaient cantonnées les troupes du général Marmont. Il faudrait qu'avant tout la position fût très saine. Envoyez un autre adjudant commandant pour le camp d'Ost-Frise. La première condition est que l'emplacement soit sain: fût-il éloigné d'une journée de la mer, ce serait peu important. Il devient pressant d'avoir des rapports précis là-dessus, afin que l'ordre de mouvement soit donné et qu'on sache où placer les troupes[1].

Remettez-moi également des renseignements sur le nombre des baraques qui existent encore à Boulogne, pour les réparer; sur la quantité de couvertures et effets de campement des magasins de Boulogne et sur la manière dont seront placées les troupes que j'y destine.

Dispositions concernant les camps d'Utrecht et de Boulogne.

(D'après la minute.)

---

1. Voir, pour la formation des camps d'Utrecht et de Suidlaaren, dans l'Ost-Frise, l'ordre du 26 juillet 1811, page 84.

Ordre de faire rétrograder à Magdebourg les deux bataillons westphaliens en marche sur Danzig. Avis de ce mouvement à donner à la Russie et à la Prusse. Bruits à répandre sur la rentrée en France de troupes de l'armée d'Allemagne.

L'Empereur, dans le but de dissiper les alarmes des Russes et d'atténuer l'effet produit par l'arrivée en Allemagne des 4es et 6es bataillons, prescrit au maréchal Davout de faire rétrograder sur Magdebourg les deux 3es bataillons westphaliens, qui étaient destinés au renforcement de la garnison de Danzig, et l'invite d'autre part à répandre des bruits pacifiques, tels que « la rentrée prochaine de troupes en France, la diminution de la garnison de Danzig, etc. ».

L'EMPEREUR AU PRINCE D'ECKMUHL, A HAMBOURG.

Trianon, 19 juillet 1811.

Mon Cousin, je vous ai recommandé hier de faire faire une marche rétrograde aux deux 3es bataillons de la brigade westphalienne. Faites-les diriger sur Glogau s'ils ont passé l'Oder, et sur Magdebourg s'ils sont atteints avant qu'ils aient passé l'Oder. Je vous ai fait connaître dans quel but ce mouvement était fait. Mon but est de diminuer l'effet que produira nécessairement la grande quantité de troupes qui vont arriver à Hambourg. La formation de la 5e division n'échappera pas aux Russes. Pour que cela ne soit pas un sujet d'alarmes pour eux, je désire que vous laissiez percer qu'une de ces divisions va rentrer en France. Faites répandre des bruits pacifiques, tels que celui de la rentrée prochaine de troupes en France, de la diminution de la garnison de Danzig, etc. Tout ce qui peut tendre à diminuer les alarmes des Russes est dans mon système.

NAPOLÉON.

Le lendemain, l'Empereur invite le ministre des relations extérieures à appeler l'attention du prince Kourakine et du comte Lauriston sur les mouvements rétrogrades qu'il vient d'ordonner à des corps de l'armée d'Allemagne, et à faire connaître que, si le Tsar veut s'y prêter, les difficultés peuvent encore être aplanies.

L'EMPEREUR AU MINISTRE DES RELATIONS EXTÉRIEURES.

Trianon, le 20 juillet 1811.

Monsieur le duc de Bassano, faites connaître au prince Kourakine, dans une conversation, qu'un régiment de Bade, un régiment de Hesse-Darmstadt, un régiment du grand-duché de Berg et deux bataillons westphaliens ont passé ou sont en marche pour passer l'Oder et aller augmenter la garnison de Danzig ; mais qu'après les dernières lettres du comte Lauriston, annonçant qu'on montre en Russie le désir que la garnison de Danzig soit diminuée et que quelqu'un va enfin avoir des pouvoirs pour lever toutes les difficultés, j'ai ordonné que ces corps ne passassent pas l'Oder ou que, s'ils l'avaient passé, ils rétrogradassent. Faites connaître ces détails au comte Lauriston. Instruisez-le que tous les convois en route pour Danzig et pour l'armée d'Allemagne sont en marche par suite d'ordres donnés depuis longtemps; que le mouvement même des corps dont il est question ci-dessus est la conséquence d'ordres donnés il y a quatre mois; que ces mouvements n'ont eu lieu qu'à l'aspect des préparatifs et des armements de la Russie et des dispositions peu pacifiques qu'elle a montrées dans l'affaire du duché d'Oldenbourg, en remettant à ce sujet une espèce de manifeste aux différentes puissances ; que nous attendons toujours que des pouvoirs soient donnés à quelqu'un à Paris pour terminer ces affaires.

NAPOLÉON.

Le 24 juillet, le maréchal Davout, répondant à la lettre de l'Empereur, du 19, fait connaître qu'il ne néglige rien pour atténuer les bruits de guerre, et propose, pour atteindre plus sûrement ce but, de faire accroire que les régiments de la 5ᵉ division du corps de l'Elbe (général Compans) doivent rentrer en France au mois de septembre.

LE PRINCE D'ECKMUHL A L'EMPEREUR.

Hambourg, 24 juillet 1811.

Sire, je reçois la lettre de Votre Majesté, du 19. Elle aura vu, par les comptes que je lui ai rendus le 23, que les deux 3ᶜˢ bataillons westphaliens ne sont pas encore en marche sur Danzig.

Je ne néglige rien, Sire, pour diminuer les propos de guerre que produira nécessairement la quantité de troupes qui est en marche pour l'Allemagne.

Un moyen qui me paraîtrait atteindre le but de Votre Majesté, ce serait que le ministre de la guerre écrivit au général Compans, qui est à Paris, pour le prévenir que la division composée des 25ᵉ, 61ᵉ, 57ᵉ et 111ᵉ, qui est sous son commandement, devant se rendre en France dans le courant de septembre, il peut attendre à Paris la rentrée de cette division ; et qu'en même temps le ministre prévint directement ces régiments que l'on m'adresse des itinéraires pour les faire rentrer en France dans le courant de septembre; qu'en conséquence ils aient à exécuter les ordres que je leur donnerai à cet égard, et à se conformer à l'itinéraire que je leur transmettrai. Le ministre de la guerre devrait aussi prévenir directement les commandants de Wesel, Munster, Bremen et Osnabrück, de la rentrée de ces troupes, en leur faisant connaître que j'indiquerai les jours, afin qu'ils puissent disposer les subsistances et le logement.

Mon langage sera dans ce sens, et je ne doute point qu'alors le but de Votre Majesté ne soit complètement rempli.

Lorsque les deux bataillons westphaliens seront arrivés à Magdebourg, je leur ferai faire seulement quelques marches, et je les ferai rentrer dans cette place.

Je ferai part de ce mouvement à M. le comte de Saint-Marsan dans le sens de l'ordre de Votre Majesté, et je manderai au général Rapp que sa garnison sera diminuée.

Comme il y aura de l'ensemble dans tous ces bruits, les intentions de Votre Majesté seront remplies.

Prince d'Eckmuhl.

Ce n'est que le 6 août que le maréchal Davout rend compte à l'Empereur de la marche rétrograde des deux 3es bataillons westphaliens, qui étaient destinés à la garnison de Danzig. Il ajoute que l'arrivée des 4es et 6es bataillons produit à Hambourg peu de sensation.

LE PRINCE D'ECKMUHL A L'EMPEREUR.

Hambourg, le 6 août 1811.

Sire, j'ai l'honneur de rendre compte à Votre Majesté que les deux 3es bataillons westphaliens destinés pour Danzig sont partis aujourd'hui de Magdebourg, et, pour me conformer à ce que Votre Majesté m'a prescrit, j'adresse des ordres qu'ils recevront demain, c'est-à-dire à deux marches de Magdebourg, pour rétrograder en Westphalie. Je joins ici copie de la lettre que j'écris à M. le comte de Saint-Marsan, laquelle me paraît remplir vos intentions.

L'arrivée des 4es et 6es bataillons fait ici peu de sensation.

J'ai employé différents moyens pour faire croire que plusieurs régiments vont repasser le Rhin.

Prince d'Eckmuhl.

Copie de la lettre du prince d'Eckmühl au comte de Saint-Marsan, dont il est question dans la lettre précédente.

Hambourg, le 6 juillet 1811.

Je crois devoir vous prévenir qu'en conséquence des ordres que je viens de recevoir de S. M. l'Empereur et Roi, notre souverain, je fais rétrograder et rentrer en Westphalie deux bataillons westphaliens qui se rendent à Danzig.

J'ai lieu de croire que ce contre-ordre est le résultat des explications rassurantes que l'Empereur a reçues de la Russie.

Le motif qui m'a fait vous donner cet avis, c'est que le gouvernement prussien pourrait vous demander des explications sur ce mouvement, qu'il pourrait croire être le résultat d'un malentendu.

Prince d'Eckmuhl.

JUILLET 1811.   71

LE PRINCE D'ECKMUHL A L'EMPEREUR.

Hambourg, 19 juillet 1811.

Sire, Votre Majesté me fait connaître, par sa lettre du 14 de ce mois, que, d'après les états de situation qui lui sont remis des régiments de cuirassiers, il doit exister, aux dépôts de ces corps, assez d'hommes et de chevaux pour les compléter à 1.000.

Armée d'Allemagne : compléments nécessaires dans les régiments de cuirassiers pour atteindre l'effectif fixé.

Par le tableau que j'ai eu l'honneur d'adresser à Votre Majesté le 2 de ce mois, elle a dû remarquer que, lorsque les deux premières remontes ordonnées aux escadrons de guerre seraient livrées, il manquerait aux quatre régiments de cuirassiers 657 hommes et 833 chevaux pour le complet de 1.000;

Et pour les régiments de cavalerie légère, il manquerait 844 hommes et 1.221 chevaux, ce qui ferait pour les dix régiments un total de 1.501 hommes et 2.054 chevaux.

Depuis cette époque, Votre Majesté a ordonné que les chevaux qui devaient être achetés aux dépôts et pour lesquels on n'aurait pas traité, seraient achetés aux escadrons de guerre, ce qui produit 260 chevaux ; elle a aussi ordonné une commande de 969 chevaux pour remplacer ceux réformés et vendus, d'après la revue du général Saint-Germain.

Ces achats doivent être terminés dans le courant du mois d'août ou avant le 15 septembre, suivant l'intention de Votre Majesté.

En faisant connaître au ministre directeur les ordres donnés pour l'exécution de ces dispositions, je lui ai adressé, le 8 de ce mois, un nouveau tableau de la situation des dix régiments de cavalerie, en le priant de le mettre sous les yeux de Votre Majesté, afin de lui faire connaître que, lorsque tous les chevaux qui doivent être achetés à l'armée seront livrés, il manquera encore, pour le complet de 1.000, sur les dix régiments, 946 chevaux, dont 258 pour les cuirassiers.

J'ai fait connaître au ministre de la guerre la quantité d'hommes qu'il faudrait tirer des dépôts pour compléter les régiments, et les colonels ont, de leur côté, écrit à leurs dépôts; ils demandent que les régiments soient complétés à 1.100 hommes, ou au moins à 1.050, afin d'avoir toujours 1.000 hommes montés[1].

J'ignore combien il peut y avoir de chevaux disponibles aux dépôts; ceux qui ont dû y être achetés sur la deuxième commande doivent former un total de 509 chevaux, qui seraient à déduire des 946 manquant aux escadrons de guerre.

Quant aux motifs de réforme, pour les chevaux inspectés par M. le général Saint-Germain, Votre Majesté pense qu'il faut les attribuer en partie au service fatigant de la correspondance.

J'ai l'honneur de répondre à Votre Majesté que les rapports qui ont pu lui être faits à cet égard doivent me paraître exagérés.

J'ai établi une ligne de correspondance entre Hambourg et Magdebourg; les cuirassiers fournissent seize postes de correspondance, d'un brigadier et quatre cuirassiers.

---

1. Voir à ce sujet le rapport du ministre de la guerre à l'Empereur, du 25 juillet 1811, page 82.

Une autre ligne de correspondance est établie entre Hambourg et Stettin, par le Mecklembourg, et une troisième ligne communique de Hambourg à Cuxhaven et à la Jahde.

Les lettres s'expédient tous les deux jours sur chaque point, et ce service, qui est indispensable, ne peut être nuisible aux chevaux, puisqu'ils ne marchent que tous les deux jours, et quelquefois moins.

Le 28 février dernier, je fis passer la revue des chevaux hors d'état de servir dans les dix régiments de cavalerie. Je fis connaître, le 27 mars, au ministre de la guerre, le résultat de cette revue; et je lui fis remarquer que, d'après le rapport des généraux qui avaient passé la revue, la grande quantité de chevaux à réformer provenait en partie de la grande facilité avec laquelle on recevait les chevaux de remonte; et je faisais observer que, dans le 1er de chasseurs particulièrement, il y en avait quinze impropres au service de l'arme, provenant des remontes de France.

Plusieurs régiments avaient reçu des chevaux espagnols, des chevaux de prise dans la dernière campagne, et des chevaux très jeunes, qui, quoique âgés de six ans seulement, avaient déjà fait trois ou quatre campagnes et étaient entièrement ruinés.

Aucun colonel ne réclama à cette époque contre le service de la correspondance. Ils ont pu y employer, malgré mes ordres, des chevaux déjà marqués pour être réformés; mais je ne puis croire que le service qu'ils ont fait et qu'ils font actuellement puisse leur être nuisible.

J'ajouterai à ces raisons que, l'année dernière, il n'y a pas eu de réforme, et que cette raison explique déjà pourquoi celle de cette année a été conséquente.

Au surplus, je prescris aux généraux de cavalerie de m'adresser un état des postes de correspondance. Je supprimerai ceux inutiles, et je leur recommande de tenir la main à ce que les règlements pour la conservation de ces chevaux soient exécutés.

PRINCE D'ECKMUHL.

LE PRINCE D'ECKMUHL A L'EMPEREUR.

Hambourg, 19 juillet 1811.

Renseignements 1° sur la Russie; 2° sur les forces prussiennes dans la Prusse ducale. Des bruits de guerre.

Sire, j'ai l'honneur d'adresser à Votre Majesté copie du rapport d'un officier que le général Rapp a envoyé à Memel et sur les frontières de la Russie.

PRINCE D'ECKMUHL.

Danzig, 13 juillet 1811.

La mission que vous avez bien voulu me confier consistait à prendre des renseignements sur la force et la position de l'armée russe aux frontières de la Prusse; sur les mouvements qu'elle a faits ou qu'elle pourrait faire; sur les bruits qui circulent en Russie relativement à la probabilité d'une guerre nouvelle; sur le commerce de cette puissance avec l'Angleterre, etc.

Et, quant à la Prusse, savoir quel est l'état de son armée dans la Prusse ducale; si elle l'augmente; et prendre des informations sur son commerce maritime, etc. Enfin, quel est l'esprit public de ces contrées.

Force et position de l'armée russe.

Dans la partie de la Samogitie s'étendant depuis Polangen jusqu'à Vilna, il y a : 5 régiments d'infanterie, 5 compagnies d'artillerie russe et 1 régiment tartare.

Chaque régiment russe n'étant composé, en paix comme en guerre, que de 2.000 hommes et chaque compagnie d'artillerie de 400, cette force réunie s'élèverait à 14.000 hommes.

Ces régiments sont stationnés à Telcz (*Telch*), Poxnie (?), Stawle (sans doute *Chavli*), Kovno et Vilna. Dans chacune de ces villes, il y a aussi une compagnie d'artillerie avec douze pièces de canon.

Ce rapport paraît d'autant plus exact, qu'il m'a été fait par un officier supérieur qui a servi dans l'armée russe.

Des mouvements faits ou supposés devoir l'être par l'armée russe.

Le bruit général, en Russie, est que toutes les forces de cet empire doivent se porter sur les frontières du grand-duché, où l'armée déjà réunie doit être de 200.000 hommes, et prête à entrer en campagne, si la guerre devenait indispensable pour le salut de l'empire (telles sont les expressions dont se servent les Russes). Cette armée, ajoute-t-on, peut être bientôt portée à 200.000 hommes.

Des bruits relatifs à la guerre.

Les Russes paraissent, en général, désirer la guerre; ils sont mécontents de ce que l'empereur Alexandre ne pense pas comme eux. Lorsqu'il arrive à Saint-Pétersbourg un courrier de Paris, les partisans de la guerre disent hautement : « *Voilà encore de l'opium pour endormir l'Empereur* ». L'activité avec laquelle on travaille aux fortifications de Riga paraît augmenter encore les probabilités de guerre.

En général, on est convaincu, en Russie et dans la Prusse ducale, que nos armées, en Espagne, sont presque réduites à rien, soit par les maladies, soit par la désertion à l'ennemi des troupes de la Confédération, ce qui, en diminuant notre armée, augmente beaucoup celle des Anglais. Ces bruits sont semés par les agents de l'Angleterre; on ajoute encore que nous perdons beaucoup de monde par la cruelle précaution qu'ont les insurgés d'empoisonner les vivres qu'ils abandonnent à nos troupes.

Les étrangers domiciliés en Russie, ou leurs enfants qui n'ont point fait le serment de fidélité à l'Empereur, sont obligés de le prêter ou de quitter de suite l'empire. Nombre de jeunes Polonais ou Allemands, qui se sont refusés à cet acte, parce qu'il les force de servir militairement en cas de besoin, ont été bannis et pillés par les Tartares, à leur arrivée sur les frontières.

Forces de la Prusse dans la Prusse ducale.

Les Prussiens n'ont, dans cette partie, que trois régiments d'infanterie et trois de cavalerie. Ils continuent à faire travailler à des fortifications, à une lieue en avant de Pillau. Ils emploient à ces travaux, ainsi qu'à ceux de Memel, qui ont été ordonnés dans cette dernière ville par le général Masenbach et le major du génie Engelbruht, environ 10,000 ouvriers militaires, qui ne font partie d'aucun corps et sont tous des jeunes gens exercés, et qui sont au-dessus du complet des régiments. Ils sont arrivés, depuis peu de temps, de diverses provinces. Il en arrive encore tous les jours. J'en ai rencontré environ 300 venant des frontières de la Poméranie. Ils sont sans armes et sans uniformes; leurs cantonnements s'étendent depuis Pillau jusqu'au delà de Kœnigsberg.

La Prusse ne paraît faire, dans ce moment, aucun commerce avec l'Angleterre. Les marchandises anglaises sont fort rares chez les marchands, et très chères; ce qui prouve qu'on n'en reçoit pas ou fort peu.

J'ajouterai, comme accessoire, ce qui m'a paru mériter quelque attention. Il existe, à la rade de Pillau sept bâtiments, que les armateurs annoncent devoir être chargés de planches et destinés pour la Suède. J'ai de la peine à croire à cette direction pour la Suède, qui probablement est simulée, et tend à nous donner le change, attendu qu'il est probable que les Anglais, qui croisent dans ces parages, se saisiront de ces bâtiments, dont le chargement ne peut pas manquer de leur être connu, puisqu'ils se sont présentés devant Pillau pour s'approvisionner d'eau; ce qui d'ailleurs leur a été refusé.

Tous mes soins à recueillir les bruits sur les dispositions actuelles des habitants de la Prusse, sur toute guerre qui paraît avoir lieu entre leur pays et la France, me font croire qu'au lieu de la désirer, ils la craignent beaucoup. Ils s'accordent tous à dire que la stagnation du commerce suffit seule pour ruiner entièrement la Prusse dans deux ans, sans y ajouter le fléau de la guerre.

Toutes les personnes qui arrivent à Memel et à Tilsit, venant de la Pologne et de la Lithuanie, parlent d'une faction qui doit exister dans le duché de Varsovie; elle doit son origine, à ce qu'on prétend, aux intrigues de nombreuses familles polonaises, réfugiées à Saint-Pétersbourg, qui désirent, dans leur patrie, un changement qui leur permette d'y rentrer avec avantage. Leur cabale doit avoir pour objet de faire ériger le duché de Varsovie en royaume, et d'offrir ensuite la couronne à l'empereur Alexandre. On ajoute aussi que cette faction a rompu ouvertement avec ceux qui manifestaient de l'attachement pour la France.

Des étudiants westphaliens ont passé dernièrement par Memel, se rendant en Russie, et ont cherché à faire croire que leurs compatriotes étaient tellement dégoûtés de leur gouvernement, qu'ils s'insurgeraient tous à la première apparition d'une force ennemie qui se dirigerait dans leur pays.

Plusieurs officiers oldenbourgeois ont passé dernièrement par Memel, se rendant en Russie, où ils sont appelés par leur prince.

D'HERBIGNY.

L'EMPEREUR AU PRINCE D'ECKMUHL, A HAMBOURG.

Trianon, le 20 juillet 1811.

Armée d'Allemagne : Instructions au sujet des conscrits ; recommandations concernant les manœuvres à exécuter ; l'ancienneté à exiger des sous-officiers ; les outils du génie à tenir en réserve ; les batteries de côte, etc.

Mon Cousin, je reçois votre lettre. Je vois que sur 1.350 conscrits, 1.200 vous sont arrivés. Je considère cela comme un bon résultat.

Je vous envoie une lettre de l'architrésorier, qui vous fera connaître qu'une partie des déserteurs est déjà reprise. Je donne des ordres pour que l'on prenne des mesures relativement à la solde, et que, désormais, elle ne manque plus en route. Je suppose que vous avez sur-le-champ donné l'ordre de répartir ces hommes dans les différentes compagnies et de les soumettre à une surveillance spéciale. J'en aurai 6.000 autres à vous envoyer. On m'assure que ce sont de beaux hommes ; faites-moi connaître si vous en êtes satisfait et si leur habillement et leur équipement sont en bon état.

J'attends avec intérêt ce que vous aurez à me dire sur les petits bataillons des îles de Goërée et de Schouwen. Les compagnies des 6es bataillons, qui forment, je crois, 2.500 hommes, partiront à la fin d'août. Si le mouvement de tous les conscrits sur votre armée réussit, il sera possible que je vous envoie le régiment de l'île de Walcheren pour être incorporé dans vos bataillons et les porter, par ce moyen, au grand complet, c'est-à-dire à 4.000 hommes par régiment. Il est bienentendu que les officiers et sous-officiers de ce régiment seraient, après l'incorporation, renvoyés à l'île de Walcheren. On me rend compte que vos troupes sont très belles ; mais il est nécessaire qu'elles le soient, et que l'instruction se pousse parmi les officiers, sous-officiers et soldats avec une grande activité, puisque votre corps est une des principales ressources de l'Empire contre des événements du côté du Nord.

Écrivez à vos généraux de division de passer des revues et de faire manœuvrer en tâchant de réunir les cinq bataillons de leurs régiments.

Vous n'aurez que trois compagnies de grenadiers et voltigeurs par régiment ; mais je me réserve, quand il en sera temps, de vous autoriser à former les autres compagnies. Je pense que ces conscrits réfractaires seront meilleurs que les autres conscrits ; ce sont des hommes de 22, 23 et 24 ans ; mêlés avec vos soldats, ils prendront le goût du service.

Les trois compagnies du 12e bataillon des transports militaires sont parties de Strasbourg pour vous rejoindre. Ainsi, vous aurez bientôt 250 voitures d'équipages militaires et près de 100 qui appartiennent aux corps ; ce qui fera 350 voitures. C'est plus que jamais il n'y en a eu à aucune armée.

Recommandez aux généraux qui commandent les cuirassiers et la cavalerie légère de passer des revues et de faire manœuvrer. Nous voilà bientôt en septembre, c'est le temps favorable des manœuvres et des exercices. Je suppose que chacun de vos régiments a une forge de campagne; vous savez combien cela est important. Tenez la main à ce que chaque régiment ait la sienne.

Veillez bien à ce qu'on ne fasse aucun sergent ni caporal qu'il n'ait été à Wagram, c'est-à-dire qu'il n'ait fait la guerre. Donnez-en l'ordre exprès dans votre corps d'armée, et qu'on ne puisse y déroger que sans un approuvé de vous. Il est ridicule de voir des colonels faire sergents des soldats de six mois.

Je vous recommande de tenir en réserve les outils du génie qui sont attelés et de vous servir des outils du pays pour les ouvrages que vous faites faire sur les côtes, afin que, si vous veniez à partir, vous soyez garni de tout ce qui est nécessaire.

Je suis instruit que l'artillerie n'a pas tous les effets de rechange qu'elle devrait avoir. Recommandez que les flambeaux, les pioches, les haches et les autres rechanges soient tenus en règle et avec la plus grande exactitude.

J'ai déterminé trois espèces de tours pour fermer à la gorge les batteries de côte. Faites-moi connaître les batteries que vous faites construire, leur situation, leur force et leur importance.

Écrivez au gouvernement de la Poméranie que j'ai demandé à être instruit de la satisfaction qui me sera faite pour le sang français qu'on a répandu en Poméranie.

Envoyez-lui un officier.

NAPOLÉON.

Le prince d'Eckmühl répond, le 27 juillet, par le compte rendu ci-après, qui parvient à l'Empereur le 1er août :

LE PRINCE D'ECKMÜHL A L'EMPEREUR.

Hambourg, 27 juillet 1811.

Corps de l'Elbe: de l'instruction des troupes et des approvisionnements des régiments en équipages, souliers, outils, etc.

Sire, j'ai l'honneur d'accuser réception à Votre Majesté de sa lettre du 20 juillet, où elle me dit qu'on lui a rendu compte que les troupes du corps d'armée sont très belles; et où elle me recommande de presser l'instruction des officiers, sous-officiers et soldats. Les intentions de Votre Majesté sont remplies : l'instruction se pousse avec une grande activité, et je suis sûr que Votre Majesté en serait satisfaite.

On va passer des revues à l'époque où on fera le tiercement des 4es et 6es bataillons. Je passerai, immédiatement après, une revue générale de toute l'armée.

Je réitère, dans cette circonstance, les demandes que j'ai déjà faites à Votre Majesté, de poudre et de balles pour les exercices à feu et de tir à la cible. Ces exercices deviendront d'autant plus nécessaires qu'il y aura beaucoup de jeunes soldats auxquels il sera utile de faire faire ces exercices.

La cavalerie est assez réunie depuis deux mois, et elle manœuvre.

On va mettre à profit le mois de septembre pour faire de grandes manœuvres. Les troupes seront placées de manière à pouvoir manœuvrer au moins par régiments de cinq bataillons.

Il y aura des endroits, comme Magdebourg, Hambourg et Stettin, où il se trouvera jusqu'à deux et trois régiments.

Tous les régiments ont leur forge de campagne. Toutes les voitures d'artillerie et de régiment sont dans le meilleur état; elles ont toutes leurs objets de rechange, les flambeaux, pelles, pioches, haches, etc.

Les chevaux d'artillerie, de cavalerie, d'équipages, etc., ont quatre fers de réserve.

Les quinze anciens régiments de l'armée d'Allemagne ont tous trois paires de souliers par homme; ils ont, en outre, un approvisionnement de trois autres paires en magasin : ce qui fait six paires par homme. Un pareil ordre est donné pour les 4ᵉˢ et 6ᵉˢ bataillons.

Les outils du génie attelés sont tenus en réserve.

J'ai renouvelé l'ordre de Votre Majesté pour qu'il n'y ait aucun sergent ou caporal de nommé, s'il n'a fait la dernière campagne. J'ai défendu de déroger à cet ordre sans mon autorisation spéciale.

L'ordre est donné de faire rentrer dans les rangs ceux qui ne réuniraient pas cette condition.

J'adresserai incessamment à Votre Majesté un rapport sur les nouvelles batteries qui ont été construites sur les côtes de la 32ᵉ division et sur celles du Mecklembourg.

J'ai chargé le commandant du génie d'écrire à la direction, à Paris, pour avoir le modèle des tours que Votre Majesté a arrêté, pour la fermeture des gorges.

J'ai envoyé un officier au gouverneur de la Poméranie, en lui écrivant dans le sens de Votre Majesté, pour la satisfaction qu'on doit au sang français versé en Poméranie.

Prince d'Eckmuhl.

L'EMPEREUR AU MINISTRE DES RELATIONS EXTÉRIEURES.

Trianon, le 21 juillet 1811.

Monsieur le duc de Bassano, passez une seconde note au ministre de Suède pour se plaindre de ce que les Anglais font de l'eau dans l'île de Rügen, sans que les Suédois s'y opposent. Témoignez mon mécontentement de cette conduite.

De la condescendance montrée par la Suède envers les Anglais.

Napoléon.

L'EMPEREUR AU MINISTRE DIRECTEUR DE L'ADMINISTRATION DE LA GUERRE, A PARIS.

Trianon, le 23 juillet 1811.

Plaintes au sujet du mauvais état des selles confectionnées à Paris.

Monsieur le comte de Cessac, je reçois de Saintes les plaintes suivantes : les selles venues de Paris sont mal confectionnées ; au lieu d'être rembourrées avec trois parties, en paille, bourre et crin, elles ne le sont qu'avec de la paille et de la bourre ; on ne met un peu de crin qu'aux coussinets pour faire croire qu'il y en a partout ; les panneaux sont trop courts. Les officiers se plaignent de la nouvelle sellerie ; elle est aussi mauvaise qu'à l'époque où régnait le plus grand désordre par suite de mauvaise administration. Donnez l'ordre au général Guyot de se rendre dans les magasins, avec les deux officiers les plus expérimentés de son corps, pour vérifier ces faits. Faites faire des retenues à l'entrepreneur coupable de fraude. Je dépense beaucoup d'argent, je paye avec exactitude, je veux que les fournisseurs livrent de bons effets ; je préférerais ne rien avoir que d'avoir du mauvais.

NAPOLÉON.

L'Empereur reconnaît, malgré les plaintes qu'il a reçues au sujet de la sellerie, les qualités administratives du comte de Cessac et les services qu'il a rendus ; il lui écrit en effet le 26 :

Je reçois votre lettre du 25 juillet. Vos services me sont nécessaires et ils me sont fort agréables. Les plaintes qui ont été portées contre les fournisseurs sont des détails d'administration et personne ne rend plus justice que moi à toutes vos qualités.

NAPOLÉON.

Armée d'Allemagne : instructions concernant le tiercement des bataillons dans chaque régiment.

Le 24 juillet 1811, en exécution des ordres contenus dans la lettre de l'Empereur, du 4 du même mois, le général de division d'Hastrel, chef d'état-major général de l'armée d'Allemagne, adresse aux généraux de division les dispositions arrêtées par le prince d'Eckmühl concernant :

1° Le tiercement des 1er 2e, 3e, 4e, et 6e bataillons de chaque régiment ;
2° La revue de rigueur à passer en même temps par le général qui aura fait le tiercement.

Instructions pour le tiercement des 1ers, 2es, 3es, 4es et 6es bataillons.

Les 4es et 6es bataillons sont en marche pour se réunir à leurs régiments respectifs, en Allemagne. J'aurai l'honneur de vous faire connaître l'époque de leur arrivée.

L'intention de l'Empereur est que les hommes de ces bataillons soient tiercés avec ceux des trois premiers bataillons, de manière à ce que, dans les compagnies de fusiliers des cinq bataillons, il y ait à peu près le même nombre d'anciens soldats et en proportion avec les nouveaux.

Les grenadiers et les voltigeurs ne fourniront, par conséquent, aucun homme pour ce tiercement.

Les 4⁰ˢ et 6⁰ˢ bataillons n'ayant ni grenadiers ni voltigeurs, le tiercement aura lieu pour toutes les compagnies de ces bataillons.

Au reçu de la présente, il sera donné des ordres aux colonels pour qu'ils préparent, sur le papier, le travail du tiercement pour les cinq bataillons; MM. les généraux qui seront chargés de cette opération se régleront sur les bases ci-dessus, et ils se conformeront à l'instruction suivante :

On fera, dans chaque compagnie des trois premiers bataillons, un contrôle des anciens soldats, par rang d'ancienneté; tous les numéros impairs resteront à la compagnie, et les numéros pairs passeront à la compagnie correspondante des trois premiers bataillons. La seule différence est que, dans les 4⁰ˢ et 6⁰ˢ bataillons, le contrôle sera établi par rang de taille.

Après cette opération, on égalisera les compagnies sur la totalité du régiment, en reversant dans les compagnies les plus faibles les soldats des compagnies les plus fortes, en prenant à la fin du contrôle d'ancienneté. Les régiments qui n'auront qu'un bataillon à recevoir feront également leurs contrôles par ancienneté pour les trois premiers bataillons et par rang de taille pour le bataillon qu'ils recevront. Chaque compagnie de fusiliers des trois premiers bataillons versera, dans la compagnie avec laquelle elle tiercera, les 3/8⁰ˢ des fusiliers, c'est-à-dire les n⁰ˢ 2, 5, 7, etc., et chaque compagnie du bataillon arrivant, devant tiercer avec deux compagnies des trois premiers bataillons, versera, dans l'une de ces compagnies, les n⁰ˢ 2, 4, 7, et dans l'autre les n⁰ˢ 3, 6, 8.

Tableau du tiercement pour quatre bataillons.

Les 1ʳᵉ et 2ᵉ compagnies du 1ᵉʳ bataillon tierceront avec la 1ʳᵉ compagnie du 6ᵉ bataillon;

Les 3ᵉ et 4ᵉ compagnies du 1ᵉʳ bataillon tierceront avec la 2ᵉ compagnie du 6ᵉ bataillon;

Les 1ʳᵉ et 2ᵉ compagnies du 2ᵉ bataillon tierceront avec la 3ᵉ compagnie du 6ᵉ bataillon;

Les 3ᵉ et 4ᵉ compagnies du 2ᵉ bataillon tierceront avec la 4ᵉ compagnie du 6ᵉ bataillon;

Les 1ʳᵉ et 2ᵉ compagnies du 3ᵉ bataillon tierceront avec la 5ᵉ compagnie du 6ᵉ bataillon;

Les 3ᵉ et 4ᵉ compagnies du 3ᵉ bataillon tierceront avec la 6ᵉ compagnie du 6ᵉ bataillon.

Tableau du tiercement pour cinq bataillons :

La 1ʳᵉ compagnie du 1ᵉʳ bataillon tiercera avec la 1ʳᵉ du 4ᵉ bataillon;
La 2ᵉ — 1ᵉʳ — 2ᵉ —
La 3ᵉ — 1ᵉʳ — 3ᵉ —
La 4ᵉ — 1ᵉʳ — 4ᵉ —
La 1ʳᵉ — 2ᵉ — 5ᵉ —
La 2ᵉ — 2ᵉ — 6ᵉ —

La 3ᵉ compagnie du	2ᵉ	bataillon tiercera avec la	1ʳᵉ	du 6ᵉ	bataillon;
La 4ᵉ —	2ᵉ	—	2ᵉ	—	
La 1ʳᵉ —	3ᵉ	—	3ᵉ	—	
La 2ᵉ —	3ᵉ	—	4ᵉ	—	
La 3ᵉ —	3ᵉ	—	5ᵉ	—	
La 4ᵉ —	3ᵉ	—	6ᵉ	—	

En passant la revue du 6ᵉ bataillon du 15ᵉ d'infanterie légère, Sa Majesté s'est aperçue qu'il y avait des sergents et caporaux qui n'avaient pas deux ans de service; elle les a fait rentrer dans les rangs et remplacer de suite; son intention est que, sous aucun prétexte, on n'admette un sergent ou un caporal qui n'ait au moins deux ans de service.

Aussitôt que le tiercement sera fait, MM. les généraux de brigade passeront une revue de rigueur pour s'assurer de l'exécution de cette disposition. Tous les sergents et caporaux qui n'auront pas deux ans de service rentreront dans les rangs et seront remplacés par des militaires qui auront les qualités requises. Sa Majesté veut aussi que toutes les places de sous-officiers et caporaux soient remplies et complétées dans les cinq bataillons.

Quant aux emplois vacants d'officiers, les colonels écriront sans délai au ministre de la guerre pour lui rappeler les mémoires de proposition qui lui ont été envoyés, et si, sur les cinq bataillons, il se trouve des places vacantes et pour lesquelles il n'aurait point encore été fait de demande, les colonels feront faire, sur-le-champ, des mémoires de proposition qu'ils adresseront directement au ministre de la guerre. Un double de ces mémoires de proposition sera envoyé à M. le maréchal.

Lorsque les 4ᵉˢ et 6ᵉˢ bataillons arriveront, MM. les généraux de division réuniront chaque régiment dans le lieu qu'ils jugeront le plus convenable pour y faire faire le tiercement ordonné par cette instruction; ils s'entendront à ce sujet, soit avec les autorités, soit avec les fournisseurs, pour que les subsistances soient assurées sur le point de réunion. MM. les généraux de division feront aussi d'avance (sur le papier) une nouvelle répartition de cantonnement pour cinq bataillons par régiment.

Ce projet de cantonnement sera adressé sans délai à M. le maréchal; on y indiquera le lieu destiné pour la réunion de chacun des régiments pour le tiercement.

M. le maréchal, pour éviter les fausses conjectures, recommande à MM. les généraux et les colonels de laisser ignorer toutes ces mesures jusqu'au moment de leur exécution, et de faire dans le plus grand secret tout le travail préparatoire.

Approuvé :
MARÉCHAL PRINCE D'ECKMUHL.

Instructions pour MM. les généraux qui feront le tiercement des cinq bataillons des régiments de l'armée d'Allemagne.

M. le maréchal prince d'Eckmühl désire que la revue qui sera passée pour le tiercement soit en même temps une revue générale et de rigueur, basée sur celle qui a été passée le 1ᵉʳ mai dernier.

Cette revue ne sera que préparatoire de celle que M. le maréchal se propose de passer lui-même à la fin du mois d'août, pour s'assurer de l'exécution de tous les ordres donnés depuis la revue du 1ᵉʳ mai pour que les régiments soient complètement pourvus de tout.

MM. les généraux adresseront directement à Son Excellence le rapport détaillé de leur revue et les états d'effectif du personnel et du matériel.

On rappelle ici les principales dispositions prescrites par l'instruction sur la revue du 1ᵉʳ mai :

1° S'assurer des places d'officiers vacantes, en dresser l'état indiquant les motifs des vacances et l'époque de l'envoi des mémoires de proposition ;

2° S'assurer que toutes les places de sous-officiers et caporaux soient remplies par des sujets ayant au moins deux ans de service ;

3° Vérifier si les officiers et sous-officiers ont un livret portant les noms, prénoms, âge et lieu de naissance des soldats sous leurs ordres, avec les notes indiquant s'ils savent lire, écrire, nager, s'ils ont une profession utile au service militaire ;

4° S'assurer si les soldats parlant français sont mêlés à ceux qui ne le parlent pas ;

5° Vérifier si l'uniforme, dans toutes les parties, est strictement conforme à ce que prescrivent les règlements ;

6° Si les ordres sur la tenue, les soins pour la santé du soldat, son instruction, etc., sont exécutés ;

7° Faire connaître les réclamations ;

8° Vérifier la situation de l'habillement et de l'équipement, et faire connaître ce qui manque. Chaque soldat doit avoir une paire de souliers aux pieds, deux dans le sac et trois en magasin ;

9° Donner l'état de l'armement et faire connaître les armes à réparer et hors de service, et s'assurer si chaque soldat a un tire-bourre, un tournevis, une épinglette, et s'il y a un monte-ressort par escouade ;

10° S'assurer que chaque homme a un livret et vérifier si les inscriptions sont bien faites, et si les décomptes de masse de linge et chaussure se font exactement ;

11° S'assurer si les soldats ont des réclamations de solde à faire ;

12° Vérifier si les chevaux de l'artillerie régimentaire et des équipages sont marqués, et, s'il y en a à réformer, faire faire pour ces derniers un état indiquant les causes de la réforme ;

13° Vérifier si dans chaque compagnie il y a le nombre de haches et d'outils prescrits, et s'il y a à toutes les caisses de tambours des peaux de rechange ;

14° S'assurer si la compagnie d'artillerie régimentaire est complète en hommes, si ces hommes sont bien choisis et instruits ; si elle est complète en chevaux, tant pour l'artillerie que pour les autres transports ; si le matériel, tant des voitures que du harnachement, a été réparé et est en bon état. On fera connaître ce qui manque et ce qui a retardé le remplacement ou les réparations ;

15° Enfin, MM. les généraux donneront une attention particulière au matériel des équipages régimentaires ; l'intention de M. le maréchal est que tous les caissons d'ambulance, de vivres et de comptabilité, aient chacun une grande et une petite roue de rechange et un timon ferré ; ce timon sera placé comme les timons de rechange des équipages militaires.

Chaque caisson doit également être pourvu de coffrets pour graisse, outils et ferrures de rechange, et être muni de flambeaux, lanternes, etc.

L'instruction du 7 avril déterminait la manière dont les coffrets de caissons devaient être faits et prescrivait aux colonels d'y faire travailler de suite, aux frais de la masse d'entretien pour les chevaux et le matériel de l'artillerie régimentaire.

M. le maréchal s'assurera si toutes les dispositions prescrites par cette instruction sont remplies et si chaque coffret est chargé de tous les objets indiqués par l'instruction, en outils, ferrures de rechange et même approvisionnement; tous les coffrets doivent être recouverts en toile peinte à l'huile.

D'après les ordres donnés les années précédentes et lors de la revue du 1er mai, il doit y avoir en réserve pour tous les chevaux de l'armée, soit de cavalerie, artillerie, équipages régimentaires et équipages militaires, quatre fers et quarante-huit clous.

MM. les généraux s'assureront si cet approvisionnement de réserve existe réellement; ils feront mention de tous ces détails dans le rapport qu'ils adresseront à Son Excellence.

MM. les généraux de cavalerie passeront également, d'ici au 20 août, une revue détaillée des régiments sous leurs ordres, et se conformeront, en ce qui les concerne, aux dispositions de la présente instruction et de celle qu'ils ont reçue pour passer la revue du 1er mai.

M. le maréchal recommande très particulièrement à MM. les généraux et colonels de prendre toutes leurs mesures et de faire toutes les dispositions sans éclat et avec circonspection, afin d'éviter les fausses conjectures et toute interprétation déplacée, et par ce motif de ne point faire connaître son intention de passer la revue des troupes.

Les compagnies d'artillerie et du train d'artillerie de chaque division seront passées en revue par le général commandant la division.

Approuvé :
MARÉCHAL PRINCE D'ECKMUHL.

(Papiers Gudin.)

RAPPORT DU MINISTRE DE LA GUERRE A L'EMPEREUR.

25 juillet 1811.

Compte rendu du nombre d'hommes disponibles dans les dépôts des régiments de cavalerie de l'armée d'Allemagne.

M. le maréchal prince d'Eckmühl avait exposé qu'il serait nécessaire de porter les corps de cavalerie de l'armée d'Allemagne à un effectif de 1.100 hommes, afin d'avoir toujours 1.000 hommes sous les armes, en ajoutant qu'il en manquait à ces corps, pour atteindre ce dernier complet, 1.523 [1].

Sa Majesté, dont j'ai pris les ordres à ce sujet, m'a prescrit de lui faire connaître ce qu'il y avait de disponible à ces dépôts, afin de le faire partir pour l'Allemagne.

---

1. Rapport du prince d'Eckmühl à l'Empereur, daté du 19 juillet, page 71.

Le tableau ci-après indique le manque au complet de chaque corps au 1ᵉʳ juillet, et les ressources qu'offraient les dépôts pour le remplir :

	Manque au complet de 1.000 hommes aux escadrons de guerre.	Hommes disponibles aux dépôts.
2ᵉ régiment de cuirassiers	158 hommes.	90 hommes.
3ᵉ — —	152 —	62 —
9ᵉ — —	165 —	56 —
12ᵉ — —	186 —	80 —
1ᵉʳ régiment de chasseurs	293 —	160 —
2ᵉ — —	156 —	240 —
3ᵉ — —	208 —	82 —
16ᵉ — —	184 —	100 —
7ᵉ régiment de hussards, les escadrons de guerre ont un excédent de 50 hommes	» —	80 —
8ᵉ régiment de hussards	21 —	140 —

Sa Majesté voit, par ce tableau, que ces corps, à l'exception du 2ᵉ de chasseurs et des 7ᵉ et 8ᵉ de hussards, après avoir reçu tous les hommes disponibles aux dépôts, éprouveront un manque, au complet de 1.000 hommes, plus ou moins considérable. Je la prie de donner les ordres qu'elle jugera convenables au sujet de la proposition qui a été faite par M. le maréchal prince d'Eckmühl, de compléter les escadrons de guerre, sinon à 1.100 hommes, du moins à 1.000.

Le départ des hommes indiqués opéré, il n'en restera à chaque dépôt qu'environ 30 ou 40, qui sont des ouvriers ou des militaires malades à la chambre.

Duc de Feltre.

LE PRINCE D'ECKMUHL A L'EMPEREUR.

Hambourg, le 25 juillet 1811.

Sire, j'ai l'honneur d'adresser à Votre Majesté les derniers rapports de Varsovie [1].

Prince d'Eckmuhl.

Renseignements sur l'armée russe.

Extrait d'un rapport de Seyny, du 6 juillet 1811.

On ne prend presque plus garde aux marches et contre-marches des troupes russes, qui fixaient l'attention même des personnes non intéressées. Les habitants ne les remarquent que par les charges renouvelées des logements; quoique le gouvernement s'empresse de pourvoir l'armée de tout ce dont elle peut avoir besoin, l'on prépare de grands magasins et tout est prêt pour entrer en campagne.

---

1. Voir la carte de la frontière occidentale de la Russie, jointe au tome I.

Les Russes assurent que tous les régiments assemblés en Samogitie recevront très incessamment l'ordre de se porter vers Vilna, pour exécuter de grandes manœuvres.

Le ministre des finances a envoyé, le 26 juin, un ordre secret à la douane d'Alexota, en lui enjoignant de le communiquer de suite à tous les douaniers de cette contrée, de prêter aide et assistance et de laisser entrer et sortir, par où il lui sera le plus convenable (jusqu'au 1er décembre a. c.), le colonel russe nommé Prendel.

Extrait d'un rapport de Hrubieszow, du 9 juillet 1811.

Les officiers du génie russe mentionnés dans mon dernier rapport se sont fixés en face du village de Grudek, district de Hrubieszow, et, de là, se sont portés à Krylow, en examinant tous les passages et gués du Bug.

Le hetman des cosaques Platov s'est mis en marche avec vingt régiments de cosaques, dont dix se sont dirigés vers la Lithuanie, et les autres vers la Valachie.

Les magasins de Luck (*Loutsk*), Kovel et Dubno sont très considérables et ont été augmentés des magasins de réserve que les paysans forment déjà depuis dix ans.

L'EMPEREUR AU MINISTRE DE LA GUERRE.

Saint-Cloud, 26 juillet 1811.

Ordre pour la formation des camps d'Utrecht et de Suidlaaren.

Monsieur le duc de Feltre, je vous envoie un mémoire du général Hogendorp sur le camp à former à Utrecht. Je désire que vous donniez l'ordre au général Molitor[1] de mettre en marche pour Utrecht au 3 août :

Le 18e et le 93e de ligne qui formeront une brigade ; le 56e et le 124e qui formeront une 2e brigade.

Deux généraux de brigade, pris parmi ceux qui sont dans la 17e division militaire, auront le commandement de ces brigades, qui seront cantonnées dans la plaine de l'ancien camp d'Austerlitz à Utrecht et aux environs, dans les villes et villages, de manière qu'on puisse réunir les troupes par régiment, par brigade et ensuite tout le camp pour les manœuvres.

Le 24e de chasseurs sera attaché à ce camp.

Le maréchal duc de Reggio se rendra à Utrecht pour prendre le commandement de ce camp. Il devra y être arrivé dans les premiers jours d'août. Vous remarquerez que je ne veux point de camp, parce que cela est trop coûteux et parce que le soldat est beaucoup mieux dans les cantonnements.

---

1. Général Molitor, commandant la 17e division militaire, à Amsterdam.

Vous ordonnerez au général Durutte[1] de réunir, vers les premiers jours d'août, dans les positions qu'il a désignées dans les bruyères[2], les 2e, 37e et 125e de ligne.

Le 23e régiment de chasseurs sera joint à ces trois régiments, qui formeront douze bataillons. Ce camp sera dans le commandement du général Durutte; il sera commandé par un général de brigade de sa division, qui sera sous les ordres du duc de Reggio.

Dans l'un et l'autre de ces camps, il n'y aura pas d'autre artillerie que l'artillerie régimentaire et pas d'autres caissons que les caissons régimentaires. Le service se fera par les employés de la division.

Il n'y aura aucun accroissement d'employés ni de dépenses.

Le 4e bataillon du 124e et les deux bataillons suisses, qui sont à Berg-op-Zoom, formeront trois colonnes mobiles : une colonne sera placée au Texel et au Helder, la 2e vis-à-vis Haarlem, la 3e à l'embouchure de la Meuse.

Il y aura 80 hommes de cavalerie du 24e de chasseurs attachés à chaque colonne. Ces trois colonnes, qui seront commandées par un général de brigade et des officiers supérieurs français, mettront des postes où il sera nécessaire et comme le proposera le général.

Un bataillon du 125e et deux compagnies de voltigeurs du régiment espagnol qui sont à Nimègue, faisant 8 compagnies, formeront trois colonnes mobiles, à chacune desquelles on joindra un détachement du 23e de chasseurs, pour garder les côtes de la 31e division militaire[3].

Vous donnerez pour instruction au duc de Reggio de passer en revue ces troupes, de les faire manœuvrer fréquemment, d'envoyer des notes sur leur armement, habillement, instruction et sur toutes les places vacantes. Indépendamment de ce but important, j'ai aussi celui de soustraire les troupes au mauvais air en les réunissant dans les pays les plus sains de la Hollande. Enfin, vous recommanderez au duc de Reggio de les tenir en état d'entrer en campagne, soit pour s'embarquer sur l'escadre de l'Escaut, si cela devenait nécessaire, soit pour se rendre en Allemagne. Il recevrait l'artillerie et les administrations au dernier moment. Il suffit que les régiments soient parfaitement en état.

Cet ordre reçut son exécution au commencement du mois d'août.
Trois mois après, le camp d'Utrecht fut dissous. (Voir à ce sujet la lettre de l'Empereur au prince de Wagram, major général de l'armée d'Espagne, datée de Nimègue, le 30 octobre 1811, page 254.)

---

1. Général Durutte, commandant la 31e division militaire, à Groningue.
2. Dans l'Ost-Frise, à Suidlaaren.
3. La 31e division militaire comprenait les départements suivants : Bouches-de-l'Issel, Frise, Ems-Occidental, et Ems-Oriental.

RAPPORT DU MINISTRE DE LA GUERRE A L'EMPEREUR.

26 juillet 1811.

Compte rendu relatif aux emplacements des cinq divisions du corps de l'Elbe.

Sire, j'ai eu l'honneur de rendre compte à Votre Majesté, par un rapport du 11 de ce mois, des ordres que j'avais donnés pour le mouvement des 4es et 6es bataillons destinés à rejoindre leurs régiments, employés au corps d'observation de l'Elbe.

J'ai en même temps informé Votre Majesté que j'avais ordonné à M. le maréchal prince d'Eckmühl de former la 5e division de son corps d'armée, conformément aux ordres que Votre Majesté m'avait précédemment donnés à ce sujet.

M. le maréchal prince d'Eckmühl vient de me faire connaître que, d'après les intentions de Votre Majesté, il a donné les ordres nécessaires pour que les 4es et 6es bataillons fussent dirigés, à leur arrivée à Osnabrück, par la route la plus courte, sur leurs corps respectifs.

Il a joint à sa lettre le tableau de l'emplacement actuel des régiments d'infanterie du corps d'observation de l'Elbe, formés en cinq divisions ainsi qu'il suit, savoir :

Emplacement	Division	Commandant	Régiment	Numéro	Lieu
Quartier général, à Hambourg.	1re division,	g^{al} Morand.	Dalton	13e léger,	à Hambourg.
			Lhuillier	17e de ligne,	—
			Bonami	30e —	à Travemunde;
				127e —	à Lunebourg;
A Rostock..	2e division,	g^{al} Friant.	Dufour	15e léger,	à Rostock;
			Grandeau	33e de ligne,	à Wismar;
			Van Dedem	48e —	à Strelitz;
				128e —	à Bremen.
A Hanovre; il sera transféré à Magdebourg	3e division,	g^{al} Gudin.	Le Clerc	7e léger,	à Hanovre; il ira à Magdebourg lorsque le 33e léger ira à Stettin;
			Boyer	12e de ligne,	à Magdebourg;
			Desailly	21e —	à Magdebourg;
				129e —	à Osnabrück.
A Stettin...	4e division,	g^{al} Dessaix	Barbanègre	33e léger,	à Magdebourg; ira à Stettin lorsqu'on aura réponse du gouvernement prussien;
			Friederichs	85e de ligne,	à Stettin;
			Le Guay	108e —	à Stettin.
A Bremen..	5e division, général Compans.		Dupellin	25e —	sur la Jahde;
			Sont commandés par le général Morand jusqu'à l'arrivée du général Compans.	61e —	embouchure de l'Elbe;
				57e —	embouchure du Weser;
			Commandé par le général Friant jusqu'à l'arrivée du général Compans.	111e —	dans le Mecklembourg (reste jusqu'à l'arrivée du général Compans).

M. le maréchal prince d'Eckmühl annonce que pour faire faire le moins de mouvements possible, il laisse provisoirement le 111ᵉ dans le Mecklembourg, jusqu'à l'arrivée du général Compans; que le 33ᵉ régiment d'infanterie légère doit aller à Stettin; mais comme il s'y trouve déjà trois régiments alliés, avec les 85ᵉ et 108ᵉ de ligne français, il croit devoir attendre que ces régiments alliés aient une destination, alors il enverra le 33ᵉ léger à Stettin et le 7ᵉ léger le remplacera à Magdebourg.

Il laisse également les trois nouveaux régiments dans leur emplacement actuel, ainsi que le 9ᵉ régiment de chevau-légers, afin qu'ils pressent leur organisation.

M. le maréchal prince d'Eckmühl me fait remarquer que, par la disposition actuelle des troupes, il lui sera facile de réunir chaque division quand il le jugera nécessaire.

J'ai cru devoir mettre ces détails sous les yeux de Votre Majesté.

Duc de Feltre.

L'EMPEREUR AU MINISTRE DE LA GUERRE.

Saint-Cloud, 27 juillet 1811.

Monsieur le duc de Feltre, je désire ne plus recevoir d'étrangers dans les cinq régiments hollandais [1], et n'y admettre que des conscrits des départements de Hollande. Il faut détruire le dépôt de Gorcum. Tous les étrangers qu'on recrutera seront envoyés dans les régiments de Prusse, de La Tour d'Auvergne et d'Isembourg.

Les étrangers ne devront plus être admis dans les régiments hollandais.

Napoléon.

LE PRINCE D'ECKMUHL A L'EMPEREUR.

Hambourg, le 28 juillet 1811.

Sire, j'ai l'honneur d'adresser à Votre Majesté les derniers rapports de Varsovie [2].

Renseignements sur les mouvements de l'armée russe.

Prince d'Eckmuhl.

Extrait du rapport d'un officier de confiance, daté de Térespol, le 17 juillet 1811.

Plusieurs régiments de cosaques arrivent, en partie de Turquie et en partie du Don, pour relever ceux postés sur les frontières. Un régiment arrivé avant-hier à Brzesc s'étendra jusqu'à Uscilug (*Oustiloug*). Il doit être formé une deuxième ligne de cosaques vers Pinsk; on attend à cet effet plusieurs régiments, dont un de la Moldavie.

---

1. 123ᵉ, 124ᵉ, 125ᵉ et 126ᵉ de ligne et 33ᵉ d'infanterie légère.
2. Voir la carte de la frontière occidentale de la Russie, jointe au tome I.

On ne parle plus de guerre. Il est certain qu'il y avait des préparatifs formels dans le temps précisément que nos troupes étaient en mouvement; les gardes avaient ordre d'être prêts à marcher, et on devait se porter, avec de grandes forces, sur les frontières du duché; mais, après l'arrivée à Pétersbourg d'un courrier venu de Paris, les troupes ont reçu ordre de rester dans leurs cantonnements.

Ce changement subit a été considéré à Pétersbourg comme un excès d'indulgence de l'Empereur envers la cour de France. Le parti ennemi de la France, se disant patriotique, a même agi activement, et peu s'en fallut qu'une révolte n'éclatât à Moscou, laquelle cependant ayant été découverte à temps fut assoupie, non avec la sévérité commune au gouvernement mais avec les moyens les plus doux.

On improuve surtout que l'empereur Alexandre corresponde personnellement avec l'Empereur des Français, sans l'entremise des ministres. Il écrit les dépêches de sa propre main; il a un protocole de même et il n'y a que deux courriers affidés qui les reçoivent des mains de l'Empereur pour les porter directement à Paris.

Malgré l'apparence de rapprochement entre les deux cours, la méfiance de celle de la Russie perce néanmoins, surtout quant au duché de Varsovie.

Il a été ordonné une nouvelle revision de la conscription. On a publié la vente, à l'enchère, de toutes les starosties et autres biens de la couronne en Lithuanie. Des commissaires, désignés à cet effet, se sont rendus, durant les contrats de la Saint-Jean, dans les villes de districts, pour y attendre des amateurs; mais, malgré l'estimation basse et les conditions les plus avantageuses aux acheteurs, il ne s'en est point présenté, tant à cause de la pénurie générale d'argent, que par la crainte d'une guerre, qui paraît encore prochaine aux habitants, malgré les apparences contraires.

De Térespol, du 17 juillet.

Il n'y a point de troupes sur le chemin de Brzesc et Kobryn. Il est passé hier par Kobryn un régiment de cosaques se dirigeant sur Bialystok.

On presse les travaux de Bobruïsk, où il travaille journellement 10,000 hommes.

De Hrubieszow, le 13 juillet.

Des informations prises font voir que le but des officiers du génie mentionnés dans le rapport précédent était de tracer un camp pour une brigade.

Il n'arrivera plus, assure-t-on, de troupes au camp près de Luck, (*Loutsk*), et il y en aura un nouveau à Dubno. Dans le magasin de Luck, il se trouve 30,000 korzecks de blé.

Le maréchal civil du district de Luck a été averti de l'arrivée de troupes dans son district.

On dit qu'une partie des troupes de Lithuanie vont se rendre en Valachie.

Les maires de plusieurs provinces polonaises ont ordre d'observer quelques habitants et de surveiller les personnes qui arrivent chez eux, ce qui augmente la difficulté des communications.

De Térespol, du 15 juillet.

Quatre régiments de cosaques arrivés de Moldavie, qui étaient cantonnés aux environs de Pinsk, se mettent en marche pour renforcer les postes des frontières. Un de ces régiments, celui de Denisov, le 6ᵉ, commandé par le colonel Melnikov, fort de 300 hommes et 500 chevaux, a passé par Brzesc, et, après avoir campé deux jours hors de la ville, il s'est remis en marche pour le district de Bialystok, pour relever le régiment de Jelowayski, qui doit avoir une autre destination. Le premier aura son état-major à Siemiaticze (*Siematitsché*).

Le régiment de Denisov, le 7ᵉ, posté près de Térespol, s'attend aussi à être relevé par un des quatre régiments susmentionnés, et il doit se porter dans les environs de Jourbourg.

Extrait d'une lettre de la Podolie, du 10 juillet 1811.

Les Autrichiens ont tracé un camp près de Sokal pour 80,000 hommes. Toutes les maisons des particuliers et les couvents des environs sont destinés pour les états-majors.

Il s'est rassemblé, le 1ᵉʳ juillet, près Kijow (*Kiev*), vingt régiments de cosaques. Après que le hetman Platov les eut passés en revue, dix se sont dirigés vers le district de Bialystok et les dix autres vers la Moldavie, par Braclaw (*Bratslav*).

Le 28 juillet, l'Empereur donne l'ordre de diriger, sans délai, sur Hambourg, les bataillons de Schouwen. Cet ordre fait suite aux instructions contenues dans les lettres des 3 et 7 juillet 1811.

Ordre de diriger sur Hambourg les hommes tirés de l'île de Schouwen.

L'EMPEREUR AU MINISTRE DE LA GUERRE.

Saint-Cloud, le 28 juillet 1811.

Monsieur le duc de Feltre, donnez ordre que les trois petits bataillons de Schouwen partent, sans délai, pour se rendre à Hambourg.

Le major en second auquel vous avez confié le commandement de ces petits bataillons paraît un officier assez distingué. Nommez-le major dans un des régiments qui sont en Allemagne.

NAPOLÉON.

Deux jours après, l'Empereur prescrit au ministre de la guerre de faire évacuer sur le champ l'île de Goërée et de faire partir, au fur et à mesure qu'elles seront prêtes, les compagnies du corps de l'Elbe qui sont venues se recruter dans l'île de Walcheren. Ces mesures sont prises dans le but de soustraire les hommes à l'air malsain de ces îles.

Évacuation de l'île Goërée.

L'EMPEREUR AU MINISTRE DE LA GUERRE.

Saint-Cloud, le 30 juillet 1811.

Monsieur le duc de Feltre, donnez donc l'ordre de faire, sur-le-champ, partir les trois petits bataillons de l'île de Gorée en les dirigeant sur Gorcum et de là sur le Nord. J'ai plusieurs fois donné des ordres et ces hommes vont périr de maladie dans l'île de Gorée.

J'ai ordonné l'évacuation des bataillons du 125e de cette île. Tous ces hommes vont périr de maladie.

Faites-moi connaître aussi quand le 126e quitte l'île de Walcheren, et donnez-moi des renseignements sur ce qui se passe dans cette île. J'ai ordonné que l'eau y fût fournie d'Anvers par la marine, qu'une partie des hommes fût mise sur des bâtiments, pour n'être point exposés à périr de maladie.

Ces différents ordres sont-ils exécutés ?

NAPOLÉON.

Le même jour, l'Empereur écrit encore au sujet des conscrits de l'île de Walcheren :

Saint-Cloud, le 30 juillet 1811.

Monsieur le duc de Feltre, écrivez au général Gilly pour qu'il fasse partir, à mesure qu'elles seront prêtes, les compagnies appartenant au corps d'observation de l'Elbe dont les cadres sont venus se recruter par des conscrits dans l'île de Walcheren, afin de soustraire ces hommes à l'influence de l'air malsain de cette île.

NAPOLÉON.

L'EMPEREUR AU GÉNÉRAL DUROC, DUC DE FRIOUL, GRAND MARÉCHAL DU PALAIS, A PARIS.

Saint-Cloud, le 29 juillet 1811.

Garde impériale: dispositions relatives au mode d'incorporation des vélites.

Monsieur le duc de Frioul, je désire que vous réunissiez les généraux et colonels de la Garde pour arrêter les dispositions suivantes :

1º A dater du 1er juillet de cette année, il n'entrera plus de vélites dans les chasseurs, grenadiers et dragons à cheval de la Garde; ceux qui sont entrés avant le 1er juillet seront conservés;

2º Tous les vélites à cheval feront partie du 2e régiment de chevau-légers de la Garde, de sorte que ce régiment sera complété par les vélites;

3° La pension qu'ils doivent payer ne sera plus que de 200 francs. Ils auront une solde et des masses telles qu'ils ne coûtent pas plus que les régiments de la ligne, sans compter leur pension;

4° Les emplois d'officier et de sous-officier seront remplis par des officiers et sous-officiers de la Garde. Occupez-vous de rédiger un projet sur ces bases et vous me le soumettrez[1].

NAPOLÉON.

L'EMPEREUR AU MINISTRE DE LA GUERRE.

Saint-Cloud, le 29 juillet 1811.

But de la création des colonels et majors en second.

Je reçois votre lettre du 28. Les colonels en second et les majors en second qui n'ont pas de destination doivent rester à Paris pour être en état de partir vingt-quatre heures après en avoir reçu l'ordre; sans quoi l'on ne peut rien faire. Cela a l'avantage que vous pouvez les voir et savoir à quoi ils sont propres.

Remettez-moi la liste des colonels en second et des majors en second. Faites-moi connaître ceux déjà placés et proposez-moi l'emploi des autres dans les places vacantes, et, je vous le répète, tenez-les constamment à Paris, car le service souffre beaucoup de la marche actuelle. C'est six mois après leur nomination que ces officiers sont rendus aux postes auxquels ils sont nommés. L'objet de leur création est de pourvoir aux cas extraordinaires; ils doivent donc toujours être dans la main[2].

(D'après la minute.)

LE PRINCE D'ECKMUHL A L'EMPEREUR.

Hambourg, le 29 juillet 1811.

Blocus continental : effets produits sur le commerce de l'Angleterre en Allemagne.

Sire, je mets sous les yeux de Votre Majesté un nouveau rapport du commissaire général de police sur la correspondance anglaise lue à Hambourg. Il contient, comme à l'ordinaire, des faits intéressants, et il confirme les notions précédentes.

On tire, des aveux confidentiels des négociants de Londres, que la difficulté des relations augmente chaque jour, que la stagnation des affaires et la chute des prix des denrées coloniales ne sauraient être plus grandes; enfin, que le résultat des décrets d'octobre a été de ruiner et d'anéantir les compagnies d'assurances.

Le commerce de la soie écrue continue toujours. Il n'y a nul doute que de fortes expéditions n'en aient été faites des ports de la Prusse et des côtes du Holstein. Il en est déjà arrivé à Londres de ces deux points.

---

1. Le décret réglant le mode d'incorporation des vélites dans la Garde paraît trois jours après, le 1ᵉʳ août, page 95.
2. Voir, au sujet du rôle et de l'emploi des colonels et majors en second, la lettre de l'Empereur au ministre de la guerre en date du 4 août 1811, page 102.

La Prusse envoie toujours des grains en Angleterre. Une cargaison considérable parait être partie, vers le 18 juillet, du port d'Elbing.

A leur tour, les Anglais commencent à envoyer des charbons de terre à Pétersbourg. Ce nom est certainement applicable à d'autres matières.

On leur demande du sel. Je fais prendre des renseignements sur les moyens de donner à la saline de Lunebourg l'accroissement qu'elle peut recevoir, afin de parvenir à détruire cette branche d'importation.

La délivrance et l'usage des licences paraissent décidément limités. Les bâtiments revenant de la Baltique postérieurement au 1er septembre ne seront plus admis dans les ports d'Angleterre.

La raison mise dans la bouche de l'amiral Saumarez pour justifier cette mesure, savoir, que les ouragans sont trop à craindre passé cette époque, n'est guère admissible; comment les Anglais abandonneraient-ils, dès le 1er septembre, la possession de cette mer?

En résumé, on voit que les mesures ordonnées par Votre Majesté produisent leur entier effet, et que de leur maintien, ainsi que de quelques nouvelles dispositions tendant à resserrer encore les communications, doit dépendre l'abaissement de la puissance anglaise.

PRINCE D'ECKMUHL.

Bruits de guerre répandus à Stettin et à Custrin. Esprit public. Préparatifs de la Prusse.

Le 31 juillet, le ministre de la guerre soumet à l'Empereur divers extraits de rapports provenant des places de l'Oder. Ces extraits, datés du 22 juillet, ont trait aux bruits de guerre qui circulent à Stettin et à Custrin, à l'esprit public, aux travaux de fortification et aux approvisionnements de toutes sortes rassemblés à Colberg.

Stettin. — On écrit de Varsovie que l'empereur Alexandre s'est cassé un bras en tombant de cheval.

On dit à Stettin que la guerre entre la France et la Russie est inévitable; que l'Autriche et la Prusse doivent rester neutres. On répand aussi le bruit que nos affaires en Espagne sont dans un mauvais état.

Custrin. — Deux voyageurs, venant de Pétersbourg, sont passés à Custrin, le 20 de ce mois, et ont rapporté qu'à Pétersbourg les bruits de guerre avaient cessé à l'arrivée de M. le comte Lauriston. Cependant, sur cinquante habitants, il y en a au moins quarante-cinq qui la désirent, à cause de la stagnation du commerce et de la perte qu'éprouve le papier monnayé : un rouble en papier ne vaut que quinze sous de France. Il y a beaucoup d'Anglais et de Français à Pétersbourg.

Lorsque ces voyageurs sont arrivés sur le territoire prussien, on leur a continuellement demandé si la guerre allait bientôt éclater.

Extrait d'une lettre de M. le général Liébert.

Stettin. — Les travaux commencés à Schwinemunde se continuent. Il ne parait pas que la contrebande s'y fasse en grand; mais il est certain qu'avec des canots on débarque sur plusieurs points de la côte. Je sais, à n'en point douter, qu'il y a des marchandises de fabrique anglaise dans l'intérieur du pays, mais non pas en aussi grande quantité que l'an dernier.

Beaucoup de militaires en non-activité de service ont été rappelés dans les corps; ils y sont exercés; d'autres travaillent aux fortifications;

mais, au premier ordre, ils pourraient passer dans les rangs, ce qui augmenterait tout à coup l'armée prussienne.

A Colberg, les travaux s'y poussent avec la plus grande activité. 5.000 ouvriers y sont employés; les magasins qu'on y forme sont en grand nombre; les églises même sont employées à cet usage, et l'on y dépose des habits, harnais, armes, etc. On y forme aussi des approvisionnements de subsistances; tous les boulangers et les meuniers ont été mis en réquisition; on travaille à la fabrication du biscuit; cette fabrication se pousse également avec activité à Schwinemunde : déjà 50,000 rations avaient été fabriquées il y a cinq jours, et l'on continue encore.

Il est à remarquer que, pendant la guerre même, l'esprit public ne nous a jamais été si opposé qu'il nous l'est maintenant. Le temps où les habitants préféraient les Français pour ennemis aux Russes pour amis n'existe plus. On entend, au contraire, quoique sourdement, désirer ces derniers. Le prétexte est le commerce; sans doute, les négociants sont gênés; ils ont cela de commun avec ceux de l'empire.

On peut conjecturer que les habitants sont travaillés; la gêne du commerce, les charges que l'on fait valoir au-dessus de ce qu'elles sont réellement, sont présentées comme l'ouvrage des Français, situation qui ne leur laisse, dit-on, rien à espérer, sinon que le désespoir et leur ruine totale.

CHAPITRE XVI

Août 1811.

Coup d'œil sur les préparatifs maritimes contre l'Angleterre. — *Garde impériale* : incorporation des vélites; conditions exigées pour entrer dans la cavalerie (1er août). Création d'un bataillon du train des équipages (24 août). Formation des 6es régiments de voltigeurs et de tirailleurs (28 août). — *Organisation et administration* : de l'avancement dans les grades inférieurs et du classement des officiers remis en activité (2 août). Formation de quatre bataillons de pionniers. Nouvelle appellation des régiments étrangers (3 août). Des colonels et des majors en second (4 août). Formation du 11e léger à Wesel (11 août). Des régiments étrangers et des corps irréguliers; de l'organisation des 32e et 29e légers et du 28e chasseurs (11 août). Du modèle de lance à donner aux chevau-légers (11 août). Dispositions relatives aux élèves des lycées et du prytanée militaire proposés pour sous-officiers (17 août). Des sous-officiers et soldats proposés pour la Garde (26 août). — *Conscription* : appel de la classe de 1810 dans la 32e division militaire, en Hollande et dans les départements romains et toscans (2 et 4 août). Appel de la conscription de 1811 du grand-duché de Berg et formation d'une division (9 août). — *Corps d'observation de l'Elbe* : projet de formation d'un 7e bataillon par régiment (2 août). Conscrits réfractaires destinés au corps de l'Elbe (2, 3 et 9 août). Compte rendu des revues passées aux 4es et 6es bataillons à leur arrivée en Allemagne (8 août). Envoi en Allemagne des hommes disponibles dans les dépôts des régiments d'infanterie et de cavalerie du corps de l'Elbe (9 août). Des chevaux nécessaires pour compléter les régiments de cavalerie et les bataillons du train d'artillerie (9 août). Compte rendu de la force des régiments de cavalerie (14 août). Compte rendu relatif aux désertions (15 août). De la santé des troupes (16 et 27 août). Instructions du maréchal Davout pour les écoles à feu d'artillerie et pour le tir à la cible (16 août). Compte rendu du tiercement des compagnies à l'arrivée des 4es et 6es bataillons et force numérique de l'infanterie (25 août). Emplacements des cinq divisions (30 août). Compte rendu des malades et emplois vacants (30 août). — *Blocus continental* : ordre de brûler toute la correspondance anglaise (4 août). — *Renseignements sur la Russie* (5, 10, 14, 18, 21, 24, 26 et 27 août). — Commandement confié à l'amiral Ver Huell. — Relations diplomatiques concernant la Russie (25 août).

Août 1811 : coup d'œil sur les préparatifs maritimes de Napoléon contre l'Angleterre, *pour mémoire*.

L'Empereur indique au ministre de la marine les mesures propres à faciliter l'embarquement, sur des canonnières, de 6.000 hommes réunis à Cherbourg (1er août), et lui exprime le désir de voir porter à 17 vaisseaux, bien armés, l'escadre de Flessingue (3 août).

Il donne l'ordre également de former la ligne d'embossage devant Boulogne avec les 68 premiers bâtiments de la flottille, et désigne Ostende comme une des places les plus importantes des frontières, pouvant servir à l'ennemi pour diriger une offensive contre la Belgique et l'Escaut (6 août). Le 9, il fait connaître à l'amiral Decrès ce que doivent être les armements de l'Escaut, de Boulogne et de Cherbourg, pour assurer la réussite de ses projets maritimes.

En ce qui concerne le choix du point de réunion pour l'escadre de l'Océan, Napoléon hésite entre Brest et Cherbourg, mais il ne veut pas que les préparatifs se ralentissent dans cette dernière place ni à Anvers, afin de montrer à l'Irlande que la France est prête à commencer les hostilités.

Le 22, l'amiral Ver Huell reçoit le commandement de la flottille de l'Ems et de toute la côte, depuis ce fleuve jusqu'aux limites du département de la Frise. Sa mission est d'assurer la navigation des Waden et la garde des embouchures de l'Ems, de la Jahde, du Weser et de l'Elbe : 24 chaloupes canonnières, formant 3 divisions, et 6 bateaux canonniers, du modèle hollandais, sont mis à cet effet à sa disposition.

Décret.

Au palais de Saint-Cloud, le 1ᵉʳ août 1811.

ART. 1ᵉʳ. — Il ne sera plus admis de vélites dans les régiments de grenadiers à cheval, dragons et chasseurs à cheval de notre Garde.

ART. 2. — Tous les vélites qui existaient dans ces trois régiments à l'époque du 1ᵉʳ juillet seront conservés. Néanmoins, ceux de ces vélites qui n'ont point encore un an de service et ne sont pas à l'école d'escadron, ne pourront point porter ni l'aiguillette ni le bonnet de grenadiers de la Garde; ils ne pourront pas non plus faire le service près de notre personne. Ceux détachés à l'armée sont exceptés de ces dispositions.

ART. 3. — Les escadrons de vélites formés dans ces trois corps continueront à exister sur le même pied jusqu'au 1ᵉʳ janvier 1812. A cette époque, les vélites dans chaque régiment seront répartis entre tous les escadrons, et les trois régiments de cavalerie de grenadiers, chasseurs et dragons de notre vieille Garde, seront portés à cinq escadrons de 250 hommes chacun.

ART. 4. — Le 2ᵉ régiment de chevau-légers lanciers sera uniquement recruté par des vélites, qui y seront admis aux mêmes conditions qu'ils l'ont été dans les régiments de cavalerie de notre Garde. Ce régiment conservera son organisation actuelle.

ART. 5. — Tout soldat de l'armée, envoyé par les régiments pour la cavalerie de notre Garde, qui n'aurait pas dix ans de service, sera incorporé dans le 2ᵉ régiment de chevau-légers lanciers pour y compléter son temps nécessaire. Ce régiment sera considéré comme faisant partie de la moyenne Garde[1].

Garde impériale: l'incorporation des vélites; conditions exigées pour entrer dans la cavalerie; les régiments de grenadiers à cheval, chasseurs et dragons sont portés à cinq escadrons de 250 hommes chacun.

---

1. Voir plus loin, chapitre XVIII, page 219, le rapport du ministre de la guerre, du 11 octobre 1811, au sujet de la classification de la Garde en jeune, moyenne et vieille Garde.

Cette classification avait pour but de réglementer la situation des officiers, sous-officiers et soldats des corps de la Garde, au point de vue de l'avancement, des soldes de retraite et de l'application des lois sur la désertion.

Art. 6. — Les vélites ou les soldats ayant servi quatre ans et fait campagne dans le 2ᵉ régiment de chevau-légers lanciers pourront être propres à entrer dans les régiments de cavalerie de la vieille Garde.

NAPOLÉON.

Décret.

Au palais de Saint-Cloud, le 2 août 1811.

De l'avancement dans les grades inférieurs.

Art. 1ᵉʳ. — A compter de la publication du présent décret, l'avancement dans les grades inférieurs, dans les divers corps qui composent notre armée de terre, ne pourra avoir lieu que de la manière suivante :

Aucun soldat entré au service comme conscrit, comme enrôlé volontaire ou comme remplaçant, ne pourra être fait caporal ou brigadier qu'après deux ans de service, caporal ou brigadier fourrier qu'après deux ans et demi, sergent ou maréchal des logis qu'après quatre ans; enfin ces derniers, ainsi que les sergents-majors ou maréchaux des logis chefs et les adjudants sous-officiers, ne pourront être proposés pour une sous-lieutenance qu'après huit ans de service.

Art. 2. — Notre ministre de la guerre est chargé de l'exécution du présent décret.

NAPOLÉON.

Le 6 septembre, l'Empereur décide que le décret sur l'avancement serait applicable à la jeune Garde.

Du classement des officiers remis en activité après une interruption de service.

Un décret du même jour, 2 août, spécifie le rang d'ancienneté que devront prendre les officiers rappelés à l'activité après une interruption de service; il est ainsi conçu :

A dater de la publication du présent décret, les chefs de bataillon, capitaines, lieutenants et sous-lieutenants qui seront remis en activité de service, après deux ans d'interruption, soit qu'ils aient été réformés pour cause de blessure, soit qu'ils aient quitté le service pour toute autre raison, ne seront admis à prendre rang qu'à dater du décret par lequel nous les aurons remis en activité.

Les services antérieurs ne compteront que pour la retraite ou la pension.

NAPOLÉON.

Une circulaire du 29 août ajoute :

Ceux dont l'interruption n'aura pas excédé deux ans remonteront à la classe que leur ancienneté leur assigne, à mesure qu'il viendra à vaquer des emplois, sans qu'ils puissent faire rétrograder ceux qui étaient pourvus à leur arrivée au corps.

L'EMPEREUR AU GÉNÉRAL COMTE DUMAS, DIRECTEUR DES REVUES
ET DE LA CONSCRIPTION MILITAIRE, A PARIS.

Saint-Cloud, le 2 août 1811.

Instructions pour la levée des conscrits dans la 32ᵉ division militaire, ainsi qu'en Hollande et dans les départements romains et toscans.

L'appel de la conscription de la réserve des anciens départements doit avoir eu lieu. Remettez-moi la distribution définitive de cette réserve telle qu'elle a eu lieu. Je vous ai envoyé une lettre du prince d'Eckmühl, en vous faisant connaître mon intention pour la levée de la conscription dans la 32ᵉ division militaire. On ne lèvera dans la 32ᵉ division militaire que l'an 1810. Par ce moyen, nous aurons 1811 en réserve, à lever en janvier ou en février si les circonstances l'exigent. On n'a levé en Hollande que 1808. Il serait nécessaire de lever 1809 et 1810, ou au moins une des deux années; mais je désire auparavant lever la conscription de la Lippe et des départements des Bouches-de-l'Escaut et des Bouches-du-Rhin. Proposez-moi un décret pour faire la levée de ces trois départements à la fois, et, immédiatement après que celle-ci aura marché, vous m'en proposerez un autre pour la levée de la conscription en Hollande. La conscription de la Toscane et celle de Rome ne doivent pas non plus être levées ensemble; l'une doit commencer aussitôt que l'autre sera finie. Les travaux de la récolte ayant eu lieu actuellement, on pourra s'occuper de lever la conscription de ces différents pays.

Il est nécessaire que vous me remettiez un état des ressources que les trois départements, la Hollande, la 32ᵉ division militaire et les départements romains et toscans me présentent, et leur répartition entre les régiments qu'ils doivent recruter, tels que le 113ᵉ, le 131ᵉ et le 28ᵉ de chasseurs, qui doivent être portés au grand complet par les départements d'Italie; les cinq régiments hollandais, qui doivent être portés au grand complet par les levées de la Hollande, etc. Aussitôt que vous m'aurez fait connaître ce qui me restera de surplus, je vous indiquerai mon intention sur l'emploi à en faire. Il est bien nécessaire que vous vous assuriez des besoins que peuvent avoir les bataillons d'équipages militaires et de la situation des régiments de cavalerie, afin de pouvoir céder ce qui leur serait nécessaire sur cette levée.

Je vois que vous ne donnez que 174 hommes pour le 3ᵉ bataillon d'équipages militaires à Pau : il en faudrait 200 de plus; que pour le 4ᵉ bataillon vous ne donnez que 208 hommes : il en faudrait également 200 de plus; que vous ne portez rien pour le 10ᵉ bataillon : il lui faudrait également 200 hommes; qu'enfin vous portez 217 hommes pour le 13ᵉ bataillon; mais il en faudrait 60 de plus. Il faudrait donc de plus 660 hommes. Le 6ᵉ ni le 7ᵉ bataillon n'en ont pas besoin; ce qui fait 100 hommes disponibles. Il faut 1.200 hommes et vous n'en avez que 700; c'est une augmentation de 500 hommes à trouver et à diriger sur Pau. Je vois que vous avez donné au 13ᵉ de dragons 135 hommes; je ne comprends pas cette exception et je suppose que c'est un malentendu.

NAPOLÉON.

L'EMPEREUR AU MARÉCHAL DAVOUT, PRINCE D'ECKMUHL, COMMANDANT L'ARMÉE D'ALLEMAGNE, A HAMBOURG.

Saint-Cloud, 2 août 1811.

Nombre de conscrits réfractaires destinés à l'armée d'Allemagne; projet de formation d'un 7e bataillon par régiment

Mon Cousin, vous pouvez compter sur 6.000 conscrits de l'île de Walcheren qui rejoignent vos régiments. Je viens de former deux nouveaux dépôts de conscrits à Strasbourg et à Wesel[1]. Je pense que ces dépôts pourront vous fournir, à la fin de septembre, 12.000 conscrits; cela vous ferait donc 18.000 conscrits. Faites-moi connaître quelle serait alors votre situation. Il me semble qu'il ne doit guère vous manquer que 4 à 500 hommes par régiment pour être au complet; ce qui, pour quinze régiments, ne ferait que 8.000 hommes. Si cela était, vous auriez 10.000 hommes de trop; et si mes espérances se réalisent, on pourrait former les 7es bataillons; mais avant de former ces 7es bataillons il faut me faire connaître si vous avez l'étoffe.

Envoyez-moi pour les officiers un état pareil à celui que vous m'avez envoyé pour les sous-officiers, c'est-à-dire un état qui me fasse connaître combien il y a de capitaines, par régiment, présents et en état de servir; combien manquants; quels sont les services des capitaines présents; on désignera les services ainsi : tant de soldats, tant d'officiers; combien il y a de lieutenants, etc. Par là je verrai combien, par exemple, vous avez de lieutenants, ayant fait la guerre comme officiers, qui seraient dans le cas d'être faits capitaines. Ces 7es bataillons seraient fort utiles, en ce qu'ils porteraient vos brigades à six bataillons. On mettrait à chaque brigade trois majors en second, un colonel et un général de brigade. Vos divisions seraient alors de 18 bataillons français; ce qui vous ferait 90 bataillons, sans compter les quatre bataillons du 33e léger et les neuf bataillons des 127e, 128e et 129e, et avec ces treize bataillons 103 bataillons. En y joignant les 17 bataillons de la division de Danzig, vous aurez 120 bataillons, qui, à 800 hommes, porteraient votre corps d'armée à près de 100.000 hommes d'infanterie.

Je ne pourrai prendre un parti que lorsque vous m'aurez fait connaître : 1º ce qui est nécessaire pour compléter vos cadres à l'effectif de 840 hommes, pour 5 bataillons par régiment; 2º l'état des services de tous vos officiers.

NAPOLÉON.

---

1. Le décret de formation de ces dépôts n'est daté que du lendemain, 3 avril. Voir à ce sujet le chapitre VIII du tome I, page 236, spécialement consacré aux conscrits réfractaires.

Quatre jours après, le 6 août, le prince d'Eckmühl répond aux questions posées par l'Empereur par le compte rendu ci-après :

LE PRINCE D'ECKMUHL A L'EMPEREUR.

Hambourg, le 6 août 1811.

Sire, j'ai reçu la lettre de Votre Majesté du 2 août. Je puis maintenant lui dire que je crois qu'il y a l'étoffe nécessaire pour former les cadres d'un 7e bataillon, l'institution des écoles régimentaires remplissant ce qu'on avait droit d'en attendre. Cependant, je demanderai à Votre Majesté quelques jours avant de lui répondre positivement, ayant écrit circulairement à tous les colonels pour avoir des rapports.

Je vous adresserai en même temps, Sire, l'état que vous me demandez des services des officiers de l'armée.

N'ayant point l'état de situation des 5es bataillons, je ne puis faire connaître à Votre Majesté ce qui manquerait en hommes pour compléter les six bataillons de chaque régiment à 840 hommes par bataillon ; mais comme j'adresserai à Votre Majesté ce qui manquera pour ce complet à cinq bataillons, elle sera à même de faire ce calcul, le ministre de la guerre pouvant lui faire connaître la situation des 5es bataillons.

PRINCE D'ECKMUHL.

L'EMPEREUR AU MINISTRE DE LA GUERRE.

Saint-Cloud, le 3 août 1811.

Formation de quatre bataillons de pionniers, réduction des bataillons coloniaux.

Je n'approuve pas l'organisation des bataillons coloniaux. Cette idée de mettre les armes à la main aux mauvais sujets est une idée funeste. Mon intention est donc qu'il soit créé quatre bataillons de pionniers, chacun de quatre compagnies et chaque compagnie de 200 hommes. On versera dans les nouveaux bataillons tout ce qui est vraiment mauvais sujet dans les bataillons coloniaux et étrangers, et à cet effet on réduira les bataillons coloniaux à quatre compagnies de 100 hommes, c'est-à-dire à 400 hommes. Par exemple, le bataillon colonial de l'île de Ré à 700 hommes ; il y en aura donc 300 pour les pionniers. Vous recevrez un décret que je viens de prendre à ce sujet.

(D'après la minute.)

Par décret du 3 août, il est, en effet, formé quatre bataillons de pionniers coloniaux pour recevoir les plus mauvais sujets. Ces bataillons, composés de quatre compagnies, sont organisés, le 1er à Walcheren, le 2e en Corse, le 3e à l'Île de Ré, le 4e à Belle-Ile. Les hommes étaient mis à la disposition du génie et des ponts et chaussées pour les travaux des routes, des mines, des dessèchements de marais, etc.

Nouvelle appellation des régiments étrangers.

Par décret du même jour, 3 août 1811, le régiment de La Tour d'Auvergne prend le nom de 1er régiment étranger; le régiment d'Isembourg, celui de 2e régiment étranger; le régiment d'Irlande, celui de 3e régiment étranger. Ce dernier doit être porté à trois bataillons et un dépôt.

L'EMPEREUR AU MINISTRE DE LA GUERRE.

Saint-Cloud, le 3 août 1811.

De la composition des bataillons du régiment de Walcheren et des détachements à en tirer pour le corps de l'Elbe.

Monsieur le duc de Feltre, je vois que les deux petits bataillons de Gorée et de Schouwen sont partis; que les quinze compagnies des 6es bataillons des régiments d'Allemagne sont également parties; ce qui fera plus de 5.000 hommes qui auront été dirigés sur le corps d'observation de l'Elbe.

Donnez ordre au général Gilly de composer le 1er et le 2e bataillon de Walcheren d'hommes étrangers aux départements des Deux-Nèthes, de l'Escaut et de la Lys; les hommes de ces départements, se trouvant près de chez eux, seraient enclins à déserter. Ces deux premiers bataillons, complétés chacun à 840 hommes, resteront toujours là pour la défense de l'île.

Au contraire, les 3e, 4e et 5e bataillons du même régiment seront employés à recevoir des conscrits, à les dégrossir et à les diriger, lorsqu'ils seront habillés et en bon état, sur le corps d'observation de l'Elbe dont ils recruteront ainsi les régiments.

Ordonnez donc au général Gilly qu'il fasse partir le 3e bataillon complété à 900 hommes et qu'il dirige ces 900 hommes sur Gorcum et de là sur le corps d'observation de l'Elbe. Le prince d'Eckmühl distribuera ces conscrits dans ceux de ses régiments qui sont les plus faibles et renverra à l'île de Walcheren les officiers et sous-officiers qui composaient les cadres.

Pendant que le 3e bataillon fera son retour, le général Gilly complètera le 4e, qui, aussitôt qu'il sera porté à 900 hommes, partira également pour se rendre à l'armée du prince d'Eckmühl.

Ordonnez au général Gilly de faire connaître d'avance au prince d'Eckmühl de quel uniforme seront habillés les hommes qu'il lui envoie, c'est-à-dire si c'est de l'infanterie de ligne ou de l'infanterie légère, afin qu'il incorpore dans chaque arme les hommes qui lui appartiennent.

Faites connaître au général Gilly que les chefs de bataillon et officiers qui conduiront ces soldats en Allemagne sans qu'il y ait de désertion auront bien mérité de moi et en recevront un témoignage.

Il suffira de tenir à Schouwen un bataillon colonial de 400 hommes.

Ordonnez que les compagnies d'artillerie, qui sont à recruter avec des conscrits réfractaires, soient portées à 150 hommes; mon intention est qu'aussitôt que ces hommes seront habillés et mis en bon état, on en fasse partir la moitié, c'est-à-dire 80 par compagnie, pour recruter l'artillerie du corps d'observation de l'Elbe.

NAPOLÉON.

Décret.

Au palais de Saint-Cloud, le 4 août 1811.

ART. 1er. — Il sera fait, dans les départements des Bouches-de-l'Elbe, des Bouches-du-Weser et de l'Ems-Supérieur, un appel de 3.500 conscrits de la classe de 1810 :

Appel de la classe 1810 dans la 32e division militaire, répartition du contingent.

Bouches-de-l'Elbe	1.165
Bouches-du-Weser	1.027
Ems-Supérieur	1.308
TOTAL	3.500

Les opérations du recrutement doivent commencer le 20 septembre et le premier détachement de chaque département être mis en route le 5 octobre.

Quant à la répartition de ce contingent, elle est faite suivant les indications données ci-après, que l'Empereur avait adressées quelques jours auparavant, le 1er août, au général comte Dumas, directeur des revues et de la conscription militaire :

« Je vous envoie une lettre du prince d'Eckmühl. Mon intention est de lever la conscription de 1810 seulement. La conscription doit être réglée là sur le même pied qu'en France : il faut prendre pour contingent, par département, le même nombre d'hommes que la France fournit en proportion de sa population. Je pense qu'on doit demander au moins 3.000 hommes. La conscription de France est de 120.000 hommes pour 40 millions; c'est 3.000 par million. La conscription doit donc être de 3.000 à 3.500 hommes.

» La répartition se fera de la manière suivante : pour les fusiliers, 60 hommes; pour les voltigeurs et tirailleurs, 140; ce qui fera pour la Garde 200; pour l'artillerie 150; train, équipages militaires, 200; ouvriers de la marine, 150; cuirassiers et carabiniers, 70 hommes.

» Il restera donc 2.800 hommes pour les trois régiments; ce qui ferait 900 hommes par régiment et 100 pour le 9e de chevau-légers. Il est nécessaire que vous désigniez les trois régiments qui doivent former le recrutement de ces trois départements. »

NAPOLÉON.

Dans le tableau de répartition joint au décret ci-dessus du 4 août, tableau qu'il paraît superflu de reproduire dans son entier, 860 hommes seulement, au lieu de 900, sont affectés aux trois régiments en formation dans les départements des Bouches-de-l'Elbe, des Bouches-du-Weser et de l'Ems-Supérieur, c'est-à-dire aux 127e, 128e et 129e régiments d'infanterie.

L'EMPEREUR AU MINISTRE DE LA GUERRE.

Saint-Cloud, le 4 août 1811.

<small>Des colonels et des majors en second; leurs rôles et emplois.</small>

J'ai nommé au 11ᵉ léger le major Casabianca.

J'ai nommé six colonels en second, mais déjà le sieur Pelecier et le sieur Dein sont nommés à deux régiments; il y a déjà deux places vacantes parmi ces colonels en second. Mon intention n'est pas que vous envoyiez des colonels en second aux bataillons de guerre; ce sont les majors en second qui doivent y aller : les colonels et majors en second sont destinés à commander et à conduire des régiments de marche et à revenir à Paris, jusqu'à ce qu'ils soient nommés à des régiments. Cela est d'autant plus avantageux que vous pouvez les voir, les connaître, avant de leur donner le commandement des régiments.

Je vois qu'un nommé Fortier, colonel en second, commande le dépôt du 66ᵉ à.....[1]. Cela ne doit pas être, c'est le métier du major. Les sieurs Beaulaton et Deuthsminster, commandant les bataillons de Goêree et Schouwen, vont être disponibles; faites-les revenir à Paris.

En général, ces majors en second ne suffisent pas; portez-en le nombre à trente. Ayez toujours à votre disposition, à la suite de votre ministère à Paris, vingt colonels en second et trente majors en second. Envoyez-m'en la liste tous les huit jours, en me proposant de nommer sur-le-champ aux places vacantes. Faites-leur remplir leurs missions en poste. Il faut que les places de colonel[2] soient données à des colonels en second et celles de major à des majors en second. Ne manquez pas de proposer des récompenses pour ceux qui auront rempli le mieux les missions temporaires que vous leur avez données et que vous aurez distingués.

Dans cet état de colonels en second mettez ceux qui parlent italien, allemand ou flamand.

(D'après la minute.)

Quelques jours après, le 9 août, l'Empereur, revenant sur la même question, écrit de Rambouillet au ministre de la guerre :

---

1. Le nom est laissé en blanc sur la minute, mais, d'après l'état des emplacements, le dépôt du 66ᵉ était alors à Bordeaux.
2. Aux bataillons de guerre.

L'EMPEREUR AU MINISTRE DE LA GUERRE.

Rambouillet, le 9 août 1811.

Désormais il n'y aura plus de colonels surnuméraires. Désormais tout colonel qui ne sera pas attaché à un corps sera colonel en second. Aucun major ne doit être surnuméraire. Tous ceux qui ne seront pas attachés à des régiments seront majors en second. Je viens de nommer beaucoup de colonels de cavalerie généraux de brigade. Mon intention est que les colonels comme Audenarde, Christophe, etc., qui sont colonels depuis 1809, soient nommés à ces régiments. Je vois que dans l'état que vous m'avez remis il y en a huit, Audenarde, Rolland, Christophe, Murat-Sistrières, Vezier, Lanougarède, Viennet et Baillod; on doit leur donner des régiments avant les colonels en second. Faites-moi un rapport sur ces huit officiers, afin de leur donner des régiments, et ceux qui ne seraient pas capables, de leur donner leur retraite ou de les employer d'une autre manière.

Vous confondez toujours les majors avec les majors en second. Le sieur Guillaume, qui est major, et les sieurs Campariol, Campagnac, Lefebvre et les quatre autres qui sont portés dans votre état, doivent être nommés majors dans des régiments.

Il faut faire le même travail dans la cavalerie, afin que ceux qui sont colonels vous les nommiez aux régiments vacants par la nomination que j'ai faite de généraux de brigade, avant d'y nommer les majors en second.

(D'après la minute.)

Suppression des colonels surnuméraires; instructions au sujet des colonels et majors en second.

L'EMPEREUR AU GÉNÉRAL SAVARY, DUC DE ROVIGO, MINISTRE DE LA POLICE GÉNÉRALE, A PARIS.

Saint-Cloud, 4 août 1811.

Le comte Lavallette vient de me remettre l'arrêté que vous avez pris, par lequel vous rouvrez la correspondance avec l'Angleterre, de sorte que toutes les lettres qui sont envoyées à la police, sur quelque bâtiment qu'elles arrivent, sont renvoyées à la poste pour être taxées. Le décret de Berlin est positif : toute lettre allant ou venant d'Angleterre doit être brûlée. Faites exécuter à la rigueur ce décret, et ne donnez aucune suite à votre arrêté. Renouvelez vos ordres aux commissaires de police pour l'exécution stricte de mon décret. Défendez aux bâtiments à licences d'en prendre aucune; ils ne doivent avoir que la lettre d'expédition du bâtiment.

Quant aux lettres des prisonniers, elles doivent être également brûlées, à moins qu'elles ne viennent par le cartel de Morlaix.

Toutes les correspondances avec l'Angleterre doivent être brûlées.

Alors elles seront envoyées à la police, lorsqu'elles ne contiendront que des choses étrangères à la politique, et encore cela doit se faire sans éclat et par tolérance. Les prisonniers qui écriront à leur famille pour donner de leurs nouvelles passeront par Morlaix, par tolérance ; mais le principe est que toute lettre venant d'Angleterre soit brûlée. C'est le décret de Berlin ; il est positif.

(D'après la minute.)

LE PRINCE D'ECKMUHL A L'EMPEREUR.

Hambourg, le 5 août 1811.

Renseignements sur la Russie.

Sire, j'ai l'honneur d'adresser à Votre Majesté copie d'un rapport qui m'a été transmis par le général Rapp[1].

PRINCE D'ECKMUHL.

Traduction d'un rapport de Luszkow, près Zamosc, du 16 juillet 1811.

Quoique les bruits de guerre soient un peu calmés en Russie et que les grands préparatifs aient cessé, l'armée russe néanmoins continue à se mouvoir par des marches forcées, faisant des détours et évitant les grandes routes, comme si elle était à la veille d'être atteinte ou tournée par une armée ennemie.

Le centre de l'armée russe, composé du 3ᵉ corps d'armée, sous les ordres du général comte d'Essen, et dont la gauche touchait Slonim et la droite Novogrodek, a presque disparu.

A l'exception de la 11ᵉ division d'infanterie, campée entre Stalowicze (*Stalovitsch*) et Ostrov, sous les ordres du général Lavrov (au lieu du général Korsakov), du 13ᵉ régiment de chasseurs à pied, qui se trouve à Mir sous les ordres du général-major Bistrom, de deux bataillons de grenadiers en garnison à Nieswierz (*Nesvij*), du régiment de hussards de Sumski, et de trois régiments de cosaques dispersés dans tout le gouvernement de Novogrod, le reste des troupes qui composaient le 3ᵉ corps ont pris des directions différentes.

La 3ᵉ division d'infanterie, commandée par le général Konovnitsyne, est attendue à Pinsk. Ce corps a à sa suite un parc considérable d'artillerie, le même qui se trouvait à Nieswierz (*Nesvij*).

La 2ᵉ division de cavalerie (portée 3ᵉ dans le rapport[2]), sous les ordres du général comte de Pahlen, composée de quatre régiments de dragons, deux de hussards et de quatre pulks de cosaques, est arrivée à Lahowice (ou Lackowice) (sans doute *Liakhovitschi*), où sera son quartier général. Elle s'est cantonnée à Ruszeza (sans doute *Roujana*), Pruszany (*Proujanouï*), Kobryn, Divin et Ratno.

---

1. Voir la carte de la frontière occidentale de la Russie, jointe au tome Iᵉʳ.
2. Allusion au rapport du général Rapp, transmis par le prince d'Eckmühl à l'Empereur, le 17 juillet, page 61.

Les mouvements de ces deux divisions, en affaiblissant l'armée du centre, ont renforcé la ligne des frontières qui se trouve entre la Narew et le Bug, et qui, jusqu'à présent, n'avait été gardée que par quelques centaines de cosaques.

Du reste, il est difficile de pouvoir déterminer au juste le but de ces différentes opérations, mais il est probable que le mouvement du centre sera suivi par celui de la gauche de l'armée, composée du 4ᵉ corps, sous les ordres du général Doctorow (*Dokhtourov*).

On présume qu'une partie de ce corps se rendra à l'armée de Turquie, et que l'autre se portera sur les frontières de la Galicie, nouvellement conquise par les Polonais [1].

Ce qui est très positif, c'est que depuis quelques jours plusieurs officiers russes du corps du génie ont reconnu le terrain qui se trouve entre Ustilug (*Oustiloug*) et Krylow, à l'effet d'y établir un camp. Il est donc à croire que ce seront les troupes destinées pour marcher vers la frontière de la Galicie qui prendront cette position pour y former un corps d'observation.

Décret.

Au palais de Saint-Cloud, le 6 août 1811.

ART. 1ᵉʳ. — Tous les généraux de division, de brigade, adjudants commandant, aides de camp et adjoints attachés au commandement ou à l'état-major des divisions de cuirassiers, seront cuirassés.

Les officiers du génie et d'artillerie, sans troupes, attachés aux divisions de cuirassiers, seront également cuirassés.

ART. 2. — Nos ministres de la guerre et de l'administration de la guerre sont chargés de l'exécution du présent décret.

NAPOLÉON.

Les officiers généraux et autres, attachés aux divisions de cuirassiers, seront cuirassés.

LE PRINCE D'ECKMÜHL A L'EMPEREUR.

Hambourg, le 8 août 1811.

Sire, j'ai l'honneur de rendre compte à Votre Majesté que les 4ᵉˢ et 6ᵉˢ bataillons des dix régiments de l'armée ont déjà été passés en revue par le général Compans, à leur passage à Wesel.

J'ai l'honneur de mettre sous les yeux de Votre Majesté le résultat de ces revues.

Elle pourra remarquer qu'en général l'instruction est aussi avancée qu'on peut le désirer, et qu'à l'exception des bataillons du 111ᵉ régiment, du 7ᵉ d'infanterie légère, les officiers des autres corps méritent des éloges.

Corps de l'Elbe : compte rendu des revues passées aux 4ᵉˢ et 6ᵉˢ bataillons, à leur arrivée en Allemagne.

---

1. Par le traité de Vienne (14 octobre 1809), le duché de Varsovie s'était accru d'une portion de la Galicie, que les troupes polonaises avaient conquise, et qui formait quatre départements nouveaux : Lublin, Radom, Siedlec, Cracovie, avec la moitié des salines de Wieliczka. Le cercle de Tarnopol, avec une bande étroite de la Galicie orientale, avait été donné à la Russie

Les chefs des bataillons des 7ᵉ légère et 111ᵉ régiment prétendent n'avoir reçu leurs conscrits que depuis un mois ou six semaines.

L'habillement est généralement bien confectionné, mais les draps sont d'une qualité très médiocre; beaucoup de vestes et de culottes sont trop courtes et d'une mauvaise étoffe.

Les capotes sont d'un bon drap, mais en général trop courtes.

L'équipement est au complet et bien tenu, et la majeure partie des gibernes est d'un cuir trop mince. Il manque au 85ᵉ régiment 277 gibernes et 297 bretelles de fusil. Au 43ᵉ régiment il manque 162 sabres et 83 au 7ᵉ d'infanterie légère.

J'ai déjà écrit au ministre de la guerre pour demander des sabres pour compléter l'armement des trois premiers bataillons de guerre, et je vais lui adresser une nouvelle demande pour les 4ᵉˢ et 6ᵉˢ bataillons.

Il n'y a aucune observation à faire sur les fusils, qui sont au complet et très bien entretenus.

Les effets de linge et chaussure sont complets et de bonne qualité, seulement quelques sacs à peau sont mal coupés; chaque soldat a une paire de souliers aux pieds et deux paires dans le sac.

Tous les hommes ont leur livret tenu en règle, leurs comptes sont arrêtés au 1ᵉʳ juillet.

D'après cette analyse, Votre Majesté remarquera que ces 4ᵉˢ et 6ᵉˢ bataillons sont dans une situation satisfaisante; et au moyen des ordres que je vais donner pour leur instruction, j'espère qu'au 1ᵉʳ octobre on ne s'apercevra pas qu'il y ait des recrues dans les corps de l'armée.

Il ne manque donc à peu près que les effets de campement, et j'ai donné des ordres pour que les cinq bataillons de chaque régiment en soient pourvus sous un mois.

PRINCE D'ECKMUHL.

L'EMPEREUR AU COMTE ROEDERER, SÉNATEUR, MINISTRE DU GRAND-DUCHÉ DE BERG, A PARIS.

Rambouillet, le 9 août 1811.

Grand duché de Berg: appel de la conscription de 1811 et formation d'une division.

J'ai signé le décret pour l'appel de la conscription de 1811 du grand-duché de Berg, montant à 1.850 hommes; ce qui, avec le montant de l'appel pour remplacer les conscrits réfractaires, fera 2.150 hommes; 600 seront nécessaires pour compléter le bataillon du 1ᵉʳ régiment qui est à Düsseldorf; 1.200 deviendront nécessaires pour former le fond du 4ᵉ régiment; les 300 hommes restant serviront à former le noyau des escadrons de cavalerie et à compléter l'artillerie et le train [1].

Par ce moyen, j'aurai, au 1ᵉʳ janvier 1812, savoir: un bataillon du 1ᵉʳ régiment complet, le 2ᵉ, le 3ᵉ et le 4ᵉ régiment ayant chacun

---

[1]. Il s'agit, bien entendu, des troupes de Berg, qui comprenaient 4 régiments d'infanterie, 3 de cavalerie, 1 batterie à cheval, 1 batterie à pied, 1 compagnie du train et 2 compagnies de vétérans.

deux bataillons de plus de 600 hommes présents; ce qui me ferait sept bataillons formant près de 4.000 hommes. J'aurais 1.000 hommes de cavalerie et 4 à 500 hommes d'artillerie.

En appelant la conscription de 1812, on compléterait les 1er, 2e, 3e et 4e régiments, la cavalerie et l'artillerie. Mais il est important que les cadres, non seulement du 4e régiment, mais encore des ouvriers de l'artillerie et du train, soient formés sans délai. Par ce moyen, le grand-duché aurait une belle division munie de tout, et qui serait à même de se faire honneur.

Donnez donc l'ordre que les cadres du 4e régiment et tous les cadres de l'artillerie soient formés avant le 15 septembre. Présentez-moi un rapport pour le matériel de l'artillerie, caissons, etc., afin que tout cela s'apprête.

NAPOLÉON.

L'EMPEREUR AU MINISTRE DE LA GUERRE.

Rambouillet, le 9 août 1811.

Monsieur le duc de Feltre, c'est pour la dixième fois que je donne l'ordre que le bataillon de Schouwen se rende en Allemagne. Sous différents prétextes, on le retient, et il n'était pas parti le 4 août. Punissez qui est coupable de ne savoir pas obéir.

Envoyez une estafette pour faire partir ce bataillon douze heures après l'arrivée de cette estafette. Il partira beaucoup plus faible, parce que les fièvres, dans cette saison, font beaucoup de mal dans ce pays.

Vous donnerez ordre également que, vingt-quatre heures après l'arrivée de votre estafette, tout ce qu'il y a de disponible aux 3e, 4e et 5e bataillons du régiment de Walcheren, habillé ou non, parte avec un cadre pour 140 hommes pour se rendre à Gorcum, et de là au corps d'observation de l'Elbe. Donnez également ordre que tous les hommes des deux premiers bataillons qui appartiennent aux départements de l'Escaut, des Deux-Nèthes et de la Lys, partent également; de sorte que le 13 août, sous votre responsabilité, il ne reste du régiment de Walcheren, bien portants, tout au plus, que les deux premiers bataillons, forts de 1.400 hommes, — ce qui est suffisant pour le service de l'île, — la meilleure partie du bataillon colonial, les compagnies d'artillerie et le bataillon de sapeurs. Vous comprenez facilement la grande importance que j'attache à ce que, sans aucun délai, le bataillon de Schouwen, les hommes disponibles des trois bataillons, — qui étaient, au 1er août, forts : le 3e de 600 hommes, le 4e de 400 et le 5e de 400, — quittent l'île de Walcheren, puisqu'en laissant une si grande quantité d'hommes dans cette île c'est les envoyer à la mort. Ce n'est pas l'ennemi que j'ai à craindre, ce sont les fièvres. Je préfère que quelques hommes désertent en

L'Empereur renouvelle l'ordre d'envoyer sans délai en Allemagne le bataillon de Schouwen et les hommes disponibles du régiment de Walcheren.

route à les voir rester dans l'île de Walcheren pour y périr de maladie. Faites connaître au général Gilly que je considère qu'y laisser, pendant les mois d'août, septembre, octobre, novembre, un homme de plus que ce qui est nécessaire pour la stricte défense, est un crime.

Le n° 124, qui est à Bruges, sera prêt à tout événement à rentrer dans l'île. L'escadre y jetterait ses matelots, et, enfin, dans la situation actuelle, toute crainte pour cette île est une chimère. Je suis bien mécontent du retard que le général a apporté à l'exécution de mes ordres.

Vous ferez sortir de l'île le détachement du 11e de hussards fort de 90 hommes; on n'y laissera que 25 hommes.

Je vois avec peine que les cadres des 7e et 13e sont encore dans l'île et ne sont pas encore remplis. Si l'on ne peut pas les compléter avec des hommes habillés avant le 15 août, qu'on les complète en hommes non habillés et non armés et qu'on les fasse partir pour Hambourg où ils seront habillés et armés à leurs régiments. Il est inutile de laisser ces cadres, qui sont composés de très bons officiers et sous-officiers, prendre la fièvre dans le pays.

Je suppose que vous avez donné ordre qu'il ne soit plus envoyé de conscrits réfractaires dans l'île de Walcheren, et qu'ils soient dirigés sur Wesel. Toutefois, donnez ordre au général Rousseau, qui commande dans l'île de Cadzan, de n'en laisser passer aucun, et de diriger sur Wesel tous ceux qui se présenteraient[1].

NAPOLÉON.

L'EMPEREUR AU MINISTRE DE LA GUERRE.

Rambouillet, le 9 août 1811.

Ordre de faire partir pour l'Allemagne tous les hommes disponibles dans les dépôts des régiments d'infanterie et de cavalerie du corps de l'Elbe. Du 33e léger.

M. le duc de Feltre, mon intention est que tout ce qu'il y a de disponible aux 5es bataillons des seize régiments du corps d'observation de l'Elbe parte des dépôts respectifs, très armés et très équipés. Les hommes des dépôts qui sont sur le Rhin s'embarqueront sur le Rhin et se dirigeront sur leurs régiments pour y être incorporés. Les cadres reviendront à leurs dépôts.

Donnez ordre qu'il soit passé une revue extraordinaire au 33e léger[2] à Magdebourg, et qu'on m'envoie la situation de ce régiment en me faisant connaître de quelle nation sont les officiers, sous-officiers et soldats.

S'il y avait, dans ce régiment, des hommes appartenant à la 32e

---

1. Voir, tome I, le chapitre VIII, spécialement consacré aux conscrits réfractaires.
2. Régiment d'origine hollandaise.

division militaire, le prince d'Eckmühl sera autorisé à leur faire rejoindre un des trois régiments hanséatiques[1] ; je me réserve de prononcer sur ces étrangers quand je connaîtrai leur nombre et leur pays.

NAPOLÉON.

Quelques jours après, le 12 août, l'Empereur, sur un rapport du ministre de la guerre, prend une mesure analogue à l'égard des hommes disponibles dans les dépôts des régiments de cavalerie du corps de l'Elbe.

12 août 1811.

Tous les hommes montés qui sont aux dépôts, soit des quatre régiments de cuirassiers, soit des quatre régiments de chasseurs, soit des deux régiments de hussards, du corps d'observation de l'Elbe, doivent partir, au fur et à mesure, et se rendre aux escadrons de guerre en Allemagne. Les hommes à pied, habillés, dont les chevaux sont recrutés en Allemagne, doivent également s'y rendre. Faire là-dessus au major une circulaire. Cela est d'autant plus nécessaire que les corps de l'armée d'observation de l'Elbe ont plus de chevaux que d'hommes, de sorte que, si l'on devait partir, ces chevaux embarrasseraient beaucoup.

NAPOLÉON.

Pareils ordres concernant l'envoi à l'armée d'Allemagne des hommes disponibles dans les dépôts, soit d'infanterie, soit de cavalerie, sont fréquemment renouvelés.

LE PRINCE D'ECKMUHL A L'EMPEREUR.

Hambourg, le 9 août 1811.

Sire, Votre Majesté, dans différentes lettres, m'a fait connaître que je devais compléter pour le 1er septembre les régiments de cavalerie à 1.100 chevaux, ainsi que les quatre bataillons du train d'artillerie. Votre Majesté ajoutait que je ne devais pas compter sur la France pour avoir ces chevaux, en raison des grands achats qui y avaient été faits, et du peu de ressources qui y existaient. J'ai donc ordonné de passer des marchés pour la troisième commande des chevaux d'artillerie et qui complétait à peu près les quatre bataillons du train.

Les livraisons ont été faites avec exactitude et à la fin du mois tout sera fourni ; et par ce moyen les intentions de Votre Majesté seront remplies, en ce que les régiments de cavalerie et les bataillons du train seront à peu près au complet. Les généraux de cavalerie et le général commandant l'artillerie se louent tous de la qualité et de l'espèce des chevaux.

Armée d'Allemagne : de l'achat des chevaux nécessaires pour compléter les régiments de cavalerie et les bataillons du train d'artillerie.

---

1. 127e, 128e et 129e d'infanterie.

Cependant, je viens de recevoir une lettre du ministre de la guerre, dont copie est ci-jointe, qui m'invite à suspendre l'exécution des marchés passés pour la troisième commande, attendu, dit Son Excellence, que Votre Majesté lui a expressément recommandé de ne donner aucune suite à cette troisième commande sans un ordre spécial de votre part.

Je ne crois pas, Sire, d'après le contenu de vos différentes lettres, ce que je viens de mander à Votre Majesté et la restriction qui termine la lettre du ministre, devoir arrêter l'exécution des marchés qui ont été passés, exécution qui est d'ailleurs en grande partie déjà complète, et qui le sera en entier à la fin du mois.

Je dois observer, en outre, que tous les chevaux de ce pays-ci, n'étant nourris qu'à la paille et aux herbes, ne tiendraient pas à un travail pénible, si, au préalable, ils n'étaient engraissés, et il faut pour cela plusieurs mois. Les chevaux de la première commande, qui sont aux grains depuis quelques mois, ne sont déjà plus reconnaissables, et ils sont susceptibles d'un bon service.

Prince d'Eckmuhl.

LE PRINCE D'ECKMUHL A L'EMPEREUR.

Hambourg, le 10 août 1811.

Renseignements sur la Russie.

Sire, j'ai l'honneur d'adresser à Votre Majesté les derniers rapports de Varsovie, sous la date du 3 août [1].

Ayant remarqué que des rapports antérieurs de ce pays, en les confrontant avec ceux qui les précédaient ou les suivaient, présentaient des contradictions sur lesquelles il était bon d'avoir des éclaircissements, j'ai adressé au général Zayonchek un résumé des différences que j'avais trouvées dans quelques-uns de ces rapports, en lui recommandant de faire prendre des renseignements et de me faire connaître le redressement de ces contradictions; je joins ici une lettre qu'il vient de m'envoyer, qui éclaircit certains points des rapports antérieurs, qui se trouvaient démentis par d'autres subséquents.

Prince d'Eckmuhl.

Extrait d'un rapport de Lomza, en date du 21 juillet 1811.

Je viens de recevoir la nouvelle qu'on construit à Grodno seize fours pour cuire du pain, qu'on y attend sous peu l'arrivée de trois régiments d'infanterie, et que les postes de frontière ont été doublés.

Entre autres nouvelles non fondées, on dit que le Sultan a été étranglé, que la paix avec la Turquie a été faite, et que des troupes nombreuses se dirigent sur nos frontières.

Il y a des lettres de la Russie qui contiennent que des émissaires du gouvernement font le tour de la Lithuanie et de l'Ukraine pour rassembler les signatures de ceux qui assurent être fidèles à la cour de Russie

---

1. Voir la carte de la frontière occidentale de la Russie, jointe au tome I.

et désirent avoir un roi de cette maison, au cas que le royaume de Pologne fût restitué; ces mêmes émissaires promettent beaucoup de soulagement et de distinction à la noblesse polonaise. On tache d'éblouir l'imagination des Polonais, en avançant (sic) dans l'armée les Polonais de préférence aux Russes. Pour preuve de ceci, on voit dans le n° 46 de la gazette nommée *Le Courrier de Lithuanie*, que sur 90 avancements, il ne se trouve que 4 Russes, tandis qu'il y a 86 Polonais d'avancés, et dans le n° 49 de la même gazette, sur 145 avancements il y a 141 Polonais.

Extrait d'un rapport de Tykocin, du 27 juillet [1].

Je m'empresse de vous informer qu'il s'est fait un mouvement considérable sur nos frontières entre les trois régiments de cosaques, qui, jusqu'à ce moment, formaient une ligne depuis Kovno jusqu'à Brzesc; il est arrivé trois nouveaux régiments, de façon qu'on peut compter sur 3.000 hommes de cosaques sur notre frontière. Ces régiments sont: 1° Bugski, commandé par le colonel Ilczymnow; 2° Dunski, commandé par le colonel Platow, qui a son quartier général à Kovno; 3° Ikowayski; 4° Czarnozubow, commandé par deux majors, Kalmin et Czarno-Zubow, dont le quartier est à Kniszyn (*Knouïchouïn*); 5° Denisov et 6° Ikowayski, commandé par le général de ce nom. Je viens d'apprendre que tous les régiments de cosaques du Don, tartares et calmoucks, sont en pleine marche. Les uns dirigent leur marche sur Kovno et les autres sur Pinsk, où le hetmann Platow (*l'atamane Platov*) est attendu ces jours-ci. Son leib pulk ainsi que son parc d'artillerie y sont déjà arrivés. On parle ouvertement et généralement de guerre en Russie, et je crois que nous devons être plus que jamais sur nos gardes; on forme en Lithuanie plusieurs régiments de hulans, dont les chefs doivent être Polonais, comme M. Morikoni, etc. On n'a jamais tant cajolé les citoyens que dans ce moment; on prétend qu'il y a une proclamation de l'empereur de Russie touchant le commerce, je tâcherai de me la procurer et de vous l'envoyer. Je puis vous assurer que, si la guerre éclate, les cosaques, qui sont très mécontents, se battront fort mal, et qu'il ne serait pas difficile de les faire insurger, sous prétexte de leur accorder leur indépendance; ils désertent tous les jours et deux ont pris service, il y a quelques semaines, dans notre 15° régiment de hulans; j'ai envoyé un homme à Pinsk. Je ne manquerai pas de communiquer de suite le résultat de mes recherches.

Extrait d'un rapport du général Rozniecki, d'Ostrolenka, en date du 1ᵉʳ août 1811.

Ces rapports sont ce qu'il a de plus positif, à quelques rapports près, qui ne sont pas encore confirmés.

Les Russes, répandus sur la frontière de la Prusse, du duché de Varsovie et de la Galicie, et les autres corps de réserve sur le Dniester,

---

[1]. On retrouve un rapport semblable envoyé par le général Rapp au prince d'Eckmühl et transmis le 18 août à l'Empereur, page 130.

celui de Russie blanche, les bataillons de réserve, etc., sont ainsi organisés :

Leur droite est composée de la 4ᵉ division, Baggovout, et de la 17ᵉ, Alexeïev, qui ne fait partie du corps de droite que depuis le 1ᵉʳ juillet. La division de cavalerie est commandée par le général Korf. La 4ᵉ division est cantonnée à Vilna et environs ; celle d'Alexeïev, à Dunabourg et environs ; celle de Korf, sur le Niémen, à deux journées de marche de la frontière. Cette droite est sous les ordres du général Baggovout.

Le centre, sous les ordres du général Essen, se trouve à Slonim. Il est composé de la 3ᵉ division Konowniczyn (*Konovnitsyne*), et de la 11ᵉ Lavrov (jadis 2ᵉ). La division de cavalerie de ce corps d'armée est commandée par le général Pahlen.

Leur gauche, sous les ordres du général Doktoroff (*Dokhtourov*) à Luck (*Loutsk*), est composée de la 7ᵉ division, Kapzewiez (*Kaptsevitch*), et de la 25ᵉ (anciennement division sibérienne commandée par Ktiszezow), commandée par le général Lickaczew (*Likhatchev*). La division de cavalerie de ce corps est commandée par le général Czaplitz (*Tchaplits*).

En cas de guerre, la division de grenadiers cantonnée sur la Dwina doit servir de réserve à leur corps de droite. Les 3ᵉˢ bataillons employés aux travaux de Bobruïsk serviraient de réserve à leur centre, et à leur gauche la 24ᵉ division cantonnée entre Kijow (*Kiev*), Bialoczerkiew (*Biélaïa Tserkov*) et Boguslaw (*Boghouslavl*).

Chacune des divisions d'infanterie est composée de six régiments, chacun à deux bataillons. Les bataillons à leur grand complet ne sont que de 650 hommes ; et quand même les 3ᵉˢ bataillons viendraient rejoindre leurs corps, à peine un régiment mettrait-il en campagne au delà de 1.600 hommes, et l'on pourrait évaluer à 10.000 hommes le compte juste d'une division d'infanterie.

Les régiments de cavalerie ayant renvoyé leurs escadrons de dépôt, la force de chacun des régiments de cuirassiers, dragons, hussards et hulans n'est que de quatre escadrons par régiment pour les deux premières armes, et huit escadrons pour les deux autres. Leurs escadrons n'entrent jamais en campagne avec plus de 125 chevaux et hommes.

Chaque division de cavalerie est forte de quatre régiments de dragons et quatre de hussards ou hulans, ce qui donnerait 6.000 chevaux à chacune de celles en première ligne, car les divisions de cavalerie de réserve ont une autre composition.

Outre ces trois corps d'armée, leur droite est flanquée par le corps du général Wittgenstein ; il est composé des 5ᵉ et 14ᵉ divisions d'infanterie, et il est cantonné entre Mittau et Pétersbourg.

La division de cavalerie, commandée provisoirement par le général Kochowski (*Kokhovsky*), lui est attachée ; elle n'est composée que de trente-deux escadrons.

Dans la supposition d'une guerre avec la France, et que la Prusse se déclarât contre la Russie, le corps du général Wittgenstein doit agir contre la Prusse et contre Danzig, ou réuni aux Prussiens, si ceux-là se trouvaient être contre la France.

Dans la supposition d'une guerre contre la Suède en même temps qu'avec la France, les gardes doivent agir contre cette puissance, contre laquelle il y a déjà un corps de 20.000 hommes, sur les îles d'Alland et aux frontières de la Finlande.

Dans la supposition d'une guerre avec l'Autriche en même temps qu'avec la France, le général Kotuzoff (*Koutouzov*) se tiendra sur la défensive, restant au Danube, et la division 9ᵉ (ancienne de Suwarow), celle de Lewis (dont on a changé le numéro), et celle anciennement Dolgoruki, commandée aujourd'hui par Szczerbatow (*Chtcherbatov*), n° 18, doivent, sous les ordres du général Markoff (*Markov*), observer l'Autriche. Quatre régiments de cuirassiers, un régiment de dragons, Twerski, ainsi que deux régiments de hulans, composent la division de cavalerie de ce corps d'armée.

Quatre régiments de cosaques sont attachés à chacune des divisions de cavalerie, et un seul à chacune des divisions d'infanterie. On vient de retirer aux divisions d'infanterie les régiments de dragons qui leur ont été attachés ; elles n'ont donc pour toute cavalerie qu'un seul régiment de cosaques chacune.

Quant à l'artillerie, chaque division d'infanterie a deux batteries d'artillerie à pied, et chaque division de cavalerie en a deux d'artillerie légère, attachées à leur service ordinaire, non compris trois batteries d'artillerie légère de réserve pour chaque corps d'armée. S'entend qu'il n'est question, dans tout cela, ni du grand parc de réserve ni de celui de siège, qui tous se trouvent encore dans les places fortes et ne paraissent pas être organisés pour entrer en campagne. Chaque batterie d'artillerie légère ou à pied est de douze pièces, dont quatre obusiers.

Dans ce moment-ci, seize régiments de cosaques sont à la frontière même du duché ou très proche. Le plus fort de leurs régiments ne va pas au delà de 500 chevaux, et il y en a plusieurs qui n'arrivent pas à 400.

Veuillez, Monsieur le Général, mettre de côté toute espèce de nouvelles et toute espèce de rapports et ne croire qu'à celui-ci, qui est le plus vrai, et tel que je puis en répondre. J'en réponds jusqu'à la date du 21 juillet.

Ce que je présente comme supposition, dans les différents cas et différentes guerres où le gouvernement russe pourrait se trouver, et la résolution qu'il semble avoir prise dans chacun des cas cités plus haut, n'est autre chose que le relevé des propos souvent peu discrets des généraux Korf, Kutuzoff (*Koutouzov*), Pahlen, et surtout du général Bennigsen.

Assertions des derniers rapports sur lesquels il était nécessaire d'avoir d'autres renseignements.

Rapport de Kamienieck Podolski (Kamenets), du 17 juin 1811.	Éclaircissements.
On indique la 11ᵉ division comme étant l'une des trois qui se trouvent en Podolie ; mais les rapports antécédents disent que la 11ᵉ division est celle de Lauzon (?) (*sans doute Lavrov*), qui est en Lithuanie et a son quartier général à Slonim.	La 11ᵉ division appartient au général Lauzon (?) (*sans doute Lavrov*) et se trouve dans les environs de Slonim. Elle a été autrefois 2ᵉ ; son numéro a été changé depuis le 13 juin, et l'ancien doit avoir été donné à une de ces divisions de grenadiers et chasseurs d'élite.

Rapport de Lublin, du 27 juin.

Le régiment de Minsk y est porté comme étant à Dubno. Les rapports antérieurs le placent à Vilna, sous le général Baggovout.

Le régiment de grenadiers d'Ekaterinoslaw est porté comme faisant partie de la division de grenadiers et cantonné à Stalopeny; sans doute, on a voulu parler des cuirassiers du même nom qui, effectivement, sont dans cette partie.

Le régiment de Minsk appartient à la division de Baggovout et se trouve campé près Vilna.

Le régiment de grenadiers d'Ekaterinoslaw s'est trouvé, selon les derniers rapports, dans les environs de Stalopeny.

Le régiment Ekaterinoslaw cuirassiers se trouve en Ukraine; son colonel se nomme Kretow. Il a été cantonné à Bialocirkiew (*sans doute Biélaïa Tserkov*); il vient de passer à Vinnica (*Vinnitsa*).

Déposition d'un voyageur parti de Luck (Loutsk) le 8 juin, arrivé à Varsovie le 4 juillet.

D'après cette déposition, il y aurait quinze régiments d'infanterie en Volhynie, dont cinq à Krzemieniec (*Kremenets*), cinq à Dubno et cinq à Luck (*Loutsk*), sous le général Doktorow (*Dokhtourov.*)

Les rapports antérieurs ne lui donnent que douze régiments, formés en deux divisions.

D'après les rapports les plus frais et les plus authentiques, il y a en tout douze régiments, et, à Krzemieniec (*Kremenets*), ceux qui s'y sont trouvés étaient des troupes de passage.

Extrait d'un rapport venu de la Pologne.

Il conviendrait de savoir le nom du régiment auquel appartient le bataillon de grenadiers et les noms des deux régiments de chasseurs à pied qui sont à Bialystok.

Il n'y a point de régiment de chasseurs à Bialystok. Il ne s'y trouve qu'un bataillon du régiment de mousquetaires Potocki. Ce régiment appartient à la division Lauzon (*sans doute Lavrov*).

Rapport de Lublin, du 1er juillet.

Il y aurait, au camp de Luck (*Loutsk*), quatre régiments de chasseurs, les 4e, 5e, 27e et 28e.

Les rapports antérieurs placent le 4e régiment de chasseurs dans la 4e division, du côté de Vilna.

Ils parlent des 17e, 16e et 36e comme devant être en Volhynie, et point du tout des 27e et 28e.

Le 4e régiment de chasseurs fait toujours partie de la division Baggovout, et même ce général est son chef.

Les 17e et 36e ont de tout temps fait partie de la division Kapcewicz (*Kaptsevitsch*). Quand au 11e (*sans doute 16e*), il appartint jadis à la 11e division, ainsi que le 28e appartenait à la 18e. La division sibérienne n° 25, commandée par Likhatchev, est destinée au corps du général Doktorow (*Dokhtourov*); n'ayant pas eu de chasseurs, il est possible qu'on ait tiré les 27e et 28e d'autres divisions pour compléter celle-là.

Ostrolenka, le 1er août 1811.

Décret.

Au palais de Rambouillet, le 11 août 1811.

ART. 1er. — Le bataillon des tirailleurs corses et le bataillon des tirailleurs du Pô formeront un régiment sous le nom de 11e régiment d'infanterie légère.

ART. 2. — Le dépôt de ce régiment sera établi à Trèves. Le bataillon des tirailleurs corses formera le fond du 1er bataillon et celui des tirailleurs du Pô le fond du 2e bataillon.

Les 3e, 4e et 5e bataillons seront formés sans délai.

ART. 3. — Les hommes provenant de la conscription du département de l'île de Corse et de l'île d'Elbe seront tous employés dans ce régiment.

Les officiers, sous-officiers et soldats de la légion du Midi, dissoute par notre décret de ce jour, qui sont en France et en recrutement à Turin, feront partie du 11e régiment d'infanterie légère[1].

Les prisonniers de la légion du Midi arrivant d'Angleterre seront incorporés dans ce régiment.

NAPOLÉON.

Formation du 11e léger, avec les tirailleurs corses et du Pô et la légion du Midi.

Ce fut le général Hogendorp, aide de camp de l'Empereur et commandant à cette époque le dépôt de conscrits réfractaires établi à Wesel, qui procéda dans cette place à la formation du 11e léger.

L'EMPEREUR AU MINISTRE DE LA GUERRE.

Rambouillet, le 11 août 1811.

Monsieur le duc de Feltre, je désire que vous me fassiez un rapport sur les quatre régiments étrangers. Le 1er est celui de La Tour d'Auvergne, le 2e celui d'Isembourg, le 3e le régiment irlandais et le 4e celui de Prusse[2]. Quels sont les quatre colonels et les majors qui commandent ces régiments? où sont-ils? quels sont les chefs de bataillon, capitaines et lieutenants? Indiquez-moi de quelle nation est chacun, et joignez-y des renseignements sur leurs services, afin que je connaisse bien la composition de ces régiments. Tous les officiers français qui ont servi en Autriche et en Prusse, et que je rappelle, tous ceux qui ont émigré, tous ceux enfin qui n'ont pas fait leur avancement dans l'armée française, pourront être employés

Des régiments étrangers et des corps irréguliers. De l'organisation des 32e et 29e légers, et du 28e chasseurs à cheval.

---

1. Les officiers, sous-officiers et soldats de la légion du Midi qui étaient en Espagne, furent versés dans le 31e d'infanterie légère qui était également en Espagne. (Voir Corps hors ligne, légion du Midi, tome I, chap. I, page 37.)
2. Voir décret du 3 août 1811, page 100.

dans ces régiments, où il y aura un tour d'avancement distinct de celui de la ligne ; car vous ne devez pas perdre de vue le principe que ces officiers ne doivent pas avoir d'avancement dans la ligne, et que, s'il y a jamais quelque exception, ce ne peut être qu'en vertu d'un décret spécial de moi et d'après un rapport particulier sur chaque individu, où vous m'aurez bien fait connaître ce dont il s'agit et les services de l'officier.

Il faut porter le régiment irlandais et le régiment de Prusse, chacun à cinq bataillons, comme les régiments français. Aussitôt qu'il sera possible, vous ferez revenir de l'armée de Portugal les bataillons de Prusse qui s'y trouvent. Les régiments de La Tour d'Auvergne et d'Isembourg sont destinés à garder la Toscane et l'Italie, et, en conséquence, vous devez veiller à ce qu'on n'y envoie pas d'Autrichiens. Au contraire le 3e et le 4e régiment que je destine à garder la Hollande pourront recevoir les Autrichiens. Mais il est convenable qu'il y ait un bon nombre d'officiers et sous-officiers français parlant allemand.

Écrivez au duc de Tarente de faire venir le plus tôt possible le bataillon valaisan sur Cette, où l'on verra à le réorganiser.

Qu'est ce que les chasseurs français dont le dépôt est à Lille[1] ? où ont servi ces hommes? que pourrait-on en faire?

La légion hanovrienne, celle du Midi, ont été dissoutes[2] ; les tirailleurs corses et du Pô sont également dissous ; ainsi il n'y aura plus de corps irréguliers. Je ne parle pas des huit bataillons de la légion de la Vistule, des régiments espagnols, de la légion portugaise. Le bataillon romain est composé de déserteurs ; pourrait-on les faire passer en France?

Il faut achever d'organiser le 32e léger. Donnez ordre de faire revenir de Catalogne les portions de ce régiment qui s'y trouvent, afin de réunir les trois bataillons et de pouvoir, aussitôt qu'il sera possible, former les 4e et 5e bataillons. Ce régiment est mal placé à Toulon ; comme je veux le composer d'Italiens, on placera le dépôt à Avignon. Les dépôts du 16e et du 29e, qui sont des dépôts français, sont suffisants à Toulon. Faites-moi un rapport particulier sur le 29e léger. Il faudrait compléter ce régiment : le 3e et le 4e bataillons le seront à l'île de Ré ; mais le 1er et le 2e sont encore loin d'être complets. Quelle est leur situation et qu'attend-on des garnisons de l'île de France et de Saint-Domingue? Envoyez à Belle-Isle le cadre du 5e bataillon du 29e de ligne. Il prendra 500 hommes, en ayant soin de ne prendre aucun Breton ni Normand. Ces hommes, il les

---

1. Ces chasseurs n'étaient autres que des déserteurs français rentrés volontairement. (Voir Corps hors ligne, tome I, chap. I, page 36.)

2. La légion hanovrienne et celle du Midi avaient été dissoutes par un décret du 9 août 1811. (Voir Corps hors ligne, tome I, chap. I, page 37.)

recevra des conscrits à mesure qu'ils arriveront; il les habillera et les instruira. Enfin, il faut organiser le 28e de chasseurs et le porter à 1.000 hommes et à 8 ou 900 chevaux.

NAPOLÉON.

L'EMPEREUR AU MINISTRE DE LA GUERRE.

Rambouillet, le 11 août 1811.

Il est nécessaire que pour les chevau-légers vous régliez les dimensions de la lance, tant du bois que du fer, afin que l'artillerie ne s'y trompe plus, comme elle l'a fait pour les chevau-légers hollandais. Il est nécessaire que vous fassiez imprimer mon instruction sur l'exercice de la lance; que vous demandiez au 1er régiment de lanciers, qui est en Andalousie, et au régiment de la Garde qui est à Paris, un certain nombre d'instructeurs pour être envoyés aux différents régiments. Je suppose que vous avez demandé des hommes pour former le 1er régiment de chevau-légers, qui est à Sedan.

Chevau-légers: des dimensions de la lance et de la formation du 1er régiment à Sedan.

(D'après la minute.)

LE PRINCE D'ECKMUHL A L'EMPEREUR.

Hambourg, le 14 août 1811.

Sire, en envoyant à Votre Majesté, le 2 de ce mois, un tableau indiquant le manque au complet des régiments de cavalerie de l'armée pour avoir 1.100 hommes et 1.000 chevaux, j'ai demandé à chaque régiment un état qui me fît connaître ce qui était disponible au dépôt.

L'éloignement du 7e de hussards et du 2e de chasseurs retardant l'arrivée des renseignements que j'ai demandés, je crois, en attendant, devoir mettre sous les yeux de Votre Majesté un tableau indiquant la force actuelle de huit régiments, avec ce qui leur manquera en hommes lorsqu'ils auront reçu ceux qui sont disponibles au dépôt.

Votre Majesté remarquera qu'il leur faudrait environ 1.352 hommes, et qu'il sera nécessaire d'augmenter ce nombre en raison des hommes susceptibles de réforme qui n'étaient pas présents lors de la revue du général Saint-Germain.

Il deviendra également indispensable, pour pouvoir remplir les intentions de Votre Majesté, d'ordonner une quatrième remonte de chevaux pour compléter les régiments à 1.000; mais elle pourra être ajournée jusqu'au moment où le ministre de la guerre aura fait connaître l'envoi des hommes; car, sans cela, il y aurait plus de chevaux que d'hommes présents.

J'aurai l'honneur d'adresser incessamment à Votre Majesté un état général, qui lui fera connaître ce qui manquera aux dix régiments de cavalerie, en hommes, chevaux et harnachements, lorsque la troisième remonte sera rentrée et lorsque tout ce qui est disponible aux dépôts sera arrivé aux escadrons de guerre.

Corps de l'Elbe: de la force des régiments de cavalerie, nombre d'hommes et de chevaux manquant pour atteindre le complet.

PRINCE D'ECKMUHL.

Armée d'Allemagne.

Hambourg, 11 août 1811.

État des régiments de cavalerie de l'armée, présentant le nombre d'hommes disponibles aux dépôts et ceux manquant pour le complet de 1.100 hommes.

DÉSIGNATION des RÉGIMENTS.	Présents sous les armes, officiers non compris	Aux hôpitaux et détachés.	Disponibles aux dépôts.	TOTAL.	Manque au complet de 1.100 hommes à demander au ministre.	OBSERVATIONS.
2° rég. de cuirass.	797	43	121	961	139	
3° id.	787	58	70	915	185	
9° id.	803	23	83	911	189	
12° id.	791	21	122	934	166	
1er rég. de chass.	629	57	131	817	283	Sur les 57 hommes qui sont à l'hôpital, 30 sont dans le cas de réforme.
3° id.	738	42	90	870	230	
16° id.	782	28	130	940	160	Sur les 130 hommes disponibles aux dépôts, l'on y comprend 31 qui sont employés aux ateliers.
8° rég. de hussards	948	25	127	1.100	»	NOTA. — Le 7e de hussards et le 2e de chasseurs n'ont point envoyé leurs états.
TOTAL	6.277	297	874	7.448	1.352	

LE PRINCE D'ECKMUHL A L'EMPEREUR.

Hambourg, le 14 août 1811.

Renseignements sur la Russie. Sire, j'ai l'honneur d'adresser à Votre Majesté les derniers renseignements qui me sont parvenus de Varsovie [1].

PRINCE D'ECKMUHL.

Extrait d'un rapport d'Augustovo, du 1er août 1811.

On dit que les vaisseaux anglais débarquent leurs marchandises dans différents ports sans risque de confiscation, et rechargent en échange des produits du pays.

Les ouvrages sur la Dvina sont continués avec activité.

---

1. Voir la carte de la frontière occidentale de la Russie, jointe au tome I.

La sévérité des lois russes a paru en plusieurs endroits, où des soldats ont expiré sous le bâton pour avoir dit, dans l'ivresse, qu'ils seraient à jamais perdus si la guerre avec la France éclatait. On s'est hâté d'expédier le plus tôt un de ceux-ci, qui soutenait qu'on devait commencer par les officiers, parce qu'ils étaient tous des poltrons, qui, dans le cas d'une guerre, s'enfuiraient, tandis que les soldats se défendraient jusqu'à la mort.

Extrait d'une lettre de Vilna, du 10 juillet 1811.

On augmente les magasins de plus en plus; mais maintenant cela fait peu d'éclat, parce qu'il n'y a plus d'adjudication au rabais. Le gouvernement russe fait passer des contrats directs avec les propriétaires.

Le magasin de réserve de Vilna est composé de 50.000 czetwerts [1] de farine. Il s'y trouve de l'avoine et du gruau en proportion. Il existe aussi un magasin considérable à Koltyniany (*Koltouinianoui*) sur la Zeymiana (*Jëimana*), dans le district de Zawileyki.

Le gouverneur militaire de Vilna n'a pas encore été nommé. Le gouverneur civil Lominski est ennemi juré des Polonais.

Extrait d'un rapport de Hrubieszow, du 29 juillet 1811.

Les régiments se trouvant dans le camp de Luck (*Loutsk*), et à Luck même, devaient partir le 26 pour se porter à Kovel et cantonner aux environs de la ville.

Les régiments qui se trouvaient à Kovel en sont partis le 24 et se rendent en Lithuanie avec les douze canons qui se trouvaient à Luck (*Loutsk*); ce camp est commandé par le général Pierre Iwanowicz Cieszynow.

On attendait, le 27, à Dubno, plusieurs régiments devant venir de la Podolie, dont une partie devait aller à Minsk et l'autre sur le Bug. Il a été envoyé un émissaire pour vérifier cette nouvelle; on n'aperçoit, jusqu'ici, aucun mouvement dans les magasins.

Les apparences de guerre recommencent.

Un officier de haut grade a parcouru la frontière il y a quelques jours; s'étant arrêté dans le village de Kernigow (?) pour y dîner, il a dit à voix basse, pendant le repas, à un officier qui se trouvait avec lui, de lui faire voir l'emplacement désigné pour le camp; après quoi, ils ont été au même endroit qui a été antérieurement levé par des officiers du génie russe. Ceci a été rapporté par le propriétaire du village.

LE PRINCE D'ECKMUHL A L'EMPEREUR.

Hambourg, le 15 août 1811.

Dans différents rapports, j'ai fait connaître au ministre de la guerre de Votre Majesté que les autorités locales prussiennes et toute la population faisaient plus que favoriser la désertion dans vos troupes et celles

Armée d'Allemagne : compte rendu relatif aux désertions et à leur provocation.

---

1. Czetwert, mesure de capacité équivalant à 209 litres.

de vos alliés. Dans tous les gîtes militaires que les détachements parcourent pour aller dans les places de l'Oder ou à Danzig, les habitants provoquent les troupes à la désertion, et souvent avec succès. Depuis quelque temps même cela est sérieux : les deux bataillons westphaliens qui étaient dirigés sur Danzig et que l'on a fait rentrer après deux marches, ont eu cent déserteurs. Le but de mes rapports au ministre était de lui faire sentir la nécessité que Votre Majesté exige du gouvernement prussien que non seulement la désertion n'y soit point protégée, mais que les autorités locales livrent les déserteurs. Je regarde cette mesure comme absolument nécessaire, et c'est dans cette vue que je mets sous les yeux de Votre Majesté un résumé des différents rapports sur cet objet. J'ai fait connaître ces faits à votre ambassadeur à Berlin, et en particulier celui des cent déserteurs.

Je ne connais pas assez les intentions du gouvernement prussien pour oser affirmer que ce véritable embauchage est le fait de ses instigations, mais on peut au moins l'accuser de beaucoup de faiblesse ; ce qui autorise les autorités locales et une partie de la population à se conduire hostilement.

La désertion de ces cent Westphaliens est d'une importance majeure.

Il existe en Allemagne une société, originairement connue sous le nom des *Amis de la Vertu*, qui, ayant été signalée, s'est reproduite dans ces derniers temps sous le nom de *Société chrétienne allemande*. Le centre de cette société existe à Berlin ; elle doit être présidée par un sieur Arnim. On remarque que depuis quelque temps elle devient active ; des lettres anonymes circulent. Le roi de Danemark en a reçu où on lui fait connaître que la société est très répandue et que l'on compte sur lui lorsqu'il en sera temps. Je ne parle à Votre Majesté de toutes ces sottises que parce qu'il est possible qu'elles entrent pour quelque chose dans ces embauchages.

Je suppose que M. le comte de Saint-Marsan doit tenir Votre Majesté au courant de toutes ces misérables intrigues.

Prince d'Eckmuhl.

Armée d'Allemagne : de la santé des troupes. L'Empereur, sans cesse préoccupé de la santé des troupes, envoie au maréchal Davout la lettre d'un soldat se plaignant de l'insalubrité de la garnison de Stettin.

L'EMPEREUR AU PRINCE D'ECKMUHL, A HAMBOURG.

Saint-Cloud, 16 août 1811.

Mon Cousin, je vous envoie une lettre d'un soldat de la garnison de Stettin. Il dit qu'il y a beaucoup de malades ; j'ai cru que Stettin était en bon air. Damm, au contraire, est malsain. Faites vérifier cela. Ayez bien soin que mes troupes soient placées dans des lieux où elles n'aient point à craindre de maladies. Il vaut mieux donner la bataille la plus sanglante que de mettre ses troupes dans un lieu malsain. Souvenez-vous de ce qui est arrivé à la division Morand, après la bataille de Wagram.

Napoléon.

Le prince d'Eckmühl fait immédiatement procéder à une enquête : le général Liébert, gouverneur de Stettin, lui adresse, à ce sujet, un rapport rendant compte de la situation sanitaire de la place et faisant connaître que l'auteur de la plainte en question est un sous-lieutenant du 85º de ligne, qui, dans une lettre écrite à son père, a cru devoir exagérer le nombre des malades, dans le simple but d'intéresser ses parents à son sort.

Rapport du général Liébert, gouverneur de Stettin, au prince d'Eckmühl.

Stettin, le 25 août 1811.

J'ai l'honneur de répondre à la lettre que Votre Altesse m'a fait celui de m'écrire, le 20 de ce mois, à laquelle était jointe copie de celle adressée, le 28 juillet, par le sieur Loubers à son père, premier conseiller à la Cour impériale de Toulouse.

Il ne m'a point été difficile de connaître l'individu en question : il est sous-lieutenant au 85º régiment, jeune homme et sortant de l'école il y a deux ans, servant bien et promettant de faire un bon officier. M. le colonel Piat m'a déclaré en être fort content. Mais il paraît que ce jeune homme, avec une tête du midi, a voulu faire de l'esprit et se rendre intéressant à sa famille; on ne peut lui supposer d'autres sentiments, d'après ce que m'en a dit M. le colonel Piat, qui, néanmoins, m'a promis de le surveiller exactement dans toutes ses actions et propos, ainsi que je le lui ai bien recommandé. Je n'ai confié qu'à ce colonel la conduite peu mesurée du sieur Loubers, qui ignore et ignorera que l'on connaît sa correspondance avec son père.

Cependant, Monseigneur, quoique les assertions insérées dans la lettre du sieur Loubers soient fausses et mensongères, dans le sens surtout où elles sont rapportées, je vais, en ayant l'honneur de répondre aux questions contenues dans la lettre de Votre Altesse susdatée et provoquées par l'inconsidération de ce jeune officier, entrer dans les détails que peut désirer Votre Altesse.

Il est vrai qu'il y a des malades militaires aux hôpitaux à Stettin, et j'en ai successivement rendu compte à Votre Altesse, mais la quantité n'est point au delà de la proportion résultant nécessairement de la garnison considérable qui se trouve dans la place; d'un autre côté, la saison et les chaleurs de cette année ont provoqué ces maladies, qui ne sont d'ailleurs que des fièvres simples et ne présentent aucun caractère de malignité ni dangereux. Les ordres du jour de Votre Altesse, les instructions et avis donnés par MM. les officiers de santé ou chefs de l'armée prouvent malheureusement que ce n'est point à Stettin seul où le nombre des malades ait augmenté depuis environ deux mois. Je dirai néanmoins que, eu égard aux soins donnés à la troupe, à la bonne qualité des subsistances, le nombre de malades ne serait pas si considérable, si ce n'était le tribut que tous les nouveaux arrivants dans la place sont obligés de payer, quelques précautions que l'on puisse prendre. Je l'ai moi-même éprouvé chèrement.

Comme j'ai eu l'honneur d'en informer Votre Altesse, l'hôpital principal de cette place contient 800 malades; depuis qu'il est à ce nombre, j'y ai annexé un autre établissement pouvant en contenir 150, et en ce moment j'en fais établir un autre qui en contiendra 400. Ainsi, au moyen de ces deux derniers établissements, il y aura place, au besoin, pour 1.400 malades, outre un grand local, que j'ai destiné pour les hôpitaux régimentaires, qui peut en contenir de 250 à 300. Avant l'occupation de chaque local, je me suis assuré de sa salubrité par les rapports des officiers de santé chargés du service, et je crois, dans la circonstance, n'avoir rien négligé. Soldat depuis quarante ans, je porte mes camarades dans mon cœur.

Les maladies ne sont que légères; rien de pestilentiel; fièvres simples et peu de mortalités, encore celles qui ont lieu les aurait-on dans tout autre pays et dans toute saison.

Le 31 juillet, par conséquent trois jours après la lettre du sieur Loubers, il n'y avait que 634 hommes à l'hôpital. C'est donc à tort qu'il a écrit qu'on ne pouvait plus en recevoir, puisque le local principal en contient 800. Depuis cette époque, le nombre a augmenté et se trouve aujourd'hui de 1.043, dont 341 Français et 662 alliés. Il serait à désirer qu'il y en eût beaucoup moins; mais, d'après les causes que j'ai indiquées d'autre part, ce nombre n'est point extraordinaire si l'on considère la force de la garnison. Votre Altesse remarquera sans doute une différence dans le nombre des malades, qui est tel que, quoique les Français soient environ 6.000 hommes, ils n'ont que moitié à peu près de malades des alliés, qui ne sont que 4.000. Plusieurs causes peuvent y contribuer : 1° les alliés viennent de pays montagneux; 2° leurs ordinaires ne sont pas, en général, aussi réglés que les nôtres, et, sous ce rapport, le soldat français vit mieux que le soldat allié. J'en ai fait plusieurs fois l'observation à MM. les colonels et les ai fortement engagés à faire faire ordinaire à leur troupe, en leur disant que, dans le cas où leurs hôtes manqueraient de bois de chauffage, de m'en rendre compte, que je ferais faire des distributions lorsqu'il serait nécessaire. Du reste, la surveillance pour la santé du soldat est active; le service de l'hôpital se fait bien, et je ne puis que me louer de tous ceux qui en sont chargés.

Enfin, le sieur Loubers a donc eu tort d'écrire, le 28 juillet, ce qu'il a écrit; il trompait ses parents en leur disant que la nourriture était mauvaise, la chose étant absolument fausse. Souvent je consulte, je demande à MM. les colonels et commandants de troupes si les denrées données en distributions sont de bonne qualité : tous m'ont répondu et me répondent affirmativement. M. le général de division Dessaix n'épargne pas les mêmes questions, et il obtient les mêmes résultats que moi. Mes instructions pour le service des vivres portent positivement que, lorsque des denrées présentées à la distribution ne seront pas ce qu'elles doivent être, elle sera suspendue et que compte devra m'en être rendu sur-le-champ.

A l'égard de la bière, je suis d'avis qu'elle n'est pas et ne peut être bonne, et cet inconvénient est reconnu par la circulaire de MM. les officiers de santé en chef de l'armée du 11 de ce mois, lesquels reconnaissent en même temps que les usages du pays ne permettent pas de l'avoir meilleure. Mais cette bière n'est pas plus mauvaise que celle que l'on vend chez les marchands pour la boisson des habitants. La faculté a d'ailleurs été donnée aux corps d'abandonner la bière et de recevoir de l'eau-de-vie du pays en remplacement; ils ont préféré s'en tenir à la bière.

Les exercices de troupes ne sont point forcés et ne sont absolument que ce qu'ils peuvent être dans la saison où nous sommes.

Quant à l'article de la lettre de Votre Altesse concernant le fort de Damm, j'ai l'honneur de l'assurer que je n'ai remarqué dans aucun temps que cette garnison eût plus de malades que celle de Stettin, proportion gardée. Ce fort, quoique adossé à la prairie qui se trouve entre lui et Stettin, est rapproché des bois qui, en général, sont très sains; seulement, l'eau de pompe y est mauvaise; mais celle de la petite rivière qui la traverse est très bonne, d'après l'analyse que j'en ai fait faire au mois de mai dernier.

Voilà, Monseigneur, tous les renseignements que je puis donner à Votre Altesse, d'après la demande qu'elle m'en a faite le 20 de ce mois. J'ai l'honneur de la prier, en même temps, d'accueillir mes remerciements de l'opinion favorable qu'Elle a de moi, pour les soins qu'Elle veut bien se persuader que je donne à la santé des soldats de l'Empereur; ce devoir sera toujours sacré pour moi et l'objet de ma sollicitude particulière.

LIÉBERT.

Les instructions et avis des officiers de santé principaux auxquels le général Liébert fait allusion dans son rapport avaient été l'objet d'une lettre circulaire, en date du 11 août, adressée aux chirurgiens des corps de troupe et mise à l'ordre de l'armée d'Allemagne.

Cette circulaire, reproduite ci-après, témoigne de la surveillance et de la sollicitude que le maréchal Davout apportait au bien-être des troupes placées sous son commandement.

Armée d'Allemagne.

Lettre-circulaire des officiers de santé principaux à MM. les chirurgiens des corps sur la santé des troupes.

Hambourg, le 11 août 1811.

S. Exc. Monseigneur le maréchal prince d'Eckmühl, ayant remarqué que depuis quelque temps les maladies augmentaient dans les divers corps de troupes, et voulant les prévenir, autant que possible, nous a ordonné de lui présenter un projet d'instruction sur les mesures à prendre dans les garnisons et cantonnements pour la conservation de la santé du soldat. Nous nous empressons de seconder de tous nos efforts des intentions si bienfaisantes et une sollicitude si animée.

Vous connaissez, messieurs, les principes de l'hygiène militaire, il ne s'agit que de les appliquer aux circonstances qui environnent en ce moment l'armée. Nous vous présentons les dispositions générales dont il nous semble que l'exécution ne peut être retardée.

Vous voudrez bien correspondre activement avec nous, en nous faisant passer très régulièrement, les 1er, 11 et 21 de chaque mois, vos observations sommaires sur l'état de la santé des troupes dans les garnisons et les cantonnements qu'elles occupent; mais, pour que cette correspondance soit utile, pour qu'elle nous fournisse les moyens de rendre, à chaque instant, nous-mêmes, les comptes généraux, il faut que vos tableaux d'observations soient faits sur les mêmes bases et dressés d'une manière uniforme. Vous voudrez donc bien suivre, dans vos rédactions, l'ordre que nous établissons ici dans la série des dispositions générales que nous vous transmettons.

1ᵉʳ ARTICLE. *Garnisons et cantonnements.* — L'habitation même temporaire d'une garnison insalubre, d'un mauvais cantonnement, peut en fort peu de temps altérer la constitution et la force du soldat. Vous établirez donc en peu de mots sa topographie médicale, c'est-à-dire la nature de son sol : argileux, sablonneux, tourbeux, crétacé, marécageux, etc. ; la proximité des bois, des rivières, des lacs ou marais, la qualité des eaux qui servent à la boisson, les habitations, la santé habituelle des habitants du pays, leurs maladies particulières. Au moment où une maladie paraîtra affecter plusieurs militaires, vous nous la ferez connaître en nous communiquant vos réflexions sur son origine et ses causes.

2ᵉ ARTICLE. *Casernes et prisons.* — Vous devrez visiter et faire visiter souvent par vos collaborateurs les casernes et les prisons militaires pour y faire maintenir la propreté, la libre circulation de l'air, le changement des pailles, la salubrité sous tous les rapports.

3ᵉ ARTICLE. *Aliments.* — Vous veillerez à ce que la nourriture soit toujours saine ; le pain de bonne qualité et bien confectionné ; la viande bonne, fraîche, bien saignée. Vous engagerez le soldat à manger peu de fruits, qui, ne mûrissant qu'imparfaitement dans ce pays, font naître, dans la saison où nous sommes, les dysenteries et les fièvres. Nous vous renvoyons à notre instruction du 6 avril dernier sur les eaux qui servent à la boisson, objet important sur lequel nous appelons toute votre attention.

4ᵉ ARTICLE. *Boissons.* — Vous aurez observé comme nous que la bière dont les troupes font usage dans la plupart des garnisons et cantonnements est de fort mauvaise qualité, attendu qu'elle se fait, en peu d'heures, avec une décoction de son, de plantes amères et de quelques parties mucilagineuses animales, et qu'elle ne subit que peu ou point de fermentation. L'eau-de-vie que prend le soldat peut en corriger les mauvais effets, mais l'abus qu'il fera de la bière sera toujours très dangereux. C'est ce qu'il importe de lui persuader.

5ᵉ ARTICLE. *Exercices, travaux.* — Vous connaissez, messieurs, le grand précepte d'hygiène militaire : tout exercice qui met les gens de guerre en haleine par les divers exercices, est le seul moyen propre à leur donner toutes les qualités qu'on doit en attendre : la force, la souplesse, l'agilité. L'homme qui n'y est pas habitué peut seul en souffrir. C'est le cas des observations individuelles à faire à messieurs les chefs de corps.

6ᵉ ARTICLE. *Bains et natation.* — Dans la saison actuelle, le soldat aime à se baigner. Mais il le fait sans précaution, à toutes les heures indifféremment ; il court les plus grands risques. Vous inviterez messieurs les chefs de corps à vouloir bien fixer, pour les bains et la natation, les heures les plus éloignées des repas, et surtout celles du soir.

7ᵉ ARTICLE. *Mauvaises habitudes.* — Le grand inconvénient du pays que nous habitons est l'extrême et prompte variabilité de sa température, surtout vers la fin de l'été, où les jours sont très chauds et les soirées très fraîches, et les nuits froides. Vous devez faire connaître au soldat qu'il ne doit jamais se coucher sur une terre humide, au bord des rivières et des lacs, dans les endroits marécageux, qu'il est toujours dangereux de s'endormir déshabillé et que, si on se livre au sommeil sans précaution, on se réveille souvent rhumatisé ou perclus.

8ᵉ ARTICLE. *Préservatifs des maladies.* — Les excessives chaleurs de cette année ont été la cause générale de l'augmentation progressive des maladies depuis six mois et demi. Les maladies sont presque toutes *gastriques bilieuses*, produits d'une débilitation plus ou moins considérable des *forces digestives.* L'eau mêlée à l'eau-de-vie, un thé léger de camomille ou de petite centaurée, quelques petites cuillerées de teinture amère, facile et économique à préparer, peuvent, données à temps, prévenir des maladies graves et guérir celles qui sont légères. Nous vous invitons à mettre ces moyens en usage.

9ᵉ ARTICLE. *Envoi aux hôpitaux.* — Il est de la plus grande importance d'envoyer les malades aux hôpitaux dans les premières vingt-quatre heures de l'invasion des maladies ; le succès du traitement tient souvent à cette précaution.

10ᵉ ARTICLE. *Vaccinations.* — Vous vous pénétrerez des sages principes établis dans le dernier *avis de messieurs les inspecteurs généraux du service de santé, en date du 29 mai* 1811. Nous avons obtenu de Son Excellence l'autorisation d'en faire réimprimer plusieurs exemplaires, nous vous en faisons passer. Vous nous rendrez un compte sommaire des vaccinations au fur et à mesure qu'elles seront pratiquées, conformément aux articles 6 et 7 de l'avis.

11ᵉ ARTICLE. *Infirmeries régimentaires.* — Vous nous ferez connaître la situation de vos infirmeries régimentaires, le nombre d'hommes qui y seront entrés et qui en seront sortis depuis votre dernier rapport ; les maladies légères que vous y traitez, ainsi que les observations auxquelles elles peuvent donner lieu.

12ᵉ ARTICLE. *Chirurgiens, aides et sous-aides.* — Vous prendrez de messieurs vos collaborateurs tous les renseignements de localité dont vous aurez besoin pour la confection de vos rapports. Vous les tiendrez dans une activité continuelle de service, de travail et d'instruction, seuls moyens de justifier la confiance que Sa Majesté daigne accorder aux officiers de santé militaires et de prouver la reconnaissance que nous lui devons, pour les récompenses flatteuses dont elle en a déjà honoré un grand nombre dans les dernières campagnes.

CONCLUSION. — Il n'est pas besoin, messieurs, de vous dire que, la présente lettre-circulaire contenant une série de douze articles ou dispositions différentes, chacun de vos rapports doit présenter la même série de réponses et dans le même ordre.

Nous avons l'honneur, etc.

Les officiers de santé principaux de l'armée d'Allemagne,
PAULET, BRULOY, GILBERT.

Le 21 août, le prince d'Eckmühl recommande à tous les chefs de corps de veiller à l'application des conseils contenus dans la lettre-circulaire des officiers de santé principaux, et insiste à nouveau sur les précautions à prendre pour prévenir les maladies régnantes et leur contagion.

Hambourg, le 21 août 1811.

Monsieur le Colonel, nous sommes dans la saison où il devient du plus grand intérêt de surveiller le soldat pour éviter les maladies régnantes; elles sont occasionnées presque toutes par l'usage immodéré de l'eau, de la bière, qui est généralement mauvaise, et par les fruits.

Vous ne devez rien négliger pour éclairer les soldats sur les inconvénients qui résultent d'un usage qui leur est aussi funeste; vous devez vous servir des officiers, sous-officiers et des anciens soldats pour persuader les jeunes, car ce sont ceux qui sont sans expérience, qui ne connaissent pas assez le danger qu'il y a à ne pas surmonter un désir du moment.

S'ils éprouvent le besoin de boire, il faut qu'ils se bornent à se gargariser; cela étanche la soif et prévient les inconvénients qui résultent de trop boire, ce qui détruit l'estomac; au surplus, ce sont vos officiers de santé et ceux du pays qu'il ne faut point négliger de consulter, et qui devront vous guider dans la conduite que vous devrez prescrire à vos troupes.

Je vous rappelle les derniers ordres donnés pour la santé des troupes, ainsi que la circulaire des officiers de santé en chef de l'armée sur le même objet, et vous en recommande de nouveau l'exécution. Ces mesures deviennent d'autant plus utiles que le nombre de soldats nouvellement au service augmente journellement dans votre corps.

On a remarqué que beaucoup y étaient arrivés avec la gale; il faut faire de fréquentes visites et les mettre de suite en traitement. Il n'y a pas de temps à perdre, attendu qu'en différant, la saison où l'on traite ces maladies avec facilité se passe et que, dans les saisons froides et humides, elles deviennent très tenaces.

Je me ferai rendre compte très régulièrement du mouvement des maladies dans les différents corps, et c'est à ce mouvement que je reconnaîtrai les soins paternels des colonels pour les soldats de notre souverain.

Si quelques-uns de vos cantonnements offraient par leur situation des maladies, les généraux, de concert avec les autorités locales, sont autorisés à en ordonner le changement.

L'expérience prouve qu'il y a pas d'autre moyen d'empêcher la contagion dans une armée; il serait préférable de livrer la bataille la plus sanglante que de laisser attaquer la santé des troupes par des cantonnements malsains.

Des soins donnés promptement et à propos aux soldats doivent empêcher les maladies, et l'établissement de vos infirmeries régimentaires doit remplir cet objet.

Si vous vous aperceviez que les soldats fissent un mauvais usage de leur solde et achetassent des fruits ou de la bière, il serait préférable de ne pas la leur faire jusqu'à l'époque où on ne craindra plus l'influence des mauvais fruits, comme par exemple vers le 15 octobre.

Tout en recommandant de ne point faire la solde, je n'entends pas dire qu'on généralise cette mesure; il faut donner de l'argent à ceux des soldats que l'on connaît assez maîtres d'eux pour n'en point faire un usage qui leur soit préjudiciable, et exercer cette retenue sur ceux qui, par défaut d'expérience, pourraient en abuser, ou bien, en le leur remettant, s'assurer qu'ils n'en feront point un mauvais usage.

Prince d'Eckmuhl.

Je recommande l'exécution des ordres antérieurs, pour qu'on adjoigne, autant que la chose est possible, au soldat qui ne parle pas français, un camarade de lit parlant notre langue.

Le 17 août 1811, le maréchal prince d'Eckmühl adresse à ses généraux de division les deux instructions ci-après, datées de la veille, relatives aux écoles d'artillerie et au tir à la cible.

Armée d'Allemagne : instructions pour les écoles à feu d'artillerie et pour le tir à la cible.

Instruction du 16 août 1811, *pour les écoles d'artillerie à faire dans les divisions.*

On fera tirer pendant les premières écoles sur cinq blancs, qui représenteront le front d'une division d'infanterie ou de cavalerie, et à des distances mesurées d'avance, depuis 150 toises[1] jusqu'à 600 toises, en marquant les intermédiaires de 50 en 50 toises et en tirant toujours le plus grand nombre de salves aux grandes distances, afin que les données pour le tir soient, autant que possible, les mêmes qu'à la guerre et que les écoles servent d'expériences aux canonniers. Les charges seront faites, comme à la guerre, au tiers du poids du boulet.

Les commandants d'artillerie feront faire des petites hausses en bois pour les canons et les obusiers auxquels il n'y en aurait pas d'adaptées.

Ils feront légèrement marquer les degrés d'élévation à donner aux pièces, suivant les distances auxquelles elles seront susceptibles de tirer. On donnera une de ces hausses numérotées à chaque pièce, afin qu'elle soit toujours la même.

On vérifiera, dans les premières écoles, si les degrés d'élévation indiqués conviennent aux pièces pour les distances prescrites, et on les rectifiera, s'il y a lieu. Enfin, quand on aura obtenu, par plusieurs rectifications, le degré d'élévation qui convient à chaque pièce pour chaque distance, on le marquera sur la hausse d'une manière sensible, afin qu'on puisse toujours en faire usage.

Comme la différence qui existe dans la construction des pièces peut en apporter une dans les degrés d'élévation à leur donner, on conçoit la nécessité que chaque pièce ait sa hausse et qu'elle soit invariable. Le commandant de la batterie aura soin de faire placer des canonniers sur le côté de la batterie et à hauteur des distances intermédiaires des pièces aux blancs, pour observer la première chute du boulet ou obus, et leur faire connaître de combien les portées ont été trop grandes ou trop petites, afin qu'ils puissent les corriger pour la salve suivante. A la suite de chacune de ces écoles, on fera quelques manœuvres, mais elles s'exécuteront toujours au pas.

Aux deux dernières écoles, on prendra pour but vingt blancs, disposés de manière à faire face de quatre côtés et représentant un bataillon en colonne serrée ou formé en carré; on cherchera à le détruire en manœuvrant autour et en appliquant au terrain les manœuvres qui ont fait l'objet de la théorie; alors les canonniers estimeront les distances à

---

1. La toise valait six pieds, soit 1^m,949.

l'œil; on ne les mesurera pas, et, d'après les expériences précédentes, ils donneront à leurs pièces, pour tirer à ces distances, le degré d'élévation correspondant marqué sur la hausse : ces dernières manœuvres pourront s'exécuter au trot.

MM. les commandants d'artillerie choisiront, pour faire ces écoles, un terrain qui soit libre et vaste, qui ne puisse donner lieu à aucune réclamation ni à aucun accident, et sur lequel on puisse facilement retrouver tous les projectiles.

On ne tirera pas l'obusier sur un angle trop élevé, observant qu'à de grandes distances l'obus ne doit pas arriver au dernier blanc de plein fouet, mais en ricochant, et à son second ou troisième bond.

Pour diminuer les dépenses, on ne se servira dans les écoles que de gargousses en papier : chaque compagnie d'artillerie confectionnera celles qu'elle doit consommer. Les compagnies d'artillerie de ligne ne se serviront que de pièces de 6; ainsi les compagnies d'artillerie de la réserve emprunteront les pièces de 6 de la 5e division.

Les compagnies régimentaires se serviront de leurs pièces de 3.

Le papier et les mandrins nécessaires pour la confection des gargousses seront fournis par les régiments; le parc général en fournira à l'artillerie des divisions.

Les écoles commenceront par quelques manœuvres et par deux salves en blanc qui seront indépendantes des cinq à cartouches. Ces manœuvres et ces deux salves auront pour objet de préparer les canonniers à bien faire les cinq dernières, en fixant l'attention de chacun sur les fonctions qu'il a à remplir. On devra faire observer le plus grand silence, en préparant ce qui doit avoir lieu pendant toute l'école.

On fera rechercher et ramasser les boulets, de manière à n'en perdre que le moins possible.

On fera pointer les jeunes canonniers; leur pointage sera rectifié par les anciens et par les sous-officiers, qui leur donneront les motifs des corrections qu'on aura faites.

On cherchera moins à tirer avec vitesse qu'avec beaucoup de précision. On veillera, surtout pour le tir des obus, à ce que les fusées soient bien décoiffées et les mèches préparées, de manière à ce que le feu s'y communique sûrement et promptement; on ne mettra cependant des fusées aux obus qu'aux deux dernières écoles.

Le prix accordé pour chaque blanc touché sera de 1 fr. 20; le prix sera payé, sur les bons certifiés du commandant de batterie, par M. le commandant d'artillerie de la division à laquelle appartiendra la batterie et porté en dépense sur les comptes, ainsi qu'il est prescrit par le règlement.

Le prix accordé pour chaque blanc cassé par les canonniers des régiments dépendra de MM. les colonels des régiments et demeurera à la charge des corps.

Prince d'Eckmuhl.

Instruction pour le tir à la cible.

Les ordres étant donnés pour qu'il soit délivré des poudres et du plomb aux régiments, tant pour les exercices à feu que pour le tir à la cible, M. le maréchal prince d'Eckmühl, vu l'importance d'apprendre aux soldats de tirer avec justesse, croit devoir rappeler à MM. les chefs de corps l'instruction sur le tir à la cible, extraite de l'ordonnance de 1791 :

« Les soldats seront exercés à ce but, d'abord à 50 toises, ensuite à 100 et finalement à 150.

» A 50 toises, ainsi qu'à 100, les soldats viseront à la bande inférieure; à 150, ils viseront à la bande supérieure, c'est-à-dire à deux pieds et demi au-dessus du point qu'ils ajustent. On les fera tirer homme par homme, d'abord sans commandement, et ensuite au commandement lorsqu'ils auront appris à ajuster avec précision.

» On leur recommandera de bien appuyer la crosse contre l'épaule droite dans la position de joue, de bien soutenir l'arme de la main gauche et d'aligner promptement la culasse et le bout du canon sur la bande à laquelle ils doivent viser : on leur fera quelquefois le commandement de : « *Redressez vos armes* », après celui de : « *Joue* », afin qu'ils acquièrent de la facilité à tomber en joue dans la direction du but et à ajuster promptement.

» On leur recommandera aussi d'appuyer avec force le doigt sur la détente au commandement de : « *Feu* », sans remuer la tête, ni déranger le moins du monde la direction de l'arme, et pour mieux faire observer ce principe essentiel, on fera rester les hommes dans la position de joue, après avoir tiré, et jusqu'au commandement : « *Chargez.* »

M. le maréchal, considérant la nécessité d'activer l'instruction des jeunes soldats qui n'ont pas été exercés au tir à la cible et aux exercices à feu, prescrit que le plomb ainsi que la poudre mis à la disposition des corps seront exclusivement employés à l'instruction de ces jeunes soldats.

Afin qu'on puisse retrouver au moins les deux tiers des balles employées au tir à la cible, MM. les chefs de corps ordonneront que les blancs soient placés en avant d'un mur de clôture ou autre corps résistant.

Les balles retrouvées seront remises par les corps au commandant d'artillerie de leur division respective; ce commandant en donnera un reçu. M. le maréchal recommande qu'on recherche ces balles avec le plus grand soin.

On tiendra un registre des soldats qui auront tiré, pour qu'on fasse tirer, à leur rentrée, ceux qui se seraient trouvés absents.

On tiendra également note de ceux qui auront fait les plus beaux coups à chaque distance.

Prince d'Eckmuhl.
(Papiers Gudin.)

RAPPORT DU MINISTRE DE LA GUERRE A L'EMPEREUR.

Le 17 août 1811.

Dispositions relatives aux élèves des lycées et du Prytanée militaire proposés pour sous-officiers.

Le décret impérial du 2 de ce mois détermine le temps de service nécessaire pour parvenir aux différents grades de sous-officiers. Avant de donner une destination aux élèves de lycées qui sont proposés pour entrer dans la ligne en qualité de caporaux fourriers, j'ai cru devoir prier l'Empereur de vouloir bien me faire connaître si les dispositions de ce décret ne doivent apporter aucun changement à la marche suivie jusqu'ici, relativement aux sujets qui passent dans les armées de Sa Majesté, lorsqu'ils sont présentés à cet effet par le grand-maître de l'Université et qu'ils ont dix-huit ans accomplis.

Je prie également Sa Majesté de me faire connaître si les élèves du Prytanée militaire de la Flèche qui ont atteint cet âge peuvent être placés comme sous-officiers, lorsque le général commandant cet établissement en fait la demande.

Duc de Feltre.

Décision de l'Empereur : Ils doivent, avant, avoir été envoyés à Saint-Cyr pour y achever leur éducation et y passer au moins un an.

Saint-Cloud, le 18 août 1811.

Napoléon.

LE PRINCE D'ECKMUHL A L'EMPEREUR.

Hambourg, le 18 août 1811.

Renseignements sur l'armée russe.

Sire, j'ai l'honneur d'adresser à Votre Majesté un extrait de lettre que m'a envoyé le général Rapp contenant des renseignements sur l'armée russe [1].

Prince d'Eckmuhl.

Extrait d'une lettre de Tikocyn, en date du 27 juillet [2].

Je m'empresse d'informer Votre Excellence qu'il s'est opéré un mouvement sur nos frontières : outre les quatre régiments de cosaques qui formaient la première ligne depuis Bialystok jusqu'à Brzesc, il est arrivé trois nouveaux régiments, de façon qu'on peut compter jusqu'à 3.000 cosaques occupant cette ligne de frontière.

---

1. Voir la carte de la frontière occidentale de la Russie, jointe au tome I.
2. Les renseignements contenus dans cette lettre datée de Tikocyn sont semblables à ceux déjà envoyés le 10 août par le prince d'Eckmühl à l'Empereur. Bien qu'ils fassent entre eux double emploi, on a cru devoir les reproduire, parce qu'ils semblent établir que certains rapports, provenant de la même source, parvenaient au maréchal par deux directions différentes.

Les régiments qui composent cette avant-garde sont :
Le régiment Bugski, commandé par le colonel Ilczymnow ;
— du Don, — Platow.
— Ikowayski, — Ikowayski, second.
— de Czarno-Zubow, commandé par deux chefs d'escadrons, de Kalmin et Czarno-Zubow ;
— de Denisov, commandé par le colonel du même nom.
— d'Ismaïlow, — Daszkow.
— d'Ikoswayski, — d'Ikowayski, 7º.

Je viens d'apprendre que tous les régiments du Don, les tartares et les calmouks sont en pleine marche. Les uns se dirigent sur Kovno, les autres sur Pinsk, où le hetmann Platov est attendu ces jours-ci ; son *leib pulk* ainsi que son artillerie y sont déjà arrivés.

On parle ouvertement de guerre en Russie, et je crois que nous devons être plus que jamais sur nos gardes.

On forme en Lithuanie plusieurs régiments de hulans, dont les chefs doivent être Polonais, comme M. de Morikoni. On n'a jamais tant cajolé les citoyens que dans ce moment ; on prétend qu'il y a une proclamation de l'Empereur de Russie touchant le commerce. Je puis vous assurer, Monsieur le Comte, que, si la guerre éclate, les cosaques, qui sont fort mécontents se battront mal, et qu'il ne serait pas difficile de les faire insurger sous prétexte de leur accorder leur indépendance. Ils désertent tous les jours, et deux, qui étaient Polonais, ont pris du service dans notre 15ᵉ régiment de hulans. J'ai envoyé quelqu'un à Pinsk ; je ne manquerai pas de communiquer de suite le résultat de mes recherches.

LE PRINCE D'ECKMUHL A L'EMPEREUR.

Hambourg, le 21 août 1811.

Sire, j'ai l'honneur d'adresser à Votre Majesté les derniers rapports que j'ai reçus de Varsovie et une lettre du général Zayonchek.

PRINCE D'ECKMUHL.

Renseignements sur la Russie.

Extrait du rapport d'un officier polonais, daté de Léopol le 1ᵉʳ août.

Des personnes dignes de foi assurent que tous les employés du gouvernement, dans la Russie polonaise, cherchent à persuader que, d'après le désir des Polonais domiciliés dans ce pays, l'Empereur de Russie avait l'intention de se déclarer roi de Pologne, de leur donner la constitution du 3 mai[1], avec des améliorations, une armée séparée, de n'employer que des Polonais, et d'assurer leurs anciennes prérogatives, en y ajoutant beaucoup de nouvelles. On croit que, pour s'assurer d'un parti dans le duché, la Russie a dû y faire passer provisoirement 50.000 ducats.

---

1. Voir, au sujet de la constitution du 3 mai 1791, la note mise, tome II, chapitre IX, au bas de la page 8.

On a fait délivrer aux troupes russes des cartouches de guerre avec des balles en fer, vu le manque de plomb; l'inventeur a été généreusement récompensé par l'Empereur de Russie. On doute que ces balles puissent porter aussi loin que celles de plomb, puisqu'elles sont beaucoup plus légères, raboteuses et oblongues.

Extrait d'un rapport de Hrubieszow, du 6 août.

Il n'y a point ou du moins un émissaire envoyé pour reconnaître n'a point vu de troupes à son passage à Wlodzimierz (*Vladimir*), Lokacze (*Lokatschi*), Torczyn (*Tortschin*), pour se rendre à Dubno.

Le corps de Doctorow (*Dokhtourov*), composé de douze régiments, a quitté les environs de Luck (*Loutsk*) et s'est dirigé vers Brzesc; mais six régiments, sous les ordres du général Gorczakow (*Gortchakov*), sont revenus sur leurs pas et se trouvent aux environs de Luck (*Loutsk*), s'étendant jusqu'à deux milles de Dubno; les autres six régiments se sont arrêtés de l'autre côté de Luck, sur le chemin de Brzesc.

Ces mouvements ont fait présumer qu'il arriverait de nouvelles troupes dans les environs de Dubno, et les militaires russes mêmes en ont fait courir le bruit; mais il n'en a plus été question.

On dit que ces mouvements ont été occasionnés par la nouvelle que les Russes auront reçue que notre général Dabrowski établirait son quartier à Zwierzymiec (*Swierze*), près Zamosc, et que cela a donné lieu à penser qu'il arriverait de nos troupes dans ces contrées, puisqu'ils supposaient que ce général ne pouvait être employé pour le seul commandement de la place de Zamosc.

Douze bouches à feu appartenant à la division cantonnée du côté de Dubno se trouvent à Mielniki, village situé à trois milles de la ville.

Extrait d'un rapport du général Rozniecki, d'Ostrolenka, en date du 11 août 1811.

Quelques correspondants m'annoncent une réunion de 100.000 hommes en Lithuanie et dans les environs de Vilna, d'autres 50.000 près de Pinsk. Des voyageurs venant de l'Ukraine et de la Volhynie assurent qu'il s'y trouve dix-sept divisions, etc. Enfin jusqu'au sous-préfet qui m'avait annoncé officiellement l'arrivée de 16.000 hommes à Borzki (*Borki*)... ce qui n'est pas vrai.

Je puis vous annoncer que la division (4e) de Baggovout occupe ses anciens cantonnements. Les régiments campés à Vilna et les autres troupes doivent rentrer dans leurs cantonnements respectifs, qu'ils occupaient avant d'être réunis aux corps d'exercice.

La division Wittgenstein (14e) s'est réunie aux environ de Riga; elle y travaille à la construction des retranchements.

La division d'Alexiejow (*Alexeïev*), qui travaillait à ceux de Dunabourg, s'est rapprochée de Vilna au moment où le régiment de mousquetaires Wolyncki, de la 4e division Baggovout, s'est mis en marche vers la 14e. Il est parti de Szawle (*Chavli*), marchant sur Mitau.

La 1re division, aujourd'hui de grenadiers, occupe ses anciens cantonnements près de Vitebsk et Polock (*Polotsk*).

La 5ᵉ division, appartenant au corps Wittgenstein, est toujours au delà de Riga vers Pétersbourg.

La division Konowniczyn (*Konovnitsyne*) et la division Lawrow (*Lavrov*) occupent toujours les mêmes cantonnements.

On parle d'un rassemblement considérable pour le 1ᵉʳ septembre (calendrier russe) sur Koltyniany (*Koltouïnianouï*) et Polock (*Polotsk*). Quand cela serait, on ne pourrait guère y réunir, avec le plus grand effort et en dégarnissant tout le pays, que les 4ᵉ, 5ᵉ, 14ᵉ et 17ᵉ divisions de grenadiers de quatre régiments à trois bataillons. Les bataillons ne dépassent jamais 600 hommes ; cela en ferait environ 60.000 au total.

Quant à la cavalerie, la division de Kochowski (*Kokhovsky*) est composée de :

16 escadrons de dragons,
16 — de hussards ;
8 — de hulans.

Total. 40, au grand complet formant............ 4.500 hommes
Plus 1.500 cosaques.......................... 1.500 —

Total.............. 6.000 hommes.

La division du général Korf est de 16 escadrons de dragons et 16 de hussards, faisant 32 escadrons, en tout montant à..... 3.500 hommes
Et 2.000 cosaques............................ 2.000 —

Total...... 5.500 hommes.

Total de la cavalerie : 8.000 hommes et 3.500 cosaques.

Cette droite ne peut être renforcée qu'en faisant marcher sur elle les gardes de l'Empereur, quatre régiments d'infanterie formant la garnison de Pétersbourg et une petite réserve de cuirassiers de deux régiments à 450 chevaux chacun, ou en diminuant la force des troupes destinées à couvrir la Russie contre la Suède, ou enfin en puisant dans les divisions de leur armée du centre ou dans les réserves.

Quant au centre, toujours aux ordres du général Essen, il n'est composé que des seules divisions Lawrow (*Lavrov*) et Konowniczyn (*Konovnitsyne*) et de la division de cavalerie du général Pahlen ; la réserve de ce corps est de trois bataillons de différents régiments, très mal exercés et qui oublient le peu qu'ils savent en remuant la terre.

On dit (ce qui mérite confirmation) que plusieurs débris de divisions, venant de l'armée de Turquie — où après avoir beaucoup souffert et laissé le reste de leurs hommes disponibles aux corps restés sur le Danube — ont marché sur la gauche du Dniéper et arrivent à Bobruisk, où elles doivent être complétées par les bataillons de recrues employés aux travaux des places, arsenaux, routes et canaux. La force de ce centre monterait à 15.000 hommes d'infanterie, seize escadrons de dragons et seize de hussards, en tout 3.500, plus six régiments de cosaques formant environ 3.000 hommes. (Cette division a été renforcée de deux régiments.) Quant à sa réserve, on sait qu'il y a à peu près 20.000 hommes qui travaillent aux fortifications ; plus de la moitié n'est guère disponible, et c'est encore celle qui compose les 3ᵉˢ bataillons des régiments de ligne. Quant à la division Doctorow (*Dokhtourov*), elle a quitté son camp pour entrer en cantonnement ; celle de Lichaczew (*Likhatchev*) est cantonnée dans les environs de Miedziborz (*Medjiboj*) et Latyczew (*Létitschev*).

On attendait, dit-on, l'arrivée d'une division pour être cantonnée entre Luck (*Loutsk*) et Dubno ; si cela était, ce ne pourrait être que la 24ᵉ. La cavalerie de cette gauche, commandée par le général Czaplitz (*Tchaplits*), est composée de seize escadrons de dragons, ou 3.500 hommes, et 2.000 cosaques ; cela donnerait une force de 21.600 hommes d'infanterie et de 5.500 hommes de cavalerie.

Reste à savoir ce que feraient les trois divisions d'infanterie [l'ancienne Doctorow (*Dokhtourov*), Suwarow (*Souvarov*) et Lewis] cantonnées sur le Dniester et une de cavalerie dans l'Ukraine polonaise, commandée par le général Knorring et composée de seize escadrons de cuirassiers et de huit escadrons de hulans, formant en tout environ 21.600 hommes d'infanterie et 2.500 de cavalerie. Voilà quelles sont les forces réelles de la Russie dans la partie de la Pologne occupée aujourd'hui par ces troupes.

Les cosaques qui sont à nos frontières appartenaient aux divisions Kochowski, Korf, Pahlen, Czaplitz (*Tchaplits*), plus deux nouveaux régiments qui viennent d'arriver de l'intérieur. En tout dix-huit régiments, dont aucun n'est guère plus fort que 500 chevaux.

L'EMPEREUR AU VICE-AMIRAL COMTE DECRÈS, MINISTRE DE LA MARINE.

Saint-Cloud, 22 août 1811.

Commandement à confier à l'amiral Ver Huell ; instructions au sujet de la marine.

Vous chargerez le prince d'Eckmühl de donner l'ordre à l'amiral Ver Huell de prendre le commandement de la flottille de l'Ems, qui sera sous ses ordres, ainsi que toute la côte et les îles jusqu'aux limites du département de la Frise, y compris le Lauwer-Zee. Vous lui donnerez l'ordre de prendre les mesures nécessaires pour s'assurer des Wadden et pour qu'elles soient balisées. Il s'adressera au prince d'Eckmühl pour faire dresser des batteries où il sera nécessaire ; il fera armer, au compte du commerce, tous les bâtiments qui font la navigation des Wadden. Ces bâtiments seront certainement escortés par des bateaux canonniers.

En conséquence, vous donnerez ordre qu'il y ait sous l'amiral Ver Huell 24 chaloupes canonnières, formant trois divisions, pour garder les embouchures du Weser, de la Jahde, de l'Ems et de l'Elbe, et 36 bateaux canonniers du modèle hollandais, formant quatre sections, pour escorter les convois et battre les Wadden dans l'Ems, la Jahde, le Weser et la Baltique.

Donnez ordre par estafette au préfet maritime d'Amsterdam de fournir des bateaux canonniers hollandais pour compléter le nombre à 36. Il prendra à cet effet sur la flottille du Zuiderzee, de sorte que cela parte trente-six heures après votre ordre reçu.

Indépendamment de ce, il sera attaché aux canonnières de la flottille 24 péniches ou gros canots, pouvant porter 30 ou 40 hommes et ayant une pièce de canon. Ces péniches seront attachées aux flottilles, et il y en aura à toutes les divisions de la Jahde, du Weser, de l'Elbe et de l'Ems. Vous donnerez l'ordre à l'amiral Ver Huell d'en acheter ou faire construire six à Hambourg et d'en faire venir d'Amsterdam au moins six.

J'ai à Hambourg 150.000 pieds cubes de bois qui m'appartiennent; donnez ordre qu'ils soient envoyés à Delfzyl, d'où ils arriveront par les canaux jusqu'à Amsterdam.

Donnez ordre que les bois qui sont à Hambourg soient achetés et transportés par les Wadden à Delfzyl, et de là à Amsterdam, avant la mauvaise saison. Il en existe jusqu'à 500.000 pieds cubes propres à la marine.

Des convois de blé devaient partir de Hambourg par ce canal. Donnez ordre au vice-amiral Ver Huell de se concerter avec le prince d'Eckmühl pour faire occuper toutes les îles à occuper, et de prendre toutes les mesures nécessaires pour protéger cette navigation.

Si l'ennemi s'obstinait dans une île des Wadden, mon intention est qu'on fasse une expédition pour l'en chasser.

(D'après la minute.)

L'EMPEREUR AU MINISTRE DE LA GUERRE.

Saint-Cloud, le 22 août 1814.

Monsieur le duc de Feltre, donnez ordre que la 31ᵉ division militaire soit sous les ordres du prince d'Eckmühl. A cet effet, le général qui commande cette division [1] devra lui envoyer des rapports sur tout ce qui viendra à sa connaissance et sur ce qui intéresse le service.

La 31ᵉ division militaire est placée sous les ordres du maréchal Davout au point de vue du commandement militaire, mais non administratif.

---

1. Lorsque le général Durutte, qui commandait la 31ᵉ division militaire à Groningue, apprit qu'il était placé sous le commandement du prince d'Eckmühl, il en fut si péniblement affecté qu'il lui écrivit la lettre suivante :

« Groningue, le 31 août 1811.

» Monseigneur, le sort et la volonté de l'Empereur me placent de nouveau sous vos ordres.

» Je vous avoue avec franchise que ce n'est pas sans inquiétude que je me vois sous votre autorité. Elle est telle que ma santé en est déjà altérée.

» Je vais cependant faire tout ce qui dépendra de moi pour mériter votre confiance.

» Je m'efforcerai de faire oublier au prince d'Eckmühl les motifs de mécontentement que jadis le général Davout a pu avoir de moi.

» Si, malgré mes soins, je ne puis y parvenir, j'espère que je le convaincrai du moins de la candeur de mes intentions, de mon zèle et de la pureté de mes sentiments.

» F. DURUTTE. »

Au bas de cette lettre, le maréchal Davout écrivit de sa main la note suivante, qui est vraisemblablement le canevas de la réponse à faire au général Durutte :

« Je n'ai rien compris à sa lettre ; que s'il connaissait mon caractère, il n'eût pas eu un quart d'heure d'inquiétude ; lorsque dans le service je suis sévère, il n'y a jamais rien de personnel, c'est toujours dans la vue de l'utilité de mon souverain. »

Cette division militaire sera sous le commandement et non sous l'administration du prince d'Eckmühl; elle continuera à être administrée par la guerre comme les autres divisions militaires. Le prince d'Eckmühl n'aura non plus aucun ordre à donner pour le camp qui est sous les ordres du duc de Reggio.

NAPOLÉON.

DÉCRET.
(Extrait.)

Saint-Cloud, le 24 août 1811.

Titre I.

Suppression des équipages à la suite des corps de la Garde.

Garde impériale:
création
d'un bataillon
du train
des équipages
et
réorganisation
des compagnies
d'ouvriers.

ART. 1er. — Il ne sera plus attaché aux corps de la Garde ni fourgons, ni forges, ni aucune autre voiture, sous quelque dénomination que ce soit.

ART. 2. — Toutes les voitures présentement à la suite des corps seront remises, avant le 1er octobre prochain, par les conseils d'administration, au commissaire ordonnateur de la Garde.

Titre II.

Création et organisation d'un bataillon du train des équipages militaires.

ART. 5. — Il y aura pour toute la Garde un bataillon du train des équipages militaires.

Le complet du bataillon sera de 17 officiers et 755 sous-officiers ou soldats.

ART. 6. — La 1re compagnie sera spécialement affectée au transport de la caisse des effets et papiers de chaque corps; elle aura 30 fourgons, dont :

> 9 pour l'arme des grenadiers (*un fourgon par corps*);
> 9 pour l'arme des chasseurs —
> 12 pour la cavalerie (*à cause des effets de harnachement*);
> 12 forges pour la cavalerie et le service particulier de la compagnie.

TOTAL : 42 voitures et 180 chevaux de trait, dont 12 haut le pied.

La 2e compagnie sera destinée au transport des voitures de quatre divisions d'ambulance; elle aura :

> 24 fourgons à quatre roues ;
> 32 petites voitures suspendues ;
> 1 prolonge.

TOTAL : 52 voitures.

Cette compagnie n'aura que 180 chevaux de trait, dont 12 haut le pied.

La 3ᵉ compagnie aura :
> 40 fourgons ;
> 1 prolonge ;
> 1 forge.

Total : 42 voitures et 180 chevaux de trait, dont 12 haut le pied.

Les 4ᵉ, 5ᵉ et 6ᵉ compagnies auront chacune :
> 40 chariots de nouveau modèle ;
> 1 prolonge ;
> 1 forge.

Total : 42 voitures et 180 chevaux de trait par compagnie, dont 12 haut le pied.

Le bataillon aura 1.165 chevaux, dont 117 chevaux de selle et 1.048 chevaux de trait.

Chaque voiture à quatre roues sera attelée de quatre chevaux et conduite par deux soldats ; chaque voiture à deux roues sera attelée de deux chevaux et conduite par un soldat.

Art. 7. — L'uniforme, l'équipement et l'armement seront les mêmes que pour les autres bataillons.

....

Art. 9. — Le traitement des officiers et la solde des sous-officiers et soldats seront les mêmes que pour les autres bataillons du train des équipages militaires.

....

Art. 12. — Le bataillon du train des équipages militaires sera, autant que possible, réuni à Vincennes ; son dépôt, ses ateliers et magasins y seront établis.

Titre III.

Réorganisation des compagnies d'ouvriers à la suite de l'administration de la Garde.

Art. 13. — La compagnie de boulangers sera composée ainsi qu'il suit :

| | COMPLET. ||
	PIED de guerre.	PIED de paix.
Adjudant, ayant rang de sergent-major de la Garde.........	1	1
Sergents..	6	4
Fourrier..	1	1
Caporaux, brigadiers principaux........................	12	8
Boulangers brigadiers.....................................	36	24
Boulangers pétrisseurs....................................	108	24
Tambour..	1	1
	165	63

ART. 14. — Les bouchers et les botteleurs seront réunis en une seule compagnie, composée ainsi qu'il suit :

| | COMPLET. ||
	PIED de guerre.	PIED de paix.
Adjudant, ayant rang de sergent-major de la Garde.........	1	1
Sergents..	4	2
Fourrier..	1	1
Caporaux..	8	4
Bouchers..	24	8
Botteleurs..	16	4
Tambour..	1	»
	55	20

ART. 15. — La compagnie d'infirmiers sera composée de :

| | COMPLET. ||
	PIED de guerre.	PIED de paix.
Adjudant, ayant rang de sergent-major de la Garde.........	1	1
Sergents, infirmiers-majors de 1re classe.................	5	3
Fourrier..	1	1
Caporaux, infirmiers-majors de 2e classe..................	10	6
Infirmiers ordinaires.......................................	64	40
Tambour..	1	»
	82	51

....

Art. 17. — Ces trois compagnies seront recrutées par des conscrits; leurs dépôts, ateliers et magasins seront établis à Vincennes.

....

Art. 19. — L'uniforme des trois compagnies sera : habit veste, en drap gris, revers d'infanterie légère, doublure et lisérés rouges ; veste et pantalon de même couleur que l'habit; boutons jaunes portant l'empreinte d'une aigle ; guêtres noires ; schako ; capote à grand collet, en drap de même couleur que l'habit. L'armement sera un sabre et un mousqueton.

Titre IV.
Dispositions générales.

Art. 22. — Le bataillon du train des équipages militaires, les adjudants de l'administration, les compagnies de boulangers, de bouchers et d'infirmiers, et tout le matériel de l'administration de la Garde, sont sous les ordres de l'ordonnateur qui en est le chef.

Art. 23. — Toutes dispositions contraires au présent décret sont abrogées.

NAPOLÉON.

Formation des 1er et 2e bataillons de marche du régiment de l'île de Ré ; forces restantes dans les îles d'Aix, d'Oléron et de Ré.

Le 24 août, l'Empereur, dans le but d'éviter un encombrement que produirait l'insuffisance des casernements, prescrit au ministre de la guerre de donner l'ordre au général Rivaud, commandant la 12e division militaire, a La Rochelle, de former trois bataillons de marche avec 1.360 hommes de l'île de Ré et 600 de l'île d'Oléron, et de les diriger sur Angers, en leur faisant comprendre qu'ils viendront à Paris.

Après le départ de ces bataillons, la distribution des forces dans les trois îles sera la suivante :

Ile d'Aix. — Quatre bataillons de quatre compagnies, qui ne doivent pas présenter plus de 2.400 hommes, après le départ des deux bataillons de marche.

Ile d'Oléron. — Un bataillon de trois compagnies des 25e, 66e et 82e, soit 600 hommes, après le départ des bataillons de marche.

    2.400   —   des petits bataillons des 114e, etc.

Total : 3.000 hommes, qui doivent être à leur aise et sainement dans l'île d'Oléron.

Ile de Ré. — Deux bataillons du 29e léger..... 2.400 hommes.
Cinq bataillons du régiment de l'île de Ré..... 600 —
Restant au dépôt, environ.................. 1.000 —

Ce qui fera à peu près pour l'île de Ré........ 4.000 hommes, ce qui n'est point trop.

NAPOLÉON.

LE PRINCE D'ECKMUHL A L'EMPEREUR.

Hambourg, le 24 août 1811.

Renseignements sur les mouvements de l'armée russe.

Sire, j'ai l'honneur d'adresser à Votre Majesté les derniers renseignements que j'ai reçus sur la Russie [1].

PRINCE D'ECKMUHL.

Le résident de France à Varsovie au prince d'Eckmühl.

Varsovie, le 14 août 1811.

Les nouvelles de la frontière russe ne présentent rien d'une importance actuelle. Il est arrivé en Volhynie des régiments revenant de Moldavie, mais qui sont très faibles. Nous n'en avons point encore la désignation. La force de chacun n'est guère, dit-on, que de 6 ou 700 hommes.

En Lithuanie, on continue à construire des fours et à remplir des magasins. Du reste, il ne se fait point de mouvements marqués qui puissent donner d'inquiétudes prochaines.

ED. BIGNON.

Extrait d'un rapport du général Rozniecki, d'Ostrolenka, du 14 août 1811.

Le régiment Wolyncki, mousquetaires, a fait son mouvement ainsi que je vous l'ai annoncé. La division campée à Riga y restera sous les tentes jusqu'à nouvel ordre, tandis que les autres divisions quittent leurs camps pour rentrer dans les cantonnements qu'elles occupaient avant d'être réunies pour camper.

La prochaine réunion de troupes entre Koltyniany (*Koltouïnianouï*) et Vilna est pleinement confirmée. On y a formé de grands amas de munitions de bouche, ainsi qu'à Vilna même.

La frontière de Prusse, jadis occupée par des troupes nombreuses, se trouve maintenant presque entièrement dégarnie. La division de grenadiers réunie aux environs de Polock (*Polotsk*), après avoir été passée en revue, a été mise en cantonnement au midi de Polock (*Polotsk*), savoir : à Neu Lepel, Lukomla (*Loukoml*), Biszczyngowice (*Bechenkovitsche*) et Polock (*Polotsk*) même sur la Dvina. Quelques troupes d'infanterie et de cavalerie ont passé sur la gauche du Niémen et ont marché sur Slonim ; cela serait autant de moins dans le corps de Baggovout et autant de plus pour celui du général Essen. Cela est, d'ailleurs, peu conséquent. Les Russes se défont de leurs magasins de frontière, comme de ceux de Drohiczyn, Bransk, Bielsk, soit en vendant une partie, soit en évacuant l'autre sur Bialystok. On forme un grand magasin à Luck (*Loutsk*) et des magasins partiels pour les divers régiments distribués dans le gouvernement de Volhynie et appartenant à la division de Kapcewicz (*Kaptsevitch*).

---

[1]. Voir la carte de la frontière occidentale de la Russie, jointe au tome I.

Il est question d'une très forte affaire qui a dû avoir lieu sur le Danube vers la mi-juillet, à la suite de laquelle l'armée russe a besoin de renforts. Plusieurs milliers de recrues, de ceux qui étaient placés sur le Dniéper, ont été dirigés sur l'armée de Moldavie. L'artillerie a recommencé ses exercices du polygone. Il est avéré qu'on a négligé de bien reconnaître les environs de la forteresse de Bobruïsk, qui se trouve dominée par plusieurs élévations couvertes de buissons qu'on a pris pour des forêts. Aussi le général Ignatiev a été renvoyé, étant celui sur qui la faute est tombée.

Extrait d'un rapport du général Rozniecki, d'Ostrolenka, du 15 août 1811.

Aucune troupe n'est venue à Wlodzimierz (*Vladimir*), ni à Kovel, ni à Maciejow (*sans doute Matsier*), ni à Torczyn, ni a Luboml (*Lioubomi*).
La division Kapcewicz (*Kaptsevitch*) seule et quelques bataillons de celle de Lichaczew (*Likhatchev*) et de la 24ᵉ sont, depuis le 30 juillet, distribués et cantonnés entre Dubno, Luck (*Loutsk*), Torgowice (*Torghovitsa*), Olyka (*Olouika*), Rowne (*Rovno*), Klevan, Alexandria (*Aleksandria*), Berezne, (*Berezna*), Stépan, Derasina (*Dérajnïa*), Wlodzimirzec (*Vladimirets*), Bereznica (*Berejnitsa*) et Olewsko (*Olevsk*).
Le reste de la division Lichaczew (*Likhatchev*) est toujours dans les environs de Miejdzyborz (*Medjiboj*) et Latyczeff (*Latitschev*). Le reste de la 24ᵉ division dans l'ancien Palatinat de Kijovie (*Kiev*). La division de cavalerie du général Czaplitz (*Tchaplits*) dans l'ancien Palatinat de Braclaw (*Bratslav*) et une partie de la Podolie. Les trois divisions cantonnées sur le Dniester ont envoyé quelques détachements pour renforcer l'armée du général Kotuzow (*Koutouzov*). Le reste n'a pas bougé, ainsi que la réserve de cavalerie sous le général Knorring.

Traduction extraite d'un rapport de Hrubieszow, du 29 juillet 1811.

Un officier général russe, accompagné de plusieurs officiers du génie, a parcouru ces jours-ci la frontière du côté de Wlodziemierz (*Vladimir*). Il a fait des reconnaissances aux environs d'Ucilug (*Oustilough*), où il s'est arrêté plusieurs jours.
On prétend qu'un camp de 20.000 hommes doit être établi à Ucilug (*Oustilough*) et que ce corps formera l'extrémité de l'aile gauche de l'armée. Plusieurs régiments, qui se trouvaient à Brody, Krzemieniec (*Krémenets*) et Podkamien, remontent pour se concentrer sur ce point. Il est très positif que les corps qui étaient destinés pour renforcer l'armée de Turquie ont reçu des contre-ordres et rétrogradent. Les mouvements s'opèrent même déjà.
Les troupes qui étaient en Podolie se sont concentrées à Doubno. Elles y ont formé deux colonnes, dont l'une s'est dirigée sur Luck (*Loutsk*) et l'autre sur Wlodzimierz (*Vladimir*) en se rapprochant du Bug.
Les régiments qui étaient à Luck (*Loutsk*) et aux environs ont quitté, le 26 de ce mois, leurs cantonnements pour se rendre à Kovel. Six régiments d'infanterie et vingt-quatre pièces de canon, qui étaient à Kovel, se sont mis en marche le 23 du même mois. Ils ont pris la direction de Brzesc (*Brest-Litovsk*). Ce corps est commandé par le général-major Pierre-Iwanowicz Dieczykow.

Toutes ces mesures et les mouvements continuels que l'armée russe opère ont fait renouveler les bruits de guerre, surtout dans l'armée. Les officiers subalternes paraissent fort inquiets et mécontents, surtout ceux qui reviennent de l'armée de Turquie; ils ont des arrérages très considérables et n'ont nul espoir d'être payés. En général, l'esprit du militaire n'est pas le meilleur. Les personnes de distinction croient cependant à la paix et aux liaisons intimes qui existent entre les Cours de France et de Russie.

On parle que la paix avec la Porte est conclue définitivement. Cette nouvelle, quoique vraisemblable, mérite confirmation.

Extrait d'une lettre de la Volhynie, du 26 juillet 1811.

La division de Kapciewicz (*Kaptsevitch*), faisant partie du corps de Doctorow (*Dokhtourov*), a quitté le camp de Luck (*Loutsk*) et est entrée en cantonnement. Un des régiments de cette division est resté au camp pour exercer, puisqu'il ne savait même pas marcher à la revue.

Un régiment de chasseurs appartenant à cette division est resté dans les environs de Dubno.

Il se forme un nouveau régiment de bataillons de garnison à Korsec (*Korets*) en Volhynie.

La division de Lichaczew (*Likhatchev*) campait près de Midziborg (*Medjiboj*) en Podolie.

La division de cavalerie est dispersée dans toute l'Ukraine.

Les magasins de Konstantynow, Proskirow (*Proskourov*) et Wiszniowick (*sans doute Vinnitsa*), composés de 80.000 czetwerts [1], ont été amenés à Luck (*Loutsk*); le magasin, dans cette ville, contient à présent 300.000 czetwerts.

Un voyageur, venant de Russie, dit avoir vu près de Moscou un camp composé d'à peu près 40.000 hommes.

On dit que les troupes ont quitté les camps et sont rentrées dans les cantonnements, parce qu'elles doivent se porter en Moldavie, vu qu'il y avait eu à la fin de juin une bataille avec les Turcs, près d'Odywoy, gagnée par ces derniers, dans laquelle il y avait environ 8.000 Russes de tués et faits prisonniers; les Russes ont été poursuivis jusqu'à deux milles.

Au commencement de la bataille, l'avantage était du côté des Russes; mais ceux-ci s'étant à la fin retirés, la nuit, l'affaire fut complètement gagnée par les Turcs.

Les Russes disent que la bataille a été gagnée par eux et ont ordonné des actions de grâces à Jassy, mais les habitants disent qu'il aurait fallu ordonner des prières pour les trépassés.

Jassy est en terreur; toutes les troupes qui s'y trouvaient et celles de (mot illisible) se sont portées au Danube.

Les particuliers russes s'apprêtent à suivre l'armée, au cas qu'elle se retire.

---

1. Czetwort, mesure de capacité équivalant à 209 litres.

L'EMPEREUR AU MINISTRE DES RELATIONS EXTÉRIEURES.

Trianon, 25 août 1811.

Des obstacles que la Russie apporte à la paix.

Monsieur le duc de Bassano, je vous envoie des extraits de journaux anglais. Vous les montrerez au prince Kourakine[1] en causant avec lui. Après cela, vous les enverrez au comte Lauriston pour qu'il les montre en Russie. Vous l'informerez de votre conversation et des nouvelles que nous avons que cent cinquante bâtiments sous faux pavillon américain sont arrivés en Russie. Vous lui manderez que j'ai jugé inutile de remettre aucune pièce à l'ambassadeur; qu'elles seraient inutiles; que les projets de la Russie sont démasqués; qu'elle voulait renouer son commerce avec l'Angleterre; que c'est pour cela qu'elle a réuni ses troupes et qu'elle ne veut pas finir les affaires d'Oldenbourg. Il faut insister sur le grand tort qu'elle fait à l'alliance et sur l'obstacle qu'elle apporte à la paix, et appuyer là-dessus avec force. Vous direz au prince Kourakine que vous vouliez lui faire une grande note, mais que vous l'avez jugée inutile; qu'aujourd'hui que le système de la Russie se déroule, cette note paraîtrait ridicule et bien petite à Pétersbourg; que la Russie ne garde plus de ménagements, et qu'elle favorise de tous ses moyens le commerce anglais.

NAPOLÉON.

LE PRINCE D'ECKMUHL A L'EMPEREUR.

Hambourg, le 25 août 1811.

Corps de l'Elbe: du tiercement des compagnies à l'arrivée des 4es et 6es bataillons. Nécessité de pourvoir aux vacances dans les cadres. Force numérique de l'infanterie.

Sire, Votre Majesté, par sa dépêche du 16 de ce mois, demande si le tiercement s'opère; j'ai eu l'honneur de lui adresser, le 12 du courant, le résultat de la revue que M. le général comte Compans a passée, à Wesel, des 4es et 6es bataillons. Dès le 23 juillet, j'avais adressé à tous les régiments d'infanterie une instruction particulière pour que ce tiercement se fît uniformément, et il s'exécute au moment même de l'arrivée des 4es et 6es bataillons, de manière à ce qu'il se trouve à peu près le même nombre d'anciens soldats dans chaque compagnie de fusiliers des cinq bataillons.

1er bataillon	la 1re compagnie tierce avec la 1re.........			
	la 2e — — 2e.........		4e bataillon	
	la 3e — — 3e.........			
	la 4e — — 4e.........			
2e bataillon	la 1re — — 5e.........			
	la 2e — — 6e.........			
	la 3e — — 1re.........			
	la 4e — — 2e.........			
3e bataillon	la 1re — — 3e.........		6e bataillon	
	la 2e — — 4e.........			
	la 3e — — 5e.........			
	la 4e — — 6e.........			

1. Kourakine (Prince), ambassadeur de Russie à Paris.

Dans chaque compagnie des trois premiers bataillons, on numérote les anciens soldats. Tous les numéros pairs restent, et tous ceux impairs passent à la compagnie correspondante des 4ᵉ et 6ᵉ bataillons.

Par cette même instruction j'ai prescrit, conformément aux intentions de Votre Majesté, que tous les sous-officiers qui n'auraient pas deux ans de service rentrassent dans le rang, et cette disposition est exécutée dans tous les corps de votre armée d'Allemagne. Presque tous les colonels m'ont représenté que la difficulté de trouver des sujets les avaient forcés à prendre des sous-officiers qui n'avaient que peu de service. Cet inconvénient s'est surtout fait sentir dans les 4ᵉˢ et 6ᵉˢ bataillons, où il se trouvait vingt ou trente sous-officiers n'ayant que quelques mois de service. Dans les anciens bataillons, il est fréquemment arrivé que de braves soldats, ne sachant ni lire ni écrire, n'ont pu être nommés caporaux; d'autres, ne se sentant pas assez de capacité, ont préféré rester dans le rang. Il est cependant bien important d'avoir dans les compagnies des fourriers instruits et en état de suivre la comptabilité. J'ai tout lieu d'espérer que par la suite les écoles d'instruction établies formeront assez de sujets; mais, dans ce moment, il n'est pas possible de compléter les fourriers par des caporaux ayant deux années de service; cependant, le nombre n'en est pas considérable, et, vu l'urgence, j'autoriserai quelques colonels à conserver quelques fourriers capables quoique n'ayant pas encore ces deux années de service. L'autorisation sera nominative et après avoir constaté qu'elle est nécessaire.

Quant aux officiers, le ministre de la guerre n'a point encore nommé aux emplois qui se trouvaient vacants lors de la revue de rigueur que j'ai fait passer le 1ᵉʳ mai dernier. Tous les mémoires de proposition lui ont été adressés, et j'ai eu l'honneur de lui rappeler plusieurs fois la nécessité de nommer promptement les officiers. Au 20 juillet dernier ces nominations n'étaient point encore connues; et parmi les rapports que j'ai reçus à ce sujet, je vois que le 17 de ce mois le colonel du 57ᵉ me rendait compte que sur ses cinq bataillons il lui manquait 32 officiers.

Les majors en second sont presque tous arrivés, et le ministre de la guerre a annoncé l'arrivée prochaine des officiers manquant dans les 6ᵉˢ bataillons; mais il est urgent de pourvoir aux places vacantes dans les trois premiers bataillons, et je prie Votre Majesté de vouloir bien prononcer sur les mémoires de proposition qui lui ont été présentés.

Enfin, par cette même dépêche du 16, Votre Majesté pense que les dépôts de Wesel et de Strasbourg suffiront pour compléter les compagnies à 140 hommes. J'ai l'honneur de joindre à cette lettre un tableau qui fera connaître à Votre Majesté que, d'après la force annoncée par le ministre de la guerre pour les bataillons venant de Walcheren et pour les dépôts de Wesel et de Strasbourg, tous les régiments de l'armée auront un excédent de 350 à 400 hommes; ce qui suffira, à peu de chose près, pour couvrir le déficit des hôpitaux.

Ainsi, les quinze régiments d'infanterie, complétés à 140 hommes par compagnie, présentent une force de 63.000 hommes, et lorsque toutes les incorporations seront terminées, et que les 4ᵉˢ bataillons des 13ᵉ de légère et 25ᵉ de ligne seront arrivés, ils formeront plus de 68.000 hommes.

Enfin, en y comprenant le 33ᵉ régiment d'infanterie légère, Votre Majesté pourra compter pour les seize régiments d'infanterie de l'armée d'Allemagne 71.000 hommes, non compris les officiers; mais, dans cette force, je comprends les hommes aux hôpitaux.

PRINCE D'ECKMUHL.

LE MINISTRE DE LA GUERRE AU PRINCE D'ECKMUHL

Paris, le 26 août 1811.

Monsieur le Maréchal, j'ai l'honneur de prévenir Votre Excellence que, d'après un décret de Sa Majesté, il doit être formé par chaque régiment d'infanterie, de cavalerie, d'artillerie à pied et à cheval, et par chaque bataillon de train, une liste de dix sous-officiers et soldats susceptibles d'être appelés à faire partie de la Garde impériale, au fur et à mesure des besoins que les corps de la Garde éprouveront. Les conditions à remplir pour être compris dans les listes sont : *[Établissement dans les régiments d'infanterie, d'une liste des sous-officiers et soldats susceptibles d'entrer dans la Garde; conditions exigées à ce sujet.]*

Pour les régiments de dragons et chasseurs.	d'avoir six ans de service au moins et deux campagnes et la taille de 1^m,733 (5 pieds 4 pouces).
Pour les régiments de hussards..............	d'avoir six ans de service au moins et deux campagnes et la taille de 1^m,705 (5 pieds 3 pouces).
Pour les régiments de cuirassiers, carabiniers et d'artillerie à cheval et à pied.....	d'avoir six ans de service au moins et deux campagnes et la taille de 1^m,760 au moins (5 pieds 5 pouces).
Pour les régiments d'infanterie légère et de ligne................	cinq ans de service et deux campagnes, la taille de 1^m,760 (5 pieds 5 pouces) pour la moitié des sujets compris dans chaque liste des régiments d'infanterie de ligne, et celle de 1^m,705 (5 pieds 3 pouces) pour l'autre moitié, ainsi que pour les dix hommes que chaque régiment d'infanterie légère aura à désigner.
Pour les bataillons du train................	cinq ans de service et deux campagnes et la taille de 1^m,678 au moins (5 pieds 2 pouces).

Les sujets devront d'ailleurs s'être constamment distingués par leur conduite morale et militaire. Le décret de Sa Majesté ordonne que les listes seront formées par les colonels. Je prie Votre Excellence de prescrire aux colonels employés dans l'armée qu'elle commande de dresser sans délai les listes qu'ils ont à fournir.

Leur choix ne devra pas se renfermer dans les militaires présents aux bataillons ou escadrons de leurs régiments qui se trouvent en ce moment réunis sous leurs ordres. Les bataillons ou escadrons de leurs régiments qui seront éloignés d'eux doivent participer aussi à la faveur accordée par Sa Majesté, et, s'ils reconnaissent que des militaires qui en font partie réunissent à un plus haut degré les qualités requises, ils devront les comprendre dans leur désignation.

Les colonels ne pourront se refuser à porter des sous-officiers dans leurs listes, sous prétexte qu'en entrant dans la Garde ils sont obligés de renoncer à leur grade; si ces sous-officiers sont dans le cas de faire momentanément le sacrifice de leur grade, ils ont bientôt obtenu de l'avancement dans la Garde, lorsqu'ils s'y conduisent bien.

Conformément aux intentions de Sa Majesté, les colonels devront présenter leurs listes aux inspecteurs généraux d'armes et, à leur défaut, aux généraux commandants, qui apporteront une attention particulière à ce qu'elles ne contiennent que de très bons sujets.

Je prie Votre Excellence de donner des ordres pour que cette disposition soit exécutée. Les inspecteurs ou les généraux devront passer la revue des hommes qui auront été désignés, et, si les circonstances s'opposent à ce qu'ils les voient par eux-mêmes, ils prendront toutes les précautions nécessaires pour s'assurer qu'ils réunissent toutes qualités requises.

Les listes de désignation seront formées en double expédition par les colonels; elles indiqueront les noms et prénoms des sujets, leur grade, âge, taille, lieu de naissance et département; domicile et profession avant d'entrer au service, la profession de leurs parents. Elles contiendront le détail de leurs services et de leurs campagnes.

Lorsque les inspecteurs généraux d'armes ou les généraux commandants auront mis leur approuvé sur ces listes, les colonels m'en feront l'envoi. Ils m'adresseront ensuite, dans les cinq premiers jours de chaque mois, l'état des mutations qui seront survenues parmi les hommes compris dans les listes. Ces militaires devront rester à leurs régiments jusqu'à ce que je prescrive de les faire passer dans la Garde.

Je prie Votre Excellence de donner des ordres pour que ces dispositions soient exécutées le plus promptement possible.

Duc de Feltre.

LE PRINCE D'ECKMUHL A L'EMPEREUR.

Hambourg, le 26 août 1811.

Renseignements sur la Russie. — Sire, j'ai l'honneur d'adresser à Votre Majesté un rapport qui m'a été envoyé par le général Rapp, contenant des renseignements sur l'armée russe[1].

Prince d'Eckmuhl.

Traduction d'un rapport d'Augustowo, du 28 juillet 1811.

D'après la déclaration des voyageurs, les magasins de Riga sont encombrés de marchandises coloniales, qu'on transporte sur des chariots dans le fond de l'Empire. Les routes, depuis Radzivilov jusqu'à Brody, sont couvertes de ces transports. Jamais le sucre, le café et les épiceries n'ont été à meilleur marché qu'à présent. On présume que le printemps prochain sera encore plus favorable aux intérêts des négociants et des pro-

---

(1) Voir la carte de la frontière occidentale de la Russie, jointe au tome Ier.

priétaires des terres. Cet espoir de voir renaître le commerce a attiré à Riga un grand nombre de négociants étrangers. Beaucoup d'Américains et d'Anglais s'y trouvent déjà depuis plusieurs mois et font des spéculations très étendues. Le nombre des négociants de Kœnigsberg s'y multiplie également. Le numéraire est cependant toujours rare, car la confiance réciproque manque. Le gouvernement russe fait tout son possible pour la faire renaître et la consolider. Il fait non moins d'efforts pour relever aux yeux des Polonais sous sa domination le contraste qui existe entre leur prospérité et celle du duché de Varsovie. Les ordres les plus sévères ont été donnés aux différentes régences de traiter avec la plus grande douceur les Lithuaniens et de flatter les grands.

On continue à fortifier Riga. Depuis peu, un transport considérable de poudre y est arrivé, venant de Pétersbourg. On compte déjà jusqu'à cent cinquante pièces de grand calibre qui sont en batterie, la plupart toutes neuves. Le général comte de Wittgenstein commande la garnison de Riga, forte à peu près de 9.000 hommes, qui sont journellement employés aux fortifications de la place.

Sur la rive gauche du Niémen, du côté de Grodno, les postes de frontière ont été renforcés par des troupes qui y sont arrivées sous prétexte de les relever. Elles ont pris des cantonnements à Sidra, Sokolka et Janowa (*Janov*).

Le général comte d'Essen est encore à Grodno et commande toujours le 3ᵉ corps d'armée, qui est entre Novogrodeck et Slonim. On estime beaucoup ce général, et le militaire a de la confiance en lui. On fait circuler le bruit que le général Bennigsen, qui a été disgracié pendant quelque temps par son souverain, reprendra le commandement en chef de l'armée réunie en Lithuanie, etc.

L'EMPEREUR AU PRINCE D'ECKMUHL, A HAMBOURG.

Trianon, le 27 août 1811.

Mon Cousin, je reçois l'état de vos malades au 15 août. Le 7ᵉ de hussards en a 200; cela est énorme : il est donc cantonné, à Stettin, dans des pays bien malsains ? Mettez ordre à cela. Ce serait bien dommage de perdre ce beau régiment. Tous vos ordres du jour sont bons; mais ce qui est efficace, c'est de veiller à ce que, pendant l'automne, les troupes ne restent pas dans les pays malsains. Si vous aviez déplacé le 7ᵉ de hussards, il n'aurait pas tant de malades. Faites-le ôter d'où il est pour le mettre dans un pays sain.

NAPOLÉON.

Du mauvais état sanitaire du 7ᵉ hussards; ordre de retirer ce régiment de Stettin.

Quelques jours après, 3 septembre, l'Empereur écrit de nouveau :

Compiègne, le 3 septembre 1811.

La place de Damm est malsaine. Combien y tient-on de troupes ? Il ne faudrait y avoir que l'indispensable nécessaire.

NAPOLÉON.

LE PRINCE D'ECKMUHL A L'EMPEREUR.

Hambourg, le 27 août 1811.

Renseignements sur la Russie et les mouvements de son armée.

Sire, j'ai l'honneur d'adresser à Votre Majesté les derniers rapports de Varsovie du 14 août [1].

PRINCE D'ECKMUHL.

Extrait du rapport d'un officier supérieur de Terespol, du 14 août 1811.

Un conseiller d'État arrivé à Pétersbourg a, de nouveau, répandu de tous côtés des bruits de guerre.

Toutes les divisions, dans les provinces polonaises, doivent avoir reçu des instructions secrètes pour être prêtes à marcher au premier ordre qu'elles recevront.

On dit qu'il doit arriver sous peu de l'artillerie de gros calibre à Slonim et qu'elle sera commandée par le général prince Chowanski.

Le magasin de Brzesc (*Brest-Litovsk*) et ceux des frontières sont peu considérables. Pour éviter la dépense, on emploiera, en cas de besoin, les magasins des paysans.

Les impôts arriérés sont exécutés avec rigueur et séquestration; il y en a de nouveaux, pour les boissons, à quatre florins par homme.

Extrait d'une lettre de Jassy, du 2 juillet 1811.

Les troupes qui se trouvaient dans ces contrées se sont portées au delà du Danube; on dit que c'est parce qu'il s'est approché du fleuve 15.000 cavaliers turcs et 20.000 arnaudes à pied. On s'attend sous peu à une affaire.

Extrait du rapport d'un officier supérieur de Krylow, le 13 août.

Il a été ordonné à Luck (*Loutsk*) de construire trente fours pour cuire du pain et en outre tous ceux des boulangers sont pris en réquisition.

A Luck (*Loutsk*), Porembel (*Peremel*), Poryck (*Poretsk*), Dubno et autres villes aux environs, il a été ordonné de bâtir des écuries pour les chevaux de cavalerie qui doivent arriver sous peu.

Extrait du rapport d'un émissaire, en date du 9 août.

Après l'arrivée de la nouvelle que les Russes avaient été battus par les Turcs à la fin de juin, cinq régiments ont quitté le camp de Luck (*Loutsk*), et cantonnent à Luck (*Loutsk*), Dubno, Rowno, Kowel et Olyka (*Olouika*).

Le général Czaplic (*Tchaplits*) a envoyé une partie de sa division en Moldavie.

Un dépôt de 13.000 recrues, qui se trouvait dans le district de Smita (?), a reçu ordre de se porter en Moldavie.

D'après une lettre de Kamieniec (*Kaménets*), il doit se trouver depuis cette ville jusqu'à Mohilow (*Mohilev sur le Dniester*) 30.000 hommes de troupe dont la destination n'est pas connue.

---

1. Voir la carte de la frontière occidentale de la Russie, jointe au tome I.

D'un officier commandant de frontière, de Krylow, le 17 août 1811.

Il n'y a aucun mouvement dans les troupes russes. La division qui était près de Luck (*Loutsk*) a quitté ce camp et est cantonnée très largement.

Les cosaques postés sur le Bug ont leurs chevaux sellés depuis trois jours et le bagage du colonel Hordyew est tout prêt. On dit que cette précaution a été prise par un ordre que l'on croit que nos troupes ont reçu de passer la frontière. Les cosaques sont en alarme et le colonel a rapporté cette nouvelle au général Doktorow (*Dokhtourov*), à Luck et à Dubno.

On a transporté beaucoup de munitions à Kijow (*Kiev*) en Lithuanie.

Le général Doktorow (*Dokhtourov*) doit avoir reçu ordre de marcher vers la Valachie, où les affaires vont très mal. Les Russes ont dû avoir voulu céder la Moldavie et ne conserver que la Valachie; mais les Turcs ont rejeté cette proposition.

Extrait d'un rapport du général Rozniecki, de Siedlce, du 17 août 1811.

Depuis ma dernière du 15 courant, toutes les nouvelles sont tranquillisantes et toutes confirment celle que le mouvement de la division de Kapcewicz (*Kaptsevitch*) sur Vlodzimirz (*Vladimir*), Kovel, etc., n'a pas eu lieu, ainsi que celle que le camp de Dubno n'était composé que de douze bataillons et non de douze régiments.

On m'annonce la marche de quelques cosaques venant de la Moldavie, et ils semblent se diriger sur la Lithuanie.

Décret.

28 août 1811.

ART. 1er. — Il sera formé un 6e régiment de voltigeurs et un 6e régiment de tirailleurs de notre Garde.

ART. 2. — Ces deux régiments seront organisés de la même manière et sur le même pied que les autres régiments de voltigeurs et tirailleurs de notre Garde.

Garde impériale: formation des 6es régiments de voltigeurs et de tirailleurs.

NAPOLÉON.

LE PRINCE D'ECKMUHL A L'EMPEREUR.

Hambourg, le 30 août 1811.

Sire, je m'empresse de satisfaire à la demande que Votre Majesté me fait par sa lettre du 25 de ce mois, pour connaître l'emplacement des cinq divisions du corps d'observation de l'Elbe et les lieux où sont les brigades et les bataillons [1].

Corps de l'Elbe : emplacements des cinq divisions d'infanterie.

La 1re *division*, commandée par le général comte Morand, se trouve :

1re brigade, 13e d'infanterie légère, 3 bataillons... } à Hambourg.
2e — général Dalton, 17e de ligne, 3 bataillons. }
3e — général Bonnami, 30e de ligne, 5 bataillons... { 1 à Travemunde. 4 à Lubeck.

---

1. Voir croquis ci-joint, page 152.

2ᵉ *division*, commandée par le général de division comte Friant :

1ʳᵉ brigade, général Grandeau, 48ᵉ de ligne, 4 bataillons .... { 2 à Rostock. / 1 à Ribnitz. / 1 à Dobberan.

2ᵉ brigade, général Dufour, 33ᵉ de ligne, 5 bataillons .... { 2 à Wismar. / 1 à Grevismühlen. / 1 à Neu Buckow. / 1 à Klütz.

3ᵉ brigade, général Wandeden, 48ᵉ de ligne, 5 bataillons .... { 2 à Neu-Brandenbourg. / 1 à Friedland. / 2 à Strelitz.

Les ordres ont été donnés pour faire baraquer cette division, et elle sera établie pour le 15 septembre et peut-être avant. Le camp est tracé dans le village de Bardorf (sans doute *Bartelsdorf*) et la Warnow, à trois quarts de lieue de Rostock.

3ᵉ *division*, commandée par M. le général de division comte Gudin :
1ʳᵉ brigade, général Leclerc, 7ᵉ légère, 5 bataillons : à Hanovre.
2ᵉ brigade, général Boyer, 12ᵉ de ligne, 5 bataillons................................. } à Magdebourg.
3ᵉ brigade, général Desailly, 21ᵉ de ligne, 5 bataillons.................................

Cette division doit être toute réunie à Magdebourg.

Le départ du 7ᵉ léger a été retardé, parce que le 33ᵉ léger, qui appartient à la 4ᵉ division, est encore à Magdebourg, n'ayant pas eu d'ordre de l'envoyer à Stettin, où sont les deux autres régiments de cette division, et où il se trouve déjà trois régiments de la Confédération : Bade, Darmstadt et Berg.

4ᵉ *division*, commandée par M. le général de division comte Dessaix :
1ʳᵉ brigade, général Barbanègre, 33ᵉ légère, 4 bataillons................................. } à Magdebourg.
2ᵉ brigade, général Friederichs, 85ᵉ de ligne, 5 bataillons................................. } à Stettin.
3ᵉ brigade, général Leguay, 108ᵉ de ligne, 5 bataillons.................................

Cette division doit être en entier à Stettin. Le 33ᵉ léger est resté à Magdebourg, en attendant que les régiments de Bade, de Berg et de Hesse-Darmstadt aient quitté Stettin.

5ᵉ *division*, commandée par M. le général.....[1].

1ʳᵉ brigade, général........., 25ᵉ de ligne, 4 bataillons................................. { 1 en Ost-Frise. / 1 à Warel. / 1 à Abbehausen.

2ᵉ brigade, général........., 57ᵉ de ligne, 5 bataillons................................. { 1 à Dorum. / 2 à Ritzebuttel et Cuxhaven. / 1 à Otterndorf. / 1 à Neuhaus.

---

1. C'est le général Compans qui est désigné.

3ᵉ brigade, général.........., 61ᵉ de ligne, 5 bataillons................................
- 2 à Stade.
- 1 à Basbeck.
- 1 à Buxtehude.
- 1 à Harbourg.

4ᵉ brigade, général Duppelin, 111ᵉ de ligne, 5 bataillons................................
- 2 à Ratzebourg.
- 1 à Möln.
- 1 à Potrau.
- 1 à Lauenbourg.

L'état-major et les généraux destinés pour cette division n'étant point encore arrivés, M. le général Desailly commande le 25ᵉ régiment, et M. le général Leguay les 57ᵉ et 61ᵉ. Ils rejoindront leurs brigades aussitôt qu'ils pourront être remplacés.

MM. les généraux de brigade Gratien et Coutard sont annoncés.

PRINCE D'ECKMUHL.

LE PRINCE D'ECKMUHL A L'EMPEREUR.

Hambourg, 30 août 1811.

Armée d'Allemagne : compte rendu au sujet des malades et des emplois vacants.

Sire, dans sa lettre du 25 août, Votre Majesté me dit qu'on lui a assuré que le corps d'armée avait beaucoup de malades. Par ma lettre du 20 août, je lui ai donné tous les renseignements qu'Elle pouvait souhaiter.

Il y a eu une augmentation de malades assez sensible; mais elle provient de l'arrivée des 4ᵉˢ et 6ᵉˢ bataillons, et des soldats venus de Walcheren. Il y a quelques maladies parmi les habitants dans quelques endroits; mais, par les mesures qui ont été prises, elles n'atteignent pas la troupe.

Les malades sont fort bien traités dans les hôpitaux, la mortalité est peu conséquente. Tous les généraux de brigade et de division ont passé la revue des régiments dans le plus grand détail en faisant le tiercement.

Demain, je commence la revue, que Votre Majesté m'a ordonnée, de tout le corps d'armée. Je la passerai dans le plus grand détail; je mettrai un jour par régiment. Je m'assurerai de l'exécution des ordres de Votre Majesté, à laquelle j'ai lieu de croire par les rapports des généraux.

Tous les sous-officiers qui n'avaient pas le nombre d'années de service requis sont rentrés dans les rangs et ont été remplacés par ceux qui avaient les services exigés. On m'a demandé quelques exceptions; je n'ai voulu en accorder aucune.

Votre Majesté peut avoir la certitude que les emplois de sous-officiers seront au grand complet. Quant à ceux d'officiers, les mémoires de proposition ont été adressés au ministre; tous les jours il arrive des nominations.

Je viens de demander un état des emplois auxquels il reste à nommer et je l'enverrai au ministre.

Dans une autre lettre, [je] réponds à Votre Majesté sur les renseignements qu'elle me demande sur les cinq divisions[1].

PRINCE D'ECKMUHL.

---

1. Allusion à la lettre précédente.

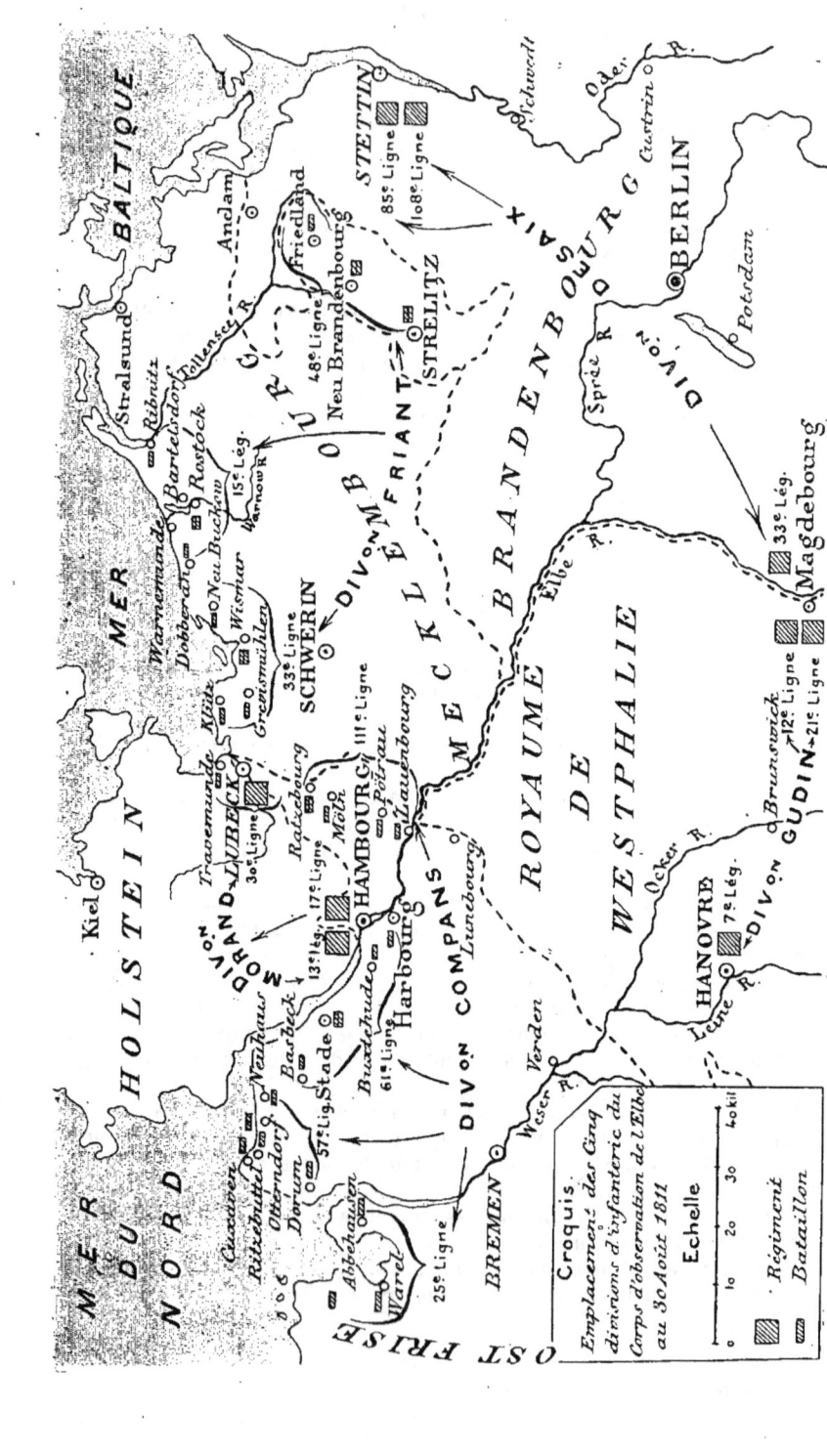

CHAPITRE XVII

Septembre 1811.

Coup d'œil sur les préparatifs maritimes contre l'Angleterre. — *Blocus continental:* Des corsaires. De l'impéritie des officiers gardes-côtes (2 septembre). Projet de réorganisation des régiments de l'artillerie à pied (4 septembre). Nécessité de confier la sûreté des côtes au corps de l'artillerie de terre (8 septembre). Du droit des neutres (9 septembre). De la défense des mouillages de l'Elbe, du Weser et de la Jahde (12 septembre). — *Organisation et administration:* Des régiments de chevau-légers (3, 4 septembre). Fixation de l'effectif des compagnies d'artillerie à pied (6 septembre). Création du 31ᵉ chasseurs (7 septembre). Circulaire relative aux uniformes de fantaisie dans les corps de troupe (21 septembre). De l'artillerie légère destinée à la 3ᵉ division de cuirassiers (25 septembre). — *Corps d'observation de l'Elbe :* Du 12ᵉ bataillon du train des équipages (5 septembre). Formation d'une 6ᵉ division (3 et 11 septembre). De l'augmentation du corps de l'Elbe (3 septembre). De la santé des troupes (1, 3, 8 et 14 septembre). Opinion du maréchal Davout sur la formation d'un 7ᵉ bataillon par régiment. Fonctionnement des écoles régimentaires (10 septembre). Du pont de bateaux confectionné à Danzig (10 septembre). Compte rendu de l'inspection passée au 57ᵉ de ligne (12 septembre). Mesures prises en cas d'hostilité de la Prusse (18 et 20 septembre). Cartes, en vente au dépôt de la guerre, mises à la disposition des généraux et officiers supérieurs (22 septembre). De l'organisation de la division polonaise (25 septembre). — *Corps d'observation d'Italie :* Formation dans les régiments italiens d'écoles de sous-officiers (3 septembre). Des hommes manquants (14 septembre). — *Garde impériale:* Création d'un régiment de flanqueurs-chasseurs (4 septembre). — *Renseignements:* 1° Sur la Russie (4, 8 ou 9, 16, 18, 20, 28 septembre); 2° Sur les armements de la Prusse (16, 20, 22, 28 et 30 septembre). Injonction faite à la Prusse de cesser ses armements (14 septembre). — *Divers :* De la place de Danzig (16 septembre). Note sur le voyage de Napoléon dans les Pays-Bas et en Hollande (19 septembre).

Dès le commencement de septembre, l'Empereur invite le ministre de la marine à s'occuper des moyens d'encourager la course (2 septembre).

D'autre part, frappé de l'ignorance excessive des officiers gardes-côtes en matière d'artillerie et de l'impuissance des compagnies à protéger le commerce français et à garantir la sécurité des rivages, Napoléon se préoccupe de confier au corps de l'artillerie de terre, qui compte de bons officiers, la défense du littoral (4 septembre) ; il dresse à cet effet tout un plan d'organisation (8 septembre) et prescrit au ministre de la guerre de remédier aux inconvénients qui résultent du peu de portée des batteries de côte comparée à celle des affûts marins (28 septembre).

Septembre 1811 coup d'œil sur les préparatifs maritimes de Napoléon contre l'Angleterre, pour mémoire.

L'EMPEREUR AU VICE-AMIRAL COMTE DECRÈS, MINISTRE DE LA MARINE, A PARIS.

Compiègne, le 2 septembre.

Ordre de dresser l'état des corsaires et d'encourager la course.

Monsieur le comte Decrès, je désire avoir l'état des corsaires qui existent avec l'indication du port d'armement, du nombre d'équipages, du nombre de canons et de leur tirant d'eau. On m'assure que j'en ai de très beaux dans la Baltique et à Danzig. Remettez-moi cet état et occupez-vous des moyens d'encourager la course. Je vous envoie copie d'une réclamation des armateurs de Danzig. Je désire que vous me fassiez un rapport là-dessus. Vous devez être le protecteur des corsaires, puisqu'ils font partie de ma marine, dont vous êtes le chef. Veillez à ce que le tribunal des prises ne fasse rien contre mes intentions et contre ma politique, et fixez votre attention particulièrement sur la législation qu'il a suivie depuis le dernier état de la question relativement aux Américains.

NAPOLÉON.

L'EMPEREUR AU MINISTRE DE LA GUERRE.

Compiègne, le 2 septembre 1811.

De l'ignorance des officiers gardes-côtes au point de vue de l'artillerie.

Monsieur le duc de Feltre, je vous envoie une lettre du ministre de l'intérieur. L'excessive ignorance des officiers gardes-côtes rend inutiles les canons qu'on met dans leurs mains. Les boulets ne portent pas, parce que, les bâtiments se trouvant au delà du but en blanc, on n'a pas ôté les coussinets. Cette partie va très mal. Pendant la Révolution, on a mis là des officiers d'infanterie qui ne savent rien et ne peuvent rien montrer à leurs canonniers, au lieu d'avoir, comme c'était l'usage, des capitaines en second d'artillerie, qui puissent instruire ces compagnies. Envoyez sur-le-champ un bon officier d'artillerie, pris dans la Garde, s'il est nécessaire; qu'il se rende dans la Gironde et apprenne à ces canonniers à tirer des obus avec leurs pièces de 24 et de 36, à tirer à 12 ou 1.500 toises en ôtant le coussinet, et enfin à tirer à boulets rouges. Il est bien important d'avoir des mortiers à l'embouchure de la Gironde; mais, quand on aura les mortiers, il faudra des hommes qui sachent les tirer.

(D'après la minute.)

Deux jours après, l'Empereur, revenant sur la question de l'artillerie des côtes, insiste à nouveau sur la nécessité de réorganiser cette artillerie, qui ne rend que de mauvais services, en raison de l'ignorance de ses officiers. (Lettre au ministre de la guerre du 4 septembre 1811, page 162.)

On a déjà pu se rendre compte, dans les documents du mois d'août, chapitre précédent, du soin avec lequel le maréchal Davout veillait sur la santé des troupes; l'ordre du jour qui suit en est un nouveau témoignage.

Armée d'Allemagne : De la santé des troupes

Ordre du jour à l'armée d'Allemagne.

Hambourg, le 1er septembre 1811.

D'après tous les renseignements que M. le maréchal prince d'Eckmühl a fait prendre sur les principales causes des maladies qui règnent actuellement, il paraît certain que l'usage des pommes de terre dans le mois d'août et au commencement de septembre est dangereux, attendu qu'elles ne sont mûres qu'à la fin de ce mois.

Son Excellence recommande très particulièrement à MM. les colonels de veiller avec le plus grand soin à ce que les soldats n'en mangent point, ou du moins en très petite quantité et lorsque l'on se sera assuré qu'elles sont bien mûres.

La santé des troupes doit occuper constamment les généraux, les chefs de corps, les officiers des compagnies. La moindre négligence à cet égard devient coupable, et l'on ne doit rien négliger pour prévenir les maladies et empêcher qu'elles ne se propagent.

Un moyen qu'il est utile d'employer dans cette saison, c'est d'exiger que les sentinelles aient des guérites ou des abris, non seulement dans les places, mais aussi sur la côte. Cette précaution, qui serait ridicule en temps de guerre, doit être prise en temps de paix et contribuera beaucoup à empêcher des maladies. M. le maréchal la recommande spécialement et son intention est que, dans les rapports des cinq jours, on fasse mention de l'exécution de cette mesure.

La santé du soldat est l'objet de toute la sollicitude de l'Empereur, qui la recommande particulièrement dans toutes ses lettres à M. le maréchal. Son Excellence s'attend donc à être parfaitement secondée par MM. les généraux et chefs de corps.

P. O. de M. le Maréchal :

Le général de division,
chef de l'état-major général par intérim,

Signé : D'HASTREL.

Mais l'Empereur, qui ignore les recommandations du maréchal, lui écrit le 3 septembre.

L'EMPEREUR AU PRINCE D'ECKMUHL, A HAMBOURG.

Compiègne, le 3 septembre 1811.

Mon Cousin, je vois avec la plus grande peine que vous avez envoyé le 8e régiment de hussards dans l'Ems oriental. Lorsque j'éloigne une troupe de ces lieux pestilentiels, vous avez la simplicité d'y envoyer un de mes meilleurs régiments. Je regarde ce régiment comme perdu. Si vous ne prenez pas plus de soin de placer vos corps dans des lieux sains, vous me ferez ce que vous avez fait à Vienne. J'ai retiré de tous les points de la côte les troupes qui s'y trouvaient. A Flessingue même, qui est si important, je ne laisse que 600 réfractaires; je préfère m'exposer aux chances de l'ennemi plutôt que de perdre des hommes d'une manière aussi misérable. Vous suivez une direction opposée. Si j'ai fait camper mes troupes dans la bruyère, à Utrecht et ailleurs, je n'ai pas eu d'autres raisons que de les soustraire au mauvais air. Je n'ai laissé sur le Helder qu'un bataillon étranger. Quand je prends tant de soins pour compléter votre armée, qui est si importante, et pour l'organiser et la mettre parfaitement en état, vous l'exposez à être détruite. Rassurez-moi au plus tôt sur le 8e de hussards; hâtez-vous de le rappeler, ainsi que les hommes du 25e et toutes les troupes qui sont parfaitement inutiles.

NAPOLÉON.

Le prince d'Eckmühl répond à l'Empereur :

Hambourg, le 8 septembre 1811.

Sire, je reçois la lettre de Votre Majesté du 3 septembre, par laquelle Elle m'informe qu'Elle voit avec la plus grande peine que j'ai envoyé le 8e régiment de hussards dans l'Ems oriental. J'ai l'honneur de lui adresser une lettre du colonel de ce régiment, qui lui prouvera qu'il ne se plaint pas de malades; il m'est démontré que, si le 37e a eu dans ce pays autant de malades, cela provient de la mauvaise nourriture et peut-être d'un défaut de surveillance de la part des officiers particuliers. Au surplus, je vais faire rentrer le 8e de hussards dans le pays d'Oldenbourg. Il m'avait paru nécessaire, vu les fréquentes communications des Anglais avec l'Ost-Frise et les reconnaissances que j'avais fait faire, de mettre à la disposition du général Guiton plus de troupes qu'il n'en avait.

L'enlèvement des quatre chaloupes-canonnières à Norderney m'avait surtout fait regarder comme nécessaire, jusqu'à ce que ces îles soient occupées militairement, d'envoyer dans ce pays des troupes pour y faire de fortes reconnaissances et empêcher les fréquentes communications que les Anglais avaient avec ces îles et les côtes.

Ce qui est arrivé à la division Morand sur la Taya, près de Nicolsbourg, m'a servi de leçon, ainsi que toutes les recommandations de Votre Majesté.

Il est impossible, et je dois le dire puisque Votre Majesté paraît l'ignorer, de prendre plus de soins de la conservation de ses soldats que je ne le fais. Les résultats doivent tranquilliser Votre Majesté. Il y a eu une augmentation de malades dans le mois d'août; elle ne provenait, je le répète, que de l'arrivée des 4es et 6es bataillons et des détachements de Walcheren. La meilleure preuve que je puisse en donner, c'est que partout, à Magdebourg, Hambourg, Stettin, etc., le nombre des malades diminue.

Il eût été à désirer qu'on fît partir les soldats de l'île de Walcheren, un mois plus tôt; beaucoup et les derniers arrivés ont apporté les germes de maladies. J'envoie à l'appui de cela une lettre du général Gudin sur les compagnies venant de Walcheren et que le 7ᵉ léger vient de recevoir.

Les corps ont adressé au ministre de la guerre les mémoires de proposition pour les remplacements des emplois vacants; on n'attend plus que l'arrivée des nominations.

PRINCE D'ECKMUHL.

P.-S. — J'ai l'honneur d'ajouter à Votre Majesté que je lui adresserai ces jours-ci un état de situation des malades par régiment; elle sera satisfaite de la santé des troupes; nous n'avons pas plus de 380 fiévreux à l'hôpital de Hambourg, où plus de 9.000 hommes fourmillent; ce ne serait donc qu'un malade sur 30 hommes. On ne peut avoir une proportion plus avantageuse.

Copie de la lettre du colonel du 8ᵉ régiment de hussards, datée de Jevers le 27 août 1811, à M. le général d'Hastrel.

Mon Général, j'ai reçu la lettre dont m'a honoré S. A. le prince d'Eckmühl, en date du 21 de ce mois. Je me conformerai strictement à tout ce que me prescrit Son Altesse. Je ne manque jamais de faire lire souvent à mes hussards les ordres et instructions pour la conservation de leur santé; ils se portent bien. Je n'ai que 27 hommes aux hôpitaux externes et 19 à l'hôpital régimentaire, tandis que le 37ᵉ régiment, qui était avec moi avant de partir pour Groningue, avait jusqu'à 100 hommes par compagnie malades; j'en ai vu une de 101 hommes.

BARON DOMON, *colonel.*

Ces explications ne semblent pas convaincre entièrement l'Empereur, ainsi qu'il ressort de la lettre suivante :

L'EMPEREUR AU PRINCE D'ECKMUHL.

Compiègne, le 14 septembre 1811.

Mon Cousin, je réponds à une de vos lettres du 8 septembre; elle ne me convainc pas, et j'ai la persuasion que vous n'avez pas pris les précautions nécessaires pour la santé des troupes, en ne les ôtant pas de vos plages. Les bas-fonds, comme Cuxhaven et les bords de la Jahde et de l'Ems, sont des endroits malsains; vous y avez placé des troupes : c'est le plus grand mal que vous ayez pu faire, cela équivaudra à la perte de 3 à 4.000 hommes. Il faut avoir pour principe que les bas-fonds sont toujours malsains et que les troupes doivent être placées dans des lieux reconnus généralement sains. Vous ne l'avez pas fait, c'est un très grand malheur. Je regarde le 25ᵉ régiment, qui a déjà perdu tant de monde à Custrin, comme ayant déjà pris le germe de la fièvre et devant perdre beaucoup de monde. Il ne fallait tenir sur vos côtes que des hommes des régiments des trois départements et réunir toutes les troupes françaises dans des lieux secs et dans des bruyères. C'est ainsi que je sauve les troupes que j'ai en Italie et que je les ai sauvées constamment dans mes premières campagnes; c'est ainsi que je sauve les troupes que j'ai en Hollande.

NAPOLÉON.

L'EMPEREUR AU MINISTRE DE LA GUERRE.

Compiègne, le 3 septembre 1811.

Des régiments de chevau-légers.

Monsieur le duc de Feltre, je vous prie de m'envoyer la situation des neuf régiments de chevau-légers. Le 1er régiment doit avoir son major, son 4e escadron, et 200 hommes à son dépôt, indépendamment des 200 hommes qu'il reçoit de la réserve. Le 2e doit avoir son 3e et son 4e escadron, et également 3 à 400 hommes que lui fournissent la réserve et les conscriptions. Le 3e doit avoir à son dépôt, à Montmédy, le 3e et le 4e escadron, et au moins 400 hommes avec ce que la réserve doit lui fournir. Le 4e a de même son 4e escadron et 3 à 400 hommes présents. Le 5e doit avoir le 3e et le 4e escadron avec 3 ou 400 hommes présents à Amiens. Le 6e doit avoir 800 hommes et ses quatre escadrons à Dôle. Le 8e doit avoir bientôt 800 hommes; enfin le 9e, étant dans la 32e division, est déjà de 1.000 hommes et se complète en chevaux[1].

Quand chacun de ces régiments aura-t-il au moins 300 hommes?

---

1. Il n'est pas sans intérêt de citer le compte rendu que le maréchal Davout adressait au ministre de la guerre quatre jours auparavant, le 30 août, sur la situation de ce 9e régiment de chevau-légers, en formation dans la 32e division militaire :

LE PRINCE D'ECKMUHL AU MINISTRE DE LA GUERRE, DUC DE FELTRE, A PARIS.

Hambourg, 30 août 1811.

Monseigneur, M. le général Bordessoulle, en me rendant compte de la situation du 9e régiment de chevau-légers, m'informe que les chasseurs provenant de la légion hanovrienne paraissent animés d'un très mauvais esprit. Presque tous sont étrangers et n'attendent qu'une occasion pour déserter. Différents rapports particuliers faits à M. le général Bordessoulle l'ont convaincu que ce projet existe parmi eux. Presque tous sont Prussiens, Russes, Bohémiens, Hongrois, ou des provinces autrichiennes avoisinant la Turquie. Je pense donc qu'il serait dangereux de conserver ces hommes dans l'armée française, et que ce serait en même temps très nuisible aux intérêts de Sa Majesté, car il est plus que probable qu'ils déserteront aussitôt qu'ils seront habillés et montés.

Je prie Votre Excellence de prendre cet objet en considération; il me semble qu'on pourrait envoyer tous ces étrangers en France et les incorporer dans un bataillon colonial.

Je vous prie de mettre ces observations sous les yeux de Sa Majesté, et, si elle les approuvait, je demanderais que les hommes renvoyés du 9e de chevau-légers

Quand chacun pourra-t-il avoir deux escadrons disponibles, montés, équipés, exercés à la lance?

Je voudrais avoir, pour le 1er février, deux escadrons du 1er, du 2e, du 3e, du 4e et du 5e; total : 10 escadrons ou 2.000 chevaux, ce qui formerait une brigade de chevau-légers; enfin quatre escadrons du 6e régiment et quatre du 8e, ce qui formerait une seconde brigade. Je voudrais donc avoir pour le commencement de février 4.000 lanciers disponibles pour la guerre d'Allemagne, et ce indépendamment du 9e et sans compter le 7e, qui est en Espagne.

Ce qui est très pressant, c'est de m'envoyer d'abord les lances. Si vous n'en aviez pas de faites, on pourrait leur envoyer les 600 qu'avaient les Hollandais. En leur envoyant 100 lances par régiment, cela leur servirait du moins pour l'instruction. Je suppose que vous avez commandé 6.000 de ces lances.

Il faudrait ensuite envoyer à chaque régiment un officier des lanciers polonais pour leur apprendre le maniement de la lance. Il n'y a pas de moment à perdre pour employer ces six mois avec la plus grande activité à former ces sept régiments.

Je désire leur attacher dès à présent deux généraux de brigade intelligents. L'un serait chargé du 6e et du 8e, et il passerait alternativement un mois à Dôle et à Sedan pour veiller à l'organisation, à l'instruction et aux remontes de ces régiments. L'autre serait chargé de veiller sur l'instruction et la formation des 1er, 2e, 3e, 4e et 5e et parcourrait successivement leurs dépôts.

Faites-moi un rapport général sur ces régiments.

NAPOLÉON.

L'EMPEREUR AU MINISTRE DE LA GUERRE.

Compiègne, le 3 septembre 1811.

Monsieur le duc de Feltre, la 5e division du corps d'observation de l'Elbe doit, à l'heure qu'il est, être formée (chaque division ayant une compagnie d'artillerie à cheval et une compagnie d'artillerie à pied servant 14 bouches à feu, indépendamment de 64 pièces de canon de régiment et de la réserve).

Donnez ordre qu'une sixième division soit formée dans le courant d'octobre; cette sixième division sera composée[1] :

Formation d'une 6e division au corps d'observation de l'Elbe.

---

fussent remplacés par un nombre de conscrits pris sur la levée de 1810, dans la 32e division militaire.

Je prie Votre Excellence de vouloir bien me faire connaître les intentions de Sa Majesté.

(Voir au sujet de la légion hanovrienne le tableau des corps hors ligne, tome Ier, chap. Ier, page 37.)

1. Voir décret du 11 septembre 1811, page 179.

De 4 bataillons du 11e léger,
De 3   —   du 127e de ligne,
De 3   —   du 128e   —
De 3   —   du 129e   —

Total : 13 bataillons, et, si cela est possible, de 4 bataillons de chacun de ces trois régiments, ce qui ferait donc de 13 à 16 bataillons.

Il est nécessaire que cette division ait sa compagnie d'artillerie légère, sa compagnie d'artillerie à pied et ses 14 pièces de canon et que les quatre régiments aient chacun sa compagnie d'artillerie servant 4 pièces de canon.

Remettez-moi un projet pour la formation de cette division et faites-moi connaître la situation des quatre régiments qui doivent la composer, en y joignant des renseignements sur ce qu'ils auront de disponible dans le courant de novembre.

Faites-moi connaître aussi d'où on tire le matériel et le personnel de l'artillerie.

Ceci dérangera un peu le corps d'observation de l'Océan, où deux bataillons du 11e léger (savoir les tirailleurs corses et les tirailleurs du Pô) étaient compris; mais, en place, vous porterez les quatre bataillons du 29e léger : ainsi, le corps d'observation de l'Océan sera plutôt augmenté que diminué.

(D'après une copie.)

L'EMPEREUR AU PRINCE D'ECKMUHL, COMMANDANT L'ARMÉE D'ALLEMAGNE, A HAMBOURG.

Compiègne, le 3 septembre 1811.

De l'augmentation du corps de l'Elbe.

Mon Cousin, j'attends la situation de votre armée. Je suppose qu'au 1er septembre votre 5e division était formée. A la fin de septembre, des détachements de canonniers partiront des dépôts pour renforcer vos compagnies d'artillerie et les porter à 120 hommes. Je suppose que vous continuez à donner des ordres pour que tous les détachements des quatre bataillons du train d'artillerie et des dix régiments de cavalerie qui sont dans les dépôts, soit hommes, harnais ou chevaux, vous rejoignent.

Il est important qu'ils arrivent avant la mauvaise saison. Mon intention est d'augmenter votre cavalerie légère d'une 5e brigade, en vous envoyant le 23e et le 24e de chasseurs qui sont en Hollande. Faites-moi connaître si le pays pourra suffire à cette augmentation de fourrages. J'ai pensé que cette cinquième brigade, qui porte à quatorze le nombre de vos régiments de cavalerie légère, vous complétera 12.000 hommes à cheval, qui, passant l'hiver du côté du Mecklembourg et sur l'Elbe, pourraient marcher avec vous au moindre événement sans être obligés de forcer les marches. Mon intention est que, dans le courant d'octobre, il soit formé à votre corps d'armée une sixième division, composée de quatre bataillons du 11e d'infanterie légère qui se forme à Wesel et se compose des tirailleurs corses et du Pô, et de trois ou quatre bataillons des 127e, 128e et 129e; ce qui portera cette division de treize à seize bataillons. Faites-moi connaître la situation de ces régiments avec la conscription de la 32e division militaire, et quand ils pourront former chacun leur 4e bataillon. Cela complétera votre corps d'armée à vingt régiments; ce qui, avec la 7e division, vous formera près de cent dix bataillons. Je suppose que le 9e de chevau-légers sera bientôt à 900 chevaux. Faites-moi connaître les mesures que vous prenez pour que les généraux réunissent leurs brigades et leurs divisions, et en passent l'inspection pour connaître ce qui manque en personnel et en matériel, et surtout les vacances des grades. Il serait bien important que vous pussiez vous-même, dans le courant d'octobre, voir toutes vos divisions, les faire manœuvrer, et vous assurer de leur situation en inspectant leur artillerie, leurs équipages, et en entrant dans tous les détails nécessaires. Envoyez-moi la situation de votre armée au 1er septembre.

NAPOLÉON.

L'EMPEREUR AU PRINCE EUGÈNE NAPOLÉON, VICE-ROI D'ITALIE.

Compiègne, le 3 septembre 1811.

Mon Fils, on me rend compte que le bataillon italien qui est à Raguse, et qui est fort de 600 hommes, a de très bons officiers, mais de mauvais sous-officiers. Il faut former dans les régiments italiens une école, comme je l'ai fait pour les régiments français qui sont dans le nord, pour instruire des sous-officiers. Je suppose que vous avez les ouvrages qu'on a imprimés pour les bataillons de la Garde qui sont à Fontainebleau et autres, qui sont le manuel du sous-officier. *(Formation dans les régiments italiens d'écoles de sous-officiers.)*

Décret du 4 septembre 1811.

ART. 1er. — Il est créé un régiment de flanqueurs de notre Garde[1]. *(Garde impériale: création d'un régiment de flanqueurs chasseurs.)*

ART. 2. — Ce régiment sera composé de deux bataillons, de quatre compagnies chacun, commandé et organisé de la même manière que le régiment de voltigeurs de notre Garde.

---

1. Voir la composition de la Garde impériale, tome I, chapitre I, page 27.

Il sera administré par le conseil d'administration des chasseurs à pied.

Art. 3. — Le régiment des flanqueurs de la Garde sera composé de jeunes gens âgés de plus de 18 ans, fils ou neveux de gardes généraux et de gardes à pied et à cheval des forêts de la Couronne et du Domaine et des forêts de nos communes.

Art. 4. — A l'avenir, aucun des fils ou neveux de gardes des forêts ne pourra succéder à son père ou oncle, à moins qu'il n'ait servi cinq ans dans ce régiment.

Art. 5. — Notre ministre des finances donnera des ordres à tous les conservateurs des forêts pour que tous les fils et neveux de gardes forestiers, âgés de plus de 19 ans et de moins de 30, qui voudraient leur succéder dans leur emploi, soient dirigés, sur-le-champ, sur la caserne Rueil.

Art. 6. — Notre ministre de la guerre fera un règlement pour les détails et l'uniforme de ce régiment dont le fond sera vert.

Napoléon.

L'EMPEREUR AU MINISTRE DE LA GUERRE.

Compiègne, le 4 septembre 1811.

Intention de l'Empereur de créer de nouvelles compagnies d'artillerie pour la garde des côtes. Projet de réorganisation des régiments d'artillerie à pied.

L'artillerie se divise en trois corps : l'artillerie de marine, l'artillerie de terre, l'artillerie des côtes. L'artillerie de la marine est séparée de l'artillerie de terre; c'est une arme différente qui appartient absolument aux officiers de marine. Il y avait jadis des relations entre l'artillerie de terre et l'artillerie de marine, et je crois qu'on ne pouvait arriver à certains grades qu'en sortant de l'artillerie de terre. Faites-moi un rapport là-dessus; car, l'artillerie de marine ayant bien peu d'occasions de s'instruire sur les détails, ses relations avec l'artillerie de terre sont bien importantes.

Quant à l'artillerie des côtes, il est impossible que cela aille plus mal; elle est comme séparée de l'artillerie de terre, car les adjudants et inspecteurs des côtes ne sont pas même des officiers d'artillerie. Il est vrai qu'ils sont sous les ordres des directeurs et des sous-directeurs; mais ce nombre de véritables officiers d'artillerie est si petit qu'il ne peut rien pour le service ni pour l'instruction.

Mon intention est de changer cet ordre de choses en tout ou en partie. Les gardes-côtes me coûtent trois ou quatre millions; mais je calcule qu'ils me coûtent encore trois ou quatre millions par les bâtiments que laisse prendre ce mauvais service. Je ne gagne rien à avoir de mauvaises troupes, et c'est une économie ridicule que d'avoir un capitaine de milice pour défendre mes côtes contre mon ennemi le plus acharné, parce que ce capitaine ne coûte que douze cents francs; voilà une économie de cinquante louis bien funeste à mon service.

Présentez-moi un projet dont la base soit d'avoir 72 compagnies d'artillerie employées à la garde de mes côtes. Ces 72 compagnies seront six à six, formeront douze bataillons, ayant douze chefs de bataillon et douze adjudants-majors, et formeront quatre régiments, ayant ainsi quatre colonels et quatre majors.

Je voudrais donc avoir sur les côtes 4 régiments d'artillerie de ligne, 4 colonels et 4 majors, formant 8 inspecteurs naturels, 12 chefs de bataillon, 72 compagnies, 72 capitaines en second, 144 lieutenants en premier et en second, tous sortant des écoles, instruits et faisant absolument partie de l'artillerie de terre.

Les compagnies seraient à 120 hommes; cela ferait donc un effectif de 8.640. Ces 120 hommes serviraient comme tout le reste de l'artillerie, mais ils auraient pour auxiliaires 60 gardes-côtes levés, habillés et payés comme ils le sont aujourd'hui; ce qui ferait 180 hommes par compagnie, dont 60 appartenant à la localité et 120 à l'artillerie. Ces 180 hommes, dirigés par des officiers, sergents et canonniers de 1re classe de l'artillerie de ligne, seraient alors de véritables troupes d'artillerie. On aurait donc 4.320 gardes-côtes auxiliaires, ce qui ferait un total de plus de 12.000 hommes.

Il est vrai qu'aujourd'hui il y a 16.000 gardes-côtes; mais ils ne font le service que de deux jours l'un; cela ne fait donc, en résultat, que 8.000 hommes. Ainsi, au lieu de 8.000 hommes, on en aurait plus de 12.000, et, au lieu d'officiers et sous-officiers ignorants, on aurait des officiers et sous-officiers d'élite.

J'imagine qu'il suffirait d'un régiment pour la Hollande et les côtes de la Belgique et de France jusqu'à la Seine; d'un régiment pour les côtes de la Seine à la Loire, et d'un régiment pour celles de la Loire à Bayonne; ce qui ferait 9 bataillons.

Un régiment de 18 compagnies devrait être suffisant pour toutes les côtes de la Méditerranée.

Il faudrait ajouter à cette institution d'établir dans toutes les places des compagnies de canonniers de garde nationale, obligés de faire le service et d'accourir au premier coup de canon. On peut en établir ainsi dans les principales villes de Hollande, à Flessingue, à Ostende, à Dunkerque, à Calais, à Boulogne, à Abbeville, à Eu, à Dieppe, à Fécamp, au Havre, à Caen, à Cherbourg, à Granville, Saint-Malo, Saint-Brieuc, Brest, Quimper, Lorient, Nantes, etc. On peut ainsi se former sur toute la côte 60 ou 80 compagnies, auxquelles on accorderait quelques distinctions et privilèges et qui auraient l'emploi bien utile de concourir à la défense de la place et de la côte. A Flessingue, avant le siège, cette compagnie a rendu des services.

Enfin, les 26 compagnies sédentaires pourraient être conservées; On pourrait même en établir de nouvelles dans les pays malsains, tels que dans les marais de la campagne de Rome, dans quelques postes de la Hollande, etc. Il faudrait que chaque régiment pût être changé à volonté. Les auxiliaires resteraient toujours et seraient attachés à la nouvelle compagnie qui arriverait.

Alors la côte serait entièrement gardée par l'artillerie de ligne. Aucun individu sous le titre d'inspecteur et d'adjudant n'existerait plus; ce seraient les colonels et les majors qui feraient ces fonctions. On pourrait espérer alors un bon service; le corps d'artillerie apporterait dans la défense des côtes le bon esprit et les qualités qui l'ont distingué dans tous les services, et ce serait une grande garantie pour la surveillance des côtes que de les voir entourées par des sentinelles attachées à leur service, à la place de ces gardes-côtes qui étaient soumis à tous les préjugés de localités et faciles à corrompre. Sous le seul point de vue de la police, ce projet aurait des résultats immenses. Il aurait encore l'avantage d'augmenter le corps d'artillerie et, par là, de faire partager le service très étendu de ce corps à un plus grand nombre d'individus. Tel régiment de l'armée qui aurait été fatigué serait envoyé sur les côtes de Normandie et de Bretagne pour y passer trois ans et s'y reposer. Ce service des côtes serait, en effet, un véritable repos pour ce corps, en comparaison du service de la grande guerre.

A ces précautions, il faudrait ajouter celle de faire faire, pour le service des gardes-côtes, un ouvrage élémentaire dans lequel on les instruirait sur la construction des batteries, sur le tir à boulets rouges, sur le tir des bombes et de toutes les espèces de munitions, sur la construction des plates-formes, sur le tir des pièces de 24 et de 36, sur les différents angles du tir, et enfin sur les principes de l'artillerie des côtes, tout différents de ceux de l'artillerie de terre. Il faut, sur les côtes, tirer aussi loin qu'on peut, et tirer toujours. Il faut des projectiles qui aillent le plus loin possible. Dans l'artillerie de terre, tous ces principes changent, et on estime avec raison que tirer de loin c'est perdre sa poudre.

Ceci me conduit, naturellement, à quelques changements dans l'organisation des régiments à pied.

Projet d'une nouvelle organisation des régiments d'artillerie à pied.

J'ai 9 régiments d'artillerie à pied de 22 compagnies chacun. Peut-être serait-il convenable d'avoir 12 régiments à pied, chaque régiment de 3 bataillons de guerre et d'un bataillon de dépôt. Chaque bataillon serait de 6 compagnies, ce qui ferait 48 bataillons, formant 288 compagnies. Il y en a aujourd'hui 198; ce serait donc une augmentation de 90 compagnies, dont 72 seraient compagnies de dépôt; ce qui réduirait l'augmentation à 18 compagnies de guerre.

Aujourd'hui il y en a 27 en Allemagne, 55 en Espagne et 24 en

Italie, Illyrie et Dalmatie. Il y en a donc 106 employées aux armées. Il y en a 42 dans les dépôts et 50 sur les côtes de Normandie. Il y en aurait 72 sur les côtes, 72 dans les dépôts et 144 pour les armées; ce qui ferait 38 compagnies de plus qu'il n'y a aujourd'hui pour les armées. Une compagnie pouvant servir 8 pièces de canon, les 144 compagnies des armées pourraient servir 1.152 et même 1.200 pièces. Les 6 régiments d'artillerie à cheval, formant 43 compagnies, en pourraient servir 250; cela ferait donc 1.400 pièces de canon qu'on pourrait servir en guerre, indépendamment des 300 pièces de canon que serviraient les compagnies de régiment, et qui feraient un total de 1.700 pièces de canon servies aux armées indépendamment du service des côtes.

Les 12 bataillons de dépôt formeraient en outre une réserve qui pourrait fournir au service des places fortes et renforcer les points de la côte qui seraient nécessaires.

La compagnie d'artillerie à pied devant servir 8 pièces, soit de 4, soit de 8, soit de 12, a besoin de 80 canonniers présents, officiers et sous-officiers non compris; ce qui fait donc 100 hommes présents, ce qui suppose un effectif de 120 tout compris. La compagnie de canonniers gardes-côtes sera de 120 hommes de la ligne; mais, sur ces 120 hommes, il n'y en aura que 100 de présents. Elle aura en outre 60 auxiliaires; mais il est probable que, sur ces 60, il n'y en aura que 50 présents. Ainsi une compagnie de gardes-côtes, dont l'effectif sera de 180 hommes, n'aura probablement que 150 hommes présents; alors l'effectif de 72 compagnies serait : de la ligne, présents 7.200, effectif 8.640; auxiliaires, présents 3.600, effectif 4.320; total des présents 10.800, de l'effectif 12.960.

Les 12 régiments à pied seront placés de la manière suivante : un à Anvers, un à Douai, un à Rennes, un à Toulouse, un à Grenoble, un à Alexandrie, un à Vérone, un à Besançon, un à Auxonne, un à Strasbourg, un à Metz, un à Mayence.

Les régiments qui seront sur les côtes tiendront toujours leurs 4es bataillons en garnison à Anvers, Rennes, Toulon et Grenoble. De là ces bataillons de dépôt pourront, selon les circonstances, renforcer ces batteries, et se trouveront assez à portée de toutes les côtes.

Je vous prie de me faire un rapport sur ce projet, car il devient fort important de faire cesser les sujets de plainte qui existent depuis six ans et qui sont la suite de tant de pertes.

P.-S. — Je vous envoie un projet de décret dans lequel j'ai placé les principales dispositions indiquées dans cette lettre. Ce décret n'est qu'une esquisse susceptible de toutes discussions. Vous remarquerez que, dans ce projet, au lieu d'affecter 12 bataillons au service des côtes, j'en ai mis 16; ce qui fera 84 compagnies au lieu de 72. Ainsi donc 84 compagnies auxiliaires à 60 hommes m'en feront 5.000; total, 15.000 sur les côtes; ce qui me fera une économie de 11.000 gardes-côtes et surtout débarrassera de ce grand nombre d'officiers inutiles. Mais ces 84 compagnies comprennent tout ce qui est nécessaire pour l'extraordinaire de Boulogne, de Walcheren, de Cadzand, et enfin l'artillerie de ligne qui est aujourd'hui répandue sur la côte. Or, il y a aujourd'hui 50 compagnies sur les côtes, et je n'en mets que 12 en sus des 72 qui doivent remplacer les gardes-côtes. Peut-être, dans la distribution des emplacements, jugerez-vous convenable d'en mettre six de plus; car il est bon que le service de places comme Boulogne, Ostende, Flessingue, Anvers, Cherbourg, Brest, Toulon, etc., soit compris dans le service de la côte.

Je ne sais pas assez ce que c'est que les canonniers sédentaires pour les comprendre dans le décret. Ce doit être l'objet d'un rapport que vous me ferez. Les compagnies de vétérans qui sont sur les côtes devront être placées de préférence dans les tours, dans les vieux châteaux où le service soit moins actif.

La manière d'exécuter ce décret serait très facile. Il faudrait d'abord former les trois nouveaux régiments en tirant des officiers, sous-officiers et canonniers de tous les régiments; on placerait les nouveaux régiments à Anvers, Rennes et Grenoble. Le régiment qui se trouve aujourd'hui à Anvers et celui qui se trouve à Rennes seraient envoyés à Auxonne et à Besançon ou dans d'autres écoles non occupées. On ferait sur-le-champ fournir à ces 3 régiments, et sur les 42 compagnies qui sont dans les dépôts, 36 compagnies pour les côtes, et l'on prendrait sur les 50 compagnies qui sont sur les côtes et sur les 42 compagnies qui sont dans les dépôts de quoi fournir les bataillons que les autres régiments doivent fournir pour le service des côtes. Cette opération peut être faite dans les mois de novembre et de décembre; ceci suppose qu'il sera pris, sans délai, des moyens pour fournir les 7 ou 8.000 hommes nécessaires aux nouveaux régiments et pour compléter les cadres des anciens : c'est 12.000 qu'il faut procurer.

(D'après la minute.)

Conformément à l'ordre contenu dans la lettre ci-dessus, le ministre de la guerre prépare un projet de nouvelle formation des compagnies d'artillerie gardes-côtes.

L'Empereur, satisfait de ce projet, se borne à réfuter les quelques objections qui lui sont présentées au point de vue de son application pratique et expose les principes qui devront servir de base à l'organisation générale de l'artillerie chargée de la défense des côtes.

L'EMPEREUR AU MINISTRE DE LA GUERRE.

Compiègne, le 8 septembre 1811.

Je reçois et lis avec attention le travail que vous m'avez remis sur les compagnies gardes-côtes. Ces renseignements m'ont paru fort satisfaisants. Vous proposez de conserver 50 compagnies gardes-côtes et de créer 36 nouvelles compagnies d'artillerie. Il n'est aucun doute que les 50 compagnies gardes-côtes ne vaudront jamais des compagnies d'artillerie, tant par la composition des officiers et sous-officiers que par celle des soldats. Mais, dit-on, il faut 450 officiers, et l'on ne peut en fournir que 140. Je ne puis pas admettre cette objection. Dans un pays comme la France, j'aurai non seulement 400 officiers, mais 4.000, si je veux les payer. Cette objection serait bonne en Russie. Les 450 officiers ne pourront pas être fournis cette année, parce qu'il faut un an d'école, mais on pourra les avoir l'année prochaine. Toute objection cesse en n'employant que 140 officiers cette année, et l'on emploiera l'année prochaine 140 autres. Dans les dix-huit points que l'on présente, Le Havre, La Hogue, Ostende, Dunkerque, Saint-Malo, Lorient, Nantes, l'embouchure de la Loire, Marseille, le golfe Juan, Fréjus, Livourne et Gênes ne sont point compris; tous ces points sont cependant importants.

Je ne puis donc pas admettre en principe que nos côtes doivent être confiées à des mains malhabiles. N'admettant point la raison du manque d'officiers, que je puis avoir en tel nombre que je veux, l'objection tombe sur les hommes : la conscription y pourvoira, et, pour la première formation, je ferai un appel pour les conscriptions antérieures par un sénatus consulte; ce qui soulagera les côtes de l'entretien des gardes-côtes et donnera une nouvelle garantie à tout l'empire.

La seconde objection est que cela est trop coûteux ; mais, en supprimant 50 compagnies gardes-côtes, j'économiserai 1.500.000 francs; en formant 36 compagnies de plus d'artillerie, je ne crois pas que ce soit une dépense de plus de 2 millions. Ce serait donc 600.000 francs de plus. Mais qu'est-ce qu'une dépense de 2 millions, de 3 millions de plus pour un objet de si grande importance? Quel est le caboteur qui ne me payerait pas un droit qui me rendrait le triple, pour être efficacement protégé? Mais, sans établir de nouveaux droits, l'inhabileté des gardes-côtes coûte à mes marins 2 ou 3 millions par an et à mon commerce des sommes plus considérables. Il ne faut pas croire que les plaintes des officiers d'artillerie soient vraies; ils disent toujours qu'il y a trop de canons. Le fait est qu'il n'y en a point assez. La supériorité de l'ennemi est telle qu'à tous les caps, sur toutes les plages, mon cabotage a besoin de trouver protection. Il faut beaucoup de batteries et en bon état, et des pièces de campagne. Il faut que les affûts soient en bon état, qu'on sache employer les bombes, donner une direction à la pièce, vérifier si l'on a de bonne poudre, se servir de pièces de campagne pour se porter sur la plage à 12 et à 1.500 toises de la batterie. Sont-ce des compagnies gardes-côtes qui pourront jamais faire ce service? On n'entend que des inepties : nos boulets ne portent pas, nos bouchons sont mauvais, notre poudre est détestable. En conséquence, mes bâtiments sont pris dans toutes mes rades. Ce qu'il y a de plus vrai dans tout cela, c'est que les adjudants des côtes sont ignorants, que les directeurs et sous-directeurs d'artillerie sont peu nombreux, vieux, dépourvus de matériel, et sont de peu d'utilité.

Les affûts sont faits de manière qu'on ne peut pas donner à la pièce le degré nécessaire pour tirer loin. A qui la faute? Au capitaine d'artillerie, qui, par un coup de rabot qu'il fait donner par les ouvriers de sa compagnie, peut remédier à cet inconvénient.

La poudre est mauvaise, cela est possible; mais la faute, à qui est-elle? Au capitaine d'artillerie, qui doit la vérifier tous les mois, en prenant une poignée dans chaque gargousse pour s'assurer qu'elle est bonne; car, dans ces lieux, la poudre peut se détériorer d'un moment à l'autre. Sont-ce les officiers de gardes-côtes qui peuvent faire ces vérifications? Sera-ce de malheureux inspecteurs de gardes-côtes que l'on dédaigne qui auront la main assez forte pour obliger le directeur à changer la poudre?

Les plates-formes s'abîment, soit de mortier, soit de canon; les affûts se cassent, les épaulements sont écroulés par le canon ennemi; est-ce une compagnie composée de paysans, qui n'a point d'artificiers, pas d'ouvriers, qui n'a aucune des connaissances nécessaires, qui pourra remédier à tout cela? Non. Ils tirent quelques coups de canon, et après cela cessent le feu. Je ne veux point de compagnies gardes-côtes. Je veux que des colonels, des colonels en second, des chefs de bataillon, des capitaines de la ligne me répondent de mes côtes; que le service venant à être mal fait, soit par défaut d'affûts, soit par mauvaise qualité de la poudre, soit par toute autre raison, ils en soient responsables. On coupe la tête à un officier d'artillerie qui donne des cartouches qui ne sont pas de calibre; on doit condamner à mort l'officier qui, placé sur la côte, laisse périr dans sa main les armes que je lui ai confiées pour défendre le territoire et protéger les propriétés de l'État ou du citoyen. Est-ce donc à de misérables officiers gardes-côtes que je puis imposer cette responsabilité?

Le corps de l'artillerie doit me répondre de mes côtes.

Les généraux d'artillerie, connaissant la valeur des différents officiers, pourront les placer et les déplacer.

Je persiste donc dans mon projet de créer trois nouveaux régiments d'artillerie. 20 bataillons de 6 compagnies, formant 120 compagnies, seront employés sur mes côtes et dans mes places de guerre maritimes. Il y sera pourvu par 72 compagnies de nouvelle création et par 48 compagnies prises sur l'ancienne artillerie. Chaque compagnie étant de 120 hommes, cela me fera 14.400 hommes; 120 compagnies auxiliaires, formées, comme les compagnies de gardes-côtes actuelles, de 60 hommes, feront 7.200 hommes; 18 compagnies de canonniers vétérans formeront 2.200 hommes; j'aurai donc 24.000 canonniers sur mes côtes.

J'estime qu'il est nécessaire d'avoir quatre ou cinq généraux de brigade d'artillerie chargés de l'inspection des côtes, de donner des ordres aux directeurs ou sous-directeurs d'artillerie des côtes de demeurer dans un point central, et qui seront responsables du service de la côte. Deux de ces généraux paraissent nécessaires dans la Méditerranée et trois dans l'Océan. Ils doivent avoir sous leurs ordres un colonel, deux colonels en second, ce qui fera dix officiers supérieurs, et chaque officier supérieur aura deux chefs de bataillon, ce qui fera vingt chefs de bataillon. Ainsi, mes côtes seront divisées en cinq grands arrondissements, en dix districts et en vingt arrondissements de bataillon.

Un général de brigade aura donc dans sa direction la valeur de quatre bataillons, c'est-à-dire 2.400 hommes, avec un colonel, un colonel en second et deux chefs de bataillons. Le colonel et le colonel en second auront toujours un adjudant sous-lieutenant. Le général aura ses deux aides de camp. Le général aura, de plus, sous ses ordres, un directeur et deux sous-directeurs chargés du matériel. Ces directeurs et sous-directeurs devront lui obéir, mais en rendant compte sur-le-champ au ministre de tous les mouvements. Indépendamment de ce, tous les ans, des généraux de division feront l'inspection des côtes. Ainsi, 5 généraux de brigade, 10 aides de camp, 5 colonels, 10 colonels en second, 5 adjudants, 20 chefs de bataillons, 20 adjudants sous-officiers, 120 capitaines, 120 capitaines en second, 240 lieutenants, et le nombre des directeurs et sous-directeurs nécessaire, formant 555 officiers, seront sur mes côtes. Si vous joignez 600 sergents-majors et sergents, vous voyez que j'aurai 1.200 officiers ou sous-officiers; ce qui, en supposant 6.000 pièces de canon sur mes côtes, fera un officier ou sous-officier pour cinq pièces de canon, et, comme sur ce nombre de pièces il y en a une grande quantité (comme à Flessingue, à Cadzand, à Ostende, etc., où il y a plusieurs batteries) qui ne peuvent être employées qu'en cas d'attaque défensive, il s'ensuivra que je pourrai avoir un officier et un sergent à toutes les batteries de côte, n'ayant d'autre but que de protéger simplement le cabotage.

Le chef de bataillon, le colonel, à plus forte raison le général, pourront faire marcher la compagnie d'un point sur un autre, selon les mouvements de l'ennemi et le besoin.

Dans chaque bataillon, on destinera plus spécialement une compagnie au service de la bombe, comme dans Flessingue, Brest et Toulon, où l'on aura plusieurs compagnies, et, dans chaque batterie, des officiers et sous-officiers et quelques pointeurs seront plus spécialement chargés du service des mortiers.

Il faut d'abord faire un règlement sur toutes ces bases, et surtout avoir bien soin qu'une compagnie d'artillerie ait ses ouvriers, ses artificiers et tout ce qui est nécessaire pour son service.

Une fois l'organisation arrêtée, on verra s'il convient de ne former d'abord qu'un seul régiment et successivement les autres. Mais, puisque déjà 64 compagnies sont employées sur les côtes, qu'il y en a une cinquantaine aux dépôts, dont on peut tirer 34 compagnies, qui feraient 104 compagnies, on serait bien près du but. Aussi ai-je regardé que l'opération préalable était de recruter toute l'artillerie actuelle, ce qui est l'objet de mon dernier décret.

Faites-moi un travail conformément à ces principes. Ne mettez aucune époque. Dans un décret ultérieur, je déterminerai l'époque de la formation de chaque régiment et l'époque successive où les compagnies gardes-côtes cesseront d'exister. Quant aux compagnies sédentaires, il n'y a point de difficulté qu'on les oublie et qu'on remette à prendre un parti sur elles.

Le nombre des gardes-côtes étant de 12.000, le nombre des auxiliaires étant de 6 à 7.000, ce sera un soulagement important pour les côtes. Grande partie des sergents seront conservés; les officiers seuls ne le seront pas. S'ils sortent de l'artillerie, on les mettra dans les compagnies de vétérans; mais, s'ils sont sortis de l'artillerie, c'est qu'ils étaient vieux et peu capables : on pourra les employer comme gardes-batteries ou bien leur donner leur retraite.

Dès l'année prochaine, mes escadres commenceront à évoluer. Il est donc nécessaire que mes côtes soient défendues par de bons officiers, animés par des sentiments d'honneur et ayant de l'activité, les talents et les connaissances qu'exige cette arme, si grossière en apparence, mais si délicate et si subtile en réalité.

Quant au moyen de recrutement, il faudra s'en occuper sérieusement. Il importe pour cela que l'École de Saint-Cyr soit complétée et maintenue à 800 élèves; je pourrai donc en tirer alors les sujets nécessaires. Il faut qu'une batterie soit établie à l'École de La Flèche, avec un officier et quelques sergents. Enfin, je ne m'oppose pas à ce que l'artillerie prenne de l'École polytechnique ce qui sera inutile au génie de terre et aux ponts et chaussées.

Ma Garde ne pourrait-elle pas fournir un certain nombre de bons officiers? Il faut 1.410 officiers. J'ai besoin de 500 de plus. C'est donc un tiers en sus, ce qui donnera de l'avancement à ce corps, qui en a besoin. Quant au nombre de 600 officiers à tirer des sous-officiers, c'est trop. Un sous-officier d'artillerie ne devrait devenir officier que par une action d'éclat ou après huit ans de service de sous-officier; ce qui supposerait dix ou douze ans de service. Avoir des officiers qui n'aient que huit ans de service depuis leur entrée comme soldats est une chose pernicieuse.

(D'après la minute.)

RAPPORT DU MINISTRE DE LA GUERRE A L'EMPEREUR.

Paris, le 4 septembre 1811.

Envoi de lances et d'instructeurs aux régiments de chevau-légers.

Sa Majesté demande, par son ordre du 27 août, à quelle époque les six premiers régiments de chevau-légers auront chacun 200 lances et des instructeurs, afin que les sous-officiers et soldats puissent commencer à s'instruire à la manœuvre de la lance.

J'ai l'honneur de rendre compte à Sa Majesté que les lances ont été commandées à Versailles et à Klingenthal et que leur fabrication se poursuit avec toute l'activité possible. Quant aux instructeurs, j'ai donné des ordres pour qu'il en soit tiré du régiment de lanciers de la Garde de Sa Majesté et du premier régiment de lanciers de la Vistule, qui est en Andalousie. Ce dernier régiment fournira des instructeurs à trois des nouveaux et celui de la Garde à quatre.

Chaque régiment recevra un officier, un sous-officier et deux brigadiers instructeurs. J'ai pensé qu'il n'était pas possible d'en tirer davantage des deux régiments qui les fournissent et que ce nombre était suffisant pour commencer l'instruction des autres.

Duc de Feltre.

Décision de l'Empereur : Il ne faut pas tirer d'instructeurs des régiments qui sont en Andalousie; ils n'arriveront jamais. On peut les tirer des chevau-légers de la Garde. Le ministre les fera partir en poste dimanche prochain pour ces régiments; il fera partir également en poste 100 lances pour chaque régiment. On enverra ainsi les anciennes lances des chevau-légers hollandais qui sont plus lourdes que celles du nouveau modèle, mais en faisant connaître aux régiments que ce n'est que provisoirement et pour commencer l'instruction et qu'elles seront remplacées. Il faut aussi faire imprimer l'instruction sur la manœuvre de la lance, et que cette instruction soit faite avec de grands développements. Elle devra être imprimée et envoyée aux régiments avant le 15 septembre.

Compiègne, le 5 septembre 1811.

Napoléon.

Deux jours après, le 6 septembre, le ministre de la guerre rend compte à l'Empereur du nombre de lances expédiées aux six régiments de dragons devenus chevau-légers, ainsi que de l'armement complet des 7ᵉ, 8ᵉ et 9ᵉ chevau-légers.

Paris, le 6 septembre 1811.

J'ai l'honneur de rendre compte à Sa Majesté que, dès le 22 juin dernier, j'ordonnai la fabrication de 6.000 lances pour armer les six régiments de dragons devenus chevau-légers, en exécution du décret du 18 du même mois.

Déjà, 1.200 sont prêtes à Paris, et j'en ai ordonné l'envoi sur les dépôts de ces six régiments, à raison de 200 par régiment.

2.000 fers sont en outre fabriqués; 1.000 seront montés à Paris et 1.000 à Klingenthal pour les dépôts de Dôle et de Montmédy : elles y seront envoyées aussitôt qu'elles seront hampées, et les 2.800 autres suivront incessamment, de manière que ces 6.000 lances seront fournies avant le 1ᵉʳ janvier prochain.

Les 7ᵉ, 8ᵉ et 9ᵉ régiments ont leur armement complet. J'ai arrêté définitivement le modèle de ces lances : les Polonais préfèrent celles que les Hollandais ont refusées, ce qui emploiera les premières lances fabriquées sur le modèle qu'avait donné le colonel Konopka, et qui paraît préférable pour des hommes robustes et agiles, comme le sont les premiers lanciers polonais [1].

LE PRINCE D'ECKMUHL A L'EMPEREUR.

Hambourg, le 4 septembre 1811.

Renseignements sur la Russie.

Sire, j'ai l'honneur d'adresser à Votre Majesté les derniers rapports de Varsovie [2].

PRINCE D'ECKMUHL.

Extrait d'un rapport du général Rozniecki, de Siedlce, du 24 août 1811.

Les renseignements que j'ai eus et les lettres de mes correspondants confirment mes suppositions énoncées dans celle du 4 du courant que les armées russes se porteraient vers la Moldavie. Plusieurs régiments des trois anciennes divisions Suwarow (*Souvarov*), Dolgoruki et Lewis, y ont envoyé des renforts. Le général Doktorow (*Doktourov*) est allé sur le Dniester pour se concerter avec un général de l'armée de Moldavie envoyé en Podolie par le général Kotuzow (*Koutouzov*).

Les divisions connues conservent leurs anciennes positions. Le régiment de hussards Marianpol est arrivé à Slonim. On s'attend à l'arrivée du hetmann Platow (*atamane Platov*) pour prendre le commandement de tout le cordon de la frontière.

On commence à réunir quelques farines à Bialystok et à compléter les approvisionnements des magasins de Luck (*Loutsk*), Vilna, Koltiniany (*Koltouïnianouï*) et Rosienne (*Rossiena*) en Samogitie.

Extrait du rapport d'un officier commandant de poste frontière, en date du 22 août, de Krylow.

On ne s'aperçoit d'aucun mouvement dans l'armée russe, excepté le passage des régiments cosaques venant du côté de Kijow (*Kiev*), qui se dirigent sur la Lithuanie.

On ne cesse de rassembler des magasins à Luck (*Loutsk*).

Le 18 août courant, il a passé par Boremel (sans doute *Boromlia*, dans le

---

1. Ce dernier paragraphe répond à la lettre de l'Empereur du 11 août 1811, page 117.
2. Voir les cartes jointes au tome I.

gouvernement de Khartov) trois chariots à trois chevaux, escortés par des cosaques et chargés de munitions pour les régiments de cette arme postés sur la frontière.

Un marchand de Mohilow (*Mohilev*), sur le Dniester, a apporté la nouvelle qu'il règne beaucoup de maladies dans l'armée russe en Moldavie, qu'il arrive beaucoup de troupes turques sur le Danube, et qu'il y a presque journellement de petites affaires, dont le résultat est toujours au désavantage des Russes.

Extrait d'un rapport du général Rozniecki, de Siedlce, du 27 août 1811.

Je n'ai pas encore reçu des avis directs par les correspondants fixés, sur la marche du hetmann Platov, mais tous les rapports indirects confirment cette nouvelle, avec la différence que les uns comptent 20.000, d'autres 9.000, et d'autres encore quatre pulks, dans la colonne qui l'accompagne.

Les 5e et 14e divisions sont en entier sur la gauche de la Dwina; les deux tiers de leur monde sont employés aux fortifications de Riga et de Dunamunde; le reste est réparti en Courlande.

Les pontonniers qui se trouvent à notre frontière ont reçu l'ordre de revenir à Bobruisk, et, effectivement, ils se sont mis en marche le 20 du courant, ayant laissé les pontons sur les lieux, mais ayant amené les chevaux avec eux.

Extrait d'un rapport de Lublin, en date du 25 août 1811.

Outre deux régiments de cosaques venus dans les environs de Kowel et deux autres près de Dubno, il n'est encore arrivé aucune troupe de l'armée de Turquie vers nos frontières. On présume que les Russes, après avoir été battus par les Turcs et obligés de se retirer précipitamment sur la rive gauche du Danube, ont eux-mêmes fait courir le bruit que leur armée s'approcherait du duché; néanmoins, toutes leurs précautions sur la frontière continuent, et on entrevoit même quelques préparatifs de guerre.

L'EMPEREUR AU PRINCE D'ECKMUHL, A HAMBOURG.

Compiègne, le 5 septembre 1811.

Mon Cousin, je reçois l'état de situation du 12e bataillon d'équipages[1]. Je suis fort surpris de voir qu'il n'a pas le nombre de caissons prescrit. Je donne ordre que les 25 caissons restés à Strasbourg le rejoignent le plus tôt possible; de sorte que vous aurez à votre

Recommandation de ménager les attelages des caissons et les outils du génie.

---

[1]. Par un rapport du 1er septembre, le prince d'Eckmühl avait fait connaître à l'Empereur que les six compagnies du 12e bataillon du train des équipages étaient toutes à l'armée d'Allemagne et que ce bataillon se trouvait dans une situation satisfaisante.

corps d'armée 250 caissons en bon état, outre les 100 caissons de régiment, ce qui vous fera 350 caissons, c'est-à-dire la valeur de quatre caissons pour 1.000 hommes. Il faut actuellement avoir soin de faire servir très légèrement ces caissons, afin de tenir les chevaux gras et en bon état et qu'au moment d'entrer en campagne vous puissiez les trouver capables d'un bon service. Si, au contraire, vous les écrasez, au lieu de 350 caissons, vous n'en aurez pas la moitié quand vous entrerez en campagne.

Prenez des mesures là-dessus. Votre service n'a rien de pressé; il peut se faire par les moyens du pays et aussi par vos transports; mais il ne faut faire faire à vos chevaux que la moitié de ce qu'ils peuvent faire.

Je vous ai parlé aussi des outils du génie; il ne faut laisser rien faire avec ces outils, sans quoi vous ne trouverez ni outils, ni caissons lorsque vous entrerez en campagne. Ces outils ne sont pas pour être employés en temps de paix; ils ne doivent servir que devant l'ennemi. Les officiers du génie ne savent pas cela. Je désire que vous le leur appreniez. Faites-leur comprendre qu'il est contre les principes de leur arme d'employer un seul outil attelé ailleurs qu'aux ouvrages des champs de bataille.

NAPOLÉON.

Le prince d'Eckmühl répond à l'Empereur :

Stade, le 10 septembre 1811.

Sire, j'ai reçu la lettre de Votre Majesté du 5 septembre; elle m'informe qu'il ne faut point écraser les caissons d'équipage, et de ne faire faire aux chevaux que la moitié de ce qu'ils doivent faire; ils ne travaillent point du tout; les vivres sont livrés par des entrepreneurs et pas un seul caisson n'est employé à cet usage; ainsi, les caissons et les chevaux sont dans un excellent état.

Quant aux outils du génie, il y en a eu dans les six premiers mois une partie d'employés aux travaux de la côte; mais, depuis quelque temps, ils ont tous été retirés, et ils sont dans les caissons du génie.

Je tiendrai la main, Sire, à ce que vos intentions soient remplies.

PRINCE D'ECKMUHL.

Complet des compagnies d'artillerie à pied.

Par décret du 6 septembre 1811, le complet des compagnies des régiments d'artillerie à pied est fixé à l'effectif de 120 hommes, officiers et sous-officiers compris.

Décret.

Au palais de Compiègne, le 7 septembre 1811.

ART. 1er. — Les 4es escadrons du 5e régiment de hussards et des 11e, 12e et 24e de chasseurs, formant deux régiments provisoires de l'armée d'Espagne, qui composent la brigade de cavalerie aux ordres du général Vatier, seront réunis en un seul régiment, sous la dénomination de 31e régiment de chasseurs à cheval.

ART. 2. — Les 5es escadrons du 5e hussards et des 11e, 12e et 24e de chasseurs deviendront 4es escadrons de ces régiments.

ART. 3. — Le 31e régiment de chasseurs sera composé comme les autres régiments de chasseurs. Il aura son dépôt à Niort.

ART. 4. — La formation du 31e régiment de chasseurs datera du 1er septembre 1811. Le général de division Vatier sera chargé de cette formation. Le major se rendra à Niort pour organiser le dépôt.

NAPOLÉON.

Création du 31e régiment de chasseurs à cheval.

Ce décret n'est cité que *pour mémoire*, le 31e chasseurs n'ayant quitté l'Espagne, où il est formé, qu'à la fin de 1813.

LE PRINCE D'ECKMUHL A L'EMPEREUR.

Hambourg, le 8 septembre 1811.

Sire,..
J'ai fait connaître à Votre Majesté, par des lettres antérieures, l'emplacement des troupes ; je le rappelle ici[1] :
La 1re division a deux régiments à Hambourg et le troisième à Lubeck ;
La 2e division a ses trois régiments campés près de Rostock ;
La 3e division a un régiment à Hanovre et deux à Magdebourg ;
La 4e division à deux régiments à Stettin et un à Magdebourg ;
La 5e division est la plus disséminée ; elle a un régiment, le 25e, entre le Weser et la Jahde ; le 57e est entre Dorum et Ritzbuttel ; le 61e régiment est à Stade et environs ; le 111e est à Ratzebourg et environs.

J'eusse désiré pouvoir faire baraquer ces quatre régiments, mais on est en France et les dépenses eussent été très grandes : c'est ce qui m'en a empêché.

La cavalerie est cantonnée dans un rayon d'une lieue ou une lieue et demie, de manière à pouvoir manœuvrer par régiment deux ou trois fois par semaine.

PRINCE D'ECKMUHL.

Corps de l'Elbe : emplacements des cinq divisions d'infanterie ; cantonnements de la cavalerie.

---

1. Voir le croquis joint au compte rendu du prince d'Eckmuhl à l'Empereur, en date du 30 août 1811, page 152.

LE PRINCE D'ECKMUHL A L'EMPEREUR.

Septembre 1811 (vraisemblablement le 8 ou le 9).

Renseignements sur l'armée russe. Sire, j'ai l'honneur d'adresser à Votre Majesté les derniers rapports de Varsovie.

PRINCE D'ECKMUHL.

Extrait d'un rapport de Lomza, du 27 août 1811.

On dit qu'une division russe forte de 15.000 hommes est arrivée dans les environs de Grodno et une autre dans celle de Brzesc.

De Seyny, du 24 août 1811.

Les régiments de cosaques de Denisov et Jelowayski (*Ilovaïsky*) ont occupé les postes de frontière dans le district de Bialystok; les régiments qu'ils ont relevés ont reçu ordre de se porter à Vilna.

Le gouvernement de Bialystok a demandé aux propriétaires de ce district combien et à quel prix chacun d'eux pourrait livrer, aux magasins devant être nouvellement formés, de grains en nature, farine et gruau.

Le régiment de cosaques de Radziwanow a quitté Kovno le 15 du courant et s'est porté à Iourbourg; il a été remplacé par celui de Platov IV.

Il doit être arrivé dans le district de Rosienne (*Rossiena*) sept nouveaux régiments dont quatre d'infanterie et trois de cavalerie, que l'on dit venir du côté de Riga et devoir se porter en Prusse, lors de l'arrivée des autres destinés aussi pour ce pays. (Cette nouvelle a besoin d'être confirmée.)

On mande du 16, de Grodno, que les nouvelles d'une guerre certaine commencent à s'y répandre. On s'attend à de grands événements pour le 16 septembre. Les troupes qui se trouvent du côté du duché augmentent leurs précautions. La frontière est strictement fermée sur tous les points. On ne laisse passer qui que ce soit sans faire la revision de tous ses papiers, quand bien même il serait connu et pourvu d'un passeport de Pétersbourg.

Extrait d'un rapport du général Rozniecki, en date du 30 août, d'Ostrolenka.

Un régiment d'infanterie de la division de Baggovout est venu à Rosienne (*Rossiena*), où il devait être suivi de deux autres régiments de la même division; car deux régiments de cette division resteront à Vilna jusqu'à ce que d'autres troupes reviennent pour les y remplacer.

Szawle (*Chavli*) vient d'être occupé par un régiment d'infanterie supposé appartenir à la 5ᵉ division ou à la 4ᵉ de Baggovout.

Le régiment de hussards de Szumsk s'est porté sur Telsze (*Telch*). Deux nouveaux régiments de cosaques ont renforcé le nombre de ceux connus, ce qui les porterait aujourd'hui à 10.000, vu qu'ils seraient vingt pulks de 500 chevaux chacun, ayant reçu nouvellement des recrues pour les compléter.

SEPTEMBRE 1811.

Les deux nouveaux pulks sont cantonnés l'un à Nowemiasto (*Novo-Miesto*), l'autre à Balince (?). Ces deux endroits sont sur la Niéviara, qui tombe dans le Niémen au-dessous de Kovno.

Les recrues de cosaques qui arrivent des bords du Don assurent qu'on y fait armer et marcher vers la Pologne tout ce qui est en état de porter les armes. Une nouvelle division complète est attendue à Vilna. Cela ne peut être sans doute que la 17°, la 5° ou la 14°, qui sont en ce moment en Courlande et en Livonie.

On mande de Grodno qu'on y a fait venir des cartouches pour les faire distribuer aux cosaques en temps et lieu.

Note dictée par l'Empereur en conseil du commerce.

Compiègne, le 9 septembre 1811.

Le droit des neutres est qu'un bâtiment innocent ne peut jamais être pris, dans quelque lieu qu'il aille.

Par exemple, un bâtiment part de New-York; ses papiers sont pour Brest, il n'a que des marchandises dont l'entrée est permise; il ne voulait donc que faire le commerce et non la guerre. La place se trouve assiégée, mais il l'ignorait; la croisière peut l'empêcher d'entrer, mais non le prendre.

Les Anglais ont suppléé à cela par la notification du blocus; aussi une note du ministère prévient les étrangers et les consuls que telle place est bloquée; dès lors tout bâtiment qui y va est censé coupable; c'est contre cela que nous nous récrions.

Les droits des neutres sont établis par le traité d'Utrecht; ils consistent en ce que le pavillon couvre la marchandise. Un pavillon neutre peut naviguer d'un port ennemi à un port ennemi, ou d'un port ennemi à un port ami; il peut même faire le cabotage, mais il ne peut porter des marchandises prohibées. Il pourrait porter des draps de Carcassonne à Alger ou à Anvers sans qu'on eût rien à dire.

Ce n'est pas que, les Anglais méconnaissant les droits des neutres, on ne pût très bien, en bonne justice, prendre un bâtiment qui, méchamment, va à Cadix assiégé et y porte des vivres; mais ce serait décider une question qu'il nous convient de laisser en suspens.

Blocus continental: du droit des neutres.

LE PRINCE D'ECKMUHL A L'EMPEREUR.

Stade, le 10 septembre 1811.

Opinion du maréchal Davout sur l'effectif des compagnies et la formation d'un 7ᵉ bataillon par régiment. Fonctionnement des écoles régimentaires.

Sire, je reçois la lettre de Votre Majesté, du 5 septembre, par laquelle elle me demande mon opinion sur les questions de savoir :

1° S'il conviendrait de porter l'effectif de toutes les compagnies du corps d'armée à 160 hommes ;

2° S'il serait préférable de créer à chaque régiment un 7ᵉ bataillon ;

3° Et si un effectif de 960 hommes faisait un trop gros bataillon, on ne pourrait pas former dans chaque régiment 2 bataillons de 10 compagnies d'élite, ce qui ferait 7 bataillons par régiment, savoir : 5 bataillons à 4 compagnies et 2 bataillons d'élite à 5 compagnies.

Avant de répondre à ces questions, je dois, Sire, vous faire les observations que m'ont fait naître les revues que je viens de passer de trois régiments de votre armée d'Allemagne, les 13ᵉ d'infanterie légère, 17ᵉ de ligne et 61ᵉ, que je viens de voir aujourd'hui.

Les compagnies ont en général un effectif de 120 hommes, et de 100 à 110 présents ; elles m'ont presque paru suffisantes pour le nombre des officiers ; pour peu qu'il y aurait de malades, ce que l'on peut supposer, elles sont tout ce que peuvent surveiller deux officiers.

Ces compagnies, qui ont un effectif de 120 hommes, en auront au moins 140 avec ce que l'on doit envoyer de Wesel ; elles seront réellement alors de 120 à 130 hommes présents, et je crois qu'il ne faut pas dépasser ce nombre.

Ces observations répondent à la première question.

Quant à la seconde, je trouve qu'il serait préférable de former un 7ᵉ bataillon.

Dans six semaines ou deux mois, les cinq bataillons de guerre pourront fournir à Votre Majesté des cadres pour un 7ᵉ bataillon, en bons sous-officiers, instruits et ayant, pour la plupart, dans tous les régiments, le nombre d'années de service requis par votre décret.

Il y aura cependant quelques régiments où il faudra faire quelques exceptions relativement à ces cadres ; mais, alors, cela ne souffrira aucun inconvénient, en faisant sous-officiers les hommes qui l'étaient et que j'ai fait rentrer dans les rangs par défaut du nombre d'années de service[1]. Je n'ai voulu admettre aucune exception. Je les ai fait tous mettre aux écoles régimentaires, où ils se perfectionneront et auront acquis, en fort peu de temps, tout ce qui constitue le bon sous-officier.

Ma réponse à la troisième question est, Sire, que le plus mauvais parti à prendre serait celui de former, sur les 7 bataillons, 5 bataillons à 4 compagnies et 2 bataillons d'élite à 5 compagnies.

Sans doute que ces deux bataillons seraient d'excellentes troupes ; mais ce ne serait qu'au détriment des cinq autres ; il faudrait leur ôter trop de ces hommes qui donnent l'impulsion et déterminent les succès.

J'ai parlé à Votre Majesté des écoles régimentaires ; elles remplissent bien au delà de ce qu'on pouvait en espérer. Je les ai vues dans le plus

---

1. C'est-à-dire deux années au moins.

grand détail ; il y règne un excellent esprit et beaucoup d'émulation. Elles seront une pépinière d'excellents officiers et sous-officiers. Le 61ᵉ a une très grande richesse ; j'ai vu aujourd'hui 60 soldats, dont la presque totalité a le nombre d'années de service requis ; ils ont en outre une belle écriture, ils connaissent les quatre règles, possèdent le ton du commandement et feront de bons sous-officiers. J'ai remarqué que la conscription du Haut-Rhin a fourni beaucoup de soldats qui savent écrire l'allemand.

Le 13ᵉ d'infanterie légère a autant de ressources ; le 17ᵉ moins. Dans le 61ᵉ, il y a eu, depuis le 15 août, un peu plus de malades. Ce sont des fièvres éphémères, et nullement inquiétantes, qui cèdent facilement. Le régiment a, à peu près, un douzième de malades.

Je fais faire quelques changements dans les cantonnements que j'ai remarqués fournir des malades.

Il y a quelques places vacantes, mais le ministre de la guerre a les mémoires de proposition. Ce régiment vient de recevoir un chef de bataillon nommé Duhaupt, qui sort du 122ᵉ régiment. Il est incapable de faire un service actif ; cet officier a des moyens, mais il a huit blessures, un palais en or, beaucoup de difficultés à parler, et il est estropié de la main droite. M. Duhaupt serait plus utile à Votre Majesté dans un poste ou dans le commandement d'une place de guerre qu'à la tête d'un bataillon. La seule revue d'aujourd'hui l'a mis sur les dents.

Je pars demain matin pour Cuxhawen, pour aller voir le 57ᵉ régiment.

PRINCE D'ECKMUHL.

LE PRINCE D'ECKMUHL A L'EMPEREUR.

Stade, le 10 septembre 1811.

Du pont de bateau confectionné à Danzig.

Sire, je viens de recevoir la lettre de Votre Majesté du 5 septembre, sur le pont de bateaux dont elle a ordonné la confection à Danzig.

Votre ministre de la guerre a dû vous informer, Sire, que tout était prêt, et qu'il n'y avait plus qu'à le monter.

L'ordre a été donné de ne l'assembler que quand cela serait prescrit.

A mon retour à Hambourg, je donnerai à Votre Majesté tous les renseignements qu'elle désire.

PRINCE D'ECKMUHL.

Décret.

Au palais de Compiègne, le 11 septembre 1811.

Formation des compagnies d'artillerie dans les 11ᵉ léger, 127ᵉ, 128ᵉ et 129ᵉ de ligne.

ART. 1ᵉʳ. — Les 11ᵉ régiment d'infanterie légère, 127ᵉ, 128ᵉ et 129ᵉ régiments de ligne, composant la 6ᵉ division du corps d'observation de l'Elbe[1], formeront au 1ᵉʳ novembre leur compagnie d'artillerie

---

1. La composition de cette 6ᵉ division est modifiée au mois de décembre, en raison du mauvais esprit des régiments. (Voir les lettres de l'Empereur en date des 12 et 16 novembre et 25 décembre 1811.)

et recevront leurs caissons et pièces comme les autres régiments des corps d'observation de l'Elbe, à raison de 4 pièces par régiment. Ils recevront également leurs caissons de transports militaires.

Il y aura auprès de cette division une compagnie d'artillerie à cheval et une d'artillerie à pied, comme auprès de toutes les autres divisions de l'armée, de sorte que l'artillerie de cette division se trouvera composée de 16 pièces de 3, de 10 de 6 et de 4 obusiers.

Il y aura également une compagnie de sapeurs avec leurs outils.

Art. 2. — Les mesures seront prises pour qu'au 1er décembre le matériel et le personnel soient réunis auprès de l'état-major du régiment, afin que, les régiments venant à partir, ils aient les mêmes quantités que les autres.

Napoléon.

L'EMPEREUR AU PRINCE D'ECKMUHL A HAMBOURG.

Compiègne, le 12 septembre 1811.

Mesures pour la défense des mouillages de l'Elbe, du Weser et de la Jahde.

Mon Cousin, il y a à Cuxhaven quatre ou cinq batteries; elles ne pourraient point être défendues contre un débarquement. Il faudrait choisir le point le plus favorable pour défendre le mouillage de l'Elbe et y projeter un pentagone; de sorte que 4 ou 500 hommes pussent y soutenir un siège de douze ou quinze jours de tranchée ouverte, ce qui mettrait à l'abri de toute insulte la flottille et l'embouchure de l'Elbe. Si l'on pouvait protéger ce fort par des inondations, il deviendrait plus fort; on l'augmenterait successivement, de manière à avoir là par la suite une place très forte. L'ennemi ne pourra s'emparer de ce point qu'en faisant un débarquement de 2.000 hommes; mais ces 2.000 hommes ne pourront pas espérer de s'y maintenir longtemps, parce qu'il y aura toujours dans les environs des forces supérieures prêtes à se rassembler. L'ennemi ne peut donc tenter cette opération qu'avec un corps de 7 ou 8.000 hommes; alors elle devient trop importante. Si le terrain est bien choisi et l'inondation bien tendue, cette expédition, même avec 15 ou 20.000 hommes, mettra vingt ou trente jours à prendre cette place. Il faut donc avoir un plan de l'Elbe et de ses sondes, ou bien connaître les passes et les détails, pour pouvoir bien choisir le point le plus favorable pour l'établissement d'une place de cette nature. On ne conservera alors dans les batteries actuelles que des obusiers et des pièces de 12 de campagne, pour pouvoir les faire rentrer facilement dans la place; alors rien ne tenterait l'ennemi. Il faut choisir un pareil emplacement pour défendre le Weser et un autre pour la Jahde. Le Weser est plus important que la Jahde, mais il l'est moins que l'Elbe. Ces trois places, ainsi situées à l'embouchure des rivières, forment le véritable système à établir sur ces côtes; de sorte que la division qui les défendra, ayant une brigade sur l'Elbe, une brigade sur le Weser et une autre sur la Jahde, et occupant par ses avant-gardes ces trois forts, serait très bien disposée pour la protection de ces côtes. Ainsi, je demande trois projets pour trois forts placés comme je viens de l'expliquer. Les mémoires, les projets, les devis seront appuyés sur des plans, des cartes, des sondes et des nivellements. Une grande place de dépôt sur l'Elbe n'en est pas moins nécessaire; mais c'est une question d'une tout autre importance et qui ne peut empêcher d'avoir, au lieu de batteries, trois forts qui mettront 1.000 hommes et trois batteries à l'abri de toute insulte, qui protégeront la navigation et les débouchés. Il faut que vous chargiez de ce travail le général du génie.

NAPOLÉON.

Le même jour, l'Empereur donne son approbation à une mesure d'autorité prise par le maréchal Davout en sa qualité de chef d'armée.

L'EMPEREUR AU PRINCE D'ECKMUHL.

Compiègne, le 12 septembre 1811.

Mon Cousin, je reçois votre lettre. Le ministre de la guerre a tort d'envoyer aucun ordre de mouvement à vos officiers. Tout doit vous être d'abord adressé; vous seul devez savoir ce qu'il y a à faire, puisque vous commandez une armée et non pas une division.

J'approuve donc la mesure que vous avez prise, de retenir les officiers désignés pour des grades supérieurs jusqu'à ce qu'ils soient remplacés.

NAPOLÉON.

LE PRINCE D'ECKMUHL A L'EMPEREUR.

Ritzbuttel, le 12 septembre 1811.

Compte rendu de l'inspection passée au 57ᵉ de ligne.

Sire, j'ai l'honneur de rendre compte à Votre Majesté que j'ai passé aujourd'hui la revue du 57ᵉ régiment. Je l'ai trouvé dans un état de santé beaucoup plus satisfaisant que je ne devais m'y attendre.

Ce régiment a un effectif de 4.083 hommes, dont 731 aux hôpitaux, mais je dois observer à Votre Majesté que, sur ces 731 hommes, il faut en défalquer 369, qui n'y sont portés que pour mémoire et n'ont jamais rejoint; ils sont restés dans les hôpitaux de Walcheren, dans les lieux de passage, ou au dépôt des régiments; ainsi, ce régiment n'a donc de malades, depuis le tiercement, que 362 hommes, ce qui est environ le douzième, proportion la plus avantageuse qu'on puisse avoir dans la saison actuelle et après les marches qu'ont faites les 4ᵉ et 6ᵉ bataillons et les compagnies qu'il a reçues de Walcheren.

Sur les 362 malades, je puis affirmer à Votre Majesté que plus des deux tiers sont des nouveaux soldats des 4ᵉ et 6ᵉ bataillons et de ceux venus de Walcheren.

Je dois dire aussi que je ne comprends pas, dans les 362 malades, 244 hommes qui sont à l'infirmerie régimentaire, puisque ce sont des galeux ou des vénériens que l'on peut considérer comme disponibles.

Ce sont surtout les compagnies venues de Walcheren qui ont fourni des galeux. Sous dix à douze jours, tous ces traitements seront achevés.

Pour donner des idées exactes à Votre Majesté, je lui adresse l'état de situation de ce régiment au 12 septembre, qui est le résultat de la revue du sous-inspecteur.

J'ai été extrêmement satisfait de l'inspection de l'école régimentaire de ce régiment; j'y ai trouvé plus de 60 soldats ayant au moins deux ans de service, sachant bien lire, ayant une bonne écriture, connaissant les quatre règles, et susceptibles de faire de bons sous-officiers.

Dans ce calcul, je suis encore au-dessous des ressources en ce genre. Quelqu'un de moins sévère aurait pu les porter à 100 soldats; mais les autres ne sont pas assez forts sur les quatre règles et n'en connaissent bien que trois. Il leur faut encore un mois.

Sur quatre régiments de votre armée, Sire, dont je viens de passer la revue, il y en a deux autres qui offrent autant de ressources: les 13ᵉ léger et 61ᵉ de ligne.

Je n'ai point trouvé autant de ressources dans le 17ᵉ de ligne. Cependant, il y en a suffisamment pour faire un cadre de bataillon.

Le général Compans va passer après-demain la revue du 25ᵉ régiment de ligne. Par les renseignements que j'ai, je dois le supposer dans le même état de santé que le 57ᵉ. Immédiatement après la revue, il sera réuni en entier à Bremen, afin qu'il puisse manœuvrer; lorsqu'il y sera établi je le verrai; ce pourra être vers les premiers jours d'octobre.

PRINCE D'ECKMUHL.

Injonction faite à la cour de Berlin de cesser ses armements. — L'Empereur somme la Prusse de cesser immédiatement ses mesures d'armement, sinon le ministre de France sera rappelé et le maréchal Davout se portera sur Berlin avec son armée.

L'EMPEREUR AU PRINCE D'ECKMUHL, A HAMBOURG.

Compiègne, le 14 septembre 1811.

Mon Cousin, j'ai expédié aujourd'hui un courrier pour Berlin. J'ai donné ordre au comte de Saint-Marsan que, si la Prusse ne cesse point les travaux de fortifications et d'approvisionnement des places de Spandau, de Colberg et tous ses mouvements d'armement, il ait à quitter Berlin.

Mon intention est qu'aussitôt que le comte Saint-Marsan aurait quitté Berlin, ce dont il ne manquera pas de vous instruire, vous vous portiez de votre personne sur cette capitale avec votre armée. Vous auriez soin de renforcer la division du général Dessaix, à

Stettin, de plusieurs brigades de cavalerie et d'une division d'infanterie, afin qu'elle soit assez forte pour détruire le pont que les Prussiens ont sur l'Oder et d'intercepter le passage de ce fleuve.

Vous préviendrez dans ce cas le roi de Westphalie, qui réunirait ses troupes à Magdebourg. Vous écririez en Saxe, pour que les troupes saxonnes soient réunies à Glogau. Vous écririez à Dresde et à Varsovie (pour ce qui regarde l'armée du grand-duché), pour qu'on interdît le passage de la Vistule à toutes troupes, charrois, munitions, etc., pour qu'on désarmât et fît prisonnières toutes les troupes que l'on trouverait et pour qu'on prît tous les canons et tous les trains. Je n'ai pas besoin de vous dire que vous devez prévenir, à Stettin, à Glogau, à Custrin, à Danzig, de se tenir sur ses gardes. Prenez vos mesures d'avance, pour que je n'aie pas sur la ligne d'étapes des hommes isolés, des convois et autres choses qui seraient sacrifiés. Si je perds un homme ou un caisson, j'aurais le droit de vous en témoigner mon mécontentement : tout doit être groupé dans les places fortes et en masses.

Ma résolution est si fortement exprimée que j'espère que la Prusse sentira son impuissance et la folie de ses prétentions et que le comte Saint-Marsan ne partira pas.

Mon intention est d'abord que vous ne fassiez aucun préparatif qui puisse menacer. Vos troupes doivent être sur l'alerte et avoir leurs quatre jours de vivres sous prétexte d'une revue. Si vous entrez en Prusse, il ne faut faire aucune proclamation, ne rien dire; mais tout prendre et tout désarmer et surtout faire observer une bonne discipline.

Il faudrait, dans ce cas, tâcher de surprendre Spandau.

NAPOLÉON.

L'EMPEREUR AU PRINCE EUGÈNE NAPOLÉON, VICE-ROI D'ITALIE.

Compiègne, le 14 septembre 1811.

Mon Fils, je vois, par votre état de situation du 1er septembre, que le corps d'observation d'Italie serait inférieur à l'évaluation que j'en ai faite. Il manque à la 1re brigade du général Huart 1.200 hommes pour être au complet de 140 hommes par compagnie, 800 à la seconde brigade, ce qui ferait 2.000 hommes pour la 1re division. Il manque à la 2e division 1.600 hommes ; à la 3e, 400 hommes ; il faudrait donc 4.000 conscrits. Le 29e et le 112e seraient complets à 140 hommes par compagnie. La division italienne aurait besoin de 1.100 hommes. Faites-moi un état comparatif exact. Je vais mettre en marche des conscrits de Toulon, au nombre de 4.000, afin que vos compagnies puissent avoir 140 hommes par compagnie. Vous ne portez la division de cavalerie légère qu'à 4.200 chevaux ; cepen-

Corps d'observation d'Italie: des hommes manquants.

dant, il y a neuf régiments; il faut les porter au moins à 7.200. Vous ne portez les dragons qu'à 2.600; il faut les porter à 3.000, ce qui fait 10.000 chevaux, y compris 3.000 hommes du génie et de l'artillerie. Cela fera une armée de 54.000 hommes. Il faudrait y ajouter la Garde italienne qui complétera une armée de 60.000 hommes.

NAPOLÉON.

L'EMPEREUR AU MINISTRE DE LA GUERRE.

Compiègne, le 16 septembre 1811.

Fonds accordé à Danzig et aux places de l'Oder; utilité d'établir à Danzig, un atelier de construction, une fonderie et une poudrière.

Vous verrez par décret de ce jour, qui règle un fonds spécial pour Danzig et les places de l'Oder, que j'ai accordé un fonds de 800.000 francs pour l'artillerie à Danzig[1]. Il est convenable que vous me présentiez un décret pour la distribution de ces 800.000 francs. Danzig étant notre dépôt pour toute la guerre du Nord, il est convenable d'y avoir une grande quantité d'outils, de sacs à terre et d'affûts. Il faut des affûts de place en grand nombre pour la place; mais il en faut aussi pour les équipages de siège. Un petit arsenal de construction avec une bonne compagnie d'ouvriers d'artillerie français, que l'on pourrait même augmenter d'ouvriers de la marine, me paraît très nécessaire à Danzig, afin que tout le matériel puisse y être réparé. Il conviendrait même peut-être d'établir à Danzig une petite fonderie où l'on pût couler des canons de bronze et des mortiers. Cette fonderie et ses établissements nous seraient d'une grande utilité dans cette position. Il faudrait également y établir une poudrière.

(D'après la minute.)

Le ministre directeur de l'administration de la guerre est informé également du fonds spécial créé pour Danzig et les places de l'Oder.

Monsieur le comte de Cessac, vous verrez par le décret de ce jour qui règle un fonds spécial pour Danzig et les places de l'Oder, que j'ai laissé un fonds de 200.000 francs pour construction de chariots

---

1. Ce décret instituait une *recette spéciale de Danzig et de l'Oder*.
Cette recette spéciale, qui se composait des produits tirés des douanes, des saisies, des prélèvements sur les marchandises coloniales vendues, était évaluée à plus de 6.300.000 francs. Ce fonds spécial était affecté de la manière suivante :
1° Au *ministère de la guerre*, la moitié environ, soit 3 millions, pour les dépenses des travaux de l'artillerie et du génie dans les places de Danzig et de l'Oder.
2° A l'*administration de la guerre*, une somme de 2 millions pour les approvisionnements de ces mêmes places et la construction d'équipages militaires à Danzig.
Un *fonds de réserve* de 1.300.000 francs était destiné à être distribué selon les circonstances.

à Danzig. Je désire que vous ordonniez sur-le-champ qu'on établisse un atelier de construction à Danzig, où le bois est abondant, et que vous fassiez construire 100 chariots, soit sur le modèle de ceux que j'ai adoptés, qui portent quatre ou cinq milliers, soit sur tout autre modèle qui serait plus propre à la guerre de Pologne. Il serait convenable d'avoir à cet effet un atelier et des ouvriers à Danzig, et que, tout en construisant ces charrettes, on puisse aussi y réparer les fourgons ; qu'enfin, on pût avoir là un centre de réparation et de construction qui eût les moyens de pourvoir à tous les besoins de l'armée.

Présentez-moi un projet d'organisation de cet établissement.

NAPOLÉON.

Le même jour, 16 septembre, l'Empereur prescrit, comme il l'a déjà fait le mois précédent (12 août), d'envoyer en Allemagne tous les hommes disponibles dans les dépôts de cavalerie.

Il faudrait donner des ordres à tous les dépôts de cavalerie, tant chasseurs et hussards que cuirassiers, pour qu'ils fassent partir tous les hommes montés et équipés pour leur régiment en Allemagne.

Rapport du général Rapp, communiqué à l'Empereur le 16 septembre 1811.

Danzig, le 28 août 1811.

Compte rendu des bruits de guerre répandus en Allemagne.

Depuis quelques jours, il se répand des bruits de guerre ; les rapports particuliers et les lettres annoncent ce grand événement. On dit que les troupes françaises, en garnison sur la rive gauche du Rhin, passent le fleuve sur différents points et se dirigent sur Magdebourg. On dit que les logements pour S. M. l'Empereur sont préparés à Bonn, que le prince d'Essling est nommé gouverneur de Hambourg, que le prince d'Eckmühl doit marcher avec son armée et que le duc de Reggio vient prendre le commandement d'un nouveau corps d'armée.

On dit qu'à Berlin on est dans une grande inquiétude et incertitude des événements ; en huit jours les papiers d'État y sont tombés de 10 p. 100. Les régiments de l'armée sont complets et prêts à marcher et les chevaux pour l'artillerie sont désignés dans les bailliages.

Le bruit court que les Russes font arriver leur artillerie sur les frontières et qu'ils augmentent les troupes qui y sont, en en envoyant (sic) de nouvelles sous prétexte de les relever.

On assure que l'armée russe de Turquie a beaucoup souffert dans les dernières affaires, qu'elle a été obligée de repasser le Danube en brûlant des ponts et abandonnant la Serbie entière ; on dit que les Turcs se disposent à passer le Danube.

Gal RAPP.

Le résident de France à Varsovie au prince d'Eckmühl.

(Ce rapport, parvenu le 11 septembre au maréchal Davout, a dû vraisemblablement être transmis à l'Empereur, bien qu'on n'ait retrouvé aux archives aucune lettre d'envoi.)

Varsovie, le 4 septembre 1811.

Renseignements sur les mouvements de l'armée russe.

Les rapports qu'on transmet à Votre Excellence font de nouveau mention d'augmentation de troupes en Lithuanie. L'agent que j'ai à Vilna m'a prévenu, il y a déjà quelque temps, qu'il y aurait des manœuvres au 15 septembre. Il est possible qu'il se fasse quelques rassemblements pour ces manœuvres, et de là peut-être les bruits qui circulent.

Votre Excellence aura vu aussi dans une suite de rapports antérieurs qu'il y avait à Luck (*Loutsk*) une réunion de douze régiments, réunion qu'ensuite on avait réduite à six. Un de mes agents a été sur les lieux. Il n'y a eu en tout au camp de Luck (*Loutsk*) que les régiments de Moscou, de Libau et de Pscoff, qui, comme nous le savons, appartiennent à la 7ᵉ division, commandée par le général Kapcewicz (*Kaptsevitch*) et depuis longtemps déjà en cantonnement dans cette contrée. Le résultat de cette vérification est un motif de plus d'être en garde contre les avis de prétendus mouvements qui se reproduisent d'un jour à l'autre.

ED. BIGNON.

Rapports.

(Ces rapports, qui n'étaient accompagnés d'aucune lettre d'envoi, ont dû être transmis par le prince d'Eckmühl à l'Empereur vers la mi-septembre.)

Extrait du rapport d'un officier se trouvant sur la frontière russe, du 26 août 1811.

Renseignements sur la Russie.

Le général Tuczkow (*Toutchkov*) a son quartier général en Podolie et commande trois divisions, dont la plus grande partie se trouve en Valachie.

Le général Doktorow (*Dokhtourov*) a sous ses ordres quatre divisions qui sont aussi toutes en partie dans la Valachie. La division du général Czaplic (*Tchaplits*) cantonne aux environs de Human (*Ouman*); elle est composée des régiments de cuirassiers de l'Empereur, des dragons d'Ingermanland, du régiment Konno-Litewski, et de celui des hussards de Pawlograd.

A Polonna (*Polonnoé*), il se trouve cinq compagnies d'artillerie à pied avec 12 pièces de campagne à chacune, sous les ordres du général Siewer.

A Lubar (*Lioubar*), il y a trois compagnies de cette même artillerie, commandée par le général-major Arakowiez.

Les deux compagnies d'artillerie qui se trouvaient à Ostrog se sont rendues à Pinsk.

Quinze régiments de cosaques se sont dirigés sur la Lithuanie, par Pinsk et Kowno[1].

---

1. Sans doute Rovno.

Le magasin qui se forme à Luck (*Loutsk*) devra être très considérable, puisqu'on y évacue ceux de tout le gouvernement; 3.000 bœufs sont employés à ces transports.

Un déserteur autrichien, qui depuis dix-huit ans se trouvait à Bukowine auprès des haras impériaux, a déposé que, des dix-huit haras qui s'y trouvent, quinze doivent être transportés en Hongrie, au Banat et en Bohême, vu que les Autrichiens craignent les Russes qui se rassemblent en Podolie et s'étendent jusque près de Zaleszczyky.

La division du général Lambert, qui était cantonnée aux environs de Braclaw (*Bratslav*), vient de partir pour la Valachie.

Extrait d'un rapport de Terespol, du 31 août 1811.

Il n'y a aucun mouvement dans les troupes de ligne russes cantonnées vers nos frontières.

Le régiment Konnopolski a passé par Mohilev (sur le Dniester) et Czernowic (*Tschernowitz*), se dirigeant sur la Valachie.

Le régiment Konno-Litewski est à Dobrowica (*Dombrovitsa*). Les généraux Doktorow (*Dokhtourov*), Czaplic (*Tchaplits*) et Wasilezykow viennent d'y arriver.

Extrait du rapport d'un officier commandant des postes de frontière de Krylow, du 30 août.

Le général Doktorow (*Dokhtourov*) a dû recevoir, le 23 du courant, par un courrier de cabinet, l'ordre que sa division devait être prête à marcher et que chaque régiment pût être réuni en vingt-quatre heures.

Il y a beaucoup de désertion et un grand mécontentement dans l'armée russe.

Extrait d'un rapport de Hrubiezow, du 27 août 1811.

Des lettres reçues de la Russie renouvellent les bruits d'une guerre prochaine, qui se répandent en ce moment plus que jamais.

Depuis dix jours, on a commencé à augmenter de tous côtés les magasins de Luck (*Loutsk*), Dubno et Kowel, dans lesquels il se trouve déjà près d'un million de czetwerts[1].

Le régiment Libawski, colonel Lapow, est cantonné à Luck (*Loutsk*) et à Dubno.

A Kowel, il y a un régiment d'infanterie commandé par le colonel Manachtyn.

On s'attend dans ces environs à l'arrivée de nouvelles troupes pour lesquelles les magasins susmentionnés ont été préparés.

Copie d'un rapport au général Rozniecki, d'Ostrolenka, du 31 août 1811.

Plusieurs régiments de cosaques ont traversé la Wolhynie pour se rendre sur la frontière de la Lithuanie, en passant par Pinsk. Cette

---

1. Mesure de capacité équivalant à 209 litres.

nouvelle est confirmée par mes correspondants de Kowno et de Kobryn, qui m'annoncent que cinq régiments de cosaques venus de la Moldavie sont venus en Wolhynie.

Le général Tuczkow (*Toutchkov*) — celui qui avait été à Kamieniec (*Kaménets*) comme gouverneur, et que j'avais présumé encore au commencement de mai être destiné à prendre le commandement actif comme général réputé — a pris le commandement des divisions Suwarow (*Souvarov*), Lewis et Dolgoruki. Son quartier général est à Ywaniek (*Ivanets*); une partie ce cette division est en Moldavie. Le reste à cheval sur le Dniester depuis Ywaniek (*Ivanets*) jusqu'à Iampol.

Plusieurs régiments de cavalerie qui cantonnent en Ukraine et quelques régiments appartenant à ce corps d'armée, ainsi que deux régiments d'infanterie qui avaient cantonné sur le Dniester, se sont dirigés sur la Moldavie. La cavalerie a été prise en partie dans la division du général Czaplic (*Tchaplits*), ce qui a diminué cette division.

Le général Doktorow (*Dokhtourov*) a gardé le commandement des divisions Karcewicz (*Kaptsevitch*), ainsi que de la 24e et de la 25e. Le général Czaplic (*Tchaplits*) n'a en tout, dans sa division, que le régiment de cuirassiers de l'Impératrice, celui de dragons d'Ingermanland, celui de hulans Konno-Litewski et les hussards de Pawlograd.

Les régiments les plus rapprochés de ce corps d'armée vers nos frontières sont ceux de Moskowie, mousquetaires, Luck et Kowel, celui de Skapskie à Zaslaw (*Zaslav*), un régiment de chasseurs à Rowno, celui de Lubawski aux environs de Luck (*Loutsk*), plusieurs corps appartenant aux 24e et 25e divisions ont marché vers la Moldavie.

La cavalerie du général Czaplic (*Tchaplits*) est encore dans les environs de Human (*Ouman*), excepté le régiment de hulans cantonné à Dabrowicz (*Dombrovitsa*).

L'artillerie du général Doktorow (*Dokhtourov*) est cantonnée ainsi : cinq compagnies faisant 60 pièces à Polonne (*Polonnoé*), commandées par le général Siewers, et trois compagnies ou 36 pièces à Lubar (*Lioubar*).

Les deux compagnies qui avaient été cantonnées à Ostrog se sont dirigées sur Pinsk.

On réunit à Luck (*Loutsk*) beaucoup de vivres et de fourrages, 3.000 bœufs ont été achetés pour faciliter ces transports et sont continuellement en voyage.

Les généraux Doktorow (*Dokhtourov*), Czaplic (*Tchaplits*) et Wasilczykow (*Vassiltchikov*) sont arrivés le 26 du courant à Dobrowika (*Dombrovitsa*).

Six caissons de cartouches ont été envoyés de Luck (*Loutsk*) à la frontière pour être distribués aux cosaques. Ils ont passé le 18 par Boremel (sans doute *Boromlia*).

Les nouvelles de l'extrême frontière au nord du département de Lomza confirment ce qui a déjà été annoncé plusieurs fois, qu'une quantité de charrettes russes circulent continuellement entre la Prusse et la Russie. On ne tient plus sous le secret que ce sont des munitions de guerre, que l'un de ces gouvernements envoie à l'autre en échange d'armes et autres objets de guerre.

Extrait d'un rapport du 2 septembre, d'Ostrolenka, du même général.

On a distribué des cartouches aux cosaques dans les environs de Grodno le 27 août, et le 26 à ceux dans les environs de Kowno et Olita. Chaque homme a eu six paquets de dix cartouches chaque.

La marche des cosaques qui viennent de l'intérieur de la Russie, de la Moldavie et des bords de la mer Noire, sur les frontières de la Lithuanie, se confirment de toutes parts.

Rapport du consul de Gothembourg.

Gothembourg, le 11 septembre 1811.

La Prusse est dans ce moment le sujet des conversations à Gothembourg. On espère que cette puissance fera cause commune avec la Russie et l'Angleterre. On parle du mariage du roi de Prusse avec une sœur de l'empereur Alexandre.

On nomme Graudenz comme le point de ralliement entre les Russes et les Prussiens, et Colberg entre les Prussiens et les Anglais. Cette place est le point de correspondance avec Gothembourg; effectivement, on voit beaucoup d'étrangers arrivant ici de Londres, et se rendant de suite à Colberg. On les voit aussi revenir et s'embarquer pour l'Angleterre. Ils trouvent ici toute espèce de moyens et de protections. On leur donne, en payant, des cartes de sûreté pour huit, quinze jours, un mois. On les renouvelle à volonté, toujours moyennant une rétribution, ce qui doit faire un fort bon revenu au gouverneur, comte de Rosen. La Bourse, quoique vaste, est toujours remplie d'étrangers; on n'y parle qu'anglais et allemand. Le papier sur Londres se fait couramment.

Le commerce a toute son activité ordinaire. Les bâtiments anglais déchargent et chargent dans la baie. Leurs canots entrent dans Gothembourg. Les autres bâtiments, sous pavillon neutre, et surtout américain, déchargent et chargent dans le port. On voit journellement sur le canal des embarcations chargées de denrées coloniales, qui déchargent sur les quais de la douane. Mon logement en est à cent pas sur le canal, en sorte que tout passe sous mes yeux.

Je ne cite ces faits, je le répète, que pour faire observer que s'il m'arrive de sortir, obligé de traverser le quai, les visages, dès que je parais, prennent l'expression de l'ironie. On veut me faire connaître qu'on se moque de ma présence. Je suis forcé de le dire; ma situation dans cette ville est intolérable, et tout ce qui s'y passe est en quelque sorte un outrage continuel qu'on se plaît à faire à la représentation française. Puisque la Suède ne veut point changer de système, ma présence ici est inutile au service de Sa Majesté. Je ne suis consul en cette ville que pour être le témoin oculaire de la violation de tous les engagements que la Suède a signés, et auriculaire des propos qu'on ne cesse de se permettre sur la France, ceux-ci ayant une intempérance de langue qu'il est cruel d'endurer. J'ai épuisé tous les moyens de représentations; je ne puis actuellement que répéter les mêmes faits, et mes bulletins ressemblent à des duplicatas. Les moyens de surveillance me manquent

Renseignements sur la Prusse et la Suède.

encore; personne n'ose venir chez moi. Trois de mes informateurs ont disparu.

D'un autre côté, rien ne détournera et ne diminuera l'extrême animosité qui existe contre moi dans cette ville. Ces gens ne peuvent me pardonner de n'avoir point fermé les yeux sur toutes leurs menées. Le gouverneur, comte de Rosen, a su de la bouche même du prince héréditaire à Stockolm tous les griefs que j'ai articulés contre sa conduite; et comme dans le temps il fut question de lui ôter ce gouvernement, toute cette famille, puissante par son rang et par ses alliances, prit fait et cause. Le prince héréditaire changea d'idée. Le comte de Rosen, appelé à Stockolm pour rendre compte de sa conduite, revint triomphant à Gothembourg, et le consul de S. M. l'Empereur, également appelé pour donner des renseignements que le prince héréditaire paraissait désirer, ayant cru de son devoir de dire toute la vérité, revint chargé de la haine générale. Comme on ne se cache point pour me la témoigner, on peut, tôt ou tard, me faire un mauvais parti. Je suis ici abandonné de tout le monde. Il n'y a pas un individu qui oserait se prononcer en faveur de la France; et la factorerie française à Gothembourg se composant d'un ancien boutiquier, d'un perruquier, d'un cuisinier et d'un domestique de place, quels secours, au besoin, puis-je en espérer? Je suis le seul consul, dans le Nord, qui se trouve dans une pareille position.

Je supplie donc Sa Majesté de vouloir bien me rappeler; je ne puis plus être d'aucune utilité pour son service, d'autant que j'ai le sentiment et la conviction, basés sur l'évidence des faits qui se sont passés sous mes yeux depuis plus d'un an, que la Suède joue et trompe la France. Si jamais le *græcis nulla fides* a été applicable à une nation, c'est bien à celle-ci.

Le convoi attendu de Londres est arrivé. Les vents étant contraires, la baie de Wingo est encore remplie de bâtiments de la Baltique et de l'Angleterre, qui n'attendent qu'un temps favorable pour se rendre à leur destination. On dit que le dernier convoi qui sera expédié des ports de la Baltique doit partir de Hano le 1er octobre.

Deux bricks de guerre danois viennent de s'emparer, en Norwège, d'un brick de Sa Majesté britannique de 18 canons.

HENRY DE RANCHOUR.

Le général Zayonchek au prince d'Eckmühl.

Varsovie, le 10 septembre 1811.

Renseignements sur la Russie.

Monseigneur, je m'empresse de mettre sous les yeux de Votre Altesse les renseignements ainsi que les rapports du général de division Rozniecki qui me sont parvenus depuis ma dernière dépêche.

Le service suit, dans toutes ses parties, la marche que lui ont imprimée les intentions de S. M. l'Empereur et n'offre rien de particulier dont je puisse faire mention.

ZAYONCHEK.

Extrait d'un rapport de Seyny, en date du 3 septembre 1811.

Des lettres arrivées de Vilna rapportent pour nouvelles certaines qu'il y a trois endroits désignés pour exécuter le 15 septembre (vieux style), de grandes manœuvres.

Le premier, près de Vilna, sur la place au delà du Pont Vert, où se rassembleront les troupes cantonnées dans les districts de Braclaw (*Bretslav*) et Vilkomiez (*Vilkomir*), c'est-à-dire deux régiments de hussards, deux de dragons, deux d'infanterie, une partie de l'artillerie à cheval du général Iaszwilt et une partie de celle à pied du général Worieykow, qui ont reçu des ordres à cet effet le 1er septembre.

Le second, à Rosiénie (*Rossiéna*), où quatre régiments d'infanterie manœuvreront le même jour que les autres mentionnés ci-dessus.

Le troisième, près de Riga, où il se rassemblera deux divisions pour manœuvrer en présence de l'Empereur même, ou bien du grand-duc Constantin.

Le bruit s'est répandu que le général Docktorow (*Dokhtourov*) est mort à la fin du mois dernier.

Copie d'une lettre du général Bordessoulle, commandant la 4e brigade de cavalerie légère, au prince d'Eckmühl, à Hambourg.

Lubs, le 16 septembre 1811.

J'ai eu l'honneur de rendre compte à Son Excellence que les Prussiens se recrutaient ; cette recrue est beaucoup plus forte qu'on ne l'avait annoncé. J'ai appris aujourd'hui, par un bailli que j'avais chargé de prendre des renseignements, que l'on enlève 600 hommes dans huit cercles dont la population peut être de 30.000 âmes au plus. Cette levée est aussi considérable dans tous les États de la monarchie prussienne.

On ne se contente pas seulement des jeunes gens, on prend jusqu'à l'âge de 40 ans et même au delà.

Les baillifs des trois cercles font enlever ces hommes pendant la nuit, sans les avoir prévenus qu'ils étaient requis pour le service militaire.

Il se forme trois camps : le premier à Stargard en Poméranie, le second près Colberg, et le troisième près Kœnigsberg. Ils doivent, dit-on, être de 20.000 hommes chacun. Il restera peu de monde de l'armée prussienne sur la rive gauche de l'Oder.

Il circule, en Prusse, qu'il existe une coalition entre les Russes, les Anglais et les Prussiens. Si les hostilités commencent, ce qui est à Colberg et à Stargard sera embarqué à Colberg et transporté à Kœnigsberg, si les Polonais et les Français se réunissaient pour empêcher l'armée prussienne de passer la Vistule.

On tient ces bruits de plusieurs marchands de bœufs qui achètent des bestiaux à Mecklembourg pour les conduire sur Berlin, et de là à Stargard.

On cherche aussi des chevaux pour les officiers supérieurs.

Quoique Son Excellence sache probablement ce qui se passe en Prusse, je vous prierai de lui communiquer ces renseignements, que je tiens d'un

Renseignements sur la Prusse.

homme qui nous est dévoué, et qui ne les a donnés qu'après s'être, pour ainsi dire, assuré de leur véracité.

On assure aussi que l'on évacuera de Berlin sur Colberg tous les objets précieux.

Général BORDESSOULLE.

LE PRINCE D'ECKMUHL A L'EMPEREUR.

Hambourg, le 18 septembre 1811.

Compte rendu des mesures prises pour tenir les troupes en alerte. Renseignements sur les Russes et les Prussiens.

Sire, j'ai reçu la lettre de Votre Majesté, du 14 septembre, où elle me donne connaissance de l'ordre donné au comte de Saint-Marsan, dans le cas où les Prussiens ne cesseraient pas leurs travaux et leurs armements. J'aurai l'honneur de rendre compte demain à Votre Majesté des mesures que j'ai prises dans le sens de sa lettre; aucun préparatif n'est fait; les troupes sont sur l'alerte et toutes les mesures sont prises sans qu'il soit possible d'en tirer des conjectures.

Comme l'important dans une affaire de cette nature est de ne pas perdre de temps, j'ai prié M. de Saint-Marsan de faire connaître son départ aux trois gouverneurs des places de l'Oder et au chargé d'affaires de Votre Majesté à Dresde, M. Lajard. J'ai adressé dans tous ces endroits-là des instructions qu'on mettra à exécution si on reçoit cet avis de M. de Saint-Marsan; je gagne par ce moyen au moins huit à dix jours; ayant fait demander au directeur des postes s'il avait une occasion sûre pour M. de Saint-Marsan, il m'a envoyé en réponse une dépêche qu'il venait de recevoir pour lui du ministre des relations extérieures, et qu'il allait faire partir par la poste ordinaire, c'est-à-dire par les bureaux prussiens, où elle aurait été certainement ouverte; comme il était possible que ce fut celle que Votre Majesté fait écrire à son ministre à Berlin, je l'ai fait partir par un courrier extraordinaire, ainsi que ma lettre.

J'adresse ci-joint à Votre Majesté différents rapports de Varsovie et d'autres sur les Prussiens. Les mouvements de ces derniers se confirment et prennent de l'importance. Il paraîtrait aussi qu'il y aurait quelques mouvements de la part des Russes.

Votre Majesté trouvera aussi des rapports de son consul à Gothembourg.

PRINCE D'ECKMUHL.

Création d'un bataillon de sapeurs-pompiers.

Par décret du 18 septembre 1811, il est créé un bataillon de sapeurs-pompiers pour la ville de Paris. Ce bataillon est formé avant le 1er janvier 1812.

Ce décret n'est cité que pour mémoire.

Voyage de l'Empereur dans les Pays-Bas et en Hollande.

L'Empereur quitte Compiègne le 19 septembre pour faire un voyage dans les Pays-Bas, en passant par Amiens et Boulogne, où il séjourne les 20, 21 et 22 septembre.

Il suit ensuite l'itinéraire ci-après :

24 septembre, Breskens ;
25   —   Flessingue, où il s'arrête jusqu'au 29 ;
30   —   Anvers, jusqu'au 4 octobre ;
6 octobre, Gorcum ;
7, 8 et 9 octobre, Utrecht ;
12 octobre, Amsterdam, d'où il se rend au Helder ;
25 et 26 octobre, Rotterdam ;
28 octobre, Château de Loo ;
30 et 31 octobre, Nimègue ;
1er novembre, Wesel ;
6   —   Cologne ;
14   —   retour à Saint-Cloud.

Pendant le cours de ce voyage, Napoléon passe les troupes en revue, visite avec soin les défenses des côtes, les positions fortifiées, l'armement et les approvisionnements des places, fait partout ses observations et ordonne les travaux qu'il juge utiles.

Il paraît surtout satisfait de son voyage en Hollande. « Je n'ai trouvé, écrit-il au général Bertrand, gouverneur général des provinces illyriennes, aucun peuple qui sentît mieux les avantages d'être réuni à l'Empire et de former une grande nation dans l'Europe. J'y trouve des ressources considérables pour ma marine. J'ai été fort content de la position du Helder ; il n'en est aucune qu'on puisse plus facilement fortifier..... J'ai fait fortifier les dunes, qui sont la clef de la position..... J'ai trouvé les rives extérieures fort belles. » (Rotterdam, 26 octobre.)

Le même jour, il écrit au prince Eugène, en parlant des Hollandais :

« Ces gens n'ont conservé de souvenir de leur indépendance que pour sentir les avantages de la réunion et y trouver l'uniformité des lois, un système modéré de contributions et une marche régulière dans les affaires. Ils sont plus Français qu'aucun habitant des pays réunis..... Je n'ai vu nulle part autant de mouvement et d'aussi bons sentiments. En cela, mon attente a été, je l'avoue, agréablement surpassée. J'ai plusieurs vaisseaux sur les chantiers, et ils me seront extrêmement utiles pour ma marine, car ils sont tous matelots ; c'est un pays extrêmement intéressant. »

LE PRINCE D'ECKMUHL A L'EMPEREUR.

Hambourg, le 20 septembre 1811.

Sire, j'ai l'honneur d'adresser à Votre Majesté les derniers rapports que je viens de recevoir de Varsovie ; j'y joins ceux des places de l'Oder[1].

Renseignements sur les armées russes.

Les mouvements des Russes ne sont pas aussi certains que les levées d'hommes et les approvisionnements que font les Prussiens. Toutes les estafettes qui portent les dépêches de Hambourg à Danzig confirment ces rapports.

J'envoie à Votre Majesté celui que m'a fait verbalement l'estafette qui est partie de Danzig, le 17 de ce mois.

PRINCE D'ECKMUHL.

---

1. Voir les cartes jointes au tome I.

Copie du rapport du général Rozniecki, en date du 14 septembre 1811.

Je viens d'être prévenu que la division n° 7 du général Kapcewicz (*Kaptsevitch*) a reçu l'ordre de se cantonner aux environs de Rowno. Elle était cantonnée entre Luck (*Loutsk*) et quelques villes de la Polésie wolhynienne (*marais du Pripet*). La division n° 25, du général Lichaczew (*Likhatchev*), devait pareillement être avisée d'occuper Luck (*Loutsk*) et environs. Cette division était cantonnée aux environs de Mirdzyborz (*Medjiboj*). Elles font toutes deux parties du corps du général Doktorow (*Dokhtourov*). Quelques nouvelles indirectes annoncent la marche des troupes venant de l'Ukraine polonaise et dirigées sur Doubno; ce ne pourrait être que la 24ᵉ division d'infanterie et la division du général Czaplitz (*Tchaplits*), cavalerie faisant également partie du corps du général Doktorow (*Dokhtourov*).

Les douze pièces d'artillerie qui étaient à Zaslaw (*Zaslav*), ainsi que les vingt-quatre pièces qui se trouvaient à Ostrog, ont marché sur Luck (*Loutsk*). La division Lichaczew (*Lithatchev*) est la seule qui n'a point de régiments de chasseurs et n'est composée que de quatre régiments de mousquetaires.

La personne qui a envoyé ces nouvelles m'annonce l'évacuation de la Moldavie par les Russes, et la marche de l'armée turque sur le Dniester, ce qui ne paraît nullement vraisemblable, et on ne l'a jugé que par l'évacuation de plusieurs hôpitaux qui se trouvaient sur la ligne du Dniester et dont on a dirigé les malades et les convalescents sur Kijow (*Kiev*) et quelques villes du Borysthène.

Une compagnie d'infanterie du régiment de Polock (*Polotsk*) vient de renforcer la garnison de Brzesc (*Brest-Litovsk*), à ce que rapporte le commandant de la place de Térespol; je pense que cette compagnie vient pour relever celle qui s'y trouvait depuis quelques mois, et fatiguée du service qu'elle faisait.

Un régiment de cosaques est arrivé à Minsk le 5 septembre; il vient de l'intérieur.

La marche de régiments de hussards et de hulans, annoncée antérieurement, ne se confirme pas; ainsi, les divisions de cavalerie ne seraient composées que de seize escadrons de dragons et autant de hussards ou hulans.

Comme il y a eu beaucoup de mouvements et de déplacements dans l'armée russe, je ne crois pas superflu d'en faire le tableau général comme elle se trouve maintenant.

1ᵉʳ *corps* : général Wittgenstein, en Samogitie et Courlande : 5ᵉ et 14ᵉ divisions d'infanterie;

Cavalerie : division de Kochowski.

2ᵉ *corps* : général Baggovout; gouvernement de Vilna, Mohilev et Polock (*Polotsk*) : 4ᵉ et 17ᵉ divisions d'infanterie;

Cavalerie : division de Korf.

3ᵉ *corps* : général Essen; gouvernement de Grodno et Minsk : 2ᵉ et 3ᵉ divisions d'infanterie;

Cavalerie : division de Pahlen.

4ᵉ *corps* : général Doctorow (*Dokhtourov*); gouvernement de Winnica (*Vinnitsa*) et Kijow (*Kiev*) : 7ᵉ et 25ᵉ divisions d'infanterie;

Cavalerie : général Czaplitz (*Tchaplits*).
Vingt-quatre régiments de cosaques, en partie aux frontières ou proche des mêmes.

Réserves.

1° *Division de grenadiers* : Quatre régiments entre Vilna et la Dwina.

2° *24ᵉ division d'infanterie* : Aux environs de Kijow (*Kiev*) et Bialoceskiew (*Biélaïa-Tserkov*);

3° *Division de cuirassiers* : Quatre régiments et un régiment de hulans aux environs de Human (*Ouman*) et en Ukraine polonaise, sous les ordres de Knorring;

4° *Division de cuirassiers et chasseurs à cheval* : Huit escadrons de cuirassiers et neuf de chasseurs, aux environs de Revel, Riga, Pilten, sous les ordres du général Depreradowicz (*Depreradovitch*).

Ce qui mettrait l'armée russe cantonnée dans les provinces polonaises, et comptée au grand complet, à 112.900 hommes, savoir :

1° Huit divisions d'infanterie à 9.000 hommes....	72.000	
2° La division de grenadiers.....................	6.000	
3° La 24ᵉ division...............................	9.000	
Total...............	87.000	h. d'inf.
4° Quatre divisions de cavalerie à 3.200 hommes...	12.800	
5° Division de cuirassiers.......................	2.400	
6° Division de cuirassiers et chasseurs..........	1.700	
Total...............	16.900	h. de cav.
7° Vingt-quatre régiments de cosaques...........	12.000	cosaques.
Total...............	28.900	h. de cav.
Total des totaux...............	115.900	hommes.
8° Moins deux régiments de chasseurs qui manquent à la division de Lichaczew (*Likhatchev*)......	3.000	—
	112.900	hommes.

Si nous voulions encore supposer que l'armée de la Moldavie peut se passer de réserve. Il y aurait encore à ajouter à ce nombre les trois divisions d'infanterie qui se trouvent sur le Dniester.

Il est à observer que j'ai compté les régiments d'infanterie à trois bataillons et qu'ils n'entrent ordinairement en campagne qu'avec deux. Le grand complet d'un bataillon est de 600 hommes; je ne puis le compter qu'à 500. Si donc les 3ᵉˢ bataillons ne rejoignaient pas leurs régiments respectifs, on peut, à coup sûr, diminuer d'un tiers toute l'infanterie; cela mettrait l'armée russe à :

55.000 hommes d'infanterie;
28.900 — de cavalerie.

Total : 83.900 hommes, non compris les trois divisions qui se trouvent sur le Dniester.

Quant à l'artillerie, elle est formidable, vu son nombre; on peut compter hardiment quatre pièces de campagne par mille hommes.

*Déclaration du sieur Béthune, courrier de l'estafette, arrivé de Danzig
à Hambourg le 20 septembre 1811.*

Déclare avoir trouvé les villes de Cörlin, Cöslin et Stolpe, où il est passé le 18 septembre, encombrées de recrues; qu'on en a amené une grande quantité pour choisir, mais que tous ont été pris; que l'on évacue sur Colberg les magasins qui étaient à Stolpe; que la route de Stolpe à Colberg est encombrée de voitures de fourrages et de farines; il n'a, du reste, rencontré aucun convoi d'artillerie, ni troupes en marche, et tout dans le même état que lors de son dernier voyage, qu'il fit le 28 août.

LE PRINCE D'ECKMUHL A L'EMPEREUR.

Hambourg, le 20 septembre 1811.

Préparatifs militaires de la Prusse. Mesures prises en cas d'événements.

Sire, Votre Majesté peut voir, par tous les rapports que j'ai l'honneur de lui adresser par ce courrier, que les préparatifs militaires des Prussiens prennent de jour en jour plus de couleur. Ce gouvernement me paraît employer tous les moyens pour faire prendre le change; Votre Majesté en jugera par un article qui a été envoyé de Berlin, pour être mis dans le *Correspondant*.

Il est à désirer que M. le comte de Saint-Marsan ne se laisse pas abuser; car il me paraît démontré que ce gouvernement se précipite dans l'abîme. Il me semble qu'il est très important, dans les commencements, de débuter avec vigueur pour désorganiser l'armée prussienne; en conséquence, il faut être le plus tôt possible sur l'Oder. Voici comment je compte remplir vos intentions.

Au premier avis, la division Friant, qui est à Rostock, se met en marche pour Stettin. J'y arriverai avec elle et la brigade Bordessoulle. Je mettrai en mouvement le 30°, qui est à Lubeck, le 111°, qui est dans le Lauenbourg, le 13° d'infanterie légère, le 17° et le 57° de ligne, qui se trouvent à Hambourg. Le 25° et le 61°, qui sont sur la rive gauche de l'Elbe, à une ou deux journées de marche de Hambourg, suivraient le mouvement. Je dirigerai toutes ces troupes sur Templin, par le Mecklembourg, et, suivant les circonstances, je les rejoindrai à Templin pour les diriger sur Berlin ou ailleurs.

Avec ces troupes, marcheraient le 8° de hussards et le 16° de chasseurs, que j'ai fait rapprocher de l'Elbe.

Ainsi, je me trouverai avoir sous la main douze régiments d'infanterie français et cinq régiments de cavalerie légère.

Dans le même moment, je ferai diriger sur Berlin le général Gudin, avec les 7° et 33° d'infanterie légère, 12° et 21° de ligne, qui, au premier avis de départ de M. de Saint-Marsan, ont l'ordre de se réunir à Magdebourg, ainsi que la division de cuirassiers du général Saint-Germain.

Étant de ma personne à Stettin, je saurai tout ce qui se passe et pourrai donner des ordres en conséquence, parce qu'il importe de ne pas perdre de temps et de mettre toute la vigueur nécessaire, afin que la plus grande partie de l'armée prussienne soit désarmée avant qu'elle ait pu passer la Vistule.

Ma crainte est, je le répète à Votre Majesté, que M. le comte de Saint-Marsan ne se laisse abuser. Cette crainte est fondée sur ce que M. de

Saint-Marsan m'a exactement informé de tous les mouvements que les Prussiens ont faits sur la côte pendant le mois d'avril, et que depuis tous ces derniers mouvements, qui sont authentiques, il ne m'a donné aucun avertissement.

Je désirerais que Votre Majesté me donnât des instructions dans l'hypothèse où M. de Saint-Marsan prolongerait son séjour à Berlin et où les Prussiens continueraient leurs mouvements et armements.

J'ai écrit à Dresde, afin qu'aussitôt que la nouvelle du départ de M. de Saint-Marsan de Berlin sera arrivée, l'armée saxonne se porte et se masse sur Glogau,

Arrivé à Stettin, je prendrai des mesures pour qu'aucun des Prussiens qui sont entre l'Elbe et l'Oder ne puisse repasser ce dernier fleuve.

Prince d'Eckmühl.

Circulaire à messieurs les inspecteurs aux revues sur les dépenses de luxe.

21 septembre 1811.

Le ministre directeur de l'administration de la guerre m'informe, Messieurs, que les revues d'inspection lui ont fait connaître « que, dans un grand nombre de corps de troupe, on prive le soldat des objets d'habillement les plus nécessaires, pour lui en donner d'autres absolument de parade et non accordés par les règlements, et qu'on s'y est créé des uniformes de fantaisie ». *(Des uniformes de fantaisie dans les corps de troupe.)*

« Ces abus graves, dont se plaint Sa Majesté elle-même, ne peuvent, dit le ministre, être attribués qu'aux inspecteurs et sous-inspecteurs aux revues qui les ont tolérés. » Son Excellence ajoute : « Comme il importe que cet état de choses change, je vous prie de rappeler à MM. les inspecteurs et sous-inspecteurs aux revues les dispositions de la circulaire du 15 avril 1807, et de punir exemplairement ceux qui ne s'y conformeront pas, et approuveront, par leur silence, des innovations qui altèrent toutes les masses. »

Ma circulaire du 23 août 1810 vous avait déjà rappelé, Messieurs, à l'exécution de celle du 15 avril 1807[1], et j'ai lieu d'être étonné des nouvelles plaintes que je reçois de Son Excellence.

Vos fonctions ne se bornent pas à de vaines formalités ; votre surveillance sur l'administration et sur la comptabilité des corps doit s'exercer

---

1. Ces deux circulaires, ainsi qu'un grand nombre d'autres adressées aux inspecteurs aux revues sur le même sujet, avaient toutes pour but d'interdire l'achat des effets qui n'étaient point prescrits par les règlements. Un rapport du général B..., en date du 19 juin 1811, sur l'habillement des régiments de chasseurs dans les dépôts, prouve bien, en effet, que les uniformes de fantaisie ou non réglementaires étaient en usage dans un grand nombre de régiments et notamment dans la cavalerie légère :

« J'ai remarqué, dit-il, que les régiments de chasseurs ont des habits de différentes formes, les uns fort courts, d'autres beaucoup plus longs, d'autres boutonnés droits (dits à la Kinski), d'autres à petits revers. Les uns ont la culotte hongroise simple, d'autres le garniment de basane, d'autres ont le pantalon garni... »

et se manifester par des actes positifs, d'une sévérité juste et éclairée. Vous ne devez pas seulement attendre et transmettre des ordres, mais bien donner vous-même tous ceux qui peuvent être nécessaires pour qu'on ne s'écarte point des règlements ou pour ramener à leur exécution. En tolérant des infractions aux règlements, en négligeant d'en rendre compte, vous devenez personnellement responsables de ces infractions et de leurs effets.

Ne perdez jamais de vue que vous n'êtes placés près des corps que pour défendre à la fois les intérêts du soldat et ceux du gouvernement. Si, dans cette honorable tâche, vous rencontrez des obstacles que votre zèle n'ait pu surmonter, faites-les moi connaître, je saurai les vaincre. L'intention de l'Empereur est que vous soyez les conservateurs des lois qui régissent l'administration des corps de l'armée, et vous savez que les lois n'ont de force et d'utilité qu'autant que leur exécution est stricte et uniforme.

Comme il importe bien d'être fixé sur l'état actuel des choses à cet égard, je vous charge de constater ou de faire constater dans toute l'étendue de votre arrondissement, lors de la première revue à passer, sur le terrain, des corps ou détachements, quels sont les objets que les corps ont ajoutés à leur uniforme, et en quoi consistent les changements apportés aux effets d'habillement, de harnachement et d'équipement, tant pour la forme et les dimensions que pour les couleurs.

Le procès-verbal que vous dresserez de cette opération fera connaître les auteurs des contraventions aux règlements, les causes et les motifs de ces contraventions, si les dépenses ont été supportées par les soldats ou par les masses, si elles en ont occasionné une augmentation de dépense ou bien une économie, et, dans ce dernier cas, quel usage il a été fait du produit de cette économie; enfin, ce procès-verbal mentionnera les ordres que vous aurez donnés et les mesures que vous aurez prises pour faire cesser les abus.

Vous m'enverrez, avant le 15 octobre prochain, trois expéditions de ce procès-verbal. S'il résulte de la revue que la tenue du régiment ou du détachement ne présente aucune contravention aux règlements, vous vous bornerez à m'en faire parvenir la déclaration négative.

A l'avenir, vous remplirez l'objet de la présente en consignant, chaque trimestre, sur l'état de situation du matériel des corps, dont l'envoi vous est prescrit par ma circulaire du 26 août dernier, n° 281, les renseignements qui doivent faire la matière du procès-verbal extraordinaire ci-dessus ordonné.

LE PRINCE D'ECKMUHL A L'EMPEREUR.

Hambourg, le 22 septembre 1811.

Renseignements sur les préparatifs militaires de la Prusse.

Sire, j'ai l'honneur d'adresser à Votre Majesté différents rapports des gouverneurs des places de l'Oder.

Les préparatifs militaires des Prussiens y sont toujours confirmés et peuvent être regardés comme authentiques.

L'estafette venant de Danzig qui m'a apporté ces rapports m'a déclaré avoir rencontré des recrues sur la route, entre autres 400 près de Berlin.

Un sieur Duhattoy, que M. de Saint-Marsan a expédié en courrier de Berlin trois ou quatre fois, est arrivé porteur de dépêches pour le duc de Bassano; elles sont parties hier soir.

Je donne connaissance à Votre Majesté d'une note qu'il m'a remise; c'est un ancien émigré français qui a été aide de camp du maréchal de Broglie; il m'a été recommandé par M. le comte de Saint-Marsan; je le crois bien intentionné.

A l'instant, je reçois une lettre de M. le comte de Saint-Marsan; elle m'est apportée par une autre occasion; j'en adresse copie à Votre Majesté, ainsi que de ma réponse. Si les choses tournent différemment que M. le comte de Saint-Marsan ne s'y attend, nous sommes en mesure.

Il n'est pas difficile de remarquer que, depuis quelque temps, les extravagants se sont remués; on peut supposer qu'ils ont assez de connexion, même dans la troupe en Westphalie; les troupes françaises qui y sont cantonnées ont eu lieu de remarquer de mauvaises dispositions chez beaucoup d'officiers. Je crois, Sire, qu'il ne serait pas prudent de confier exclusivement Magdebourg à cette troupe, dans le cas où votre corps d'observation de l'Elbe se porterait en avant.

PRINCE D'ECKMUHL.

Copie d'une lettre de M. le comte de Saint-Marsan à M. le maréchal prince d'Eckmühl, datée de Berlin, le 20 septembre 1811, à 8 heures du soir.

Monseigneur, des ordres que je reçois à l'instant de Paris me chargent de demander au ministère prussien que, sous trois jours, toutes les places que la Prusse a armées inopinément depuis quelque temps soient désarmées, et que les dispositions générales qui ont été ordonnées simultanément pour l'augmentation de l'armée soient révoquées.

Déjà, sur les ordres précédents que j'avais reçus, j'avais demandé et obtenu la suspension de toutes les mesures ayant pour objet le recrutement de l'armée; mais Sa Majesté Impériale n'a pu en être informée qu'après l'expédition du courrier que je viens de recevoir.

Le chancelier d'État étant parti pour la campagne le matin, un courrier a été envoyé à sa suite pour l'inviter à revenir sur ses pas.

Ce ne sera donc que demain matin que je pourrai m'aboucher avec le ministre.

En sortant de cette conférence, j'expédierai un autre courrier à Votre Excellence pour la tenir au courant des progrès de cette négociation, et ainsi de douze en douze heures, selon qu'il m'est prescrit par mes instructions, jusqu'à l'issue finale de cette affaire, qui, d'après les concessions qui m'ont déjà été faites et ce que je connais des intentions de cette cour, ne peut, dans mon opinion, se terminer que d'une manière conforme aux vues et aux désirs de notre gouvernement.

DE SAINT-MARSAN.

Le général de division d'Hastrel, chef de l'état-major général par intérim, au général de division Gudin, commandant la 3ᵉ division du 1ᵉʳ corps.

Hambourg, le 22 septembre 1811.

M. le maréchal prince d'Eckmühl, informé que MM. les officiers généraux et officiers supérieurs de l'armée éprouvent des difficultés pour se procurer les cartes du pays occupé par les troupes françaises, ou qu'ils sont obligés de les payer fort cher aux marchands du pays, les prévient que le gouvernement possède au dépôt de la guerre, à Paris, les cartes

Circulaire invitant les généraux et officiers supérieurs à se procurer

des cartes du pays. Liste et prix des cartes du dépôt de la guerre.

générales et particulières de presque tous les pays entre l'Elbe, la mer Baltique, les frontières de la Russie et l'Autriche, et que c'est là qu'ils doivent s'adresser pour les obtenir à un prix fixe et indépendant des circonstances ou du caprice et de l'avidité des marchands.

Ils peuvent même, s'ils le jugent convenable, envoyer leurs demandes au chef de l'état-major général, qui les renverra au chef du bureau topographique de l'armée, lequel les fera tenir au directeur général du dépôt de la guerre. Il n'y aura pas de port à payer, parce que les cartes arriveveront sous le couvert du prince, et comme, dans l'intervalle, MM. les officiers pourraient faire des mouvements, soit de leur personne ou avec leur corps et qu'ils seraient dans le cas d'attendre la réception de leurs cartes, il ne sera pas nécessaire qu'ils envoient l'argent d'avance, mais seulement à la réception desdites cartes, qui seront accompagnées de la facture du dépôt de la guerre ; ils en feront tenir le prix au bureau topographique de l'armée, soit par la voie des payeurs, soit par telle autre qui leur conviendra davantage.

M. le maréchal vous invite à faire connaître cet avis à MM. les généraux de brigade, officiers supérieurs et d'état-major.

Signé : D'HASTREL.

(Papiers Gudin.)

Catalogue des cartes qui se vendent au dépôt de la guerre, à Paris.

			fr.	c.
Allemagne et Italie septentrionale, de Sotzmann	2 f^lles		10	»
Tyrol, d'après Anick, augmentée du Voralberg	9	»	54	»
Partie de la Franconie, par Pétri	8	»	27	»
Wétéravie, de Beaurain	1	»	2	»
Hesse-Cassel, de Beaurain	4	»	8	»
Duché de Magdebourg, de Sotzmann	2	»	8	»
Principauté de Harlberstad, de Trener	1	»	3	»
Cercle de Westphalie, de Beaurain	1	»	2	»
Duché de Lauenbourg	1	»	1	30
Saxe, de Petri	15	»	50	»
Environs de Dresde, par Petri (1re livraison)	12	»	45	»
— — — (2e livraison)	12	»	45	»
États prussiens (avant la guerre), de Sotzmann	16	»	16	»
La même, réduction de la précédente	2	»	8	»
Royaume de Prusse, de l'Académie de Berlin	6	»	9	»
Prusse méridionale, dite de Gilly	13	»	80	»
Partie méridionale du duché de Varsovie (réduction de la précédente)	1	»	6	»
Nouvelle Prusse orientale, dite de Textor	17	»	80	»
Partie septentrionale du duché de Varsovie (réduction de la précédente et se joignant à la partie méridionale)	1	»	1	»
Prusse occidentale, dite de Schoetter	25	»	132	»
Royaume de Prusse, réduction de la précédente	1	»	6	»
Nouvelle Marche (Neumark), par Sotzmann	6	»	25	»
Poméranie prussienne, de Gilly	6	»	20	»
District de la Netz, par Laugner	3	»	6	»
Pologne de Rizzi Zannoni (avant le 1er partage)	25	»	75	»
Mecklembourg-Schwerin, de Schmettau	16	»	84	»
Mecklembourg-Strelitz, de Schmettau	9	»	42	»
Les deux Mecklembourgs (réduction des deux précédentes avec l'addition de la Poméranie suédoise)	1 f^lle 1/4		24	»

Il existe, en outre, au bureau topographique un petit nombre d'exemplaires des cartes suivantes :

		fr.	c.
Les quatorze premières feuilles de la Westphalie, de Le Coq.	14 f^{lles}	168	»
Allemagne, de Gottholt	35 »	42	»
Livonie, de Melin	15 »	80	»
Nouvelle Galicie, de Benedicti	12 »	90	»

L'EMPEREUR AU MINISTRE DE LA GUERRE.

En rade de Flessingue, le 25 septembre 1811.

Monsieur le duc de Feltre, le major général vous aura fait connaître que j'ai donné ordre que les 6e, 7e, 4e et 14e régiments de cuirassiers se rendissent à Utrecht, où j'en passerai la revue. Mon intention est d'envoyer, après ma revue, cette division à Munster. Donnez ordre que ses douze pièces d'artillerie légère y soient réunies avant la mi-octobre, ainsi que ce qui est nécessaire pour former cette 3e division de cuirassiers. Présentez-moi un général de division, deux généraux de brigade, un adjudant-commandant, des officiers d'artillerie et de génie, etc. Les douze pièces d'artillerie seront servies par des compagnies des bataillons du train qui sont en Allemagne et non par les bataillons du train qui sont en France.

Réitérez des ordres aux dépôts de Wesel et de Strasbourg pour qu'aussitôt qu'une compagnie est complète à 150 hommes, elle soit mise en marche. De Strasbourg tout doit aller par eau jusqu'à Wesel.

NAPOLÉON.

Ordre de réunir à Munster les pièces d'artillerie destinées à la 3e division de cuirassiers.

L'EMPEREUR AU PRINCE D'ECKMUHL, A HAMBOURG.

A bord du *Charlemagne*, en rade de Flessingue, 25 septembre 1811.

Mon Cousin, l'organisation de votre division polonaise[1] n'avance guère; je ne vois pas que les régiments polonais aient leurs 4es bataillons. Quand est-ce qu'il vous sera possible d'avoir au complet ces douze bataillons? Ont-ils leur artillerie? Vous devez avoir reçu des ordres pour la formation de la 6e division.

Je réunis au camp d'Utrecht une division de cuirassiers de quatre régiments et deux régiments de cavalerie légère. Je compte, après la revue, envoyer hiverner cette brigade de cavalerie légère et cette division de grosse cavalerie à Munster et dans le département de la Lippe. Par ce moyen, cela sera en ligne avec votre corps ; ce qui fera avec vos régiments de cavalerie huit régiments de cavalerie légère et dix de grosse cavalerie; total, dix-huit régiments, qui devraient vous former cet hiver 14 ou 15.000 hommes de cavalerie. La division de cuirassiers aura à Munster ses douze pièces d'artillerie.

NAPOLÉON.

De l'organisation de la division polonaise et de l'envoi prochain à Munster d'une division de cuirassiers et d'une brigade de légère.

---

1. 7e division, en formation à Danzig.

LE PRINCE D'ECKMUHL A L'EMPEREUR.

Hambourg, le 28 septembre 1811.

<small>Des plaintes du gouvernement prussien au sujet du langage tenu par les gouverneurs des places de l'Oder.</small>

Sire, j'ai l'honneur d'adresser à Votre Majesté copie d'une lettre du 26 septembre, que je reçois à l'instant, de M. le comte de Saint-Marsan, à laquelle se trouve jointe copie d'une note de M. le baron de Hardenberg[1], par laquelle il se plaint que les mesures et le langage des gouverneurs de Stettin et Custrin sont comme si on était en pleine guerre.

Les mesures dont le gouvernement prussien paraît s'étonner ne sont sans doute autre chose que l'exécution de l'ordre que j'ai donné aux gouverneurs des places de l'Oder de faire rentrer dans l'intérieur de leurs places une partie de leurs garnisons qui se trouvait cantonnée très mal à propos au dehors, sur la demande des autorités prussiennes. C'est pour obtenir qu'une partie de la garnison de Stettin puisse être logée au dehors qu'un négociant de cette ville m'a été adressé par M. le comte de Saint-Marsan; j'ai cru devoir maintenir l'ordre donné et dicté pour la sûreté de cette place.

Quant au langage qu'on dit tenu par les gouverneurs, j'ai tout lieu de croire que le gouvernement prussien aura reçu des rapports exagérés; j'ai trop bien recommandé à ces gouverneurs de n'en avoir que de très pacifiques, et je ne pense pas qu'aucun d'eux se soit permis de tenir le moindre propos susceptible de donner des inquiétudes; dans tous les cas, je leur écris de nouveau pour leur recommander, dans tous leurs discours comme dans leur conduite et relations, de ne rien se permettre qui pourrait altérer la bonne harmonie.

PRINCE D'ECKMUHL.

Copie d'une lettre de M. de Saint-Marsan à M. le maréchal prince d'Eckmühl.

Berlin, le 26 septembre 1811.

J'ai l'honneur d'adresser à Votre Excellence un exemplaire de la *Gazette de Berlin* d'aujourd'hui où elle trouvera un article officiel sur le désarmement de la Prusse et sur la suspension des travaux des forteresses.

La nouvelle, qui en était déjà répandue hier dans la ville, a fait un excellent effet, et j'ai reçu, de la part du roi et de son ministre, toutes les assurances que je pouvais désirer.

Je transmets également à Votre Excellence la copie d'un billet que M. le baron de Hardenberg m'a écrit hier relativement à des mesures prises par MM. les gouverneurs des places de l'Oder; je lui ai répondu que ces officiers étaient prévenus que rien ne troublait la bonne harmonie entre les deux puissances, et qu'au reste j'en aurais écrit à Votre Excellence.

Je m'acquitte de cette promesse avec d'autant plus d'empressement que les ordres que j'ai reçus de S. M. l'Empereur me prescrivent surtout de maintenir cette bonne harmonie, tant que la Prusse ne s'écarte pas du système qu'elle a adopté; Votre Excellence jugera sans doute qu'il est important que rien ne puisse l'altérer, ou inspirer de la défiance.

---

1. Grand chancelier d'État en Prusse.

J'ignore quelles sont les mesures dont le ministre se plaint dans ce billet tout à fait confidentiel. Son but n'a été sans doute que de m'engager à rassurer MM. les gouverneurs sur les dispositions de la Prusse. Je ne puis que m'en rapporter à ce que Votre Excellence jugera à propos de faire.

Comte de Saint-Marsan.

LE PRINCE D'ECKMUHL A L'EMPEREUR.

30 septembre 1811.

Sire, toutes les dépêches de M. le comte de Saint-Marsan, que j'ai transmises à Votre Majesté, annonçant que le gouvernement prussien a dû donner des ordres pour la cessation de tous ses préparatifs militaires, je vais continuer l'inspection des troupes; je pars demain pour Rostock.

De la cessation des préparatifs militaires en Prusse.

Je prends toutes les mesures pour être tenu au courant de la manière dont le gouvernement prussien va exécuter ses engagements.

Quelles que soient les intentions particulières du roi, je ne lui crois pas assez de fermeté pour résister au tourbillon d'intrigues qui l'obsèdent.

C'est la façon de voir des Prussiens qui se piquent d'être raisonnables.

Prince d'Eckmuhl.

La lettre suivante du résident de France à Varsovie, extraite des papiers du prince d'Eckmühl, a dû parvenir vers le 28 septembre au maréchal et être transmise ensuite à l'Empereur, bien qu'on n'ait retrouvé à ce sujet aucune lettre d'envoi.

Varsovie, le 21 septembre 1811.

Monsieur le Maréchal, ce n'était pas sans raison que j'annonçais à Votre Excellence, par ma lettre du 18 de ce mois, que l'alerte qu'on venait d'avoir à Térespol n'était encore qu'une terreur panique. Les faits ont confirmé cette opinion. C'était vers Brzesc (*Brest-Litovsk*) qu'on voyait arriver alors un corps de troupe nombreux qui allait envahir le duché. Il est constant que, de ce côté, il n'est point arrivé de troupes, et, s'il y a eu quelques légers mouvements, c'est à quelque distance. Un de mes agents me mande qu'un régiment de la division Kapciewitz (*Kaptsevitch*) s'est porté à Lubolm (*Liouboml*), ce qui est tout simple, cette division n'étant pas loin de là. C'est cependant l'arrivée de ce corps qui a jeté l'alarme sur la frontière.

Renseignements sur les mouvements de l'armée russe.

Ed. Bignon.

CHAPITRE XVIII

Octobre 1811.

Coup d'œil sur les préparatifs maritimes de Napoléon contre l'Angleterre. — *Armée d'Italie :* Mesures à prendre pour compléter les régiments (3 octobre). Ordre concernant les 4es bataillons (23 octobre). — *Renseignements :* 1° Sur la Prusse (4, 7, 10, 17, 18, 19, 22, 23, 26 octobre) ; 2° Sur la Russie (3, 10, 12, 26 octobre). — *Corps d'observation de l'Elbe :* conscrits tirés des dépôts de Wesel et de Strasbourg (4 octobre). Du nombre élevé des malades et des déserteurs ; les régiments d'infanterie seront portés à 4.500 hommes (8, 29 octobre). Ordre du prince d'Eckmühl d'exécuter des manœuvres de régiment et de bataillon (8 octobre). De la nécessité d'éloigner de Custrin le 5e polonais. De l'équipage de pont de Magdebourg (10 octobre). Situation numérique des régiments de cavalerie (12 octobre). Ordre d'envoyer à Danzig les régiments de Bade et de Hesse, et à Thorn le 5e polonais (14 octobre). Du nombre d'hommes manquant aux régiments d'infanterie (14 octobre). Du service des transports (20 octobre). De l'insuffisance des caissons ; nécessité d'y suppléer par des chariots (20 octobre). Envoi en Allemagne de sept 4es bataillons. Projets d'organisation de la cavalerie (22 octobre). Compte rendu des travaux exécutés dans les places de l'Oder (22 octobre). Mesures ordonnées pour compléter les régiments de cavalerie du corps de l'Elbe (26 octobre). Compte rendu de l'inspection des 2e et 9e cuirassiers (29 octobre) ; du 3e cuirassiers (31 octobre). Base pour la réorganisation de l'artillerie (30 octobre). Ordre d'exercer les jeunes soldats au tir à la cible (30 octobre). Formation des 6e, 8e et 9e divisions au corps de l'Elbe, ainsi que d'une brigade de cavalerie légère avec le 23e et le 24e chasseurs (30 et 31 octobre). — *Organisation et administration :* observations de l'Empereur au sujet de l'habillement des troupes (8 octobre). Décret relatif aux officiers des dépôts des régiments d'infanterie 14 octobre). Circulaire portant envoi d'un décret relatif à la composition d'un approvisionnement de réserve en effets d'habillement et d'équipement dans chaque régiment d'infanterie et d'artillerie à pied (14 octobre). Décret fixant le complet des compagnies d'artillerie à cheval sur le pied de guerre (18 octobre). Contingent de jeunes gens à prendre dans les lycées pour l'artillerie (18 octobre). Des régiments portugais et suisses (26 octobre). Réunion à Munster des 23e et 24e chasseurs ; dissolution du camp d'Utrecht et de Suidlaaren (30 octobre). De l'attelage des pièces et caissons de l'artillerie régimentaire (30 octobre). — *Garde impériale :* Projet de classification des corps en jeune, moyenne et vieille Garde (11 octobre). Admission des officiers de l'ex-Garde hollandaise. Détachements rappelés d'Espagne (23 octobre). — *Armée d'Allemagne :* Mouvements concernant les carabiniers et les cuirassiers (15, 26 octobre). — *Remonte :* Décret ordonnant l'achat sur la 1re remonte de 1812 des chevaux nécessaires à l'armée d'Allemagne (26 octobre). — *Grand-duché de Varsovie :* De la détresse du grand-duché au point de vue financier et du dénûment de son armée (19 octobre).

† Dans le courant d'octobre, Napoléon poursuit ses préparatifs maritimes en vue d'une prochaine expédition ; à cet effet, il presse la construction des navires en chantier à Anvers, prescrit à l'escadre de l'Escaut, qui ne comprend pas moins de dix-sept vaisseaux et plusieurs frégates, sous les ordres du vice-amiral Missiessy, d'être sans cesse en appareillage, prête à sortir, s'attache, en un mot, à tenir l'ennemi en haleine sur les divers points du littoral, en faisant exécuter de fréquentes manœuvres par toutes les escadres (3 octobre.)

Pendant son voyage en Hollande, se rendant compte de l'importance considérable du fort du Texel, il songe à tirer parti de ce mouillage contre l'Angleterre, et, pour le mettre à l'abri, il juge indispensable d'armer la forte position du Helder ainsi que le Zuyderzée (19 octobre.)

La place et la rade de Delfzyl dans l'Ost-Frise, l'île de Goeree, à l'embouchure de la Meuse, la ligne du Rhin, couverte par celle de l'Yssel et plus particulièrement par celle de Naarden-Gorcum (Gorinchem), « qui doit être considérée comme la vraie ligne de l'empire », attirent également son attention ; aussi ordonne-t-il que ces points soient approvisionnés et fortifiés. « Couverte par l'île de Goeree et le Helder, la Hollande doit être inattaquable. » (25 octobre.)

En résumé, Napoléon cherche à frapper l'opinion de l'Angleterre, et pour cela, ajoute-t-il, « il faut frapper l'opinion de la Hollande et lui faire concevoir l'espérance du prompt rétablissement de la marine ; compenser par l'activité des arsenaux maritimes la suppression des ateliers militaires enlevés au pays et donner du pain aux ouvriers ; enfin, arriver au résultat bien essentiel d'avoir en 1814 neuf vaisseaux dans le Texel, bons marcheurs et qui remplacent les neuf vaisseaux actuels, auxquels il paraît qu'on ne peut avoir grande confiance. » (26 octobre.)

Octobre 1811 : Coup d'œil sur les préparatifs maritimes de Napoléon contre l'Angleterre, pour mémoire.

L'EMPEREUR A EUGÈNE NAPOLÉON, VICE-ROI D'ITALIE, A MILAN.

Anvers, le 3 octobre 1811.

Mon Fils, j'ai reçu l'état par lequel vous me faites connaître ce qui manque aux différents régiments d'Italie pour que chaque bataillon soit au complet de 840 hommes. Il est nécessaire que vous ne dérangiez rien à ces bataillons, mais que vous les égalisiez et les fassiez tiercer pour qu'ils soient tous égaux en qualité de sous-officiers et soldats anciens et nouveaux, de manière que vous puissiez prendre les bataillons indistinctement. Vous ferez ôter des 5es bataillons ce qui est disponible pour les répartir dans les quatre premiers. C'est dans cette situation que vous ferez exercer mes régiments. En en passant la revue, vous m'enverrez un état de situation qui fasse connaître la force de chaque bataillon, s'il venait à recevoir l'ordre de partir, ce qui est aux hôpitaux ou détaché. Il ne vous échappera pas que le mois d'octobre est le mois où il y a le plus de maladies en Italie : le nombre est triple de ce qu'il est au printemps. Je vous enverrai des hommes pour compléter les quatre bataillons de chaque régiment ; et, si le cas arrivait de faire partir des troupes, je me déciderais, selon les circonstances, à faire partir deux, trois ou quatre bataillons ; mais cela ne peut être décidé qu'au dernier moment. Il faut qu'à vos exercices les quatre bataillons s'y trouvent ; je préfère prendre les quatre

Mesures à prendre pour compléter les régiments de l'armée d'Italie.

bataillons, ne fussent-ils qu'à 600 hommes, à voir le 4ᵉ au rebut. En passant votre revue, vous devez faire rentrer dans les rangs les caporaux et sergents qui n'auraient pas deux ans de service, à moins que ce ne soit des caporaux fourriers sortant des lycées ou des hommes qui soient très lettrés.

En passant votre revue, faites-moi aussi connaître la situation de la comptabilité, la qualité des draps qu'a fournis l'administration de la guerre, enfin tout ce qui peut m'intéresser là-dessus.

NAPOLÉON.

LE PRINCE D'ECKMUHL A L'EMPEREUR.

Rostock, le 4 octobre 1811.

Préparatifs militaires de la Prusse.

Sire, j'ai l'honneur d'adresser à Votre Majesté un rapport que le général Liebert m'envoie le 2 octobre; tout insignifiant qu'il soit, il montre du moins que les Prussiens ne désarment pas encore et que les travaux n'avaient pas cessé à cette époque. La déclaration ci-jointe de l'estafette, partie de Danzig le 30 septembre, prouve encore davantage la non-suspension de tous les préparatifs militaires de la Prusse.

PRINCE D'ECKMUHL.

Déclaration du courrier Macdonzel, venant de Danzig, parti de Hambourg le 25 septembre, arrivé à Stettin le 27 et le 29 à Danzig.

A rencontré le 26, entre Selhau et Stolpe, un convoi de 300 conscrits venant du côté de Danzig, se dirigeant sur Colberg.

Jusqu'à Danzig, il n'a rien vu.

A son retour, parti de Danzig le 30 septembre, a vu à Zahn un convoi de 300 conscrits venant du côté de Danzig, se dirigeant sur Colberg.

La *Gazette de Berlin*, qui annonçait le désarmement et la cessation des travaux, était connue dans le pays, mais personne n'ajoutait foi à son contenu, attendu la continuation des travaux et des levées.

LE PRINCE D'ECKMUHL A L'EMPEREUR.

Rostock, le 4 octobre 1811.

Corps de l'Elbe: des conscrits réfractaires tirés des dépôts de Wesel et de Strasbourg

Sire, Votre Majesté m'a fait connaître que 3.000 conscrits doivent être déjà partis des dépôts de Wesel et de Strasbourg [1].

Son intention est qu'on laisse à chaque régiment les hommes que les cadres amèneront.

Les volontés de Votre Majesté à cet égard sont exécutées, et les ordres ont été donnés aussi.

Les 33ᵉ et 15ᵉ léger et 25ᵉ de ligne, n'ayant point envoyé de cadres à Wesel et à Strasbourg, le ministre de la guerre m'a fait savoir que les

---

1. Voir pour l'organisation de ces dépôts le chapitre VIII du tome I, page 236.

détachements destinés à ces trois régiments seraient conduits par des cadres du régiment de l'île de Walcheren.

D'après les ordres de Votre Majesté, les seize régiments de l'armée doivent recevoir, tant du dépôt de Wesel que de celui de Strasbourg, 450 hommes chacun, et en outre 40 et quelques condamnés graciés.

Je joins ici un tableau qui fera connaître à Votre Majesté la force de chaque régiment d'infanterie lorsque ces détachements seront arrivés; elle remarquera que le plus grand nombre sera plus que complet, et qu'il manquera très peu d'hommes aux autres lorsqu'ils auront reçu ceux que les dépôts envoient, et qui sont actuellement en route.

Je vais donner des ordres pour que les conscrits qui resteront à Wesel et à Strasbourg, après en avoir fourni 450 à chaque régiment, soient envoyés aux régiments les plus faibles.

PRINCE D'ECKMUHL.

L'Empereur, faisant sans doute allusion au rapport du prince d'Eckmühl daté de Rostock le 4 octobre, appelle l'attention du ministre des relations extérieures sur les armements de la Prusse et l'invite à envoyer un vice-consul à Colberg. *Des armements de la Prusse.*

L'EMPEREUR AU DUC DE BASSANO, MINISTRE DES RELATIONS EXTÉRIEURES, A PARIS.

Utrecht, le 8 octobre 1811.

Monsieur le duc de Bassano, je vous envoie une nouvelle lettre du prince d'Eckmühl. Vous verrez qu'il a toujours des inquiétudes sur la Prusse. Il serait fâcheux que le comte Saint-Marsan se laissât jouer.

Je vous envoie également une lettre danoise dont je désire que vous fassiez votre profit. Envoyez donc un vice-consul à Colberg et sachez ce qui s'y fait. Cette négligence de n'avoir personne à Colberg est impardonnable.

NAPOLÉON.

LE PRINCE D'ECKMUHL A L'EMPEREUR.

Rostock, le 3 octobre 1811.

Sire, je reçois à l'instant une lettre de M. de Bignon, de Varsovie, qui explique les bruits qui avaient été répandus et l'exagération des rapports qui avaient été faits au prince Poniatowski et que j'ai transmis hier à Votre Majesté; je joins ici copie de cette lettre. *Renseignements sur les mouvements de l'armée russe.*

PRINCE D'ECKMUHL.

Copie d'une lettre de M. Bignon.

Varsovie, le 28 septembre 1811.

Je vous ai témoigné, Monsieur le maréchal, que, dans tous les mouvements des troupes russes sur l'un des points de la frontière du Duché, je ne voyais rien qui annonçât une agression prochaine, malgré tous les bruits répandus à cet égard. Le résultat des faits constatés jusqu'à ce jour est que la 7e division d'infanterie, après de nouveaux cantonnements, s'est établie un peu plus près de la frontière du Duché. Tout se réduit là pour le moment. On annonce plusieurs divisions venant de la Podolie et se portant vers Brzesc (*Brestlitov*). C'est ce qu'il faut vérifier d'abord ; mais, quand même la chose serait vraie, je ne crois pas qu'il y eût lieu à en tirer des conséquences bien alarmantes ; une partie des troupes russes qui étaient sur le Dniester se porte en Moldavie pour renforcer l'armée contre les Turcs ; il est assez simple qu'une autre partie de ces mêmes troupes se rapproche du Duché pour faire voir qu'on ne se dégarnit pas tout à fait, et qu'on se tient en mesure contre tous les événements.

Beaucoup de gens pensent, ici, qu'il y a un concert formé entre la Prusse et la Russie ; assurément on est tenté de le croire au premier coup d'œil ; mais, si cela était, il faut convenir que leurs mesures seraient bien mal prises et qu'il y a une grande gaucherie dans leur conduite.

Bignon.

Lettre du général Romeuf au prince d'Eckmühl, transmise à l'Empereur le 3 octobre 1811.

Vienne, le 8 septembre 1811.

Force de l'armée autrichienne. Bruits qui circulent au sujet des préparatifs militaires de la Russie.

J'ai l'honneur d'adresser à Votre Excellence par M. le capitaine du Bourget, aide de camp de M. le général de division Dessaix, un aperçu de la force de l'armée autrichienne, d'après son organisation actuelle, et de ce qu'elle pourrait mettre sur pied en cas de guerre. Je crois pouvoir en garantir l'exactitude. Votre Excellence verra que, quoique l'Autriche ait fort peu de monde présent aux drapeaux, elle peut encore, d'après le système qu'elle a adopté, réunir en fort peu de temps une armée considérable.

On ne doute pas ici que les hostilités ne commencent incessamment entre nous et les Russes, surtout depuis que la conversation de l'Empereur avec le prince Kourakine est connue. J'ai, dès lors, renouvelé mes démarches pour mon retour auprès de Votre Excellence. J'ai eu l'honneur de lui écrire pour la prier de l'accélérer, et j'espère que je ne tarderai plus à recevoir des ordres. La probabilité d'une campagne prochaine me fait désirer de remettre à une autre époque le projet de mariage que j'ai eu l'honneur de vous soumettre.

On avait annoncé que l'armée russe de Turquie, après sa retraite sur la rive gauche du Danube, avait rappelé à elle deux des cinq divisions qu'elle avait précédemment portées sur le Dniester, du côté de Chotin

(*Khotin*) et Kaminieck (*Kaménets*). Cependant, une lettre de notre consul à Bucarest, du 24 août, annonce qu'elles ne sont pas arrivées. Il paraît que les Russes ne veulent rien retirer des frontières du duché de Varsovie. La même lettre annonce qu'ils font de grands travaux sur la rive gauche, dans les points menacés, pour s'opposer au passage du fleuve par les Turcs, et que, de leur côté, les Turcs font de grands préparatifs pour l'effectuer. Ce sera une entreprise fort difficile pour eux.

ROMEUF.

Aperçu de la force de l'armée autrichienne en cas de guerre.

Résumé.

Infanterie	242.090 hommes.
Cavalerie sur le pied de paix	30.316 —
Augmentation	9.120 —
Artillerie sur le pied de paix	13.420 —
Sapeurs, mineurs, pontonniers, pionniers	4.750 —
TOTAL	299.696 hommes.

NOTA. — Telle est la force dont le gouvernement autrichien peut disposer en cas de guerre, d'après l'organisation actuelle de l'armée. Encore faut-il observer que nous n'avons pas porté en ligne de compte les 50.000 de la landwehr et que nous n'avons pas parlé du train d'artillerie et des équipages qui est en ce moment réduit à 2.300 hommes et 4.600 chevaux. Ce corps éprouverait nécessairement une augmentation très considérable en cas de guerre, la levée des chevaux se faisant très promptement par réquisition dans les différents cantons, à un prix fixé par le gouvernement. Nous n'avons pas parlé de l'artillerie de garnison formant 3.000 hommes distribués dans les places.

L'EMPEREUR AU GÉNÉRAL LACUÉE COMTE DE CESSAC, MINISTRE DIRECTEUR DE L'ADMINISTRATION DE LA GUERRE, A PARIS.

Utrecht, le 8 octobre 1811.

Je viens de passer en revue les 18ᵉ, 56ᵉ, 73ᵉ et 124ᵉ. Le 18ᵉ se plaint que ses tricots sont extrêmement mauvais; de sorte que des culottes faites depuis trois mois ne sont d'aucun usage, au lieu que des culottes faites depuis dix-huit mois avec du tricot qu'ils achètent sont bonnes. Ce régiment se plaint que les draps sont aussi mal teints : effectivement, les habits sont blanchâtres. J'ai trouvé le 56ᵉ à peu près nu. Le 124ᵉ a encore 600 habits blancs. Vous lui avez donné pour 400 conscrits des habits bleus qui sont en magasin. Le dépôt de ce régiment est à Abbeville; il avait des

Observations au sujet de l'habillement.

habits blancs dont il a habillé ses conscrits. Comme ces 400 habits bleus sont en magasin, vous n'avez qu'à les envoyer à Wesel. En 1812, on habillera tout le régiment avec des habits bleus. Leurs draps sont supérieurs aux nôtres et à meilleur marché. Je ne conçois pas qu'en dépensant tant d'argent mes troupes doivent être si mal habillées.

(D'après une minute.)

L'EMPEREUR AU PRINCE D'ECKMUHL, COMMANDANT L'ARMÉE D'ALLEMAGNE, A HAMBOURG.

Utrecht, 8 octobre 1811.

Corps de l'Elbe : du nombre élevé des malades et des déserteurs. Les régiments d'infanterie de ce corps seront portés à 4.500 hommes, soit 150 hommes par compagnie.

Mon Cousin, lorsque vous me disiez que vous n'aviez point de malades, j'étais déjà instruit que vous en aviez beaucoup. Effectivement, l'état que vous m'envoyez prouve que le dixième de vos troupes est malade; encore n'y sont pas compris les malades à la chambre. Si vous aviez choisi des lieux sains et que vous eussiez davantage épargné vos troupes, vous n'auriez pas la moitié des malades que vous avez. Il fallait éviter les bords des rivières et tous les lieux où il y a de l'eau. Au moins que cela vous serve d'exemple pour l'année prochaine. Faites constater les positions que devraient occuper les troupes dès le 15 juin.

Vous dites que les conscrits réfractaires ne désertent point; vous êtes mal informé. D'un seul régiment qui est à Stettin, il a déserté 28 hommes. Faites-vous rendre des comptes exacts, demandez fréquemment des états de situation, envoyez sur les lieux et empêchez qu'on vous taise la vérité, comme on a l'habitude de le faire dans nos troupes.

Je désire que vos régiments soient portés à 150 hommes par compagnie, c'est-à-dire 4.500 hommes par régiment, l'artillerie non comprise; savoir, 140 hommes par compagnie et 10 hommes pour représenter les malades. Vos seize régiments présenteraient alors 72.000 hommes. Vous en avez 60.000; 10.000 vous arrivent de Wesel et de Strasbourg et 3.000 de Belle-Isle et de l'île de Ré, ce qui complétera vos compagnies à 150 hommes, vos bataillons à 900 hommes, vos régiments à 4.500 hommes, et 100 hommes pour la compagnie d'artillerie; ce qui fera 4.600 hommes, sur lesquels 300 sont comptés comme représentant les hommes aux hôpitaux. Mais, pour ce système, il est bien important que les officiers et sous-officiers soient tenus au complet.

NAPOLÉON.

Le 8 octobre, le prince d'Eckmühl, étant en tournée d'inspection à Wismar, prescrit au général Friant de faire exécuter aux troupes des manœuvres de régiment et de bataillon, afin d'habituer les colonels et les commandants à manier de grosses unités, suivant une méthode recommandée par l'Empereur.

À cette époque, les régiments d'infanterie comptaient cinq bataillons de guerre, chacun d'un effectif variant entre 650 et 750 hommes présents sous les armes.

Corps de l'Elbe : des manœuvres à exécuter.

Le prince d'Eckmühl au général Friant, commandant la 2e division du corps d'observation de l'Elbe.

Wismar, 8 octobre 1811 (au matin).

Je désire savoir, mon cher Général, l'effet que la pluie de cette nuit, et qui continue encore ce matin, aura produit sur votre camp. Il faut prescrire des mesures pour que l'on répare celles des baraques où la pluie pénétrerait.

Les régiments sont maintenant de fortes brigades; il faut donc habituer les colonels à les faire manœuvrer. Les bataillons sont très nombreux; il faut aussi que les commandants les fassent manœuvrer afin de former leur coup d'œil.

Je vous rappelle, mon cher Général, la manière dont l'Empereur veut que ses troupes soient exercées. Il ne doit y avoir de voix de commandement que celle du chef de bataillon. Si l'on manœuvre, on exerce un bataillon de direction, on en fait prévenir la ligne, on indique au bataillon de direction ce qu'il doit faire, et tous les autres doivent l'imiter.

Si l'on ne manœuvre point sur un bataillon de direction, on envoie des ordres aux généraux de brigade qui en envoient aux colonels, et ceux-ci à leurs chefs de bataillon respectifs. Ainsi, par ce moyen, on n'entend que la voix du chef de bataillon.

J'ai oublié de vous dire que, dans une de ses lettres, l'Empereur me recommande beaucoup cette méthode. Il faut aussi habituer les troupes à allonger davantage le pas en marchant au pas accéléré.

Je pars à l'instant pour Lubeck.

(D'après la minute.)

LE PRINCE D'ECKMÜHL A L'EMPEREUR.

10 octobre 1811.

Sire, j'ai l'honneur d'adresser à Votre Majesté les rapports des places de l'Oder et de Danzig. Il y a encore de la contradiction; le général Rapp croit au désarmement.

Renseignements sur la Prusse.

Les rapports du général Liebert et du général Teste donnent encore lieu à quelques obscurités à cet égard. Cependant je crois que ce gouvernement exécute les promesses, mais qu'il fera prolonger, autant qu'il le pourra, les travaux de Colberg. Je n'ai pas reçu de rapport de Varsovie depuis ceux du 28 septembre[1].

....

---

1. Il est à remarquer qu'au moment où cette lettre est écrite, le prince d'Eckmühl n'a pas encore reçu les rapports de Varsovie du 2 octobre, qu'il va expédier le même jour, 10 octobre, à l'Empereur.

Demain, je passe la revue du 30ᵉ régiment. J'irai voir les travaux de Trawemunde et je retournerai ensuite à Hambourg.

Prince d'Eckmuhl.

LE PRINCE D'ECKMUHL A L'EMPEREUR.

Lubeck, le 10 octobre 1811.

De la nécessité d'éloigner de Custrin le 5ᵉ polonais. Compte rendu d'exécution de divers ordres.

Sire, j'ai l'honneur d'accuser réception à Votre Majesté de Sa lettre du 7 octobre. Je vais écrire au prince Poniatowski, pour le prier de faire accélérer le départ des 800 Polonais que Votre Majesté a demandés pour le régiment de chevau-légers qui se forme à Sedan. J'aurai l'honneur de vous adresser demain, Sire, à mon arrivée à Hambourg, les renseignements que vous me demandez sur la 7ᵉ division. J'ai adressé à Votre Majesté, le 4 octobre, un état de situation des trois régiments polonais. Les 4ᵉˢ bataillons de ces régiments sont arrivés.

Quant à mon opinion sur l'ordre à donner au 5ᵉ régiment polonais, qui est à Custrin, de se rendre à Thorn, j'ai l'honneur de rappeler à Votre Majesté que, dans le temps, je lui ai fait part que je pensais, pour le bien de son service, qu'il était à désirer que ce régiment fût éloigné de Custrin, non pas que j'eusse des motifs de me méfier du prince Radziwill qui le commande, mais par raison de prudence, vu ses liaisons avec son frère qui habite Berlin, et qui nous déteste avec passion. Le caractère faible du colonel du 5ᵉ et l'ascendant que son frère a sur lui pourraient faire craindre qu'il [ne] cédât à des intrigues.

Il n'y aurait point d'inconvénient à faire remplacer le 5ᵉ régiment polonais à Custrin par les quatre bataillons de Hesse et de Bade, ou par un régiment français et les deux bataillons de Hesse.

J'ai déjà donné depuis longtemps, suivant les intentions de Votre Majesté, l'ordre à tous les régiments de cavalerie de l'armée de faire venir de leurs dépôts tout ce qu'ils ont de disponible en hommes, chevaux, selles et harnais. Je renouvelle cet ordre, et je rendrai demain à Votre Majesté le compte qu'Elle me demande sur la force que présentera la cavalerie de l'armée au 1ᵉʳ novembre.

J'aurai soin de répartir, conformément au désir de Votre Majesté, dans les trois régiments d'infanterie légère, les conscrits venant de Strasbourg et Wesel qui seront au-dessus du complet, et je ferai choisir pour le 33ᵉ d'infanterie légère des hommes parlant allemand.

Je vais donner des ordres pour faire compléter le 9ᵉ régiment de lanciers polonais à 1.000 chevaux.

J'adresserai à Votre Majesté un état de situation de l'armée au 15 octobre, tel qu'Elle le désire, ainsi que celui de l'artillerie, du génie, des équipages, etc.

Prince d'Eckmuhl.

LE PRINCE D'ECKMUHL A L'EMPEREUR.

Lubeck, le 10 octobre 1811.

De l'équipage de pont de Magdebourg.

Sire, j'ai l'honneur d'adresser, ci-joint, à Votre Majesté un rapport du général commandant l'artillerie, qui me rend compte qu'il existe à Magdebourg un équipage de pont dont on pourrait se servir utilement en achetant les attirails qui lui manquent et en y faisant quelques réparations.

Il serait important pour l'armée d'avoir cet équipage en bon état, afin de s'en servir dans le cas où celui construit à Danzig ne serait pas disponible.

J'ai cru devoir soumettre ces observations à Votre Majesté, et je La prie de vouloir bien me faire connaître ses intentions.

PRINCE D'ECKMUHL.

LE PRINCE D'ECKMUHL A L'EMPEREUR.

Lubeck, le 10 octobre 1811.

Renseignements sur les mouvements de l'armée russe.

Sire, j'ai l'honneur d'adresser à Votre Majesté les derniers rapports que je reçois de Varsovie du 2 octobre; toujours mêmes contradictions[1].

J'y joins copie d'une lettre du résident de Votre Majesté[2], ainsi qu'un rapport du général Liebert, antérieur à celui que j'adresse aujourd'hui à Votre Majesté, parce qu'il a été à Hambourg et que l'autre m'est parvenu directement.

PRINCE D'ECKMUHL.

Rapport de Seyny du 25 septembre 1811. (Extrait.)

Il n'y a aucune donnée certaine sur les mouvements des troupes russes, mais il paraît qu'elles s'éloignent de nos frontières, ne laissant que les postes ordinaires pour garder les leurs.

Rapport de Térespol du 29 septembre 1811. (Extrait.)

Un habitant de Vilna, arrivé récemment à Brzesc, dit avoir vu plusieurs divisions russes arriver dans le camp près de Vilna, qu'on disait être destinées à se joindre aux troupes prussiennes qui se rassemblent dans les environs de Tilsit.

On prétend que, les Russes ayant mis le feu à la forêt voisine de la forteresse de Bobruysk (*Bobrouïsk*), qui nuisait à la défense de cette place, l'incendie s'est propagé jusqu'à douze meiles et a causé beaucoup de dommages aux habitants. Quoiqu'on ait rassemblé beaucoup de monde,

---

1. Voir la carte de la frontière occidentale de la Russie, jointe au tome Ier.
2. M. Bignon.

on n'a pas encore réussi à l'éteindre, à cause de la tourbe qui brûle à une grande profondeur.

On ne forme aucun nouveau magasin ; mais il a été défendu de toucher à ceux des paysans rassemblés depuis onze ans et destinés à les soulager en cas de disette. Chaque paysan était obligé d'y verser cinq garnets[1] de blé et un garnets d'avoine par année.

Rapport d'un officier commandant des postes sur la frontière en date du 29 décembre. (Extrait.)

Il ne se trouve dans les districts de Wlodzimierz (*Vladimir*) et Kowel que quatre régiments d'infanterie, dont les commandants se nomment : Gogiel, Monachtyn, Balbyn et Lapasow. Ces régiments ont leur artillerie et environ 100 caissons qu'ils ont déjà présentés dans plusieurs villes des districts susmentionnés pour faire croire à des forces plus considérables.

Un général d'artillerie a son quartier à Zaslav, et il s'y trouve environ 200 bouches à feu avec celles arrivées de la Turquie. Vingt pièces de ce parc viennent d'être dirigées sur Kolki et Ratno et vingt sur Kowel.

Il y a peu de cavalerie dans les districts de Dubno et Luck (*Loutsk*); celle qui est revenue de l'armée de Turquie cantonne dans les environs de Human (*Ouman*), vu qu'il s'y trouve du fourrage en abondance.

On forme des magasins considérables en Volhynie, qu'on paie argent comptant, et il a été ordonné de laisser les approvisionnements des paysans intacts.

On a formé deux nouveaux régiments dans le district de Pinsk, dont un d'infanterie et l'autre de hulans ; on continue avec activité les travaux de Bobruysk (*Bobrouïsk*).

Un habitant de la Russie assure qu'il s'est rassemblé, dans les environs de Georgenbourg, en Samogitie, à portée de la frontière de la Prusse, un corps considérable de troupes et que le grand-duc Constantin est attendu pour en prendre le commandement.

Rapport du général Rozniecki, en date de Biala, du 27 septembre 1811. (Extrait.)

Je suis de retour de Térespol. Tout est tranquille à Brzesc. J'ai eu des nouvelles de Slonim ; le corps du général Essen se trouve dans ses anciens cantonnements, hors le régiment Mariampol-hussards et celui de Polock-mousquetaires, qui se sont un peu rapprochés de Brzesc ; tous les autres ont encore, au 23 du courant, occupé leurs cantonnements respectifs.

Le camp de Rosienie (*Rossiena*) a, en partie, rétrogradé vers la Dwina et s'est dirigé, en partie, vers la frontière de la Prusse du côté de Memel. La 17e division du corps du général Baggovout s'est portée en arrière vers Dunabourg.

Les lettres de la Volhynie annoncent la marche de quelques régiments

---

1. Garnets, mesure de capacité pour les matières sèches, équivalant à 3 litres 27 centilitres.

de cavalerie de plus que ceux qui composent la division de cavalerie du corps du général Doktorow (*Dokhtourov*); on cite ceux de cuirassiers de l'Impératrice, et les dragons de la Petite Russie.

Le général Suwarow (*Souvarov*) doit venir remplacer le général Pahlen ; la division marche lentement vers Brzesc.

Extrait d'un rapport du général Rozniecki, en date du 28 septembre 1811.

J'ai l'honneur de vous prévenir que la division du général Kapcewicz (*Kaptsevitch*), qui marche en tête du corps du général Doktorow (*Dokhtourov*), a fait halte dans les environs de Luboml (*Liouboml*), Kowel et Wladzimirz (*Vladimir*). Il y a toute apparence qu'elle cantonnera dans ces contrées, puisqu'on a commencé à éparpiller les troupes dans les villages.

Le seul régiment de Polock (*Polotsk*) mousquetaires et les hussards de Mariampol, comme j'ai eu déjà l'honneur d'annoncer dernièrement, s'approchent de notre frontière.

Tout est tranquille dans le centre de la Lithuanie ; des corps isolés s'approchent pourtant au nord de cette province vers les frontières de la Prusse.

Rapport de Lublin du 25 septembre 1811. (Extrait.)

Je viens de recevoir la nouvelle que la division du général Kapcewicz (*Kaptsevitch*), qui cantonnait dans les environs de Kowel, Luboml (*Liouboml*), s'est mise en marche pour Ratno et de là doit se porter sur Brzesc.

Elle doit être remplacée par une autre division.

Déposition d'un voyageur arrivé de la Russie, en date du 18 septembre 1811. (Extrait.)

Le corps du général Doktorow (*Dokhtourov*), qui avait son quartier général à Dubno et cantonnait depuis Zaslav jusqu'à Luck (*Loutsk*), vient de quitter sa position et se dirige sur la Lithuanie ; on lui destine Kolki pour quartier général.

Il y a des magasins prodigieux à Luck (*Loutsk*) et les villages adjacents, qui y ont été rassemblés de trois gouvernements.

On dit que les troupes destinées contre le Duché sont disposées sur deux lignes et doivent être composées de vingt divisions. Il est certain qu'il y a beaucoup de mouvements dans l'armée russe, qui paraissent indiquer une guerre prochaine, qui paraît d'autant plus vraisemblable que la nouvelle de la paix entre la Russie et l'Angleterre se répand de plus en plus, que les gardes ont quitté Pétersbourg et que l'empereur est attendu à Zitomirz (*Jitomir*).

Extrait d'un rapport de Lublin, du 26 septembre 1811.

Après que la division du général Kapcewicz (*Kaptsevitch*) s'est portée en Lithuanie, la division du général Lichaczew (*Likhatchev*) a pris ses cantonnements ; mais il paraît qu'elle n'y restera pas longtemps, vu qu'il approche d'autres troupes.

*Extrait de la lettre d'un habitant de la Russie en date
du 20 septembre 1811.*

Je vous écris pour la dernière fois en vous avertissant que je ne répondrai plus à vos lettres, puisque la circonspection avec laquelle on agit sur la frontière me fait craindre d'être compromis.

Le général Kapcewiez (*Kaptsevitch*) est parti avant-hier de Dubno et est allé à Luck (*Loutsk*); sa division se dirige sur Kowel. La division de Lichaczew (*Likhatchev*) arrive pour la remplacer; la division de Kolubakin (*Kolioubakine*) est aussi en marche. Il a passé de l'artillerie de campagne et de position par Dubno. Les Turcs n'ont pas passé le Dniester; on n'a laissé que peu de troupes contre eux; les plus grandes forces sont dirigées contre le Duché, et les Russes doivent y rentrer dans le courant de ce mois encore.

*Extrait du rapport d'un officier commandant des postes sur la frontière,
daté de Krylow.*

J'ai reçu le 19 du courant la nouvelle certaine que le général Doktorow (*Dokhtourov*) est arrivé à Turzyst (*Tourisk*) et qu'il se trouve dans cette ville un régiment d'infanterie; un autre, celui de Sibérie, est arrivé à Luboml (*Liouboml*). Un colonel, avec un bataillon d'infanterie, a son quartier dans le village Czunie, à une meile de notre frontière.

Il est arrivé à Wladzimirz (*Vladimir*) 1 régiment de hussards, 3 régiments d'infanterie, 6 régiments de cosaques et 18 canons, dont 9 du calibre de 18 et 9 de celui de 12; il y est arrivé également 80 boulangers, qui ont de suite été envoyés dans les villes avoisinantes pour y cuire du pain.

Un exprès venu des environs de Dubno assure qu'une division, composée d'infanterie, de cavalerie et d'artillerie, se dirige, en marches forcées, jour et nuit, sur Brzesc, où on lui a préparé son quartier.

*Extrait d'un rapport de la douane de Luszkow, en date
du 27 septembre 1811.*

4.000 hommes d'infanterie viennent d'arriver dans les environs de Kowel, à sept meiles de Turzysk (*Tourisk*) et cinq meiles de Lokacze (*Lokatsché*), à quatre meiles de notre frontière, et y ont relevé des troupes qui s'y trouvaient, lesquelles se sont retirées de la frontière se dirigeant sur la Polésie.

Les cosaques se plaignent beaucoup de ce qu'on a fait marcher tout ce qui se trouve en état de porter les armes chez eux, sans avoir égard aux pertes que leurs ménages souffriront par là.

Extrait d'un rapport de Siedlce, en date du 28 septembre 1811.

J'ai fait mon possible pour apprendre le fond de toutes ces nouvelles alarmantes qu'on a fait courir, mais il est prouvé qu'il règne une parfaite tranquillité et que nous n'avons rien à craindre pour nos frontières.

Les rapports des émissaires envoyés sur les lieux assurent qu'il ne se trouve qu'une division dans les environs de Slonim, et une autre dans ceux de Dubno, vers Liouboml.

Il n'est arrivé aucune troupe à Brzesc, et il ne s'y trouve que les postes ordinaires de cosaques; on prétend qu'il y doit arriver quelques troupes en quartiers d'hiver, mais il n'y a rien de certain là-dessus, ni sur leur nombre.

S'il s'opère donc quelque rassemblement, ce ne peut être que dans l'intérieur dont je n'ai point de connaissance jusqu'à présent.

Copie d'une lettre de M. Bignon, résident de France à Varsovie.

Votre Excellence aura reconnu maintenant qu'au milieu de tous les rapports qui, depuis quinze jours, nous présentent une grande masse de troupes russes comme prêtes à envahir le Duché, j'avais eu raison de ne voir dans cette agitation prétendue qu'un changement de cantonnements de la part d'une division voisine : ce fait aujourd'hui n'est plus douteux. Dans toutes les désignations nominatives qui nous sont parvenues, il n'a figuré que deux régiments qui ne soient pas de la 7ᵉ division, commandée par le général Kapcewitz (*Kaptsevitch*) ; ce sont les régiments de Sibérie et d'Azoff. Tous les autres, dont le déplacement a fait tant de bruit, quoiqu'ils n'aient fait que prendre leurs quartiers d'hiver, savoir : les régiments de mousquetaires de Moskou, de Libau, de Pskoff, de Sophie, les 4ᵉ et 36ᵉ de chasseurs, appartiennent à la susdite division. Voilà que de tous côtés on est retombé dans le calme le plus parfait.

BIGNON.

Le général Liébert au prince d'Eckmühl.

Stettin, le 7 octobre 1811.

J'ai l'honneur d'adresser ci-joint à Votre Altesse cinq dépêches que je reçois à l'instant.

J'ai l'honneur de faire le rapport à Votre Altesse que le chef de poste de correspondance de Piritz me mande que, dans la nuit du 3 au 4, il y a logé douze travailleurs des environs de Berlin qui viennent de Colberg et qui, d'après leurs déclarations, retournent dans leurs foyers pour cause d'infirmités.

Ce même rapport porte que 83 paysans, dont 20 travailleurs, venant des environs de Berlin, y sont passés pour se rendre à Colberg, sous l'escorte d'un sous-officier et deux dragons.

Enfin, le même chef de poste me rend compte que, dans la nuit du 6 au 7, il a logé dans le même endroit 30 travailleurs munis de pioches et de pelles et 81 recrues, venant de Oranienbourg et environs, se rendant à Colberg, sous la conduite d'un officier et deux dragons.

Il est arrivé à Stettin un seul homme parti de Treptow le 4, venant de Colberg, où il avait été envoyé, qui a répondu aux questions que je lui ai faites que les travailleurs allaient s'en retourner.

Renseignements sur les mouvements de troupes en Prusse.

M. le consul de France étant parti le 5 pour Colberg, j'aurai sous peu des renseignements positifs sur ce qui s'y fait; je m'empresserai de les adresser sur-le-champ à Votre Altesse.

Liébert.

Extrait de divers rapports des environs de Glogau et de Francfort, en date du 30 septembre 1811.

Des frontières de la Saxe jusqu'à Haynau, toutes les villes sont dégarnies de militaires.

Le bataillon de chasseurs en garnison à Liegnitz est allé cantonner aux environs de Bunzlau.

Des cuirassiers sont entrés de la Marche à Thomaswalde et ont posté une vedette sur la route de Bunzlau.

Quatre officiers et environ 120 hommes d'infanterie, qu'on a rencontrés en avant de Haynau, seulement armés de fusils et gibernes, ne font, au dire des habitants, depuis quinze jours, qu'aller et venir sans se fixer à quelque endroit.

Conformément à plusieurs ordres arrivés par des courriers, tous les mouvements de troupes ont cessé; les soldats du train et les chevaux d'équipages, ainsi que les recrues surnuméraires, ont été renvoyés à leurs communes respectives. Les quarante-huit fournisseurs engagés à Breslau ont été de même congédiés.

Les troupes avancées jusqu'au delà de Grüneberg, Crossen et Francfort doivent se retirer dans les contrées entre Berlin et Francfort, sous les ordres du lieutenant général de Gravert.

Les bataillons formant les garnisons de Liegnitz, Namslau et Breslau ont reçu les ordres de se concentrer près de Breslau. On dit qu'après avoir passé la revue ils rentreront dans leurs garnisons respectives.

Le régiment de hussards verts se trouvait, le 30 septembre, encore réuni près de Francfort.

Le gouvernement prussien a fait de grands achats en draps ordinaires à Francfort.

On dit que l'infanterie prussienne a été forte de 100.000 hommes. Deux compagnies de chasseurs sont entrées à... *(mot illisible)* et 150 cuirassiers sont cantonnés aux environs de cette place.

On attend à Greiffenberg un escadron de uhlans.

En général, presque tous les villages de la Silésie aux frontières de la Saxe sont garnis de troupes de toutes armes; parmi ces dernières, on compte à peu près 1.500 à 2.000 recrues non uniformées et armées de fusils et gibernes. Les habitants se prévoient (*sic*) de l'entrée des Saxons en Silésie.

M. de Stackelberg, ancien diplomate, qui a toujours prétendu ne vouloir quitter l'Allemagne qu'en cas d'une guerre avec les Russes, vient de traverser la Saxe pour se rendre en Russie.

Des voyageurs juifs venant de la Russie ont rapporté que les troupes marchent vers les frontières de la Turquie : eux-mêmes ont trouvé tout en parfaite tranquillité aux frontières de l'Allemagne.

RAPPORT DU MINISTRE DE LA GUERRE A L'EMPEREUR.

11 octobre 1811.

J'ai l'honneur de soumettre à l'approbation de Sa Majesté la classification des corps de sa Garde, par jeune Garde, moyenne Garde et vieille Garde.

Garde impériale: projet de classification des corps en jeune, moyenne et vieille garde.

Cette classification devient nécessaire pour fixer les corps de la Garde où doivent être exécutées les dispositions du décret du 2 août dernier sur l'avancement [1]; ceux où les sous-officiers et soldats qui désertent sont dans le cas d'être poursuivis conformément aux lois sur la désertion, ou d'être punis seulement par l'envoi aux bataillons coloniaux; enfin les corps dont les officiers, sous-officiers et soldats ne peuvent prétendre qu'aux soldes de retraite de la ligne, ou doivent recevoir la moitié ou le tiers en sus.

Jeune Garde.

6 *régiments de voltigeurs.*
6 *régiments de tirailleurs.*
Régiment de flanqueurs.
3 *compagnies de conscrits canonniers.*

Régiment de pupilles.
Régiment de gardes nationales.
Bataillon des équipages militaires.
3 *compagnies d'ouvriers de l'administration militaire de la Garde.*

Sa Majesté ayant décidé le 6 septembre dernier que le décret du 2 août dernier sur l'avancement était applicable à la jeune Garde et qu'il fallait tenir la main à son exécution, il ne paraît pas douteux que les dispositions n'en doivent être exécutées dans les corps ci-dessus indiqués.

Toutefois, je pense qu'il faut en excepter les compagnies d'élites des quatre premiers régiments de tirailleurs et des quatre premiers de voltigeurs, qui font partie de l'École des sous-officiers de Fontainebleau. Les militaires de ces compagnies recevant une instruction particulière, l'intention de Sa Majesté n'est pas, sans doute, qu'on ne puisse désigner, pour être caporaux, que ceux qui ont deux ans de service révolus, et, pour être sergents, que ceux qui comptent quatre ans de service.

Quant à l'application des lois sur la désertion, elle me paraît aussi devoir leur être faite, avec cette restriction cependant, à l'égard des compagnies d'élite et des compagnies de conscrits canonniers, que les sous-officiers et caporaux qui sont de vieille Garde ne doivent être punis que par l'envoi aux bataillons coloniaux.

J'ai l'honneur de faire observer aussi que les pupilles qui ne sont point encore âgés de 18 ans et qui déserteront ne sauraient être poursuivis conformément aux lois de la désertion.

Je propose de mettre à la disposition du ministre de la marine, pour être employés sur les vaisseaux de l'Etat ou dans les ports, tous ceux qui, n'ayant pas encore atteint l'âge de 18 ans révolus, seront arrêtés après leur désertion.

---

1. Voir ce décret du 2 août chapitre XVI, page 96.

Quant aux soldes de retraite dans les corps ci-dessus indiqués, les officiers, sous-officiers et caporaux, qui y sont traités comme de vieille Garde, peuvent seuls prétendre aux soldes de la Garde. Pour tout le reste, les pensions ne paraissent pas devoir excéder celles fixées pour la ligne.

Moyenne Garde.

2º *régiment de grenadiers à pied.*   2º *régiment de chevau-légers-lanciers.*
2ᵉ   —   *de chasseurs à pied.*   *Le bataillon de vélites de Florence et*
1ᵉʳ *et* 2ᵉ *régiments de fusiliers.*   *celui de Turin* [1].
3ᵉ *régiment de grenadiers à pied.*   1ᵉʳ *et* 2ᵉ *bataillons du train d'artillerie.*

Je pense que, dans l'application à faire aux corps de la moyenne Garde des dispositions du décret du 2 août dernier sur l'avancement, il faut distinguer ceux des corps qui sont dans une catégorie particulière; tels sont :

1º *Les bataillons de vélites de Florence et de Turin.*

D'après le décret d'organisation de ces bataillons, les vélites, après deux ans de service, ont rang de sergent et peuvent porter les marques distinctives de ce grade.

Il y a lieu de croire qu'ils doivent conserver ces avantages puisqu'ils restent assujettis au paiement de la pension.

2º *Les deux régiments de fusiliers.*

Ces corps ont des compagnies d'élites qui font partie de l'École des sous-officiers de Fontainebleau. Il ne paraît pas que les militaires de ces compagnies puissent être soumis au mode d'avancement déterminé par le décret du 2 août dernier, et sans doute l'application de ce décret doit être restreinte aux autres compagnies.

3º *Le* 2ᵉ *régiment de chevau-légers-lanciers.*

L'article 6 du décret du 2 août 1811 est ainsi conçu : « Les vélites ou les soldats ayant servi quatre ans et fait campagne dans le 2ᵉ régiment de chevau-légers-lanciers pourront être propres à entrer dans les régiments de cavalerie de la vieille Garde. »

Ces vélites ne pourront-ils jouir d'autres avantages avant d'avoir quatre ans de service, et le décret du 2 août dernier sur l'avancement leur sera-t-il applicable? Je ne le pense pas, attendu qu'ils sont assujettis au paiement de la pension de 300 francs.

---

1. Ces deux bataillons, dont l'un était en garnison à Florence et l'autre à Turin, faisaient partie de la Garde *particulière* de la princesse Elisa, grande-duchesse de Toscane, et du prince Borghèse, gouverneur général des départements au delà des Alpes. Il existait également, pour faire le même service, deux compagnies de gardes d'honneur à cheval.

Il ne me paraît pas douteux que les dispositions du décret du 2 août sur l'avancement ne doivent être appliquées au 2ᵉ régiment de lanciers (les vélites exceptés), ainsi qu'aux autres corps compris dans la dénomination de moyenne Garde.

Pour ce qui concerne l'application des lois sur la désertion, Sa Majesté a déjà décidé, à l'égard des bataillons de vélites de Florence et de Turin, que les militaires de ces corps qui abandonnent leurs drapeaux devaient être envoyés à des bataillons coloniaux.

Je pense que la même disposition doit avoir lieu à l'égard de tous les sous-officiers et soldats des corps de la moyenne Garde qui se rendent coupables du même délit, en faisant toutefois, dans les deux bataillons du train, la distinction des militaires qui proviennent de la ligne et qui sont anciens soldats de ceux qui sont tirés de la conscription.

Les hommes compris dans cette dernière classe, qui désertent, paraissent devoir être poursuivis conformément aux lois sur la désertion.

Quant aux soldes de retraite dans les corps de la moyenne Garde, les officiers, sous-officiers et caporaux qui y sont considérés et traités comme de vieille Garde semblent avoir droit aux soldes de retraite de la Garde.

Les autres officiers, sous-officiers, ainsi que les soldats, paraissent ne pouvoir prétendre qu'au tiers en sus de ce qui est accordé à la ligne; mais les soldats du train provenant de la conscription et qui seraient dans le cas d'obtenir la pension avant d'avoir six ans de service révolus me semblent n'être susceptibles que des soldes de retraite de la ligne.

Vieille Garde.

1ᵉʳ régiment de grenadiers à pied,
1ᵉʳ   —   de chasseurs à pied,
Régiment de chasseurs à cheval et compagnie de mamelucks,
Régiment de dragons,
Régiment de grenadiers à cheval.

Régiment d'artillerie à pied,
   —   —   à cheval,
Compagnie d'ouvriers pontonniers,
Compagnie de sapeurs,
Gendarmerie d'élite.

Je pense que les corps de la vieille Garde, en raison des prérogatives dont ils jouissent, doivent être considérés comme étant dans un ordre particulier, et ne peuvent être soumis qu'aux règles d'avancement que Sa Majesté détermine spécialement à leur égard; qu'ainsi, les dispositions du décret du 2 août sur l'avancement ne leur sont point applicables.

Quant à la désertion dans la vieille Garde, elle est punie par l'envoi aux bataillons coloniaux des militaires qui s'en rendent coupables.

Les lois et décrets accordent aux officiers, sous-officiers et soldats de la vieille Garde, qui sont dans le cas d'obtenir la pension, la moitié en sus de ce qui est accordé à la ligne.

Le 1ᵉʳ régiment de chevau-légers-lanciers n'est point compris dans la classification ci-dessus, attendu que je suis dans le doute s'il doit être considéré comme faisant partie de la vieille Garde ou de la moyenne Garde seulement.

Sa Majesté m'a fait connaître qu'elle n'entendait pas que les officiers de ce corps eussent, dans la ligne, le grade supérieur à celui dont ils sont pourvus dans la Garde.

D'un autre côté, les officiers, sous-officiers et lanciers ont joui, jusqu'à présent, de tous les avantages accordés à la vieille Garde quant à l'avancement et aux soldes de retraite.

Je prie Sa Majesté de me faire connaître si ce corps doit être considéré comme de vieille Garde ou de moyenne Garde. Dans ce dernier cas, les dispositions du décret du 2 août sur l'avancement lui sont-elles applicables, et les officiers, sous-officiers et lanciers admis à la solde de retraite ne doivent-ils recevoir que le tiers en sus de ce qui est accordé à la ligne?

Duc de Feltre.

Décision de l'Empereur : Renvoyé au duc d'Istrie pour me préparer un rapport sur cet objet à mon retour à Paris.

Amsterdam, le 20 octobre 1811.

Napoléon.

Garde impériale.

Classification des corps de la Garde par jeune Garde, moyenne Garde et vieille Garde, avec des notes qui font connaître les corps qui ne jouissent que de la solde de la ligne, ceux qui reçoivent une solde supérieure à celle de la ligne et inférieure à celle de la vieille Garde; enfin, les corps qui reçoivent la solde de la vieille Garde.

Jeune Garde.
- Régiment de pupilles.
- Régiment des gardes nationales.
- Bataillons des équipages militaires.
- Trois compagnies d'ouvriers d'administration de la Garde.

A l'exception du major du régiment des gardes nationales, qui est traité comme major de la Garde, tous les autres officiers de ces corps sont traités comme la ligne, ainsi que les sous-officiers et soldats.

- Six régiments de voltigeurs.
- Six régiments de tirailleurs.
- Rég. de flanqueurs.

Les officiers, jusqu'au grade de capitaine seulement, y sont considérés et traités comme étant vieille Garde; les autres officiers, ainsi que les sous-officiers et soldats, y sont en tout point assimilés à la ligne. Il est à remarquer cependant que, dans les quatre premiers régiments de tirailleurs et les quatre premiers de voltigeurs, il existe des compagnies d'élites dont les cadres sont de vieille Garde.

- Trois compagnies de conscrits canonniers

Les cadres de ces compagnies sont de vieille Garde; les soldats sont traités comme étant de la ligne.

Moyenne Garde.
- 2ᵉ régiment de grenadiers à pied.
- 2ᵉ régiment de chasseurs à pied.

Les officiers et sous-officiers de ces corps sont de vieille Garde.
Les soldats reçoivent une solde inférieure à celle de la vieille Garde.

- 1ᵉʳ et 2ᵉ fusiliers.

Les fusiliers, quoique recevant une solde plus forte que celle de la ligne, étaient considérés comme étant de jeune Garde, parce qu'ils se recrutaient par des conscrits; mais, aujourd'hui qu'on n'y admet plus que des tirailleurs et voltigeurs qui comptent plusieurs années de service, ils paraissent devoir être classés dans la moyenne Garde.

- 3ᵉ régiment de grenadiers à pied.
- 2ᵉ régiment de chevau-légers-lanciers.

Les officiers de ces corps reçoivent les appointements et le logement de la vieille Garde; mais ils ne jouissent pas des autres indemnités ni des mêmes prérogatives.
Les sous-officiers et soldats y reçoivent une solde et des masses intermédiaires entre celles de la vieille Garde et de la jeune Garde.

- Les bataillons de vélites de Florence et de Turin.

Les officiers sont mieux payés que ceux de la ligne, et les vélites cumulent, avec le traitement de la ligne, la pension de 200 francs que paient leurs familles.

- 1ᵉʳ et 2ᵉ bataillons du train (artillerie).

Ces corps sont composés partie d'anciens soldats, partie de conscrits, et ils se recrutent dans les bataillons du train de la ligne et dans la conscription.
Le décret du 12 avril 1808, sur l'organisation de l'artillerie de la Garde, leur a conservé la solde dont ils jouissaient d'après le décret du 12 thermidor an XII; et cette solde est plus forte que celle de la ligne.

Vieille Garde.
- 1ᵉʳ régiment de grenadiers à pied.
- 1ᵉʳ régiment de chasseurs à pied.
- Régiment de chasseurs à cheval et compagnie de mamelucks.
- Régiment de dragons.
- Régiment de grenadiers à cheval.

Tous ces corps reçoivent la solde de la vieille Garde.

Vieille Garde. (*Suite.*)
- Régiment d'artillerie à cheval.
- Régiment d'artillerie à pied.
- Compagnie d'ouvriers pontonniers.
- Compagnie de sapeurs.
- Gendarmerie d'élite.

} Tous ces corps reçoivent la solde de la vieille Garde.

1ᵉʳ régiment de chevau-légers-lanciers.
} Ce corps reçoit la même solde et les mêmes masses que les chasseurs à cheval de la Garde, et il a joui jusqu'à présent de presque tous les avantages accordés à la vieille Garde. Cependant, on est dans le doute s'il ne doit pas être classé dans la moyenne Garde.

LE PRINCE D'ECKMUHL A L'EMPEREUR.

Hambourg, le 12 octobre 1811.

Corps de l'Elbe : Situation numérique des régiments de cavalerie.

Sire, Votre Majesté me demande, par sa lettre du 7 de ce mois, si, au 1ᵉʳ novembre, les dix régiments de cavalerie du corps d'observation de l'Elbe formeront 10.000 hommes.

Pour remplir, à cet égard, les intentions de Votre Majesté, j'ai donné, au mois d'août, aux colonels de cavalerie, l'ordre de faire venir de leur dépôt tout ce qui s'y trouvait disponible en hommes, chevaux et harnachements, et, pour assurer davantage l'exécution de cet ordre, j'écrivis moi-même aux commandants de chaque dépôt; je vais encore le leur renouveler.

Le tableau que j'ai eu l'honneur d'adresser à Votre Majesté le 17 septembre dernier lui faisait connaître que, lorsque tout ce qui était attendu du dépôt serait arrivé, il manquerait encore 1.064 hommes et 505 chevaux pour atteindre le complet de 1.100 hommes et 1.000 chevaux ordonné par Votre Majesté.

Depuis cette époque, quelques détachements sont arrivés des dépôts, d'autres sont en route; mais les dépôts n'ont point envoyé tout ce qui avait été demandé au 1ᵉʳ septembre. Il en résulte qu'au 1ᵉʳ octobre, il manque aux dix régiments de cavalerie 1.127 hommes et 728 chevaux pour porter les escadrons de guerre à 1.100 hommes et 1.000 chevaux.

Votre Majesté s'en convaincra en jetant les yeux sur le tableau ci-joint: elle voudra bien remarquer que, dans le courant de septembre, il y a eu 66 chevaux morts ou abattus.

Avant de donner des ordres pour que les corps fassent acheter les chevaux qui leur manquent au complet, j'ai voulu attendre qu'ils eussent reçu les hommes demandés au dépôt, parce qu'il y aurait eu trop d'inconvénients à avoir les chevaux sans pouvoir les soigner.

J'avais pensé que l'intention de Votre Majesté était d'avoir aux escadrons de guerre 1.100 hommes et 1.000 chevaux; mais le ministre directeur me fait connaître, par une lettre du 2 de ce mois et dont je joins ici copie, que, dans le complet de 1.000 chevaux, on doit comprendre ceux qui sont au dépôt soit comme malades, ou pour l'instruction, ce qui, dans ce moment, et d'après le calcul du ministre directeur, forme une différence de 375 chevaux; ainsi, en les retranchant sur l'état que je présente à Votre Majesté, il y aurait encore 353 chevaux à acheter aux escadrons de guerre.

Je donnerai des ordres en conséquence; mais je prie Votre Majesté de prescrire au ministre directeur de faire sans délai les fonds nécessaires, soit pour ces 353 chevaux, soit pour les 728 manquant, si l'intention de Votre Majesté est que les 1.000 chevaux soient présents aux escadrons de guerre et indépendants de ce qui pourrait être, au dépôt, hors d'état de faire la guerre.

D'un autre côté, le ministre de la guerre, auquel j'avais demandé les moyens de compléter en hommes les escadrons de guerre et particulièrement le 3ᵉ de chasseurs, auquel il manquera encore 241 hommes lorsqu'il aura reçu tout ce qui est disponible à son dépôt, m'a répondu, le 3 de ce mois, que la répartition des conscrits de cette année étant déterminée par Votre Majesté, il ne pouvait y apporter aucun changement.

Tous les détachements demandés aux dépôts seront probablement arrivés aux escadrons de guerre dans le courant de ce mois, et je pourrai faire connaître à Votre Majesté, le 1ᵉʳ novembre prochain, la situation exacte des dix régiments de cavalerie, qui, alors, n'auront plus rien de disponible aux dépôts.

PRINCE D'ECKMUHL.

LE PRINCE D'ECKMUHL A L'EMPEREUR.

Hambourg, le 12 octobre 1811.

Sire, j'ai l'honneur d'adresser à Votre Majesté une lettre de M. de Saint-Marsan que je reçois à l'instant [1]. *Renseignements sur les préparatifs militaires de la Prusse.*

Le contenu de cette lettre prouve que, si le roi de Prusse est de bonne foi (ce que je ne crois pas), il n'est plus maître chez lui.

Je donne l'ordre au général Liébert d'envoyer des officiers à Colberg, pour s'assurer si, cette fois, les ordres dont le général Tauenzen est porteur vont recevoir leur exécution.

PRINCE D'ECKMUHL.

Décret du 14 octobre 1811.

ARTICLE PREMIER. — Il y aura, à l'état-major de chacun de nos régiments d'infanterie de ligne et d'infanterie légère, un adjudant-major capitaine, qui sera spécialement chargé de l'habillement du corps, et qui ne comptera pas dans les compagnies [2]. *Des officiers attachés aux dépôts des régiments d'infanterie.*

---

1. Cette lettre de M. de Saint-Marsan n'a pas été retrouvée aux Archives nationales, d'où la présente pièce a été extraite (série AF IV, 1656).
2. « Cet officier doit rouler avec les autres capitaines du corps pour tous les

Art. 2. — Cet officier résidera au dépôt.

Art. 3. — Le nombre des sous-lieutenants des quatre compagnies de dépôt sera augmenté d'un sous-lieutenant par compagnie.

Art. 4. — A mesure qu'il vaquera des emplois de sous-lieutenant dans les bataillons de guerre, les sous-lieutenants du dépôt seront envoyés pour les remplacer.

Cette mutation s'opérera sur une simple lettre de passe.

Art. 5. — Les quatre sous-lieutenants envoyés aux bataillons de guerre seront immédiatement remplacés au dépôt.

NAPOLÉON.

Le ministre directeur de l'administration de la guerre aux conseils d'administration, généraux, etc.

Paris, le 14 octobre 1811.

Composition d'un approvisionnement de réserve en effets d'habillement et d'équipement dans chaque régiment d'infanterie et d'artillerie à pied.

Messieurs, S. M. l'Empereur, voulant que chaque régiment d'infanterie de ligne et légère et d'artillerie à pied ait constamment dans son magasin un approvisionnement de réserve capable de parer à tous les besoins extraordinaires qui pourraient se faire sentir, soit pour le corps lui-même, soit pour toute autre circonstance qui ne peut être prévue, a rendu le décret suivant :

Décret.

Anvers, le 3 octobre 1811.

Article premier. — Notre ministre directeur de l'administration de la guerre formera, dans un délai de trois mois, et dans les magasins des dépôts de chacun de nos régiments d'infanterie de ligne et légère et d'artillerie à pied, un approvisionnement de réserve pour l'habillement, le grand et le petit équipement de nos troupes.

Art. 2. — Cet approvisionnement sera réparti ainsi qu'il suit :

Par chaque régiment d'infanterie de ligne et légère, 200 habillements et équipements complets et 100 habillements et équipements complets par chaque régiment d'artillerie à pied.

....

Art. 8. — Les effets de réserve, après avoir été confectionnés et

---

services de la garnison (lettre ministérielle du 26 février 1812). Cette décision est fondée sur le motif que ce capitaine perdrait bientôt toute habitude du service et ne serait réellement plus militaire s'il était dispensé de tout autre service que celui de l'habillement du corps. » (Berriat.)

reçus, seront mis à part sous la responsabilité personnelle du major ou du commandant du dépôt, pour n'être employés que d'après les ordres de notre ministre directeur de l'administration de la guerre.

Art. 9. — Si notre ministre directeur ordonne de les remettre en totalité ou en partie pour l'usage d'une troupe de nouvelle levée, qui ne doive pas être incorporée dans le régiment, il sera pourvu sur-le-champ au remplacement des effets qui auront été délivrés, de manière que le magasin de réserve présente constamment la quantité déterminée par l'article 2 ci-dessus.

....

NAPOLÉON.

L'EMPEREUR AU PRINCE D'ECKMUHL, A HAMBOURG.

Amsterdam, 14 octobre 1811.

Mon Cousin, il n'y a à Danzig que 15.000 hommes; mon intention est donc que vous fassiez partir en une seule colonne, ensemble et sous les ordres d'un bon commandant, du 20 au 25 octobre, le régiment de Bade et le régiment de Hesse, qui sont l'un et l'autre à Stettin, avec leur compagnie d'artillerie, pour qu'ils se rendent sans délai à Danzig; ce qui augmentera la garnison de cette place de près de 3.000 hommes. Vous ferez partir sans délai le 5ᵉ régiment polonais, qui est à Custrin, pour se rendre à Posen et rejoindre son 4ᵉ bataillon. Ce régiment, que je destine à faire partie de la garnison de Danzig, tiendra jusqu'à nouvel ordre garnison à Thorn. Il sera entretenu à mes frais; mais, pendant le temps qu'il restera à Thorn, il sera nourri par le grand-duché; il travaillera aux fortifications de Thorn. Il sera là à la disposition du général Rapp pour joindre sa division; ce qui portera à 21 ou 22.000 hommes disponibles les troupes sous les ordres du général Rapp. Vous ferez remplacer le régiment polonais, à Custrin, par un régiment français que vous ferez partir de Magdebourg; de sorte que toute la division Dessaix se trouvera réunie entre Stettin et Custrin. Vous aurez soin de faire connaître que ces mouvements sont commandés par la nécessité de remplir les vides que les maladies de l'automne ont faits dans les différentes garnisons.

Ordre d'envoyer à Danzig les régiments de Bade et de Hesse, et à Thorn le 5ᵉ polonais.

NAPOLÉON.

Le 17 octobre, le prince d'Eckmühl rend compte des ordres qu'il a donnés pour diriger sur Danzig les régiments de Hesse et de Bade, et sur Thorn le 5ᵉ polonais; il joint à son rapport la copie de la lettre qu'il a écrite à M. de Saint-Marsan pour le prévenir de ces mouvements.

LE PRINCE D'ECKMUHL A L'EMPEREUR.

Hambourg, le 17 octobre 1811.

Sire, j'ai reçu la lettre de Votre Majesté du 14 octobre, où Elle me donne l'ordre de faire partir pour Danzig, du 20 au 25, les régiments de Hesse et de Bade, et de faire remplacer, à Custrin, par le 33ᵉ d'infanterie légère, qui est à Magdebourg, le 5ᵉ régiment polonais, en dirigeant celui-ci sur Thorn.

Tous les ordres sont donnés pour l'exécution de ceux de Votre Majesté. Je joins ici copie de ma lettre à M. de Saint-Marsan.

J'ai cru devoir faire partir, avec le 33ᵉ d'infanterie légère, toute l'artillerie de la division Dessaix. La phrase où Votre Majesté me dit : *de sorte que toute la division Dessaix se trouvera entre Stettin et Custrin* m'a déterterminé à donner cet ordre.

PRINCE D'ECKMUHL.

Copie d'une lettre du prince d'Eckmühl à M. de Saint-Marsan, du 17 octobre 1811.

J'ai transmis, dans le temps, à Sa Majesté, les réclamations de la ville sur la surcharge des troupes. J'ai été autorisé à diriger deux des régiments qui sont dans cette place sur Danzig, ce qui remplit le double but de remplacer les pertes que la garnison de Danzig a faites par les maladies d'automne et, en même temps, de soulager la ville de Stettin.

J'ai été également autorisé à faire rentrer dans le grand-duché de Varsovie le 5ᵉ régiment polonais, qui était à Custrin, et de le remplacer par un régiment français; à cet effet, un régiment de la garnison de Stettin se rend à Custrin, et le lendemain de son arrivée le 5ᵉ polonais partira; le régiment français qui part de Stettin y sera remplacé par un des régiments de la garnison de Magdebourg.

Tous ces mouvements s'exécutent, et j'ai cru devoir en informer Votre Excellence pour qu'elle puisse en donner communication au gouvernement prussien, si on lui demandait des explications, et éviter que l'on ne tirât de fausses conjectures, et empêcher l'effet des rapports exagérés auxquels ces mouvements donneront lieu, suivant l'usage.

Par ces dispositions, la ville de Stettin et la Prusse seront soulagées de deux régiments.

LE PRINCE D'ECKMUHL A L'EMPEREUR.

Hambourg, le 14 octobre 1811.

Corps de l'Elbe : du nombre d'hommes manquant aux régiments d'infanterie pour atteindre leur complet.

Sire, j'aurai l'honneur de présenter incessamment à Votre Majesté l'état de situation de l'armée au 15 de ce mois, ainsi qu'Elle me l'a demandé par sa lettre du 7.

En attendant, je crois devoir mettre sous les yeux de Votre Majesté un état sommaire des seize régiments d'infanterie, faisant connaître ce qui manquera à chaque régiment pour atteindre le complet de 4.500 hommes par régiment, non compris l'artillerie régimentaire et après l'arrivée de 490 hommes, conscrits réfractaires et graciés, venus des dépôts de Wesel et de Strasbourg.

Votre Majesté m'a prescrit de donner aux régiments les plus faibles les autres détachements de ces dépôts, qui seraient conduits par les cadres du 3e bataillon du régiment de Walcheren ; ces cadres conduisent, d'après les ordres du ministre de la guerre, les hommes destinés aux 15e léger et 25e de ligne, dont les 5es bataillons n'avaient point envoyé de cadres à Wesel, ni à Strasbourg.

Lorsque l'armée aura reçu 2.700 conscrits de Wesel, 4.500 de Strasbourg et 626 graciés, il lui manquera 5.896 hommes au complet ; et encore je ne compte pas les déserteurs des détachements de Wesel et de Strasbourg, qui sont presque tous en marche en ce moment.

Votre Majesté m'avait annoncé 10.000 conscrits de Wesel et de Strasbourg ; il n'y en a que 7.826 de désignés, et je viens de recevoir de Wesel un rapport qui porte que le ministre de la guerre y a envoyé des ordres pour prendre dans le dépôt de conscrits réfractaires : 900 hommes pour le 19e régiment de ligne, 900 pour le 93e et 900 pour le 11e léger.

J'ignore si cette disposition ne nuira point au complet du corps de l'armée.

Je ne devrais plus alors compter que sur les 3.000 conscrits que Votre Majesté annonce de Belle-Isle et de l'île de Ré, et ce nombre serait insuffisant ; car, en calculant approximativement le nombre des déserteurs de ces détachements réfractaires, il faudrait en tout au moins 7.000 hommes pour atteindre le complet ordonné par Votre Majesté.

J'ai écrit à Strasbourg et à Wesel pour qu'on me fasse connaître le nombre de conscrits qui restera après le départ des détachements qui ont été désignés pour l'armée, afin d'en faire la répartition suivant la force des corps.

PRINCE D'ECKMUHL.

L'EMPEREUR AU MINISTRE DE LA GUERRE, A PARIS.

Amsterdam, 15 octobre 1811.

Donnez ordre aux deux régiments de carabiniers, au 1er de cuirassiers, au 8e et aux trois autres régiments de cuirassiers[1] de se rendre à Cologne, en partant douze heures après la réception de votre ordre. La division composée des deux régiments de carabiniers et du 1er régiment de cuirassiers se réunira à Cologne. La division composée des quatre régiments se réunira à Bonn[2].

Ordre de diriger sur Cologne les deux régiments de carabiniers et le 1er cuirassiers, et sur Bonn quatre régiments de cuirassiers.

Faites partir également douze pièces d'artillerie légère pour chacune de ces deux divisions. Ces pièces seront attelées par les chevaux les plus près, mais elles le seront définitivement par ce

---

1. Les 5e, 10e et 11e cuirassiers.
2. Voir tome I, annexe n° 6, page 317, la formation de la cavalerie de l'armée d'Allemagne.

qui est disponible des quatre bataillons du train qui sont en Allemagne.

Tous ces mouvements se feront sous le prétexte de passer ma revue. Le général Nansouty commandera ces deux divisions. Envoyez-y des généraux de brigade, de ceux qui étaient employés dans les cuirassiers, de manière qu'il y ait au moins deux généraux de brigade pour les deux divisions. Mon intention est d'envoyer les deux divisions à Erfurt, après qu'elles auront passé ma revue; mais ceci est un secret; je désire qu'elles arrivent inopinément à Erfurt. Comme je suis bien aise effectivement de les passer en revue, je vous expédie une estafette extraordinaire, pour que vous ne tardiez pas un moment à leur envoyer des ordres. Ces régiments, se trouvant à Metz et environs, auront peu de chemin à faire pour se rendre à Bonn et à Cologne. Le général Nansouty accélérera leur marche le plus possible.

Les carabiniers et le 1er régiment de cuirassiers laisseront leur 5e escadron. Les autres régiments de cuirassiers laisseront un dépôt. Vous préviendrez ces régiments que le but de leur réunion est spécialement de passer ma revue.

Je vous ai mandé que la 3e division[1], qui a servi à mon entrée à Amsterdam, est en route pour Münster.

P.-S. — Faites toutes les dispositions nécessaires pour l'organisation de ces divisions, forges, ambulances, officiers du génie, d'artillerie, officiers d'état-major, adjoints, administration, etc. Mais, comme l'envoi de tout ce monde ne laissera pas que de faire du bruit à Paris, contentez-vous d'en faire dresser les états, sans qu'on le sache, pour mettre cela en mouvement dans le courant de novembre. Ces divisions devant séjourner à Erfurt et à Münster, tout ce qui est nécessaire aura le temps d'arriver.

(D'après la minute.)

LE MARÉCHAL OUDINOT, DUC DE REGGIO, A L'EMPEREUR.

Amsterdam, le 15 octobre 1811.

De la nécessité d'améliorer les indemnités de solde et la subsistance des troupes en Hollande.

Sire, depuis que Votre Majesté m'a confié le commandement de ses troupes en Hollande, l'expérience m'a prouvé qu'une distribution journalière d'eau-de-vie ou de genièvre était une chose indispensablement nécessaire à la santé du soldat; cependant, les ordres du ministre directeur qui déterminent les points où elle doit avoir lieu ne donnent point assez d'extension à cette mesure, surtout dans le moment où les troupes réunies pour les manœuvres éprouvent de plus grandes fatigues.

J'ai, en conséquence, l'honneur de prier Votre Majesté d'ordonner que

---

1. La 3e division était composée des 4e, 6e, 7e et 14e cuirassiers.

toutes les troupes stationnées en Hollande reçoivent tous les jours une distribution d'eau-de-vie ou genièvre, quel que soit le point où elles seront cantonnées.

Je me vois encore forcé de réclamer près de Votre Majesté contre la décision ministérielle qui n'accorde les fourrages que sur le pied de paix aux états-majors, aux officiers de l'artillerie, du génie et de l'infanterie, tandis que les corps de cavalerie et l'artillerie régimentaire les reçoivent ici sur le pied de guerre et que j'ai prescrit à ces officiers, pour le bien du service, de se monter comme pour entrer en campagne.

Je sollicite encore, pour les officiers de tous grades, la distribution gratuite de chauffage dans toute l'étendue des cantonnements occupés par les troupes de Votre Majesté en Hollande.

L'excessive cherté des objets de première nécessité a engagé dans tous les temps le gouvernement à faire jouir les troupes stationnées en Hollande d'une augmentation de solde ; mais, outre que les motifs qui ont toujours rendu cette mesure nécessaire subsistent plus fortement que jamais, le sentiment des privations imposées aux officiers des troupes des camps d'Utrecht et de Suidlaaren s'aggrave encore, lorsqu'ils comparent leur situation avec celle des armées d'Allemagne, qui, à côté d'eux et sur les mêmes lieux, est infiniment mieux traitée. Votre Majesté s'en convaincra par le tableau comparatif suivant :

Armée d'Allemagne.	Camps d'Utrecht et de Suidlaaren.
Les officiers supérieurs reçoivent par mois une indemnité de [1]...	Les lieutenants et sous-lieutenants *seuls* reçoivent par mois une indemnité de............ 24 fr.
Les capitaines, une indemnité mensuelle de............... 90 fr.	
Les lieutenants et s.-lieutenants une indemnité mensuelle de.. 50 fr.	
Les sous-officiers et soldats ont, par jour :	Les sous-officiers et soldats ont, par jour :
28 onces [2] de pain de manutention ;	24 onces [2] de pain de manutention ;
2 onces de riz ou 4 de légumes secs ;	1 once de riz ou 2 de légumes secs ;
10 onces de viande ;	8 onces de viande, qu'ils paient 5 centimes.
1 ration d'eau-de-vie et 1 bouteille de bière ;	L'eau-de-vie n'est distribuée en Hollande que sur certains points déterminés par le ministre directeur.
1 ration de sel.	1 ration de sel.
Tout cheval de correspondance qui fait une course reçoit un supplément d'un tiers de boisseau d'avoine.	Le chauffage ordinaire.

Maréchal duc de Reggio.

---

1. Le tableau ne porte pas le chiffre de l'indemnité (Archives nationales, AF iv, 1656).
2. L'once valait 31 grammes 25 centigrammes, soit le 1/3 de l'hecto environ.

LE PRINCE D'ECKMUHL A L'EMPEREUR.

Hambourg, le 17 octobre 1811.

Renseignements sur la Prusse. — Sire, j'ai l'honneur d'adresser à Votre Majesté les derniers rapports des places de l'Oder. On voit toujours des travailleurs dirigés sur Colberg; mais à la date de ces rapports les ordres du général Tauenzien ne pouvaient pas encore être exécutés.

Le courrier arrivant de Danzig a encore rencontré, dans la nuit du 14 au 15, entre Platten et Roman, environ 80 voitures chargées de bois pour fascines, se rendant à Colberg. Il en avait déjà rencontré une pareille quantité à la même hauteur dans la nuit du 9 au 10, ainsi que des voitures de grains et de fourrages.

PRINCE D'ECKMUHL.

Effectif fixé pour les compagnies d'artillerie à cheval. — Par décret du 18 octobre 1811, le complet des compagnies d'artillerie à cheval sur le pied de guerre est fixé à 100 hommes, officiers compris, et 90 chevaux.

L'EMPEREUR AU MINISTRE DE LA GUERRE.

Amsterdam, le 18 octobre 1811.

Contingent de jeunes gens à prendre dans les lycées pour le service de l'artillerie. — Je reçois votre projet de décret sur l'admission des élèves d'artillerie. Il contient justement le contraire de ce que j'ai prescrit; par conséquent, je ne l'adopte pas et m'en tiens au décret que j'ai pris. Faites-le exécuter. Toutes les fois que le génie civil ou le génie militaire auront pris à l'École polytechnique les élèves qui leur seront nécessaires, je ne m'oppose pas à ce que l'artillerie prenne ensuite les élèves de cette école qui se présenteraient pour ce service; mais ce qui m'importe, c'est d'avoir toutes les places de l'artillerie remplies, et pour cela de faire désigner, dans les soixante lycées, au moins quatre jeunes gens par lycée destinés pour l'artillerie. On les fera examiner, et, lorsqu'ils justifieront des qualités nécessaires, on pourra les envoyer à Metz, si l'École est assez grande pour les recevoir, ou dans toute autre école.

L'École de Saint-Cyr ne doit pas fournir plus que j'ai fixé. La ressource de cette école est précieuse pour l'infanterie : il ne faut pas la fermer entièrement.

NAPOLÉON.

Rapport du général Thielmann au prince d'Eckmühl, transmis à l'Empereur le 18 octobre.

Lubben, le 4 octobre 1811.

Des préparatifs de l'armée prussienne.

J'ai l'honneur de soumettre à Votre Excellence le rapport d'un observateur que j'ai fait voyager par toute la Silésie.

J'ai cru devoir envoyer l'original allemand pour éviter la perte du temps ; mais le résumé en est que l'armée prussienne est toujours sur le qui-vive et qu'il n'est pas encore question d'un désarmement.

Les preuves en sont :

1° Que les chevaux du train d'artillerie ont été désignés et marqués dans tous les pays, le 29, jour de la fête de saint Michel, — ainsi, cinq jours après la déclaration faite à M. de Saint-Marsan et après l'article dans la *Gazette de Berlin* ;

2° Que les semestriers ne sont point renvoyés dans les provinces ;

3° Qu'il y a encore des vedettes et des corps de garde sur les grandes routes vers la Saxe.

Il paraît donc que l'on n'a rien fait pour remplir la déclaration, que suspendre la marche des régiments pour les former en corps d'armée.

Le général Scharnhorst est en route pour visiter les forteresses.

GÉNÉRAL THIELMANN.

LE PRINCE D'ECKMUHL A L'EMPEREUR.

Hambourg, le 19 octobre 1811.

De la détresse du grand-duché et renseignements sur les préparatifs militaires de la Prusse.

Sire, j'ai l'honneur d'adresser à Votre Majesté une lettre que je reçois à l'instant du prince Poniatowski, qui regarde comme presque inévitable la dissolution de l'armée polonaise, si on ne fait promptement les fonds pour acquitter ses dépenses.

PRINCE D'ECKMUHL.

Copie d'une lettre du prince Poniatowski au prince d'Eckmühl.

Varsovie, le 12 octobre 1811.

Je vais bien tristement commencer ma dépêche à Votre Excellence, en lui disant que je crains bien que nous ne soyons enfin arrivés au moment où la dissolution de l'armée polonaise paraît presque inévitable. Je prie Votre Excellence de ne point regarder ce que je viens d'avoir l'honneur de lui dire comme une vaine phrase, mais comme l'expression de la conviction entière et motivée que j'ai à cet égard.

Depuis plusieurs années, le numéraire sort continuellement du pays sans y rentrer pour aucun objet, ce qui l'a rendu tellement rare dans le pays que, les plus riches particuliers étant hors d'état d'acquitter leurs charges, à peine le Trésor perçoit-il le tiers du montant des revenus publics, et les recettes deviennent chaque jour moins considérables encore. L'armée étant le principal article de la dépense de l'Etat, il s'ensuit qu'elle ne saurait être ni payée, ni habillée, ni nourrie, et c'est ce qui ne se réalise que trop, puisque la solde seule, sans compter les arrérages de masses, est due au soldat pour onze mois, dont cinq de l'année dernière et six depuis le 1ᵉʳ janvier 1811.

Jusqu'ici, le Trésor fournissait au moins de temps en temps quelques légers acomptes qui donnaient la possibilité de pourvoir aux objets les plus pressants; la réduction définitive de la monnaie de billon, la seule qui existât dans le pays, nous prive même de cette ressource, et le ministre des finances vient de me déclarer que, d'ici à quelque temps, il lui était impossible de fournir la moindre somme, tels pressants que puissent être les besoins de l'armée.

Maintenant, j'ose demander à Votre Excellence quel parti il y aurait à prendre dans une telle circonstance, quand non seulement il n'existe aucuns fonds dans les caisses militaires, mais qu'on s'est même vu forcé d'employer en entier la masse de linge et chaussure; quand le soldat n'a ni souliers, ni pantalons d'hiver, et que les fournisseurs, n'ayant depuis longtemps reçu aucun acompte sur les sommes considérables qui leur sont dues, refusent de continuer à livrer des vivres. J'avoue à Votre Excellence que je suis dans un état voisin du désespoir, quand je songe à l'impossibilité absolue où je me trouve de faire la moindre chose pour prévenir une catastrophe qui, un peu plus tôt ou un peu plus tard, ne manquera pas d'arriver, et dans quel temps encore!

Il paraîtra peut-être extraordinaire à Votre Excellence qu'elle puisse être si prochaine et que le Duché ne puisse suffire à l'entretien de son armée lorsque S. M. l'Empereur vient de prendre récemment à sa charge quatre régiments et quatre compagnies d'artillerie. J'aurai l'honneur de lui dire, à cet égard, qu'à la même époque, qui présageait une prochaine entrée en campagne, on a formé deux bataillons du train, qu'on a ajouté une compagnie de dépôt à chaque régiment, et qu'on a levé, tant pour l'artillerie, les subsistances et les ambulances que pour la remonte complète de la cavalerie, 8.000 chevaux; en sorte que tous ces objets réunis ont demandé une première mise et exigent une plus grande dépense d'entretien que la division qui vient de passer à la solde de la France; et, vu la pénurie toujours croissante de ressources, l'État se trouve plus que jamais embarrassé de pourvoir à l'entretien des troupes. Sous ce rapport, il n'a même éprouvé aucun soulagement des avances que S. M. l'Empereur a daigné faire à compte de l'emprunt, ces sommes étant spécialement et exclusivement destinées aux travaux des places, qui occupent plus de 30.000 hommes, et suffisant à peine à cette dépense.

Ces détails convaincront sans doute Votre Excellence combien notre situation est critique. Je l'ai tant de fois entretenue de cet objet que je répugnerais à y revenir, si les circonstances actuelles, où l'armée polonaise peut encore donner à S. M. l'Empereur des preuves de son dévouement, ne m'en faisaient, pour ainsi dire, un devoir.

D'après les renseignements qui nous parviennent sur la Prusse, il paraîtrait que les préparatifs de guerre n'y ont pas encore entièrement cessé. Si quelques rapports annonçaient moins d'activité dans les mesures militaires de quelques contrées, il en est d'autres qui, ainsi que Votre Excellence pourrait le voir par les annexes, indiquent ailleurs leur continuation, seulement avec plus de circonspection. Celui du général Mielzynski, commandant le département de Bromberg, fait connaître que les travaux de Graudenz n'ont point été interrompus, et que les Prussiens veulent se rendre maîtres de la Vistule. J'attends sous peu le retour de plusieurs officiers qui me rapporteront, j'espère, des notions entièrement certaines.

Le rapport de l'officier qui avait donné avis du passage des chevaux par la Galicie ne laisse guère de doute qu'il n'aient été effectivement levés pour les Prussiens. J'ai tâché, par une autre voie, de me procurer des notions sur le nombre des chevaux composant les transports qu'on a vus.

J'ai l'honneur de mettre sous les yeux de Votre Excellence le peu de renseignements qui nous sont parvenus sur la Russie. Ils n'annoncent pour l'instant rien d'hostile.

JOSEPH PRINCE PONIATOWSKI.

Vers la même date, le prince d'Eckmühl dut recevoir de M. Bignon, résident à Varsovie, les deux comptes rendus ci-après, qui ont été extraits des archives historiques du ministère de la guerre (donation Davout) et dont on n'a pu retrouver la lettre d'envoi.

M. Bignon, résident de France à Varsovie, au prince d'Eckmühl.

Varsovie, le 9 octobre 1811.

Tout est calme du côté des Russes. Leurs derniers mouvements étaient pour s'établir dans leurs quartiers d'hiver.

Renseignements sur l'armée russe.

Varsovie, le 12 octobre 1811.

Parmi les derniers rapports qui vous auront été transmis, il y en a quelques-uns qui, avec beaucoup d'erreurs, renferment des détails que nous ne connaissions pas encore sur un certain nombre de troupes qui sont cantonnées au fond de la Volhynie et en Ukraine. Le résultat de toutes ces notions est que l'armée russe ne songe nullement à des mouvements hostiles, et peut-être même qu'elle n'est pas trop en mesure de l'entreprendre avec la moindre chance de succès.

Le désarmement en Prusse ne s'opère pas d'une manière très rapide. Apparemment, on cherche à sauver par là l'orgueil national.

ED. BIGNON.

L'EMPEREUR AU MINISTRE DIRECTEUR DE L'ADMINISTRATION DE LA GUERRE, A PARIS.

Amsterdam, le 20 octobre 1811.

Ordre concernant le service des transports du corps de l'Elbe.

Monsieur le comte de Cessac, vous me rendez compte, par votre rapport du 13, que 240 chariots se réunissent à Pau, mais vous ne me dites pas quand ils y seront réunis, quand les chevaux y seront et quand je pourrai en disposer [1]. Quant aux 60 chariots qui complètent les 300 que j'ai demandés pour cette année, faites-les partir pour Wesel. Ils vous serviront à transporter au corps d'observation de l'Elbe les effets d'ambulance et autres effets dont ce corps a besoin, en écrivant aux dépôts de diriger sur Wesel ce qu'ils auraient à envoyer et en chargeant ces effets à Wesel sur ces chariots. Vous écrirez au prince d'Eckmühl d'envoyer du 12e bataillon d'équipages militaires le nombre de chevaux nécessaires pour prendre ces 60 chariots, mon intention étant que trois compagnies du 12e bataillon aient des chariots de nouveau modèle et trois compagnies des caissons, de sorte que ce bataillon ait 120 chariots et 120 caissons. Les 60 chariots disponibles peuvent partir sans délai; les 60 autres seront envoyés aussitôt qu'ils seront confectionnés. Vous aurez ainsi 60 caissons disponibles au corps d'observation de l'Elbe. Vous en donnerez quatre au 11e d'infanterie légère et quatre à chacun des 127e, 128e et 129e de ligne; ce qui fera seize. Vous ferez parquer les autres dans un lieu convenable, avec les harnais, pour en être disposé selon les circonstances et spécialement pour fournir aux bataillons qui n'auraient pas de caissons. Les régiments de cavalerie doivent avoir un caisson d'ambulance; plusieurs n'en ont pas. Il est utile d'avoir une réserve de 120 caissons dans le Nord pour y pourvoir. Ainsi, le corps

---

1. Le dépôt général des bataillons des équipages militaires en Espagne était établi à Pau ; celui des bataillons en Allemagne, à Commercy.

Le général D..... formula en novembre 1811, dans un rapport d'inspection, des observations critiques sur les inconvénients que présentaient les dépôts *généraux* et sur les avantages qu'il y avait à n'avoir que des dépôts *particuliers*. L'Empereur répondit au ministre qui lui soumettait ledit rapport :

« Le général D..... radote. On sait très bien que les dépôts particuliers valent mieux que les dépôts généraux; mais ce n'est pas à lui à juger les grandes circonstances qui modifient le principe. Il en est des dépôts généraux comme des bataillons et des régiments provisoires, qui sont l'objet des critiques d'un tas d'hommes qui parlent sans réflexion et qui supposent l'administration bien bête, s'ils croient qu'elle ne sait pas qu'un régiment définitif vaut mieux qu'un régiment provisoire.

» Je désire que le général D..... fasse son métier et ne se mêle pas de ce qui ne le regarde pas.

» Compiègne, le 11 novembre 1811.

» N. »

d'observation de l'Elbe aura une centaine de caissons attachés à ses bataillons, 120 caissons servis par le 12e bataillon d'équipages militaires et 120 chariots pour le service de magasin. Je pense qu'il est utile que vous écriviez au prince d'Eckmühl et à l'ordonnateur d'utiliser cette grande quantité de caissons, en les employant au transport des effets d'ambulance et d'équipement de Wesel aux différents régiments. Les dépôts des régiments du corps d'observation de l'Elbe étant, pour la plupart, sur le Rhin et sur la Meuse, cela devient aisé et alors le transport de Wesel aux corps ne coûterait rien. Quant aux constructions à faire à Sampigny pour l'année 1812, vous me préparerez ce travail pour le mois de novembre.

NAPOLÉON.

L'EMPEREUR AU PRINCE D'ECKMUHL, A HAMBOURG.

Amsterdam, le 20 octobre 1811.

Mon Cousin, le 12e bataillon des équipages militaires qui est à votre armée a six compagnies de 40 caissons chacune, indépendamment des prolonges-forges; ce qui fait 240 caissons d'équipages militaires. Ces 240 caissons ne peuvent porter chacun que mille rations; ils ne sont propres qu'au transport du biscuit; ils transportent peu de farine, peu de blé, et ne sont point propres au transport des fourrages; ils n'ont qu'un seul but d'utilité, c'est de transporter le pain du four ou du magasin aux corps. Mais, pour ce service, chaque bataillon a un caisson. Je juge convenable qu'il y ait dans chaque corps de votre armée d'autres caissons servis par les équipages militaires, à raison d'un caisson par bataillon.

Le corps de l'Elbe, étant calculé sur cent bataillons, doit avoir cent caissons. En en mettant vingt de plus pour la cavalerie, pour les déficits, cela formera trois compagnies de quarante caissons chacune, qu'il faut que vous conserviez, lesquels seront attelés par les transports militaires, et qui, avec les cent qu'ont les bataillons, feront environ deux cents caissons, ou des moyens de transport pour deux jours de pain fabriqué. Mon intention est que les trois autres compagnies aient des chariots propres à transporter le pain et le biscuit, comme ceux que j'ai organisés pour l'armée d'Espagne. Je donne ordre que soixante de ces chariots, qui sont d'une construction plus forte, soient envoyés à Wesel.

On vous en enverra soixante autres en 1812. Ainsi les 4e, 5e et 6e compagnies du 12e bataillon d'équipages militaires seront composées de 120 chariots. Ces 120 chariots porteront 480 milliers pesant de biscuit ou de farine, au lieu de 120 milliers que porteraient 120 caissons. Le ministre directeur de l'administration de la guerre

Corps de l'Elbe : de l'insuffisance des caissons; nécessité d'y suppléer par des chariots.

vous écrira probablement d'envoyer des chevaux à Wesel pour prendre les soixante chariots qui sont dirigés sur cette place. Vous laisserez alors les soixante caissons qui sont attelés par ces chevaux à la disposition du ministre de l'administration de la guerre, soit pour les corps, soit pour les autres services. Il serait utile de placer les chevaux du 12e bataillon d'équipages militaires en échelons, pour faire à demi-fatigue les transports journaliers de Wesel sur les régiments. Par ce moyen, ces transports ne coûteraient rien. En supposant quatre-vingts lieues de Wesel à Hambourg, chaque convoi ferait douze lieues, ou deux ou trois étapes. On en profiterait pour rapporter ce que les corps auraient à renvoyer à leurs dépôts. Cela doit être fait sans presse et sans fatiguer les chevaux. Je désire que vous me fassiez connaître ce que vous ferez là-dessus; car, s'il faut ménager les chevaux, il ne faut point les laisser dans une inactivité totale. Cette mesure ne peut qu'être avantageuse, en ce qu'elle sera utile au service, que les chevaux seront entretenus dans l'habitude du travail, et qu'elle m'épargne des dépenses.

Napoléon.

L'EMPEREUR AU PRINCE DE NEUFCHATEL ET DE WAGRAM, A AMSTERDAM.

Amsterdam, le 21 octobre 1811.

Intention de l'Empereur de passer en revue les troupes des camps de Groningen et d'Utrecht.

Mon Cousin, donnez ordre au duc de Reggio de réunir le 23e et le 24e régiments de chasseurs et les trois régiments qui font partie du camp de Groningen, sur la route d'Amersfoort à Utrecht, avec les troupes du camp d'Utrecht. Dans la journée du 29, je passerai par cette route; je m'arrêterai plusieurs heures pour voir les régiments d'infanterie et de cavalerie que je n'ai pas vus, et faire manœuvrer tous les autres. Comme il n'y a pas de temps à perdre, il faut que cet ordre parte de chez le duc de Reggio avant minuit.

Napoléon.

L'EMPEREUR AU PRINCE D'ECKMUHL, A HAMBOURG.

Amsterdam, le 22 octobre 1811.

Mon Cousin, les 4ᵉˢ bataillons des 19ᵉ, 46ᵉ, 93ᵉ, 56ᵉ, 2ᵉ, 37ᵉ et 123ᵉ, ce qui fait sept bataillons, ont été envoyés à Wesel et à Strasbourg pour se compléter à neuf cents hommes. Je garderai à Strasbourg les bataillons du 3ᵉ et du 105ᵉ. J'enverrais volontiers ces sept bataillons à leurs régiments pour opérer le tiercement; mais, comme ces régiments sont en France, il y aurait trop de facilité pour la désertion. Je me suis décidé à vous les envoyer. Formez-en une ou deux bonnes brigades sous les ordres d'un général de brigade ferme, qui se charge de leur instruction et de leur tenue, et qui s'applique à empêcher la désertion [1]. Ce sera six mille hommes que vous aurez sous la main; et, selon les circonstances, je me déciderai à les faire servir à compléter vos régiments ou à tenir garnison à Magdebourg et sur les côtes. Pendant ce temps, les régiments arriveraient sur l'Elbe, s'il y avait guerre; ils trouveraient leurs bataillons, et l'encadrement se ferait. Ces régiments, à l'exception du 123ᵉ, ont cinq bataillons. Portez donc une attention particulière à ces bataillons aussitôt qu'ils vous arriveront. Indépendamment de ces sept bataillons, les dépôts de Wesel et de Strasbourg vous auront fourni, avant le mois de février, une douzaine de mille hommes, en y comprenant ce que vous aurez reçu.

Je crois vous avoir écrit que la 3ᵉ division de cuirassiers arrivait à Munster. Je compte y envoyer une brigade de cavalerie légère, que je verrai à Utrecht, composée des 23ᵉ et 24ᵉ régiments de chasseurs. Le département de la Lippe peut très bien nourrir quatre mille chevaux. Ce sera quatre mille chevaux qui seront tout prêts pour vous soutenir et marcher avec vous en cas d'événement.

J'ai aussi fait mettre en mouvement mes sept autres régiments de cuirassiers et de carabiniers, qui formeront deux divisions, chacune ayant douze pièces de canon. Je les verrai à Dusseldorf, où je serai dans les premiers jours du mois prochain. Je compte diriger sur Erfurt une de ces divisions et garder l'autre division à Dusseldorf. Ainsi donc, vous aurez quinze régiments de cuirassiers, formés en quatre divisions ayant quarante-huit pièces d'artillerie légère, et dix régiments de cavalerie légère formant cinq brigades; ce qui devrait faire près de vingt mille hommes de cavalerie. Mon intention est d'employer tout l'hiver à compléter, organiser et arranger toute cette cavalerie.

Envoi en Allemagne de sept 4ᵉˢ bataillons appartenant à des régiments stationnés en France. Organisation de la cavalerie du corps de l'Elbe.

---

(1) Le prince d'Eckmühl dirige ces 4ᵉˢ bataillons sur Hanovre et en donne le commandement au général Gratien.

Je vous ai demandé un état de situation de votre armée au 15 octobre, mais surtout un grand détail de votre artillerie. Je vous ai écrit hier sur vos transports militaires. J'ai deux bataillons du train, de deux cent quarante caissons chacun, complétés et prêts à partir. Il est nécessaire que l'artillerie de vos quatre divisions de cuirassiers soit tout entière servie par vos quatre bataillons du train.

Napoléon.

LE PRINCE D'ECKMUHL A L'EMPEREUR.

Hambourg, le 22 octobre 1811.

Compte rendu des travaux exécutés dans les places de l'Oder.

Sire, j'ai l'honneur d'adresser à Votre Majesté un rapport sur les travaux exécutés dans les places de l'Oder.

Ce rapport fera connaître à Votre Majesté :

1° Que l'on a fait ce qu'il a été possible à la place de Glogau ;

2° Qu'après avoir éprouvé beaucoup de difficultés pour la place de Custrin, on a fini par obtenir une grande partie de ce qu'on avait demandé ;

3° Que la place de Stettin est en aussi bon état que possible et que la régence a montré beaucoup de bonne volonté ;

4° Que Damin est en très mauvais état, et que M. de Kalckreuth s'est constamment refusé à faire fournir les 20.000 palissades demandées pour le fort. Le commandant du génie crut mieux réussir en faisant faire un procès-verbal d'urgence, qui n'a rien produit.

J'ai recommandé à M. le général Liebert de ne rien négliger pour obtenir les palissades nécessaires, et j'ai invité M. le comte de Saint-Marsan à se plaindre au gouvernement prussien.

Jusqu'à ce moment, ces représentations ont été sans effet, et aucune palissade n'a été fournie pour le fort de Damin.

Je prie Votre Majesté de me transmettre ses ordres.

Prince d'Eckmuhl.

LE PRINCE D'ECKMUHL A L'EMPEREUR.

Hambourg, 22 octobre 1811.

Renseignements sur la Prusse.

Sire, j'ai l'honneur de transmettre à Votre Majesté copie d'une lettre que je reçois de M. de Saint-Marsan. Il y a encore bien de l'obscurité dans tout ce qui se passe en Prusse.

Les premières dépêches des places de l'Oder devront faire connaître si cette fois-ci les ordres du roi sont enfin exécutés.

Prince d'Eckmuhl.

Copie d'une lettre du comte de Saint-Marsan au prince d'Eckmühl, datée de Berlin, le 20 octobre 1811.

Monseigneur, j'ai reçu les deux dernières lettres que Votre Excellence m'a fait l'honneur de m'adresser les 13 et 17 du courant.

J'attends avec empressement des rapports de Colberg. Depuis que le général Tauenzien y est arrivé, ceux qu'il adresse à son gouvernement portent qu'il avait trouvé les travaux des fortifications cessés, et qu'il était occupé du licenciement total des ouvriers, tant anciens soldats qu'hommes de nouvelles levées.

Le général Blücher est encore ici. Il partira incessamment pour se rendre dans sa terre. D'après les ordres de S. M. l'Empereur, je suis convenu avec le gouvernement prussien que M. Lefebvre, secrétaire de ma légation, partira demain muni de lettres pour les commandants de la Poméranie, de la Prusse et de la Silésie. Il commencera par Colberg, continuera par Lochstadt et Graudenz, et reviendra par la Silésie, pour constater la cessation des travaux et le désarmement; les ministres prussiens m'ont paru agréer cette mesure.

Je demande un million de pardons à Votre Excellence d'avoir oublié de lui répondre sur l'article de Lochstadt; c'est un camp retranché entre Pillau et Fischhausen; je me sers ordinairement de la carte de Gottholdt, mais Votre Excellence ne trouvera pas le nom de Lochstadt.

On avait bien eu le projet de travailler à la chaussée de Freienwalde, mais il n'a pas été exécuté. Les ouvriers en capote uniforme, qui étaient les vieux soldats, ont été réunis à Berlin en sortant de Spandau pour opérer leur licenciement. Tous les rapports des campagnes annoncent la rentrée dans leurs foyers des hommes des nouvelles levées qui étaient employés aux travaux.

De Saint-Marsan.

L'EMPEREUR A EUGÈNE NAPOLÉON, VICE-ROI D'ITALIE, A MILAN.

Amsterdam, le 23 octobre 1811.

Mon Fils, j'attache une grande importance à ce que les quatre bataillons de mes régiments soient traités de même, qu'ils soient tous maintenus en égalité et qu'il n'y ait aucune différence du 4ᵉ au 1ᵉʳ. Si les colonels s'aperçoivent qu'on néglige les 4ᵉˢ bataillons, ils croient que ces bataillons ne doivent pas les suivre; ils en font le refuge de tous leurs vieillards et hommes impotents, et si, plus tard, je veux faire marcher ces 4ᵉˢ bataillons, je ne les trouve plus. D'un autre côté, les officiers qui attendent leur retraite passent dans ces 4ᵉˢ bataillons, y restent, y continuent à occuper des emplois qu'ils ne peuvent plus remplir. Faites venir au camp, s'il doit durer encore quelque temps, les 4ᵉˢ bataillons, autant que cela vous sera possible. Je vais vous envoyer beaucoup de conscrits réfractaires qui sont en Corse et à Toulon pour compléter vos corps.

Marginal note: Corps d'Italie: ordre concernant les 4ᵉˢ bataillons.

Napoléon.

L'EMPEREUR AU PRINCE DE NEUCHATEL ET DE WAGRAM, A AMSTERDAM.

Amsterdam, le 23 octobre 1811.

*Garde impériale:
Admission
des
officiers
de l'ex-garde
hollandaise;
détachements
rappelés
d'Espagne.*

Mon Cousin, je vous renvoie la lettre du général Dorsenne; vous pouvez l'autoriser à garder les officiers de l'ex-garde royale hollandaise et à les placer définitivement dans ma Garde.

NAPOLÉON.

Le même jour, l'Empereur, qui a dirigé 200 vélites de la Garde sur l'Espagne, ordonne qu'un détachement de grenadiers à cheval et 50 vieux chasseurs, choisis parmi ceux qui sont le plus accoutumés à son service, rentrent en France. Il prescrit également le retrait d'une compagnie d'artillerie à pied et de tous les hommes à pied du train de la Garde qui n'ont pas de chevaux.

LE PRINCE D'ECKMUHL A L'EMPEREUR.

Hambourg, le 23 octobre 1811.

*Des préparatifs
militaires
de la Prusse.*

En transmettant des rapports du général Rapp, du général Gersdorf et du gouverneur de Custrin, le prince d'Eckmühl ajoute :

Il est à remarquer que le général Rapp, dont les premiers rapports voyaient de l'exagération dans les bruits sur les préparatifs militaires, assure maintenant que ces préparatifs ne cessent pas et que les travaux vont toujours avec autant d'activité.

Il y a encore bien de l'obscurité sur ce qui se passe en Prusse.

PRINCE D'ECKMUHL.

---

*La 3ᵉ division
de cuirassiers
est dirigée
de
Munster
sur Erfurt
et fera
dorénavant
partie du corps
de l'Elbe.*

Le 26 octobre, l'Empereur prévient, de Rotterdam, le duc de Feltre et le comte de Cessac que la 3ᵉ division de cuirassiers, qui sera rattachée au corps d'observation de l'Elbe, a reçu l'ordre de continuer sa marche de Munster sur Erfurt[1].

L'EMPEREUR AU MINISTRE DE LA GUERRE, A PARIS.

Rotterdam, le 26 octobre 1811.

Monsieur le duc de Feltre, je ne sais si je vous ai mandé que j'avais donné ordre à la 3ᵉ division de cuirassiers, qui est à Munster, de continuer sa route sur Erfurt. Cette division fera partie du corps d'observation de l'Elbe; elle sera donc nourrie et administrée selon les mêmes principes que le corps d'observation de l'Elbe.

NAPOLÉON.

---

1. Voir tome I, annexe n° 6, page 317, la formation de la cavalerie de l'armée d'Allemagne.

Même avis est donné au ministre directeur de l'administration de la guerre.

Rotterdam, le 26 octobre 1811.

Monsieur le comte de Cessac, la 3ᵉ division de cuirassiers, composée des 4ᵉ, 6ᵉ, 7ᵉ et 14ᵉ régiments, a reçu l'ordre de continuer sa marche de Munster sur Erfurt. Cette division fait partie du corps d'observation de l'Elbe. Les deux autres divisions de cuirassiers, savoir : celle composée de deux régiments de carabiniers et du 1ᵉʳ de cuirassiers[1] et celle composée des 8ᵉ, 5ᵉ, 10ᵉ et 11ᵉ régiments[2], qui se réunissent à Cologne et à Bonn, seront probablement envoyées aussi en Allemagne. Je vous ferai connaître la destination que je leur donnerai lorsque j'en aurai passé la revue.

NAPOLÉON.

Achat de chevaux sur la 1ʳᵉ remonte de 1812.

Par décret du 26 octobre 1811, il est ordonné l'achat, sur la première remonte de 1812, des chevaux nécessaires pour compléter les régiments de cavalerie de l'armée d'Allemagne. (*Voir le décret du 4 décembre, qui en est le complément.*)

DÉCRET.

Rotterdam, le 26 octobre 1811.

Titre Iᵉʳ.

Achat de chevaux pour les régiments de cuirassiers.

ARTICLE PREMIER. — Il sera fait, sur le budget de 1812, une commande de mille chevaux de l'arme des cuirassiers.

ART. 2. — Ces mille chevaux seront répartis entre les régiments ci-après, savoir :

Au	2ᵉ régiment de cuirassiers	......	70
	3ᵉ —	......	30
	9ᵉ —	......	50
	12ᵉ —	......	40
	4ᵉ —	......	220
	6ᵉ —	......	160
	7ᵉ —	......	200
	14ᵉ —	......	230
		TOTAL......	1.000 chevaux.

---

1. 4ᵉ division.
2. 2ᵉ division.

Art. 3. L'achat de ces chevaux sera fait en Allemagne.

Le prince d'Eckmühl et les généraux de division prendront des mesures pour qu'on ne reçoive que de bons chevaux ayant soixante mois révolus et capables d'entrer en campagne au mois de mars prochain.

Titre II.
Cavalerie légère.

Art. 4. — Il sera fait, sur le budget de 1812, une commande de trois cents chevaux de cavalerie légère, qui seront répartis, savoir :

Au 1er régiment de chasseurs	....	35
2e —	....	75
3e —	....	30
16e —	....	70
7e régiment de hussards	....	40
8e —	....	50
Total	....	300 chevaux.

Art. 5. — Ces trois cents chevaux seront également achetés en Allemagne.

Art. 6. — L'achat de ces treize cents chevaux, qui sera désigné par la dénomination de « première commande de 1812 », sera soldé, ainsi que l'équipement, sur l'exercice 1812.

Art. 7. — Nos ministres de la guerre, de l'administration de la guerre et du trésor sont chargés de l'exécution du présent décret.

NAPOLÉON.

L'EMPEREUR AU MINISTRE DE LA GUERRE, A PARIS.

Rotterdam, le 26 octobre 1811.

Ordre de compléter les régiments de cavalerie du corps de l'Elbe à 1.100 hommes et 1.000 chevaux.

Monsieur le duc de Feltre, il résulte de la situation des régiments de cavalerie du corps d'observation de l'Elbe que les quatre régiments de cuirassiers, les quatre régiments de chasseurs et les deux de hussards, ce qui fait dix régiments[1], ont 9.900 hommes présents sous les armes en Allemagne; qu'il y a 1.000 hommes aux dépôts et qu'il manque à ces régiments, pour avoir 1.100 hommes chacun, 400 hommes, savoir :

---

1. Ces dix régiments sont les suivants : 2e, 3e, 9e et 12e cuirassiers; 1er, 3e, 2e et 16e chasseurs; 7e et 8e hussards. (Voir à ce sujet l'annexe n° 6 du tome I, *Armée d'Allemagne*, Formation de la cavalerie, page 317.)

26 hommes au	2ᵉ	régiment de cuirassiers.
120	—	3ᵉ —
90	—	9ᵉ —
110	—	12ᵉ —
14	—	3ᵉ régiment de chasseurs.
16	—	16ᵉ —
22	—	7ᵉ régiment de hussards.

TOTAL... 398 hommes.

Donnez ordre au prince d'Eckmühl de choisir ces 400 hommes parmi les hommes venant des dépôts de Strasbourg et de Wesel et destinés aux différents régiments d'infanterie, en ayant soin de ne point prendre de déserteurs, mais seulement des conscrits réfractaires de l'ancienne France, forts et vigoureux et ayant l'habitude du cheval.

La 3ᵉ division de cuirassiers, composée des 4ᵉ, 6ᵉ, 7ᵉ et 14ᵉ régiments, manque de 600 hommes. Donnez ordre que le dépôt de Strasbourg fournisse 400 hommes et le dépôt de Wesel 200. Ces 600 hommes seront donnés, savoir :

200 hommes au	4ᵉ	régiment de cuirassiers.
170	—	6ᵉ —
140	—	7ᵉ —
100	—	14ᵉ —

TOTAL... 610 hommes.

Les deux tiers de ces hommes seront fournis par le dépôt de Strasbourg et le tiers par le dépôt de Wesel; on ne prendra que des hommes de l'ancienne France, ayant trois ou quatre... (*mot illisible*) déjà exercés au cheval, étant conscrits réfractaires et non déserteurs. Les dépôts de ces quatre régiments recevront ordre d'envoyer des habits de cuirassiers à Wesel et à Strasbourg pour l'habillement de ces 600 hommes. Les cuirasses seront envoyées directement à Erfurt, de sorte que ces hommes recevront, aux dépôts de Wesel et de Strasbourg, tout ce qui tient à la masse de linge et chaussure et leur premier habillement, et que leur équipement sera complété à Erfurt; par ce moyen, les régiments de cette division seront complétés à 1.100 hommes.

Vous donnerez ordre que ce que les dépôts de ces quatre régiments de la 3ᵉ division pourront fournir se dirige sur Wesel par détachements de vingt-cinq hommes, habillés et équipés.

Je désirerais que les 1.000 hommes qui sont aux dépôts de dix régiments qui sont actuellement en Allemagne et les 400 hommes qu'ils ont à recevoir de la conscription fussent en route pour l'Allemagne avant le 10 décembre, et que les 1.500 hommes que les quatre régiments de la 3ᵉ division ont à leurs dépôts fussent également partis avant cette époque, en déduisant toutefois de l'effectif de 1.100 hommes les 50 hommes nécessaires pour ouvriers, etc., de manière que cet effectif soit au 1er janvier, en Allemagne, de 1.050 hommes. Quant aux chevaux, mon intention est que chaque régiment, en Allemagne, ait 1.000 chevaux. Il en manque 500 aux dix régiments. Donnez ordre au prince d'Eckmühl de les acheter sur-le-champ et de les équiper.

Il manque 800 chevaux aux quatre régiments de la 3e division. Il faut que le prince d'Eckmühl les achète également en Allemagne, de sorte que, au mois de janvier, j'aie en Allemagne :

  2 régiments de hussards,
  4 — de chasseurs,
et 8 — de cuirassiers,

ayant chacun un effectif de 1.050 hommes et de 1.000 chevaux.

Faites part de ces dispositions au ministre directeur de l'administration de la guerre.

            NAPOLÉON.

Le même jour, l'Empereur informe directement le prince d'Eckmühl des mouvements qu'il a ordonnés pour compléter en hommes les régiments de cavalerie du corps de l'Elbe et lui envoie une copie du décret concernant l'achat des chevaux.

L'EMPEREUR AU PRINCE D'ECKMUHL, COMMANDANT LE CORPS D'OBSERVATION DE L'ELBE, A HAMBOURG [1].

           Rotterdam, 26 octobre 1811.

Mesures prises pour compléter la cavalerie du corps d'observation de l'Elbe.

Mon Cousin, je vous envoie la copie d'un décret que je viens de prendre. Il est basé sur le rapport du ministre de l'administration de la guerre, duquel il résulte que vous avez en Allemagne 9.191 hommes présents dans vos dix régiments de cavalerie; que ces régiments ont 986 hommes à leurs dépôts et 496 hommes à recevoir de la conscription et qu'il ne leur manque en conséquence que 400 hommes. Je donne ordre que ces 400 hommes soient pris sur ceux que vous recevez des dépôts de Strasbourg et de Wesel, en ayant soin de choisir des conscrits réfractaires et non des déserteurs, et des hommes des départements de l'ancienne France, lesquels seront habillés et équipés aux régiments mêmes, en Allemagne. Je donne en même temps l'ordre que, sans perdre de temps, les hommes disponibles aux différents dépôts en France partent pour vous rejoindre, mon intention étant qu'au 1er janvier chacun

---

1. A partir du 24 octobre 1811, le prince d'Eckmühl, qui avait porté jusque là le titre de *commandant de l'armée d'Allemagne*, prend celui de *commandant du corps d'observation de l'Elbe*.

de vos régiments de cavalerie ait un effectif de 1.050 hommes en Allemagne et 50 hommes en France. La 3ᵉ division, qui est à Erfurt, a 2.289 hommes présents; elle a 1.500 hommes aux dépôts; il lui manque 600 hommes pour être au complet de 1.100 hommes par régiment. J'ordonne aux dépôts de Wesel et de Strasbourg de vous fournir ces 600 hommes. Quant aux chevaux, il résulte que 9.160 chevaux sont en Allemagne, que 240 sont aux dépôts, que 83 sont à recevoir sur les commandes faites et que 500 chevaux manquent au complet de vos dix régiments de cavalerie; qu'à la 3ᵉ division de cuirassiers, qui part de Munster, 2.260 chevaux sont présents aux escadrons de guerre, que 480 sont aux dépôts et 457 sont à recevoir sur les commandes faites. Le décret que j'ai pris pourvoit à l'achat de ces chevaux. Tenez la main à ce qu'on n'achète que de bons chevaux et qui soient en état d'entrer en campagne en janvier 1812. Ainsi, vos seize régiments présenteront, au 1ᵉʳ février, 16.000 hommes à cheval. Je ne parle point du régiment de chevau-légers.

La division qui se rend à Erfurt fait partie du corps d'observation de l'Elbe; pourvoyez à tout ce qui lui est relatif. Mon intention est que la ligne d'étapes de cette division passe à Wesel, à Munster, et de là à Erfurt. Wesel doit être le pivot et le point d'appui de tout.

Je pars demain pour me rendre à Wesel et à Düsseldorf. Je passerai la revue de deux autres divisions qui arrivent à Cologne. J'attends l'état de situation de votre armée au 15 octobre, avec le détail de l'artillerie, pour ordonner une augmentation d'artillerie, dont il me semble que vous n'avez pas assez. Mon intention est de tenir tous les corps de votre armée au complet, munis de tout et pouvant, vingt-quatre heures après en avoir reçu l'ordre, entrer en campagne.

NAPOLÉON.

Le prince d'Eckmühl répond à l'Empereur :

Hanovre, le 29 octobre 1811.

Sire, j'ai reçu la lettre de Votre Majesté du 26 octobre, et la copie de son décret du même jour, pour une commande de 1.000 chevaux de l'arme des cuirassiers et de 300 pour les six régiments de troupes légères qui sont en Allemagne. Une partie de ce décret se trouve déjà à exécution pour les régiments de cuirassiers de la division Saint-Germain et pour les six régiments de troupes légères sous les ordres du général Bruyère, Votre Majesté m'ayant donné l'ordre, par des lettres antérieures, de porter les régiments à 1.000 chevaux; les achats ne se font que successivement, et en raison du nombre d'hommes que reçoivent les corps.

Je vais donner au général Berckeim les ordres nécessaires pour que les corps sous ses ordres fassent l'acquisition des 810 chevaux qui leur sont affectés par le décret.

Corps de l'Elbe : de l'application du décret relatif à l'achat des chevaux et des remontes déjà faites.

Les colonels de cette division enverront à Hanovre des officiers chargés de faire les achats.

Les remontes qui ont été faites dans ce pays sont superbes : j'ai vu hier dans le plus grand détail tous les chevaux des 2ᵉ et 9ᵉ de cuirassiers ; ils sont d'une belle taille et d'une bonne race ; presque tous ces chevaux sont déjà à l'escadron.

Je sais que les remontes des deux autres divisions sont au moins aussi belles.

Je prescrirai, pour la remonte de la 3ᵉ division de cuirassiers, les mêmes mesures et précautions que pour la division Saint-Germain. Il faut espérer qu'on obtiendra les mêmes résultats.

Il faut, dans les premiers mois, les plus grandes précautions pour habituer ces chevaux au changement de nourriture ; ils font presque tous des maladies. On a usé de précautions, et la perte a été presque nulle.

La remonte de l'artillerie a aussi été très belle, mais cependant inférieure à ce que j'ai vu des cuirassiers. Il y a aussi une grande différence de prix.

Prince d'Eckmuhl.

Exemple d'une soumission pour la fourniture de chevaux ; âges et tailles exigées, prix de revient.

Puisqu'il est question de nombreux achats de chevaux, on croit devoir reproduire, à titre d'exemple, les principaux articles d'une soumission faite à cette époque par le nommé Dutheil, pour la fourniture de 3.959 chevaux.

Cette soumission indique les tailles exigées pour les chevaux des diverses armes, ainsi que leurs prix de revient.

Paris, le... octobre 1811.

Je, soussigné, Louis Dutheil, membre du collège électoral du département de la Vienne, demeurant à La Rochère, même département, m'engage et m'oblige envers S. E. le ministre directeur de l'administration de la guerre, comme pour les propres affaires du gouvernement, à fournir et livrer les chevaux nécessaires à la remonte des différents régiments de cavalerie, dont l'état, signé de moi, est annexé au présent marché, aux clauses et conditions suivantes :

Article premier. — Le nombre de chevaux à fournir est de 3.959.

Art. 2. — Les chevaux auront cinq ans faits (60 mois révolus) et pas plus de huit ans.

Art. 3. — Leur taille, mesurée sous potence et sur un terrain uni, devra être :

Pour les carabiniers et cuirassiers, de 4 pieds 9 pouces 1/2 à 4 pieds 11 pouces[1] ;

Pour les dragons et l'artillerie légère, de 4 pieds 8 pouces 1/2 à 4 pieds 9 pouces 1/2 ;

Pour les chasseurs et hussards, de 4 pieds 7 pouces à 4 pieds 8 pouces 1/2 ;

Et pour les chevau-légers, de 4 pieds 6 pouces à 4 pieds 7 pouces 1/2.

Art. 4. — Tous les chevaux seront livrés en bon état de ferrure.

Art. 5. — Ils seront tous hongres — à l'exception d'un sixième qui

---

1. Le pied comprenait 11 pouces : il correspondait à $0^m,324$ et le pouce à $0^m,027$.

pourra être fourni en juments, — à tout crin, nets, exempts des dangers de la castration et sans aucune tare ou vices de conformation choquants, tels que : la tête mal attachée, l'encolure renversée ou effilée, le rein bas, la croupe avalée ou de mulet, les hanches cornues, les jarrets croches, les pieds plats, trop longs, jointés, etc.

Art. 6. — Je me soumets à garder pour mon compte, sans pouvoir prétendre ni répéter aucune indemnité, tous les chevaux qui ne seront pas jugés convenables par MM. les officiers qui seront chargés d'en faire l'examen et la réception provisoire, comme aussi de reprendre ceux qui seront rejetés par l'officier général qui les inspectera, dans les cinq jours au plus tard de leur réception, et de rembourser les fourrages que ces chevaux auront consommés depuis le jour de leur réception jusqu'à celui où je les reprendrai, ce que je serai tenu de faire dans la quinzaine de l'avis qui m'en sera donné.

....

Art. 12. — Les chevaux que je fournirai seront passés en revue dans les cinq jours qui suivront leur réception provisoire par un officier général que S. E. le ministre directeur de l'administration de la guerre désignera; et, au moyen de l'avis qu'il mettra pour chaque cheval, en marge du procès-verbal mentionné ci-dessus, la réception provisoire deviendra définitive.

Art. 13. — Il me sera payé par chaque cheval de carabiniers ou cuirassiers 520 francs; par chaque cheval de dragons, 480 francs, et par chaque cheval de chasseurs, hussards, ou chevau-légers, 380 francs; et, au moyen de ces prix, je n'aurai droit à aucune indemnité ni frais de route.

....

LE PRINCE D'ECKMUHL A L'EMPEREUR.

Hanovre, le 26 octobre 1811.

Renseignements sur la Prusse et sur les mouvements de l'armée russe.

Sire, j'ai l'honneur d'adresser à Votre Majesté différents rapports de Varsovie, de Danzig et des places de l'Oder, que j'ai trouvés à mon arrivée à Hanovre.

Tout paraît encore dans le même état en Prusse; le général Liebert annonce bien que les travaux de Colberg ont cessé, mais il n'avait pas encore, le 22, connaissance de la rentrée des travailleurs. Le général Rapp mande que, du côté de Pillau et de Kœnigsberg, ils continuent avec la même activité.

Je passe aujourd'hui la revue du 7ᵉ d'infanterie légère; ces jours-ci, je passerai celle des deux autres régiments de la division Gudin et de la division de cuirassiers du général Saint-Germain. La santé des troupes est très bonne; le 7ᵉ d'infanterie légère a un douzième de malades, mais la plupart sont des soldats venus de Walcheren; sans eux, ce régiment aurait à peine le trentième de malades. Il en est de même de presque tous les autres régiments.

PRINCE D'ECKMUHL.

Extrait d'un rapport du général Rozniecki, en date du 15 octobre, d'Ostrolenka.

Tout ce que j'apprends confirme mon rapport précédent; le corps de Wittgenstein en Courlande, celui de Baggovout dans le gouvernement de Vilna, et celui d'Essen dans le gouvernement de Grodno restent tranquilles, sauf quelques mouvements partiels et hors du rayon de nos frontières.

Quelques nouvelles mentionnent qu'il y a des corps d'infanterie qui remontent la gauche du Dniéper. Et il est constant que les troisièmes bataillons qui travaillent aux fortifications doivent rentrer à leurs régiments respectifs le 12 de novembre; cela mettra chaque régiment à 1.500 hommes tout au plus.

Rapport de M. d'Herbigny, adjoint à l'état-major du gouvernement de Danzig, du 21 octobre 1811.

D'après les ordres que vous m'avez donnés de parcourir la vieille Prusse afin de m'assurer:

1° Si l'on continuait de travailler aux fortifications;
2° Si les levées de recrues avaient toujours lieu;
3° Quel était l'esprit des Prussiens;
4° Et connaître la force de l'armée russe sur les frontières de la Pologne.

J'ai l'honneur de vous rendre compte que les travaux de Pillau continuent avec activité; le nombre des travailleurs est d'environ 3.000, qui se relèvent par moitié tous les huit jours. Les ouvrages à une lieue et demie en avant de la place, du côté de Kœnigsberg, sont presque terminés; ils s'étendent depuis le bord de la mer jusqu'au Frisch-Haff; un des ouvrages à corne est armé de trois pièces de canon; beaucoup d'ouvriers sont employés à faire des palissades, qui manquent encore dans plusieurs endroits.

Les nouveaux ouvrages dans le Nehrung, du côté de Danzig, à environ trois quarts de lieue de Pillau, occupent maintenant la plus grande partie des travailleurs, qui campent près de ces ouvrages. Ces hommes sont dans un dénuement absolu; ils souffrent extrêmement du froid, la plupart n'ayant que des sarraux et des pantalons de toile et pour toute solde un bon gros et le pain. On travaillait encore le 18 au soir à ces fortifications.

On n'établit aucun ouvrage entre Kœnigsberg et Memel, et ceux qu'on fait aux environs de Pillau ne sont, d'après le dire du général, que des mesures de précaution en cas de guerre.

Pour répondre d'une manière précise sur les levées que les Prussiens font, j'ai pris tous les renseignements possibles sur la longue ligne que j'ai parcouru. Il en résulte que le gouvernement prussien a déjà levé et exercé tous les jeunes gens en état de porter les armes; il n'arrive maintenant presque plus de recrues aux corps. On peut estimer actuellement que chaque régiment est composé du double des hommes qui sont présents sous les armes; je citerais, par exemple, le régiment d'Elbing, qui, fort ostensiblement de 2.700 hommes, a en outre 2.000 hommes exercés qui sont dans leurs foyers. On continue à instruire les recrues avec beaucoup d'activité. On s'attend à tout instant à voir cesser les travaux des fortifications et au renvoi de toutes les recrues.

Depuis trois mois environ, le roi de Prusse a fait acheter, pour ses remontes, une grande quantité de chevaux (trois ou quatre mille) qui ont été payés un prix très modique, vu le manque de fourrages en Lithuanie où ces chevaux ont été achetés. On prétend même qu'un corps de cavalerie ne pourrait exister dans cette contrée.

Autant que j'ai pu le remarquer, tous les habitants prussiens redoutent la guerre et croient qu'elle ne peut avoir lieu qu'autant que la France la déclarerait.

La nouvelle du dernier traité de Berlin paraît avoir fait beaucoup de plaisir à toutes les classes, surtout à l'habitant des campagnes. Quant aux négociants, la stagnation du commerce paraît leur faire désirer un changement de position sous le rapport du commerce.

Les jeunes officiers prussiens conservent toujours de la jactance; mais les généraux et autres anciens officiers ne regardent la guerre, si elle avait lieu, que comme défensive de leur part, sans espérance de pouvoir résister à l'Empereur. M. le général d'York, entre autres, m'a dit que les fortes garnisons que S. M. l'Empereur a mises dans les forteresses de la Prusse et à Danzig pouvaient être regardées comme des corps d'armée dans l'intérieur et inquiétaient son gouvernement, ce qui avait engagé le Roi à prendre des mesures de défense pour prolonger pour quelque temps son existence.

Parti de Memel pour longer la frontière de Russie, je me suis assuré, par le rapport de plusieurs individus de différentes classes et des voyageurs revenant de Russie, que presque toutes les troupes de la Samogitie ont été jointes à l'armée russe à Vilna. Ce qui reste sur la frontière, du côté de Polangen, est composé des corps suivants : quatre escadrons de tartares de 500 chevaux chacun, un régiment de cosaques fort de 2.000 chevaux, deux bataillons de chasseurs, un bataillon de grenadiers, deux compagnies d'artillerie et douze pièces de canon.

Les travaux sur la Viliia, du côté de Vilna, se continuent avec la plus grande activité; le soldat est mal nourri, ce qui, joint aux fatigues des travaux, occasionne beaucoup de maladies. On dit qu'il y avait à la fin de septembre 6.000 malades dans les hôpitaux de Vilna, mal traités et couchés la plupart sur la terre.

La cavalerie a beaucoup de peine à subsister, le même manque de fourrages existant dans la Pologne russe comme dans la Lithuanie prussienne.

Un ukase de l'empereur Alexandre défend l'importation des draps prussiens dans son empire; cette mesure achève de ruiner les manufacturiers prussiens, et il ne se fait plus maintenant aucune espèce de commerce en Prusse; la Silésie surtout paraît extrêmement souffrir par cette défense.

Dans ma tournée, il m'a souvent été répété que la désertion parmi les troupes du grand-duché était considérable; les déserteurs disent qu'ils quittent leurs drapeaux parce qu'ils ne sont pas payés depuis plusieurs mois. Cette désertion fait croire à beaucoup de personnes que les Polonais sont fatigués de leur gouvernement.

Il est certain que le manque de numéraire se fait fortement sentir en Pologne, les habitants ne pouvant se défaire de leurs denrées.

D'HERBIGNY.

P.-S. — J'oubliais de rendre compte à Votre Excellence que, d'après le rapport des Polonais russes, l'armée russe éprouve beaucoup de misère par le défaut de solde. Cette même misère existe dans toute la Prusse et dans le duché de Varsovie.

L'EMPEREUR AU MINISTRE DE LA GUERRE.

Au château de Loo, le 28 octobre 1811.

Des régiments portugais et suisses.

Monsieur le duc de Feltre, j'ai trois régiments portugais : l'un est à Toul, le second à Lyon et Grenoble et l'autre à Auxonne. Ces régiments sont incomplets.

Faites-moi un rapport sur l'habillement, l'armement et la comptabilité de ces six bataillons. Peuvent-ils entrer en campagne? Je ne sais pas pourquoi vous portez dans les états de situation un bataillon de dépôt à Grenoble et un autre bataillon d'hommes à la suite. Cela ne doit plus exister.

Faites-moi un rapport sur les régiments suisses; pourraient-ils fournir chacun trois bataillons?

NAPOLÉON.

LE PRINCE D'ECKMUHL A L'EMPEREUR.

Hanovre, le 29 octobre 1811.

Corps de l'Elbe : situation des malades dans les régiments d'infanterie.

Sire, j'ai l'honneur d'adresser à Votre Majesté l'état des malades appartenant au 7e régiment d'infanterie légère. Elle verra que, sur 365 qu'a ce régiment, il n'y en a que 56 qui viennent des trois premiers bataillons de guerre, 167 donnés par les détachements venus de Walcheren, 14 par ceux de Wesel, 52 qui sont aux hôpitaux et qui n'ont pas paru depuis le tiercement, et 76 fournis par les 4es et 6es bataillons.

Il y a des régiments qui ont plus de malades que celui-là; mais tous sont, plus ou moins, dans cette proportion; j'en adresserai incessamment la preuve à Votre Majesté.

La conséquence en est qu'on ne doit attribuer la quantité de malades qu'aux 4es et 6es bataillons et aux détachements venus de Walcheren. Ceux-ci ont apporté la maladie avec eux et les autres l'ont gagnée par les marches qu'ils ont faites dans les grandes chaleurs.

PRINCE D'ECKMUHL.

Ordre au capitaine Gourgaud, officier d'ordonnance de l'Empereur, à Nimègue.

Nimègue, le 30 octobre 1811.

L'officier d'ordonnance Gourgaud se rendra à Munster. Il prendra des renseignements sur les maladies, la récolte, le casernement de la ville et du département, sur la santé des troupes et sur le nombre des régiments de cavalerie et d'infanterie qu'on peut cantonner dans le département. Il viendra me faire son rapport à Wesel, et il ne restera que vingt-quatre heures à Munster.

NAPOLÉON.

LE PRINCE D'ECKMUHL A L'EMPEREUR.

Hanovre, le 29 octobre 1811.

Sire, j'ai passé hier l'inspection de la brigade du cuirassiers, composée des 2e et 9e cuirassiers et commandée par le général Doumerc. J'ai été extrêmement satisfait de la tenue et de l'instruction. Le général Doumerc m'a paru parfaitement entendre son affaire.

Les hommes et les chevaux sont dans le meilleur état.

La santé des hommes est aussi bonne qu'on peut le désirer; le nombre des malades est très peu considérable.

PRINCE D'ECKMUHL.

Deux jours après, le maréchal Davout rend compte de la revue qu'il a passée au 3e cuirassiers.

LE PRINCE D'ECKMUHL A L'EMPEREUR.

Brunswick, le 31 octobre 1811.

Sire, j'ai passé aujourd'hui la revue du 3e régiment de cuirassiers. J'adresse à Votre Majesté le tableau de cette revue. Je n'ai que les meilleurs témoignages à rendre de ce régiment; il est très instruit, il a peu de malades, et les chevaux sont dans le meilleur état. La remonte est superbe, le mot n'est point exagéré; j'ai vu tous les chevaux dans le plus grand détail et sans le harnachement; je puis assurer à Votre Majesté que la plupart, qui sont du Mecklembourg et d'une très belle taille, seraient, en France, des chevaux de trente à quarante louis. Tous ces chevaux sont déjà à l'escadron.

Je pense que Votre Majesté devrait prendre pour la cavalerie les mêmes mesures que pour l'infanterie, c'est-à-dire mettre un général de brigade par régiment. Chaque régiment à 1.000 chevaux forme réellement une brigade. Ce qui rend cette mesure encore plus nécessaire, c'est que, d'après les promotions qui ont été faites, un commandement aussi nombreux me paraît trop fort pour la plupart des colonels actuels.

J'ai reçu beaucoup de réclamations sur différents objets, entre autres sur la nécessité de supprimer les culottes de peau; elles sont d'un mauvais usage et estropient beaucoup d'hommes.

Au surplus, je me propose de faire un rapport détaillé sur toutes ces réclamations, en y joignant mes observations.

Le colonel baron d'Oudenarde, nommé au commandement de ce régiment, vient d'arriver. Il a été reçu à la revue. Le colonel Richter lui laisse un beau et bon régiment.

Je partirai cette nuit pour Magdebourg, pour y passer l'inspection des 12ᵉ et 21ᵉ de ligne.

PRINCE D'ECKMUHL.

L'EMPEREUR AU PRINCE DE NEUFCHATEL ET DE WAGRAM, MAJOR GÉNÉRAL DE L'ARMÉE D'ESPAGNE, A NIMÈGUE.

Nimègue, le 30 octobre 1811.

Ordre de réunir à Munster les 23ᵉ et 24ᵉ chasseurs et de dissoudre le camp d'Utrecht.

Mon Cousin, donnez ordre au 24ᵉ régiment de chasseurs de se rendre à Munster, où il fera brigade avec le 23ᵉ, sous les ordres d'un général de brigade que le ministre de la guerre y enverra sans délai. Donnez ordre que le camp d'Utrecht soit dissous[1]. Le 18ᵉ régiment de ligne se rendra à La Haye, où il tiendra garnison; le 93ᵉ restera à Utrecht; le 124ᵉ se rendra à Nimègue, et le 56ᵉ sera réparti entre Utrecht, Amersfoort et Arnheim. Ces régiments ne feront aucun service, se tiendront prêts à partir à chaque moment et ne pourront être employés par les généraux commandant les divisions qu'en cas d'événements imprévus et en en prévenant sur-le-champ le ministre de la guerre. Le général Maison restera à Utrecht, conservera le commandement de ces quatre régiments, en passera l'inspection fréquemment, les tiendra toujours en état de partir, en enverra l'état tous les cinq jours au ministre de la guerre et obéira aux ordres des généraux de division, si des cas imprévus rendaient nécessaire le mouvement de ces troupes. Le duc de Reggio et les officiers de son état-major, qui étaient employés à Utrecht, laisseront leurs bagages à Utrecht et pourront vaquer à leurs affaires, mais de manière à retourner en poste s'il était nécessaire. Faites part de ces dispositions au ministre de la guerre et au général commandant la 17ᵉ division militaire. Donnez ordre au régiment espagnol de se diriger sur Minden, où il sera sous les ordres du prince d'Eckmühl et fera partie du corps d'observation de l'Elbe.

NAPOLÉON.

---

1. Voir, pour la formation du camp d'Utrecht, la lettre de l'Empereur au ministre de la guerre, en date du 26 juillet 1811, page 84.

Quelques jours après, le 9 novembre, le prince de Neufchâtel rend compte ainsi qu'il suit à l'Empereur de la dissolution du camp d'Utrecht :

Givet, le 9 novembre 1811.

Sire, conformément aux ordres de Votre Majesté pour la dissolution du camp d'Utrecht et la destination ultérieure des troupes dont il était composé, M. le maréchal duc de Reggio m'annonce qu'il a mis ces troupes en mouvement de la manière suivante :

Le 18e régiment d'infanterie de ligne est parti d'Utrecht le 2 novembre, pour arriver le 5 novembre à La Haye, où il doit tenir garnison ;

Le 124e régiment d'infanterie est parti d'Utrecht le 3 novembre, pour arriver le 6 à Nimègue, où il doit tenir garnison ;

Le 93e régiment d'infanterie est resté à Utrecht, pour y tenir garnison ;

Le 56e régiment a son 1er bataillon à Arnheim, les 3e et 4e bataillons à Amersfoort, et son 2e bataillon est resté à Utrecht [1] ;

Le régiment espagnol Joseph-Napoléon est parti de Werden le 3 novembre et arrivera le 15 novembre à Minden pour faire partie du corps d'observation de l'Elbe, et le 24e régiment de chasseurs est parti d'Utrecht le 3 novembre pour arriver demain, 10, à Munster, et former avec le 23e régiment de chasseurs une brigade, sous les ordres du général que le ministre de la guerre a dû y envoyer.

M. le maréchal duc de Reggio s'est rendu à Paris.

ALEXANDRE.

L'EMPEREUR AU MINISTRE DE LA GUERRE, A PARIS.

Nimègue, le 30 octobre 1811.

Corps d'observation de l'Elbe : bases pour la réorganisation de l'artillerie.

Le corps d'observation de l'Elbe venant à être composé de neuf divisions, c'est-à-dire de plus de 140 bataillons et de 120.000 hommes d'infanterie, il est nécessaire que vous en organisiez l'artillerie en conséquence. Chaque division a : une batterie d'artillerie à pied de 8 pièces, c'est-à-dire 72 pièces ; une batterie d'artillerie à cheval de 6 pièces, c'est-à-dire 54 ; 108 pièces de régiment et deux batteries ou 16 pièces de réserve, ce qui ne fait que 142 pièces d'artillerie de ligne et 108 de bataillon, et, en tout, cela ne fait que 250 pièces. Il est vrai que cette armée a quatre divisions de cuirassiers, et que, si

---

1. Ces quatre régiments (18e, 93e, 124e et 56e de ligne) sont dirigés, en février 1812, sur Mayence et Dusseldorf, afin de concourir à la formation des divisions du corps d'observation de l'Elbe et du corps d'observation de l'Océan.
Quant aux troupes réunies dans le camp de Suidlaaren, elles sont aussi appelées, mais un peu plus tard, à entrer dans la composition de la Grande Armée (lettre de l'Empereur du 31 octobre). On verra, en effet, les 2e et 37e de ligne se rendre à Munster en 1812, pour concourir à l'organisation de la 8e division du corps d'observation de l'Elbe, et le 125e participer à la formation de la 12e division (général Partouneaux), qui se réunit à Wesel le 15 avril 1812.

l'on réunit toute la cavalerie, on aura 48 pièces d'artillerie légère ; mais cela ne me paraît pas suffisant, puisque cela ne fait encore que 190 pièces de ligne pour 120.000 hommes d'infanterie et 25.000 hommes de cavalerie, ou 300 pièces de canon en tout ; ce qui ne fait pas deux pièces par 1.000 hommes.

Je pense qu'il faudrait augmenter la réserve. Proposez-moi aussi l'organisation du parc, comme si cette armée devait agir seule, indépendamment du corps d'observation du Rhin et du corps d'observation d'Italie. Si vous manquiez de compagnies d'artillerie légère, on pourrait donner à la 6ᵉ division deux batteries d'artillerie à pied.

(D'après la minute.)

L'EMPEREUR AU MINISTRE DE LA GUERRE, A PARIS.

Nimègue, le 30 octobre 1811.

De l'attelage des pièces et caissons de l'artillerie régimentaire.

Les pièces de 3 des régiments sont attelées de quatre chevaux. C'est trop pour ces pièces ; ce qui a le double inconvénient d'employer trop d'efforts en raison de la charge, et de rendre plus difficile le service dans les intervalles des bataillons. Je désire donc savoir s'il y aurait de l'inconvénient à ne leur donner que deux chevaux.

Tous les caissons d'artillerie des corps ont quatre chevaux ; cela a le même inconvénient. Ne serait-il pas possible d'avoir, comme les Autrichiens, des caissons légers qu'on attellerait de deux chevaux ? Ce caisson et l'avant-train donneraient suffisamment de munitions ; les pièces pourraient alors avoir deux caissons, et les deux caissons de surplus resteraient avec le parc de la division ou avec les gros caissons du régiment ; cela aurait toute espèce d'avantages.

J'ai trouvé l'artillerie actuelle des régiments trop embarrassante avec six gros caissons à quatre chevaux. Je voudrais donc une pièce de 3 attelée de deux chevaux, deux caissons attelés de quatre chevaux ; ce qui ferait six chevaux au lieu de douze. On pourrait mettre deux chevaux haut le pied pour être attelés au caisson ; mais, pour cela, il faudrait des caissons plus légers, et que tous les régiments n'eussent que des pièces de 3 et pas de pièces de 6.

J'attendrai le rapport que vous ferez faire là-dessus par le comité d'artillerie. Il pourrait y avoir de l'avantage pour les manœuvres et beaucoup d'économie, car, par exemple, les quatre pièces des régiments du corps d'observation de l'Elbe emploient seize chevaux : ils n'en auraient plus que huit, et avec ces huit chevaux restant on pourrait avoir deux pièces et deux caissons.

(D'après la minute.)

L'EMPEREUR AU PRINCE D'ECKMUHL, COMMANDANT LE CORPS D'OBSERVATION DE L'ELBE, A HAMBOURG.

Nimègue, le 30 octobre 1811.

Mon Cousin, il faut faire faire l'exercice à feu aux jeunes soldats et les faire tirer à la cible; c'est un argent bien dépensé. Vous devez avoir à Hambourg, à Stettin, à Magdebourg et dans les batteries des poudres de moins bonne qualité qui pourraient être employées à cet usage. Il est très important que les soldats tirent à la cible.

NAPOLÉON.

Corps de l'Elbe : Ordre d'exercer les jeunes soldats au tir à la cible.

Quelques jours après, le prince d'Eckmühl répond à l'Empereur :

Magdebourg, le 4 novembre 1811.

Sire, j'ai reçu la lettre de Votre Majesté du 30, où Elle me recommande de faire faire aux jeunes soldats l'exercice à feu et le tir à la cible, et dans laquelle Votre Majesté me dit qu'il doit exister à Hambourg, à Magdebourg et dans les autres places, des poudres de qualité inférieure. Toutes ces poudres médiocres ont déjà été employées, ainsi que j'ai eu l'honneur d'en rendre compte à Votre Majesté.

Tous les soldats venus des 4es et 6es bataillons et de Walcheren ont fait l'exercice à feu avec ces poudres. On va en employer d'autres; mais je prie Votre Majesté d'ordonner leur remplacement, attendu que l'approvisionnement des places est insuffisant.

PRINCE D'ECKMUHL.

Le 30 octobre, l'Empereur donne l'ordre de former une 6e division avec les régiments des villes hanséatiques, en formation à Hambourg (127e, 128e et 129e de ligne).

Le lendemain, 31, il prescrit de porter le corps de l'Elbe à neuf divisions, en organisant la 8e division avec les 2e et 37e de ligne et un régiment de la division Compans, et la 9e division avec douze bataillons suisses et le régiment illyrien [1].

Ordre de former une 6e division au corps de l'Elbe.

L'EMPEREUR AU MINISTRE DE LA GUERRE, A PARIS.

Nimègue, le 30 octobre 1811.

Monsieur le duc de Feltre, je reçois votre rapport du 26 octobre; mon intention est de lever une nouvelle conscription pour les trois régiments : 127e, 128e, 129e, de sorte qu'ils soient portés au grand complet; mais, quand chacun n'aurait que 1.800 hommes, avec le 11e léger cela ferait toujours une division de 7 à 8.000 hommes.

---

[1]. Voir l'annexe n° 6 du tome Ier : *Armée d'Allemagne*, pages 305 et suivantes.

Donnez ordre au prince d'Eckmühl de former cette division et présentez-moi le général de division, les deux généraux de brigade, l'adjudant commandant, les officiers d'état-major, les officiers du génie, les commissaires des guerres et tout ce qui est nécessaire pour une division.

Je ne veux pas qu'on place de conscrits réfractaires dans ces régiments.

NAPOLÉON.

L'EMPEREUR AU PRINCE D'ECKMUHL, COMMANDANT LE CORPS D'OBSERVATION DE L'ELBE, A HAMBOURG.

Nimègue, le 30 octobre 1811.

Corps de l'Elbe : de la formation d'une 8ᵉ et d'une 9ᵉ division d'infanterie.

Mon Cousin, j'envoie le 2ᵉ et le 36ᵉ de ligne à Munster. Le 2ᵉ de ligne a quatre bataillons et n'a que 2.300 hommes; le 37ᵉ a quatre bataillons et n'a que 1.600 hommes; l'un a 600 malades et l'autre en a près de 1.000; ces malades rejoindront avant le mois de janvier. Ces deux régiments ont leurs 6ᵉˢ bataillons, parce que leurs 4ᵉˢ bataillons étaient en Catalogne.

Ces 4ᵉˢ bataillons sont à Strasbourg et à Wesel, pour prendre des conscrits réfractaires qui se rendront bientôt à Munster et porteront alors ces deux régiments à un taux raisonnable. Mon intention est que ces deux régiments, avec un régiment de la division Compans, forment une 8ᵉ division. Faites-moi connaître le général que vous désirez pour commander cette division. Je donne ordre que deux superbes bataillons espagnols forts de 1.600 hommes partent du camp d'Utrecht pour se rendre à Minden. Vous les placerez avec la division Friant; j'espère qu'on en sera content; il y a un an qu'ils sont formés. Je vous enverrai trois autres régiments portugais de même force, et chacun de deux bataillons, pour être également joints à d'autres divisions. Je vous enverrai encore deux bataillons croates pour être réunis à votre 5ᵉ division. De sorte que vous recevrez deux bataillons espagnols, six bataillons portugais et deux bataillons croates, ce qui portera chacune de vos cinq premières divisions à dix-sept bataillons au lieu de quinze. La 6ᵉ division, qui est composée des trois régiments de Hambourg, aura cette année trois petits régiments; mais ces trois régiments seront complétés par la conscription que je vais lever en janvier; ainsi, en supposant l'entrée en campagne au mois de mars, la 6ᵉ division aura treize bataillons. Je m'oppose entièrement à ce que vous mettiez aucun conscrit réfractaire dans ces trois régiments : 127ᵉ, 128ᵉ et 129ᵉ. J'ai donné l'ordre au ministre de la guerre de vous envoyer l'artillerie et tout ce qui est nécessaire pour la 8ᵉ division. Mon intention est de vous donner une 9ᵉ division, qui sera composée de quatre bataillons illyriens qui sont à Turin et qu'on me dit très beaux, et de douze bataillons suisses ; ce qui mettra votre armée tout à fait sur un pied respectable. Je suppose que les quatre bataillons du train d'artillerie pourront suffire aussi au service des 8e et 9e divisions.

NAPOLÉON.

Le même jour, l'Empereur fait le décompte du nombre de bataillons d'infanterie et des forces totales dont le prince d'Eckmühl disposera, lorsque le corps de l'Elbe aura été porté à neuf divisions, prêtes à marcher.

L'EMPEREUR AU MARÉCHAL DAVOUT, PRINCE D'ECKMÜHL,
COMMANDANT LE CORPS D'OBSERVATION DE L'ELBE, A HAMBOURG.

Nimègue, le 30 octobre 1811.

De la force du corps de l'Elbe, après sa formation en neuf divisions d'infanterie.

Mon Cousin, je vous ai fait connaître que mon intention était de porter, avant le mois de janvier, votre armée à neuf divisions, savoir : la 1re, la 2e, la 3e, la 4e et la 5e division, chacune à quinze bataillons français et à deux bataillons étrangers ; ce qui fera 75 bataillons français, 2 espagnols, 6 portugais et 2 croates ; total : 85 bataillons. La 6e division sera portée à 13 bataillons, la 7e à 15, la 8e à 15, la 9e à 16 ; ce qui fera en tout plus de 140 bataillons et près de 120.000 hommes d'infanterie. Plus dix régiments de cavalerie légère, y compris le régiment polonais qui est à Danzig, formant cinq brigades ou 17.000 hommes de cavalerie, et indépendamment de 6.000 cuirassiers, formant deux divisions, qui pourront joindre en cas d'événement. Ce qui ferait donc une armée de 150.000 hommes que je veux entretenir toujours disponible et prête à marcher.

Faites-moi connaître l'organisation qu'il faudrait donner à tout votre parc d'artillerie, si cette armée devait agir seule ; combien, dans ce cas, de bataillons de transports militaires, quelle organisation du génie et des sapeurs et, enfin, quelle augmentation d'état-major général.

Si vous deviez opérer seul, une armée de neuf divisions ne peut pas être commandée sans lieutenants généraux ; faites-moi connaître vos idées là-dessus [1].

NAPOLÉON.

---

[1]. On trouvera, au chapitre suivant, dans des lettres datées des 4 et 18 novembre, pages 269 et suivantes, l'opinion du maréchal Davout au sujet du commandement du corps de l'Elbe organisé en une armée de neuf divisions.

L'EMPEREUR AU MINISTRE DE LA GUERRE, A PARIS.

Nimègue, le 31 octobre 1811.

Corps de l'Elbe : ordre pour la formation à Munster, des 8ᵉ et 9ᵉ divisions d'infanterie, et d'une brigade de cavalerie légère avec les 23ᵉ et 24ᵉ chasseurs.

Monsieur le duc de Feltre, il sera formé, au corps d'observation de l'Elbe, une 8ᵉ division composée du 2ᵉ de ligne, du 37ᵉ de ligne et d'un régiment de la division Compans, chacun de ces régiments à cinq bataillons. Il est donc nécessaire de désigner une compagnie d'artillerie à cheval, une compagnie d'artillerie à pied, une compagnie de sapeurs et tout ce qui est nécessaire pour organiser cette division.

J'ai fait donner des ordres au 37ᵉ et au 2ᵉ de ligne de se rendre à Munster. Le général de brigade Vivier s'y rendra et prendra le commandement de cette brigade. Il sera donc nécessaire que les 4ᵉˢ bataillons, qui sont à Wesel et à Strasbourg, soient complétés de préférence et se rendent, aussitôt qu'ils seront complets, à Munster, où le tiercement aura lieu.

Ces deux régiments n'ont que deux pièces de canon, au lieu de quatre; on ne les augmentera qu'après nouvel ordre.

Il est important que vous donniez ordre au commandant de la 31ᵉ division militaire de diriger sur Munster tous les malades de ces régiments (le 37ᵉ en a 1.000), et que vous donniez également ordre aux dépôts de ces régiments de diriger sur Munster tout ce qui leur est nécessaire.

Le colonel du 37ᵉ n'a pas encore rejoint; faites-moi connaître où il est, car, s'il était en Espagne, il serait urgent de nommer un autre colonel.

Il sera formé une 9ᵉ division qui se réunira également à Munster; elle sera composée de douze bataillons suisses et de quatre bataillons illyriens. Remettez-moi un projet pour la formation et la marche de cette division. Présentez-moi les généraux de division, généraux de brigade, officiers généraux d'état-major et tout ce qui est nécessaire pour l'organisation des 8ᵉ et 9ᵉ divisions du corps d'observation de l'Elbe.

J'ai donné ordre au 23ᵉ régiment de chasseurs de se rendre à Munster; ce régiment est sans colonel et sans major. Il paraît que ces officiers supérieurs sont en Espagne; faites-moi un rapport pour y suppléer.

Je donne ordre au 24ᵉ chasseurs de se rendre également à Munster. Proposez-moi un général de brigade de cavalerie pour commander cette brigade; donnez ordre aux 23ᵉ et 24ᵉ régiments de se faire rejoindre à Munster par tout ce qu'ils ont de disponible et spécialement par le 4ᵉ escadron du 24ᵉ.

Donnez ordre également que tout ce que le 37ᵉ et le 2ᵉ de ligne ont d'embarqué sur la flottille débarque, soit remplacé par des hommes du régiment qui est à Osnabrück et vienne rejoindre le régiment à Münster.

NAPOLÉON.

LE PRINCE D'ECKMUHL A L'EMPEREUR.

Brunswick, le 31 octobre 1811.

Sire, le général Michaud m'informe que le 33ᵉ régiment d'infanterie légère a commis beaucoup d'excès en se rendant de Magdebourg à Stettin. Je charge ce général d'envoyer un de ses officiers de Magdebourg à Stettin pour recevoir sur la route toutes les plaintes des autorités, et je donne l'ordre au général Dessaix de faire passer par les armes les plus coupables.

Excès commis par le 33ᵉ léger et le 128ᵉ de ligne.

Il paraîtrait que quelques officiers du 128ᵉ régiment auraient fait le complot de déserter. J'ai donné l'ordre au général Baillet-Latour[1] de se transporter sur les lieux et de faire arrêter et conduire à la citadelle de Wesel les coupables.

C'est le premier rapport de cette nature qui me soit parvenu contre ces deux régiments de nouvelle formation.

PRINCE D'ECKMUHL.

---

1. **Appréciation du maréchal Davout sur le général Baillet-Latour.**

(Extrait d'une lettre de ce maréchal adressée de Hambourg à l'Empereur, le 23 novembre 1811.)

Quant au général Baillet-Latour, j'ai eu l'occasion de le voir souvent étant à Hambourg ; il est plein de zèle, il rend très exactement les ordres ; sa correspondance avec les chefs est très bonne ; il a beaucoup écrit en Autriche pour engager des officiers de sa connaissance à profiter de la clémence de Votre Majesté ; il a fait beaucoup aussi écrire à des officiers par leurs connaissances. Votre Majesté pourra savoir que cela lui a valu la haine de toute la société de Vienne, où l'esprit est très mauvais. Je tiens ces détails du général Romeuf, qui arrive de Vienne.

Le général Baillet-Latour est ce qu'on peut appeler un bonhomme qui n'a jamais dû avoir, de sa vie, de caractère ni d'énergie, et qui, je n'en doute pas, ne serait pas inébranlable dans de grandes tempêtes ; mais aussi il serait peu dangereux par son manque de caractère. Il a perdu toute sa fortune en Autriche ; il ne lui reste de ressources et d'espérance que dans les bontés de Votre Majesté.

PRINCE D'ECKMUHL.

CHAPITRE XIX

Novembre 1811.

Coup d'œil sur les préparatifs maritimes contre l'Angleterre. — *Corps d'observation de l'Elbe* : observations de l'Empereur au maréchal Davout au sujet de quelques actes de sévérité militaire (1er novembre). Des Français ou étrangers renvoyés de l'Angleterre (1er novembre). Rectifications à faire sur les états de situations (1er novembre). Formation de la 9e division (3, 27 novembre). Mesures concernant l'artillerie régimentaire des 127e, 128e, 129e de ligne et 11e léger (4 novembre). Opinion du maréchal Davout sur l'organisation du corps de l'Elbe en neuf divisions (4 et 18 novembre). Chevaux nécessaires aux bataillons du train d'artillerie (6 novembre). Rapport concernant les déserteurs; instructions du maréchal Davout sur le cantonnement et l'instruction des troupes (8 et 10 novembre). Des équipages d'artillerie (12 novembre). Instructions en cas d'hostilités de la part de la Prusse; ordre de préparer deux équipages de siège (14 novembre). Nouvelle organisation de la 6e division (16 novembre). Etat des déserteurs du 1er juillet au 1er novembre 1811 (17 novembre). De la nécessité d'établir des dépôts de convalescents (23 novembre). Hypothèse d'une marche du maréchal Davout sur la Vistule, en avant-garde (24 novembre). Opinion du maréchal Davout sur l'initiative à prendre en cas de guerre avec la Russie; tableau d'emplacements des troupes françaises, westphaliennes, saxonnes, polonaises, prussiennes et russes (25 novembre). De la nécessité d'avoir sur le pied de guerre de grands approvisionnements de souliers et d'effets de campement (29 novembre). Défense d'employer des officiers étrangers dans les états-majors français (30 novembre). Griefs de Napoléon contre la Suède (3 novembre). — *Relations diplomatiques concernant:* 1° la Prusse (5 novembre); 2° la Russie (6, 12 novembre). — *Renseignements:* 1° sur la Russie (5, 8, 13, 16, 20, 23, 30 novembre); 2° sur la Prusse (5, 8, 13, 26 novembre). — *Organisation et administration* : Du 11e léger (1er novembre). — Nécessité de munir de forges de campagne et de caissons d'ambulance tous les régiments de cavalerie; suppression des colonels en second, leur remplacement par des majors (6, 21 novembre et 4 décembre). Effectif des carabiniers et cuirassiers à compléter (6 novembre). Rapport sur la composition des batteries attachées aux divisions de cuirassiers (6 novembre). — Décret de création d'une compagnie d'ouvriers du génie (12 novembre). — De l'artillerie et du train attachés aux divisions de cuirassiers (12 novembre). — Nécessité d'armer les lanciers et cuirassiers de carabines (12 novembre). — De l'insuffisance d'effectif des régiments suisses (12 novembre). — De la nécessité d'épurer les cadres des 127e, 128e, 129e d'infanterie (12 novembre). — De la mauvaise qualité des fournitures de troupe (12 et 14 novembre). — Rapport sur le nombre des élèves des lycées présentés pour l'école de Fontainebleau (12 et 14 novembre. — Des inscriptions à porter sur les drapeaux (16 novembre). — Des hommes et chevaux à diriger sur la 3e division de cuirassiers (17 novembre). — Des mortiers à la Villantroys (20 novembre). — Décret relatif aux déserteurs (23 novembre). — Ordre de faire un manuel d'artillerie (27 novembre). — Du rang des officiers de la Garde passant dans la ligne et vice versa (27 novembre). — Décret de formation d'une 11e compagnie d'infirmiers (29 novembre). — *Armée d'Allemagne* : mesures concernant les 2e et 37e de ligne, 23e et 24e chasseurs (4, 6, 12 novembre). — Cantonnements d'hiver des divisions de cuirassiers qui sont à Cologne et à Bonn (12 novembre). — Organisation du service d'artillerie des corps d'observation (23 novembre). — De la faiblesse du contingent de l'armée polonaise (25 novembre).

Le 3 novembre, l'Empereur, impatient de recevoir des nouvelles d'Irlande, prescrit au ministre de la guerre d'y envoyer de nouveaux agents; il n'attend plus que d'avoir un parti dans ce pays pour tenter une descente à la fin de février ou au commencement de mars. Dans son esprit, la flottille de Boulogne doit être considérée comme un des moyens les plus puissants pour influer sur l'Angleterre et la contraindre « à tenir en réserve une grande partie de ses vaisseaux dans la Tamise et aux Dunes et un corps de troupe assez considérable pour couvrir Londres et ses chantiers ». C'est dans cette pensée qu'il juge nécessaire d'avoir toujours à Boulogne 4 à 500 bâtiments, à même de transporter « une quarantaine de mille hommes et plusieurs mille chevaux sur l'autre rive » (16 novembre).

Napoléon se plaint, d'autre part, que les marchandises anglaises pénètrent facilement par Helgoland dans le Holstein, et en fait informer le ministre de Danemark pour qu'il soit mis un terme à cette contrebande. Il adresse également des observations au comte Collin de Sussy, directeur général des douanes, sur les abus qui se commettent dans l'octroi des licences et déclare que désormais aucun permis de police ne sera valable, s'il n'est préalablement soumis à son approbation (20 novembre).

Quelques jours après, 25 novembre, sur une proposition, faite par les Anglais, de recevoir du vin en obtenant l'exportation du sucre dans une certaine proportion, l'Empereur étudie en conseil du commerce et des manufactures les moyens de déroger partiellement au système du blocus : il désigne les denrées et objets manufacturés qui pourraient être exportés par les négociants en échange de certains produits anglais; mais il faudrait, ajoute-t-il, choisir tous ces objets « de manière que la moitié ou le tiers de l'exportation se composât de ceux que l'Angleterre ne se soucie pas de recevoir et le reste de ceux dont elle a besoin, comme fromages, graines de trèfle, etc. (25 novembre) ».

Novembre 1811 : Coup d'œil sur les préparatifs maritimes de Napoléon contre l'Angleterre, pour mémoire.

L'EMPEREUR AU GÉNÉRAL CLARKE, DUC DE FELTRE, MINISTRE DE LA GUERRE, A PARIS.

Wesel, le 1ᵉʳ novembre 1811.

Monsieur le duc de Feltre, je viens de voir le 11ᵉ régiment d'infanterie légère [1]. J'ai contremandé 900 conscrits réfractaires qui devaient lui être donnés, vu que ce régiment reçoit 1.800 conscrits d'Italie. Il est à 2.400 hommes, ce qui fera son complet de 4.000.

Faites donner une autre destination à ces 900 conscrits réfractaires.

Faites choisir dans les vélites de la Garde des sujets qui soient dans le cas d'être sous-lieutenants et qui parlent l'italien.

Il faut les choisir parmi les Corses, les Piémontais, les Génois ou les Romains. Faites-en désigner également cinq à Saint-Cyr ayant les mêmes conditions et envoyez-les à ce régiment.

NAPOLÉON.

Du 11ᵉ léger : conditions à rechercher pour le choix des sous-lieutenants.

---

1. Le 11ᵉ léger avait été formé à Wesel, par décret du 11 août 1811, avec les bataillons de tirailleurs corses et du Pô.

L'EMPEREUR AU PRINCE D'ECKMUHL, COMMANDANT LE CORPS
D'OBSERVATION DE L'ELBE, A HAMBOURG.

Wesel, le 1ᵉʳ novembre 1811.

Observations au maréchal Davout au sujet de quelques actes de sévérité militaire.

Mon Cousin, je viens de trouver dans la place de Wesel cinquante jeunes gens, tous Français, de bonne mine, dont vingt-cinq ou vingt-six sortent du 7ᵉ régiment de hussards. Ces jeunes gens sont en prison, depuis plusieurs mois, comme mauvais sujets. Cependant vous n'avez pas envoyé leurs noms, des notes sur eux, enfin rien qui fasse connaître ce qu'ils sont, ce qu'ils ont fait. Grand nombre de jeunes gens ont les certificats les plus honorables de leurs corps. Le commandant de la place les a tenus au cachot sur ce que vous lui avez dit; le ministre de la guerre, qui n'a point été prévenu, n'a donné aucun ordre : voilà donc cinquante français au cachot, sans qu'on ait aucune pièce qui établisse pourquoi ils y sont. Le colonel du 7ᵉ régiment de hussards, s'il a participé à cet acte, est bien coupable. On les a fait sortir sous prétexte de les envoyer au 9ᵉ régiment de lanciers, et on les a conduits à Wesel, où on les a mis en prison. Il est possible que ces jeunes gens soient de mauvais sujets, mais cette manière de faire est horrible, et le caractère de soldat français demande plus de respect.

Vous avez également envoyé une trentaine d'hommes provenant de la légion hanovrienne, qui n'ont pas été reçus au 9ᵉ régiment de chevau-légers. Ces hommes ne méritaient pas d'être mis en prison, cependant ils sont au cachot. Ils se sont engagés volontairement; ils sont partis de Niort volontairement. Que le 30ᵉ régiment de chasseurs ne juge pas à propos de les prendre, c'est tout simple ; mais il fallait qu'on tînt procès-verbal, qu'on les reçût en subsistance, qu'on informât le ministre de la guerre et qu'on attendît des ordres. Mais les avoir fait mettre au cachot, cela paraît extraordinaire.

Si vous avez fait placer dans le 30ᵉ régiment de chasseurs, aujourd'hui 9ᵉ régiment de chevau-légers, des Français, vous avez eu tort, et cela est contre mon intention. Aucun homme ne peut être changé de régiment sans l'autorisation du ministre. Mon intention n'a jamais été que, dans le 30ᵉ de chasseurs, ni dans les 123ᵉ, 124ᵉ, 125ᵉ et 126ᵉ régiments[1], on fît entrer aucun Français, et qu'on y détachât aucun cadre français.

NAPOLÉON.

---

1. Régiments formés après l'annexion de la Hollande à l'Empire.

L'EMPEREUR AU PRINCE D'ECKMUHL, A HAMBOURG.

Wesel, le 1er novembre 1811.

Mon Cousin, les Anglais jettent beaucoup d'hommes sur nos côtes; je viens d'en trouver une cinquantaine qui étaient au cachot. J'ai causé avec plusieurs. Ils se divisent en trois classes : français, alliés de la France, et tout à fait étrangers. Ce sont tous de malheureux hommes qui ont servi l'Angleterre pendant plusieurs années; beaucoup ont été pris en Espagne et dans nos colonies; plusieurs sont depuis longtemps au service de l'Angleterre. Ayant des hernies, ou devenus vieux, les Anglais les renvoient. Ils ne les envoient pas à Morlaix, parce que, n'étant pas prisonniers, on ne les recevrait pas; il les jettent sur les côtes. Que doit-on faire de ces hommes ? Charger un commissaire de police de les interroger, de dresser un procès-verbal de leur historique; s'ils sont français, de les renvoyer dans la ville où on les connaît; s'ils sont étrangers, de les renvoyer chez eux, en les faisant accompagner jusqu'aux frontières. Donnez des ordres en conséquence.

Il faut que les noms de ces hommes et des détails sur chacun soient mis dans les gazettes de Hambourg, accompagnés de commentaires qui fassent sentir l'ingratitude et l'horrible conduite des Anglais de renvoyer ainsi, dépouillés et nus, des hommes qui les ont servis.

NAPOLÉON.

Dispositions concernant les français, alliés et étrangers, chassés d'Angleterre.

L'EMPEREUR AU PRINCE D'ECKMUHL, A HAMBOURG.

Wesel, le 1er novembre 1811.

Mon Cousin, je reçois votre état de situation de l'armée au 15 octobre. Je vous prie de m'envoyer celui du 1er novembre. Je ne comprends pas celui-ci, parce que je remarque plusieurs observations comme celle-ci : « *Le 13e régiment a compris dans sa force 450 hommes qui doivent venir des dépôts de Wesel et Strasbourg* ». Un état de situation est une chose positive et non hypothétique. Vous dites : « *présents sous les armes* : 3.693 »; y sont-ils ? n'y sont-ils pas ? Un état de situation sert de base aux mesures d'un général. Quelle était la situation du corps d'armée au 15 octobre ? voilà ce que je demande. Je ne sais pas si la première division a 11.629 hommes présents ou si elle n'en a que 10.000.

Je vous renvoie l'état pour que vous rectifiiez ces notes. Je voudrais que les malades à la chambre fussent compris en note, car je sais que les régiments en ont bon nombre. Je vois aussi que le 2e de chasseurs n'a que 730 hommes, tandis qu'il a 1.029 chevaux;

Corps de l'Elbe : Rectifications à faire sur les états de situation.

il en est de même du 7ᵉ et du 8ᵉ hussards, du 16ᵉ de chasseurs et du 9ᵉ de chevau-légers. De sorte qu'il n'y a que 6.000 hommes et près de 8.000 chevaux. Il n'y a pourtant que 400 malades ; cela mérite explication.

NAPOLÉON.

L'EMPEREUR AU DUC DE BASSANO, MINISTRE DES RELATIONS EXTÉRIEURES, A PARIS.

Dusseldorf, le 3 novembre 1811.

Griefs de Napoléon contre le cabinet de Stockholm ; note à rédiger à ce sujet.

Monsieur le duc de Bassano, les affaires de Suède méritent de fixer sérieusement mon attention. Je suppose que M. Alquier sera à Copenhague, que vous lui avez envoyé ses lettres de créance pour résider en cette cour et que je n'ai plus à Stockholm qu'un chargé d'affaires. Je désire que vous me fassiez un rapport général sur la conduite de la Suède depuis deux mois, et que vous rédigiez un projet de note très modérée, mais très ferme, que ce chargé d'affaires remettra. Si mes corsaires ne sont pas relâchés sans délai, s'il ne m'est pas donné satisfaction pour les insultes faites dans la Poméranie suédoise, où le sang français a coulé, enfin si le gouvernement suédois ne renonce pas au système de faire escorter par ses bâtiments armés les bâtiments que le commerce anglais couvre sous le pavillon américain, vous donnerez ordre à ce chargé d'affaires de quitter Stockholm avec toute la légation.

Il est nécessaire que la note qu'il remettra soit très détaillée et en même temps très précise, pour qu'elle puisse, le cas arrivant, servir au besoin de manifeste. Il faut y parler de la paix ; que je ne l'aurais pas faite si la Suède n'avait pas accédé à notre système ; y parler de la déclaration de guerre de la Suède à l'Angleterre, qui, au détriment du respect que les nations se doivent, n'a été qu'une comédie ; parler du commerce de Goeteborg ; que je ne nie pas que la Suède n'ait le droit de faire ce qui lui convient, mais que le droit de tromper et de manquer à sa dignité n'appartient à aucune nation ; parler des trois scènes qui ont eu lieu ces trois dernières années dans la Poméranie suédoise ; parler de la direction que toutes les lettres de l'Europe pour l'Angleterre ont pu prendre par la Poméranie et par Goeteborg, et cependant la Suède est en guerre avec l'Angleterre ; parler enfin des insultes faites à mes corsaires et de la prétention d'escorter par des bâtiments suédois armés les bâtiments anglais prétendus américains ; que ce serait donner par là le spectacle, jusqu'à présent inconnu, d'une nation en guerre qui escorte les bâtiments de son ennemi ; que, si la Suède ne se désiste pas de ce droit d'escorter les bâtiments américains, violant les décrets de Berlin et de Milan, et conserve la prétention d'attaquer mes corsaires avec ses bâtiments de guerre, le chargé d'affaires quittera Stockholm ; que je désire conserver la paix avec la Suède ; que ce désir est palpable ; mais que je préfère être en guerre à un pareil état de paix.

Vous préviendrez ce chargé d'affaires qu'avant de demander ses passeports il doit faire venir à lui tous les consuls de France qui sont en Suède, afin que les Français soient prévenus et reviennent. Vous ferez connaître au chargé d'affaires, dans ses instructions, que je lui défends de parler au prince royal ; que, si le prince l'envoie chercher, il doit répondre que c'est avec le ministre qu'il est chargé de traiter. Il doit garder avec le prince royal le plus absolu silence, ne pas même ouvrir la bouche. Seulement, si le prince se permettait de s'échapper en menaces contre la France, comme cela lui est déjà arrivé, le chargé d'affaires doit dire alors qu'il n'est pas venu pour écouter de pareils outrages et qu'il se retire ; mais, en général, il doit éviter toute entrevue avec le prince royal.

NAPOLÉON.

Le même jour, par ordre de l'Empereur, la princesse de Suède est invitée à quitter Paris pour se rendre auprès de son mari, et le roi Jérôme, qui vient de rentrer en Westphalie, après avoir accompagné son frère dans son voyage en Hollande, ne doit faire aucun présent d'amitié à Bernadotte.

L'EMPEREUR A JÉRÔME NAPOLÉON, ROI DE WESTPHALIE, A CASSEL.

Dusseldorf, le 3 novembre 1811.

Mon Frère, je suis informé que vous faites des présents de chevaux au prince royal de Suède. Je désire que vous contremandiez l'envoi de ces chevaux. La Suède se comporte mal, et d'un moment à l'autre il est possible que nous soyons en guerre. Ces présents ne sont donc point convenables dans cet état de choses. Vous ne savez pas à quel homme vous faites des présents. D'ailleurs, l'envoi de chevaux a toujours l'air d'un hommage. Rien ne peut me déplaire davantage que cet envoi de chevaux.

NAPOLÉON.

P. S. — J'ai vu le grand-duché. Je vais demain passer la revue à Cologne de plusieurs régiments de cuirassiers. Après cela, je m'en vais droit à Paris.

L'EMPEREUR AU MINISTRE DE LA GUERRE, A PARIS.

Dusseldorf, 3 novembre 1811.

Corps de l'Elbe : de la formation de la 9ᵉ division d'infanterie avec des régiments suisses.

Monsieur le duc de Feltre, je vous ai fait connaître mon intention de former la 9ᵉ division du corps d'observation de l'Elbe et de la composer de Suisses [1].

Donnez des ordres, sans délai, au régiment suisse, qui est au corps d'observation de l'Italie méridionale, de se rendre à Plaisance.

Le dépôt partira également.

Vous m'instruirez de l'époque de l'arrivée de ce régiment à Plaisance.

J'attends le rapport qui me fera connaître ce que les bataillons suisses, qui sont à Marseille et à Lille, peuvent fournir, afin de porter les régiments à trois bataillons, car je désire avoir en Allemagne, dans le courant de janvier, douze bataillons suisses, ayant au moins 8.000 hommes sous les armes, pour former le fond de cette division.

NAPOLÉON.

L'EMPEREUR AU PRINCE D'ECKMUHL, A HAMBOURG.

Dusseldorf, le 4 novembre 1811.

Dispositions concernant l'artillerie régimentaire des 127ᵉ, 128ᵉ, 129ᵉ de ligne et 11ᵉ léger.

Mon Cousin, il est des mesures que, n'étant point urgentes, vous ne devez pas prendre. Vous avez donné de l'argent pour fournir de l'artillerie aux 127ᵉ, 128ᵉ, 129ᵉ et 11ᵉ léger; mais ces régiments sont loin d'être formés. Le ministre que cela regarde avait pris des mesures; les vôtres sont en contradiction. Vous avez accordé pour cinq bataillons, je n'ai accordé que pour trois. Vous accordez pour ces régiments plus que le ministre ne passe; cela met de la confusion dans l'administration. Il faut vous en rapporter à la décision du ministre. Lorsque ces régiments pourront fournir leurs 4ᵉˢ bataillons, on sera à temps de leur fournir l'artillerie; mais, d'ici là, il y a bien du temps, et ce sera, en attendant, une économie de faite.

NAPOLÉON.

---

1. Voir, chapitre précédent, les lettres des 30 et 31 octobre 1811, pages 258 et suivantes.

LE PRINCE D'ECKMUHL A L'EMPEREUR.

Magdebourg, le 4 novembre 1811.

Sire, j'ai reçu la lettre de Votre Majesté du 30 octobre[1], où elle me réitère que son intention est de porter, avant le mois de janvier, l'armée à neuf divisions.

Opinion du maréchal Davout sur l'organisation du corps de l'Elbe à neuf divisions; des généraux aptes à être nommés lieutenants généraux.

J'adresserai incessamment à Votre Majesté un rapport sur l'organisation du parc d'artillerie, du génie, des bataillons d'équipages militaires, et l'organisation d'état-major qu'il faudrait pour cette armée.

Votre Majesté ajoute que, si je dois opérer seul, une armée de neuf divisions ne peut être commandée sans lieutenants généraux, et de lui faire connaître mes idées là-dessus.

Je ne puis dissimuler à Votre Majesté qu'un commandement de cette importance me paraît extrêmement lourd pour moi : autre chose est de donner de l'impulsion à 30.000 hommes ou d'en donner à 150.000 ; mais enfin, si cela est dans les intentions de Votre Majesté, et pour diminuer le nombre des obstacles, je ne puis que désirer que les lieutenants généraux que désignerait Votre Majesté soient déjà habitués à mon caractère.

Ce serait donc sur les généraux Friant, Gudin et Morand que je prierai Votre Majesté de fixer son choix. Je suis beaucoup plus satisfait du dernier, depuis son voyage à Paris. Cela fera vaquer plusieurs divisions. Dans une lettre de ce jour, j'ai déjà parlé du général Lhuillier.

Le général Gratien, qui est un ancien général de brigade, me paraît bien connaître son état, au moins manie-t-il très bien sa brigade.

Au surplus, je réfléchirai sur tout cela, et, incessamment, j'en écrirai à Votre Majesté d'une manière plus détaillée; cela d'ailleurs entraînera beaucoup de suites.

Le général Bourck, qui a été mon aide de camp, est maintenant en Espagne; comme j'ai déjà éprouvé la grande intrépidité de cet officier général, je prie Votre Majesté de le mettre à ma disposition.

Il est impossible d'avoir plus de talents pour le travail de l'état-major général que le général d'Hastrel; malheureusement, il ne peut supporter l'exercice du cheval. Je demanderai à Votre Majesté d'avoir pour chef d'état-major le général Compans, qui aurait le général d'Hastrel à sa disposition.

PRINCE D'ECKMUHL.

Quelques jours après, le prince d'Eckmühl, revenant sur le même sujet, donne son appréciation sur l'aptitude au commandement de plusieurs généraux, notamment des généraux Compans, Lhuillier, Puthod, Partouneaux, Bruyère, Caffarelli.

Hambourg, le 18 novembre 1811.

Sire, j'ai l'honneur d'adresser à Votre Majesté quatre états de situation : celui de l'armée, celui de l'artillerie, celui du génie et des administrations.

---

1. Voir, dans le chapitre précédent, cette lettre du 30 octobre, page 259.

En accusant à Votre Majesté réception de sa lettre du 30 octobre, qui me fait connaître que son intention est de porter avant le mois de janvier l'armée à neuf divisions, je ne lui ai point dissimulé que je regardais ce commandement comme au-dessus de mes forces. La réflexion n'a fait qu'ajouter à ma défiance.

Je dois faire connaître à Votre Majesté ce qui se passe en moi, en ajoutant que je ne puis que lui garantir mon zèle et mon dévouement pour son service et sa personne.

Dans cette même lettre, Votre Majesté me disait qu'une armée de neuf divisions ne pouvait pas être commandée sans lieutenants généraux, et me demandait de lui faire connaître mes idées là-dessus. J'ai dû lui désigner les généraux de division qui sont déjà habitués à mon commandement depuis longtemps, car c'est une chose que je regarde comme d'un grand avantage pour l'ensemble.

Je ne me dissimule point toutefois qu'il y aurait peut-être pour ces généraux les mêmes inconvénients que je redoute pour moi-même ; autre chose est de commander quinze bataillons que d'en commander cinquante.

Dans ma réponse, j'observais à Votre Majesté que la mauvaise santé du général d'Hastrel lui rendant impossible de faire une campagne active, je demandais le général Compans comme chef d'état-major.

Le général d'Hastrel ayant obtenu un congé du ministre de la guerre pour soigner sa santé, le général Compans consent, pendant son absence, à diriger l'état-major général ; mais il tient beaucoup, en cas de guerre, à conserver une division active, et par conséquent à ne point être chef d'état-major.

Votre Majesté sait que cet officier général est excellent sur un champ de bataille. Je ne puis donc qu'appuyer son vœu ; alors, il faudrait que Votre Majesté désignât un chef d'état-major pour l'armée. Je connais si peu de généraux, hormis ceux du corps d'armée, que je n'ai point d'idée à cet égard. On m'a parlé du général Guilleminot.

Au surplus, pour peu que celui qui sera désigné ait un travail facile et connaisse un peu sa besogne, il me conviendra. J'ai déjà eu, depuis le camp d'Ostende, cinq chefs d'état-major, et j'ai été satisfait de tous.

En me parlant de la formation de la 8ᵉ division, Votre Majesté ajoute que je lui fasse connaître le général que je désirerais pour la commander ; je lui avais parlé du général Lhuillier, mais le général Morand m'a assuré que ce général n'était plus d'une santé suffisante pour commander une division active.

En mettant la conversation sur les généraux, les généraux Morand et Gudin se sont accordés à faire l'éloge du général Puthod. Je l'ai vu un moment à Wagram, mais trop peu de temps pour avoir une opinion sur son compte ; s'il a l'habitude du commandement, c'est un grand avantage. Le général Compans m'a parlé avec éloge du général Partouneaux.

Dans une autre lettre du 30 octobre, Votre Majesté me charge de lui faire connaître l'organisation qu'il faudrait donner au parc d'artillerie dans la supposition où l'armée, portée à neuf divisions, devrait agir seule ; combien, dans ce cas, il faudrait de bataillons d'équipages militaires, combien de génie et sapeurs, et quelle augmentation d'état-major général.

J'adresse à Votre Majesté un rapport du général Baltus, du général Haxo et de l'intendant. J'y joins une note sur l'état-major général. J'observe que le travail a été fait dans l'hypothèse où les neuf divisions seraient partagées en trois corps d'armée, disposition que je regarderai comme ajoutant à la difficulté du commandement. Je crois qu'il serait préférable de n'avoir que neuf divisions, et d'en mettre, suivant les circonstances, plusieurs sous les ordres d'un des généraux de division. Dans cette hypothèse, il faudrait retrancher dans ces projets ce qui était destiné pour les parcs de réserve des différents corps d'armée et en augmenter d'autant plus le grand parc.

Le général Baltus a mal saisi mon idée et a demandé beaucoup plus que je n'avais demandé d'après ma manière de voir; mais, pour éviter toute conjecture, je ne lui ai fait aucune observation à cet égard; d'ailleurs Votre Majesté verra par ces états ce que nous avons et ce qui manquerait pour l'armée à neuf divisions.

Je lui rappelle ma lettre du 14 octobre, où je lui fais connaître que, pour porter les bataillons du train au complet de 1.500 chevaux fixé par le décret du 29 juin dernier, il en manque 422.

J'ai demandé des ordres pour l'achat de ces chevaux.

Je désirerais, Sire, qu'il pût entrer dans vos intentions de désigner le général Montbrun pour commander la cavalerie de l'armée. Cet officier général a beaucoup d'habitude, du coup d'œil, et sait donner de l'impulsion aux troupes.

Je regarde le général Bruyère, destiné à commander la cavalerie de l'armée, comme devant faire par la suite un bon officier général; mais il n'a pas encore l'habitude du commandement.

Si le général Caffarelli n'était pas en ce moment employé à une armée active, je rappellerais son nom à Votre Majesté. Pendant le peu de temps qu'il a été à ce corps d'armée, je n'ai eu qu'à me louer de son activité et de son bon esprit.

Je finis par prier Votre Majesté, dans le cas où elle serait dans l'intention de laisser au général Compans le commandement d'une division, de lui laisser quatre régiments français. Ce serait alors une division de réserve dans le cas de rétablir une affaire qui serait bien embrouillée.

Prince d'Eckmuhl.

Les quatre états de situation, annoncés dans le premier paragraphe de la lettre ci-dessus sont beaucoup trop volumineux pour être reproduits dans cette étude[1]. Mais on croit utile de donner ci-après la copie d'un tableau, annexé à la même lettre, indiquant le nombre d'officiers nécessaires pour constituer solidement les états-majors d'un corps d'armée composé de neuf divisions d'infanterie, de deux divisions de grosse cavalerie et d'une brigade de cavalerie légère.

Note pour un état-major de neuf divisions d'infanterie, deux de grosse cavalerie et une de cavalerie légère.

J'estime qu'il faut à l'état-major général deux adjudants-commandants et vingt adjoints, et qu'il serait utile d'avoir un général de brigade comme commandant du quartier général, parce qu'il faut en imposer à tous les

---

1. On trouvera ces états aux Archives nationales (série AF IV, carton n° 1656), d'où la lettre du prince d'Eckmühl a été tirée.

grades, et que, dans bien des circonstances, un officier supérieur se trouve embarrassé.

Quatre officiers d'état-major, non compris le chef d'état-major, me paraissent nécessaires dans chaque division. D'après cet aperçu, voici le tableau de ce qui existe et de ce qu'il faudrait :

	NÉCES-SAIRES.	EXISTANT.			MANQUANT.		
		Adjudants-commandants.	Officiers supérieurs.	Adjoints.	Adjudants-commandants.	Officiers supérieurs.	Adjoints.
État-major général.........	22	1	6	9	1	»	5
1re division................	5	1	1	1	»	»	2
2e —	5	1	1	1	»	»	2
3e —	5	1	1	2	»	»	1
4e —	5	1	1	3	»	»	»
5e —	5	1	»	1	»	1	2
6e —	5	»	»	»	1	1	3
7e —	5	»	»	3	1	1	»
8e —	5	»	»	»	1	1	3
9e —	5	»	»	»	1	1	3
Cavalerie légère............	5	1	»	2	»	1	1
1re division de cuirassiers...	5	1	2	1	»	»	1
2e — — ...	5	»	»	»	1	1	3
3e — — ...	5	1	»	1	»	1	2
4e — — ...		»	»	»	1	1	3
	92	9	12	24	7	9	31

L'EMPEREUR AU MINISTRE DES RELATIONS EXTÉRIEURES.

Dusseldorf, le 5 novembre 1811.

Ordre de réorganiser la légation de France à Berlin, en raison de la politique équivoque de la Prusse.

Monsieur le duc de Bassano, je vous renvoie votre portefeuille d'aujourd'hui. Les rapports de Colberg prouvent combien le comte de Saint-Marsan a été dupe et combien il est nécessaire d'avoir à Berlin quelqu'un. Que ce ministre réussisse ou non dans la négociation dont il est chargé, il est important de le rappeler aussitôt qu'elle sera terminée. Ce ministre ne peut pas rester là plus longtemps. C'est un militaire qu'il faut envoyer. Prenez des renseignements, et faites-moi un rapport à mon arrivée à Saint-Cloud.

Je vois avec peine qu'il n'y ait point de consuls à Colberg ni à Memel. Il faut avoir dans ces deux points importants, non seulement des consuls, mais aussi des chanceliers, qui écrivent tous les jours et instruisent de tout ce qui se passe. Il faut rappeler le consul que j'ai à Pétersbourg, qui ne me sert à rien, et en envoyer un autre.

Vous exprimerez mon mécontentement à M. de Krusemark de ce que le sieur Lefebvre, étant secrétaire de légation, n'a pu aller nulle part sans être accompagné; que les officiers français et les agents français qui sont accrédités doivent pouvoir aller partout où le peuple peut aller. Vous lui ferez connaître la substance de ce que nous connaissons sur la Prusse, sur la réunion des troupes à Colberg, sur la manière de transporter les canons, etc. Vous ajouterez que cette politique est fausse et misérable, et capable d'ôter à la Prusse toute considération; que c'est l'ancien système remis en usage; que la Prusse, en voulant le suivre, se perdra, et se perdra sans inspirer d'estime; tandis qu'en s'alliant franchement avec la Russie, ou avec toute autre puissance qu'elle suppose devoir faire la guerre à la France, si elle devait succomber ce serait au moins avec honneur; que si, après le traité que négocie le comte Saint-Marsan, on continue la même conduite et à mettre en contradiction les paroles avec les faits, le traité ne signifiera rien, et la Prusse sera sans système. La légation en Prusse demande à être vigoureusement organisée.

Envoyez au colonel d'Albe, chef de mon bureau topographique, un extrait du rapport du secrétaire de légation envoyé à Colberg, avec la note de tout ce qui s'est fait dans cette place.

NAPOLÉON.

LE PRINCE D'ECKMUHL A L'EMPEREUR.

Celle, le 5 novembre 1811.

Sire, j'ai l'honneur d'adresser à Votre Majesté les derniers rapports qui me sont parvenus des places de l'Oder, de Varsovie et de Danzig, et un rapport qui m'a été envoyé de Dresde sur la situation militaire de la Haute Silésie, plus les dépositions de deux courriers [1].

PRINCE D'ECKMUHL.

Renseignements sur l'armée russe et sur la situation militaire de la Haute Silésie.

Extrait d'une lettre de M. Bignon, résident de France à Varsovie, en date du 26 octobre 1811.

J'ai l'honneur d'envoyer à Votre Excellence la note que j'ai reçue un peu tard, d'un de mes agents, des troupes qui se sont trouvées aux revues de Bielica (*Bielitsa*), Vilna et Rozienne (*Rossiena*).

Quoique auprès de Vilna il y ait eu peu de troupes, il s'y est réuni beaucoup de généraux, savoir:

Le général Baggovout, qui y commande;

---

1. Voir les cartes jointes au tome I.

Le prince Jaswill, inspecteur général de l'artillerie;
Kostanecki, général-major de la même arme;
Siewolowski, commandant le régiment de hussards d'Elisabethgrod qui est à Vilkomir;
Dorochow, commandant le régiment de hussards d'Iziumsk, cantonné à Lida;
Et Panczolewicz, commandant le régiment de dragons d'Ingrie, venu de... (*nom illisible*).

Le général Bennigsen s'est joint à eux, quoiqu'il n'ait pas encore pu bliquement repris le service actif. Tous ces généraux ont tenu ensemble une espèce de conseil.

J'ai su qu'il y avait eu aussi un petit congrès de généraux à Slonim, près du général Essen; j'apprends qu'en ce moment il y en a un aussi à Berdiczow (*Berditschev*), pour les généraux qui sont en Ukraine et en Wolhynie.

Au reste, tout annonce que s'il se forme quelque concert parmi les généraux russes, leur concert n'a pour objet que de combiner des moyens de défense plutôt que des plans d'agression.

BIGNON.

Désignation des corps qui ont été passés en revue auprès de Vilna.

(La revue a duré du 4 au 9 septembre, vieux style.)

5 escadrons de hussards d'Elisabethgrod, cantonnés à Wilkomiez (*Vilkomir*), commandés par le général Siewalowski..	776 h.
2 bat. 1/4 des mousquetaires du régiment Krzemienczeck, du colonel Pysnicki...	1.331
2 bat. 1/4 du régiment de Minsk, colonel Krassawin......	1.386
2 — du 4ᵉ de chasseurs, colonel Fiedorow...........	1.430
1 compagnie de grosse artillerie du lieutenant-colonel Wojaykow...	167
1 compagnie d'artillerie légère du colonel Tatyzin, venue de Troki...	160
1 compagnie d'artillerie à cheval du capitaine Zacharewski.	156
TOTAL........................	5.406 h.

compris les officiers et musiciens.

Revue près Rozienne (Rossiena), *qui a duré du 8 au 25 août, vieux style.*

Cavalerie du général de division Koraczkowski (*Koratchkovsky*):
5 escadrons de dragons de Ryzkich du général-major Blank;
7 — de hussards de Grodno du général-major Kulneff.

Infanterie.

5 divisions du général Lewsiejen (*sans doute Lawchine?*), cantonnées à Riga;
2 bataillons du régiment de Perm, du lieutenant-colonel Milzienkow;
2 — — de Mohilew du général-major prince Simbirski.

Artillerie.

1 compagnie de la 3ᵉ brigade de Szkudow du lieutenant-colonel Sudakow;
1 compagnie de la 3ᵉ brigade de Jamszek du lieutenant-colonel Eïser.
Toutes ces troupes, qui ont été réunies auprès de Rozienne (*Rossiena*), appartiennent au 1ᵉʳ corps, commandé par le général comte Wittgenstein.

Revue auprès de Bielica (Bielitsa).

A cette revue, se trouvaient les régiments d'infanterie de Murom, de Kapor et de Czernikow, le régiment de hussards d'Iziumsk venu de Lida, et 2 compagnies d'artillerie.

Rapport sur la situation militaire de la Haute Silésie du 20 au 26 octobre 1811.

1° Forteresses.

Place de Glatz du 20 octobre 1811. — La place de Glatz est située dans la vallée de deux montagnes qui, vers la route de Schweidnitz, s'approchent le plus l'une de l'autre et sont de ce côté fort escarpées. Les fortifications étant construites sur ces montagnes, une attaque contre la place du côté de Schweidnitz ne sera guère praticable; il faudra qu'elle se fasse toujours du côté opposé. C'est donc pour rendre l'approche de ce côté-là plus difficile qu'il a été jugé nécessaire d'augmenter les fortifications, et on a garni à cet effet de six redoutes la crête des hauteurs sur lesquelles se trouve le fort dit Neue-Festung (nouvelle forteresse).

A l'époque du 20 octobre, on travaillait encore à la construction de la sixième redoute.

Du côté des hauteurs où se trouve le fort dit Alt-Festung (ancienne forteresse), on doit avoir construit de même trois redoutes, de l'existence desquelles l'officier en mission n'a cependant pas pu se convaincre lui-même.

Le major d'artillerie Blumenstein est commandant de la place; il est Français d'origine et un homme dont l'extérieur promet beaucoup. Il y a quinze jours qu'il est décoré du grand cordon de l'Aigle rouge.

La garnison est composée d'un régiment d'infanterie de la Haute Silésie, y compris le bataillon d'infanterie légère; de deux compagnies d'artilleurs; d'environ 300 invalides; d'un détachement de dragons, qui fait le service d'ordonnances; d'anciens soldats et de recrues, dont le nombre surpasse le nombre des bataillons formés. Ces derniers sont continuellement exercés.

Cinquante soldats sont toujours occupés à abattre le bois nécessaire pour les palissades.

Place de Neisse du 21 octobre. — Du côté où l'officier a pu reconnaitre la place, il a trouvé que les fortifications ne sont point garnies de dehors. On a assuré que le fort Frédéric en avait et qu'on était occupé dans ce moment à y construire des fortins en bois (blockhaus). Il a vu qu'on travaillait à recouper, palissader le pied de l'escarpe du fort Frédéric du côté de la ville.

La place, en général, est fortement palissadée, et on assure que plus de trois mille arbres y ont été nouvellement employés.

L'artillerie dont cette place est garnie y a été transportée de Glatz; il paraît cependant qu'elle n'en est pas encore pourvue suffisamment.

Le 2ᵉ régiment d'infanterie de la Haute Silésie, deux compagnies d'artilleurs, des invalides et d'anciens soldats et recrues, comme à Glatz, forment la garnison.

Le colonel Raumer est commandant de place.

Place de Kosel du 22 octobre. — La place de Kosel paraît très forte par sa position naturelle; il est difficile d'en approcher, vu qu'elle est environnée de marais. Pour rendre cependant l'accès plus difficile encore, on construit un nouveau fort à droite du grand chemin qui y mène d'Ober-Glogau; il n'est tracé que depuis peu de jours. Deux cent cinquante travailleurs, qui y sont employés actuellement, seront, à ce qu'on dit, augmentés de six cents anciens soldats. On prétend qu'au lieu de cet ouvrage on a eu le projet de construire une tour en maçonnerie, telle qu'il en existe déjà une près de l'Oder en aval de la place, mais que, faute du temps qu'il aurait fallu pour la construction de cette tour, on s'était prononcé pour la redoute ci-dessus mentionnée.

Les casernes et casemates sont faites pour recevoir 5.600 hommes.

On dit que la place vient d'être richement ravitaillée.

La garnison est composée: des dépôts de deux régiments d'infanterie de la Haute Silésie; de celui du 2ᵉ régiment d'infanterie de la Prusse Orientale; de deux compagnies d'artilleurs; d'invalides; d'un détachement du 1ᵉʳ régiment de hussards.

Le général-major Ebnigsen est commandant de la place. On en attend un autre à sa place, après l'arrivée duquel le premier, qui est très âgé, prendra le titre de gouverneur.

2° Troupes.

Les troupes stationnées dans la Haute Silésie sont composées:

1° D'un régiment de cuirassiers, dont un escadron à Ottmachau, un autre à Ohlau;

2° Du 1ᵉʳ régiment de hussards, stationné à Neustadt, Münsterberg, Ratibor et Kosel;

3° D'un corps de uhlans, à peu près de la force d'un régiment de hussards. Il est stationné à Ottmachau et Oppeln, le reste vers les frontières du grand-duché de Varsovie;

4° D'un régiment de dragons cantonné aux environs de Sagan;

5° D'une brigade d'artillerie à cheval, en garnison à Breslau;

6° D'un régiment d'artillerie à pied, réparti dans les forteresses et Breslau;

7° De trois régiments d'infanterie composés chacun de deux bataillons de ligne, d'un bataillon léger et d'un bataillon qui forme le dépôt.

Ces trois régiments sont stationnés comme suit: 3 bataillons du 2ᵉ régiment d'infanterie de la Prusse Orientale à Breslau; 3 bataillons du 1ᵉʳ régiment d'infanterie de la Haute Silésie à Glatz; 2 bataillons du 2ᵉ régiment de la Haute Silésie à Neisse. Le troisième bataillon est entré le 23 octobre à Frankestein : il était, avant cette époque, en garnison à Ratibor.

3 bataillons, dépôts des régiments ci-dessus mentionnés, à Kosel.

8° D'un bataillon de grenadiers, composé des compagnies de grenadiers des deux régiments de la Haute Silésie, à Brieg ;

9°- D'un bataillon de chasseurs jusqu'ici en garnison à Liegnitz. Il a marché le 24 octobre vers Colberg ;

10° D'un bataillon d'invalides, répartis dans les places de Schweidnitz, Glatz, Neisse et Kosel.

Observations.

On a posté des chasseurs le long des frontières de la Saxe et de la Bohême, mais il suffit de les voir pour s'assurer qu'ils ne sont destinés qu'à surveiller la douane.

Excepté l'infanterie légère, toutes les troupes sont composées de grands et beaux hommes qui sont bien exercés. Leurs manœuvres paraissent cependant un peu lentes.

La cavalerie paraît bien neuve en hommes et en chevaux ; il y a des escadrons qui viennent de recevoir trente recrues et quarante à soixante chevaux de remonte à la fois. Les chevaux de uhlans et de hussards sont beaux, un peu grands, mais fort peu dressés au manège.

Les Silésiens n'espèrent rien d'une guerre avec la France, parce qu'ils manquent de confiance en leurs soldats.

Beaucoup d'officiers, qui, par la réduction de l'armée, sont devenus surnuméraires, étaient réunis dans les forteresses et autres endroits. Ils se flattent d'être bientôt employés.

Résultats de cette reconnaissance.

On augmente les fortifications de la place de Glatz et l'on travaillait, à l'époque du 20 octobre, à la construction de la redoute n° 6 en avant du fort dit Neue-Festung (nouvelle forteresse).

On travaillait le 21 octobre à recouper, à palissader le pied de l'escarpe du fort Frédéric, près Neisse, et environ deux cent cinquante hommes travaillaient le 22 octobre à la construction d'un fortin près de Kosel, à côté de la route d'Ober-Glogau.

Dans les places de Breslau, Brieg et Schweidnitz, dont les fortifications ont été démolies, tout était en parfaite tranquillité.

Les recrues sont beaucoup exercées.

L'EMPEREUR AU MINISTRE DES RELATIONS EXTÉRIEURES, A PARIS.

Cologne, le 6 novembre 1811.

Langage à tenir au représentant du Tsar à Paris.

Monsieur le duc de Bassano, j'ai ouvert le courrier qui arrive de Saint-Pétersbourg. Je n'y vois qu'une seule chose importante, c'est qu'elle tend à expliquer l'affaire du 5, qui a eu lieu en Moldavie, par l'espoir qu'on avait eu de repousser les Turcs sur la rive droite. Il paraît qu'en effet les Russes ont attaqué et ont été repoussés.

Votre langage, à Paris, doit être celui-ci : que si la Russie veut désarmer, je ne demande pas mieux que de désarmer; que cela tranquillisera la Prusse et rassurera tout le monde; mais qu'il faut aussi que la Russie nous rassure sur le manifeste qu'elle a fait, ce qui ne peut être qu'en finissant les affaires d'Oldenbourg ou en nous expliquant le but de cette réserve, de manière qu'elle ne nous montre pas le germe d'un mécontentement, qui, entre grandes puissances, se résout toujours par la guerre; que l'empereur Alexandre se fait beaucoup de mal et en fait beaucoup à l'Europe en donnant aux affaires une direction dont personne ne peut prévoir le résultat, tandis qu'il serait si facile de revenir à l'esprit de Tilsitt, etc.

NAPOLÉON.

L'EMPEREUR AU MINISTRE DE LA GUERRE, A PARIS.

Cologne, le 6 novembre 1811.

Nécessité de munir de forges de campagne et de caissons d'ambulance les divisions de cuirassiers de Cologne et de Bonn. Dorénavant les colonels en second seront remplacés par des majors en second.

Les sept régiments de cuirassiers qui composent les deux divisions qui sont à Cologne et à Bonn n'ont ni forges de campagne, ni caissons d'ambulance. La forge de campagne est indispensable, surtout si les circonstances conduisaient ces régiments en Pologne; le caisson d'ambulance est nécessaire dans tous les cas. Ces régiments avaient tout cela, mais le ministre de l'administration de la guerre le leur a retiré; il est nécessaire de le leur rendre sans délai. Le 5e régiment de cuirassiers est mal habillé; le major a gardé au dépôt beaucoup d'effets nécessaires au corps. Ce régiment a un besoin urgent de colonel; je crois en avoir nommé un; pressez son arrivée.

En général, il faut donner l'ordre positif au bureau du mouvement que, toutes les fois que les escadrons de guerre partiront, le colonel parte avec, et que, dans le cas où cela ne se pourrait par raison de maladie, de congé ou par vacance, le major marche à sa place. Aussitôt qu'une place de colonel vient à vaquer, le major doit se rendre aux escadrons, ce qui permettra au nouveau colonel, s'il est en France, d'aller passer une quinzaine de jours à son dépôt pour prendre connaissance des affaires du régiment. Cette marche doit être constamment suivie, et vous ne devez accorder aucun congé à des colonels qu'autant que le major rejoindra le régiment. Ce mécanisme n'est pas bien compris; il faut l'expliquer par une circulaire aux colonels et aux majors; il faut l'expliquer surtout à celui de vos bureaux que cela regarde. Règle générale : les colonels, ou en leur absence les majors, doivent toujours être aux escadrons de guerre.

Ceci me fait penser que le grade de colonel en second est un mauvais grade, parce qu'on y place des majors, ce qui produit de l'instabilité dans ces derniers grades. Je prends donc le parti de supprimer les colonels en second en les remplaçant par des majors en second; ceux-ci sont pris parmi les chefs d'escadrons et les chefs de bataillon, ce qui ne présente pas le même inconvénient, et ce sera d'ailleurs plus économique. Vous placerez donc, au fur et à mesure des vacances, les colonels en second actuellement existants, et vous me présenterez le nombre de majors en second qu'il est nécessaire de nommer pour les remplacer[1].

(D'après la minute.)

Le même jour, l'Empereur écrit également au ministre directeur de l'administration de la guerre pour lui recommander de procurer, sans délai, à tous les régiments de cuirassiers et de cavalerie légère, leur forge de campagne et leur caisson d'ambulance. Il informe également le comte de Cessac que les colonels en second sont supprimés et remplacés par des majors.

L'EMPEREUR AU GÉNÉRAL LACUÉE, COMTE DE CESSAC, MINISTRE DIRECTEUR
DE L'ADMINISTRATION DE LA GUERRE, A PARIS.

Cologne, le 6 novembre 1811.

Monsieur le comte de Cessac, tous les régiments de cuirassiers doivent avoir leur forge de campagne et leur caisson d'ambulance : procurez-les leur sans délai. Tous les régiments de cavalerie légère doivent avoir leur caisson d'ambulance : procurez ce caisson à tous ceux qui sont en Allemagne. Vous avez une ressource dans l'envoi des soixante caissons. Vous pouvez vous en servir pour donner des caissons d'ambulance à ceux des régiments de cavalerie qui n'en auraient pas. Je viens de supprimer les colonels en second, afin de rendre plus fixe le poste de major, et je les remplace par des majors en second, qui, pris parmi les chefs d'escadrons et les chefs de

---

1. L'Empereur avait déjà rendu à cet effet un décret, daté du 6 octobre, prescrivant qu'à l'avenir les places de colonel en second, créées à la suite de l'armée, ne seraient plus renouvelées et qu'elles seraient remplacées par un égal nombre de majors en second.

bataillon, n'ont pas le même inconvénient. De tous les régiments de cavalerie que j'ai passés en revue, le 5e cuirassiers est celui qui m'a paru le plus mal. J'en ignore la cause. Le 20e chasseurs est extrêmement mal monté; c'est jeter l'argent dans la rivière que d'acheter de pareils chevaux. Quel est le fournisseur? Il serait convenable que vous en donnassiez la note au ministre de la police, pour s'informer si cet homme n'aurait pas donné d'argent au régiment ou du moins au capitaine de remonte.

NAPOLÉON.

L'EMPEREUR AU MINISTRE DE L'ADMINISTRATION DE LA GUERRE, A PARIS.

Cologne, le 6 novembre 1811.

Projet de compléter les régiments de carabiniers et de cuirassiers à 900 chevaux, et ceux de cavalerie légère à 250 chevaux par escadron.

Monsieur le comte de Cessac, les régiments de cuirassiers dont j'ai passé la revue sont, en général, bien plus faibles que lorsqu'ils ont repassé le Rhin. Mon intention est de les compléter à compte de la remonte de 1812 et de les remonter tous en Allemagne, où il paraît que les remontes sont belles et abondantes. J'ai déjà décidé, par un décret, ce qui concerne la 3e division de cuirassiers, qui est à Erfurt. Je crois vous avoir instruit que j'y envoie 600 hommes du dépôt de Strasbourg et de Wesel. Vous avez dû recevoir la distribution de ces 600 hommes entre les quatre régiments. Donnez des ordres dans les dépôts pour qu'on envoie l'habillement et la sellerie nécessaires aux recrues que ces quatre régiments vont recevoir et veillez à ce que les dépôts exécutent vos ordres. Faites-moi un projet de seconde remonte pour 1812, mon but étant de compléter chaque régiment de carabiniers et de cuirassiers à 900 chevaux. Partez de la situation de ces régiments au 1er novembre : chevaux existants; chevaux qui restaient encore à livrer en conséquence des marchés précédents; manque au complet de 900; et proposition de compléter sur la deuxième remonte de 1812. Le 20e de chasseurs a deux escadrons à Bonn; il a 500 hommes, il faut qu'il ait 500 chevaux. Le 7e, qui est à Strasbourg, a, je crois, ses quatre escadrons; il faut les compléter.

En général, je désire qu'avant le mois de mars 1812 toute ma cavalerie légère soit à 250 chevaux par escadron; tous les régiments qui sont sur le Rhin peuvent très bien se remonter en Allemagne.

NAPOLÉON.

Rapport du ministre de la guerre à l'Empereur, du 6 novembre 1811.

J'ai l'honneur de soumettre à Sa Majesté le rapport qu'elle m'a demandé sur l'organisation des batteries d'artillerie attachées aux divisions de cuirassiers.

Les batteries attachées aux quatre divisions actuelles de grosse cavalerie sont composées de 12 bouches à feu avec leur double approvisionnement en caissons, ce qui porte le nombre des voitures à 61 par division, ainsi que l'indique l'état ci-joint de composition de ces batteries.

Il faudra y ajouter, à l'armée, trois caissons de cartouches à pistolet, ce qui fera 64 voitures par division.

Dans les campagnes de 1807 et de 1809, les divisions de cavalerie n'avaient, en caissons, qu'un approvisionnement et demi, tant aux divisions qu'au parc des réserves de cavalerie.

J'ai donné deux approvisionnements complets à ces divisions pour qu'elles en eussent un complet avec les pièces, un demi au parc des réserves de cavalerie si elles agissent réunies, ou au parc du corps d'armée si elles sont réparties dans les corps d'armée, et l'autre demi-approvisionnement au parc général de l'armée.

Si ces quatre divisions de cavalerie forment une grande réserve, il faudra un général de brigade pour en commander l'artillerie et un colonel pour la direction du parc qui sera à sa suite.

Duc de Feltre.

Composition de la batterie actuellement attachée à chacune des quatre divisions de cuirassiers.

DÉSIGNATION DES EFFETS.	QUANTITÉS.	OBSERVATIONS.
Canons de campagne sur affûts de 6...	8	
Obusiers sur affûts de 5 pouces 6 lignes.	4	
Caissons à munitions (6...............	24	Le simple approvisionnement est 1 caisson 1/2.
chargés............/obusier.........	16	Le simple approvisionnement est 2 caissons.
Chariots à munitions................	4	Portant des rechanges.
Forges de campagne.................	2	
Affûts de rechange... (6.............	2	Il faudra de plus à l'armée 3 caissons à cartouches de pistolet.
/obusier....:.....	1	
Total.................	61	

Le général baron de Prade (Raimond-Viviès) au prince de Neuchâtel et de Wagram.

Munster, le 4 novembre 1811.

Compte rendu de l'arrivée à Munster des 2ᵉ et 37ᵉ de ligne. Mesures concernant les 23ᵉ et 24ᵉ chasseurs.

Monseigneur, j'ai l'honneur d'annoncer à Votre Altesse Sérénissime que le 2ᵉ régiment de ligne est arrivé aujourd'hui à Munster, et que le 37ᵉ y arrivera demain. Ces deux régiments seront logés dans la ville, où la dysenterie paraît avoir des caractères moins alarmants que dans les villages voisins; jusqu'ici, les militaires n'en ont pas souffert, et, sur deux cent douze malades qui sont à l'hôpital, six à huit seulement en sont attaqués.

Il n'est pas prudent, Monseigneur, de faire occuper les villages qui avoisinent Munster; ils sont infestés de cette maladie et peu de maisons en sont exemptes; il fallait, néanmoins, laisser dans cette ville quelques logements pour les troupes de passage, et je me suis décidé à faire préparer les logements du 23ᵉ régiment de chasseurs à cheval à Warendorff (grand-duché de Berg), où il arrivera le 7 de ce mois. Si Votre Altesse Sérénissime n'approuve pas cette disposition, elle pourra, d'ici à cette époque, me faire connaître ses intentions.

Le 24ᵉ régiment de chasseurs à cheval, venant d'Utrecht, est attendu incessamment; je pense qu'on devra aussi le placer loin de Munster.

Le Gᵃˡ Baron de Prade (Raimond-Viviès).

L'Empereur, à qui est soumis le présent rapport, répond :

Je ne vois pas d'inconvénients à ce que le 23ᵉ de chasseurs soit mis dans le duché de Berg, mais seulement pendant le temps que durera la dysenterie. Il faudra le faire mettre dans le département de la Lippe aussitôt que la dysenterie sera terminée.

Cologne, le 6 novembre 1811.

Napoléon.

Quelques jours après, le 12 novembre, l'Empereur écrit, au sujet de la situation des 2ᵉ et 37ᵉ de ligne et de la brigade Castex :

L'EMPEREUR AU MINISTRE DE LA GUERRE.

Saint-Cloud, le 12 novembre 1811.

Monsieur le duc de Feltre, je vous ai mandé que le général Viviès, avec les 2ᵉ et 37ᵉ régiments de ligne, était à Munster. Donnez ordre que des casernes soient établies dans cette ville pour que ces régiments s'y trouvent bien. Donnez ordre qu'aussitôt que les 4ᵉˢ bataillons seront arrivés de Strasbourg le tiercement ait lieu, de manière que les bataillons se trouvent égaux. Ces deux régiments sont destinés à faire partie de la 8ᵉ division du corps d'observation de l'Elbe, mais ils n'en sont pas encore. Ils sont sous vos ordres et sous ceux du commandant de la 25ᵉ division. Ils peuvent correspondre avec le maréchal prince d'Eckmühl, mais ils ne sont pas encore sous ses ordres. Il en doit être de même de la brigade Castex, qui se compose des 23e et 24e régiments de chasseurs. Si le prince d'Eckmühl lui demande des renseignements, le général doit les lui donner, mais il n'est pas encore sous ses ordres, il n'en peut recevoir que du commandant de la division et de vous. Mon intention est que les 23e et 24e régiments soient portés à 1.000 chevaux.

Ils peuvent faire leur remonte dans le pays de Munster même.

NAPOLÉON.

LE PRINCE D'ECKMUHL A L'EMPEREUR.

Celle, le 6 novembre 1811.

Sire, j'ai reçu la lettre de Votre Majesté du 1er novembre. J'ai demandé au chef d'état-major un état de situation au 1er novembre, et je lui ai transmis les observations de Votre Majesté sur celui du 15 octobre, afin que ce nouvel état remplisse vos intentions.

Votre Majesté, dans une de ses lettres, m'ayant dit qu'il fallait que les quatre bataillons du train pussent fournir aux attelages des quatre divisions de cuirassiers, j'ai demandé au général Baltus des renseignements que j'ai l'honneur de joindre ici. Il en résulte qu'on le pourra; mais le parc de réserve me paraîtra alors bien faible.

PRINCE D'ECKMUHL.

Chevaux nécessaires aux quatre bataillons du train d'artillerie attachés à l'armée d'Allemagne.

Rapport sur le nombre des chevaux d'artillerie nécessaires à l'armée.

Le nombre des voitures conduites et à conduire par les quatre bataillons du train d'artillerie attachés à l'armée est de 1.016, savoir :

1re division..	60
2e —	60
3e —	60
4e —	60
5e —	65
6e —	60
1re division de cuirassiers..................	61
2e — à Munster........................	61
3e — à former...........................	61
4e — à former...........................	61
Batterie d'artillerie à cheval à Danzig.........	19
Réserve..	73
Parc { 1re section...............................	182
{ 2e —	115
Fourgons pour porter les rechanges en effets de harnachement, fers, cordages, à raison de quatre par bataillon...	16
Fourgons d'état-major et du parc...............	2
NOMBRE ÉGAL.....................	1.016

Le nombre des batteries servies par l'artillerie à cheval, l'augmentation des sous-officiers et ouvriers montés dont les chevaux ne sont pas attelés, ainsi que les mauvais chemins du Nord qui rendent le tirage très difficile, nécessitent que le compte général des chevaux nécessaires soit fait à raison de cinq et demi par voiture d'artillerie.

En conséquence de cette base, le nombre nécessaire pour conduire les 1.016 voitures détaillées ci-contre sera de 5.588.

Le nombre des chevaux existant dans les quatre bataillons est de 5.560, savoir :

1er bataillon (principal)			1.363
2e —	—		1.418
3e —	(bis)		1.403
8e —	(bis)		1.376
	NOMBRE ÉGAL		5.560

Le nombre des chevaux manquant pour que les voitures d'artillerie soient attelées à raison de cinq chevaux et demi par voiture ne sera donc que de 28.

A ce nombre, il est nécessaire d'ajouter celui de 156 chevaux absolument hors de service et à réformer depuis très longtemps. Celui nécessaire pour que l'artillerie soit très bien attelée serait donc de 184.

Si l'on complétait à 1.500 chevaux chacun des bataillons, conformément à l'arrêté du 29 juin dernier, le nombre des chevaux à acheter, y compris le remplacement des 156 à réformer, serait de 596.

Au résumé, les 1.016 voitures d'artillerie détaillées ci-contre peuvent être conduites par les chevaux qui existent dans les quatre bataillons; elles le seraient beaucoup mieux et le seraient bien si on complétait en chevaux ces bataillons, lesquels sont plus qu'au complet en hommes.

Hambourg, le 28 octobre 1811.

Gal BALTUS.

LE PRINCE D'ECKMUHL A L'EMPEREUR.

Hambourg, le 8 novembre 1811.

Rapport concernant les déserteurs.

Sire, j'adresserai à Votre Majesté, ainsi que j'ai eu l'honneur de le lui annoncer, un tableau des déserteurs de l'armée d'Allemagne. Ce tableau sera fait par bataillon et distinguera à quelle classe appartiennent les déserteurs, savoir : des trois anciens bataillons, des 4es et 6es ou des réfractaires de l'île de Ré ou de Walcheren. Les époques de la désertion prouveront à Votre Majesté que la plus grande partie a eu lieu avant l'incorporation de ces hommes dans les régiments, où on en a le plus grand soin; ils sont traités avec douceur et logés avec les anciens soldats.

Sept à huit hommes du 30e régiment ayant déserté, on en a arrêté un, qui a été jugé et fusillé comme chef de complot; cela a arrêté tout à fait la désertion.

J'ai rencontré hier, à Soltau, un bataillon de marche de l'île de Ré qui devait être incorporé dans le 33e régiment d'infanterie légère, mais qui, d'après les nouvelles dispositions, sera placé dans le 57ᵉ de ligne. Ce bataillon a eu dans l'intérieur de la France, autant que je puis m'en rappeler, 280 déserteurs; un d'eux, ayant été rattrapé, a été fusillé près de Niort; depuis cet endroit jusqu'à Soltau, il n'y avait pas eu de désertion.

Je demande à Votre Majesté l'autorisation de faire un ordre qui condamnera à mort tout réfractaire qui abandonnerait à l'avenir ses drapeaux [1]. Quant aux autres déserteurs, on mettrait à exécution les règlements militaires.

Cette mesure, dont on donnerait connaissance à chaque détachement à son arrivée à Wesel, fera rester sous les drapeaux tous les gens de mauvaise volonté.

Le maréchal duc de Reggio vient de m'annoncer le départ de deux bataillons espagnols. En conséquence des ordres de Votre Majesté, je vais les diriger sur Rostock. Ils seront toujours sous les yeux du général Friant.

La présence de ces étrangers sur les frontières est un nouveau motif pour adopter les mesures que j'ai eu l'honneur de proposer à Votre Majesté le 5 novembre, en lui transmettant un rapport de M. Gonze.

Prince d'Eckmuhl.

A la même époque, le prince d'Eckmühl indique au général Friant les mesures propres à empêcher les désertions. Les instructions du maréchal portent également sur les camps et cantonnements, l'impulsion à donner pendant l'hiver aux écoles régimentaires, la nourriture des officiers et de la troupe, les précautions à prendre pour parer à une attaque subite, le régiment espagnol, etc.

Il est probable que des instructions analogues furent envoyées à chacun des divisionnaires du corps d'observation de l'Elbe.

Le prince d'Eckmühl au général Friant.

Hambourg, le 10 novembre 1811.

J'espère, mon cher Général, que vous pourrez tenir le camp encore quelque temps et que vous avez reçu toutes vos couvertures. Il est possible que les temps deviennent trop rudes et vous obligent à faire cantonner les troupes.

J'ai reçu votre projet de cantonnement que vous m'avez envoyé quelques jours après mon départ de Rostock. Il y a des changements à y faire, parce qu'un régiment espagnol est destiné à être attaché à votre division. Il est en route pour Rostock, où il sera rendu du 20 au 25 de ce mois. Je désire que vous l'établissiez à Rostock pour qu'il soit sous vos yeux.

Vous devez bien vous attendre à ce que des émissaires chercheront à travailler cette troupe, et ils pourront y réussir si ce régiment n'était pas sous vos yeux. Prenez des mesures de concert avec les officiers du régiment pour que vous soyez instruit de la moindre tentative que l'on

Mesures ordonnées par le maréchal Davout au sujet des cantonnements, de l'instruction des troupes et des désertions.

---

[1]. Le 23 novembre, l'Empereur rend un décret punissant de mort tout déserteur récidiviste et tout réfractaire déserteur.

ferait vis-à-vis leurs troupes, et, si un émissaire ou un habitant même osait insinuer de mauvais conseils, sur les rapports que ces officiers vous en feront faites-en prompte justice.

Il règne un assez mauvais esprit dans le Mecklembourg ; ainsi, lorsque les troupes seront cantonnées, il faut vous attendre à ce que l'on cherchera à travailler l'esprit des jeunes soldats parlant allemand, et surtout des réfractaires ; il faudra attirer sur ce point important l'attention des officiers et des sous-officiers.

Ils devront questionner souvent les jeunes soldats sur les propos des habitants, et, je vous le répète, vous feriez une prompte justice de ceux qui se permettraient des tentatives de séduction tendant à faire abandonner les drapeaux.

Il sera bon d'établir un règlement et une instruction pour déterminer le service de cette surveillance des officiers dans les cantonnements. Ce règlement portera que tout habitant qui provoquera et favorisera la désertion, soit par ses instigations, soit en procurant des déguisements aux déserteurs ou en leur donnant asile, sera passé par les armes.

Lorsqu'un commandant de cantonnement aura connaissance d'un délit de cette nature, il fera subir un interrogatoire et dresser toutes les pièces qui constateront le délit.

Le général commandant le régiment sera autorisé à nommer une commission militaire pour y faire traduire le prévenu.

Ce règlement sera en français et en allemand, et tous les commandants de cantonnements auront ordre d'en donner connaissance verbalement chaque semaine au bourgmestre.

Ce règlement devra porter l'injonction à tout habitant de venir déclarer, dans la nuit même, au commandant du cantonnement, le soldat logé chez lui qui aurait disparu. Presque tous abandonnent leurs armes et ne partent qu'avec leurs sacs ; ainsi, ils pourront s'en apercevoir facilement ; il y a encore d'autres indices, tels que les questions faites sur les routes, etc., qui décèlent ceux qui ont l'intention de déserter.

Tout habitant qui manquerait à cet ordre sera arrêté et mis en jugement ; on établira en outre un triple logement dans sa maison.

Vos instructions sur l'établissement du cantonnement devront recommander la ponctuelle exécution de ce qui a été prescrit pour que l'on établisse les nouveaux soldats avec les anciens.

La surveillance de ces anciens soldats contribuera à empêcher la désertion. Il faudra, en prenant les cantonnements, que l'on déclare individuellement à tous les réfractaires que celui d'entre eux qui abandonnera ses drapeaux sera puni de mort.

J'ai demandé à l'Empereur l'autorisation de prendre cette mesure : je ne doute point qu'il ne l'accorde ; mais, en attendant, on peut en faire la menace.

Dans vos instructions, vous prescrirez que, dans chaque cantonnement, il y ait des granges et des hangars ou autres endroits couverts pour pouvoir suivre, en hiver, l'instruction des conscrits.

Je vous recommande aussi, mon cher Général, l'établissement des écoles régimentaires. Il faut que, pendant l'hiver, elles se perfectionnent à l'écriture et à la théorie et que, dans le mois de mars, elles soient d'une grande force.

Faites faire à l'avance les établissements. Il sera bon de fixer des heures pour que tous les caporaux et sergents soient admis à ces écoles. Faites un règlement particulier pour ces écoles qui soit basé sur les ordres antérieurs.

Il faut prescrire qu'on enseigne dans ces écoles, trois ou quatre fois par semaine, le service en campagne et, dans les places, l'établissement des gardes, sentinelles, etc...

Prenez aussi des mesures pour qu'en choisissant les cantonnements les troupes vivent toutes par ordinaire et reçoivent conséquemment des distributions régulières comme au camp; et les officiers vivront entre eux avec les frais de table qu'ils avaient et que vous ferez continuer.

Je ne veux pas, sous aucun prétexte, que les officiers et la troupe vivent chez l'habitant; ainsi point de *mais*, de *si*, de *car*; n'en écoutez aucun, soyez inflexible à cet égard et surmontez tous les obstacles pour que cette mesure soit mise partout à exécution sans restriction. Ainsi, voyez à ce qu'on fasse des approvisionnements dans les lieux où devront s'établir les troupes lorsque vous lèverez le camp. Faites en sorte que, dans leurs cantonnements, les troupes aient toujours pour deux jours de pain d'avance, et qu'en cas de marche il soit aisé de leur en donner pour quatre.

En levant le camp, vous pourriez emporter dans les caissons et dans les sacs pour cinq à six jours de pain, viande et légumes; cela donnerait aux autorités locales et aux commandants de cantonnement le temps et la facilité d'établir les ordinaires sans confusion.

Je vous recommande aussi, mon cher Général, de la manière la plus expresse, la conservation de votre camp. Vous pourriez, peut-être, y laisser un régiment ou au moins trois bataillons, et les deux autres seraient à Rostock. Ces troupes pourraient être bien casées en les mettant dans les grands hangars que vous avez fait établir pour les écoles régimentaires et dans celles des baraques où il eût été possible d'en établir.

Vous feriez concourir les autorités locales à la conservation du camp, en faisant la défense la plus expresse d'en enlever la moindre chose ou d'y commettre aucun dégât, aucune dégradation.

Les troupes qui resteraient au camp seraient chargées de son entretien et des réparations qui seraient nécessaires. Il est d'autant plus utile que vous conserviez votre camp en très bon état qu'après les grands froids les troupes les reprendront.

Vous pourrez comprendre Wismar dans vos cantonnements et y mettre trois bataillons.

Quelque invraisemblable qu'il soit, mon cher Général, que vous dussiez être dans le cas de réunir subitement vos cantonnements pour vous mettre en mesure contre une attaque, il faut cependant prendre vos précautions en conséquence, par cela seul que cette circonstance est dans l'ordre des choses possibles.

Exposez-moi un projet qui remplisse ce but, c'est-à-dire un point de ralliement où se rassembleraient vos divisions, et que la position soit telle qu'elle couvre les routes de Stettin et Ratzbourg.

A un signal donné, et dont vous conviendrez, soit en tirant un certain nombre de coups de canon ou autrement, tout devrait être averti et en mouvement. Le moyen de tirer quelques coups de canon me paraît le plus sûr, en l'accompagnant de quelques signaux établis sur les élévations, et qui seraient transmis par des signaux intermédiaires aux cantonnements les plus éloignés.

Il faut recommander aux généraux et officiers qui sont à Rostock de bien accueillir et traiter les officiers espagnols et qu'on les fréquente beaucoup. Au surplus, le talent particulier que vous avez pour vous attirer l'affection des troupes étrangères rend inutiles les recommandations que je pourrais vous faire à cet égard. Je me rappelle que les Portugais que j'ai vus à Paris ne juraient que par vous.

Il sera bon, lorsque les Espagnols seront arrivés, d'organiser pour les dimanches et fêtes une messe militaire où iraient les Français et les Espagnols. S'il y a une église catholique à Rostock (ce que j'ignore), vous vous en servirez; sinon, vous vous arrangerez avec les autorités locales pour qu'on en mette une à votre disposition pour les fêtes et dimanches.

Je vous recommande, mon cher Général, de tenir secrète l'arrivée à Rostock du régiment espagnol et de n'en parler que lorsque vous le saurez avoir passé l'Elbe.

J'ai envoyé au-devant, pour le conduire à Rostock, le chef de bataillon Laroche. Vous lui demanderez des renseignements sur l'esprit du corps, principalement des officiers.

Il est inutile de vous recommander que toutes les mesures contre la désertion soient ignorées de ceux qu'elles concernent. Il est toujours nuisible de montrer de la défiance. On ne doit donner connaissance que de la peine capitale qu'encourraient ceux qui déserteraient.

J'espère que la saison vous permettra de tenir le camp jusqu'au milieu de décembre, car, s'il y avait des gelées dans le courant de ce mois, il est vraisemblable qu'elles ne dureraient pas, parce qu'ordinairement l'hiver ne vient qu'à la fin de décembre.

Faites de bonnes instructions, je vous le répète, mon cher Général, pour l'emploi du temps pendant l'hiver, la théorie des officiers, sous-officiers, etc... Recommandez à tous les commandants de compagnie d'avoir, indépendamment des écoles régimentaires, une petite école dans leurs compagnies, où ils feront venir tous les soldats qui auront quelques dispositions. Il faut mettre l'hiver à profit et que le printemps nous trouve aussi redoutables par une bonne instruction chez les officiers et sous-officiers que par leur bon esprit.

Prenez des mesures, mon cher Général, pour que toutes les pièces de canon, les caissons de munitions et d'ambulances et, en général, toutes les voitures de votre division, soient mises sous des hangars.

Amitiés.

PRINCE D'ECKMUHL.

LE PRINCE D'ECKMUHL A L'EMPEREUR.

Hambourg, le 8 novembre 1811.

Sire, j'ai l'honneur d'adresser à Votre Majesté les derniers rapports de Varsovie et des places de l'Oder. J'y joins un rapport qui m'est transmis par M. le colonel Langenau, aide de camp de S. M. le roi de Saxe. Si je transmets ces rapports à Votre Majesté, ce n'est pas que je craigne de voir éclater une insurrection en Allemagne ; je regarde ce projet comme une insigne folie, qui n'aurait d'autre résultat que d'occasionner quelques assassinats individuels, qui seraient vengés avec promptitude et sévérité. Je redoute l'existence de ces ligues secrètes, parce que le but de presque toutes est de mettre le poignard à la main de quelques fanatiques.

Renseignements sur les menées prussiennes et sur les mouvements de l'armée russe [1].

PRINCE D'ECKMUHL.

Extrait d'un rapport de Koronowo, du 25 octobre 1811.

Les travaux de Graudenz n'ont point été interrompus. On approvisionne cette place en bois. Il y est arrivé trente chariots attelés de six chevaux chargés d'armes ; on n'a pas pu savoir si elles venaient de Kœnigsberg ou de Colberg.

Les levées continuent : 800 recrues ont passé, le 20 octobre, à Bylow (*Bülow*), allant à Graudenz ; beaucoup ont déserté en route.

On prétend que des émissaires parcourent le pays en engageant les habitants à se lever en masse en cas de guerre et les assurant que la force armée de la Prusse est plus considérable qu'avant la dernière guerre, et qu'ils seraient vainqueurs si l'armée était soutenue par les levées en masse. On parle cependant de paix.

Extrait d'un rapport de Lomza, du 26 octobre 1811.

Les troupes prussiennes ne sont pas encore rentrées dans leurs anciennes garnisons. Les recrues, officiers et soldats réformés n'ont pas encore été envoyés jusqu'ici, et il est arrivé de la Russie un transport considérable de chevaux de remonte ; néanmoins, on parle généralement de paix.

Le régiment de hussards noirs doit venir prendre ses quartiers à Stallupöhnen, ville située à trois milles de notre frontière.

Tout paraît tranquille du côté de la Russie. Les postes-frontières ont été augmentés à cause de l'émigration qui est assez considérable depuis la nouvelle levée de recrues dont la petite noblesse n'est même pas exempte.

La 4ᵉ division est aux environs de Telsz (*Telch*), Szawle (*Charli*) et Rozienne (*Rossiena*). Un parc d'artillerie se trouve à Janiszki (*Ianichki*), l'artillerie à cheval du prince Jachewel à Jaziwony.

---

[1]. Voir les cartes jointes au tome I.

Les travaux de Dunabourg, sur la rive gauche de la Dwina, ont été interrompus en raison de maladies qui se sont déclarées parmi les troupes qui y travaillaient et qui seront relevées par d'autres.

On lève de nouveau en Russie quatre recrues sur cinq cents hommes; cette levée devra être tout à fait terminée avant la fin de l'année.

De Marianpol, du 22 octobre.

Un régiment russe de hussards bleus, deux régiments de chasseurs du corps commandé par le général Korsakov et 40 bouches à feu s'étaient réunis à Szylel (*Chélel*), à 20 meiles de Memel, sous prétexte de revue. Le 27, l'artillerie a quitté cet endroit pour aller à Mitau et Libaou, et les chasseurs se sont dirigés vers la Samogitie; les hussards sont restés.

De Lublin, du 28 octobre 1811.

Une partie de la division Doctorow (*Dokhtourot*) a marché vers l'armée de Turquie.

Plusieurs régiments sont ainsi cantonnés :

A Turzysk (*Tourisk*), 1 régiment d'infanterie et 12 pièces d'artillerie;

A Kamien-Koszyrszki (*Kamen-Kachirskiï*), 1 régiment d'infanterie et 12 pièces d'artillerie;

A Liouboml, 1 régiment d'infanterie et 12 pièces d'artillerie;

A Kovel, 1 régiment d'infanterie et 12 pièces d'artillerie;

A Rovno, 1 régiment d'infanterie et 12 pièces d'artillerie;

A Luck (*Loutsk*), 1 régiment de chasseurs à pied;

Aux environs de Wlodzimierz (*Vladimir*), 1 régiment de chasseurs à pied.

Les cosaques qui avaient reçu des congés doivent rester à leur corps.

Extrait d'un rapport de Cracovie, du 27 octobre.

On assure que les travaux des fortifications n'ont pas été interrompus en Prusse; qu'il n'y a aucun camp dans la Haute Silésie, et qu'on a envoyé le restant des semestriers et recrues après avoir complété les régiments.

Extrait d'un rapport des frontières de la Silésie, du 30 octobre 1811, fait par le colonel Langenau.

On prétend qu'il existe en Silésie une ligue secrète qui travaille à une insurrection. Le but de celle-ci n'étant pas encore bien connu, les uns disent qu'elle sera dirigée contre le roi de Prusse, d'autres assurent que c'est contre l'étranger. Il y a des personnes qui, voulant être instruites du plan d'opérations que cette ligue s'est tracé, prétendent qu'on a l'intention d'arrêter le roi de Saxe à son retour de Varsovie, d'envahir la Saxe, de raser les nouvelles fortifications de Torgau et d'aller plus loin après cela.

Les nommés Schwalke et Klingmuth, habitants de Glogau, doivent être de cette ligue.

Il est sûr que M. Portugal, inspecteur aux frontières, et M. de Linker, maître des forêts dans le cercle de Sagan, font acheter tous les fusils qu'ils peuvent se procurer, et surtout de la poudre à canon.

On a commandé à Sagan et autres endroits de fortes quantités de draps pour uniformes et capotes.

A Mallwitz, à six lieues de Sorau, on est occupé à couler 20.000 boulets de 6; comme on dit pour le compte du roi.

L'EMPEREUR AU MINISTRE DES RELATIONS EXTÉRIEURES.

Saint-Cloud, 12 novembre 1811.

Désir de Napoléon de régler promptement ses différends avec la Russie.

Monsieur le duc de Bassano, il paraît que des courriers russes ont passé à Metz hier; on aura donc des nouvelles aujourd'hui. Je désire que vous prépariez pour le général Lauriston une dépêche que vous me soumettrez, et dans laquelle vous lui ferez connaître mon arrivée à Paris, la continuation de mes dispositions pacifiques et mon désir de voir se terminer, cet hiver, nos différends avec la Russie. Vous lui direz qu'une division de cuirassiers s'est rendue à Erfurt; que l'incertitude sur tout ce qui se faisait en Prusse a paru rendre nécessaire l'accroissement de nos forces en cavalerie; qu'on ne connaît rien à la manière d'agir de cette puissance. Vous lui apprendrez ce qui s'est passé relativement à l'armement, au désarmement, à l'annonce qu'elle désarmait et à la continuation des armements, de sorte que je ne sais plus ce que cela veut dire; que cela doit faire comprendre comment la question s'embarrasse, à quoi cela pourrait entraîner, et combien il est nécessaire de nommer des commissaires de part et d'autre pour tranquilliser sur tous les points et faire cesser cet état de choses.

Vous aurez soin de faire connaître que tout cela doit être dit sans affectation et naturellement.

Le comte Lauriston peut même insinuer légèrement qu'il est fort malheureux que la Prusse se mêle d'armer; qu'il est de l'intérêt de cette puissance qu'elle ne se mêle pas de la question et ne se permette pas de mouvements qui peuvent aussitôt en entraîner d'autres.

Le même courrier sera porteur d'une lettre à M. de Saint-Marsan sur les mouvements de la Prusse et la nécessité où cela nous a mis de faire marcher de la cavalerie. Il pressera de nouveau la Prusse de rester tranquille.

NAPOLÉON.

Création d'une compagnie d'ouvriers du génie.

Par décret du 12 novembre 1811, il est créé une compagnie d'ouvriers militaires pour être exclusivement attachée à l'arsenal du génie à Metz.

L'EMPEREUR AU MINISTRE DE LA GUERRE.

Saint-Cloud, le 12 novembre 1811.

Emplacements à affecter pendant l'hiver aux régiments des divisions de cuirassiers qui sont à Cologne et à Bonn.

Monsieur le duc de Feltre, j'ai passé à Cologne la revue des deux divisions de cuirassiers.

Il faut que vous me présentiez deux généraux de division et quatre de brigade pour y être employés.

Vous donnerez ordre au général Nansouty d'avoir tous les bagages, les aides de camp, adjudants-commandants et officiers d'état-major à Cologne, où sera son quartier général.

Aussitôt que les deux généraux de division seront arrivés, qu'il aura passé en revue ses régiments, reconnu leur état et bien assis leurs quartiers d'hiver, il pourra revenir à Paris pour vous rendre compte, mais laissant à Cologne tout ce qui est nécessaire pour faire la guerre.

Vous lui donnerez ordre de placer les trois régiments qui sont à Cologne[1] : un à Clèves, un entre Clèves et Cologne, et le troisième à Cologne et dans les environs; et, quant aux quatre régiments qui sont à Bonn[2], il en placera un à Coblentz, un à Bonn, un vis-à-vis Bonn, dans le duché de Berg, sans cependant dépasser la hauteur de Cologne, et l'autre entre Bonn et Cologne dans la plaine, de manière à ce que les troupes ne soient pas gênées, de manière aussi à ne pas trop gêner les habitants et que les quartiers d'hiver soient tous à l'avantage des régiments, dans des lieux sains et à des distances telles que les troupes puissent se réunir souvent par escadron et quelquefois par régiment. S'il y avait la moindre difficulté, vous vous en feriez rendre compte et m'en feriez le rapport, mon intention étant que ces sept régiments soient parfaitement bien pendant l'hiver.

Toute l'artillerie légère pourrait être réunie à Wesel, où elle serait placée sous les ordres d'un général de brigade et mise parfaitement en état.

Donnez des ordres pour que les fonds que j'ai mis à la disposition du génie pour terminer les casernes de Wesel soient promptement réalisés.

Les deux divisions de cuirassiers n'ont rien de commun avec le corps d'observation de l'Elbe.

NAPOLÉON.

---

1. 1er et 2e carabiniers, 1er cuirassiers.
2. 5e, 8e, 10e et 11e cuirassiers.

L'EMPEREUR AU MINISTRE DE LA GUERRE.

Saint-Cloud, le 12 novembre 1811.

Monsieur le duc de Feltre, le capitaine de la compagnie d'artillerie du 3ᵉ régiment à cheval, qui est à Bonn, est manquant; le lieutenant est un jeune fou, ayant trois ou quatre ans de service; il est fort important d'envoyer un bon capitaine à cette compagnie. Je désire même qu'elle soit envoyée en Allemagne à une division d'infanterie, vu qu'elle est composée de conscrits, et qu'elle soit remplacée par une autre compagnie du 2ᵉ régiment d'artillerie à cheval. Par ce moyen, la division de cuirassiers serait servie par les compagnies d'un même régiment.

Dispositions concernant l'artillerie légère et le train à attacher aux divisions de cuirassiers.

Je désirerais la même chose pour toutes les divisions de cuirassiers. Au lieu de deux compagnies de deux régiments différents, chacune aurait deux compagnies du même régiment.

De même pour les bataillons du train. Il y a à Cologne deux compagnies du même bataillon du train qui servent dans deux divisions différentes; il y a de même, à Bonn, deux autres compagnies du même bataillon partagées entre deux divisions; il serait bien plus convenable de les réunir. Il faut que les deux compagnies du train qui paraissent nécessaires pour le service d'une même division de cuirassiers soient du même bataillon.

Une observation importante aussi est de donner le commandement de l'artillerie légère des cuirassiers à des hommes qui aient fait les campagnes précédentes avec les divisions de cuirassiers. J'ai vu à Bonn un chef qui n'a pas encore fait ce service et qui va faire son apprentissage.

Ces divisions de cuirassiers servent différemment. Il est donc nécessaire d'avoir des hommes qui aient fait l'expérience des campagnes d'Autriche, d'Iéna ou de Friedland.

Ces compagnies d'artillerie à cheval n'ont pas d'ouvriers, de sorte que les vingt-quatre pièces de canon que j'ai vues à Cologne et à Bonn n'avaient pas un seul ouvrier. Pourquoi les compagnies d'artillerie à cheval n'ont-elles pas d'ouvriers?

N'attachez au service des cuirassiers aucune compagnie d'artillerie qui ait été ruinée en Espagne, et qu'on ait recrutée avec la conscription de cette année; mais mettez-y des compagnies d'artillerie à cheval qui n'aient pas souffert et se soient reposées depuis 1809.

Il faut nommer un général de brigade d'artillerie pour prendre le commandement de l'artillerie de la cavalerie de réserve. Il aura quarante-huit pièces sous ses ordres, en passera la revue, mettra tout en état, et pourra se tenir à Wesel.

Il faudrait également un général de brigade qui eût fait le service de la cavalerie, soit comme colonel, soit comme général, aux campagnes passées.

NAPOLÉON.

L'EMPEREUR AU MINISTRE DE LA GUERRE.

Saint-Cloud, le 12 novembre 1811.

Nécessité d'armer les lanciers et cuirassiers avec des carabines.

Je réponds à votre lettre du 6 sur l'armement des cuirassiers et lanciers; c'est une question extrêmement importante.

Il est reconnu que la cavalerie cuirassée peut difficilement se servir de sa carabine; mais il est aussi fort absurde que 3.000 ou 4.000 hommes de si braves gens soient surpris dans leur cantonnement ou arrêtés dans leur marche par deux compagnies de voltigeurs. Il est donc indispensable de les armer. Les régiments de cuirassiers de l'ancien régime avaient des mousquetons qu'ils portaient, non comme la cavalerie légère, suspendus en bandoulière, mais qu'ils portaient pour s'en servir comme de fusils.

Je désire que vous formiez un conseil d'officiers de cavalerie et que vous déterminiez quelque chose sur cet objet. Je ne puis pas m'accoutumer à voir 3.000 hommes d'élite qui, dans une insurrection ou une surprise de troupes légères, seraient enlevés par un partisan, ou dans une marche arrêtés par quelques mauvais tirailleurs derrière un ruisseau ou une maison; cela est absurde. Mon intention est que chaque homme ait un fusil : que cela soit un mousqueton très court, porté de la manière la plus convenable aux cuirassiers, peu m'importe. J'ai déjà fait donner à la grosse cavalerie des mousquetons. A la paix ils les ont renvoyés; dans la dernière campagne ils n'en ont pas eu.

Présentez-moi donc un projet là-dessus, pour que ces 3.000 hommes n'aient pas besoin d'infanterie pour se garder dans leurs cantonnements, et, mettant pied à terre, puissent se faire jour quand il y a une force d'infanterie d'une grande disproportion avec eux. La guerre se compose d'événements imprévus; c'est ne pas en avoir de notions que supposer que 15.000 hommes de grosse cavalerie pourront toujours être tenus de manière à être couverts.

Quant aux lanciers, voyez s'il est possible de leur donner une carabine avec leur lance; s'il n'est pas possible, il faudrait au moins avoir le tiers de la compagnie armé de carabines, c'est-à-dire tout le premier rang et la moitié du deuxième rang, tous les maréchaux des logis et le tiers de la compagnie (à peu près quarante hommes en les supposant complets) armés de carabines. Les cosaques ont la lance, mais ils ont des carabines et même de grands fusils avec lesquels ils tirent très loin.

Vous ferez aussi entrer cela dans l'objet du travail de la commission d'officiers généraux.

(D'après la minute.)

L'EMPEREUR AU MINISTRE DE LA GUERRE.

Saint-Cloud, le 12 novembre 1811.

Je réponds à votre lettre du 9 sur les équipages d'artillerie du corps d'observation de l'Elbe.

Corps de l'Elbe: des équipages d'artillerie.

Je ne sais pas pourquoi la 7e division est portée à 28 pièces de canon ; il me semble qu'elle ne doit en avoir que 14, comme les autres. Cette division se trouve d'ailleurs à Danzig.

Faites refaire l'état n° 1.

L'artillerie des 1re, 5e et 6e divisions sera placée dans la 32e division militaire, ainsi que 16 pièces de la division de réserve. Leur parc doit être organisé de manière qu'elles aient leur double approvisionnement.

La 7e division sera placée à Danzig ; à cet effet, on prendra tout le matériel, personnel et attelages, sur ce qui existe aujourd'hui à Danzig.

L'artillerie de la 8e et de la 9e division, ainsi que les deux batteries de la réserve, se réuniront à Wesel, savoir : leur approvisionnement et demi, par division, et le reste formant une portion de la partie du parc de réserve qui restera à Wesel.

Enfin, l'artillerie des quatre divisions de réserve de cavalerie, formant un état à part, ayant l'artillerie de deux divisions à Wesel et celle d'une division à Hanovre, avec un approvisionnement et demi ; une à Erfurt avec un approvisionnement et demi, et l'autre demi-approvisionnement, avec le demi-approvisionnement des divisions qui sont sur le Rhin, à Wesel, où ils formeront la réserve.

Selon votre état, il faut 7.000 chevaux pour faire ce service. Je pense qu'il faudrait compléter en hommes et en chevaux les quatre bataillons qui sont en Allemagne et les destiner au service des neuf divisions d'infanterie et des quatre batteries de la réserve et du parc, et employer un autre bataillon de ceux qui sont en France, que l'on compléterait également, pour le service des quatre divisions de la réserve de cavalerie. Par ce moyen, le grand parc serait divisé en deux fractions : une à Minden et une à Wesel. Toute l'organisation des cuirassiers se rattacherait à un général d'artillerie et à un directeur du parc de réserve de cavalerie, qui résiderait à Wesel et serait sous les ordres du directeur général du parc. Il resterait alors à envoyer des ouvriers à Wesel pour y monter un fort atelier de réparations. Il faudrait aussi prendre toutes les églises de Wesel, hormis une pour les catholiques et une pour les protestants, pour pouvoir y déposer tout ce matériel et le mettre à l'abri pendant la mauvaise saison, sans pourtant le décharger. Les chevaux seront à Wesel et dans les environs ; de sorte que, vingt-quatre heures après la réception de votre ordre, toute la colonne puisse se mettre en marche pour entrer en campagne.

Il me semble qu'il est nécessaire qu'il y ait un colonel à Minden, un général d'artillerie et un directeur du parc à Wesel. Le matériel devenant très considérable, il faudrait avoir un général de division pour commander l'artillerie et trois généraux de brigade, chacun d'eux chargé du commandement et de la surveillance de l'artillerie de trois divisions, et qui seraient employés selon les circonstances et modifications que les événements rendraient nécessaires. Quant aux compagnies d'artillerie, il faut chercher les compagnies des régiments à pied ou à cheval qui sont déjà en Allemagne, puisqu'il y a un si grand avantage à tenir le plus possible les régiments réunis.

Il est nécessaire que cela ne touche pas à l'organisation du corps d'Italie, ni à celle du corps d'observation du Rhin, de sorte que ces corps puissent s'organiser une artillerie telle qu'elle a été réglée sur le papier, sans avoir besoin de nouveaux calculs; car le corps d'observation de l'Elbe doit être indépendant de l'organisation des deux autres corps.

Indépendamment de la réserve de la Garde, vous me ferez un état de récapitulation qui fasse connaître l'état de toute l'artillerie : 1° celle du corps de l'Elbe, comme il a été dit ci-dessus; 2° de la réserve de la cavalerie; 3° celle d'Italie, et 4° celle du Rhin, comme elles ont été réglées précédemment.

(D'après la minute.)

L'EMPEREUR AU MINISTRE DE LA GUERRE.

Saint-Cloud, le 12 novembre 1811.

De l'insuffisance des effectifs des régiments suisses; du contingent annuel à fournir par les cantons.

Je vois, par votre lettre du 6 novembre, que les trois régiments suisses, qui sont en France, ne pourront m'offrir que six bataillons, et le 1er, qui arrive à Plaisance, que deux. Ce ne serait donc que huit bataillons au lieu de douze. Mais je compte sur un recrutement de 3.000 hommes dans le courant de l'hiver; ce qui pourra permettre à chaque régiment de fournir un bataillon de plus. Pour avoir ces 3.000 hommes, il est urgent de s'occuper assidûment. Voyez le duc de Bassano et M. Maillardoz[1]. La Suisse me coûte un argent immense et ne me rend aucun service; jusqu'à cette heure, je suis fort dupe, puisque j'ai là une cohorte d'officiers sans soldats. Il faut : 1° que les cantons se chargent de recruter; 2° réduire les bataillons

---

1. Maillardoz (de), ministre plénipotentiaire de la Confédération helvétique, à Paris.

de neuf à six compagnies, ce qui réduira les officiers d'un tiers. J'aurai alors quatre régiments, chaque régiment de quatre bataillons et chaque bataillon de six compagnies, chaque compagnie de 140 hommes, et 3.200 hommes par régiment ou 12.000 hommes. Pour recruter ces 12.000 hommes, il faut que les cantons s'engagent à les tenir au complet. J'approuve cependant qu'ils ne soient pas obligés de fournir plus de 3.000 hommes par an.

3.000 hommes en huit ans égalent 24.000 hommes; en ôtant les morts, les déserteurs, etc., il est à espérer que cela se maintiendra à 12.000 hommes.

Il faudrait pourtant que, dans le cas d'une guerre avec la Russie ou l'Autriche, guerre qui intéresse les Suisses, puisqu'en cas de non-succès, ils seraient compromis, ils fournissent 4.000 hommes au lieu de 3.000. Voici les bases sur lesquelles il faut travailler sans délai.

Ils doivent cependant fournir 16.000 hommes ; il y aura donc pour eux économie.

(D'après la minute.)

L'EMPEREUR AU MINISTRE DE LA GUERRE.

Saint-Cloud, le 12 novembre 1811.

Ordre d'épurer les cadres des 127e, 128e et 129e d'infanterie, en raison de leur mauvais esprit.

Les 127e, 128e et 129e régiments donnent de sérieuses inquiétudes ; tous les essais qu'on a faits en les plaçant dans les îles n'ont pas réussi[1]. Cela justifie les rumeurs qui m'étaient parvenues depuis plusieurs mois par l'Angleterre sur ces régiments. Il est donc temps de prendre un parti. Il faut d'abord les séparer. Donnez ordre au prince d'Eckmühl, par l'estafette du soir, de faire partir celui des trois régiments qui est le plus mauvais et de le diriger sur Maëstricht. Donnez ordre à un bon général de brigade, parlant allemand, de prendre le commandement de ce régiment et d'en

---

1. L'Empereur fait ici allusion à des actes d'indiscipline dont les régiments des villes hanséatiques s'étaient rendus coupables à diverses reprises, notamment à une révolte qui avait eu lieu quelques jours auparavant, le 7 novembre, parmi les soldats d'un détachement du 129e d'infanterie, en garnison dans l'île de Baltrum (île de la mer du Nord, sur les côtes de Hanovre).
Cette rébellion, fomentée, sous prétexte de manque de subsistances, contre le commandant Bulot, gouverneur de l'île, avait été promptement réprimée. Cependant un sergent et un caporal avaient été tués, d'autres blessés. Les principaux instigateurs du soulèvement furent envoyés au 1er bataillon de pionniers coloniaux, à Flessingue, et, pour rompre le mauvais esprit qui animait les 127e, 128e, 129e, ordre fut donné de les épurer ainsi qu'il est indiqué dans la lettre ci-dessus.
On trouvera à la date du 25 décembre 1811 un rapport du ministre de la guerre, rendant compte des revues extraordinaires passées dans ces régiments en vue d'assurer l'exécution des mesures prescrites par l'Empereur.

passer une sévère inspection. Les deux autres régiments seront placés sous les ordres, l'un du général Latour, l'autre d'un général de brigade, parlant allemand, que désignera le prince d'Eckmühl. Le prince d'Eckmühl ou ira en passer la revue lui-même, ou en fera passer une revue de rigueur par ses officiers d'état-major. Il fera diriger, par détachements de cent hommes, sur les régiments de la Tour-d'Auvergne et d'Isembourg, les Prussiens, les Mecklembourgeois, Russes et Danois qui se trouvent dans ces régiments. Il enverra aux pionniers coloniaux les mauvais sujets qu'il y aurait. Enfin, il procédera à l'épurement des cadres de la manière suivante : il verra les colonels, majors, chefs de bataillon et adjudants-majors, s'assurera que ce sont des Français parlant allemand, ayant fait la guerre avec nous et ayant les qualités requises.

Il sera autorisé à envoyer à Maëstricht ou à Wesel, où ils seront à votre disposition, les officiers qui n'auront pas les qualités nécessaires, avec des notes, pour que vous puissiez me proposer de l'emploi pour eux ; les capitaines, lieutenants et sous-lieutenants, qui sortent du service d'Autriche : il enverra également des notes sur eux. Ceux de ces derniers qui seront suspects seront renvoyés également à Wesel. Quant à ceux sortant de l'ancien service des villes de Bremen, de Hambourg, d'Oldenbourg, il distinguera ceux qui sont natifs des villes, qui y ont domicile et des parents, de ceux qui sont étrangers et qui ont été admis au service de ces villes.

Les étrangers seront dirigés sur Wesel, avec des notes, pour que vous puissiez me proposer de leur donner de l'emploi ou de les placer dans les régiments étrangers. Ceux qui sont du pays, le prince d'Eckmühl en fera deux classes : les uns, qu'on essayera de garder dans les régiments jusqu'à nouvel ordre, et les autres, qu'on pourra envoyer en Italie et en Espagne dans les corps. Il fera remplacer les officiers et sous-officiers vacants, de manière cependant à ne compléter que trois bataillons dans chaque régiment. Le résultat de cette opération sera qu'il n'y aura dans ces régiments d'autres officiers supérieurs que des officiers français, et d'autres capitaines, lieutenants et sous-lieutenants, que des Français ou des officiers ayant fait la guerre avec nous, ou des officiers sortant du service d'Autriche, et provisoirement des officiers du pays, bons sujets, domiciliés et connus. La même opération sera faite pour les sous-officiers.

Aucun sous-officier étranger ne sera souffert dans ces régiments ; on n'y conservera que des sous-officiers nés dans la 32e division militaire, mais domiciliés et connus ; encore ce nombre sera noté, afin de pouvoir insensiblement les faire passer ailleurs. Enfin, la même opération sera faite pour les soldats. Tout ce qui sera prussien, danois, suédois, mecklembourgeois, russe, sera dirigé, par détachements de cent hommes, sur les régiments d'Isembourg et de la Tour-d'Auvergne, de sorte qu'il ne restera dans le régiment que des hommes nés dans la 32ᵉ division militaire; et ceux qui seraient jugés mauvais sujets, soit dans les étrangers, soit dans les naturels du pays, seront dirigés par détachements de vingt-cinq hommes sur les dépôts de pionniers coloniaux. Vous autoriserez le prince d'Eckmühl à remplacer les officiers et sous-officiers par des hommes tirés de son corps d'armée, mais parlant allemand; il vous en enverra l'état, et vous me présenterez des projets de décrets à signer. Vous donnerez les mêmes instructions pour le régiment, lorsqu'il sera arrivé à Maëstricht. On verra, lorsque les régiments seront ainsi épurés, s'ils présentent un aspect plus satisfaisant. Mandez au prince d'Eckmühl qu'il serait important qu'il pût voir lui-même ces régiments, au moins qu'il fît faire cette opération par un homme d'un tact plus sûr et plus fin que le général Latour.

(D'après la minute.)

L'EMPEREUR AU MINISTRE DE L'ADMINISTRATION DE LA GUERRE.

Saint-Cloud, 12 novembre 1811.

Dans la visite que j'ai faite de différents corps de l'armée, j'ai trouvé que les troupes étaient mieux habillées que dans la Révolution, où les fournitures étaient faites par les fournisseurs d'alors; mais j'ai été loin d'en être satisfait, vu les sommes immenses qu'elles me coûtent et la régularité qui est portée dans l'administration dans les temps actuels. Il est impossible de rien fournir aux troupes qui soit bon; car comment vouloir qu'elles puissent lutter contre l'intérêt des fournisseurs? En général, les tricots sont mauvais; les shakos sont de mauvaise qualité, ou ils sont souvent de bonne qualité, mais mal confectionnés. Il en est de même des gibernes. Aucun reproche ne peut être fait aux corps, parce qu'ils répondent à tout « que l'administration de la guerre le leur a envoyé ». Quant aux draps, la plus grande partie de celui que j'ai vu est beaucoup plus mauvaise que celui que j'ai vu aux régiments qui les achetaient eux-mêmes.

Les régiments d'infanterie légère, qui avaient l'habitude d'acheter des draps, trouvent, en général, que les draps qu'ils achetaient étaient beaucoup meilleurs que ceux qu'on leur envoie.

Je désire donc connaître de quelle manière se fera l'habillement de 1812. Mon intention est que l'administration de la guerre ne fournisse rien, tout au plus le drap, et encore je crois que cela même est une question; car il est de fait que les régiments d'infanterie légère, pendant le temps qu'ils se sont habillés, l'ont été mieux qu'ils ne le sont aujourd'hui. Un major qui est pressé par une quantité de conscrits qu'il a à habiller reçoit tout ce qu'on lui

Observations au sujet de la mauvaise qualité des fournitures de troupe.

envoie, quoique de mauvaise qualité. Il y a d'ailleurs des gens qui ne veulent pas se faire des affaires et établir un procès contentieux. Il est donc nécessaire que des mesures efficaces soient prises pour que le drap qui sera fourni soit fourni bon, d'autant plus qu'il n'est pas raisonnable d'envoyer des draps dans le fond de l'Illyrie pour qu'ils reviennent ensuite. Cela met du retard pour tout, est préjudiciable à mon service et ruine les fournisseurs. Il faut donner la latitude aux régiments de ne pas recevoir le drap qui serait mauvais, mais il faut, avant tout, prendre des mesures pour s'assurer que les draps qu'on envoie sont de bonne qualité. Les bureaux actuels de l'habillement ne sont organisés que pour la comptabilité; ils ne font rien pour s'assurer de l'exactitude des envois, de ce qu'il y a en magasin et de la bonté des fournitures; de sorte que, au lieu d'accueillir et d'encourager les plaintes des corps, on les reçoit mal en général.

Dans le grand-duché de Berg, je donne tout en argent aux corps; les masses sont un peu moins fortes qu'en France: je n'ai point vu de troupes si bien habillées et en si bon état; cela ne peut faire aucune comparaison avec les nôtres.

Dans les remontes j'ai trouvé beaucoup de mauvais chevaux. Les conditions des marchés sont en général à refaire.

(D'après la minute.)

Deux jours après, le 14 novembre, l'Empereur, revenant sur la question de l'habillement et sur les dilapidations qu'il a constatées dans les opérations, écrit que les fournitures faites aux corps engagent la responsabilité des majors. Il veut également que les colonels et officiers qui reçoivent de mauvais chevaux soient rendus responsables.

L'EMPEREUR AU MINISTRE DE LA GUERRE.

Saint-Cloud, le 14 novembre 1811.

Je vous envoie une lettre du prince d'Eckmühl, avec une lettre du ministre Cessac et différentes pièces. Il est convenable que vous ordonniez au major du 1er de chasseurs de se rendre à Paris, et que vous nommiez un inspecteur aux revues et deux officiers accoutumés aux détails de l'administration de la guerre, pour suivre la plainte. J'y attache la plus grande conséquence. La réponse des bureaux de l'habillement n'est pas satisfaisante. On laisse planer le soupçon sur le major : s'il est coupable, il faut le destituer; si, au contraire, ce major est innocent, c'est à tort que les agents de l'habillement veulent couvrir ainsi leurs dilapidations.

Cette affaire doit donc être mûrement approfondie, de même que toutes celles qui arriveraient, soit pour porter la lumière dans les opérations de l'habillement, soit pour avoir des idées nettes sur l'honnêteté des majors.

Il faut faire une circulaire aux différents majors pour les rendre responsables des effets qui seront reçus aux régiments, et leur faire connaître qu'ils ne doivent recevoir aucuns mauvais effets, de sorte qu'ils n'aient rien à alléguer toutes les fois que les régiments seront dans une mauvaise situation ; que les fournitures coûtent beaucoup à Sa Majesté, et que les payements sont exactement faits ; qu'il faut donc que les effets soient de bon aloi et de très bon service. Même chose pour les chevaux de remonte. Mettez à l'ordre du jour, et témoignez mon mécontentement au colonel du 20ᵉ de chasseurs de ce qu'il a reçu des chevaux qui sont à réformer ou à évaluer à moitié du prix d'achat. Faites connaître que les colonels et officiers qui recevront les chevaux seront responsables de tous les mauvais chevaux qu'ils recevraient. Mes troupes me coûtent fort cher et sont en partie fort mal habillées. Tout ce qui leur est fourni est excellent en comparaison de ce qui se fournissait dans la Révolution, mais non eu égard à l'ordre et à la régularité qui ont été introduits dans l'administration.

(D'après la minute.)

RAPPORT DU MINISTRE DE LA GUERRE A L'EMPEREUR.

12 novembre 1811.

Du nombre des élèves des lycées présentés pour l'École des sous-officiers de Fontainebleau.

Par un ordre du 24 août dernier, Sa Majesté a ordonné de tirer des lycées de l'Empire 400 jeunes gens âgés de 18 ans pour être employés à l'École des sous-officiers de Fontainebleau.

S. E. le grand-maître de l'Université m'a adressé l'état de 157 élèves qui ont été présentés jusqu'à ce jour, du consentement de leurs parents, par les proviseurs des lycées : 1 est au-dessous de l'âge de 15 ans, 16 sont âgés de 15 ans passés, 51 sont âgés de 16 ans, 50 sont âgés de 17 ans, 34 sont âgés de 18 ans, 5 sont âgés de 19 ans.

Je n'ai approuvé l'admission que des 39 jeunes gens qui ont 18 et 19 ans et de quatre autres qui, étant âgés de 17 ans et 10 mois passés, auront atteint l'âge indiqué dans l'ordre de Sa Majesté lorsqu'ils seront rendus à Fontainebleau.

Les lycées offriraient peu de ressources pour le recrutement de l'École des sous-officiers de Fontainebleau, si l'on tenait strictement à la condition des 18 ans d'âge.

Je prie Sa Majesté de me faire connaître si elle approuve qu'on prenne des élèves âgés de 16 ans, lorsque leurs parents auront donné leur consentement à ce qu'ils soient choisis, et qu'on leur aura reconnu d'ailleurs une bonne constitution.

Duc de Feltre.

Décision de l'Empereur. — Il vaut mieux que ces jeunes gens restent dans les lycées de 16 à 18 ans plutôt qu'à Fontainebleau. Il est impossible d'envoyer dans les corps des jeunes gens, comme sous-officiers, avant qu'ils aient 20 ans. Ainsi, en les prenant à 16 ans, il faudrait les garder quatre ans à Fontainebleau, tandis qu'en les prenant à 18 ans, ils n'y resteront que deux années. Il ne faut les prendre même qu'à 18 ans révolus.

Saint-Cloud, le 14 novembre 1811.

NAPOLÉON.

LE PRINCE D'ECKMUHL A L'EMPEREUR.

Hambourg, le 13 novembre 1811.

Renseignements sur la Russie et sur la Prusse [1].

Sire, j'ai l'honneur d'adresser à Votre Majesté les derniers rapports que j'ai reçus de Varsovie. J'y joins copie d'une lettre de M. Bignon. Voilà de nouveaux bruits de guerre qui circulent dans ce pays. Il est vraisemblable qu'ils ne seront pas plus fondés que ceux qu'on a répandus à différentes époques depuis cinq ou six mois. Cependant, comme il est dans l'ordre des choses possibles qu'ils se réalisent, je prie Votre Majesté, si elle le juge convenable, de me donner quelques instructions dans cette hypothèse, et sur la conduite que j'aurais à tenir en Prusse.

PRINCE D'ECKMUHL.

Rapports de Varsovie.

Rapport du général Rozniecki, du 4 novembre 1811.

Les troupes russes gardent leurs cantonnements.

Après que les 9ᵉ et 17ᵉ divisions eurent quitté les bords du Dniester pour se porter en Moldavie, quelques cadres des régiments abîmés pendant la campagne sont rentrés en Podolie et en Ukraine polonaise ; ces cadres sont en partie dirigés sur Kijow (*Kiev*), où le général Rajewski s'occupe à les compléter avec les hommes pris dans les dépôts des recrues de l'an 1810. On a fait approcher ces dépôts de l'intérieur de la Russie vers les anciennes frontières polonaises. Des parcs d'artillerie et de nombreux transports de munitions sont dirigés de Kijow (*Kiev*) et Polonnoé sur Bobruysk (*Bobrouïsk*) et Nieswiez (*Nesvij*). On travaille encore dans l'ancienne Pologne, en Courlande et en Livonie, aux fortifications dont les travaux devaient être continués jusqu'au 12 novembre.

Je reçois l'avis que les 7ᵉ, 18ᵉ, 24ᵉ et 25ᵉ divisions auraient reçu ordre d'envoyer chacune quelques bataillons pour renforcer l'armée du général Kutuzow (*Koutouzov*) en Moldavie. Les uns pensent que cet ordre porte

---

1. Voir les cartes jointes au tome I.

sur les troisièmes bataillons, d'autres prétendent que ces troupes doivent être tirées des bataillons de guerre.

Les rapports de la frontière de Prusse sont à la guerre. Il n'est nullement question de désarmement, les choses vont leur train ordinaire ; chaque jour voit augmenter le nombre de troupes prussiennes et compléter leurs équipages de campagne.

Extrait d'un rapport du préfet de Cracovie du 31 octobre.

Depuis la fin de juin, mille huit cents paysans travaillaient continuellement, huit cents paysans à Neisse et Cosel (*Kosel*) ; il n'y a plus maintenant que des ouvriers. Ces places sont en bon état de défense, et doivent être approvisionnées pour deux ans.

On répare et on orne le palais royal à Neisse pour recevoir le roi, qui y est attendu pour les manœuvres d'automne.

On doit augmenter les mines de Cosel (*Kosel*).

Il n'est pas question de rendre aux propriétaires les chevaux d'artillerie et du train ; cinq cents chevaux de remonte venant de Russie ont passé à Beuthen.

Extrait d'un rapport de Lomza, du 2 novembre 1811.

Sous prétexte que les troupes ne sont rassemblées que pour être passées en revue, et qu'elles doivent retourner dans leurs cantonnements, il est de fait qu'on ne cesse de faire des préparatifs de guerre en Prusse. On organise des gardes nationales et on continue à travailler aux places fortes en Silésie, ainsi qu'à Pillau, Graudenz et Colberg.

Les régiments russes, qui sont en Lithuanie, attendent l'arrivée des recrues pour remplacer les anciens soldats qui doivent être envoyés à l'armée de Turquie.

Chaque officier prussien reçoit un supplément du double de sa solde, lorsqu'il est en état d'instruire ses camarades dans la science des mathématiques et des fortifications ; les officiers instructeurs d'armes, la demi-solde, et chaque soldat instructeur 1 florin 18 gros de Pologne en supplément.

Les régiments ne reçoivent à la fois que le nombre de recrues nécessaire à leur complet ; mais, après deux mois d'instruction, on les renvoie chez eux sans uniforme, pour les faire remplacer par d'autres, auxquels on fait mettre les uniformes des premiers, et ainsi de suite ; en sorte qu'on prétend qu'il y a en Prusse près de 200.000 hommes d'exercés.

Pour exciter les recrues à l'application, on garde encore deux mois ceux qui n'ont pas assez profité pendant les deux premiers.

De Lomza, du 4 novembre 1811.

Je viens de recevoir de Vilna, en date du 28 octobre, les nouvelles suivantes :

Les troupes russes, qui sont sur la ligne depuis la Samogitie jusqu'à Brzesc, sont prêtes à marcher aussitôt l'arrivée du commandant en chef

Baggovout, attendu à Vilna pour le 2 novembre, afin d'entrer dans le Duché. L'armée, qui s'étend depuis le Dniester jusqu'à Brzesc, doit en même temps entrer en Galicie.

Il est à remarquer que les troupes russes n'ont reçu que pour quinze jours de fourrage, tandis qu'elles l'avaient toujours reçu jusqu'ici pour un mois entier. Une lettre du district de Marianpol, du 2 novembre, me mande qu'on a la nouvelle à Jourbourg (Georgenbourg) que les troupes russes se rassemblent aux environs de Vilna pour être passées en revue par le général Baggovout avant d'entrer en campagne.

De Térespol, du 3 novembre 1811.

Un émigré de la Russie a déposé, le 29 octobre, ce qui suit :

Les régiments de grenadiers qui étaient en Lithuanie, la moitié de l'artillerie placée à Nieswiez (*Nesvij*), le régiment de chasseurs en garnison à Kleck (*Kletsk*), un autre en garnison à Mir, le régiment de hussards en garnison à Sluck (*Sloutsk*), et le régiment de dragons qui était à Nowogrodek (*Novoghrodek*), se sont tous portés au delà de Vilna.

Il est resté 18 bataillons à Bobruysk et environs pour continuer les travaux de fortifications.

On dit que tous les régiments de cosaques doivent être formés en régiments de hulans, que le hetman Platow (*atamane Platov*) est arrivé à cet effet à Vilna, et que tous les cosaques ont été tirés de leur patrie pour prévenir une révolte pendant que cette opération se fera.

Un général russe de l'armée de Turquie vient d'écrire à sa femme que les affaires vont très mal depuis que les Turcs ont passé le Danube, et qu'il n'a pas quitté son uniforme de quinze jours, parce que les Turcs les alarment sans cesse.

Copie d'une lettre de M. Bignon.

Varsovie, le 6 novembre 1811.

Le ministre de la guerre du Duché nous envoie un rapport arrivé aujourd'hui par courrier au ministère de la police, et qui apporte un nouveau bruit de guerre comme certain et positif. C'est une lettre du préfet de Lomza, qui tient cette information d'un de ses amis de Vilna, en date du 2 de ce mois. Suivant cette lettre, les troupes russes ont ordre d'entrer incessamment dans le Duché. Cette lettre, d'un particulier à un autre, n'est pas sans doute une autorité bien sûre, mais elle mérite attention quand on considère que le désarmement de la Prusse, si toutefois il s'opère, ne se fait qu'avec beaucoup de lenteur.

Il est également dangereux ici de se créer des alarmes chimériques, ou de s'endormir dans une fausse confiance; il y a loin, sans doute, d'un rassemblement de troupes auprès de Vilna à une résolution d'attaque; l'un de ces faits peut être vrai, quand l'autre ne l'est pas. Dans un rapport de Térespol, qui aura été envoyé à Votre Excellence, on voit qu'il se porte sur Vilna des troupes qui viennent de différents points. Je remarque qu'il y a des régiments qui partent de Mir et de Nowogrodek.

S'il s'agissait de faire une irruption dans le Duché, on ne ferait pas prendre à ces troupes un détour aussi long, et il eût été bien plus simple de les acheminer sur Brzesc. En admettant, ce qui n'est pas encore certain, cette réunion de forces auprès de Vilna, en supposant même qu'il y ait accord entre la Prusse et la Russie, il ne semble pas qu'on doive croire que ces puissances veulent agir dans le moment actuel. L'instant n'est point favorable pour les Russes, qui sont assez occupés du côté de la Turquie; mais ce peut être des dispositions éventuelles pour agir dans le cas où ces puissances viendraient à être attaquées elles-mêmes, ou dans celui où elles se croiraient en mesure de commencer les hostilités.

Quoique je penche, pour mon compte, à ne point croire à une rupture imminente, j'ai jugé que c'était un devoir pour moi de prier M. le général Jacquinot de faire parvenir les dépêches d'aujourd'hui à Votre Excellence par la voie la plus expéditive.

BIGNON.

L'EMPEREUR AU MINISTRE DE LA GUERRE.

Saint-Cloud, le 14 novembre 1811.

Monsieur le duc de Feltre, donnez ordre que les cadres des compagnies des 5es bataillons, qui ont été au corps d'observation de l'Elbe, et qui sont de retour à Wesel, rejoignent leurs dépôts. Donnez les mêmes ordres à Strasbourg, vu qu'il ne paraît pas que, même à présent, ces deux dépôts puissent faire d'autres envois. Lorsqu'ils auront complété les cadres des 4es bataillons, il est probable qu'ils seront épuisés. Il est donc convenable que tous les cadres des 5es bataillons soient réunis aux dépôts. Avant de faire partir de Wesel et de Strasbourg les cadres des compagnies des 5es bataillons, vous en ferez passer la revue par les généraux commandant ces deux dépôts et vous leur donnerez l'ordre de renvoyer aux corps les sergents et caporaux qui ont moins de deux ans de service et de le mander aux colonels, pour qu'ils envoient des hommes ayant quatre ans de service pour remplacer ces jeunes gens ; vous instruirez de cette disposition le prince d'Eckmühl et les majors. Ecrivez, en même temps, aux majors, d'envoyer en Allemagne les sergents et caporaux qui n'auraient pas deux ans de service ; les colonels enverront pour les remplacer d'anciens soldats.

NAPOLÉON.

Ordre de faire rejoindre leurs dépôts respectifs aux cadres des compagnies des 5es bataillons qui ont conduit des détachements au corps de l'Elbe.

L'EMPEREUR AU PRINCE D'ECKMUHL.

Saint-Cloud, le 14 novembre 1811.

Instructions en cas d'hostilité de la part de la Prusse

Mon Cousin, il serait convenable que vous me soumissiez un projet de mouvement, sur les bases suivantes, à exécuter dans l'hypothèse où la Prusse serait de mauvaise foi. Le prince Poniatowski, avec l'armée du grand-duché et la 7e division, se réuniraient par un mouvement combiné, en peu de jours et avant que la nouvelle en fût arrivée à Berlin, pour intercepter la route de Berlin à Graudenz et à Dirschau; de sorte que tout ce qui existerait de militaires prussiens fût désarmé et fait prisonnier, que les convois fussent pris, Graudenz bloqué tout d'abord, Marienburg[1] occupé et sur-le-champ retranché, et les retranchements que l'ennemi a faits du côté de Pillau, dans l'isthme qui communique avec Danzig, surpris dans le temps que tous les Saxons marcheraient par Glogau, et vous par Stettin et Magdeburg, sur Berlin et Colberg. Ce projet a pour but, si la Prusse continue à être de mauvaise foi, de prendre l'initiative; il faut le bien calculer pour le rendre le plus profitable possible. Marquez-moi sur une carte la position actuelle de l'armée du grand-duché, celle de vos divisions, des troupes de la Saxe et de la Westphalie, et faites-moi connaître comment vous entendriez exécuter ces mouvements; enfin quelles sont les forces que la Prusse aurait à opposer de Berlin à Colberg. Il sera nécessaire, lorsque j'aurai approuvé ce plan, que vous le communiquiez au prince Poniatowski et au général Rapp, pour qu'ils le connaissent bien et qu'instruits de mes intentions, ils aient l'œil sur les rassemblements des Prussiens et sachent où frapper aussitôt que vous leur en aurez donné l'ordre.

Je n'ai pas besoin de vous dire que tout cela est fort hypothétique. Le comte de Saint-Marsan négocie en ce moment avec la Prusse, mais je vois tant de mauvaise foi et d'incertitude dans ce cabinet, que je crois qu'il sera impossible d'empêcher sa ruine. Je crois que sur l'Oder les Prussiens n'ont qu'un pont; il sera donc facile de s'en emparer et de le détruire, et d'envelopper toutes leurs garnisons entre l'Oder et la Vistule avant qu'ils s'en aperçoivent. Les forces des Prussiens se divisent, je crois, entre la Saxe et la Silésie, entre l'Elbe et la Vistule, entre la Vistule et le Niémen. Combien de troupes ont-ils dans chacune de ces parties? combien peuvent-ils en réunir? Pour cette opération, je n'ai pas besoin de vous dire que Modlin et Zamosc seront bien approvisionnés et armés; qu'une partie de l'armée du grand-duché sera en observation du côté de la Russie, et que tout votre corps d'armée et les Saxons seront sur la

---

[1]. Marienburg, sur le Nogath, une des branches de la Vistule.

Vistule avant les Russes, puisque vous seriez à Berlin qu'on ne le saurait pas encore à Pétersbourg. Faites connaître la situation de Marienburg. A-t-on détruit les fortifications que j'avais fait établir, ou ce poste pourra-t-il être promptement remis en état ? Si les retranchements du côté de la..... [1] ne pouvaient être enlevés d'un coup de main, il faut avoir un bon nombre d'obusiers et de petits mortiers, pour les accabler d'obus et de bombes et les détruire en peu de jours, afin de fermer sur-le-champ le passage de Pillau. Faites-moi connaître jusqu'où va la limite du territoire de Danzig de ce côté. Il serait peut-être convenable de faire établir une bonne redoute à la limite du territoire de Danzig. Par ce moyen on pourrait masquer le mouvement, et, au lieu de partir de Danzig, on partirait de la redoute. D'ailleurs, puisque les Prussiens travaillent tant à Pillau, l'occupation d'un point de ce côté est d'une grande prudence.

N'écrivez rien sur tout cela au général Rapp, ni au prince Poniatowski. Commencez par prendre des renseignements avant de me répondre ; cela ne presse pas. Il vaut mieux tarder d'une quinzaine de jours pour que vous puissiez me bien faire connaître l'état de l'échiquier. Quand j'aurai votre plan, je le ratifierai et je vous autoriserai alors seulement à communiquer ce projet éventuel au prince Poniatowski et au général Rapp.

NAPOLÉON.

P.-S. — Les Russes ont eu de grands succès sur les Turcs, qui se sont comportés comme des bêtes brutes. Je vois la paix sur le point de se conclure. Je suis assuré de l'Autriche.

L'EMPEREUR AU PRINCE D'ECKMUHL, A HAMBOURG.

Saint-Cloud, le 14 novembre 1811.

Mon Cousin, si la guerre a lieu et que la Prusse soit contre nous, la première chose à faire est de faire partir de Magdebourg un équipage de siège pour prendre Spandau, et des places de Stettin, Custrin et Glogau, un équipage de siège pour Colberg. Il est donc nécessaire que ces deux équipages de siège existent et soient formés sur le papier, de sorte qu'on soit certain d'avoir dans ces places les pièces, affûts, porte-corps, charrettes, plates-formes, outils, poudres, artifices, etc..., pour que vingt-quatre heures après le mouvement démasqué, l'équipage de siège pour Spandau puisse partir de Magdebourg, et six jours après le mouvement démasqué

Ordre de préparer deux équipages de siège, à diriger, le cas échéant, l'un sur Spandau et l'autre sur Colberg.

---

1. Ici, un mot illisible.

l'équipage de siège de Colberg puisse partir des places de l'Oder. Vous sentez que ce travail doit être fait très secrètement dans le bureau de votre général d'artillerie. Je pense qu'on pourra trouver à Magdebourg l'équipage de siège de Spandau. Je doute qu'on puisse former dans les places de Stettin, de Custrin et de Glogau, celui destiné pour Colberg. Il faut voir si cet équipage existe à Magdebourg indépendamment de la défense de la place. Si les moyens de cette place sont insuffisants, il faudra le faire venir de Hambourg et de Wesel; mais il faut qu'il parte de Wesel par le moyen de relais d'artillerie placés depuis Wesel jusqu'à Magdebourg.

De cette manière les transports ne coûteraient absolument rien; cela ne donnerait aucun embarras au pays et arriverait très promptement à Magdebourg. Je pense qu'il faut établir tout ce qui est nécessaire pour la défense des places de Stettin, de Custrin et de Glogau. Je crois que Magdebourg est suffisamment approvisionné; il n'en est pas de même des autres places. Les équipages de siège de Spandau et de Colberg peuvent être compris dans l'approvisionnement de ces places, puisque, pendant qu'on consommerait ces munitions, on en ferait venir de nouvelles de France. Je pense que le personnel d'artillerie des places de Stettin, de Custrin et de Glogau n'est pas suffisant. Envoyez dans ces places deux compagnies d'artillerie, de celles attachées à votre parc; vous les retrouverez en marchant en avant. Envoyez-y également des officiers d'état-major d'artillerie et du génie. Les garnisons de Stettin et de Custrin sont, je crois, suffisantes; celle de Glogau ne l'est pas. Proposez-moi d'y envoyer un nouveau régiment, afin qu'on soit sans inquiétude.

NAPOLÉON.

L'EMPEREUR AU MINISTRE DE LA GUERRE.

Saint-Cloud, le 16 novembre 1811.

Nouvelle organisation de la 6ᵉ division d'infanterie.

Monsieur le duc de Feltre, le prince d'Eckmühl doit renvoyer en France un des trois régiments suivants : 127ᵉ, 128ᵉ ou 129ᵉ. Ce régiment ne fera donc plus partie de la 6ᵉ division; mon intention est qu'il soit remplacé par un autre. Donnez ordre, en conséquence, au 124ᵉ, qui est à Nimègue, de se diriger par le plus court chemin sur Osnabruck, où le prince d'Eckmühl lui donnera des ordres pour sa destination ultérieure. La 6ᵉ division sera alors composée du 11ᵉ régiment d'infanterie légère, du 124ᵉ, et de deux régiments des villes hanséatiques.

NAPOLÉON.

L'EMPEREUR AU MINISTRE DE LA GUERRE.

Saint-Cloud, le 16 novembre 1811.

Monsieur le duc de Feltre, je crois vous avoir fait connaître que mon intention était d'envoyer aux différents corps de l'armée un tablier portant sur un de ses côtés l'inscription : *L'Empereur Napoléon à tel régiment*, et sur l'autre le nom des batailles où s'est trouvé le régiment, savoir : celles d'*Ulm*, d'*Austerlitz*, d'*Iéna*, d'*Eylau*, de *Friedland*, d'*Eckmühl*, d'*Essling*, de *Wagram* et *Madrid*. Ce tablier doit être à peu près de la grandeur de celui des aigles; la plupart des aigles n'en ont plus; on les renouvellera d'ailleurs tous les deux ou trois ans et cela ne fera pas une grande dépense. Faites faire le modèle de ce tablier et le détail de ce qui doit y être mis pour chaque régiment.

Des inscriptions à porter sur les drapeaux; de l'armement des sous-officiers d'escorte. Des guidons de bataillon.

Il faut aussi établir une ordonnance pour régler ce qui est relatif à l'arme que doivent porter les deux sous-officiers chargés d'escorter le porte-aigle. Il faut que ce soit une pique forte et dont on puisse se servir avec avantage, indépendamment de la paire de pistolets que ces sous-officiers portent sur la poitrine.

Enfin, mon intention est que les quatre bataillons des régiments aient un guidon sans aucun signe ni inscription : ce sera un morceau d'étoffe, attaché au haut d'un bâton, qui sera d'une couleur pour le 1er bataillon, d'une autre pour le 2e, d'une autre pour le 3e et d'une autre pour le 4e; de sorte qu'à la seule vue du fanion, on reconnaisse le bataillon.

Il n'y aura qu'une aigle par régiment de cavalerie.

Je vous prie de vous occuper de tout cela. Cette partie est très négligée dans les différents corps. Il faut la rétablir[1].

NAPOLÉON.

M. Bignon, résident de France à Varsovie, au prince d'Eckmühl.

(Lettre extraite des archives historiques du ministère de la guerre, parvenue vraisemblablement au prince d'Eckmühl le 16 novembre et transmise à l'Empereur vers la même date.)

Varsovie, le 9 novembre 1811.

Ce n'était pas sans raison, Monsieur le Maréchal, que, tout en vous faisant part, le 6 de ce mois, de la nouvelle que venait d'apporter un courrier envoyé ici au ministère de la police par le préfet du département de Lomza, j'exprimais des doutes sur la vérité de cette nouvelle. Il n'est rien

Renseignements sur la Russie.

---

1. Voir la lettre de l'Empereur du 13 décembre 1811 et le décret du 25 du même mois.

arrivé depuis qui l'ait appuyée le moins du monde. Le prétendu ordre, donné aux troupes russes, d'entrer dans le duché de Varsovie, n'était encore, comme nous en avons déjà eu tant d'exemples, qu'un bruit créé ou par la peur ou par le faux zèle, ou par une mauvaise intention. Cependant il est des objets sur lesquels trop de sécurité serait un tort. Pour mon compte je ne croyais nullement au fait annoncé, mais, dans des questions d'un grand intérêt il n'est pas permis de tenir à son opinion individuelle et je ne devais pas négliger de vous présenter les choses telles qu'elles nous étaient venues et par la voie la plus expéditive. Cette répétition fréquente de bruits, qui se démentent après, a un grand inconvénient; elle rend incrédule et on risque de le devenir un jour, même sur ce qui pourrait être vrai. Cependant ma manière de penser est toujours que les Russes ne veulent ni ne peuvent sensément avoir l'idée de commencer la guerre. S'agit-il d'un acte de démence? On ne peut répondre de rien. Pour le moment la vraisemblance est contre.

Ed. Bignon.

L'EMPEREUR AU MINISTRE DIRECTEUR DE L'ADMINISTRATION
DE LA GUERRE.

Saint-Cloud, le 17 novembre 1811.

Des hommes et chevaux à diriger sur la 3ᵉ division de cuirassiers à Erfurt.

Monsieur le comte de Cessac, je vous envoie une lettre du prince d'Eckmühl; vous y verrez que 400 hommes doivent être envoyés du dépôt de Strasbourg, 200 du dépôt de Wesel, et 400, qui sont en Allemagne, aux quatre régiments de cuirassiers qui sont à Erfurt [1], et que ces régiments recevront également à Erfurt la remonte qu'ils n'ont pas reçue en France et la nouvelle remonte de 1812.

Comme vous avez donné l'ordre que les chevaux que cette division de cuirassiers devait recevoir en France s'achetassent en Allemagne, il faudra que les hommes qui sont disponibles aux dépôts de ces régiments se rendent sans délai à Erfurt, hormis ceux qui doivent y recevoir des chevaux de France. Comme il n'y a que vous qui puissiez bien savoir ce qui en est, c'est à vous à provoquer le mouvement de ces hommes sur Erfurt. Par le même principe, c'est à vous à provoquer le départ des harnais et effets d'équipement pour les régiments du corps d'observation de l'Elbe qui reçoivent en Allemagne les chevaux qu'ils devaient recevoir en France. Concertez-vous avec le Ministre de la guerre pour ces mouvements.

Napoléon.

---

1. 4ᵉ, 6ᵉ, 7ᵉ et 14ᵉ cuirassiers. A la fin de décembre, le 6ᵉ cuirassiers passe de la 3ᵉ division à la 5ᵉ de nouvelle formation.

LE PRINCE D'ECKMUHL A L'EMPEREUR.

Hambourg, le 17 novembre 1811.

Corps de l'Elbe : état des déserteurs du 1ᵉʳ juillet au 1ᵉʳ novembre 1811.

Sire, j'ai l'honneur d'adresser à Votre Majesté l'état des hommes désertés des différents corps de toutes les armes, depuis le 1ᵉʳ juillet jusqu'au 1ᵉʳ novembre[1].

Votre Majesté y verra avec satisfaction que la désertion est nulle dans les soldats ayant deux ans et plus de service (j'en excepte le 33ᵉ). Elle est presque nulle dans les soldats des 4ᵉˢ et 6ᵉˢ bataillons, et le peu qu'il y en a eu a eu lieu dans l'intérieur.

La désertion des hommes venus de Walcheren s'élève à près de 300, tant à l'intérieur qu'à l'étranger.

Celle des réfractaires des dépôts de Wesel et de Strasbourg a été peu considérable.

Cet état est le relevé de tous les états nominatifs envoyés par les colonels, et Votre Majesté peut le regarder comme exact. Je répète ici la demande, que j'ai réitérée encore dans une autre lettre de ce jour, d'être autorisé à faire fusiller les réfractaires qui déserteront. On laisserait cependant, s'il y avait des circonstances atténuantes, la faculté aux conseils de guerre ou commissions militaires de faire grâce.

Il n'est point question ici des réfractaires désertés en France ou en route. Je ne parle que de ceux qui ont déserté ou qui déserteraient depuis leur incorporation.

PRINCE D'ECKMUHL.

L'EMPEREUR AU MINISTRE DE LA GUERRE.

Saint-Cloud, le 20 novembre 1811.

Résultat des expériences de tir à longue portée faites à La Fère avec les mortiers à la Villantroys; ordre de continuer les essais.

J'éprouve une vive satisfaction du résultat des épreuves faites à La Fère. Je vois que les mortiers à la Villantroys de 9 pouces, avec 30 livres de poudre, ont été à 2.650 toises, et que le mortier de 11 pouces, avec 45 livres de poudre, a été à 2.980 toises, c'est-à-dire à près de 3.000 toises ; c'est un prodigieux résultat. Il faut continuer ces épreuves avec la plus grande activité. Je ne sais pas ce que le temps a de commun avec des épreuves d'une pareille importance. Les épreuves doivent avoir pour but : 1° de charger les bombes ;

---

1. Cet état, beaucoup trop volumineux pour être reproduit en entier, fait ressortir que le nombre des hommes ayant déserté pendant la période du 1ᵉʳ juillet au 1ᵉʳ novembre s'élève à 1.467 hommes :

Soldats des trois premiers bataillons d'infanterie, de cavalerie, de l'artillerie, du génie, du train, etc.. { ayant au moins 2 ans de service. 177 } { ayant moins de 2 ans de service. 870 } 1.467
Soldats des 4ᵉˢ et 6ᵉˢ bataillons............... 99
Conscrits réfractaires venus de Walcheren, de Wesel et de Strasbourg. 321

2° de déterminer la longueur de la fusée, et enfin de pousser jusqu'au bout cette découverte.

Je désire donc que vous donniez des ordres à La Fère pour continuer les expériences, et que vous nommiez une commission d'officiers d'artillerie pour y présider. Je ne m'oppose pas à ce que vous fassiez faire des modèles de 10 pouces et de 12 pouces pour les comparer avec ceux-ci; mais je ne pense pas que l'on doive, sans épreuves, compromettre la grande portée qu'on a obtenue.

Je pense qu'il faut faire des essais en grand, afin de trouver la possibilité d'arriver à 3.500 toises. Les Anglais avaient le projet de passer cet hiver dans la rade d'Hyères; les obus jetés sous l'angle de 40 degrés avec des pièces de 36 et les mortiers à plaque leur ont fait abandonner ce projet. Je désire avoir de ces mortiers à la Villantroys de 11 pouces jusqu'à dix, pour en placer aux différentes batteries des îles d'Hyères et sur le continent. Je pense également qu'il faut en faire couler en fer, aux fonderies de l'Isère; mais je pense qu'il faut attendre deux ou trois mois, jusqu'à ce que de nouvelles expériences aient appris le parti qu'on peut tirer de cette découverte si importante.

J'aurais besoin de placer de ces mortiers à la batterie de la Perrotine, dans la rade des Saumonards. J'en aurais besoin à la batterie de l'île Madame, afin que tous les points de la rade des Troûsses, où des vaisseaux ennemis peuvent mouiller, fussent battus par ces mortiers. J'en aurais besoin dans la rade du Morbihan, que, vu cette nouvelle invention, je projette d'occuper et dont je veux interdire le mouillage à l'ennemi. Ces trois points sont les plus importants. Il sera nécessaire que la marine en fasse faire qui seront placés sur des bombardes, pour empêcher l'ennemi de mouiller dans la rade des Basques, et même pour la rade d'Hyères. Vous témoignerez ma satisfaction au colonel Villantroys, et vous me proposerez une récompense pour cet officier. Comme je regarde chaque centaine de toises comme un avantage très grand, ayez soin que les épreuves soient couvertes du plus grand mystère, pour que l'ennemi ne les connaisse point; que les épreuves se fassent en cachette, et que cela soit environné d'un peu de charlatanerie.

Je désire donc que les épreuves soient continuées; que l'on m'en rende compte toutes les semaines; que cela soit fait exactement, de manière que l'on connaisse quelle est la poudre dont on se sera servi et qu'on éprouvera préalablement avec l'éprouvette. Quant aux mortiers de 10 et de 12 pouces, sur le compte que vous me rendrez d'ici à deux mois on pourra en faire faire à Liège, à Indret, sur l'Isère, et, en bronze, à Douai.

(D'après la minute.)

L'EMPEREUR AU MINISTRE DE LA GUERRE.

Saint-Cloud, 20 novembre 1811.

Vous recevrez un décret que je viens de prendre pour traduire devant une commission militaire les trois sous-lieutenants du 128ᵉ qui ont voulu déserter à l'ennemi. Faites partir ce décret par l'estafette d'aujourd'hui, et que, sous huit jours, les trois coupables soient fusillés. Vous aurez soin que leur sentence soit mise à l'ordre du 128ᵉ. Faites-moi un rapport sur ces trois sous-lieutenants. De quel département sont-ils? Qui est-ce qui les a garantis? Je ne puis, à cette occasion, que vous faire connaître que mon intention est que, sous quelque prétexte que ce soit, vous ne me proposiez plus aucun individu ayant servi en Autriche depuis 1806. Ne me proposez non plus jamais aucun officier sortant des régiments d'Isembourg et La Tour-d'Auvergne pour passer dans les états-majors ou dans d'autres régiments. Je ne veux donner ma confiance qu'à des officiers ayant fait toute la guerre en France. Je suis extrêmement fatigué de l'obligation où je me trouve de regarder en détail toutes les nominations que vous me proposez, parce que l'expérience m'a prouvé qu'il s'y rencontre toujours quelques espèces d'officiers dont vous savez pourtant que je ne veux pas me servir. Mon intention est formelle à cet égard; prenez des mesures pour vous y conformer. Je ne puis vous dissimuler que, la première fois que vous m'en présenterez encore, vous me ferez de la peine.

(D'après la minute.)

Ordre de traduire devant une commission militaire trois sous-lieutenants du 128ᵉ de ligne qui ont voulu déserter à l'ennemi.

LE PRINCE D'ECKMUHL A L'EMPEREUR.

Hambourg, le 20 novembre 1811.

Sire, j'ai l'honneur d'adresser à Votre Majesté les derniers rapports que je reçois de Varsovie.

PRINCE D'ECKMUHL.

Renseignements sur l'armée russe.

(A cette pièce, qui est extraite des archives nationales (AF IV, 1656), n'était joint que le rapport ci-après du résident Bignon.)

Copie d'une lettre de M. Bignon au prince d'Eckmühl.

Varsovie, le 13 novembre 1811.

Les rapports les plus récemment arrivés font de nouveau mention d'augmentation de troupes en Lithuanie. On suppose qu'il se dirige sur Vilna un corps de 20.000 hommes et on met à la tête de tout ce qui se trouve dans cette province le général Korsakov.

L'expérience nous a appris à compter pour rien un premier rapport; nous devons attendre ainsi que celui-ci se confirme. En cas que l'arrivée du général Korsakov à Vilna se trouve vraie, il faudra croire que le but du gouvernement russe est de concentrer le commandement, de manière que ce général ait sous ses ordres tout ce qui est au nord, et le prince Bagration tout ce qui est au midi, j'entends en Wolhynie et en Lithuanie. Au reste, ces dispositions, quelles qu'en soient la nature et l'étendue, ont toujours à mes yeux l'apparence d'une précaution plutôt que celle d'une menace actuelle.

BIGNON.

Des forges de campagne dans les régiments de cavalerie.

Les compagnies des régiments de cavalerie devant être portées à cent vingt-cinq chevaux, le maréchal Davout expose la nécessité d'augmenter le personnel des maréchaux ferrants, selliers, aides-vétérinaires, et d'avoir deux forges de campagne dans chaque corps.

Mais l'Empereur ne partage pas cet avis; il répond qu'une seule forge doit suffire et qu'on ne doit pas « encombrer les régiments d'artistes qui ne sont pas militaires ».

LE PRINCE D'ECKMUHL A L'EMPEREUR.

Hambourg, le 21 novembre 1811.

Sire, je crois de l'intérêt du service de Votre Majesté de lui soumettre quelques observations relatives à l'augmentation de la cavalerie. L'intention de Votre Majesté étant d'avoir ses régiments de cavalerie à 1.000 hommes montés, les compagnies auront chacune 125 chevaux.

Il m'a été représenté que cette force nécessitait une augmentation de maréchaux ferrants; car un homme et même deux sont insuffisants pour entretenir et ferrer 125 chevaux. Un des inconvénients les plus majeurs qu'il en résulte est que la cavalerie en marche se diminue par les hommes qui restent dans les villages pour faire ferrer les chevaux; ces hommes perdent leurs corps, crèvent leurs chevaux en course pour les rejoindre, et cela donne, en outre, lieu à beaucoup de désordres.

Ces considérations, qui me paraissent majeures, m'ont déterminé à prescrire aux colonels de choisir dans chaque compagnie trois élèves maréchaux ferrants et un élève sellier que l'on s'occupe à instruire; mais ce moyen, qui aura un avantage réel, a besoin d'être approuvé par Votre Majesté, et il est à désirer qu'elle veuille bien ordonner qu'il y ait, dans chaque compagnie, trois maréchaux ferrants et deux selliers titulaires qui jouiront d'une partie des avantages des titulaires. Cette mesure augmentera l'émulation des élèves qui seront choisis, et donnera aux corps de cavalerie les ressources dont ils ont besoin et qui leur seraient indispensables en campagne. Ces mêmes motifs nécessiteraient aussi qu'il y eût deux forges de campagne par régiment. Celle qui leur avait été accordée dans la dernière campagne leur a été retirée à la paix. J'insisterais donc, non seulement pour qu'elle leur fût rendue, mais encore pour qu'on leur en accordât une seconde.

Enfin, j'aurai encore l'honneur de représenter à Votre Majesté qu'il ne serait pas moins essentiel d'avoir deux sous-aides artistes vétérinaires, afin qu'il y en eût un toujours présent aux escadrons de guerre et que l'autre restât au dépôt.

Je prie Votre Majesté de vouloir bien avoir égard à ces observations, dont je fais part au ministre de la guerre en le priant d'en entretenir Votre Majesté.

Je dois ajouter, Sire, qu'en prescrivant la mesure de désigner les élèves ci-dessus, j'ai fait connaître qu'aucune augmentation de solde n'y serait attachée sans un ordre formel du ministre.

Prince d'Eckmuhl.

L'EMPEREUR AU MINISTRE DE LA GUERRE.

Paris, le 4 décembre 1811.

Monsieur le duc de Feltre, je réponds à l'une de vos lettres du 2. Je n'approuve pas qu'il y ait à la suite d'un régiment de cavalerie plus d'une forge de campagne. Deux forges sont non seulement inutiles, mais encore très encombrantes; un sellier par compagnie, un chef maréchal ferrant et deux maréchaux ferrants sont suffisants. Le prince d'Eckmühl va trop loin.

Du reste, comme il faut que tout se fasse en règle, présentez-moi un projet de décret, pour, dans le courant de février, former une compagnie de dépôt aux régiments de cavalerie qui n'ont pas cinq escadrons faisant partie de la Grande Armée, et, en partant de la circonstance de cette nouvelle compagnie qui permet de laisser huit compagnies aux escadrons de guerre, régler le nombre de vétérinaires, maréchaux des forges, etc..., aux escadrons de guerre et au dépôt.

Réglez cela sérieusement de manière à ne pas encombrer les régiments d'artistes qui ne sont pas militaires.

Les régiments de carabiniers et de cuirassiers sont, à plus forte raison, dans ce cas.

Napoléon.

Décret.

Au palais de Saint-Cloud, 23 novembre 1811.

Art. 1er. — Tout sous-officier ou soldat qui, après avoir obtenu grâce pour crime de désertion, ne se rendra pas au corps qui lui aura été assigné, ou qui en désertera après s'y être rendu, sera puni de mort.

Art. 2. — Tout sous-officier ou soldat qui, en vertu du pardon que nous avons accordé par notre ordre du 5 mars 1811, aurait été conduit, comme déserteur ou réfractaire, à l'un de nos régiments de

Mesures contre les déserteurs récidivistes et les réfractaires déserteurs.

Walcheren, de la Méditerranée, de l'île de Ré, ou de Belle-Ile, ou à l'un des dépôts généraux de réfractaires, et qui ne se rendra pas au nouveau corps qui lui aura été assigné, ou qui en désertera dans les premiers mois de son incorporation, sera puni de mort.

Art. 3. — La condamnation à mort, prononcée d'après les articles ci-dessus, sera exécutée dans les vingt-quatre heures.

NAPOLÉON.

L'EMPEREUR AU MINISTRE DE LA GUERRE, A PARIS.

Saint-Cloud, le 23 novembre 1811.

Organisation du service de l'artillerie dans les corps d'observation; répartition du matériel dans les places de Minden, Munster et Wesel.

Je reçois votre travail du 22 novembre sur le service de l'artillerie de la Grande Armée, composée : du corps d'observation de l'Elbe, de la réserve de cavalerie, du corps d'observation d'Italie, du corps d'observation de l'Océan et de la réserve générale de la Garde, formant 512 bouches à feu de ligne, 176 bouches à feu régimentaires, total 688 bouches à feu, et ayant un total de 3.577 voitures d'artillerie et 565 voitures de régiment, total 4.142 voitures.

Je suppose que tout le matériel pour cette immense artillerie est prêt à Metz, à Mayence, à Wesel, à La Fère et à Strasbourg.

Vous demandez une remonte de 600 chevaux d'artillerie, cela est convenable. Présentez-moi un état des compagnies à remonter et des chevaux qu'il vous faut; comme c'est, je crois, le ministre de l'administration de la guerre qui vous fournit les chevaux, je les comprendrai dans la première commande de remonte qui va être ordonnée. Pour servir ces 3.577 voitures, y compris l'équipage de pont, 18.000 chevaux sont nécessaires; il faut qu'au 30 janvier ces 18.000 chevaux existent harnachés et prêts à partir.

4 bataillons du train sont en Allemagne, 4 sont en France, 2 sont en Italie, total, 10; 4 compagnies du 1er bataillon *bis* existent à Metz, 3 compagnies du 9e bataillon *bis* sont à Mayence, 4 compagnies du 13e bataillon *bis* sont à Metz, total 11 compagnies, faisant la valeur de 2 bataillons; 1 bataillon du train du royaume d'Italie; 2 bataillons de la Garde; total, 15 bataillons, qui, à 1.500 chevaux par bataillon, feront 22.500 chevaux; il n'en faut que 18.000, c'est donc 4.500 chevaux de plus qu'il n'en faut.

Présentez-moi l'état de situation du personnel de ces bataillons du train au 15 novembre; mettez-y ce qu'ils doivent recevoir de la conscription et ce qui manquera au complet. Remettez-moi les mêmes renseignements, aussi détaillés, sur les chevaux, sur les harnais, et proposez-moi un projet de décret qui ordonne, pour 1812, une remonte d'artillerie suffisante pour compléter tous ces cadres, de manière qu'au 30 janvier j'aie, indépendamment du train italien, tous mes bataillons au grand complet et prêts à partir.

Les deux bataillons qui sont en Italie ne seraient pas complets; il faut donc les compléter. L'achat des chevaux en Italie présente des difficultés ; proposez-moi de compléter le bataillon qui est à l'armée d'Italie avec les chevaux du bataillon qui est en Piémont, de manière à le porter au grand complet de 1.500 chevaux, et proposez-moi de faire revenir ensuite à Besançon le bataillon qui est en Piémont. Une partie des chevaux qui resteraient à ce bataillon pourrait même être vendue au royaume d'Italie, selon que le vice-roi le jugerait à propos. Par ce moyen, tous les bataillons étant en Allemagne ou rapprochés du Rhin, la remonte serait très rapide. Dans le travail que vous me remettrez sur les remontes des attelages d'artillerie, je désire que vous me fassiez connaître les sommes qu'il y aura à porter pour cette dépense au budget de 1812, tant pour les chevaux que pour les harnais.

Je pense qu'il faut conférer au général Eblé le commandement en chef de cette immense artillerie, il y verra une preuve de ma confiance.

Faites-moi un état général de cette artillerie ainsi organisée. Comparez-moi ce parc avec le parc que j'avais lors de la campagne d'Austerlitz, lors de celle de Friedland et à l'époque de Wagram.

Le corps d'observation d'Italie est un corps à part qui n'a éprouvé aucun changement ; il doit donc se trouver organisé comme il était. Quelques régiments ont été en Espagne; mais les cadres restants ont été augmentés. Je réglerai, au moment d'entrer en campagne, la composition définitive de l'infanterie; mais l'artillerie doit rester la même. Je suppose qu'un bataillon du train de 1.500 chevaux suffira; avec un bataillon italien, cela fera 3.000 chevaux.

Le corps d'observation des côtes de l'Océan doit conserver les mêmes compagnies d'artillerie qui sont désignées dans le travail que j'ai arrêté ; je n'approuve donc pas qu'il y soit fait des changements ; sans quoi il faudrait toujours changer. Ce corps éprouvera dans l'organisation de son infanterie des changements que je ferai connaître au dernier moment, mais cela n'influera en rien sur la composition de l'artillerie.

Je viens actuellement au corps d'observation de l'Elbe. Je désire dans ces états les changements suivants :

Le matériel de l'artillerie de la 6e division sera envoyé sans délai à Minden, où je crois qu'il est déjà ; le matériel de la 8e sera envoyé à Munster; le matériel de la 9e à Wesel ; la portion du parc appartenant aux 8e et 9e divisions à Wesel; les deux batteries de réserve du parc général à Wesel; l'artillerie de deux divisions de cavalerie à Wesel. Le parc de réserve des quatre divisions de cavalerie doit être à Wesel et séparé du parc appartenant aux 8e et 9e divisions et aux deux batteries de réserve, qui est destiné à faire partie probablement du parc de Minden. Cette observation est importante, afin que le parc des quatre divisions reste toujours séparé. J'approuve que la compagnie du 2º régiment d'artillerie à cheval, qui est à la 6º division, revienne à la réserve de cavalerie et soit remplacée par une compagnie venant d'Espagne.

J'approuve le choix du général Faure de Gière pour commander l'artillerie de réserve; qu'il se rende sans délai à Wesel, y passe la revue de son artillerie et l'organise bien.

J'approuve également le colonel Bigot de Pont-Bodin pour l'emploi de directeur du parc.

J'approuve le mouvement d'artillerie et des compagnies que vous me proposez pour servir les 6º, 7º, 8º et 9º divisions et les deux nouvelles batteries de réserve. Ces deux divisions doivent être à Wesel, faire partie du parc du corps d'observation de l'Elbe et n'avoir rien de commun avec la cavalerie de la réserve. Les quatre batteries de réserve ont 8 obusiers et 24 pièces de 12. Je désire que les obusiers soient des obusiers prussiens ou licornes, qui tirent plus loin que les obusiers ordinaires.

J'approuve que les quatre bataillons du train d'artillerie qui sont en Allemagne soient entièrement destinés : 1º au service des neuf divisions; 2º au service des quatre batteries de la réserve à pied; 3º au service du parc général du corps d'observation de l'Elbe. J'approuve que le 8º bataillon soit attaché aux quatre divisions et au parc de réserve de la cavalerie.

Le chef de bataillon que vous voulez envoyer à Cadzand m'a paru plein de zèle, et puisque les autres officiers supérieurs auront tous fait la guerre avec la cavalerie, il n'y a pas d'inconvénient à le laisser.

Vous pouvez donc, sans retard, ordonner tous les mouvements pour que l'artillerie du corps d'observation de l'Elbe soit organisée conformément aux états que vous m'avez remis, sauf les modifications qui sont contenues dans la présente lettre. Tout ce qui est nécessaire au corps d'observation de l'Elbe et à la réserve de la cavalerie doit être mis en marche dans le courant de novembre pour être rendu en décembre à sa destination.

Enfin, dans les nouveaux états que vous me ferez dresser de l'artillerie de la Grande Armée, vous me ferez connaître quels sont les lieux où se trouve le matériel de la réserve de la Garde et du corps d'observation de l'Océan.

Dans votre prochain travail, le général Pernety gardera le commandement au corps de l'Elbe. Cinq généraux de brigade, y compris le directeur général du parc et le commandant de l'artillerie de Danzig, seront employés à cette armée et y compteront au 1er janvier prochain.

Vous ne me dites pas de quel service sort le général Martuschewitz que vous me proposez pour le corps d'observation de l'Elbe.

L'artillerie de la Grande Armée doit avoir un général en chef, trois généraux de division et dix généraux de brigade; j'en mets deux ou trois de plus qu'il n'est rigoureusement nécessaire pour pouvoir en charger de quelques sièges et remplacer les pertes.

Il faut retirer d'Espagne tous ceux qui sont inutiles; retirez de Catalogne le général Taviel et un des deux généraux de brigade qui s'y trouvent.

Dans ce projet, le premier inspecteur d'artillerie resterait en France; ce qui peut être nécessaire pour qu'il puisse se porter au nord et partout où les circonstances vous feraient penser que sa présence deviendrait utile.

(D'après la minute.)

LE PRINCE D'ECKMUHL A L'EMPEREUR.

Hambourg, le 23 novembre 1811.

De la nécessité d'établir en Allemagne des dépôts de convalescents.

Votre Majesté trouvera ci-joint l'état des malades français et alliés avec une lettre d'envoi.

Votre Majesté remarquera que la plus grande partie des malades qui sont dans les hôpitaux sont des jeunes gens.

Les officiers de santé ont fait connaître depuis longtemps qu'ils étaient obligés, pour empêcher l'encombrement dans les hôpitaux et éviter aux convalescents le danger d'y respirer trop longtemps le mauvais air, de renvoyer les malades à leur corps dès qu'ils sont à peine guéris. Cet inconvénient a les suites les plus fâcheuses; cela donne lieu à beaucoup de rechutes, malgré qu'on ait recommandé aux corps de laisser quinze jours et même vingt, si cela était nécessaire, les hommes sortant des hôpitaux sans faire aucun service.

Le trop de nourriture qu'ils prennent occasionne des rechutes qui sont plus dangereuses que la maladie; quelques-uns meurent et la plupart languissent longtemps avant de pouvoir être utiles.

Il en résulte une perte d'hommes considérable, une augmentation de journées d'hôpitaux et conséquemment de dépenses.

C'est pour éviter ces inconvénients majeurs dans ses armées que Votre Majesté a créé, dans le temps, des dépôts de convalescents à l'armée des côtes. Les soldats convalescents y recevaient un régime sain, restaurant, et étaient surveillés. Dans des climats malsains, Votre Majesté a, par cette mesure, sauvé la plus grande partie de ses soldats.

Il serait à désirer qu'on établît ces dépôts de convalescents dans ces pays-ci. Cela éviterait beaucoup de rechutes, et sauverait un grand nombre de soldats.

Un des principaux obstacles qui s'opposent à l'établissement de ces dépôts dans ce pays-ci, c'est la difficulté de se procurer du vin, dont l'usage est le meilleur remède pour rendre les forces aux convalescents, surtout dans ces climats. Mais ce n'est là qu'un obstacle qui ne serait pas assez insurmontable pour qu'il fallût renoncer à ces établissements, que l'intérêt et la conservation des soldats de Votre Majesté réclament.

Je vous propose, Sire, d'ordonner qu'il soit attaché à chaque hôpital ou hospice, où sont traités les militaires du corps d'armée, un dépôt de convalescence dont la force serait toujours en rapport avec celle de l'hôpital.

Par des règlements bien entendus, on évitera le désordre que l'on pourrait craindre relativement à la comptabilité, et le résultat de ces établissements sera une économie, puisque cela diminuera le nombre des malades, en empêchant beaucoup de rechutes.

J'ai donné connaissance à l'intendant général du contenu de cette lettre et je l'ai invité à en écrire au directeur-ministre, en lui soumettant un projet de règlement.

Prince d'Eckmuhl.

Voici, *pour mémoire*, un rapport du commissaire ordonnateur Monnay, indiquant, au point de vue administratif, l'organisation des dépôts de convalescents établis près des corps d'armée.

Le commissaire ordonnateur de la 32ᵉ division militaire à M. Mounet, inspecteur aux revues.

Hambourg, le 22 janvier 1812.

Monsieur l'Inspecteur, j'ai l'honneur de répondre à la question que M. Lemonier vous a soumise et dont vous m'avez donné connaissance par votre lettre d'hier :

« Que les dépôts de convalescents sont des établissements passagers près des corps d'armée ; qu'ils ne sont autre chose qu'une caserne ; que les hommes composant ces dépôts font un corps à part, qui doit avoir un conseil d'administration composé d'un capitaine et de deux lieutenants, auxquels on doit adjoindre quatre sergents pour la police intérieure ; ce conseil et ces quatre sergents doivent demeurer au dépôt. Ils sont pris dans les dépôts des régiments existant dans la place ou dans la division. Ils sont désignés par l'officier supérieur ou commandant dans la place où est le dépôt (instruction du 20 octobre 1806), et par décision du 24 décembre 1806 il est alloué 0 fr. 50 par homme et par mois pour les frais de bureau du conseil d'administration.

» Ils reçoivent leur solde sur états de payement établis sans distinction de corps, déduction faite de la masse du linge et chaussure, dont ils sont rappelés lorsqu'ils retournent à leur corps (Instruction du 1ᵉʳ septembre 1810, art. 8).

» Les revues d'effectif doivent distinguer par corps les hommes qui existent dans ces dépôts, comme les revues générales de trimestre ; ces revues s'établissent sur les états de mutations et de mouvements que le conseil d'administration doit adresser chaque jour au sous-inspecteur, qui doit s'assurer, par de fréquentes visites au dépôt, si ces feuilles de mouvements et de mutations sont exactes. Le sous-inspecteur chargé du dépôt envoie lesdites feuilles dûment visées à ses collègues ayant l'inspection des corps ou portions de corps auxquels appartiennent les militaires existant auxdits dépôts (Instruction du 20 octobre 1806). »

Ce ne peut être que par erreur que M. Chambon a dit, dans sa lettre du 2 novembre, que ceux des militaires existant aux dépôts des convalescents, dont les régiments seraient dans la place ou dans les environs, pourraient recevoir leur solde de ces régiments. Cette mesure serait contraire aux règlements et apporterait de la confusion dans la comptabilité de ces dépôts. Le mode que propose M. Lemonier par sa lettre du 9 de ce mois est le seul à suivre.

Agréez, je vous prie.....

Le Commissaire ordonnateur de la 32ᵉ division,

MONNAY.

LE PRINCE D'ECKMUHL A L'EMPEREUR.

Hambourg, le 23 novembre 1811.

Sire, j'ai l'honneur d'adresser à Votre Majesté les derniers rapports de Danzig et des places de l'Oder.

PRINCE D'ECKMUHL.

Renseignements sur la force et la position de l'armée russe [1].

Danzig, le 19 novembre 1811.

On ne peut ajouter aucune foi aux nouvelles de Varsovie. Il est évident que les Russes, au lieu de se porter en avant, ont fait au contraire un mouvement rétrograde et qu'ils ont pris leurs quartiers d'hiver. Ils occupent, dans ce moment-ci, une ligne qui part de Pernaou, en arrière du golfe de Riga, et qui passe par Kreutzbourg (*Kréitsbourgh*), Vilna, Brzesc, Luck (*Loutsk*), Wlodzimir (*Vladimir*), Ostrog, Braclaw (*Bratslav*), Kamiencza (*Kaménets*) de Podolie, où elle s'appuie à l'armée de Turquie. Il n'y a, en avant de cette ligne, que quelques pulks de cosaques et un peu d'infanterie légère ; encore, il est à remarquer que le gros des troupes a pris ses quartiers d'hiver en Podolie et en Wolhynie, appuyant par échelons l'armée de Turquie. La force de l'armée russe, y compris l'armée de Turquie, s'élève à 170.000 hommes depuis les bords du Danube jusqu'à Pernaou. Ces renseignements sur la force et la position de l'armée sont sûrs.

Je ne néglige rien pour avoir des nouvelles positives par des voyageurs ou des personnes que j'envoie sur les lieux, ne m'en rapportant pas à ce que je pourrais apprendre par la voie du commerce, attendu l'extrême surveillance du gouvernement russe.

RAPP.

---

1. Voir les cartes jointes au tome I.

L'EMPEREUR AU PRINCE D'ECKMÜHL, A HAMBOURG.

Saint-Cloud, 24 novembre 1811.

L'Empereur envisage l'hypothèse d'une marche du maréchal Davout sur la Vistule, en avant-garde.

Mon Cousin, je reçois votre lettre du 18. L'état de situation que vous m'envoyez ne peut pas encore être ce que je désire, puisque tous les conscrits des dépôts de Wesel et Strasbourg n'étaient pas encore arrivés à la date de cet état. Envoyez-m'en un partant de la situation des corps au 15 novembre.

Je pense qu'il est avantageux que vous gardiez le général Compans pour commander une bonne réserve. Je vais m'occuper des généraux à envoyer aux 6e, 8e et 9e divisions de votre armée.

Quand je vous ai parlé d'opérer *seul*, ce n'est pas que je n'aie l'intention de me rendre à l'armée, si la guerre avait lieu ; mais la guerre peut avoir plusieurs actes. Il est possible que je me résolve à envoyer votre armée sur la Vistule pour nous joindre aux Polonais et aux Saxons, en mettant votre quartier général à Danzig, et cela sans commencer les hostilités, dans le temps que le corps d'observation du Rhin, le corps d'observation d'Italie et ma Garde viendraient à marches forcées se réunir sur l'Elbe. Vous sentez qu'il faut que vous soyez organisé en artillerie et en génie pour pouvoir faire front. Je suis parfaitement de votre avis que, pendant le temps que je vous laisserai les neuf divisions, vous ayez deux lieutenants généraux qui peuvent être des généraux de division[1]. Au reste, ces hypothèses sont encore éloignées, et je me déciderai au dernier moment. Vous auriez ainsi une avant-garde de 150.000 hommes d'infanterie, de plus de 30.000 hommes de cavalerie et de quatre à cinq cents pièces de canon : ce qui vous ferait une armée de près de 200.000 hommes. Je serais à portée de vous avec 200.000 autres.

Je vous ai mandé de mettre dans les places quelques compagnies d'artillerie et des officiers d'état-major. Envoyez à Glogau un bon régiment d'infanterie française ; ce qui vous permettra de pousser sur Magdebourg les bataillons du 46e, du 19e et autres qui vous sont envoyés. Il me semble que ces bataillons seraient bien dans la citadelle de Magdebourg. Les cadres étant bons, ces bataillons se formeraient promptement en faisant peu de service ; vous les mettriez sous les ordres d'un général qui en prendrait un soin particulier.

NAPOLÉON.

---

1. Voir les lettres du prince d'Eckmühl à l'Empereur en date des 4 et 18 novembre 1811, page 209.

L'EMPEREUR AU PRINCE D'ECKMUHL.

Saint-Cloud, le 25 novembre 1811.

Mon Cousin, je vois, par l'état de situation de l'armée polonaise au 1er novembre, que les 5e, 10e et 11e régiments d'infanterie, qui devraient être à 3.500 hommes, ne sont qu'à 2.500 ou 2.600 hommes. Je suppose que, cependant, les 4es bataillons sont formés; je ne vois donc pas ce qui s'oppose à ce que ces régiments soient au complet. Je vois que le 9e régiment de cavalerie n'est qu'à 400 chevaux; qu'est-ce qui empêche qu'il soit à 1.000 chevaux? Veillez à ce que les corps soient promptement complétés. Les hommes ne doivent pas manquer, puisque le duché a 4 millions d'habitants, et que ce duché devrait pouvoir fournir 70.000 hommes. Je vois avec peine les plaintes des Polonais sur la misère de leur armée. Les Polonais ne payent pas 42.000 hommes : ce n'est pas 10.000 hommes par million d'habitants. Vous m'avouerez qu'il faut qu'il y ait bien des désordres pour qu'un pays aussi peuplé ne puisse pas payer si peu de troupes, puisque la division qui est en Espagne et celle qui est à Danzig ne comptent pas. Écrivez au prince Poniatowski pour lui faire sentir combien cela est ridicule.

NAPOLÉON.

Observations sur l'armée polonaise; faiblesse relative du contingent du grand-duché.

LE PRINCE D'ECKMUHL A L'EMPEREUR.

Hambourg, le 25 novembre 1811.

Sire, j'ai l'honneur d'adresser à Votre Majesté, ainsi que je le lui ai annoncé hier, une carte de Schrœtter, sur laquelle elle trouvera la dislocation des troupes de toute arme, françaises, prussiennes, saxonnes, westphaliennes et polonaises. Elle est accompagnée d'un état d'emplacement de toutes ces troupes. Il peut y avoir, je le répète, quelques inexactitudes pour l'emplacement des troupes prussiennes, mais elles doivent être de peu d'importance; cette dislocation que je donne est le résultat de tous les renseignements que j'ai comparés avec le plus grand soin.

J'adresse aussi un état de l'emplacement des troupes russes qui se trouvent sur les frontières de la Pologne. Je ne donne cet état que comme vraisemblable; les rapports, sur lesquels il a été fait, ayant été trop contradictoires pour y avoir une absolue confiance.

Après avoir fait connaître à Votre Majesté l'état de l'échiquier, je vais, conformément à son ordre, lui communiquer mes idées dans le cas où elle voudrait prendre l'initiative dans la guerre que tout annonce devoir éclater.

Pour rendre cette initiative le plus profitable possible, il faut faire prendre le change au gouvernement prussien.

Au jour fixé, la division Friant, qui est à Rostock, le régiment de

Opinion du maréchal Davout sur l'initiative à prendre en cas de guerre avec la Russie. Tableau d'emplacements des troupes du corps de l'Elbe, et des armées westphaliennes, saxonnes, polonaises, prussiennes et russes.

Joseph Napoléon, la brigade de cavalerie légère du général Bordessoulle, composée des 1er et 3e de chasseurs qui sont dans le Mecklembourg, se porteront sur Stettin en suivant la route militaire.

Je m'arrangerai pour arriver avec cette colonne à Stettin.

Le jour où elle entrerait sur le territoire prussien, c'est-à-dire à Demin, un officier serait expédié pour annoncer à Berlin qu'ayant reçu la nouvelle authentique que trois divisions russes sont entrées sur le territoire du duché de Varsovie et se portent sur Zamosc, j'ai cru, en attendant les ordres de mon gouvernement et pour ne pas perdre de temps, devoir porter les troupes françaises sur l'Oder.

Le gouvernement prussien peut avoir avec la Russie des relations qui lui feraient apprécier cette allégation à sa juste valeur; mais j'aurais soin d'ajouter, pour la rendre plus vraisemblable, que cette nouvelle me paraît à moi-même d'autant plus extraordinaire que je sais que tout est tranquille sur les autres points, à Brzesc, Grodno, Vilna, etc.; que, sans doute, ce ne peut être qu'un coup de tête d'un général ou un malentendu qui ne peut pas tarder à s'éclaircir. Alors, si cette idée, que l'on a, même à Varsovie, se réalisait, le calme serait bientôt rétabli, et les troupes françaises rentreraient dans leurs anciens cantonnements.

La chose présentée sous ce rapport donnerait au moins une grande incertitude au gouvernement prussien.

J'ajouterais que, dans une pareille circonstance, toute réunion de troupes prussiennes occasionnerait des malentendus, et qu'il est, en conséquence, utile de se concerter. Je demanderais qu'on envoyât à cet effet un officier général au général Friant à Stettin; je ne ferais pas connaître que je m'y porte de ma personne.

On chargerait même un officier intelligent de donner verbalement ces assurances, et, pour mieux y faire croire, cet officier serait trompé lui-même.

Le même jour où le général Friant, qui, de Demin, continuera sa route sur Stettin, y sera arrivé, le général Gudin, dont la division est réunie à Magdebourg, arriverait par la route militaire de Nauem. Il serait précédé du 16e régiment de chasseurs, qui appartient à la brigade de cavalerie légère du général Piré et qui est cantonné sur la rive gauche de l'Elbe à une marche ou deux de Magdebourg, de la division de cuirassiers du général Saint-Germain, qui est en Westphalie, et de la 3e de la même arme qui est à Erfurt.

Le 61e régiment qui est à Lunebourg irait rejoindre le général Gudin à Magdebourg et y arriverait le jour où le général Gudin devrait en partir.

Le parc d'artillerie qui est à Minden se rendrait à Magdebourg et y arriverait le lendemain du départ du général Gudin.

Les bataillons des différents corps qui doivent se réunir à Hanovre, sous le commandement du général Gratien, se rendraient à Magdebourg avec le parc et y tiendraient garnison. Le lendemain de l'arrivée de ces bataillons, le général Gratien partirait avec le 61e régiment et le parc, pour rejoindre le général Gudin, à la disposition de qui il serait.

Le général Morand, avec les 13e d'infanterie légère, 17e et 30e de ligne, qui forment sa division, serait mis en mouvement de manière à être rendu à Templin le jour où le général Friant serait avec sa division à Stettin, et où le général Gudin serait à Nauem.

Le général Compans, avec les 25e, 57e et 111e de ligne, arriverait le même jour à une marche du général Morand, ainsi que le 8ᵉ de hussards, qui est le second régiment de la brigade de Piré.

Ce serait ce même jour que le plan se développerait. Je partirai de Stettin avec la majeure partie des troupes des divisions Friant et Dessaix, et trois régiments de cavalerie légère, qui sont ceux de la brigade Bordessoulle, et le 7ᵉ de hussards, pour agir suivant les circonstances.

Le général Gudin, avec tout ce qui serait sous ses ordres, — le régiment de cavalerie légère et les deux divisions de cuirassiers, — cernerait Spandau et se porterait sur Berlin.

Je donnerais aux divisions Compans et Morand, avec lesquelles je maintiendrais une communication, des ordres de direction suivant les circonstances.

On empêcherait les Prussiens de se rallier; on désarmerait toutes les troupes, les détachements isolés, et on arrêterait les convois. Des ordres sévères seraient donnés aux autorités pour empêcher les congés, les recrues et les travailleurs de rejoindre.

Je proposerais que le prince Poniatowski ne partît de Thorn, avec tous les régiments qui seraient dans les environs, en se faisant suivre par quelques autres, que le premier ou le second jour de notre marche en Prusse.

Il aurait surtout l'instruction d'arrêter tous les courriers expédiés de Berlin.

Le général Grandjean partirait de Danzig le même jour et irait avec sa division faire sa jonction avec les troupes du prince entre Marienbourg et Graudenz. Il aurait les mêmes instructions pour les courriers.

Ces troupes réunies seraient sous les ordres du prince Poniatowski, qui agirait suivant les circonstances contre les troupes qui seraient sur l'une ou l'autre rive de la Vistule. Le reste des troupes polonaises serait concentré entre Varsovie et Thorn, ayant des troupes légères sur les frontières de Russie. Les garnisons de Zamosc et Modlin seraient désignées.

Pour faire prendre le change sur ce point, on ferait courir différents bruits qu'il y a des négociations, des arrangements, etc.

J'ai pensé que c'était surtout à la hauteur de Graudenz qu'on devait avoir beaucoup de troupes sous la main, parce que ce serait là, vraisemblablement, que les troupes prussiennes qui sont entre l'Oder et la Vistule chercheraient à se retirer. Tous les rapports annoncent qu'il y a deux équipages de pont à Graudenz.

Je prendrais la précaution de tromper même les divisions Friant, Morand, Gudin, Compans, etc., sur le but de la marche. Ce ne serait que le jour où tout concourrait au plan pour désorganiser l'armée prussienne, que les troupes connaîtraient le véritable objet.

Ces mesures et tous les accessoires concourraient à jeter la désorganisation. Toutes les autorités prussiennes seraient frappées de terreur par cet événement et les injonctions qui leur seraient faites.

Le plus grand secret serait observé; il ne serait confié qu'à la dernière extrémité et à ceux qui doivent le connaître.

Les Saxons ne recevraient l'ordre de se mettre en mouvement pour se porter sur Glogau que le jour à peu près où nous arriverions sur l'Oder. Jusque là, tout serait dans le plus grand calme, et ce calme contribuera beaucoup à faire prendre le change aux Prussiens.

Je proposerais de prendre deux ou trois régiments de cavalerie saxonne, un ou deux régiments d'infanterie et une ou deux batteries d'artillerie légère de cette nation pour garder les routes de Berlin en Saxe, et arrêter tout ce qui voudrait se sauver par là, même les individus dont on saisirait les papiers avec le plus grand soin.

On s'emparera de beaucoup de boute-feux, et on saisira des papiers qui donneront de bons renseignements sur leurs projets. Cette troupe se mettrait le plus tôt possible en communication avec le général Gudin et agirait suivant les circonstances, s'emparerait de Crossen, etc.

Je serais même d'avis d'envoyer là un général français et des officiers d'état-major.

Tel est le canevas que je propose à Votre Majesté, sur lequel je ferais des instructions claires et qui laisserait la latitude nécessaire aux commandants des colonnes pour agir suivant les circonstances qui se présenteraient.

Je dois poser l'hypothèse où le roi pourrait être surpris dans Berlin; sa prise serait si importante, que je suppose qu'il ne faudrait pas la manquer.

Je demanderais aussi l'intention de Votre Majesté sur tous les ministres étrangers qui seraient à Berlin; la présence de ces gens-là y est toujours très nuisible.

Je propose d'arrêter tous les courriers étrangers, venant ou allant à Pétersbourg, et de saisir leurs dépêches, en y mettant toutes les convenances possibles.

Je vais parler maintenant des troupes westphaliennes.

J'ai fait connaître à Votre Majesté que je ne croyais pas qu'on dût faire beaucoup de fond sur elles, surtout si elles étaient réunies.

Deux ou trois régiments de cavalerie et d'infanterie, qui se trouveraient le plus près de Magdebourg, suivraient le mouvement du général Gudin et seraient à sa disposition.

Les autres partiraient successivement et seraient répartis dans les autres divisions de l'armée.

Je n'ai point parlé des 2ᵉ et 37ᵉ, ni des autres régiments qui ne font point partie du corps d'armée.

Le prince Poniatowski, le général Rapp, et les gouverneurs des places de l'Oder ont déjà des chiffres depuis longtemps, et s'il était question de mettre ces idées à exécution, j'en donnerais aux généraux de division.

Par ce projet, Sire, j'évite de mettre qui que ce soit dans la confidence: ainsi le général Poniatowski lui-même n'y serait qu'en recevant des ordres. Ce n'est pas que je me méfie de lui, je le regarde comme un homme sûr et dévoué à Votre Majesté, mais une lettre peut traîner, et il y a dans ce pays-là des femmes bien adroites.

On peut espérer que le résultat sera une désorganisation parfaite, et que personne en Prusse ne saura ce qu'il a à faire, ni l'état des choses, puisque les courriers seront presque tous interceptés.

On pourrait tirer parti de ces circonstances, et je dois communiquer à Votre Majesté les idées qui me viennent.

Arrivé sur l'Oder, ramassant les escadrons et bataillons prussiens, je ferais courir le bruit, en me portant dans le pays, qu'on est en négociation. Je fabriquerais un traité entre M. de Saint-Marsan et M. de Hardenberg, qui annoncerait que S. M. le roi de Prusse, pour convaincre Votre Majesté de sa volonté invariable de confondre ses intérêts avec ceux de la France, a nommé M. de Hardenberg pour son plénipotentiaire, pour conclure avec M. de Saint-Marsan des arrangements qui pourront la satisfaire et la convaincre de la pureté de ses intentions.

Suivraient les articles en vertu desquels les places de Colberg, Graudenz, Spandau et Pillau, ainsi que tous les retranchements qui sont dans le Mecklembourg et du côté de Lochstaedt, seraient mis, sur la présentation de ce traité, au pouvoir des troupes françaises, et les garnisons prussiennes de ces places dirigées, d'après un itinéraire convenu avec les généraux français et les commandants des places, sur la Silésie.

Ce traité stipulerait que le tiers des approvisionnements de guerre et de vivres pourrait être évacué par les Prussiens sur les places de la Silésie, et les deux autres tiers remis au gouvernement français, qui se chargera d'en tenir compte, moyennant les prix qui seront convenus ultérieurement entre les deux gouvernements.

Un autre article stipulerait que la place de Glogau serait rendue aux troupes prussiennes huit jours après la reddition de la dernière de ces quatre places;

Que S. M. le roi de Prusse entretiendrait 15.000 hommes d'infanterie, 50 bouches à feu attelées avec leurs caissons et munitions, 3.000 chevaux, et 2.000 hommes d'artillerie et du génie, à la disposition de Votre Majesté;

Que Votre Majesté tiendrait compte de toutes les dépenses et fournitures qui pourraient être faites à ces troupes, et ses alliés, par la Prusse;

Que tous les détachements français et prussiens, qui auraient été pris par l'effet de malentendus antérieurs, seront rendus immédiatement après la remise des quatre places.

Un article porterait que Votre Majesté garantit l'intégrité du territoire actuel de la monarchie prussienne.

Il faudrait donner à cette pièce, qui serait fausse, toute la vraisemblance possible. On pourrait la rédiger à Paris, en imitant l'écriture de M. de Hardenberg et en employant le protocole usité; en mettant les cachets et signatures de MM. de Hardenberg et Saint-Marsan. On ferait, en quadruple expédition, ce soi-disant traité.

Il serait porté dans toutes les places et par des officiers français qui iraient dans la bonne foi, et de concert avec des officiers prussiens que l'on gagnerait, ou par d'autres moyens les plus vraisemblables possible qui viendraient à l'idée dans le moment.

Je ne puis point garantir que ces ruses auront un plein succès, mais dans la désorganisation qui doit résulter de la mise à exécution du projet que je soumets à Votre Majesté, il y aurait assez de vraisemblance pour qu'on les tentât.

Je sais bien qu'aucun mot de ce projet n'a le cachet de la bonne foi; mais on ne ferait qu'user de représailles envers le gouvernement prussien. C'est par ce motif que je le propose, et parce qu'il remplirait les intentions de Votre Majesté, de rendre le plus possible l'initiative profitable.

Dans les instructions à donner au général Rapp, il aurait celle de surprendre les retranchements qui sont dans le Nehrung.

Il peut se faire que Votre Majesté rejette la plus grande partie des idées comprises dans ce projet, surtout celles relatives à un faux traité; mais cela peut se modifier. Ce qui m'a fait naître cette idée, c'est une ruse de cette nature que les Prussiens ont employée à Mayence; ils ont fabriqué un ordre du général Custine au commandant de la place de se rendre et de capituler aux meilleures conditions, n'ayant plus de secours à attendre. Je sens que la représaille est un peu forte, mais on peut la modifier dans l'exécution.

J'ai fait marquer sur la carte ci-jointe toutes les routes militaires qui existent en Prusse, et j'ai distingué par une couleur particulière l'ancienne route que nous avions de Stettin à Danzig, et sur laquelle nous avons encore une ligne de correspondance que les Prussiens veulent que nous retirions pour la placer sur l'autre route.

Prince d'Eckmuhl.

TABLEAU DE L'EMPLACEMENT

DES TROUPES FRANÇAISES, WESTPHALIENNES, SAXONNES, POLONAISES, PRUSSIENNES ET RUSSES

A L'ÉPOQUE DU 25 NOVEMBRE 1811.

Nota. — A ce tableau était annexée une carte indiquant les emplacements des troupes avec des signes de couleurs distinctes.
Cette carte, qui eût facilité l'étude des positions, n'a pu malheureusement être retrouvée ni aux archives nationales (AF IV. 1656), d'où cette pièce est extraite, ni aux archives du ministère de la guerre.

Emplacements du corps d'observation de l'Elbe à l'époque du 25 novembre 1811 [1].

DIVISIONS, BRIGADES, ETC.	DÉSIGNATION DES CORPS.	BATAILLONS, ESCADRONS OU COMPAGNIES.	EMPLACEMENTS.
1re	13e léger	5	Hambourg.
	17e de ligne	5	Lubeck.
	30e de ligne	5	Hambourg.
	Artillerie	»	Lubeck.
	3e bat. de sapeurs, 6e comp.	»	Détachée à Norden.
	12e bataillon des équipages militaires, 1re compagnie	»	Hambourg.
2e	15e léger	5	Au camp de Rostock.
	33e de ligne	5	
	48e de ligne	5	
	Régiment Joseph-Napoléon	2	En route pour Rostock
	Artillerie	»	Au camp de Rostock.
	5e bat. de sapeurs, 5e comp.	»	Détachée à Danzig.
	12e bataillon des équipages militaires, 2e compagnie	»	Rostock.
3e	7e léger	5	Magdebourg.
	12e de ligne	5	
	21e de ligne	5	
	Artillerie	»	
	5e bat. de sapeurs, 9e comp.	»	Détachée à Cuxhaven.
	12e bataillon des équipages militaires, 3e compagnie	»	Magdebourg.
4e	33e léger	5	Stettin.
	85e de ligne	5	Custrin.
	108e de ligne	5	
	2e régiment du duché de Berg	2	Stettin.
	Artillerie	»	
	3e bat. de sapeurs, 3e comp.	»	Détachée à Magdebourg.
	12e bataillon des équipages militaires, 4e compagnie	»	Stettin.
5e	25e de ligne	5	Bremen.
	57e —	5	Hambourg.
	61e —	5	Lunebourg.
	111e —	5	Ratzbourg.
	Artillerie	»	Lunebourg.
	3e bat. de sapeurs, 4e comp.	»	Détachée à Magdebourg.
	12e bataillon des équipages militaires, 5e compagnie	»	Lunebourg.

[1] Voir les cartes jointes au tome Ier et le croquis ci-après de la Westphalie.

NOVEMBRE 1811.

DIVISIONS, BRIGADES, ETC.	DÉSIGNATION DES CORPS.	BATAILLONS, ESCADRONS OU COMPAGNIES.	EMPLACEMENTS.
6°	11° léger	»	Wesel.
	127° de ligne	3	Stade.
	128° —	3	Osnabruck.
	Artillerie	»	Nienbourg.
	Génie (sapeurs)	»	
	12° bataillon des équipages militaires, 6° compagnie	»	Bremen.
7°	5° polonais	4	Thorn.
	10° —	4	
	11° —	4	
	1er westphalien	2	
	8° —	2	
	7° wurtembergeois	2	
	13° bavarois	2	Danzig.
	Rechten-Saxon	2	
	Grand-duc de Bade	2	
	Hesse-Darmstadt	2	
	Artillerie	»	
	Sapeurs (polonais)	»	
	Total des bataillons	116	
1re division de cuirassiers.	2° cuirassiers	4	Hanovre.
	3° —	4	Brunswick.
	9° —	4	Hildesheim.
	12° —	4	Halberstadt.
	Artillerie	»	Königslutter.
2e division de cuirassiers.	4° cuirassiers	4	
	6° —	4	
	7° —	4	Erfurt.
	14° —	4	
	Artillerie	»	
Cavalerie légère.	2° chasseurs	4	Danzig.
	9° lanciers polonais	4	
	9° chevau-légers	4	Werden.
	7° hussards	4	Stettin.
	8° —	4	Celle; la compagnie d'élite à Magdebourg
	16° chasseurs	4	Dannenberg.
	1er —	4	Neu-Brandenbourg.
	3° —	4	Neu-Brandenbourg.
	Total des escadrons	64	
Réserve d'artillerie.	1er à pied	Cies 3° 17°	Minden.
	9° bat. principal	1re 5°	
Équipage de pont.	Équipages de pont : 1er bataillon de pontonniers	19°	Hambourg.

DIVISIONS. BRIGADES, ETC.	DÉSIGNATION DES CORPS.	BATAILLONS, ESCADRONS OU COMPAGNIES.	EMPLACEMENTS.
Parc d'artillerie.	7ᵉ à pied	6ᵉ 15ᵉ 22ᵉ	Minden.
	9ᵉ à pied	11ᵉ 14ᵉ	
	Ouvriers	3ᵉ 7ᵉ	Magdebourg. Minden.
	1ᵉʳ bataillon principal........	ét.-maj. 1ʳᵉ 5ᵉ 6ᵉ	Petershagen.
	3ᵉ bataillon (bis)............	ét.-maj. 2ᵉ 4ᵉ 5ᵉ 6ᵉ	Reinteln.
	8ᵉ — (bis)............	ét.-maj. 2ᵉ 3ᵉ 4ᵉ 5ᵉ 6ᵉ	Arnsberg.
	9ᵉ — principal........	ét.-maj. 3ᵉ 4ᵉ 5ᵉ	Stolzenau.
Parc du génie.	2ᵉ — de mineurs......	1ʳᵉ	Danzig.
	3ᵉ — de sapeurs.......	5ᵉ	Ritzbuttel.
	5ᵉ — —	3ᵉ	Stettin.
		8ᵉ	Carolinensiel (petit port à l'embouchure de la Harle, dans l'Ost-Frise).
	Train du génie	1ʳᵉ	Haarbourg.
	Soldats d'ambulance	3ᵉ	Billwerder (village au S.-E. et près de Hambourg).

Emplacements de l'armée westphalienne[1].

Garde royale à pied.	Bataillon de grenadiers........	1	Cassel.
	— de chasseurs.........	1	
	Chasseurs-carabiniers.........	1	
Infanterie de ligne.	1ᵉʳ régiment de ligne.........	2ᵉ 1ᵉʳ	Danzig. Westphalie.
	2ᵉ — —	4	Cassel.
	3ᵉ — —	3	Brunswick.
	4ᵉ — —	3	Paderborn et Bielefeld
	5ᵉ — —	3	Hersfeld et Mulhausen.
	6ᵉ — —	3	Eschwege.
	7ᵉ — —	3	Nordhausen.
	8ᵉ — —	2	2 bataillons à Danzig, 2 en Westphalie.

1. Voir croquis page suivante.

NOVEMBRE 1811.

DIVISIONS, BRIGADES, ETC.	DÉSIGNATION DES CORPS.	BATAILLONS, ESCADRONS, OU COMPAGNIES.	EMPLACEMENTS.
Infanterie légère.	1ᵉʳ corps de chasseurs	2	Ziegenhayn.
	2ᵉ — —	2	Hildesheim.
	3ᵉ — —	2	Munden.

NOTA. — Les corps de chasseurs ne sont formés ni en régiments ni en bataillons, mais leur force de 1.500 hommes équivaut à 2 bataillons.

Croquis pour servir à l'étude des emplacements de l'armée westphalienne.

Garde royale à cheval.	Gardes du corps	1	Cassel.
	Chevau-légers-lanciers	4	
Cuirassiers.	1ᵉʳ régiment	4	Ziegenhayn.
	2ᵉ —	4	Gaismar (?), Marburg.
Hussards.	1ᵉʳ régiment	4	Hanovre.
	2ᵉ —	4	Aschersleben.
Artillerie.	Forte de 36 pièces, attelée et outillée	»	Cassel.

Emplacements de l'armée saxonne.

DIVISIONS, BRIGADES, ETC.	DÉSIGNATION DES CORPS.	BATAILLONS, ESCADRONS OU COMPAGNIES.	EMPLACEMENTS.
1ʳᵉ division d'infanterie.	Grenadiers de Lubenau	1	Camenz.
	Prince Frédérick	2	Elstra et environs.
	Prince Clément	2	Bischeim.
	Grenadiers de Stutterheim	1	Torgau.
	— d'Anger	1	Sorau.
	1ᵉʳ d'infanterie légère	2	Torgau.
	1/2 compagnie de sapeurs	»	
	Artillerie à cheval	»	Radebourg.
	— à pied	»	Dresde et environs.
2ᵉ division d'infanterie.	Grenadiers de Brause	1	Torgau.
	Régiment du Roi	2	Dresde, Torgau.
	— de Nieseinenschel	2	Dresde et environs.
	— du prince Antoine	2	Budissin (?), Görlitz.
	2ᵉ d'infanterie légère	2	Torgau.
	1/2 compagnie de sapeurs	»	
	Artillerie à cheval	»	Radebourg.
	— à pied	»	Dresde et environs.

Croquis pour servir à l'étude des emplacements de l'armée saxonne.

Brigade de réserve.	Grenadiers de la garde	2	Dresde.
	— du prince Maximilien	2	Leipzig, Eulenbourg, Torgau.
	Corps de chasseurs à pied	1	Eckartsberg.
	Pour mémoire, rég. de Rechten	»	Danzig.
	— rég. de Low	2	Glogau.

NOVEMBRE 1811.

DIVISIONS, BRIGADES, ETC.	DÉSIGNATION DES CORPS.	BATAILLONS, ESCADRONS, OU COMPAGNIES.	EMPLACEMENTS.
1re division de cavalerie.	Chevau-légers du prince Clément	4	Hoyerswerda.
	— de Polentz	4	Weissemberg.
	Hussards	8	Elsterwerda, Muckemberg, Ruhland.
2e division de cavalerie.	Gardes du corps	4	Dresde, Radeberg, Pirna.
	Cuirassiers de Zastrow	4	Dieppoldiswald, Kalau et environs.
	Chevau-légers du prince Albert	4	Lübben, Lübbenau, Luckau.
Brigade de cavalerie de réserve	Cuirassiers de la garde	4	OEderan, Penig, Marienberg, Frankenberg.
	Chevau-légers du prince Jean	4	Mühlberg, Kemberg, Schmiedeberg, Düben.
Compagnie de pontonniers		»	Pirna.

Emplacements de l'armée polonaise [1].

1re division d'infanterie.	1er régiment	3	Modlin.
	8e —	3	
	13e —	3	Zamosc.
	10e —	3	Varsovie.
2e division d'infanterie.	3e régiment	3	Rawa.
	6e —	3	Lowicz.
	14e —	3	Thorn.
	17e —	3	
3e division d'infanterie.	2e régiment	3	Varsovie.
	12e —	3	
	15e —	3	Sierock.
Brigade attachée à la 1re division d'infanterie.	2e lanciers	4	Radom.
	4e chasseurs	4	Kozienice.
Brigade attachée à la 2e division d'infanterie.	1er chasseurs	4	Inowraclaw.
	6e —	4	Nackel.
Brigade attachée à la 3e division d'infanterie.	5e chasseurs	4	Varsovie.
	14e —	4	Gora.
1re division de cavalerie.	3e lanciers	4	Maciejowice
	12e —	4	Weygrow.
	13e —	4	Siedlec.

1. Voir croquis page suivante.

DIVISIONS, BRIGADES, ETC.	DÉSIGNATION DES CORPS.	BATAILLONS, ESCADRONS, OU COMPAGNIES.	EMPLACEMENTS.
2ᵉ division de cavalerie..	7ᵉ lanciers................ 11ᵉ — .... 16ᵉ —	4 4 4	Josefow. Lublin. Stezyca.
3ᵉ division de cavalerie.	8ᵉ lanciers................ 10ᵉ hussards................ 13ᵉ —	4 4 4	Lipno. Culm. Pultusk.

Croquis pour servir à l'étude des emplacements de l'armée polonaise.

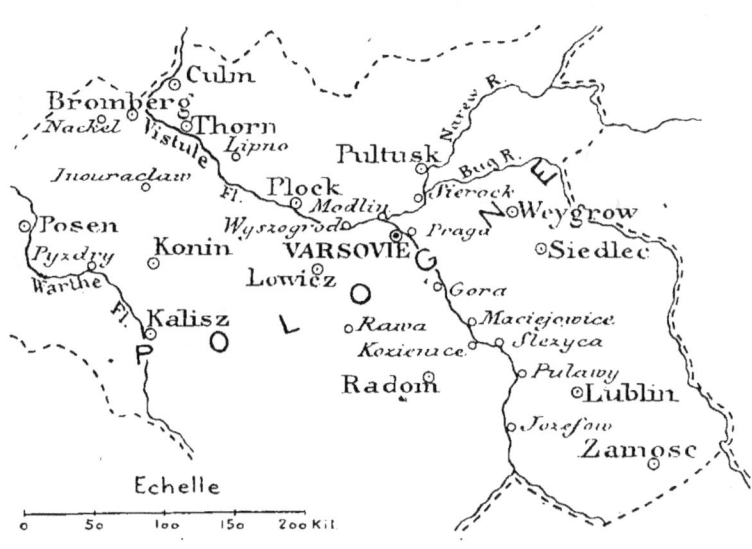

Hors de ligne.	Régiment d'artillerie à pied....	»	Varsovie, Praga, Modlin, Zamosc.
	— — à cheval..	»	Leczick, Varsovie.
	Bataillon de sapeurs..........	»	Varsovie, Praga, Modlin, Zamosc, Thorn.
	— supplémentaire......	»	Varsovie, Modlin, Pyzdry.
	Compagnie d'ouvriers..........	»	Varsovie.
Pour mémoire.	5ᵉ régiment d'infanterie......	»	Thorn.
	10ᵉ — —	»	Danzig.
	11ᵉ — —	»	
	9ᵉ de lanciers................	»	

Emplacements des troupes prussiennes [1].

DIVISIONS, BRIGADES, ETC.	DÉSIGNATION DES CORPS.	BATAILLONS.	ESCADRONS.	EMPLACEMENTS.
Brigade de la Prusse orientale. Infanterie.	1er bataillon de grenadiers de Prusse orientale........	1	»	Environs de Pillau.
	1er rég. de Prusse orientale...	3	»	2 à Kœnigsberg, 1 à Memel.
	2e — — ...	3	»	2 à Kœnigsberg, 1 vers Pillau.
Cavalerie.	Cuirassiers de la Prusse orientale.....................	»	4	Vers Pillau.
	Dragons de Lithuanie.........	»	4	Tilsit, Insterburg.
	1er des hussards du corps.....	»	4	Kœnigsberg.
Artillerie.	4 pièces de position sur la côte.	»	»	Près de Memel.
	4 — — .	»	»	Près de Pillau.
	4 pièces d'artillerie à pied......	»	»	Sur la côte au nord-est de Pillau.
	4 — —	»	»	Kœnigsberg.
	8 pièces d'artillerie à cheval....	»	»	
Brigade de la Prusse occidentale. Infanterie.	2e bataillon de grenadiers de Prusse orientale.........	1	»	Marienwerder.
	3e rég. de la Prusse orientale.	3	»	
	4e — — .	3	»	2 bataillons à Graudenz, 1 à Marienwerder.
Cavalerie.	2e de dragons de la Prusse occidentale................	»	4	Riesemburg et environs.
	2e de hussards du corps......	»	4	Neuenbourg et environs.
	Lanciers de la Prusse occidentale.	»	4	Neustadt, Leba, Putzig.
Artillerie.	2 pièces de position sur la côte.	»	»	Koliebke, Oxhœster (sans doute Oxhöffl).
	4 pièces d'artillerie à pied......	»	»	Neustadt, Putzig.
	4 — —	»	»	Marienwerder.

Nota. — Le général York ayant porté à Marienwerder toutes les troupes qui y sont et qui, à l'exception des grenadiers, devraient être sur la rive gauche, il serait possible qu'il eût avec lui la batterie tout entière.

Brigade de Poméranie. Infanterie.	Grenadiers de la Poméranie....	1	»	Environs de Treptow.
	1er régiment de la Poméranie.	3	»	2 bataillons à Stargard, 1 à Rugenwald.
	2e régiment de la Poméranie ou de Colberg..........	3	»	1 à Treptow, 1 à Colberg, 1 à Swienemunde.
Cavalerie.	Dragons de la Reine............	»	4	Greiffenberg et environs.
	— du Brandebourg......	»	4	Cœslin et environs.
	Hussards de la Poméranie......	»	4	

1. Voir croquis page suivante.

DIVISIONS, BRIGADES, ETC.	DÉSIGNATION DES CORPS.	BATAILLONS.	ESCADRONS.	EMPLACEMENTS.
Brigade de Poméranie (suite). Artillerie.	5 pièces de position sur la côte.	»	»	Swienemunde, Colberg.
	5 — — .	»	»	Camin, Lasschen, Rügenwalde, Stolpemünde.
	8 pièces d'artillerie à pied......	»	»	Environs de Colberg.
	8 — à cheval....	»	»	

Croquis pour servir à l'étude des emplacements de l'armée prussienne.

NOVEMBRE 1811.

DIVISIONS, BRIGADES, ETC.		DÉSIGNATION DES CORPS.	BATAILLONS.	ESCADRONS.	EMPLACEMENTS.
Brigade de Brandebourg.	Infanterie.	Gardes à pied.................	3	»	2 à Potsdam, 1 à Berlin.
		Chasseurs de la garde..........	1	»	
		Grenadiers du corps...........	1	»	Berlin.
		Régiment du corps............	3	»	
	Cavalerie.	Gardes du corps...............	»	4	Berlin.
		Lanciers de la garde...........	»	1	Potsdam.
		Cuirassiers du Brandebourg....	»	4	Fürstenwalde, Beeskow.
		Hussards du Brandebourg......	»	4	Berlin.
		Lanciers —	»	4	Neustadt, Eberswalde Angermünde, etc.
	Artillerie.	8 pièces d'artillerie à pied......	»	»	Schwedt.
		8 — —	»	»	Berlin.
		8 pièces d'artillerie à cheval...	»	»	Schwedt.
		8 — —	»	»	Berlin.
Brigade de la Basse Silésie.	Infanterie.	Grenadiers de la Prusse occidentale...................	»	»	Berlin.
		1er rég. de la Prusse occidentale	3	»	2 bataillons à Colberg et environs, et 1 à Schwedt.
		2e — —	3	»	Breslau.
		Chasseurs de la Prusse orientale.	1	»	Francfort.
	Cavalerie.	1er de dragons de la Prusse occidentale................	»	4	Bahn, Schœnflies, Kœnigsberg (Marche), Zehden.
		Dragons de la Nouvelle Marche.	»	4	Berlin.
		2e de hussards de la Silésie..	»	4	Reppen.
	Artillerie.	56 pièces d'artillerie à pied.....	»	»	Breslau.
		24 — à cheval..	»	»	
Brigade de la Haute Silésie.	Infanterie.	Grenadiers de Silésie..........	1	»	Brieg.
		1er régiment de Silésie........	3	»	2 bataillons à Neiss, et 1 à Frankenstein.
		2e — —	3	»	Glatz.
		Tirailleurs de Silésie..........	1	»	Legnitz.
		Bataillon normal d'infanterie...	1	»	Francfort.
	Cavalerie.	Cuirassiers de la Silésie........	»	4	3 à Breslau, 1 à Ohlau.
		1er hussards de la Silésie.....	»	4	Près de Breslau.
		Lanciers de la Silésie..........	»	4	Pitschen.
	Artillerie.	24 pièces d'artillerie à pied.....	»	»	Neiss.
		16 — —	»	»	Glatz.
		8 — —	»	»	Silberberg.
		16 — —	»	»	Kosel.

Résumé.

Bataillons......................	45
Escadrons......................	77
Pièces d'artillerie à pied.........	160 ou 20 batteries
— à cheval.......	56 ou 7 —

NOTE.

Le tableau de la dislocation des forces prussiennes remis par ce gouvernement à M. de Saint-Marsan ne porte les bataillons qu'à 600 hommes et les escadrons qu'à 125. A ce taux, la force de l'armée prussienne serait de :

45 bataillons à 600 hommes..................	27.000
77 escadrons à 125 hommes..................	9.625
Artillerie.................................	5.286
TOTAL........	41.911

Mais tous les rapports assurent que les compagnies d'infanterie sont à 180 hommes, ce qui, à quatre par bataillon, fait 720 hommes; les escadrons ont été, dit-on, portés à 200 hommes; c'est beaucoup, mais les achats de chevaux faits en Prusse et chez l'étranger doivent le faire croire. A ce taux, l'armée prussienne serait forte de :

45 bataillons à 720 hommes..................	32.400
77 escadrons à 200 hommes..................	15.400
Artillerie.................................	5.286
TOTAL........	53.086

Cette masse doit être augmentée de tous les travailleurs que la Prusse entretient dans ses places et sur ses grandes routes, de tous les recrues exercés que l'on a renvoyés chez eux et de ceux que l'on fait journellement. Ces ouvriers et ces recrues pourraient former des 4ᶜˢ bataillons aux douze régiments d'infanterie; dans tous les cas, il paraît difficile que cela puisse aller au delà de 1.600 à 1.800 hommes; en sorte que la force de l'armée prussienne, y compris les garnisons de ses places fortes, peut être estimée sans exagération à 70.000 hommes prêts à marcher.

Armée russe.

Les divisions d'infanterie sont de six régiments, dont deux de chasseurs.

Les régiments d'infanterie sont à trois bataillons, dont deux de campagne et un de dépôt.

Les bataillons sont de quatre compagnies; les compagnies au complet sont de 150 hommes.

Chaque division d'infanterie doit avoir cinq batteries, dont quatre à pied et une à cheval; les batteries à pied sont deux de pièces de 6 et deux de pièces de 12.

Les divisions de cuirassiers doivent être de quatre régiments; celles de cavalerie de huit régiments, dont quatre de dragons et quatre de hussards ou de lanciers. Les régiments de cuirassiers et de dragons sont de cinq escadrons, dont quatre de campagne; ceux de hussards et de lanciers, de dix escadrons, dont huit de campagne; l'escadron est à 100 hommes.

A chaque corps d'armée doivent être attachés quatre régiments ou pulks de cosaques; le pulk est de 500 hommes.

La division de grenadiers a ses régiments à trois bataillons.

Les 3es bataillons des autres régiments sont employés aux travaux des places fortes. Comme ils y ont travaillé tout l'été, il n'est pas probable qu'ils soient très instruits.

Les derniers rapports annoncent que le prince Bagration est nommé commandant en chef de l'aile gauche et qu'il a dix divisions sous ses ordres (sans doute d'infanterie et de cavalerie). On cite, dans les premières, la 7e, la 12e, la 24e, la 25e et la 26e, qui, avec les divisions de cavalerie de Czaplitz (*Tchaplits*) et de Knorring, ne font que sept divisions. Sans doute, il faut y ajouter trois divisions de Moldavie, d'autant que les mêmes rapports mettent sous ses ordres la 2e division, qui est une des trois susdites, mais que l'on sait avoir été supprimée, incorporée dans d'autres et remplacée par celle des grenadiers.

Emplacements de l'armée russe.
(Voir la carte de la frontière occidentale de Russie jointe au tome 1er.)

CORPS D'ARMÉE, DIVISIONS.	DÉSIGNATION DES CORPS.	BATAILLONS.	ESCADRONS.	EMPLACEMENTS.
1er corps d'armée. — Général Wittgenstein, à Riga. 5e division d'infanterie.	Régiment de Permetz [1]	2	»	Cantonnés à Riga, dans les environs, et entre la Dvina et les frontières de Prusse.
	— de Mohilow	2	»	
	— de Riga	2	»	
	— inconnu	2	»	
	Chasseurs inconnus	2	»	
	— —	2	»	
	4 batteries [2]	»	»	
14e division d'infanterie.	Régiment inconnu	2	»	Cantonnés à Dunabourg, aux environs, et entre la Dvina et les frontières de Prusse.
	— —	2	»	
	— —	2	»	
	— —	2	»	
	Chasseurs inconnus	2	»	
	— —	2	»	
	4 batteries	»	»	
1re division de cavalerie	Dragons inconnus	»	4	Cantonnés dans la Courlande et la Samogitie.
	— —	»	4	
	— —	»	4	
	— —	»	4	
	Hussards inconnus	»	8	
	— —	»	8	
	Manque [3]	»	»	
	— —	»	»	
4e division de cuirassiers.	Cuirassiers de l'Empereur	»	4	Velikia-Louky (au nord-est de Nevel).
	— de l'Impératrice	»	4	Velij.
	Manque [4]	»	»	
	— —	»	»	
Cosaques	Inconnus	»	»	Gardant les frontières de la Samogitie.
	—	»	»	
	—	»	»	
2e corps d'armée. — Général Baggovout, à Vilna. 1re division ou de grenadiers.	Grenadiers du corps	3	»	Pétersbourg.
	— d'Ekaterinoslaw	3	»	Polosk (Polotsk).
	— de Pawlow	3	»	Beszenkowice (Béchenkovitschi), (sur la rive gauche de la Dvina, à mi-distance entre Polotsk et Vitebsk).
	— de Pétersbourg	3	»	Louckolm (non loin de Lepel, dans la direction sud-est).
	— de Tauride	3	»	Neu-Lepel.
	— d'Arakezejew	3	»	Pétersbourg.
	5 batteries	»	»	

1. Les régiments Permetz, Mohilow et de Riga ont été vus dans ces contrées, mais ils pourraient appartenir à la 14e division.
2. Suivant les rapports, ces divisions n'ont que quatre batteries.
3. Il doit manquer à cette division deux régiments de hussards.
4. Il doit manquer à cette division deux régiments de cuirassiers.

NOVEMBRE 1811.

CORPS D'ARMÉE, DIVISIONS.	DÉSIGNATION DES CORPS.	BATAILLONS.	ESCADRONS.	EMPLACEMENTS.
6ᵉ corps d'armée. — Général Baggovout, à Vilna. (Suite.)				
4ᵉ division d'infanterie.	Régiment de Kremenszuek.....	2	»	Vilna.
	— de Minsk............	2	»	
	— de Tobolsk	2	»	Cantonnés dans le gouvernement de Vilna.
	— de Wolhynie	2	»	
	4ᵉ de chasseurs..............	2	»	
	34ᵉ —	2	»	
	5 batteries	»	»	Vilna et environs.
17ᵉ division d'infanterie.	Régiment de Rizan............	2	»	
	— de Batozev..........	2	»	
	— de Wilmanstrand....	2	»	Cantonnés dans le gouvernement de Mohylev.
	— de Brzesk...........	2	»	
	30ᵉ de chasseurs.............	2	»	
	48ᵉ —	2	»	
	5 batteries	»	»	
2ᵉ division de cavalerie	Dragons de Pskow............	»	4	Widzyé (*Vidzouï*).
	— de Moséow...........	»	4	
	— de Karghopol.........	»	4	Oszmiana (*Ochmiana*)
	— d'Ingermanland.......	»	4	
	Hussards d'Élisabeth Gorod....	»	8	Wilkomirz (*Vilkomir*)
	Inconnu.....................	»	8	
	Manque ¹.....................	»	»	
	—	»	»	
Cosaques	Inconnu.....................	»	»	Gardant la frontière du gouvernement de Vilna.
	—	»	»	
	—	»	»	

Croquis.
—

Emplacements des régiments de la 3ᵉ division d'infanterie du 3ᵉ corps d'armée russe.

[Sketch map showing: Riedrchki, Kourjenets, Vileïka, Dolghinov, with arrows vers Polotsk and vers Minsk]

1. Jusqu'ici il ne paraît pas qu'il y ait plus de deux régiments de hussards à cette division.

CORPS D'ARMÉE, DIVISIONS.	DÉSIGNATION DES CORPS.	BATAILLONS.	ESCADRONS.	EMPLACEMENTS.
3ᵉ corps d'armée. — Général Essen, à Slonim. { 2ᵉ division d'infanterie.	Régiment de Kexholm.........	2	»	Slonim.
	— de Pernau..........	2	»	Rozan (sans doute *Roujana*).
	— de Polosk...........	2	»	Ozimani (?).
	— d'Eletsk...........	2	»	Kobryn.
	1ᵉʳ de chasseurs.............	2	»	Kletsk, Lachovice (*Liakhovitschi*, non loin et à l'ouest de *Kletsk*).
	13ᵉ —	2	»	Mir.
	5 batteries..................	»	»	
3ᵉ division d'infanterie.	Régiment de Rewel...........	2	»	Dolginowska (*Dolghinor*, à l'est de *Vileïka*).
	— de Murom...........	2	»	Kurzeniec (*Kourjenets*, tout près et au nord de *Vileïka*).
	— de Lapoo...........	2	»	Ryszyszki (sans doute *Rietschki*, au nord de *Vileïka*).
	— de Czernichow.......	2	»	Olszany (*Olchanoüi*).
	12ᵉ de chasseurs.............	2	»	Minsk.
	21ᵉ —	2	»	Borisov.
	5 batteries..................	»	»	
3ᵉ division de cavalerie	Dragons de Courlande.........	»	4	Ont pris pendant l'été des cantonnements à Pruszany (*Proujanoüi*), Kobryn, Ratno, où ils doivent être encore à Novogrodek.
	— d'Orenbourg.........	»	4	
	— de Sibérie..........	»	4	
	— d'Irkurck...........	»	4	
	Hussards d'Izumsk...........	»	8	
	— d'Achtersk..........	»	8	
	Manque¹.....................	»	»	
Cosaques	Inconnu.....................	»	»	Gardent la frontière du gouvernement de Grodno.
	—	»	»	
	—	»	»	
	—	»	»	
4ᵉ corps d'armée. Général Doktourov, à Dubno. { 7ᵉ division d'infanterie.	Régiment de Moscow..........	2	»	Brzesc.
	— de Pskow..........	2	»	Luboml (*Lioubomlj*).
	— de Liebau.........	2	»	Kaminienkoszeski.
	— de Sophie.........	2	»	Près Dubianka.
	11ᵉ de chasseurs.............	2	»	Wlodzimirz (*Wladimir*).
	36ᵉ —	2	»	Rovno.
	5 batteries..................	»	»	
25ᵉ division d'infanterie.	Inconnu.....................	2	»	Cantonnés dans les villes de Luck, de Dubno et environs.
	—	2	»	
	—	2	»	
	—	2	»	
	5ᵉ de chasseurs.............	2	»	
	16ᵉ —	2	»	
	5 batteries..................	»	»	

1. Les hussards de Marienpol étaient annoncés comme devant faire partie de cette division. En échange, les hussards d'Achtersk doivent avoir été vus en Volhynie.

NOVEMBRE 1811.

CORPS D'ARMÉE, DIVISIONS.	DÉSIGNATION DES CORPS.	BATAILLONS.	ESCADRONS.	EMPLACEMENTS.
4ᵉ corps d'armée, à Dubno. (Suite.) Général Doktourov.				
24ᵉ division d'infanterie.	Régiment de Tomsk	2	»	Zaslav.
	Inconnu	2	»	
	—	2	»	
	—	2	»	Sans doute à proximité de Zaslav.
	Chasseurs inconnus	2	»	
	—	2	»	
	5 batteries	2	»	
4ᵉ division de cavalerie	Dragons de Czernichow	»	4	Berdyczew (Berditschev).
	— de Kiow	»	4	Winnica (Vinnitsa).
	— de Nouvelle Russie	»	4	
	— de Pawlograd	»	4	
	Hussards inconnus	»	8	L'un vers Iampol, l'autre vers Konstantinov.
	—	»	8	
3ᵉ division de cuirassiers.	Cuirassiers d'Ekaterinoslaw	»	4	A Human (Ouman) et environs.
	— d'Ordensk	»	4	
	— de Glaskow	»	4	
	— de Petite Russie	»	4	
Cosaques	Inconnus	»	»	Gardant les frontières de Volhynie.
	—	»	»	
	—	»	»	
	—	»	»	

NOTA. — Tout ce 4ᵉ corps doit, avec les troupes suivantes, être sous les ordres du général prince Bagration.

12ᵉ division d'infanterie.	Régiment de Smolensk	2	»	Rive gauche du Dniester.
	— de Neu-Iermoland	2	»	
	— d'Absorouski	2	»	
	— de Narwa	2	»	Czerkas.
	6ᵉ de chasseurs	2	»	Rive gauche du Dniester.
	41ᵉ —	2	»	
	5 batteries	»	»	
26ᵉ division d'infanterie.	Régiment de Wladislaw	2	»	Czudunow (Tschoudnov).
	— de Petite Nowogorod	2	»	Zitomirz (Jitomir).
	— de Semersky	2	»	Staro-Konstantinov.
	Inconnu	2	»	Sans doute en Ukraine ou en Podolie.
	Chasseurs inconnus	2	»	
	—	2	»	

Régiments que l'on sait exister sur la frontière, mais dont on ignore les divisions :

Infanterie.	Régiment de Ladawski	2	»	Kudno.
	43ᵉ chasseurs	»	»	
	27ᵉ —	»	»	
	28ᵉ —	»	»	
Cavalerie.	Dragons de Niczen	»	4	
	Uhlans de Lithuanie	»	8	
	— de Mariopol	»	8	
	— de Konno Polski	»	8	
	Dragons de Karkow	»	4	Zitomirz (Jitomir).
	2 régiments de cosaques	»	»	

Résumé.

La force d'un bataillon est, au complet, de 600 hommes; mais la mauvaise nourriture, fruit d'une mauvaise administration, doit avoir occasionné des maladies, et, après les premières marches, il n'est pas croyable qu'un bataillon ait plus de 500 combattants; ce serait donc 1.000 hommes par régiment et 6.000 par division; seule celle de grenadiers en aurait 9000. Ainsi :

11 divisions à 6.000 font....................	66.000 hommes.
Celle de grenadiers........................	9.000 —
Total..............	75.000 hommes.

Les divisions de cavalerie ne paraissent pas être aussi régulièrement composées que celles d'infanterie; elles devraient avoir quatre régiments de dragons à cinq escadrons, et quatre de hussards ou de lanciers à dix. Mais d'un côté on ne voit, dans les rapports, que deux régiments de hussards par division, et de l'autre les régiments ont renvoyé sur les derrières les escadrons de dépôt, c'est-à-dire le 5e pour les dragons et le 5e et le 10e pour les hussards; il ne reste donc par division de cavalerie que 32 escadrons qui, à 100 hommes, font 3.200 hommes.

Il devrait y avoir deux divisions de cuirassiers de quatre régiments, chacune à cinq escadrons dont quatre de campagne; mais jusqu'ici on ne parle à l'aile droite que de deux régiments, qui encore sont fort en arrière, du côté de Pétersbourg. Celle de l'aile gauche au contraire est complète; c'est donc six régiments de cuirassiers ou 24 escadrons à 100 hommes, ainsi :

4 divisions de cavalerie à 3.200 hommes font.	12.800 hommes.
6 régiments de cuirassiers.................	2.400 —
Total..............	15.200 hommes.

Les rapports les moins exagérés ne parlent que de 18 pulks ou régiments de cosaques, chacun de 500 hommes au complet, ce qui fait 9.000.

Récapitulation.

Infanterie................................	75.000 hommes.
Cavalerie régulière..	15.000 —
Cosaques................................	9.000 —
Total..............	99.000 hommes.

sans compter l'artillerie ni la garde impériale.

Si l'on suppose actuellement que les bataillons et escadrons de dépôt marchent, l'infanterie sera augmentée de moitié et la cavalerie d'un quart; on aurait donc alors :

Infanterie.............................	112.500	hommes.
Cavalerie régulière................	18.750	—
Cosaques............................	9.000	—
TOTAL.............	140.250	hommes.

Enfin, si, en admettant les rapports les plus exagérés, on suppose que les bataillons soient à 600 hommes, que les divisions de cavalerie soient à 40 escadrons, celles de cuirassiers à 20, et qu'enfin il marche 24 régiments de cosaques, la force de l'armée russe serait :

Infanterie.............................	129.600	hommes.
Cavalerie régulière.......................	25.000	—
Cosaques............................	12.000	—
TOTAL.............	166.000	hommes.

Toujours sans compter l'artillerie ni la garde impériale, non plus que les divisions qui pourraient encore venir de l'intérieur et dont une (la 23ᵉ) est déjà annoncée.

La force que l'on suppose à l'artillerie russe est exorbitante ; cinq batteries ou 60 pièces par division feraient, pour les douze divisions, un total de 720 pièces de canon, ce qui est visiblement exagéré. En ne supposant, comme en Prusse, que 8 pièces par batterie, il y aurait encore 480 pièces, ce qui est moins invraisemblable.

LE PRINCE D'ECKMUHL A L'EMPEREUR.

Hambourg, le 26 novembre 1811.

Sire, j'ai l'honneur d'adresser à Votre Majesté les derniers rapports des places de l'Oder et de Danzig.

Renseignements sur l'état des esprits en Allemagne.

On voit toujours la même conduite de la part des Prussiens ; ils sont toujours sur le qui-vive et prêts à courir aux armes.

Il y a, dans ces pièces, un rapport du général Rapp, sur la situation de l'Allemagne, qui est remarquable. Il y a dans sa manière de voir un peu d'exagération, mais un grand fonds de vérité. Tout ce que j'ai communiqué à Votre Majesté vient à l'appui de cette manière de voir.

Je n'attache pas pourtant à cela une plus grande importance que cela mérite ; je sais qu'une forte discipline dans les troupes et quelques exemples de sévérité sur les turbulents feront évanouir tous ces beaux projets.

Les pays où je regarde qu'ils pourront avoir plus d'importance sont, ainsi que je l'ai déjà dit à Votre Majesté, la Westphalie et les pays de Gotha et de Weimar.

C'est demain ou après que l'arrestation dont j'ai chargé un officier de gendarmerie à Gotha, doit avoir lieu [1] ; elle procurera, je pense, de grandes

---

1. Le maréchal Davout fait ici allusion à l'arrestation d'un nommé Becker, créateur d'une ligue secrète contre la France.

lumières et jettera, en même temps, une forte terreur parmi les gens de cette espèce.

Une bonne mesure serait, Sire, ainsi que j'ai eu l'honneur de vous le mander, que Votre Majesté fît venir en France les ducs de Weimar et Mecklembourg; cela ne rendrait pas meilleurs leurs conseillers de régence, mais ces gens-là, étant sans appui, seraient insignifiants.

Prince d'Eckmuhl.

Rapport du général Rapp au prince d'Eckmühl.

Danzig, le 18 novembre 1811.

Les travailleurs prussiens sont rentrés chez eux, à l'exception de ceux de la pointe du Nehrung, vis-à-vis Pillau, où il y en a encore une cinquantaine. Malgré les ordres du roi, les ouvrages ont continué à peu près jusqu'à présent. A Graudenz, on les a terminés, ainsi qu'à Pillau et Lochstædt; seulement la pointe du Nehrung et le petit camp retranché, qui en est à un quart de lieue, ne pourront pas être achevés cette année. On paraît conserver des recrues pour remplacer les 18.000 hommes renvoyés il y a un an, de sorte que l'armée prussienne serait forte aujourd'hui d'à peu près 48.000 hommes, sans ce qu'il y a de retiré dans les villages qu'on pourrait rappeler au premier signal. La conduite du gouvernement prussien est inexplicable. Il règne toujours une grande fermentation parmi la plus nombreuse partie des habitants de la Prusse; je suis bien loin de croire qu'ils ne désirent pas la guerre; ceux qui souffrent, ainsi que ceux qui n'ont pas de moyens d'existence, et dont le nombre est grand, la préfèrent, parce qu'ils n'ont plus rien à perdre et espèrent une chance heureuse; parmi la classe aisée, on trouve des gens raisonnables qui ne la souhaitent pas, mais qui ne voudraient pas non plus une alliance avec la France, ils désirent attendre les événements; il y a un très petit parti à Berlin qui paraîtrait pour cette alliance, parce qu'ils espèrent par là voir assurer ou pour mieux dire continuer plus longtemps l'existence de la monarchie prussienne. Il n'y a pas de doute que toute l'Allemagne, je n'excepte pas même l'Autriche, mais particulièrement la Prusse et la confédération du Rhin, est travaillée depuis plusieurs mois, avec une grande activité, par l'influence anglaise et l'influence russe. On répand de nouveau des pamphlets contre l'Empereur, qu'il est impossible de se procurer là où il y a des Français. Il y en a un imprimé en Angleterre, en français et en allemand, intitulé : *Campagne de Portugal, de 1810 et 1811*, qui doit être fulminant. Il est question d'un autre, fait en Russie par Kotzebue, intitulé : *Beobachtung auf den befreir des überflusses*, ou *Observation sur le délibérateur de l'abondance (l'Empereur)*. Je me suis donné toutes les peines possibles pour avoir quelques-uns de ces pamphlets, mais jusqu'à présent je n'ai pu y parvenir; ils circulent avec beaucoup de circonspection et paraissent faire un grand effet. Il faut qu'il y ait eu quelques mouvements séditieux à Paris ou dans quelques départements de la France, cette nouvelle est parvenue en Allemagne. Il faut très peu de chose pour flatter l'espérance des mécontents; la moindre petite nouvelle qui peut être à notre désavantage est toujours reçue, chez les ennemis de la France, avec une véritable joie. La misère, qui va toujours en croissant, contribue beaucoup à augmenter l'humeur de toute l'Allemagne et, comme je l'ai dit plus haut, elle désirerait la guerre dans l'espérance de pouvoir secouer le joug; je n'excepte pas même les pays gouvernés par les souverains fidèles alliés de l'Empereur, comme par exemple la Saxe, et celui gouverné par son frère (la Westphalie); partout, les esprits paraissent montés et l'exaspération est générale; c'est au point que si nous faisions une campagne malheureuse (ce qui ne sera jamais à présumer), depuis le Rhin jusqu'en Sibérie tout s'armerait contre nous. Je ne suis pas un alarmiste et je n'aime pas à passer pour voir en noir, mais ce que j'avance est positif; je surveille avec activité tout ce qui se passe en Allemagne, soit par le rapport des voyageurs, soit par la correspondance civile, et ceux qui tiennent un autre langage à l'Empereur ne le servent pas bien, ils lui cachent la vérité.

On dit que la diète de Hongrie a refusé de l'argent à l'empereur d'Autriche, parce qu'on croit que ce souverain doit faire entrer en campagne 80.000 hommes contre les Russes en cas de guerre, sous les ordres de l'empereur Napoléon. Les Hongrois doivent dire qu'ils donneront de l'argent pour faire la guerre contre nous, mais pas pour nous; d'autres prétendent que l'Autriche se déclarera contre nous en cas d'hostilités.

Des voyageurs qui arrivent de Russie disent que l'empereur Napoléon a demandé plusieurs fois à l'empereur Alexandre quelles sont les indemnités qu'il voulait pour le duc d'Oldenbourg; la demande doit toujours être restée sans réponse et on conclut par là une grande mésintelligence entre les deux cours.

Des voyageurs arrivant de Paris ont répandu le bruit en Allemagne que l'Impératrice de France avait la maladie du pays, qu'elle maigrissait à vue d'œil et que l'Empereur lui avait promis une permission pour aller passer quelques mois à Vienne. Je répète encore que tous ces faux bruits nourrissent l'espoir des mécontents et ils sont empressés à croire tout ce qui peut être contre nos intérêts.

Comte Rapp.

Nouvelles de Russie du 21.

P. S. — Les dernières nouvelles de Russie annoncent qu'il règne une grande intelligence entre les Anglais et les Russes; on parle même d'un traité d'alliance qui doit être conclu ou le sera incessamment. On assure que les bâtiments anglais chargés de munitions de guerre, qui avaient été renvoyés de Revel, y sont revenus et y ont été déchargés. Il n'y a du reste aucun mouvement de troupes sur les frontières.

Quant aux magasins dont Son Excellence le prince d'Eckmühl me parle dans sa lettre du 16 novembre, j'aurai sous peu de jours des renseignements sûrs; j'ai, dans ces pays, un homme que j'attends d'un moment à l'autre, et si ses rapports sur ce sujet ne sont pas satisfaisants, j'y renverrai de suite quelqu'un.

Rapp.

L'EMPEREUR AU MINISTRE DE LA GUERRE.

Saint-Cloud, le 27 novembre 1811.

De la formation de la 9ᵉ division d'infanterie; mouvements à ordonner à cet effet.

Monsieur le duc de Feltre, par votre lettre du 14 vous me présentez un projet d'itinéraire pour les corps qui doivent former la 9ᵉ division du corps d'observation de l'Elbe. Mon intention est que les deux bataillons du 2ᵉ régiment suisse se rendent à Paris, où ils passeront ma revue, après quoi ils continueront leur route sur Nimègue.

Vous donnerez ordre que les deux bataillons du 3ᵉ régiment suisse, qui sont au Helder et à La Haye, se réunissent à Nimègue.

Proposez-moi de faire remplacer à Cherbourg les deux bataillons du 4ᵉ régiment suisse par les bataillons du 3ᵉ ou le 105ᵉ.

On fera venir alors les deux bataillons du 4ᵉ régiment suisse sur Paris, où je les verrai à ma parade. Ils seront ensuite envoyés à Nimègue.

Par ce moyen, cette division se trouvera avoir six bataillons; aussitôt que les 3ᵉˢ bataillons pourront rejoindre, elle aura neuf bataillons. Il faut désigner un bon général de brigade pour se rendre à Nimègue et prendre le commandement de cette division. Vous lui recommanderez d'avoir un soin particulier de ces troupes.

Il faut donner ordre que le dépôt du 2ᵉ régiment suisse qui est à Marseille, le dépôt du 3ᵉ régiment qui est à Lille, et celui qui est à Rennes, fassent partir ce qu'ils ont de disponible : 1º pour compléter les bataillons à 140 hommes par compagnie; 2º pour former un nouveau bataillon de six compagnies. Il paraît que le 2ᵉ régiment peut fournir 400 hommes; que le 3ᵉ régiment peut en fournir 600 et le 4ᵉ régiment 400, ce qui portera au complet les six bataillons.

Faites-moi connaître quand le régiment d'Illyrie, bien habillé et bien armé, pourra quitter Turin pour se rendre d'abord à Besançon en passant par le Simplon, et de là à Nimègue. La 9ᵉ division se trouverait ainsi formée, dès le premier moment, à dix bataillons, indépendamment des renforts des troisièmes bataillons, ce qui ferait déjà une belle division. Mon intention est que les régiments suisses et le régiment d'Illyrie n'aient pas d'artillerie régimentaire. Selon la force de la division, au moment où elle entrera en campagne, on augmentera l'artillerie de ligne. Il est nécessaire que vous me proposiez pour commander cette division un général qui parle allemand.

NAPOLÉON.

P.-S. — Si, comme je l'espère, le 1ᵉʳ régiment suisse n'est pas nécessaire à Rome, le général Miollis le laissera filer sur Plaisance, d'où l'on pourra, en février, en tirer trois bataillons pour le corps de Nimègue.

(D'après une copie.)

L'EMPEREUR AU MINISTRE DE LA GUERRE.

Saint-Cloud, le 27 novembre 1811.

Faites faire un manuel d'artillerie qui contienne des tables de tir indiquant la portée des bouches à feu et celle du canon sous tous les angles. On fera des tables pour le tir du fusil. La seconde partie contiendra des détails sur la construction des batteries, sur l'emplacement que doit avoir chaque chose, sur les soins à prendre pour qu'on tire tout le parti possible des batteries; enfin, une réunion de maximes anciennes et modernes sur le tir, qui puisse servir d'instruction aux officiers. Ce manuel ne doit pas être, comme vous voyez, le manuel du fondeur, du forgeur, du chimiste ni du manufacturier; il doit contenir ce qu'il est nécessaire de savoir non pour faire les armes, mais pour s'en servir. J'excepte cependant les cartouches à balles et à boulet, les cartouches d'infanterie, les étoupilles, les fusées pour toute espèce de bombes, sur la confection desquelles le manuel doit donner une instruction. Ce manuel ne doit pas être de plus d'un volume. Il doit être fait avec soin et avec clarté. C'est un ouvrage que chaque officier et sergent d'artillerie doit pouvoir porter dans sa poche. L'exercice des manœuvres des pièces, qu'on trouve partout, complètera tout ce dont la connaissance est indispensable au véritable et principal officier d'artillerie. Il est nécessaire de faire connaître, dans les tables de tir, le rapport des lignes, pouces et pieds de hausse avec les angles sous lesquels on tire.

Je vois avec peine qu'on appelle *obusier à la Villantroys* ce qui doit être appelé mortier.

L'idée d'obus est attachée au ricochet, mais on ne peut pas ricocher avec cette énorme machine; on doit donc nommer cette pièce *mortier à la Villantroys*.

NAPOLÉON.

Ordre de faire un manuel d'artillerie à l'usage des officiers et sous-officiers.

RAPPORT DU MINISTRE DE LA GUERRE A L'EMPEREUR.

Paris, le 27 novembre 1811.

D'après les décisions de Sa Majesté, les officiers de la Vieille Garde ont dans la ligne le grade supérieur à celui dont ils sont pourvus dans la Garde.

Sa Majesté ayant nommé, dans le mois d'octobre dernier, des lieutenants en premier de la cavalerie de sa Garde capitaines dans la ligne, m'a fait connaître que son intention était que ces officiers prissent rang de capitaine dans la ligne, du jour où ils avaient été nommés lieutenants en premier dans la Garde.

Il me paraît important de fixer d'après ces dispositions :

Propositions faites à l'Empereur en vue de régler le rang des officiers de la Garde passant dans la ligne, et vice versa.

1° Le grade correspondant dans la ligne à chacun des grades d'officiers de la Vieille Garde ;

2° La manière dont doit être réglé le rang des officiers de la Vieille Garde qui passent dans la ligne ;

3° La manière dont doit être réglé le rang des officiers de la ligne qui passent dans la Garde.

Je pense que l'avantage accordé aux officiers de la Vieille Garde ne peut s'étendre au colonel ; qu'ainsi ce dernier grade, dans la Garde, ne peut correspondre à celui de général de brigade dans la ligne.

Quant aux autres grades, l'assimilation me paraît devoir être fixée ainsi qu'il suit :

Le major dans la Vieille Garde a le grade de colonel dans la ligne, le chef de bataillon ou d'escadron a le grade de major, le capitaine a le grade de chef de bataillon ou d'escadron, le lieutenant en premier a le grade de capitaine.

Le lieutenant en second donne lieu aux observations suivantes :

Il n'existe point dans les régiments d'infanterie et de cavalerie de la ligne de lieutenants en premier et en second, mais bien des lieutenants de 1re et 2e classe. Cette différence de classe n'en établit aucune dans le grade, en sorte que le grade immédiatement supérieur pour les lieutenants de 2e classe, comme pour ceux de 1re, est celui de capitaine.

Mais le lieutenant en second de la Garde est d'un grade inférieur au lieutenant en premier et on ne peut lui reconnaître, comme à celui-ci, le grade de capitaine dans la ligne.

Je pense que ce grade ne peut correspondre à aucun de la ligne et que l'infériorité du lieutenant en second de la Garde, relativement au lieutenant en premier, doit être marquée par la disposition suivante :

« Lorsqu'un lieutenant en premier de la Vieille Garde est nommé capitaine dans la ligne, il prend rang du jour de sa nomination au grade de lieutenant en premier. »

« Lorsqu'un lieutenant en second de la Garde est nommé capitaine dans la ligne, il ne doit prendre rang que du jour de sa nomination au grade de capitaine. »

Manière dont on propose de régler le rang des officiers de la Garde qui passent dans la ligne.

Lorsqu'un officier de la Vieille Garde passe dans la ligne avec le grade correspondant à celui dont il était pourvu dans la Garde, et c'est le grade immédiatement supérieur, il doit prendre rang dans le grade qu'il va occuper dans la ligne du jour de sa nomination au grade dont il était pourvu dans la Garde.

Mais, si les officiers de la Vieille Garde passent dans la ligne avec un avancement réel, c'est-à-dire :

Le major comme général de brigade,

Le chef de bataillon ou d'escadron comme colonel,

Le capitaine comme major,

Le lieutenant en premier comme chef de bataillon ou d'escadron,

Le lieutenant en second comme capitaine,

ils ne doivent prendre rang, avec les officiers du grade auquel ils sont nommés dans la ligne, que du jour de leur nomination à ce grade.

Dans la supposition où un chef de bataillon ou bien un chef d'escadron de la ligne serait nommé major dans la ligne du même jour qu'un capitaine de la Garde, la priorité du rang paraît appartenir au capitaine de la Garde, s'il est plus ancien dans ce grade que le chef de bataillon ou d'escadron ne l'est dans le sien, et *vice versa*.

Manière dont paraît devoir être réglé le rang des officiers de la ligne appelés dans la Vieille Garde.

Un colonel de la ligne appelé comme major dans la Vieille Garde ;
Un major appelé comme chef de bataillon ou d'escadron ;
Un chef de bataillon ou d'escadron, ou un capitaine ayant quatre ans de service dans ce grade, appelé comme capitaine ;
Un capitaine ou un lieutenant ayant quatre ans de service dans ce grade, appelé comme lieutenant en premier ;
Un lieutenant appelé comme lieutenant en second.
Ces officiers ne doivent prendre rang, avec ceux du grade auquel ils sont nommés dans la Garde, que du jour de leur nomination dans la Garde.
Cette disposition résulte de l'article 7 du décret du 15 avril 1806, ainsi conçu :
« Le rang d'ancienneté des officiers de tous grades et de tous les individus faisant partie de la Garde sera réglé entre eux, d'après leur ancienneté de service dans la Garde. »
Mais si un colonel de la ligne et un chef de bataillon ou d'escadron de la Garde sont nommés majors de la Garde du même jour, la priorité du rang paraît devoir appartenir au colonel de la ligne.
On doit prévoir cet autre cas :
Un capitaine de la ligne, ayant quatre ans de service dans ce grade, est nommé capitaine dans la Garde du même jour qu'un lieutenant en premier de la Garde ; tous les deux sont considérés comme chefs de bataillon dans la ligne du même jour.
Je crois que la priorité du rang appartient au lieutenant en premier de la Garde, parce qu'il servait le premier dans la Garde, et qu'ainsi il doit primer le capitaine de la ligne, dans la supposition même où celui-ci serait plus ancien dans le grade de capitaine que le lieutenant en premier ne l'est dans le sien.
Cette opinion se fonde sur l'article 7 du décret du 15 avril 1806 qui est précédemment cité.
Je prie Sa Majesté de me faire connaître sa décision sur les dispositions contenues dans le présent rapport, afin qu'il n'y ait aucune incertitude sur la manière d'assurer aux officiers de la Vieille Garde les avantages qu'elle a bien voulu leur accorder.

Duc de Feltre.

Renvoyé à M. le duc d'Istrie pour me faire un rapport.

Saint-Cloud, le 30 novembre 1811.

Napoléon.

Formation d'une 11ᵉ compagnie d'infirmiers.

Par décret du 29 novembre 1811, il est formé, sous le numéro 11, une nouvelle compagnie d'infirmiers, qui est portée au complet de 125 hommes.

Conscription 1811.

Au mois de novembre 1811, sur 117.801 conscrits appelés, 113.617 avaient rejoint et étaient incorporés.

LE PRINCE D'ECKMUHL A L'EMPEREUR.

Hambourg, le 29 novembre 1811.

De la nécessité d'avoir sur le pied de guerre de grands approvisionnements de souliers et d'effets de campement.

Sire, j'ai reçu la lettre de Votre Majesté du 24 novembre. Les explications qu'elle renferme ont été un grand soulagement pour moi.

La campagne de 1805 m'a démontré la nécessité, lorsqu'on a des troupes sur le pied de guerre, d'avoir des grands approvisionnements de souliers et effets de campement. Beaucoup d'hommes de ce corps d'armée et des autres sont restés en arrière faute de chaussure.

L'expérience a prouvé que tous les souliers qu'on faisait faire par entreprise étaient toujours d'une mauvaise qualité et d'un mauvais usage.

Aussi, depuis cette époque, j'ai pris les plus grandes précautions pour que les colonels eussent une réserve de trois paires de souliers pour l'effectif de leurs corps, indépendamment des trois paires que doit avoir chaque homme. Cela n'entraîne Votre Majesté à aucune dépense, puisque ce sont eux qui font confectionner ces souliers sur la masse de linge et chaussure.

Ces souliers sont faits avec soin et sont d'un bon service; plus ils sont conservés, meilleurs ils sont.

Dans la campagne de 1809, on avait eu cette précaution, qui a eu un plein succès. Pas un régiment n'a éprouvé un manque de chaussures. Pour donner une idée à Votre Majesté de notre situation sous ce rapport, je lui adresse un état présentant la situation générale des quantités de souliers et effets de campement existant au 1ᵉʳ novembre.

Elle verra, par cet état, qu'il ne manque rien pour que chaque régiment ait six paires de souliers par homme, à raison de 140 hommes par compagnie, ou environ 22.000 paires de souliers.

Des ordres ont été donnés pour les faire confectionner et même pour porter le complet à 150 hommes par compagnie.

Les ordres ont été donnés aussi pour qu'on se procure le manquant au complet des autres objets.

Ce qui me fait entrer dans ces détails, Sire, c'est que dans l'hypothèse où le corps d'observation du Rhin, d'Italie, les autres corps et votre Garde seraient dans le cas de se porter sur l'Elbe, il serait essentiel que les commandants de ces corps eussent pris les mêmes précautions; sans cela, la chaussure manquera bien vite.

Bien entendu qu'en cas de marche du corps d'armée, les corps ne seraient pas embarrassés par ces grandes quantités de souliers qui seraient déposées dans les places de l'Oder, portées en avant suivant les circonstances et tirées suivant les besoins.

Je donne des ordres pour que le général Gudin envoie à Stettin le 12ᵉ ou le 21ᵉ de ligne qui est à Magdebourg. A son arrivée à Stettin, le général Liebert fera partir le 108ᵉ pour Custrin, d'où le 85ᵉ partira pour Glogau le jour de l'arrivée du 108ᵉ à Custrin.

Je donne aussi les ordres pour que les bataillons des 19ᵉ et 46ᵉ soient envoyés à Magdebourg et casernés dans la citadelle autant que faire se pourra.

Ils feront peu de service. Un général sera chargé d'en prendre un soin particulier.

PRINCE D'ECKMUHL.

L'EMPEREUR AU PRINCE D'ECKMUHL.

Saint-Cloud, 30 novembre 1811.

Défense d'employer des officiers étrangers dans les états-majors français.

Mon Cousin, je reçois votre lettre du 25 novembre. Je suis entièrement opposé à l'idée que vous manifestez de prendre dans les états-majors cinq officiers qui auraient servi en Autriche. Je n'entends pas cela : laissez-les dans les régiments où je les ai placés. Je ne veux dans les états-majors que des hommes qui, depuis 1789, n'aient pas quitté les drapeaux français. Si vous les aviez pris, renvoyez-les sur-le-champ. Bien loin de là, je fais faire une revue pour m'assurer du nombre de ces hommes qui sont dans nos rangs, mon intention étant de les tenir dans des régiments spéciaux. Je ne veux avoir aucune inquiétude sur la fidélité de mon armée. Je n'approuve pas davantage de mettre des officiers sortant du service d'Autriche dans des régiments français.

NAPOLÉON.

Au reçu de cette lettre le prince d'Eckmühl s'empresse de répondre :

Hambourg, le 4 décembre 1811.

Sire, je reçois la lettre de Votre Majesté du 30 novembre. Ce n'était qu'une simple proposition que je faisais à Votre Majesté de mettre dans les états-majors cinq officiers qui avaient servi en Autriche, que je désignais d'après les renseignements qui m'avaient été fournis. Je transmets mes idées, mais je cesse d'en avoir lorsque Votre Majesté a donné des ordres.

Ces officiers n'ont pas connaissance de la demande que je faisais et qui m'était dictée en raison du petit nombre d'officiers d'état-major qui existe. Ils sont à leurs corps et y resteront.

Un militaire du 7ᵉ régiment d'infanterie légère convaincu d'embauchage a été condamné à mort. En allant à l'exécution il a fait des révélations qui font découvrir une partie des embaucheurs qui existaient en Westphalie. Parmi eux il se trouve quelques officiers hanovriens qui ont été au service de l'Angleterre, maintenant retirés du service. Des ordres ont été donnés pour arrêter ces individus.

On me rend compte d'Erfurt que le libelliste Becker, de Gotha, a été arrêté et conduit à Magdebourg avec tous ses papiers. J'espère qu'ils donneront de bons renseignements sur tous les libellistes et agents anglais qui existent en Allemagne.

Prince d'Eckmuhl.

LE PRINCE D'ECKMUHL A L'EMPEREUR.

Hambourg, le 30 novembre 1811.

Renseignements sur les mouvements de l'armée russe et sur le dénuement du grand-duché.

Sire, j'ai l'honneur d'adresser à Votre Majesté les derniers rapports de Varsovie, que m'a transmis le prince Poniatowski. J'y joins copie de sa lettre d'envoi et d'une lettre de M. Bignon.

On met de nouveau les Russes en mouvement. Il est difficile de démêler la vérité au milieu de tous les rapports qui viennent de ce pays, l'expérience ayant prouvé que presqu'aucun ne s'était confirmé; mais il me paraît qu'il n'y a encore rien de sérieux.

Votre Majesté remarquera que le prince Poniatowski, dans sa lettre d'envoi, m'entretient de nouveau du dénuement dans lequel se trouve le gouvernement du Duché.

Je ne puis trop attirer l'attention de Votre Majesté sur la situation où se trouve cette armée; elle mérite toute sa sollicitude, et si elle ne prend de prompts remèdes, j'ai la certitude qu'une partie des craintes du prince se réaliseront.

Je prie Votre Majesté de ne point voir dans les représentations réitérées que je lui fais sur la situation de l'armée polonaise et la nécessité de venir à son secours, des affections particulières. Je suis et ne serai jamais qu'un bon Français, et un fidèle sujet de Votre Majesté, et ces représentations ne me sont dictées que par l'intérêt de son service.

Prince d'Eckmuhl.

Copie d'une lettre de M. le baron Bignon à M. le Maréchal Prince d'Eckmühl, datée de Varsovie, le 22 novembre 1811.

Tous les rapports que vous recevrez aujourd'hui, Monsieur le Maréchal, parlent de la guerre comme d'un événement prochain. On fait arriver en Samogitie la 5ᵉ et la 14ᵉ division qui étaient en Courlande, et avec elles encore une division de cavalerie. On met de même en mouvement presque tout ce qui est en Lithuanie, et on fait approcher aussi quelques régiments de Brzesc. En admettant que tous ces faits fussent exacts (et il est bon d'attendre pour y croire), les troupes qui sont en Wolhynie demeurant immobiles, il ne peut pas être question d'hostilités imminentes du moins, car dans ce cas il devrait y avoir un ébranlement général de toutes les forces russes de la Baltique au Dniester.

Dans le rapport d'un agent que j'ai dans le gouvernement de Zitomirz (*Jitomir*), rapport joint à ma lettre du 16 de ce mois, Votre Excellence aura vu un compte rendu des succès obtenus par les Russes contre les

Turcs. Ces succès paraissent aujourd'hui devoir entraîner de graves conséquences. Déjà on dit la paix conclue. C'est une nouvelle au moins prématurée, mais on négocie, comme Votre Excellence le verra par un extrait ci-joint d'une lettre du ministre de Saxe à Vienne en date du 9 de ce mois.

La conclusion de la paix entre les Russes et les Turcs, si elle avait lieu, multiplierait sans doute les chances de guerre. La Russie, en s'y déterminant, marcherait toujours à sa perte, mais du moins, maîtresse de toutes ses forces, elle aurait moins de probabilités contre elle.

La conduite de la Prusse continue à paraître inexplicable pour nous, mais ce qui est obscur à nos yeux peut être très intelligible pour S. M. l'Empereur.

Par des rapports qui viennent de la Saxe, on supposerait que, dans le cas d'une rupture, le roi de Prusse pourrait tenter un coup de main sur Glogau. On prétend que la garnison de cette place est peu forte. J'ignore si elle exige plus de troupes qu'il y en a; Votre Excellence saura mieux que personne si cette remarque a quelque justesse.

Bignon.

Copie de la lettre du prince Poniatowski au prince d'Eckmühl en date du 23 novembre 1811.

J'ai l'honneur de communiquer à Votre Excellence les renseignements qui me sont parvenus depuis ma dernière dépêche.

Tous les rapports dignes de foi qui concernent la Prusse ne laissent pas douter que, malgré toutes les protestations, on y songe moins que jamais à discontinuer les préparatifs militaires. D'un autre côté, les troupes russes, qui s'étaient pendant un certain temps tenues tranquilles, reprennent peu à peu une attitude hostile, et le mouvement qu'elles viennent de faire vers la Samogitie et les frontières de la Prusse décèle encore plus les intentions de la Russie et sa bonne intelligence avec cette puissance.

Dans cette position de choses, il paraît naturel de s'attendre à un dénouement prochain, et je ne néglige aucune des mesures que les circonstances rendent nécessaires. Cependant tel est notre dénuement général, sous tous les rapports, que, malgré tous nos efforts, je désespère de vaincre tous les obstacles multipliés que je rencontre à tout moment, pour tirer le meilleur parti possible de nos ressources militaires. Je ne cesse de renouveler mes demandes et mes représentations au sujet des souliers; j'ai lieu de croire qu'on est convaincu de la nécessité de mettre tout en œuvre pour les procurer à l'armée; mais en tous cas l'exécution de cette mesure ne peut être aussi prompte que le commande peut-être l'urgence du moment.

En un mot, Monseigneur, notre misère est tellement à son comble que si S. M. l'Empereur ne daigne venir à notre secours, nous devons nous attendre à périr sans avoir eu la consolation d'être d'une utilité réelle pour son service.

Veuillez bien croire, Monseigneur, qu'il n'y a dans ceci aucune exagération; elle serait aussi incompatible avec mon entier dévouement pour S. M. l'Empereur qu'avec les sentiments que je désire toujours inspirer à Votre Excellence.

Joseph, Prince Poniatowski.

CHAPITRE XX

Décembre 1811.

Grande Armée: Décret prescrivant la levée des chevaux nécessaires au train d'artillerie (4 déc.). Organisation des équipages de l'artillerie, du train des équipages militaires, du service des ponts et des équipages du génie (4 déc.). Composition du matériel du génie (14 déc.); des équipages de pont (14 et 26 déc.). Répartition des pontonniers, sapeurs et mineurs (30 déc.). Organisation générale de la Grande Armée et force qu'elle présentera en mars 1812 (30 déc.). Ordre à tous les régiments de s'approvisionner en souliers à raison de quatre paires par homme (31 déc.). — *Corps d'observation de l'Elbe:* De la composition des 6°, 8° et 9° divisions (9, 25, 27 déc.). Ordres de mouvement concernant: 1° les bataillons suisses, illyriens, croates; 2° les régiments de la brigade de cavalerie légère Castex (9 déc.). Adjonction au corps de l'Elbe d'un bataillon d'équipage de matelots (16 déc.). Détachements à envoyer en Allemagne par les dépôts (20 déc.). De la situation sanitaire du corps de l'Elbe; nécessité de compléter promptement l'effectif de ce corps (20 déc.). Situation des régiments de cavalerie attachés au corps de l'Elbe (26 déc.). — *Corps d'observation d'Italie:* Organisation de ce corps (16 déc.). Ordre au vice-roi de hâter la réunion de ses troupes et d'assurer leur approvisionnement (28 déc.). De la formation d'un bataillon d'équipages militaires italien (30 déc.). — *Cavalerie:* Décret réglant l'organisation de la cavalerie pour 1812 (4 déc.). Des chevau-légers (19, 24 déc.). Organisation des cuirassiers en cinq divisions et de la cavalerie légère en treize brigades (25 déc.). De l'armement à donner aux cuirassiers et aux chevau-légers (25 déc.). Mesures ordonnées pour l'inspection de plusieurs brigades de cavalerie légère (29 déc.). Formation d'une 14° brigade de cavalerie et dispositions concernant la livraison des chevaux à Munster, Hambourg et Hanovre (30 déc.). — *Garde impériale:* Organisation générale de l'infanterie et de la cavalerie; répartition de l'artillerie, du génie et des services administratifs (16, 17, 21, 24, 26 déc.). — *Grand-duché de Varsovie:* De la détresse du pays (2 déc.). Comptes rendus des embarras financiers du duché et de la misère de son armée (3, 7, 22 déc.). De l'approvisionnement des places de Modlin et de Zamosc (15 déc.). Ordre d'accélérer l'armement du grand-duché (31 déc.). — *Places de Danzig et de l'armée d'Allemagne:* Décret réglant l'approvisionnement de siège de Danzig (12 déc.). Instructions complémentaires (13 déc.). Décret concernant les équipages de siège de Danzig et de Magdebourg et l'armement des places de Magdebourg, Stettin, Custrin et Glogau (21 déc.). — *Westphalie:* État des esprits (7 déc.). Des troupes westphaliennes (9, 10 déc.). Convention à passer avec la Westphalie (10, 24 déc.). Ordre au roi Jérôme de hâter l'organisation de son armée (17 déc.), et mesures à prendre à cet effet (26 déc.). — *Confédération du Rhin:* Ordre aux princes de la Confédération de préparer leur contingent (16 déc.) et d'en hâter la mise sur pied (30 déc.). — *Renseignements:* 1° Sur la Russie (4, 12, 15, 18, 21, 22, 26, 28 déc.); 2° Sur la Prusse (2, 4, 7, 18, 21 déc.). Réseau de surveillance à établir autour de l'armée russe (20 déc.). — *Divers:* Décret concernant les 6°, 7° et 12° bataillons des équipages militaires (14, 15 déc.). Des chariots nouveau modèle (19 déc.). De la conscription de 1812 (18, 19, 24 déc.). Des achats de chevaux (19, 24, 30 déc.). Des achats de vins et d'eaux-de-vie destinés à l'armée d'Allemagne (31 déc.). Décret relatif aux étendards (25 déc.). Décret réglant la composition des équipages régimentaires (29 déc.). Relations tendues avec la Suède (27 et 28 déc.).

L'Empereur, mécontent de l'instruction des canonniers de la marine, qu'il qualifie de « médiocres », signale au vice-amiral Decrès la défectuosité du tir en usage et par suite la nécessité de « perfectionner le canonnage ». Au lieu de tirer pour démâter, on doit, comme les Anglais, viser constamment à couler (4 décembre).

D'autre part, pour avoir des troupes de marine bien acclimatées à la mer et inamovibles, il prescrit que les 2es compagnies des 5es bataillons (dépôts), destinées à former les garnisons de vaisseaux, « ne pourront être changées ni en officiers, ni en sous-officiers, ni en soldats » (27 décembre).

Aucune autre disposition importante n'est prise dans le courant de décembre en ce qui concerne les opérations et mesures contre l'Angleterre.

Décembre 1811 : coup d'œil sur les préparatifs maritimes contre l'Angleterre, pour mémoire.

L'EMPEREUR AU PRINCE D'ECKMUHL, COMMANDANT LE CORPS D'OBSERVATION DE L'ELBE, A HAMBOURG.

Paris, le 2 décembre 1811.

Mon Cousin, je réponds à l'une de vos lettres du 26 novembre. Si le grand-duché de Varsovie, qui a plus de quatre millions d'habitants, ne peut pas nourrir ses troupes, malgré tous les avantages que je lui fais en favorisant son emprunt, qui lui a déjà rendu plusieurs millions, en nourrissant, soldant et habillant la division qu'il a en Espagne, qui est le quart de son infanterie, je ne puis pas comprendre comment ce pays peut prétendre à devenir une nation.

Je réponds à l'une de vos dernières lettres du 28 novembre. Les Allemands se plaignent que tous ces bruits d'insurrection de l'Allemagne sont fomentés par les Français, qui, à force de s'en entretenir et de s'échauffer sur cet objet, finiront par y faire croire. Ils se plaignent que vous ayez dit à Rostock que vous sauriez bien empêcher l'Allemagne de devenir une Espagne; que, tant que vous y commanderiez, on n'oserait rien entreprendre. Ces propos font un mal réel. Il n'y a rien de commun entre l'Espagne et les provinces d'Allemagne. L'Espagne serait réduite depuis longtemps sans ses 60.000 Anglais, sans ses 1.000 lieues de côtes qui font que nos armées sont partout sur les frontières, et enfin sans les 100 millions que lui a fournis l'Amérique, car l'Angleterre n'est pas en état de lui fournir de l'argent; mais, comme en Allemagne il n'y a pas d'Amérique, ni la mer, ni une immense quantité de places fortes et 60.000 Anglais, il n'y a rien à craindre, l'Allemand fût-il même aussi oisif, aussi fainéant, aussi assassin, aussi superstitieux, autant livré aux moines que l'est le peuple d'Espagne, où il y avait 300.000 moines. Jugez donc de ce qu'il y a à redouter d'un peuple si sage, si raisonnable, si froid, si tolérant, tellement éloigné de tout excès qu'il n'y a pas d'exemple qu'un homme ait été assassiné en Allemagne pendant la guerre. L'Autriche était bien susceptible d'être mise en révolution. Les effets ont prouvé le peu de fondement des craintes qu'on voulait

Observations au sujet de la détresse du grand-duché de Varsovie. Jugement de Napoléon sur l'état des esprits en Allemagne.

concevoir. Il est donc très fâcheux qu'on entretienne les généraux de ces chimères et qu'on laisse circuler dans le pays des comparaisons qui ne peuvent faire que du mal, sans produire aucun bien. S'il y avait un mouvement en Allemagne, il finirait par être pour nous et contre les petits princes.

Quant à la Westphalie, le peuple de la Hesse, qui est le principal, est bien loin de regretter l'Électeur; l'armée est attachée au roi. Il sera avantageux que vous portiez de votre côté plus d'aménité envers le gouvernement westphalien et envers le roi; il vaut mieux concilier qu'aigrir.

Je ne sais pas pourquoi Rapp se mêle de ce qui ne le regarde pas; il n'y a que deux faits dans son rapport : 1° que Kotzebue a fait un pamphlet; 2° que les Anglais en ont fait un autre qui a pour titre *Campagne de Portugal*. Il devait vous rendre compte de ces deux faits et ne pas parler d'autre chose. De quoi va-t-il parler de ce qui se passe en Hongrie, de l'esprit qui anime la Confédération et ces pays, lui qui en est si éloigné! Qu'il se renferme dans son gouvernement, qu'il se mêle de ce qui le concerne et qu'il se borne à me rendre compte de Danzig et des pays environnants. Je vous prie de ne pas me remettre de pareilles rapsodies sous les yeux. Mon temps est trop précieux pour que je le perde à m'occuper de pareilles fadaises. Vous ne prétendez sans doute pas que je m'instruise de ce qui se passe en Hongrie et en Autriche par des rapports de Danzig, surtout transmis par un homme aussi faible et dont je fais aussi peu de cas, hormis un jour d'affaire, que Rapp; tout cela ne sert qu'à me faire perdre mon temps et à salir mon imagination par des tableaux et des suppositions absurdes. Vous deviez m'envoyer l'extrait du rapport de Rapp et me dire en deux mots : « Le général Rapp me mande qu'un pamphlet, ayant pour titre *Campagne de Portugal*, est répandu par les Anglais (libelle dont nous avons 1.000 exemplaires) et que Kotzebue en a fait un autre. »

Ce que vous devriez recommander au général Rapp, c'est que les généraux ne s'intéressent pas dans les corsaires, et que ces corsaires n'abusent point de cela pour ravager des côtes et commettre des choses injustes qui m'engagent ensuite dans des querelles. Un officier ne doit point figurer dans de pareilles entreprises, surtout un général dont les décisions provisoires ont de l'influence sur la matière [1].

NAPOLÉON.

---

1. Le rapport du général Rapp, auquel l'Empereur fait allusion, est joint à la lettre du prince d'Eckmühl, en date du 26 novembre, publiée chapitre précédent, page 348.

LE PRINCE D'ECKMUHL A L'EMPEREUR.

Hambourg, le 3 décembre 1811.

Sire, j'ai l'honneur d'accuser réception à Votre Majesté de sa lettre du 25 novembre, où elle me fait connaître qu'elle voit, par la situation de l'armée polonaise au 1ᵉʳ novembre, que les 5ᵉ, 10ᵉ et 11ᵉ régiments d'infanterie polonais, qui devraient être à 3.600 hommes, n'en ont que 2.500 à 2.600.

Situation des 5ᵉ, 10ᵉ, et 11ᵉ régiments polonais et du 9ᵉ lanciers; embarras financier du grand-duché.

J'en ai écrit déjà au prince Poniatowski. Je vais lui en réitérer la demande, et je lui observerai que les dépôts de ces corps offrent bien peu de ressources, puisque, sur le dernier état, le 5ᵉ régiment n'avait que 300 hommes, le 10ᵉ, 200, et le 11ᵉ, 100.

Le 9ᵉ de lanciers, sur le dernier état de situation, a 521 hommes présents et près de 700 chevaux, ceux d'officiers compris. Il n'y a au dépôt que 126 hommes présents et 118 chevaux.

La misère n'est que trop réelle, et l'embarras de finances dans lequel se trouve le duché de Varsovie tient au désordre qui règne dans cette partie, à leur inhabileté et aussi aux circonstances.

De fausses et ineptes opérations de finances, qui sont le résultat de la trahison ou de l'ineptie la plus extraordinaire, ont fait sortir le peu de numéraire qu'ils avaient, et les circonstances ont anéanti en presque totalité leur commerce d'exportation, qui était tout ce qui leur faisait rentrer du numéraire. Par les raisons que connaît Votre Majesté, les grains ne peuvent plus se vendre à Danzig, qui en est encombré.

Je réitère à Votre Majesté que je regarde comme très urgent, pour le bien de son service, qu'elle vienne au secours de cette armée. Je m'en réfère à ce que j'ai eu l'honneur de lui écrire les 20 et 30 novembre. Je vais, au surplus, écrire au prince Poniatowski dans le sens de Votre Majesté; mais il est au-dessus de ses forces de remédier aux inconvénients.

PRINCE D'ECKMUHL.

Décret du 4 décembre 1811 [1].

TITRE 1ᵉʳ.

Carabiniers et cuirassiers.

ARTICLE PREMIER. — Les régiments de cuirassiers formant la 1ʳᵉ division de cuirassiers aux ordres du général Saint-Germain, ainsi que ceux formant la 3ᵉ division de cuirassiers, réunis à Erfurt, seront complétés en hommes, chevaux et harnais, conformément aux dispositions de notre décret du 16 octobre dernier sur la première remonte de 1812, et tous les mouvements seront ordonnés des dépôts sur les

Effectif auquel les régiments de cavalerie devront être portés en 1812. Répartition des commandes pour les remontes.

---

1. Voir le décret du 19 janvier 1812, qui en est le complément, page 571.

escadrons de guerre, de manière que chaque régiment ait 1.050 hommes d'effectif et 975 chevaux en Allemagne et qu'il reste au dépôt 50 hommes et 25 chevaux, officiers non compris.

Art. 2. — Les 1er et 2e régiments de carabiniers, les 1er, 5e, 8e, 10e et 11e de cuirassiers, qui forment les 2e et 4e divisions de la réserve de cavalerie, seront portés à 1.000 hommes et à 900 chevaux par régiment, de manière que chaque régiment ait 875 chevaux et 950 hommes aux escadrons de guerre, et 50 hommes et 25 chevaux au dépôt.

En conséquence, ces sept régiments seront compris dans la conscription de 1812 pour 740 hommes, et dans la seconde remonte de 1812 pour 601 chevaux, conformément à ce qui est détaillé dans l'état A ci-joint.

Art. 3. — Les régiments de carabiniers et de cuirassiers (hormis le 1er régiment de cuirassiers, qui a déjà son 5e escadron) formeront, au 1er février prochain, une 9e compagnie qui sera appelée compagnie de dépôt. Les colonels désigneront les officiers et sous-officiers qui devront faire partie de cette compagnie et rappelleront aux escadrons de guerre, pour compléter les cadres, les autres officiers et sous-officiers qui seraient d'excédant au dépôt.

Art. 4. — Également à l'époque du 1er février prochain, chaque régiment de carabiniers et de cuirassiers aura, existant aux escadrons de guerre, sa forge de campagne et son caisson d'ambulance attelés, et, en outre, les quantités de fers nécessaires pour pouvoir faire une marche de deux mois sans éprouver aucun retard.

TITRE II.

Cavalerie légère.

Art. 5. — Les 7e, 11e, 12e, 20e, 23e, 24e régiments de chasseurs et les 5e, 9e et 11e régiments de hussards seront portés au grand complet de 1.100 hommes et de 1.000 chevaux, savoir : 1.050 hommes aux escadrons de guerre, et 50 hommes et 25 chevaux au dépôt.

Art. 6. — Au 1er janvier prochain, le 4e escadron du 20e de chasseurs et le 7e escadron du 9e de hussards seront formés afin d'avoir quatre escadrons en France, indépendamment des trois qui sont en Navarre.

Art. 7. — Les 4e, 6e, 8e, 9e, 19e, 25e régiments de chasseurs et le 6e de hussards seront également portés à 1.100 hommes et à 1.000 chevaux ; mais ce qui existe aux escadrons de guerre ne sera pas augmenté et les recrues, ainsi que les remontes, resteront dans les dépôts.

Art. 8. — En conséquence, il sera alloué aux seize régiments de cavalerie légère que le présent titre concerne 3.467 hommes sur la conscription de 1812 et 4.981 chevaux sur les deuxième et troisième remontes de la même année, conformément à ce qui est détaillé dans l'état ci-joint (B).

TITRE III.

Dragons.

Art. 9. — Les 7e, 23e, 28e et 29e dragons seront portés à 1.000 hommes et à 900 chevaux.

Les hommes et les chevaux existant aux escadrons de guerre y resteront, et les revues et les remontes resteront aux dépôts.

Art. 10. — En conséquence, il sera alloué aux quatre régiments de dragons ci-dessus 995 hommes sur la conscription de 1812 et 881 chevaux sur les deuxième et troisième remontes de la même année, conformément à ce qui est détaillé dans l'état ci-joint (C).

TITRE IV.

Chevau-légers.

Art. 11. — Les 1er, 2e, 3e, 4e, 5e, 6e et 8e régiments de chevau-légers seront portés à 850 chevaux chacun; les 2.150 chevaux de remonte qui, à cet effet, sont nécessaires, conformément à ce qui est détaillé dans l'état ci-joint (D), seront achetés pour ces sept régiments par la commission de 1812, deuxième et troisième remontes.

Art. 12. — L'habillement et l'équipement des 600 hommes et des 600 chevaux des 1er, 2e, 3e, 4e, 5e régiments de chevau-légers et des 850 hommes et 850 chevaux des 6e et 8e seront terminés au 1er février prochain, de sorte que 3.000 chevaux pour les cinq premiers régiments et 1.600 pour les deux autres, c'est-à-dire 4.600 chevau-légers, puissent au 1er mars entrer en campagne.

TITRE V.

Artillerie à cheval.

Art. 13. — Les achats à faire sur les deuxième et troisième commandes de 1812 pour les remontes de l'artillerie à cheval seront de 600 chevaux à répartir entre les régiments, conformément à l'état ci-joint (D).

TITRE VI.

Récapitulation de la deuxième et de la troisième commande de 1812.

Art. 14. — La commande pour les remontes de 1812 se composera de trois commandes, la première déjà ordonnée, la deuxième et la troisième conformes à l'état ci-après :

2ᵉ commande.	3ᵉ commande.		
601 chevaux	» chevaux	pour les régiments	de carabiniers et de cuirassiers.
2.741 —	2.240 —	—	de chasseurs et de hussards.
481 —	400 —	—	de dragons.
900 —	1.250 —	—	de chevau-légers.
436 —	164 —	pour l'artillerie à cheval.	
5.159 chevaux.	4.054 chevaux.		

9.213 chevaux.

ART. 15. — Les chevaux de la première commande seront levés de suite et rendus aux corps avant le 15 février prochain, pour entrer en campagne avant le 15 mars 1812. Ceux de la deuxième commande ne seront appelés que par de nouveaux ordres [1].

NAPOLÉON.

---

1. Quelques jours après, cet article 15 donne lieu à une rectification :
« Monsieur le comte de Cessac, je lis avec attention le décret du 4 décembre sur la remonte de la cavalerie, et je m'aperçois d'une grande faute de rédaction à l'article 15. Il fallait lire : « *Les chevaux des première et deuxième commandes seront* » *levés sans délai et devront être rendus aux corps dans le courant de février* » *prochain. Les chevaux de la troisième commande seront levés sur de nouveaux* » *ordres.* Il est fort heureux que le propos de ce matin m'ait fait apercevoir de » cette erreur. » Je viens d'y remédier par un décret que vous rendrez aujourd'hui.
» Paris, le 15 décembre 1811.

» NAPOLÉON. »

DÉCEMBRE 1811.

RÉGIMENTS.	NUMÉROS des RÉGIMENTS.	COMMANDES.		
		PREMIÈRE.	DEUXIÈME.	TROISIÈME.
A Carabiniers	1	»	110	»
	2	»	65	»
	1	»	97	»
	5	»	122	»
Cuirassiers	8	»	101	»
	10	»	48	»
	11	»	58	»
	»	»	601	»
	4	»	222	100
	6	»	105	200
	7	»	300	322
	8	»	122	200
B	9	»	100	299
Chasseurs	11	»	137	200
	12	»	200	139
	19	»	35	200
	20	»	74	100
	23	»	133	»
	24	»	194	100
	25	»	200	130
	5	»	257	100
Hussards	6	»	155	150
	9	»	227	»
	11	»	280	»
	»	»	2.741	2.240
C	7	»	145	100
Dragons	23	»	98	100
	28	»	93	100
	30	»	145	100
	»	»	481	400
	1	»	180	250
	2	»	180	250
D	3	»	180	250
Chevau-légers	4	»	180	250
	5	»	180	250
	6	»	»	»
	8	»	»	»
	»	»	900	1.250
E	1	»	100	20
Artillerie légère	3	»	80	30
	4	»	56	24
	5	»	60	30
	6	»	140	60
	»	»	436	164
RÉCAPITULATION.				
Carabiniers et cuirassiers		»	601	»
Chasseurs et hussards		»	2.741	2.240
Dragons		»	481	400
Chevau-légers		»	900	1.250
Artillerie légère		»	436	164
		»	5.159	4.054
TOTAL GÉNÉRAL			9.213	

Décret.

Au palais des Tuileries, le 4 décembre 1811.

Effectif auquel seront portés les bataillons du train d'art" destinés à la Grande Armée. Répartition des commandes pour la levée des chevaux nécessaires.

ARTICLE PREMIER. — Les quatorze compagnies des 1er bataillon *bis*, 4e principal, 9e *bis* et 13e *bis* du train d'artillerie, qui sont actuellement en France, seront destinées à l'armée en Allemagne. Ces compagnies seront, en conséquence, organisées comme les compagnies des autres bataillons du train de cette armée et complétées à 250 chevaux par compagnie, ce qui portera la force des quatorze compagnies à 3.500 chevaux.

ART. 2. — Les dix bataillons qui sont en France et en Italie, destinés à faire partie de la Grande Armée, seront portés, avant le mois de mai prochain, à 1.500 chevaux chacun, ce qui fera 15.000 chevaux.

ART. 3. — Le train de notre Garde impériale sera augmenté de 900 chevaux, de sorte qu'elle ait en France, indépendamment de ce qu'elle a en Espagne, 2.500 chevaux, ce qui, joint aux 15.000 et 3.500, fera 21.000 chevaux d'artillerie pour le service de la Grande Armée, en outre 2.200 d'Italie, c'est-à-dire 23.200, ou l'attelage de 4.600 voitures.

ART. 4. — Cette levée de 8.800 chevaux se fera en trois commandes.

La 1re commande sera de 4.040 chevaux.
La 2e   —   —   2.200   —
La 3e   —   —   2.560   —

ART. 5. — La première commande sera faite dans le courant de décembre, et les chevaux devront être reçus harnachés et présentés au dépôt avant le 15 février prochain.

Nous donnerons des ordres dans le courant de janvier pour la seconde et pour la troisième commande.

ART. 6. — Le 7e bataillon principal du train se rendra à La Fère. Ce bataillon et les quatre compagnies du 4e bataillon principal seront destinés à servir la réserve de la Garde.

ART. 7. — Les chevaux qui sont accordés sur la première commande aux 7e et 4e bataillons principaux du train seront fournis et harnachés aux frais de la Garde. Les fonds en seront faits par le conseil d'administration de ladite Garde.

ART. 8. — Après la première commande reçue, la Garde devra se trouver avoir, en y comprenant sa réserve, savoir :

2.000 chevaux pour son train;
1.100   —   pour le 7e bataillon principal;
450   —   pour le 4e   —

TOTAL... 3.550 chevaux.

Après la deuxième commande, elle aura 4.350 chevaux ;
Et, lorsque la troisième commande sera faite, 4.800 chevaux.

Art. 9. — Les 1er et 9e bataillons principaux et les 3e et 8e bataillons bis, formant 6.000 chevaux, sont destinés à atteler le parc de 1.140 voitures du corps d'observation de l'Elbe.

Le 11e bataillon bis du train sera destiné à atteler les 270 voitures de la réserve de cavalerie.

Art. 10. — Le 6e bataillon principal, le 14e principal, le 13e bis et le 1er bis sont destinés à atteler les 540 voitures du corps d'observation de l'Océan.

Art. 11. — Le 7e bataillon bis, avec le bataillon italien, sera employé au corps d'observation d'Italie.

Art. 12. — Le 8e bataillon principal et le 9e bis seront destinés à atteler les 400 voitures de l'équipage de pont.

Art. 13. — Nos ministres de la guerre, de l'administration de la guerre et du Trésor sont chargés de l'exécution du présent décret.

Napoléon.

État des chevaux à acheter pour le recrutement des bataillons du train.

	NUMÉROS DES BATAILLONS.	CHEVAUX existant.	CHEVAUX A ACHETER :			TOTAUX
			1re commande	2e commande	3e commande	
Allemagne.	1er bat. principal	1.369	404	»	»	6.000
	9e — —	1.437				
	3e — bis	1.402				
	8e — —	1.388				
Besançon.	6e — principal	802	400	200	100	1.502
	11e — bis	780	420	200	100	1.500
Strasbourg.	8e — principal	585	515	300	100	1.500
Douai.	14e — —	461	140	200	700	1.501
Italie.	7e — —	824	500	300	100	1.724
	7e — bis	1.500	»	»	»	1.500
Metz.	1er — — 3 compies	387	200	100	150	837
	4e — principal, 3 compies	»	450	200	150	800
	13e — bis, 4 compies	»	240	200	560	1.000
Mayence.	9e — — 4 compies	35	371	200	400	1.006
	Garde	1.604	400	300	200	2.504
	Total	12.574	4.040	2.200	2.560	21.374

L'EMPEREUR AU MINISTRE DE LA GUERRE.

Paris, le 4 décembre 1811.

Grande Armée : composition de l'équipage d'artillerie.

J'ai lu avec intérêt votre rapport sur l'organisation de l'équipage d'artillerie de la nouvelle Grande Armée, composé de 512 pièces d'artillerie de ligne, de 176 pièces d'artillerie de régiment, formant en tout 3.559 voitures d'artillerie et 804 voitures de régiment.

Donnez des ordres pour que ce qui est porté dans les états comme appartenant au corps d'observation de l'Elbe et à la réserve de cavalerie soit dirigé sur Wesel, Munster et Minden. Je vous autorise à faire rentrer après cela, sous les hangars, les voitures destinées aux corps d'observation d'Italie et de l'Océan et à la Garde; bien entendu que vous dirigerez le personnel et les attelages sur les différents points où se trouve le matériel, afin que, dans les huit jours où j'en donnerai l'ordre, les voitures puissent être rechargées sur-le-champ et se mettre sur-le-champ en marche pour leur destination. On aurait aussi l'avantage de revoir les voitures, de sorte qu'elles seraient plus en état lorsqu'il faudrait s'en servir. Il doit y avoir à Vérone assez d'églises et de magasins pour remiser tout le train du corps d'observation d'Italie.

J'approuve toutes les dispositions et les mouvements que vous proposez pour le 7ᵉ bataillon principal et pour le 7ᵉ bataillon *bis*. L'armée d'Italie aura ainsi ses 1.500 chevaux, et le 7ᵉ bataillon principal, complet en hommes, arrivera à Besançon assez à temps pour prendre des chevaux. Dans les évaluations, vous ne portez que pour mémoire la valeur des 600 chevaux que vous cédez au royaume d'Italie; vous portez le déficit à 7.600; mais, dans le nombre de 19.600 chevaux que vous avez demandés, vous comprenez les 2.200 chevaux italiens; en les ôtant, vous n'aurez donc plus besoin que de 17.400 chevaux; au lieu de 7.600 chevaux, il n'en faudrait donc plus que 5.400. J'ai pris un décret que vous recevrez pour acheter 8.820 chevaux en trois commandes successives.

Le nombre des caissons d'infanterie me paraît plus considérable qu'il ne l'a été à aucune époque des campagnes de la Grande Armée. Quelques voitures d'approvisionnement pourraient, si cela était nécessaire, être laissées derrière.

Quant au personnel, je ne pense pas qu'il faille prendre des compagnies à Amsterdam ni à Delfzyl : ces compagnies doivent être ruinées; il faut prendre d'autres compagnies. Ces hommes sont malingres et difficilement disponibles de l'année.

Quant aux officiers généraux de l'artillerie, en ayant retiré deux de l'armée de Catalogne, je pense qu'on pourrait aussi retirer le général Bourgeat de l'armée du Midi. Il serait possible que le général Nourry fût disponible. Il faut laisser le général d'Aboville, qui paraît nécessaire. La distribution que vous présentez des différents généraux d'artillerie me paraît convenable; en attendant, laissez-les à leur poste, hormis les généraux Pernety, de Gière, Baltus, Martuschewitz, un autre général au lieu du général d'Aboville, et les généraux Lepin et Jouffroy, qui sont nécessaires au corps d'observation de l'Elbe et à la réserve de cavalerie. Laissez les autres en congé ou servez-vous-en pour le besoin général. Le général Charbonnel pourrait remplacer le général d'Aboville aîné. Le général d'Arancy pourrait être chargé du détail de l'équipage de siège, sous les ordres du général commandant en chef l'artillerie.

Restent les pontonniers : proposez-moi un général pour mettre à la tête des ponts, les officiers d'état-major d'artillerie, et les compagnies de pontonniers, d'ouvriers qui seront attachés à l'équipage.

Faites les changements pour les généraux d'artillerie et pour le personnel du corps d'observation de l'Océan, en y mettant des compagnies qui n'aient pas été en Hollande cette année. Mettre au parc une ou deux compagnies du 9e, car il est bon de laisser en France le plus possible d'anciens Français.

(D'après la minute.)

L'EMPEREUR AU MINISTRE DIRECTEUR DE L'ADMINISTRATION
DE LA GUERRE.

Paris, le 4 décembre 1811.

Monsieur le comte de Cessac, les 2e, 9e et 12e bataillons du train des équipages militaires sont complets et destinés à l'armée d'Allemagne. Il est nécessaire de mettre en état, pendant l'hiver, les 6e et 7e bataillons, qui sont à Nancy et à Metz, et de les porter à la même organisation que le 2e bataillon, c'est-à-dire à 800 hommes, à 1.244 chevaux et à 252 voitures; de sorte que j'aie à la Grande Armée cinq bataillons ayant 1.230 voitures. Faites-moi un rapport sur ce qu'il y a à faire pour cet objet.

NAPOLÉON.

Grande Armée : organisation du train des équipages militaires.

L'EMPEREUR AU MINISTRE DE LA GUERRE.

Paris, 4 décembre 1811.

Tout ce qui est relatif à l'équipage d'artillerie de la Grande Armée est organisé, hormis le service des ponts; il faut que ce service soit organisé très largement. Il faut des pontons à chaque corps d'armée et des moyens pour réparer les ponts; il en faut ensuite à la direction générale des ponts. Mon intention est d'avoir, attelés

Grande Armée : organisation du service des ponts et formation des équipages du génie.

et suivant l'armée, les bateaux, agrès et matériaux nécessaires pour jeter deux ponts sur la Vistule : faites-moi connaître combien de chevaux il faut pour cela.

Il y aura au parc d'artillerie un bataillon d'ouvriers de la marine formé de six compagnies et de 840 hommes, un équipage de marins de 1.200 hommes; ce qui fera 2.000 marins qui se trouveront attachés aux équipages de pont. Il est absolument nécessaire qu'il y ait à la suite de l'équipage de pont les voitures nécessaires pour porter les outils de ces 800 ouvriers.

Le bureau de l'artillerie, avant de me présenter la formation de l'équipage de pont, doit se concerter avec le bureau du génie, afin qu'il n'y ait pas de double emploi et que cela marche d'accord.

Le génie doit pourvoir à ce qu'il y ait le plus possible d'outils à pionniers et les objets nécessaires à la réparation des ponts.

Un bataillon d'ouvriers de la marine de 800 hommes sera attaché au parc du génie; il faut qu'il ait tout ce qui est nécessaire pour jeter promptement un pont sur pilotis.

Un de ces équipages de pont doit exister à Danzig. On m'assure qu'il y en a un à Magdebourg. Si cela est nécessaire, il faut en faire construire un second à Danzig; je suppose qu'on a les ancres et tout ce qui est nécessaire.

Je désire que vous me présentiez le projet de l'équipage de pont en même temps que celui de l'équipage du génie.

(D'après la minute.)

LE PRINCE D'ECKMUHL A L'EMPEREUR.

Hambourg, le 4 décembre 1811.

Dénuement du grand-duché. Mouvements de l'armée russe sur les frontières [1]. Renseignements sur la Prusse.

J'ai l'honneur d'adresser à Votre Majesté les derniers rapports que je viens de recevoir de Varsovie. J'y joins copie de la lettre du prince Poniatowski.

Par tous les détails que l'on reçoit de ce pays, les embarras et la misère de l'armée ne font qu'accroître.

Mon homme d'affaires pour la principauté de Lowicz, qui est un homme de beaucoup de sens, me dit que les embarras sont au comble. Je ne puis que m'en référer à tout ce que j'ai écrit à Votre Majesté à cet égard.

Vous remarquerez, Sire, dans la lettre du prince, que le major Sokowski, chargé de la réception des détachements destinés pour le 8ᵉ de chevau-légers français, annonce n'avoir plus aucuns fonds à sa disposition pour leur fournir des effets d'habillement et des capotes, indispensables dans cette saison. Ainsi, en envoyant ces hommes sans vêtements, il faut s'attendre à une grande désertion.

PRINCE D'ECKMUHL.

---

(1) Voir les cartes jointes au tome I.

Extrait d'un rapport de Terespol, du 24 novembre 1811.

Les mouvements visibles qu'il y avait, il y a quelques jours, sur nos frontières, n'ont plus lieu; mais néanmoins les troupes russes restent toujours prêtes à marcher.

La 2ᵉ division de grenadiers, composée de neuf régiments, qui se trouve en Courlande, a reçu ordre de s'approcher imperceptiblement de la frontière, entre Riga et Vilna.

On mande d'Odessa qu'il y est arrivé une cinquantaine de vaisseaux de différents pavillons chargés de marchandises, et qu'on s'attend à la conclusion prochaine de la paix avec les Turcs, si elle ne l'est déjà.

Extrait d'un rapport du préfet de Bromberg, du 23 novembre 1811.

Il se trouve sur la rive droite de la Vistule, entre Graudenz et Kœnigsberg, trois régiments d'infanterie, six de cavalerie et un régiment d'artillerie à cheval. La majeure partie de ces troupes paraît s'être concentrée depuis Elbing vers nos frontières. La garnison de Kœnigsberg est composée de : un régiment d'infanterie, un régiment de Bosniaki et un d'artillerie à cheval.

Les fusils arrivés de Russie sont d'un plus haut calibre que ceux de Prusse.

Tout est arrangé de manière à ce que les sous-officiers qui se trouvent dans les arrondissements avec les conscrits exercés puissent les rassembler et les conduire à leurs régiments en vingt-quatre heures.

Extrait d'un rapport du général commandant le département de Cracovie, du 24 novembre 1811.

Il y a du mouvement dans les troupes prussiennes qui se trouvent au delà de l'Oder, la garnison de Neisse a dû être augmentée récemment.

Les Prussiens ont levé non seulement des recrues, mais aussi des chevaux d'artillerie dans la haute Silésie.

Rapport du général Rozniecki, à Siedlec, le 26 novembre 1811.

Tout paraît tranquille en Volhynie et en Podolie; il n'en est pas de même à Grodno, où l'on dit que le général Essen doit transférer son quartier général demain 27. Plusieurs bataillons de la 2ᵉ division du général Lawrow doivent être cantonnés dans un rayon de 5 milles autour de la ville. On va former un cordon de cosaques pour empêcher la désertion, et l'émigration à laquelle donne lieu le recrutement présent. Un escadron du régiment d'Ezium est arrivé à Grodno, et l'on croit que plusieurs autres seront dans la ville et environs.

Le pont de bateaux qui, sur le Niémen et sous Grodno même, avait été retiré l'automne dernier, vient d'être établi en ce moment, et l'on a, en outre, préparé beaucoup de barques propres au passage des troupes, pour avoir, sur cette rivière, une communication assurée entre Slonim et Grodno, dans le cas où les glaçons ne permettraient pas de conserver le pont de bateaux. On a fait venir quelques canons à Szczecin (*Chchetschinova*), distant de Grodno de 8 milles.

Extrait d'un rapport de Meseritz, du 16 novembre 1811.

Des marchands arrivés de Francfort assurent qu'il cantonne un régiment de hussards dans les villages à portée de notre frontière. On évalue la force de ce régiment à 1.500 hommes ; son état-major est à Reppen.

Extrait d'un rapport du commandant de Térespol, du 17 novembre 1811.

Depuis six jours, les voyageurs arrivant de Brzesc assurent qu'on y attend un régiment de dragons et qu'il doit arriver de la cavalerie à Wolczyn (*Voltschin*) et Kamenets-Litovski. Jusqu'à présent, aucune troupe n'est encore arrivée dans ces contrées, malgré que le général Essen ait écrit au ci-devant maréchal du district de Brzesc, Rayski, que, quoiqu'il arrivât des troupes, on ne devait en tirer aucune conséquence hostile, attendu qu'on n'avait en vue que de leur faire consommer les magasins de Brzesc, qui sont prêts à se gâter par la négligence des magasiniers.

On m'a rapporté, avec certitude, que le gouvernement russe a envoyé des sommes assez considérables à Brzesc pour acheter de l'avoine.

Copie d'une lettre du prince Poniatowski.

Varsovie, le 27 novembre 1811.

Né dans un pays qui n'a cessé d'être en butte aux projets des puissances voisines, je n'ai que trop appris à connaître leur mauvaise foi, et le contact plus prochain où nous nous trouvions avec elles ne nous laisse pas la possibilité de douter combien leurs dispositions sont défavorables à la France et à ses alliés. Sous ce rapport, je m'attends à tout, et notre position momentanée n'est point assez avantageuse pour permettre de se relâcher de la plus grande vigilance. Plût au ciel qu'elle fût suffisante pour nous préserver de tout autre malheur dont nous menace peut-être la misère et le manque de ressources !

Au reste, quoi qu'il puisse arriver, je crois être à l'abri d'une surprise. Il ne se trouve, actuellement, sur la rive droite de la Vistule, vers les frontières de la Russie, qu'une division de cavalerie sous les ordres du général Rozniecki, qui sait son métier. Je compte en faire passer la plus grande partie sur la rive gauche, dès que les approvisionnements qu'on s'occupe de rassembler auront rendu cette mesure possible. Il ne restera alors sur la rive droite que trois régiments à cheval, dont l'un sera disposé entre Plock et Golub, le second à Pultusk ayant une compagnie à Ostrolenka et une autre à Rozan.

Le troisième sera à Siedlec et environs. Il faudrait bien du malheur ou de la négligence pour en perdre quelque chose, si ce n'est, tout au plus, quelques postes sur la frontière même.

J'enverrai incessamment à Votre Excellence, comme elle le désire, l'emplacement des corps par bataillon et escadron.

Notre cavalerie pourrait, en très peu de temps, se renforcer d'environ 1.500 cavaliers, si le manque total de fonds permettait d'équiper à peu près autant d'hommes et de chevaux qui se trouvent, absolument dénués de tout, dans les dépôts de cavalerie à Posen et environs, et qui, dans cet état, ne sauraient non seulement être de la moindre utilité, mais ne peuvent même manquer de causer beaucoup d'embarras en cas d'hostilités.

Il est parti hier un nouveau détachement pour le 8ᵉ régiment de chevau-légers français, composé d'un officier, deux sous-officiers et cent soixante-six hommes, qui seront rendus à Glogau le 13 décembre. J'ai cru, dans la position actuelle des choses, devoir leur donner de préférence cette direction. Il n'en reste, par conséquent, à envoyer qu'environ deux cents, qui seront bientôt prêts. Je crois devoir prévenir Votre Excellence que le major Faltowski, chargé de la réception de ces hommes, n'a plus aucuns fonds à sa disposition pour leur fournir des effets d'habillement et des capotes, indispensables dans cette saison.

Je ne demanderais pas mieux que d'y pourvoir; mais Votre Excellence ne sait que trop où nous en sommes sous ce rapport.

Les approvisionnements de nos places se complètent successivement, autant que le permet l'extrême pénurie des moyens. Je ne néglige rien pour nous procurer ce qui nous manque encore. A force de peines, de soins et de démarches, j'ai enfin obtenu quelques fonds pour des souliers; mais il s'en faut qu'il y en ait assez pour la quantité dont nous avons besoin. En un mot, Monseigneur, de l'argent, de l'argent! c'est le cri général dès qu'il s'agit de la moindre mesure, et, si nous ne sommes pas, pour la cause commune, aussi utiles que nous pourrions et désirerions l'être, ce ne sera jamais que par le seul et unique motif que nous en manquons.

Je n'ai rien reçu depuis ma dernière dépêche, qui confirme les mouvements des Russes vers la frontière prussienne. Je fais mon possible pour m'en assurer.

Les Prussiens vont leur train accoutumé. Ils se plaignent naïvement de ce que l'arrivée de M. Lefèvre à Graudenz leur ait fait perdre trois jours pour les travaux.

Prince Poniatowski.

LE PRINCE D'ECKMUHL A L'EMPEREUR.

Hambourg, le 7 décembre 1811.

Sire, je prie Votre Majesté de me permettre de répondre à sa lettre du 2 décembre. J'ai dû lui transmettre tout ce qui me revenait de l'état de détresse de l'armée polonaise. Je n'aurai jamais d'autre mobile que celui de mes devoirs envers Votre Majesté, et de mon dévouement pour son service, et jamais des opinions personnelles ne s'en mêleront.

Leur position est critique, mais je conviens qu'elle est empirée par de mauvais administrateurs, qui, presque tous, sont ineptes et dont quelques-uns peuvent être malveillants. Ce pays a cela de commun avec ce que nous avons vu en France; car, avec toutes les ressources de notre sol, où en étaient nos finances, lorsque nous étions gouvernés par des butors, et que serions-nous devenus si Votre Majesté, pour notre salut, n'avait pris les rênes du Gouvernement? Il paraît que l'argent provenant de l'emprunt a été employé aux travaux des places et pour l'artillerie.

Dénuement de l'armée polonaise et bruits d'insurrection en Allemagne. État des esprits en Westphalie.

Vous me dites, Sire, que les Allemands se plaignent que les bruits d'insurrection sont fomentés par les conversations des Français, qu'ils se plaignent que j'ai dit à Rostock que je saurais bien empêcher l'Allemagne de devenir une Espagne tant que j'y commanderai, etc. Ces propos qu'on me prête sont de toute fausseté. J'ai plaisanté un vieux bibliothécaire sur une prophétie qu'il avait mise en circulation, et qu'il prétendait exister dans les livres de sa bibliothèque, qui annonçait que cette année était marquée pour la destruction de tous les Français qui étaient en Allemagne et par la mort de Votre Majesté.

Je lui ai dit que la prophétie que tous les misérables boute-feux et agents anglais finiraient par être pendus était plus sûre que celle du Calchas de Rostock; que tant que Votre Majesté me laisserait le commandement, je regarderais également comme de mon devoir de maintenir la plus grande discipline et la plus grande soumission dans la population. Il n'y a eu que cela de dit. Toute addition est une fausseté. Je dois, quant aux généraux et militaires, leur rendre la justice qu'ils sont extrêmement discrets; d'ailleurs, ils vivent entre eux, et ce qu'on leur impute est tout à fait dénué de fondement.

Pour preuve du bon esprit de conduite des militaires, je puis citer la parfaite sécurité du gouvernement danois, qui n'ignore cependant pas que 50.000 Français sont sur ses frontières.

Il n'y a point d'inquiétudes que les agents anglais n'aient cherché à inspirer à ce gouvernement, et, dans les premiers mois, ils y avaient parfaitement réussi; le plus petit mouvement de troupes qui allaient aux exercices produisait cet effet. Il n'y a pas de doute que la politique de Votre Majesté est faite pour rassurer ce gouvernement, et la conduite des chefs militaires envers les autorités danoises a parfaitement secondé vos intentions; et, pour ce qui me concerne, j'ose croire que le gouvernement danois n'a qu'à se louer de tous mes procédés pour maintenir la bonne harmonie que les ennemis de Votre Majesté cherchaient à troubler.

J'ai à citer entre autres un fait tout récent : deux corsaires français, *le général Doronu* et *l'Etoile du Nord* (je dois dire que le général Doronu n'y est que pour le nom et que l'armateur est le sieur Emmery, de Dunkerque) ont commis différents excès envers des bâtiments danois.

On a profité du caractère du Roi pour lui faire prendre une décision violente qui aurait pu donner lieu à des explications toujours mauvaises. Il avait donné un ordre pour interdire l'entrée des ports danois à ces deux corsaires; M. de Riot m'ayant donné connaissance de ces faits, après plusieurs explications avec les autorités de marine, le consul de Votre Majesté et M. de Chaban, je suis parvenu à tout calmer. L'amiral Werhuel a été invité à suspendre ces deux capitaines, et M. de Riot m'a assuré que l'ordre du Roi qui attaquait le pavillon serait révoqué.

Il y a eu beaucoup de difficultés et de malentendus dans l'exercice du service des douanes, je n'ai rien négligé pour les lever, en ne faisant toutefois rien de contraire aux intérêts de Votre Majesté.

En vous transmettant, Sire, tous ces différents rapports, j'ai regardé cela comme de mon devoir, pensant que Votre Majesté aurait pu, si elle le jugeait convenable, s'en faire faire des extraits, redoutant toujours d'y mettre du mien, et lorsque j'ai exprimé mon opinion, Votre Majesté aura pu voir que j'ai apprécié à leur juste valeur les projets des agents anglais qui sont répandus en Allemagne. Je les ai regardés comme dangereux, parce que tous ces libelles et écrits incendiaires, que l'on débite en Allemagne, forment beaucoup de monstres de l'espèce de celui d'Erfurth. Je le dis parce que j'en ai la conviction.

J'espère que les interrogatoires qu'on va faire subir au nommé Becker, et le dépouillement de ses papiers, donneront des renseignements très utiles.

Je prierai Votre Majesté de me permettre de lui observer, relativement à sa comparaison sur l'Autriche, que, d'après la disposition des esprits en Allemagne, sans les prodiges qu'Elle a fait à Ratisbonne et sans la prise de Vienne, les choses eussent tourné tout à fait différemment.

Si Votre Majesté eût rejoint son armée vingt-quatre heures plus tard, il y eût eu un mal incalculable de fait ; la plus grande et la plus importante partie de son armée, que je commandais, était détruite sous les murs de Ratisbonne. A la nouvelle de cet événement, non seulement la Westphalie, mais encore tout le nord de l'Allemagne étaient en feu, et partout il s'organisait des troupes. Cette assertion n'est point une conjecture, elle est le résultat de tous les renseignements que j'ai obtenus depuis.

Si S. M. le roi de Westphalie a porté des plaintes contre moi, elles ne peuvent être que le résultat de ce que j'ai dû faire dire dans le temps à ce gouvernement relativement à Magdebourg, et en vertu des ordres de Votre Majesté du 20 juillet. Aucune autre plainte ne serait fondée. J'aurai toujours pour S. M. le Roi ces égards et ce respect que l'on doit à un souverain qui a de plus l'honneur d'être votre frère.

Le gouvernement westphalien doit d'ailleurs voir avec peine les grandes charges que les circonstances lui font supporter. Il est possible qu'il suppose qu'il dépendrait de moi de lui en éviter une partie, mais en cela il est dans l'erreur.

Demain, j'aurai l'honneur d'adresser à Votre Majesté l'état qu'elle me demande par sa lettre du 21 novembre des charges que les troupes occasionnent à ce pays.

J'ai toujours recommandé aux généraux qui étaient en Westphalie d'avoir beaucoup de procédés envers les autorités westphaliennes. Plusieurs se sont plaints qu'aucune de leurs avances n'avait réussi. Je citerai entre autres le général Gudin, dont Votre Majesté connaît le caractère liant : il n'a jamais pu, quelques avances et quelques démarches qu'il ait faites, ramener le préfet de Hanovre de l'éloignement qu'il montre pour les Français.

Ce qui me paraît le moins mauvais dans tout ce pays, c'est l'armée. Le Roi doit y compter des sujets fidèles ; mais elle est encore bien jeune, et ce qui la compose n'est pas tout bon. Je citerai, pour démontrer combien il est facile de faire faire des sottises aux troupes, et combien peu le soldat est solide, ce qui s'est passé dans la marche des deux bataillons qui devaient être dirigés sur Danzig ; ils n'ont fait que deux journées de marche sur le territoire prussien, ayant rétrogradé de suite sur Magdebourg, et sur 1.558 hommes qui formaient ces deux bataillons, 144 ont déserté avec armes et bagages ; et s'il fallait encore, dans ce moment-ci, faire traverser le pays prussien à des bataillons westphaliens, je ne doute point que le même événement ne se renouvelle. Tout tire à conséquence avec ces nouvelles troupes ; des disputes de cabaret ont même de l'importance, parce que les officiers westphaliens s'en mêlent.

Quelque temps auparavant, des troupes westphaliennes passant à

Brunswick, des soldats ont eu dispute avec des cuirassiers; cette affaire a eu de l'importance, parce que les officiers westphaliens y ont pris part. Il y a eu des Français de tués et blessés [1].

Cela tient à ce que ces troupes sont encore jeunes, car les Badois, les Hessois et les autres troupes de la Confédération, qui sont aussi des Allemands, mais habitués à nous, ont éprouvé très peu de désertions en Prusse, malgré les tentatives des habitants.

Quant à ce qui concerne le général Rapp, je répète que je n'ai fait qu'adresser à Votre Majesté ce qu'il m'avait transmis en m'en faisant la demande. Aucun officier général dans ce pays-ci n'a des intérêts sur des corsaires; je ne sais pas ce qui se passe à cet égard à Danzig. Je vais chercher à faire entendre raison au général Rapp en y mettant tous les ménagements qu'exige sa susceptibilité.

Il est dans une position que je regarde comme très embarrassante, vu les dépenses auxquelles la ville doit pourvoir.

Cette position est peut-être au-dessus de ses forces, mais elle est difficile; j'avoue aussi qu'il est trop pleurnicheur.

Je prie Votre Majesté de m'excuser sur cette longue lettre; mais j'ai cru toutes ces explications nécessaires.

J'éprouve des sensations extrêmement pénibles, lorsque je puis supposer que Votre Majesté croit avoir des sujets de mécontentement.

Je répète ici ce que j'ai eu l'honneur de lui dire dans une circonstance pareille à Tilsit. Je suis mû par la forte volonté de mériter sa bienveillance et son estime et de me rendre le plus digne possible de toutes les bontés dont elle m'a comblé. Le jour qui me persuaderait que j'ai perdu sa bienveillance m'ôterait les seuls ressorts qui me font mouvoir, je ne serais plus bon à rien.

Prince d'Eckmuhl.

L'EMPEREUR AU PRINCE DE NEUFCHATEL ET DE WAGRAM.

Paris, le 9 décembre 1811.

Corps de l'Elbe: composition des 6e, 8e et 9e divisions.

Mon Cousin, j'ai trois divisions à donner au corps d'observation de l'Elbe: la 6e, la 8e et la 9e. La 6e et la 9e doivent être composées de troupes qui parlent allemand. La 8e sera composée de troupes françaises. Faites-moi connaître à qui je pourrai donner ces différents commandements.

La 9e division sera composée de huit bataillons suisses et du régi-

---

1. Déjà, au commencement du mois d'août 1811, le colonel du 21e de ligne (division Gudin) avait rendu compte d'un fait qui prouvait l'hostilité des Westphaliens à l'égard des troupes françaises : lors de son passage à Brunswick, des militaires de son corps avaient été attaqués sans aucun motif par des soldats du 4e régiment d'infanterie westphalien. Il en était résulté une rixe dans laquelle cinq soldats français du 21e avaient été blessés, dont trois grièvement.

L'enquête fit ressortir que tous les torts provenaient des soldats westphaliens, sourdement poussés par les habitants. Ces militaires furent, du reste, punis sévèrement par le général gouverneur, commandant à Brunswick.

ment d'Illyrie. Cette division serait bien, je pense, sous les ordres du général Legrand. Ce général parle-t-il allemand ?

La 6e division serait bien dans les mains du général Daëndels.

La 8e serait bien dans les mains du général Verdière.

Les généraux duc de Padoue, Sébastiani, Belliard sont sans commandement; demandez ce qu'ils désirent. Veulent-ils servir dans l'infanterie ou dans la cavalerie? Il faudrait aussi me chercher quelques généraux de brigade, de ceux qui sont actuellement à Paris et qui désirent de l'emploi. Il y a le général Compère, qui est au service de Naples; c'est un très bon général; on pourrait l'employer à l'armée : il n'a rien à faire au service de Naples.

NAPOLÉON.

L'EMPEREUR A JÉROME NAPOLÉON, ROI DE WESTPHALIE, A CASSEL.

Paris, le 3 décembre 1811[1].

Mon Frère, j'ai appris avec peine l'accident qui vous est arrivé[2]. Il est fort heureux que vous ni la reine n'ayez éprouvé aucun malheur.

NAPOLÉON.

Questions au roi Jérôme au sujet des troupes westphaliennes.

9 décembre 1811.

P.-S. — Faites-moi connaître l'état de vos troupes au 1er décembre, infanterie, cavalerie, artillerie; combien de divisions vous pouvez former et comment elles seraient commandées : tout cela fort secrètement. Parlez-moi de votre artillerie, caissons de transport et outils du génie. Combien vous faudrait-il d'hommes pour occuper la Silésie ? Combien en avez-vous de 1807 ? Quelles sont les places à prendre ?

Le lendemain, 10 décembre, l'Empereur, qui n'a pas une grande confiance dans les troupes westphaliennes, prescrit au ministre des relations extérieures de faire une enquête sur l'esprit qui les anime.

Paris, le 10 décembre 1811.

Monsieur le duc de Bassano, je vous envoie pour vous seul une lettre du roi de Westphalie, que vous me renverrez. Tirez-en la sub-

---

1. Cette lettre, écrite à Paris le 3 décembre 1811, est suivie d'un *post-scriptum* du 9; on a cru devoir la placer à la date de l'expédition. Ce *post-scriptum* est entièrement de la main de l'Empereur.
2. Un violent incendie avait presque totalement détruit le château royal de Cassel.

stance, non sous la forme d'une lettre du roi, mais comme extrait d'une communication de la cour de Cassel. Vous enverrez cet extrait à mon ministre à Cassel, et vous le chargerez d'avoir des conférences avec les ministres du roi, pour connaître les faits, ce qui a donné lieu à cette opinion qui paraît être celle du roi, enfin quel est le remède ; si les troupes ne sont pas sûres, à qui en est la faute. Le roi lève trop de troupes, fait trop de dépenses et change trop souvent son principe d'administration. Mon ministre fera vérifier les faits à Magdebourg, à Hanovre ; la France ne tire cependant rien de ce pays. Vous lui recommanderez d'avoir des conférences sérieuses avec les ministres du roi, de bien asseoir son opinion sur ces différentes questions et de vous la faire connaître.

NAPOLÉON.

Une grande quantité de troupes devant se rendre prochainement dans le royaume de Westphalie, l'Empereur prescrit au prince d'Eckmühl de passer à cette occasion une petite convention militaire, afin d'épargner au roi Jérôme un excédent de dépenses et de charges.

L'EMPEREUR AU PRINCE D'ECKMUHL, A HAMBOURG.

Paris, le 10 décembre 1811.

Convention militaire à passer avec la Westphalie.

Mon Cousin, comme une grande quantité de troupes va se trouver dans le royaume de Westphalie, il est nécessaire de régler avec le ministre de la guerre de Westphalie ce qui est relatif à ces troupes. Le roi doit payer et nourrir 12.500 hommes. Il est juste que la dépense de tout ce qu'il nourrira en sus soit prise en compensation sur la solde et l'habillement de cet excédent. Il est juste aussi que les autres dépenses soient réglées sur un pied raisonnable, comme, par exemple, 20 sous par ration de fourrage, 20 sous par journée d'hôpital pour les hommes qui seront aux hôpitaux du pays ; la ration de pain et de vin à un prix un peu moindre que le prix ordinaire, vu que le soldat est logé chez l'habitant et que cet argent reste dans le pays. Adressez-vous pour cela à mon ministre à Cassel. Faites-lui connaître que, cette compensation étant juste, il s'occupe de la régler pour l'année 1811. Vous suivrez cette affaire par le canal de mon ministre, et il en résultera une petite convention militaire ; cela sera agréable à la cour de Westphalie et aplanira toute difficulté. J'ai voulu exprès vous charger de porter cette douceur pour que cela vous rapproche de la cour de Westphalie, parce que la désunion n'est bonne à rien.

NAPOLÉON.

L'EMPEREUR AU MINISTRE DE LA GUERRE.

Paris, le 9 décembre 1811.

Monsieur le duc de Feltre, donnez ordre que le 4ᵉ bataillon du 24ᵉ d'infanterie légère soit tiercé avec les autres bataillons, afin que les bataillons soient égaux en anciens soldats. Les compagnies de grenadiers et de voltigeurs seront formées, mais tous les hommes devront avoir fait la guerre, et les sergents et caporaux avoir deux ans de service. Les sergents et caporaux qui n'auront pas deux ans de service rentreront dans les compagnies comme soldats, et il en sera nommé d'autres.

Tiercement du 4ᵉ bataillon du 24ᵉ léger avec les autres bataillons. Ordre de mouvement concernant les bataillons suisses, illyriens, croates et les pupilles.

Vous donnerez ordre au régiment suisse de rester à Paris, mon intention étant de le voir encore une fois. Quand les deux compagnies de voltigeurs qui sont absentes seront arrivées, vous m'en rendrez compte. Donnez ordre que tout ce que le dépôt de Marseille a de disponible parte pour venir les rejoindre à Paris.

Donnez ordre que les bataillons suisses qui sont sur les côtes de Hollande se rendent à Nimègue et que ce qu'il y a de disponible au dépôt de Lille s'y rende avec le colonel pour former ce régiment à 1.200 hommes.

Donnez ordre aux deux bataillons suisses qui sont à Cherbourg de se rendre à Versailles et donnez ordre au dépôt qui est à Rennes d'envoyer à Versailles ce qu'il a de disponible pour compléter ces deux bataillons à 1.600 hommes.

Aussitôt que le 1ᵉʳ régiment suisse sera arrivé à Plaisance, donnez ordre que les quatre compagnies de grenadiers et de voltigeurs soient formées à 160 hommes, vieux soldats, et que ces deux bataillons formant 1.280 hommes, officiers non compris, se dirigent par Besançon sur le Simplon, de sorte que ce régiment arrive à Nimègue fort de 1.200 hommes.

Donnez ordre que le régiment illyrien qui est à Turin en parte pour se rendre à Besançon. On le fera marcher par bataillon. Je suppose que ce régiment est bien habillé et bien équipé, qu'il a ses capotes et tout ce qui est nécessaire. Le 5ᵉ bataillon versera tout ce qu'il a de disponible dans les quatre premiers bataillons, et le cadre de ce 5ᵉ bataillon restera à Turin pour recevoir les conscrits.

Par ce moyen, la 9ᵉ division du corps d'observation de l'Elbe sera composée de quatre bataillons du régiment illyrien et de huit bataillons suisses. Total, douze bataillons, ou 8 à 9.000 hommes.

Aussitôt que la nouvelle capitulation sera faite, on pourra concevoir l'espérance d'envoyer quatre nouveaux bataillons suisses à cette division, c'est-à-dire un bataillon par régiment.

Il sera organisé une compagnie d'artillerie pour chaque régiment suisse[1], c'est-à-dire que chaque régiment aura deux pièces de 3, trois caissons de munitions, deux caissons d'infanterie, un caisson d'ambulance et deux caissons de transports militaires. Ces caissons seront donnés à ces régiments dans la 32ᵉ division militaire, où ces régiments doivent se rendre.

Il sera également donné aux Croates une compagnie et le même nombre de caissons par deux bataillons.

Vous donnerez ordre que les deux bataillons croates soient placés à Melun et Fontainebleau et dans les environs et soient habillés sans délai; au 105ᵉ régiment d'envoyer deux de ses bataillons complets à Cherbourg, et au bataillon des pupilles de la Garde de se rendre à Cherbourg. Ordonnez au général commandant la division de ne faire aucun détachement de ces pupilles, mais de les tenir réunis dans les forts de Cherbourg pour veiller à leur instruction. Faites connaître cette décision au chef de bataillon, afin que, si on faisait faire à ces pupilles quelques détachements, il vous en instruise, mon intention étant qu'ils restent toujours réunis.

NAPOLÉON.

Sur la demande du ministre de la guerre, l'Empereur modifie l'ordre qu'il avait donné dans la lettre ci-dessus pour la mise en route immédiate du régiment illyrien, et prescrit que les trois premiers bataillons de ce régiment ne partiront que successivement, les 1ᵉʳ, 10 et 15 janvier 1812.

L'EMPEREUR AU MINISTRE DE LA GUERRE

Paris, le 19 décembre 1811.

Monsieur le duc de Feltre, je vois, par la lettre ci-jointe, que je vous renvoie, que les quatre bataillons illyriens ne pourraient pas partir avant le 1ᵉʳ février, attendu qu'il leur manquerait 1.200 habits, 200 vestes et 1.800 capotes. Chargez le prince Borghèse de prendre des mesures pour faire confectionner partie de ces objets, de manière que deux bataillons de ce régiment, bien habillés et bien équipés, partent le 1ᵉʳ janvier, le troisième bataillon le 10 janvier et le quatrième le 15. Faites comprendre au prince Borghèse que les effets manquants doivent être confectionnés avant cette époque, et qu'il doit prendre pour cela des mesures extraordinaires. Les fusils leur seront fournis à Besançon. Enfin, s'il y avait des hommes qui n'aient pas pu être habillés, on les laisserait au 5ᵉ bataillon avec quelques officiers et on les ferait partir en compagnies de marche; mais, en général, il faut qu'on évite cette mesure et que tous les hommes soient habillés pour les époques déterminées.

NAPOLÉON.

---

1. Ordre confirmé par un décret du 10 décembre 1811.

L'EMPEREUR AU PRINCE D'ECKMUHL, A HAMBOURG.

Paris, le 9 décembre 1811.

Mon Cousin, je reçois votre lettre sur les dispositions à faire en cas que les circonstances l'exigent. Je me réserve d'y répondre plus en détail; mais je vois que déjà vous n'avez pas assez de cavalerie. Il est donc convenable que vous donniez ordre à la brigade composée des 23ᵉ et 24ᵉ régiments de chasseurs, que commande le général Castex, de se rendre sur l'Elbe dans le lieu le plus abondant en fourrages. Je fais donner l'ordre par le ministre de la guerre à cette brigade d'être à votre disposition [1]. Faites-lui faire son mouvement par la route où elle puisse donner le moins d'ombrage. Cette brigade portera le nombre de vos régiments de cavalerie légère à dix, ce qui, avec vos huit régiments de cuirassiers, vous fera dix-huit régiments de cavalerie. Je ferai remplacer le 23ᵉ et le 24ᵉ de chasseurs à Munster, dans le courant de janvier, par une autre brigade de cavalerie. Je suppose que vous avez réitéré à vos régiments de cavalerie l'ordre de faire venir des hommes de leurs dépôts, afin que tous les chevaux soient montés, et qu'au moment de marcher il n'y ait ni *si* ni *mais*. Rendez responsable le général Bruyère pour la cavalerie légère, les généraux Saint-Germain et Doumerc pour les cuirassiers, si, vingt-quatre heures après en avoir reçu l'ordre, ils ne sont pas en état d'entrer en campagne avec tous leurs chevaux. J'ai nommé le général Doumerc général de division, et je lui ai donné le commandement de la division de cuirassiers qui est à Erfurt. Je suppose que ces régiments ont leurs carabines et leur avez prescrit d'avoir une certaine quantité de fers, pour être en état de faire de grandes marches sans s'arrêter. Il faut qu'en cas d'événement vous puissiez vous servir de votre 8ᵉ et de votre 9ᵉ division. La 8ᵉ est déjà réunie à Munster, la 9ᵉ le sera dans le courant de janvier.

NAPOLÉON.

Au reçu de cette lettre, le prince d'Eckmühl répond à l'Empereur :

Hambourg, le 15 décembre 1811.

Sire, j'ai reçu la lettre de Votre Majesté du 9, par laquelle elle m'informe qu'elle a donné l'ordre au ministre de la guerre de mettre les 23ᵉ et 24ᵉ de chasseurs à ma disposition et me prescrit de les faire venir sur

---

1. Cet ordre est ainsi conçu :
« Monsieur le duc de Feltre, donnez ordre au général Castex, commandant la brigade composée des 23ᵉ et 24ᵉ chasseurs qui sont à Munster, d'être aux ordres du prince d'Eckmühl et d'exécuter sur-le-champ ceux que le maréchal lui donnera. »

l'Elbe, dans le pays le plus abondant en fourrages. Je vais donner des ordres pour l'exécution de ceux de Votre Majesté.

Je ne puis point penser à placer ces régiments dans la Westphalie, qui est déjà bien encombrée, et, quoique ce pays-ci soit assez chargé, je ferai de mon mieux.

Par les revues que j'ai passées, Sire, j'ai tout lieu de croire que les régiments de cavalerie sont en état. Dans chaque régiment il y a une réserve de quatre fers par cheval. La 3ᵉ division de cuirassiers n'est pas aussi en mesure, mais elle s'y met. J'ai réitéré les ordres à cet égard.

Prince d'Eckmuhl.

Les revues passées par le général Castex aux 23ᵉ et 24ᵉ chasseurs donnent lieu à un rapport qui est adressé de Munster au prince d'Eckmühl et transmis par ce dernier à l'Empereur le 27 décembre. Ce rapport montre bien la physionomie de chacun de ces régiments de cavalerie.

24ᵉ chasseurs.

Personnel. — Le cadre en officiers et sous-officiers est fort bon ; il n'est composé que d'anciens serviteurs éprouvés et remplis d'ardeur.

L'esprit du soldat est bon, il n'a déserté qu'un seul homme en deux années ; tous les semestriers sont rentrés à jour fixe.

Le régiment a 250 recrues de six à trois mois de service ; ils sont peu instruits. 209 sont arrivés le 10 de ce mois du dépôt et 41, enrolés aux escadrons de guerre, n'y sont que depuis deux à trois mois.

L'espèce de recrues est médiocre ; cela tient à ce que l'on ne donne plus à l'arme d'hommes au-dessus de 5 pieds 1 pouce (1ᵐ,647).

Chevaux. — Il y a dans le corps 40 mauvais chevaux ; 22, dans ce nombre sont aveugles ou absolument hors d'état d'être employés à l'armée.

La remonte de l'armée présente de bons chevaux, mais aussi quelques mauvais. Ces chevaux sont encore fatigués d'une route de 120 lieues qu'ils viennent de faire.

Force en hommes. — Ce régiment a 724 hommes à l'effectif aux escadrons de guerre, dont 57 aux hôpitaux. Il y a donc 667 hommes présents ; dans les 57 hommes aux hôpitaux, 32 sont dans ceux de la Hollande. Il y a encore 14 galeux dans le rang.

Force en chevaux. — Ce régiment a 606 chevaux à l'effectif des escadrons de guerre, dont 45 sont hors d'état de servir dans ce moment, parce que 22 sont susceptibles de la réforme la plus absolue et que 23 sont à l'infirmerie. Dans les 23 à l'infirmerie, 13 sont douteux, 3 farcineux et le reste boiteux ou blessés à la suite de la route que ce détachement vient de faire.

Nombre d'hommes prêts à combattre. — On doit calculer, d'après ce rapport, que ce régiment ne peut présenter que 560 combattants, non compris les officiers.

Ce régiment a en outre un détachement de 60 hommes montés à Lyon, qui a été longtemps employé au service des colonnes mobiles ; maintenant qu'il ne fait plus rien, je demande qu'il rentre.

200 hommes à pied sont encore au dépôt et ne rejoignent pas leurs escadrons de guerre faute de chevaux.

État de ferrure. — Ce régiment est suffisamment pourvu d'ouvriers ; il y a des maréchaux et des fonds pour faire marcher le service de ferrage. Le corps n'a aucun fer d'avance, mais il va commencer l'approvisionnement ; la ferrure est en état.

État du matériel. — Le harnachement est en bon état ; on fait journellement les menues réparations.

L'habillement est bon et peut aller un an. Le corps a encore à la suite des moyens de renouvellement.

La chaussure est neuve ; chaque homme a, en outre des bottes, une paire de souliers.

Les chasseurs ont leurs effets de linge et chaussure nécessaires.

L'armement est en état et complet.

Solde. — La solde est à jour ; il n'est rien dû au régiment.

Masses de linge et chaussures. — Les masses de linge et chaussures sont presque toutes complètes, il n'y en a pas une d'obérée.

Réserve de fonds. — La caisse est suffisamment pourvue de fonds pour assurer les différentes parties du service.

Remonte. — Ce régiment aurait besoin de 80 chevaux de remonte pour monter ses hommes à pied, déduction faite du dixième d'hommes qu'on doit supposer aux hôpitaux.

23e chasseurs.

Personnel. — L'esprit de ce régiment est bon, point de désertion, et peu d'hommes qu'on soit obligé de punir.

Ce corps est composé de 120 hommes de dix à vingt ans de service ; 260 de cinq à dix ans ; 200 de trois ans et 140 de six mois à un an.

Les anciens soldats sont toujours remplis d'ardeur et l'espèce de recrues m'a paru assez bonne.

Chevaux. — Il y a dans ce corps 27 chevaux qui sont absolument hors d'état de servir en campagne, soit pour motif de caducité ou de claudication incurable.

Beaucoup d'anciens chevaux, et c'est la plus grande partie, ont été tirés de la Suisse, où ils sont généralement trop lourds et peu propres à l'arme de cavalerie légère. La remonte est médiocre, on pourra mieux en juger lorsque ces chevaux seront reposés.

Force en hommes. — Ce régiment a 720 hommes à l'effectif aux escadrons de guerre, dont 35 aux hôpitaux externes en Hollande et autant susceptibles de réforme qui partiront demain pour rejoindre le dépôt du corps.

Force en chevaux. — Ce régiment a 575 chevaux à l'effectif des escadrons de guerre, dont 27 sont hors d'état de servir et 21 à l'infirmerie pour cause de blessures, maladie de poitrine et légères claudications.

Nombre d'hommes prêts à combattre. — D'après ce calcul, le régiment ne peut présenter que 527 combattants, non compris les officiers.

Il y a encore au dépôt environ 180 hommes qui pourraient rejoindre s'ils étaient montés.

Ferrure. — La ferrure est en état, mais ce corps n'a point d'approvisionnement ; je réponds qu'au premier moment de repos, il y aura quatre fers par cheval, en réserve.

Matériel. — L'habillement est en bon état, il peut attendre l'époque de son renouvellement.

Le harnachement est bien entretenu, mais il y a quelques couvertes à remplacer.

Un tiers des porte-manteaux aurait besoin d'être remplacé, mais la durée n'étant pas atteinte, on se borne à y faire des réparations et encore ne sont-elles pas soignées.

Le corps est mal chaussé, les bottes sont dues à une grande partie des hommes; le dépôt fait depuis longtemps de vaines promesses.

Les hommes sont pourvus de chemises et autres effets de petit équipement.

Solde. — La solde est au courant, mais le décompte n'a pas été fait à la totalité du régiment faute de fonds, parce que des sommes appartenant à la masse de linge et chaussure ont reçu par ordre de S. E. le Ministre directeur, une autre destination et qu'elles n'ont pas encore été remplacées.

Ce corps a besoin de 77 chevaux pour monter tous les hommes, non compris ceux qui sont aux hôpitaux, et si on lui réforme ceux qui sont hors de service, il lui en faudra 94.

Munster, le 19 décembre 1811.

Général baron Castex.

L'Empereur a Jérôme Napoléon, Roi de Westphalie.

Paris, 10 décembre 1811.

De la mauvaise administration pratiquée en Westphalie et du peu de confiance qu'il y a lieu d'accorder aux troupes de ce royaume.

Je reçois votre lettre du 5 décembre. Je n'y vois que deux faits : 1° que les propriétaires du Hanovre et de Magdebourg abandonnent leurs maisons pour ne pas payer les fortes surcharges que vous leur imposez; 2° que vous croyez n'être pas sûr de votre armée, et que vous m'avertissez de ne pas compter sur elle.

Quant au premier objet, cela ne me regarde pas. Je vous ai constamment recommandé d'avoir pour principe de contenir les ennemis de la France, de ne point leur donner une excessive confiance, d'assurer la place importante de Magdebourg en accordant plus de confiance aux généraux qui y commandent; enfin de mettre de la suite et de l'économie dans le système des finances de la Westphalie, l'État le plus mal gouverné de la Confédération.

Quant au second objet, c'est ce que je n'ai jamais cessé de vous répéter depuis le jour où vous êtes monté sur le trône. Peu de troupes, mais des troupes bien choisies, et une administration plus économique, auraient été plus avantageux à vous et à la cause commune.

Quand vous aurez des faits à m'apprendre, j'en recevrai la communication avec plaisir. Quand, au contraire, vous voudrez me faire des tableaux, je vous prie de me les épargner. En m'apprenant que votre administration est mauvaise, vous ne m'apprenez rien de nouveau.

(D'après la minute.)

LE PRINCE D'ECKMUHL A L'EMPEREUR.

11 décembre 1811.

J'ai l'honneur de rendre compte à Votre Majesté que M. le général Gersdorf, chef de l'état-major de l'armée saxonne, en me parlant de l'état actuel de la place de Torgau, me fait connaître que, quoique ces travaux n'aient été commencés que cette année, elle se trouve dans ce moment, par les soins qu'il a mis à les accélérer, susceptible d'une défense de quinze jours ou de trois semaines.

Je profite de cette circonstance pour rappeler à Votre Majesté la demande que je lui ai faite, le 15 septembre, d'accorder quelques marques de bienveillance à l'armée saxonne, par la distribution de quelques croix. Parmi ceux que je croyais les plus dignes de cette faveur, je citais les généraux Gersdorf et Lecoq; ce premier est légionnaire, et c'est en grande partie à lui qu'on doit la nouvelle organisation. Je citais aussi le colonel Langeneau, qui est investi de la confiance du roi ; il a beaucoup de talents et de zèle, et je le crois un des officiers saxons les plus attachés aux Français ; il a fait la dernière campagne au quartier général de Votre Majesté et, quoique sous-chef de l'état-major saxon, il est le seul de son corps qui, ayant fait la dernière campagne, n'a pas encore la décoration.

PRINCE D'ECKMUHL.

Mise en état de défense de Torgau et demande de décorations pour des généraux saxons.

Décret du 12 décembre 1811.

ARTICLE PREMIER. — L'approvisionnement de la place de Danzig est réglé conformément à l'état ci-joint pour 15.000 hommes de toutes armes et pour 1.000 chevaux pendant un an.

ART. 2. — *Au 1er mars prochain*, toutes les quantités portées dans les colonnes *existant* et *à acheter* existeront dans les magasins. Il ne pourra, sous aucun prétexte que ce soit, être touché à cet approvisionnement que dans le cas où la place serait cernée de tous côtés et n'aurait plus de communication, ni avec l'île de Nogat, ni avec le grand-duché de Varsovie, ni avec la ligne de l'Oder. Tant que ces communications ne seront pas interrompues, l'approvisionnement sera considéré comme n'existant pas et il n'en sera pas disposé.

ART. 3. — Ce qui est porté à la colonne intitulée : *Approvisionnement que le général Rapp devra se procurer au dernier moment* sera réuni dans les magasins au moment de la déclaration de la guerre, si la guerre devait avoir lieu.

Le seul fait de la déclaration de guerre autoriserait le gouverneur

Décret réglant l'approvisionnement de siège de Danzig.

à prendre toutes les mesures nécessaires pour réaliser en magasin les quantités indiquées dans ladite colonne.

Art. 4. — Aucun ordre de gouverneur général, ni d'un maréchal, ni d'un commandant quelconque d'un corps de nos troupes, ne pourra disposer de cet approvisionnement de siège autrement qu'il n'est prescrit par le présent décret. Ce qui est porté au chapitre des magasins de réserve sera à la disposition de l'intendant général, mais ce dernier ne pourra rien ordonner à cet égard, que sous l'autorisation du commandant en chef de nos troupes sur la Vistule.

Napoléon.

(Voir, page 390, les instructions complémentaires adressées, le lendemain 13 décembre, au général Lacuée, comte de Cessac, ministre de l'administration de la guerre.)

DÉCEMBRE 1811.

État de l'approvisionnement de siège de la place de Danzig.

DÉSIGNATION DES DENRÉES.	QUANTITÉS nécessaires à l'approvisionnement	QUANTITÉS existant le 1er octobre.	MANQUE au COMPLET.	QUANTITÉS que M. le g.al Rapp sera chargé de se procurer au dernier moment.	QUANTITÉS à acheter.	PRIX DES DENRÉES d'après le marché de l'entrepreneur. fr. c.	MONTANT de la DÉPENSE. fr. c.	OBSERVATIONS.
Chapitre Ier. (Approvisionnement de siège.)								
Quintaux métriques. Froment en farine	5.000	»	3.414 07	»	3.414	20 »	68.281 40	
Froment en grains	20.000	21.885 »	»	»	»	8 10	37.537 »	
Seigle	8.100	3.465 79	4.634 21	»	4.634	» »	» »	
Rations de biscuit	611.173	611.173 »	»	»	»	» »	» »	
de riz	1.915	449 52	1.465 48	»	1.465 48	60 »	87.928 »	
de légumes secs	1.457	813 »	643 »	»	643	30 »	19.311 »	
de sel	1.278	1.278 »	»	»	»	» »	» »	
de viande fraîche	7.237	»	7.237 »	7.237	»	» »	» »	
Quintaux de bœuf salé	2.250	194 96	2.055 »	»	2.055 04	60 »	123.302 »	
de lard salé	1.800	»	1.800 »	»	1.800	60 »	108.000 »	
de fromage	1.800	»	1.800 »	»	1.800	75 »	135.000 »	
d'huile à manger	108	»	108 »	»	108	80 »	8.640 »	
de foin	79.689	7.437 »	72.252 »	72.252	»	» »	» »	
de paille	22.850	11.798 »	11.052 »	»	11.052	4 33	47.855 »	
Décalitres d'avoine	612.000	254.368 »	357.632 »	»	357.632	» 75	268.021 »	
de vin	720.000	67.921 »	652.079 »	652.079	»	» »	» »	
Litres d'eau-de-vie	230.400	132.616 »	97.784 »	»	97.784	» 68	66.493 »	
de vinaigre	100.800	21.160 »	79.640 »	»	79.640	1 »	79.640 »	
Stères de bois	42.750	160 »	42.590 »	40.000	2.590	10 »	25.900 »	
Quintaux de chandelles	576	120 81	446 »	»	446	203 »	89.238 »	
métriques d'huile à brûler	54	2 »	52 »	»	52	70 »	3.640 »	
Chapitre II. (Magasins de réserve.)								
Quintaux Blé froment	50.000	»	50.000 »	50.000	»	» »	» »	
Seigle	50.000	»	50.000 »	50.000	»	» »	» »	
métriques. Riz	2.000	»	2.000 »	»	2.000	63 »	127.000 »	Le ministre de l'administration de la guerre fera un rapport particulier sur les moyens de se procurer à Danzig les approvisionnements extraordinaires en vins et eaux-de-vie de France.
Légumes secs	2.000	»	2.000 »	2.000	»	» »	» »	
Bouteilles de vin de France	3.000.000	»	»	»	3.000.000	» »	» »	
Pintes d'eau-de-vie de France	500.000	»	»	»	500.000	» »	» »	
Total							1.288.786 »	

LE PRINCE D'ECKMUHL A L'EMPEREUR.

Hambourg, le 12 décembre 1811.

Renseignements sur les mouvements de l'armée russe.

Sire, j'ai l'honneur d'adresser à Votre Majesté les derniers rapports que j'ai reçus de Varsovie[1].

PRINCE D'ECKMUHL.

Le baron Bignon, résident de France à Varsovie, au prince d'Eckmühl.

Varsovie, le 4 décembre 1811.

Je ne m'étais pas trompé en exprimant des doutes à Votre Excellence sur les nouvelles qui faisaient arriver à Grodno le lieutenant-général Essen avec une partie de son corps, et notamment avec la division Lavrov. Voilà que, d'après les rapports d'aujourd'hui, ce corps qu'on faisait ainsi marcher est resté immobile dans ses cantonnements.

ED. BIGNON.

Extrait d'un rapport du commandant de la place de Terespol, du 1ᵉʳ décembre 1811.

La compagnie de grenadiers qui était en garnison à Brzesc s'est portée à Swierze, pour se joindre à d'autres compagnies destinées à former des bataillons de réserve. Cette nouvelle paraît confirmer les mouvements de l'armée russe, vu que toutes les compagnies de grenadiers en Russie quittent leur corps avant d'entrer en campagne et forment le corps de réserve.

On continue à dire qu'il doit arriver de la cavalerie des environs de Brzesc.

Extrait d'un rapport du général Rozniecki, du 1ᵉʳ décembre 1811.

A l'exception du régiment de hussards de Marianpol qui a marché sur Kamienec-Litowski (*Kaménets*)[2], tous les autres régiments appartenant au corps du général Essen occupent toujours tranquillement leurs anciens cantonnements. Le passage des frontières est extrêmement difficile et coûteux, mais pas impossible. C'est à tort qu'on m'avait annoncé l'arrivée du régiment de hussards noirs d'Alexandrie à Kamienec (*Kaménets*). Il est, à la vérité, arrivé à Kamienec des hussards noirs; mais c'est le régiment d'Achtyrsk qui a changé la couleur de son uniforme et a adopté la couleur noire. De tout temps ce régiment a été de brigade avec celui de Szumsk, ainsi que le régiment de Marianpol. Les nouvelles de la paix des Russes avec les Turcs se répandent avec plus de force et d'authenticité.

---

1. Voir les cartes jointes au tome I.
2. Kaménets-Litovsk, sur la Lesna, à 45 kilomètres environ au nord de Brest-Litovsk. Il ne faut pas confondre cette localité avec celle du même nom qui est en Podolie, non loin du Dniester, et qu'on appelle Kaménets-Podolsk.

Une lettre adressée au comte Rayski à Marianpol, venant d'un de ses neveux, officier à l'armée de Koutouzov, annonce la paix comme très prochaine. Le congrès a eu lieu à Giurgewo, ainsi qu'un armistice illimité entre les deux puissances.

Du général Rozniecki, du 30 novembre 1811.

On établit des magasins à Dubno, Ostrog et Zaslav. Plusieurs 3es bataillons de réserve sont arrivés à Kijov (*Kiew*) sur le Dniester. Ils sont postés de manière à pouvoir se rendre soit en Turquie, soit vers nos frontières, sans faire de grands détours. Plusieurs compagnies d'artillerie et un parc d'artillerie, sous les ordres du général d'artillerie (*nom illisible*), est aussi porté, près du Dniester, aux environs de Kamienec (*Kaménets*). La division du prince de Mecklembourg, qui s'était portée vers les frontières de la Galicie est en marche pour cantonner aux environs de Latyczev (*Letitschev*).

Les lettres de Brzesc y annoncent l'arrivée d'un escadron du régiment de hussards de Sziemsk. Ce corps est réparti sur la frontière vers Grodno et une partie à Kiamieniec-Litowski.

De Lublin, du 28 novembre 1811.

Il y a quelque temps que j'ai annoncé qu'à l'arrivée de la division russe qui est aux environs de Zytomierz (*Jitomir*), la division de Kapcewicz (*Kaptsevitch*) et une partie de celle de Doktorow (*Dokhtouroc*) avaient ordre de changer. Cette nouvelle se confirme maintenant et sitôt que cette division quittera les environs de Zytomierz (*Jitomir*), les deux autres doivent se rendre en Lithuanie. On m'annonce également qu'un transport considérable d'armes a dû passer de l'Autriche en Russie. Cette nouvelle a besoin d'être confirmée.

De Strubieszow, du 26 novembre 1811.

Vingt-quatre pièces de canon sont arrivées depuis quelques jours à Torgowica (*Torghovitsa*). Elles sont destinées pour le corps qui est en Lithuanie.

Les magasins de Dubno sont très considérables.

Le général Rapp au prince d'Eckmühl.

Danzig, le 5 décembre 1811.

J'ai l'honneur de répondre à la lettre de Votre Excellence du 30 novembre, à laquelle était joint un rapport du prince Poniatowski sur le mouvement des Russes. Tous les renseignements que je reçois des frontières m'annoncent que cette armée continue d'être tranquille dans ses cantonnements, si ce n'est quelques petits changements d'emplacement qui s'opèrent de temps en temps.

J'attends un officier très intelligent qui doit avoir été jusqu'aux avant-postes russes. Votre Excellence pourra compter sur son rapport.

GÉNÉRAL RAPP.

L'EMPEREUR AU MINISTRE DIRECTEUR DE L'ADMINISTRATION
DE LA GUERRE.

Paris, le 13 décembre 1811.

Instructions complémentaires au décret concernant l'approvisionnement de Danzig.

Monsieur le comte de Cessac, je réponds à votre rapport du 27 novembre relativement à l'approvisionnement de Danzig. A dater du 1er janvier 1812, le service sera entièrement pris à mon compte, hormis le logement et casernement, les lits militaires, les bois et lumières, et tout loyer quelconque de fours et de magasins. Il faut régler cette dépense de manière qu'elle ne dépasse pas 500.000 francs par mois. Il faut aussi des règlements un peu à la prussienne, qui taxent les denrées moyennant des payements exacts. Le pain doit être à bien bon marché puisque le blé n'a aucune valeur à Danzig. Il faut mettre le plus d'ordre possible dans ces dispositions : la journée d'hôpital ne doit pas dépasser 20 sous.

Quant à l'approvisionnement de siège, j'ai pris un décret que vous recevrez et qui règle tout[1]. Sur deux millions de francs que vous demandez, la somme d'un million vous a déjà été accordée sur le budget du fonds spécial de Danzig pour 1811; l'autre million vous sera de même accordé sur le fonds spécial de Danzig pour 1812. J'ai adopté plusieurs de vos bases; mais j'y ai ajouté l'obligation d'avoir des farines. J'ai changé l'article des bois, qui me paraît ridicule; j'en ai cependant laissé pour une petite quantité. J'ai supprimé les articles du biscuit et du foin, mais j'ai doublé l'avoine; avec de l'avoine et du son, les chevaux pourront vivre ; d'ailleurs on aura toujours le temps de prendre tout le foin de l'île de Nogat; il y en a pour des approvisionnements immenses.

Vous verrez dans mon décret que j'ai porté, sous le titre de magasins de réserve, 50.000 quintaux métriques de blé froment et 50.000 quintaux de seigle, faisant un total de 100.000 quintaux métriques, que le général Rapp devra se procurer dans les premiers moments du siège, en mettant la main sur pareille quantité, qui se trouvera facilement dans les magasins de la ville ; enfin, j'ai porté également pour ces magasins de réserve 2.000 quintaux métriques de légumes, que le général Rapp se procurera dans l'île de Nogat, et 2.000 quintaux métriques de riz, pour lesquels j'ai fait un fonds de 120.000 francs.

NAPOLÉON.

P.-S. Pour l'approvisionnement extraordinaire de 3 millions de bouteilles de vin et de 500.000 pintes d'eau-de-vie de France, vous me ferez un rapport particulier sur les moyens de se procurer à

---

1. Décret du 12 décembre 1811, page 385.

Danzig cette ressource pour l'armée, soit en faisant venir ces quantités de Bordeaux et de la Charente par des licences anglaises, soit en les transportant pendant l'hiver par Lubeck et la Baltique.

Rapport du ministre de la guerre à l'Empereur.

Paris, le 13 décembre 1811.

Compte rendu des résultats de la levée ordonnée pour compléter les régiments d'artillerie à pied.

Le décret du 6 septembre dernier porte qu'il sera levé dans un certain nombre de régiments d'infanterie et dans les compagnies de réserve départementales[1] 5.606 hommes, pour compléter les portions des régiments d'artillerie à pied qui sont dans l'intérieur de l'Empire.

Sur ce nombre,

les corps d'infanterie doivent en fournir..................... 4.326
et les compagnies de réserve........................ 1.280

J'ai déjà rendu compte à Sa Majesté des résultats de cette levée.

D'après les renseignements qui me sont parvenus jusqu'à ce jour,

les corps d'infanterie ont fourni............................ 1.037
et les compagnies de réserve........................ 954

D'où il suit qu'il reste à fournir par les corps d'infanterie.. 3.289
et par les compagnies de réserve.................... 326

TOTAL.................... 3.615

Sa Majesté ayant décidé, sur un premier rapport que je lui ai présenté, que les régiments d'infanterie compléteraient leur contingent au fur et à mesure qu'ils recevraient des hommes de taille, j'ai donné des ordres en conséquence; mais le déficit qui existe sur la quantité d'hommes à fournir par les compagnies de réserve ne pourra être comblé, parce que les préfets n'ont en ce moment aucun moyen pour recruter ces compagnies.

Duc de Feltre.

Décrets du 14 décembre 1811.

Artillerie régimentaire attribuée aux 11ᵉ léger, 2ᵉ et 37ᵉ de ligne.

Par décret du 14 décembre 1811, quatre pièces de canon sont attribuées au 11ᵉ d'infanterie légère, ainsi qu'aux 2ᵉ et 37ᵉ de ligne. Le 11ᵉ léger reçoit des caissons pour quatre bataillons, les 2ᵉ et 37ᵉ de ligne pour cinq bataillons.

---

1. La composition de ces compagnies de réserve départementales et leur emploi ont été indiqués dans l'exposé sommaire de l'organisation générale de l'armée. Tome I, chap. 1ᵉʳ, page 26.

Les 6ᵉ, 7ᵉ et 12ᵉ bataillons des équipages militaires sont portés au grand complet.

Par décret du même jour, les 6ᵉ et 7ᵉ bataillons des équipages militaires sont portés à leur grand complet de six compagnies ou de 771 hommes et de 1.227 chevaux.

Même mesure est prise le 29 décembre pour le 12ᵉ bataillon des équipages militaires.

L'Empereur prescrit par un nouveau décret, du 9 janvier 1812, de compléter ces bataillons sur-le-champ, sans attendre les mois de mars et d'avril.

L'EMPEREUR AU MINISTRE DE LA GUERRE.

Paris, le 14 décembre 1811.

Grande Armée : composition du matériel du génie.

Monsieur le duc de Feltre, le matériel du génie de la Grande Armée se compose de la 1ʳᵉ compagnie du train qui est actuellement à Hambourg, de la 5ᵉ qui est à Metz, et de la 6ᵉ qui est à Bayonne ; ce qui fera 400 à 500 hommes, 150 voitures et 700 à 800 chevaux ; il se compose également des caissons attachés aux différentes compagnies de sapeurs et de mineurs, ce qui doit être au moins l'objet d'une cinquantaine de voitures ; il y aurait donc au moins 200 voitures pour le matériel du génie. Les trois compagnies ont 3 caissons de mineurs, 3 voitures de pétards, 3 sonnettes, 3 nacelles et 21 voitures chargées de cordages, d'ancres, de clameaux et autres objets nécessaires à la réparation des ponts ; je ne parle pas des 21.000 outils attelés. Cela étant, le parc du génie me paraît avoir suffisamment, et il n'y a aucun besoin de lui organiser un équipage particulier pour les ponts, si ce n'est pour tout ce qui est relatif au bataillon des ouvriers de la marine. Ce serait donc 6 caissons chargés d'outils d'art nécessaires auxdits bataillons. Puisqu'on a 3 sonnettes avec les trois compagnies, quel besoin y a-t-il d'en avoir quatre nouvelles ? Puisqu'on a 21 voitures chargées de cordages, cinquenelles et agrès pour les ponts, pourquoi y ajouter 4 chariots ? Puisqu'on a 6 voitures chargées de nacelles avec les compagnies, pourquoi y ajouter 4 chariots ?

En général, l'équipage de pont proposé par le génie me paraît inutile ; les équipages suffisent, mais je ne m'oppose pas à ce qu'il soit formé une demi-compagnie avec le dépôt qui est à Metz, et que cette compagnie soit chargée de servir 6 caissons avec les outils nécessaires au bataillon de la marine.

Faites-moi un rapport qui me fasse connaître de quelle espèce de sonnette sont chargées les trois compagnies, et enfin de quelle autre espèce de sonnette on voudrait charger les deux voitures qui suivent les ouvriers de la marine.

Un état général du matériel qui existera à l'armée d'Allemagne me fera mieux connaître la situation des choses et me mettra à même de prendre un parti définitif. Il est nécessaire d'y ajouter la portion du matériel dont j'ai ordonné le dépôt à Danzig, outils à pionniers, etc. Il serait bon d'y avoir quelques grosses sonnettes et un approvisionnement de pilots garnis en fer dont on peut se servir pour construire un pont sur pilotis, soit sur la Vistule, soit sur le Niémen. Le transport se fait par eau et d'une manière extrêmement facile dans tous ces pays.

Il serait du moins très important d'avoir, à Danzig, soit les fers nécessaires pour mettre au bout des pilots, soit des clavettes, clous et ce qui serait nécessaire pour un grand pont sur pilotis; de sorte qu'en les ayant en magasin à Danzig on pût les transporter où il serait utile.

Il est nécessaire qu'il y ait à Danzig un approvisionnement d'outils pour les mineurs et les ouvriers de la marine, et pour les remplacements s'il venait à s'en perdre. Danzig doit être la grande place de dépôt. Tout doit être là, et il faut qu'on n'ait rien à demander en France.

Faites-moi un rapport général sur le matériel du génie de la Grande Armée. Ainsi, le matériel du génie consistera dans les caissons des mineurs, des sapeurs, dans les 150 caissons des trois compagnies, dans un approvisionnement d'outils à pionniers emmanchés, dans un approvisionnement de pilots tout façonnés, dans un approvisionnement de madriers suffisant pour construire un pont sur pilotis sur la Vistule, dans tous les fers nécessaires pour construire un autre pont sur pilotis, dans les cordages, nacelles et rechange de toute espèce, soit outils d'art et autres objets nécessaires au génie, qui existeront en dépôt dans la place de Danzig.

Il faut faire dresser l'état des chargements du génie. Il ne faut pas oublier des flambeaux, des lanternes pour la nuit, en bonne quantité, pour éclairer les travailleurs.

NAPOLÉON.

L'EMPEREUR AU MINISTRE DE LA GUERRE.

Paris, le 14 décembre 1811.

Monsieur le duc de Feltre, j'ai lu avec attention votre travail sur les équipages de pont, du 12 décembre.

On propose d'augmenter de six cents chevaux la commande des bataillons du train pour les chevaux nécessaires au 7e. Si vous vendez au royaume d'Italie les six cents chevaux du 7e principal, le royaume d'Italie vous les payera et alors je mettrai un approuvé à la cession de ces chevaux et l'argent en provenant vous servira à l'achat des six cents chevaux qui vous manquent. Je ne signerai donc pas le décret que vous m'avez présenté. Les fonds nécessaires

Des 4e et 7e bataillons principaux devant servir la Garde et du 11e bataillon destiné à la réserve de cavalerie. Des équipages de pont.

vous seront donnés sur le service de janvier; si vous en avez un besoin pressant, le ministre du Trésor vous en fera l'avance sur ce qui vous sera donné en janvier.

Vous n'avez pas compris mes intentions sur la réserve de la Garde. Je n'ai pas prétendu que la Garde avançât l'argent nécessaire pour l'achat des chevaux du 4e et du 7e principal, mais que les chevaux qu'on doit acheter pour le 7e et le 4e principal, lesquels doivent servir avec la Garde, seraient achetés et reçus par le général Sorbier, qui a un intérêt à acheter de bons chevaux puisque ces bataillons doivent servir avec la Garde. C'est d'ailleurs un effet de ma confiance en ce général. Il sera donc nécessaire que le 7e principal vienne à La Fère, où il recevra ses chevaux; le 4e principal pourra les recevoir à Metz.

La réserve de cavalerie doit être servie par le 11e bataillon. Je pense que ce bataillon doit se mettre en marche sans délai, afin de relever, à Erfurt et à Hanovre, les chevaux des quatre compagnies qui sont à l'artillerie de la réserve de cavalerie et qui appartiennent aux quatre bataillons destinés au corps d'observation de l'Elbe. Le dépôt et les hommes à pied de ce bataillon pourront se rendre à Düsseldorf et l'on fera les achats des chevaux que doit avoir ce bataillon dans le duché de Berg.

Par ce moyen, la remonte sera plus facile et ces chevaux seront tous rendus où se trouvent les régiments de cuirassiers, à Cologne et à Bonn.

Il est, toutefois, nécessaire que les attelages actuels qui sont aux deux divisions de cuirassiers, à Cologne et à Bonn, y restent jusqu'à ce qu'ils soient remplacés par les chevaux du 11e bataillon, de sorte que, si, avant que la remonte fût faite, j'ordonnais le départ de ces deux divisions, on n'en éprouvât aucun embarras ni retard.

Vous portez à l'équipage de pont cent soixante-dix chariots à munitions, il me semble que cela n'est point l'usage. Formez-moi donc cet équipage selon les règles. Dans l'équipage de pont, il doit y avoir deux grandes sonnettes, si nécessaires pour consolider un pont de bateaux.

Il est nécessaire que les deux équipages de pont existent entiers à Danzig. Il faut avoir de plus, à Danzig, les cordages, ancres, fers et tous les objets nécessaires pour un troisième équipage, de sorte que, selon les circonstances, je ferai atteler les trois équipages, ou je ferai conduire l'un par les transports de réquisition et les deux autres par ceux de l'armée. Vous observez très bien que l'on trouve partout des bateaux et du bois, et, avec la quantité d'ouvriers que je mène cela sera promptement établi. Ainsi, l'organisation de ce troisième équipage ne nécessitera que les cordages, les ancres, les fers et trois nacelles pour ramasser les bateaux. Faites-moi connaître combien il faudra de voitures pour cet équipage.

Je viens actuellement au détail. L'équipage est de cent soixante-dix bateaux; il en manque cinq que vous voulez prendre à Strasbourg. Ordonnez que ces cinq bateaux soient confectionnés à Danzig; je ne veux rien prendre à Strasbourg, et comme cent soixante-dix est un nombre court, faites en construire à Danzig trente-cinq nouveaux, ce qui fera deux cents bateaux. On aura donc amplement les deux équipages.

Ordonnez qu'au lieu de six haquets qui manquent, vingt soient confectionnés à Danzig, de sorte qu'avec les dix qui existent, cela fera trente haquets de rechange.

Faites faire quinze nacelles, qui, avec les dix qui existent, feront vingt-cinq.

Vous voyez que mon intention est de ne rien tirer de Strasbourg, ni de Vérone; tout doit se trouver à Danzig.

Vous portez cent soixante-dix chariots, ce qui me paraît trop considérable; toutefois, mettez en construction à Danzig le nombre qui est nécessaire et faites-moi connaître la différence du prix d'un chariot construit à Strasbourg à celui d'un construit à Danzig. Faites-moi connaître également, si l'on ne pourrait pas se procurer à Danzig les quinze caissons d'outils et les douze forges qui manquent et si l'on pourrait, d'ici au mois de mars, les faire construire à Danzig.

Je dis la même chose pour les cordages, clous, ancres, fers, etc., mais il faut que tout soit fait à Danzig au 1er mars. On a donc trois mois pleins pour se procurer ce qui manque.

Mon équipage de pont consistera : en deux grands ponts sur la Vistule, avec tous les agrès et objets nécessaires, en un pont en cordages, ancres et fers, et, outre cela, en quatre avant-gardes de pont, dont une à chaque corps et une à la Garde.

Je suppose que les officiers d'état-major que vous placerez aux équipages de pont ont déjà servi dans les ponts.

Vous me proposez le général Camas pour commander les ponts : cet officier a-t-il de l'expérience dans cette partie?

NAPOLÉON.

Le lendemain, 15 décembre, l'Empereur, revenant sur la question des équipages de pont, prescrit d'étudier dans le détail les dispositions à prendre pour qu'un pont puisse être jeté en une heure sur une rivière de 200 toises.

L'EMPEREUR AU MINISTRE DE LA GUERRE.

Paris, 15 décembre 1811.

Monsieur le duc de Feltre, à Vienne, j'ai fait jeter sur un bras du Danube de 100 toises de large, un pont d'une seule pièce. Je désire que, dans les équipages de pont que je fais former à Danzig, les officiers d'artillerie disposent les pièces de manière qu'on puisse, en une heure de temps, dresser le pont et le mettre à l'eau d'une

Ordre d'étudier les moyens de jeter un pont d'une seule pièce sur un fleuve.

pièce. Il est convenable, pour le succès de ces dispositions, que le détail en soit arrêté ici par les officiers d'artillerie. Il a fallu plusieurs jours à Vienne pour cette opération, parce que rien n'était préparé; mais, si les madriers, les poutrelles, les fers étaient disposés à l'avance, je pense qu'on pourrait le faire en moins de quelques heures. Il restera ensuite à connaître si ce pont ne pourrait pas être jeté également sur une rivière de 200 toises, sur le Rhin, par exemple; je suis porté pour l'affirmative. Je désire que cette question soit discutée par les officiers d'artillerie, et qu'ensuite l'essai de ce procédé soit fait sur le Rhin ; mais ces épreuves doivent être cachées, et il ne faut pas que les étrangers puissent s'en apercevoir. Ce serait un grand pas de fait si, en se mettant à l'abri d'une île ou d'une rivière qui débouche dans le fleuve on pouvait préparer un pont et ensuite le lancer et, par la force du courant, l'abattre de manière à jeter en six minutes un pont sur une grande rivière. Je suis porté à penser que les épreuves que l'on ferait à Strasbourg seraient satisfaisantes.

NAPOLÉON.

L'EMPEREUR AU MINISTRE DIRECTEUR DE L'ADMINISTRATION
DE LA GUERRE.

Paris, le 15 décembre 1811.

De la formation des 6° et 7° bataillons des équipages militaires.

Monsieur le comte de Cessac, je réponds à votre rapport du 11 décembre sur les 6e et 7e bataillons des équipages militaires. Je désire diviser le travail en deux parties : les trois premières compagnies de ces deux bataillons et les trois dernières. Il faut d'abord compléter les cadres des six compagnies de chaque bataillon, ensuite laisser les trois dernières avec leurs cadres et former complètement les trois premières. Trois compagnies d'équipages militaires complètes exigent 381 hommes et 612 chevaux, ce qui fera pour les deux bataillons 762 hommes et 1.224 chevaux. Vous avez en ce moment 471 hommes et 595 chevaux; c'est 291 hommes et 629 chevaux qui manquent. Je viens de prendre un décret pour y pourvoir. Vous me présenterez en janvier le travail relatif aux trois dernières compagnies ; mais, en attendant, je complète pour la Grande Armée quatre bataillons ou 1.000 voitures. Quant aux voitures, je voudrais que toutes fussent du nouveau modèle. Il me semble que vous en faites faire à Danzig. Il faut me faire un rapport général là-dessus, car je désire que les compagnies qui restent à former soient également attelées à des voitures de nouveau modèle.

NAPOLÉON.

L'EMPEREUR AU PRINCE D'ECKMUHL, A HAMBOURG.

Paris, le 15 décembre 1811.

Mon Cousin, il est nécessaire qu'au 15 février Modlin soit armé, approvisionné et mis en état de soutenir un siège. Il faut faire faire par vos officiers d'artillerie l'état de l'armement nécessaire. 40 pièces de 24 à Modlin, par exemple, sont ridicules. Les pièces de 24 ne sont pas nécessaires à la défense d'une place; on ne met de ce calibre que ce qu'on a. Le grand-duché a 18 pièces de 24, on peut en mettre 15 à Modlin et les porter au nécessaire et existant. Il faut avoir au moins 20 affûts pour ces 15 pièces. 74 pièces de 12 sont inutiles, 55 suffisent; on peut les prendre à Thorn, à Praga et à Czenstochowa. Il y a aussi à Thorn et à Czenstochowa des mortiers qu'il faut prendre pour Modlin. Il faut mettre dans cette place beaucoup de poudre et de boulets. Je vois qu'il manque de la poudre dans le grand-duché; il faut mettre à Modlin la plus grande partie de ce qui est à Thorn. Il faut également renfermer des approvisionnements dans Zamosc. Il me semble qu'au 15 février on pourrait placer aussi dans Modlin une grande partie des munitions qui se trouvent à Varsovie, et même une partie de ce qui a été placé l'année dernière derrière la Vistule, puisque cette place peut se défendre actuellement assez de temps pour contenir tous les dépôts. Quant au personnel, il y a dix-huit compagnies d'artillerie à pied dans le grand-duché. Cinq ou six compagnies peuvent être destinées pour le service de cette place. Il est donc convenable qu'au 15 février la place se trouve en état.

NAPOLÉON.

Ordre pour l'approvisionnement des places de Modlin et de Zamosc.

LE PRINCE D'ECKMUHL A L'EMPEREUR.

Hambourg, le 15 décembre 1811.

Sire, j'ai l'honneur d'adresser à Votre Majesté les derniers rapports de Varsovie; j'y joins copie d'une lettre de M. Bignon, et de celle du prince Poniatowski, dans laquelle se trouve un tableau d'emplacement des troupes russes.

J'ai adressé à Votre Majesté, le 25 novembre, un état d'emplacement des troupes russes, qui était le résultat des différents rapports que j'avais reçus. Le 30 novembre, j'en envoyai copie au prince Poniatowski, en le priant d'y corriger ce qui ne s'accordait pas avec les données qu'il avait. Votre Majesté doit donc considérer ce tableau d'emplacement du prince, que je lui fais tenir aujourd'hui, comme un contrôle du mien.

Voici au reste les principales différences et analogies qui s'y trouvent:
1° Il n'y a dans la 5° division que deux régiments sur lesquels nous soyons d'accord; ceux de Perm et de Mohilev;
2° Les noms des régiments de la 14° lui sont inconnus comme à moi;

Renseignements sur les emplacements de l'armée russe.

3° Il place dans la division de cavalerie un régiment de chasseurs à cheval dont je n'avais pas connaissance;

4° Les cuirassiers de l'Empereur et ceux de l'Impératrice sont portés à une autre division;

5° Le 1ᵉʳ corps, ou corps d'observation de Wittgenstein, dont le quartier général était à Riga, est maintenant à Szawl (*Chavli*); et ce corps s'est porté, depuis le 20 novembre, de la Livonie et de la Courlande en Samogitie;

6° Le corps de Baggovout offre très peu de différence;

7° Il en est de même de celui d'Essen;

8° Dans le ci-devant corps de Doctorow (*Dokhtourov*), actuellement Bagration, il nomme les régiments de la 25ᵉ division que j'ignorais;

9° Il y suppose la 24ᵉ division, tandis que j'y mets la 12ᵉ dont je nomme les régiments;

10° Il compose la 26ᵉ d'une autre manière que moi;

11° Enfin, il porte à l'aile gauche la division de cavalerie de Depreradowicz (*Depreradovitch*) que je croyais à l'aile droite. En dernier résultat, Votre Majesté y verra le même nombre de divisions et le même nombre de régiments dans chacune, ce qui est le point le plus important.

Prince d'Eckmuhl.

En marge de la lettre ci-dessus, on lit :

« Envoyé le 21 au duc de Bassano pour la comparer avec ses renseignements. »

Lettre du baron Bignon.

Varsovie, le 7 décembre 1811.

Les nouvelles qu'on reçoit des frontières de la Russie sont de nouveau très rassurantes. Les grands mouvements dont on fait tant de bruit se réduisent maintenant à l'envoi de quelques piquets de cavalerie régulière dans le voisinage de la frontière du duché, pour empêcher l'émigration produite par le recrutement qui s'opère sur le territoire russe. On ne sait quelle opinion se former sur les vues du gouvernement prussien. Tous les rapports continuent à donner des détails prouvant une continuation de préparatifs militaires.

Bignon.

L'EMPEREUR AU MINISTRE DES RELATIONS EXTÉRIEURES.

Paris, le 16 décembre 1811.

Prochaine levée de la conscription de 1812. Les princes de la Confédération sont invités à préparer leur contingent.

Monsieur le duc de Bassano, M. de Nesselrode [1] va arriver bientôt; cela me porte à faire rendre sur-le-champ le sénatus-consulte pour la levée de la conscription. Je tiendrai demain un conseil

---

[1]. Nesselrode (comte de), ministre des affaires étrangères de Russie.

privé pour que ce sénatus consulte soit rendu dans la semaine et qu'on ne puisse pas l'attribuer à l'arrivée de ce négociateur.

Dans la même intention, je désire qu'une communication soit faite aux princes de la Confédération sur la nécessité de remonter leur cavalerie et de préparer leur contingent [1]. Vous écrirez à ce sujet une circulaire à mes ministres et chargés d'affaires, lesquels en causeront avec les princes et avec leurs ministres. Ils prétexteront la levée que font les Russes de 4 hommes sur 500, la grande quantité de troupes qu'ils ont sur la frontière et le parti décidé où l'on paraît être en Russie de faire la guerre. Mes chargés d'affaires demanderont la situation des troupes, le lieu le plus rapproché de l'Oder où elles pourront être réunies, et de combien de jours à l'avance il faudra que la réquisition soit faite.

C'est surtout aux petits princes qu'il est nécessaire de donner cet avis. Il faut leur demander de préparer leur contingent pour former la 3ᵉ division.

Nassau a son contingent en Espagne; Würzbourg n'a plus rien en Espagne, il peut donc fournir le régiment nº 3. La Saxe ducale peut également fournir le régiment nº 4. La Lippe, Anhalt, Schwarzburg, Reuss et Waldeck peuvent s'occuper de la formation de la 3ᵉ brigade; il en est de même du contingent du prince Primat.

Faites-moi un rapport qui me fasse connaître comment étaient organisés ces régiments lors de la campagne d'Autriche, ce que doit fournir chaque prince, ce qu'il a en Espagne et ce qu'il doit fournir ici.

NAPOLÉON.

L'EMPEREUR AU PRINCE D'ECKMUHL, A HAMBOURG.

Paris, le 16 décembre 1811.

Adjonction d'un équipage de matelots de la flottille au corps de l'Elbe.

Mon Cousin, vous avez dans l'arrondissement de la 32ᵉ division militaire deux équipages de matelots de la flottille qui doivent fournir 1.600 hommes. Mon intention est qu'en cas de guerre un de ces bataillons, bien armé et bien équipé, marche avec votre corps d'armée et soit attaché à Danzig à l'équipage de pont. Faites-moi connaître lequel des deux bataillons est préférable pour ce service, et ce qu'il y a à faire pour son équipement.

NAPOLÉON.

---

1. Voir tome I, chapitre Iᵉʳ, page 38, la composition des troupes de la Confédération du Rhin.

L'EMPEREUR A EUGÈNE NAPOLÉON, VICE-ROI D'ITALIE, A MILAN.

Paris, 16 décembre 1811.

Corps d'observation d'Italie : ordre pour l'organisation de ce corps et pour la garde du pays après son départ.

Mon Fils, voici l'organisation que je désirerais donner au corps d'observation d'Italie.

La 1re division se réunira à Trente et à Balzano. Elle sera composée (je fixerai le jour) :

de	2	bataillons du	8e d'infanterie légère;	
de	4	—	du 84e	—
de	4	—	du 92e	—
de	4	—	du 106e	—
et de	2	—	croates.	

TOTAL.. 16 bataillons.

Cette division portera le n° 13, ayant décidé de donner un numéro général à toutes les divisions de la Grande Armée.

La 2e division sera composée :

de	2	bataillons du	18e léger;
de	4	—	du 9e —
de	4	—	du 35e —
de	4	—	du 53e —
et de	2	—	espagnols.

TOTAL.. 16 bataillons.

Cette division sera la 14e division.

La 3e division, qui sera la 15e, sera composée de 16 bataillons italiens et dalmates.

Ces trois divisions présenteront une force de 38.000 hommes.

On laisserait en Italie les régiments suivants :

Régiments français.

22e d'infanterie légère................	6	bataillons.
6e de ligne.......................	3	—
14e léger......	3	—
112e de ligne.................	5	—
13e —	5	—
23e —	2	—
Les 5es bataillons des 6 régiments français composant les 13e et 14e divisions	6	—
10e de ligne.................	2	—
20e —	2	—
7e —	1	—
12e —	1	—

1er léger...............	2 bataillons.
3e —	1 —
67e de ligne............	1 —
régiment illyrien.......	1 —
52e de ligne............	5 —
102e —	2 —

Ce qui ferait, en deçà des Alpes, 48 bataillons français, formant 30.000 hommes d'infanterie, lesquels seront complétés par la levée de la conscription qui va être faite, celle de 1812.

Régiments étrangers.

Régiments suisses........	2 bataillons.
La Tour d'Auvergne.......	4 —
Isembourg...............	4 —
Régiment étranger.......	1 —
Total......	11 bataillons, 8.000

hommes. Avec les Italiens et les Saxons, près de 50.000 hommes.

Régiments italiens. — Les 4es bataillons qui restent.

Rédigez-moi cet état en règle.

Pour la cavalerie, on formera une 9e compagnie à chaque régiment, qu'on laisserait en Italie avec les hommes malades et éclopés, et qu'on remonterait de manière à avoir en trois mois 1.500 chevaux.

La Garde royale serait composée comme elle est et sera destinée à se joindre à la Garde impériale.

Chaque division du corps d'observation d'Italie sera composée de trois brigades. Les deux divisions françaises étant ainsi organisées, faites-moi connaître ce qui manquera à leur complet pour que chaque bataillon ait 800 hommes sous les armes à son départ. Le 18e léger, les Croates, les Espagnols et le 8e léger sont portés au grand complet. Je suppose qu'il manque aux six autres régiments français 600 hommes à chaque régiment pour être au grand complet de 3.000 hommes, ce qui ferait 3.600 hommes: je donnerai des ordres pour qu'on vous les fournisse aussitôt que vous m'en aurez envoyé l'état. On pourra prendre ces hommes dans les deux bataillons du 2e régiment de la Méditerranée, forts de 1.600 hommes. Les bataillons du 1er régiment de la Méditerranée, qui sont en Corse et à l'île d'Elbe, pourront fournir 3.000 hommes.

Six régiments à quatre bataillons font 24 bataillons. On pourrait avoir les mêmes 24 bataillons en prenant huit régiments à trois bataillons, et l'on pourrait ajouter le 112e et le 13e de ligne; mais ce qui resterait en Italie serait beaucoup plus faible, car il vaut mieux garder le 112e et le 13e, qu'on peut facilement augmenter d'un bataillon, que d'avoir huit 4es bataillons qui seront le rebut des corps et qui n'offriront aucune ressource en Italie; au lieu qu'en gardant en Italie le 13e et le 112e, si les Anglais attaquaient Naples, Venise, la Toscane ou Gênes, on pourrait réunir sur-le-champ une quarantaine de bataillons d'élite, français, italiens et étrangers, indépendamment d'une quarantaine de 5es bataillons pour tenir garnison et occuper le pays.

Je vais lever la conscription de 1812, et mon intention est de compléter, par cette levée, tous les 4es et 5es bataillons, et de la laisser tout entière en Italie et en France pour la garde du pays.

On formerait en Piémont une division active d'au moins 6.000 hommes, trois dans le royaume d'Italie, une du côté de l'Isonzo et une du côté des Apennins, chacune de 6.000 hommes; une sur les frontières de Naples, de 6.000 hommes, de manière qu'indépendamment des 5es bataillons, qui seraient renfermés dans les places de Palmanova, de Mantoue, de Peschiera, d'Ancône, on aurait cinq ou six divisions actives, commandées par des généraux de division et de brigade, qu'on pourrait réunir promptement sur le point qui serait menacé.

Tracez-moi le projet d'organisation de ces corps, en me faisant connaître les lieux où on les placerait et ce que le royaume d'Italie pourrait fournir. Le corps de l'Isonzo serait principalement destiné à surveiller Palmanova, Venise, Trieste et la Dalmatie; il serait naturellement bien placé du côté d'Udine. Un autre corps serait chargé de surveiller Ancône, Gênes, Livourne, Rome; ce corps serait naturellement bien placé du côté de Rome; le roi de Naples, qui a une armée de 24.000 hommes, pourrait le seconder puissamment. On pourrait avoir en six jours 6.000 hommes, en douze jours 18.000 hommes et en vingt ou vingt-cinq jours 30.000 hommes réunis sur le point qui serait attaqué. C'est ce qui vous portera sans doute à penser qu'il est nécessaire de laisser en Italie quatre ou cinq bons régiments. Si vous avez besoin de renseignements, vous pouvez les demander à Borghèse.

L'Italie, étant une, doit être comprise dans une même organisation. Le moindre mouvement qui se ferait sentir dans une partie serait senti dans l'autre; il faut donc la contenir partout.

Quant à l'artillerie, les dix régiments auront chacun 2 pièces, ce qui fera 20. Les deux divisions françaises auront une batterie à cheval et une batterie à pied, total 28 pièces. Les dragons auront deux batteries d'artillerie légère, 12 pièces. Indépendamment de cela, il y aura une réserve qui sera de deux batteries d'artillerie à pied, chacune de 6 pièces de 12, et de 2 obusiers prussiens ou licornes, 16 pièces. Total, 76 bouches à feu, dont 56 seulement servies par l'artillerie de ligne. Le 7e bataillon *bis*, qui doit se trouver au grand complet, suffira aisément au service de ces pièces.

L'artillerie italienne sera composée de 10 à 12 pièces de régiment, de 14 pièces d'artillerie de ligne, d'une batterie de réserve de 6 pièces de 12 et de 2 obusiers, et d'une batterie d'artillerie légère de 6 pièces pour la cavalerie : total, 38 pièces de canon, et, en ôtant les 10 pièces de régiment, 28 pièces de canon. Enfin, la Garde royale aura ses 18 pièces d'artillerie servies par les compagnies d'artillerie, de la Garde à cheval et à pied : total, 32 bouches à feu.

Les 18 pièces régimentaires seront de 4 ou de 3.

Il est nécessaire d'avoir des sapeurs et des outils attelés. Faites-moi connaître si, du 1er au 10 janvier, les trois divisions du corps d'observation pourront être réunies, la 1re à Trente et à Balzano, la 2e à Brescia et la 3e à Vérone, et la cavalerie aux environs, avec toute l'artillerie bien attelée, double approvisionnement de caissons, compagnies du train du génie et au moins 6.000 outils attelés, afin qu'en février ce corps puisse se mettre en campagne.

Le 9e bataillon des équipages militaires, qui est à Plaisance, dont vous enverrez passer la revue, et les caissons italiens pourront porter tout ce qui est nécessaire. Il sera nécessaire que ce corps marche par division, de manière à arriver rapidement sur Ratisbonne. Je n'ai pas besoin de vous dire que ces ordres devront s'exécuter avec le plus de mystère possible, et qu'il faut que les gazettes ne parlent pas et ne donnent aucune alerte.

La cavalerie légère sera composée, savoir :

1re brigade. { 6e de hussards,
8e de chasseurs.

2e brigade. { 6e de chasseurs,
25e —

3e brigade. { 9e de chasseurs,
19e —

4e brigade. { 2e régiment de chasseurs italiens,
3e —

Je crois que le 4e de chasseurs est déjà parti de Turin. Ces quatre brigades prendront les numéros généraux : la 1re brigade sera la 10e; la 2e sera la 11e; la 3e sera la 12e et la 4e sera la 13e.

Chaque brigade partira forte de 1.200 chevaux, hormis la brigade italienne, qui sera de 1.600; mais les autres brigades ne tarderont pas à recevoir des dépôts 400 chevaux. Chaque régiment de cavalerie laissera les cadres de la 9e compagnie bien complets et 50 chevaux, lesquels seront promptement quadruplés. Présentez-moi des généraux de cavalerie pour commander ces brigades.

Je n'ai point même communiqué cela au ministre de la guerre. Rédigez-moi ce travail en règle; mettez-y les officiers, les compagnies d'artillerie, du génie, les caissons et tous les autres détails parfaitement en état. Faites-moi connaître aussi ce qui manque, en détail, à chaque corps; je vous donnerai alors des ordres pour l'exécution.

NAPOLÉON.

Le même jour, 16 décembre, l'Empereur écrit encore au prince Eugène, au sujet des approvisionnements de chaussures à se procurer :

Mon Fils, je ne sais si je vous ai mandé qu'il était nécessaire que vos troupes eussent une paire de souliers aux pieds, deux paires dans le sac et une ou deux paires dans les caissons; c'est aux régiments à s'en procurer. Par ce moyen, on peut espérer qu'ils arriveront sur la Vistule avec deux paires de souliers dans le sac et une aux pieds.

NAPOLÉON.

Garde Impériale.

Organisation de la Garde en vue d'une entrée en campagne.

Tout en complétant et perfectionnant sans cesse la formation des divers corps d'observation, l'Empereur songe à mettre la Garde impériale, qui doit constituer la réserve de la Grande Armée, en état d'entrer en campagne [1].

A cet effet, il indique au duc d'Istrie, qui la commande, et au ministre de la guerre les bases d'après lesquelles doivent être organisées les divisions d'infanterie et de cavalerie, et de quelle manière il entend que soient répartis, dans chacune d'elles, les batteries d'artillerie et les services de l'administration et du génie.

Il donne également des ordres pour faire rentrer en France les compagnies d'artillerie, ainsi que les cadres des 4ᵉˢ régiments de voltigeurs et de tirailleurs, qui sont en Espagne.

Toutes les pièces concernant cette organisation ont été groupées ci-après, pour en faciliter l'étude.

L'EMPEREUR AU MARÉCHAL BESSIÈRES, DUC D'ISTRIE, COMMANDANT LA GARDE IMPÉRIALE, A PARIS.

Paris, 16 décembre 1811.

Organisation de l'infanterie et de la cavalerie de la Garde.

Mon Cousin, il faut préparer la Garde pour entrer en campagne. Faites-moi un rapport d'abord sur la cavalerie; tout ce qui est en Espagne me rejoindra. Faites-moi connaître quelle sera la situation de ma cavalerie, en indiquant le complet de chaque régiment et l'effectif actuel, hommes et chevaux, et ce qui manque pour entrer en campagne.

Je désire que mes chevau-légers aient chacun moitié des carabines.

Faites-moi un rapport sur la gendarmerie d'élite, en indiquant

---

1. Voir tome 1ᵉʳ, chapitre Iᵉʳ, pages 27 et suivantes, l'organisation de la Garde impériale en 1810 et 1811.

les lieux où elle se trouve et combien d'hommes je pourrais en avoir en campagne.

Pour l'infanterie, mon intention est d'avoir : 1re division : six régiments de voltigeurs, un régiment de garde nationale de la Garde, formant 14 bataillons ou 10.000 hommes ; 2e division : six régiments de tirailleurs, auxquels on joindra les conscrits de la Garde italienne, ce qui fera 14 bataillons ou 10.000 hommes ; 3e division : les deux régiments de fusiliers, les deux de chasseurs, le régiment de flanqueurs, formant 8 bataillons ou 8.000 hommes ; 4e division : les trois régiments de grenadiers, les deux bataillons de vélites royaux, deux bataillons de ligne italiens, formant 10 bataillons ou 8.000 hommes. La force des quatre divisions réunies serait de 36.000 hommes.

La 1re division sera desservie par la 1re compagnie de conscrits canonniers, servant 8 pièces de 4 ; la 2e division aura la 2e compagnie, servant 8 pièces de 4 ; la 3e et la 4e division auront les 3e et 4e compagnies, servant chacune 8 pièces de 4.

Indépendamment de cela, les trois compagnies régimentaires italiennes serviront 18 pièces de canon, lesquelles seront attachées, savoir : à la 4e division, 12 pièces, et à la 2e division, 6 pièces.

La 1re division aura une batterie d'artillerie à pied servant 8 pièces, et une à cheval servant 6 pièces. La 2e, la 3e et la 4e division auront le même nombre de pièces. Ainsi, la 1re division aura 22 pièces, la 2e division 28, la 3e division 22, la 4e division 34 ; ce qui fera 106 pièces. Les quatre batteries d'artillerie à cheval de la Garde servant 24 pièces de canon, les six compagnies à pied de la Vieille Garde servant 48 pièces, deux batteries de réserve de la ligne, à pied, servant 16 pièces de 12, une compagnie d'artillerie à cheval de la Garde italienne servant 6 pièces et une à pied servant 8 pièces formeront 102 pièces d'artillerie de réserve, attachées à la cavalerie de la Garde et à la réserve de l'armée.

La Garde aura donc 208 pièces de canon, savoir : 32 pièces servies par les compagnies de conscrits de la Garde et 18 servies par les compagnies régimentaires italiennes, 14 servies par la Garde italienne, dont une batterie à cheval, 24 à cheval servies par la Garde, 48 pièces à pied servies par la Garde, 24 à cheval servies par la ligne, 32 à pied servies par la ligne, 16 de la batterie de réserve ; total, 208 pièces.

Artillerie française. — 128 pièces d'artillerie à pied, 48 pièces d'artillerie à cheval ; total, 176 pièces françaises.

Artillerie italienne. — 18 pièces servies par les compagnies régimentaires italiennes, 6 pièces servies par l'artillerie à cheval, 8 pièces servies par l'artillerie à pied ; total, 32 pièces italiennes.

Total général, 208 bouches à feu.

J'écris au général Sorbier pour l'artillerie. Concertez-vous avec le général commandant le génie pour ce qui regarde le génie. Il faut une compagnie de sapeurs à chaque division, avec des outils attelés. Il faut que la Garde ait une compagnie de pontonniers avec un petit équipage de pont.

Qu'est-ce que la Garde a en équipages militaires, en faisant revenir tout ce qui est en Espagne? Faites-moi un rapport sur cette organisation.

La 1re division a besoin de 4 caissons d'ambulance, de 28 caissons de transports militaires, ce qui, avec les forges, caissons pour les papiers, etc., fera une quarantaine de voitures. Les autres divisions ont besoin du même nombre de voitures; ce qui fera 160 voitures pour la Garde. Mais ces 160 voitures ne porteraient du pain que pour quatre jours; en supposant par jour 40.000 rations, il faudrait avoir des moyens de porter 400.000 rations, ou 100 voitures de plus. Ce serait donc environ 300 caissons qu'il faudrait à la Garde. Organisez cela en détail.

Faites aussi l'organisation de l'administration : commissaires des guerres, chirurgiens, vivriers, etc., enfin tout ce qu'il faut pour la compléter.

Quant à la cavalerie, il faut la censer formée de deux divisions, puisque je n'aurai pas loin de 6.000 chevaux, en y comprenant les 600 chevaux de la Garde italienne, et parce qu'il est possible que les six régiments de lanciers et partie des italiens soient souvent détachés.

Napoléon.

Le lendemain, 17 décembre, M. Lemonnier, secrétaire du duc d'Istrie, adresse au maréchal la note suivante au sujet du matériel d'artillerie de la Garde :

NOTE.

Paris, le 17 décembre 1811.

État du matériel d'artillerie de la Garde. — M. le maréchal duc d'Istrie aura trouvé dans la partie de la lettre de Sa Majesté, en date d'hier, qui concerne l'artillerie, beaucoup de discordance dans les chiffres. Le tableau ci-joint rectifie les erreurs, et présente clairement l'organisation du matériel de la Garde. Pareil tableau a été envoyé au général Sorbier.

État du matériel.

Garde.

4 batteries à pied régimentaires de la Garde.........	32 pièces de 4.	
4 — de la Vieille Garde (ordinaire)............	{ 24 — de 6.	
	{ 8 obusiers.	
2 — de la réserve........................	{ 12 pièces de 12.	
	{ 4 obusiers.	
4 — à cheval............................	{ 16 pièces de 6.	
	{ 8 obusiers.	
<u>14</u> batteries.		

DÉCEMBRE 1811.   407

RÉCAPITULATION.

32 pièces de 4.
40 — de 6.
12 — de 12.
20 obusiers.

TOTAL..... 104 pièces de la Garde.

Réserve.

4 batteries à cheval .... { 16 pièces de 6.
                                                 { 8 obusiers.
4 — à pied (ordinaires) .... { 24 pièces de 6.
                                                 { 8 obusiers.
2 — de réserve .... { 12 pièces de 12.
                                                 { 4 obusiers.
——
10 batteries.

RÉCAPITULATION.

40 pièces de 6.
12 — de 12.
20 obusiers.

TOTAL..... 72 pièces de la réserve.

Artillerie italienne.

3 batteries régimentaires de la Garde............ .... 18 pièces de 4.
1 — à cheval................................. { 4 — de 6.
                                                 { 2 obusiers.
1 — à pied................................... { 6 pièces de 6.
                                                 { 2 obusiers.
——
5 batteries.

RÉCAPITULATION des pièces de cinq batteries italiennes.

18 pièces de 4.
10 — de 6.
4 obusiers.

TOTAL..... 32 pièces d'artillerie italienne.

RÉCAPITULATION GÉNÉRALE.

29 batteries..... { 50 pièces de 4.
                  { 90 — de 6.
                  { 24 — de 12.
                  { 44 obusiers.
                  ———
                  208 bouches.

L'EMPEREUR AU MARÉCHAL BESSIÈRES, DUC D'ISTRIE,
COMMANDANT LA GARDE IMPÉRIALE.

Paris, le 21 décembre 1811.

Organisation de l'administration de la Garde.

Mon Cousin, je réponds à votre travail sur l'administration de la Garde. Je m'en tiens à l'organisation du 24 août. Un ordonnateur, six commissaires des guerres et trois adjudants, en tout dix, me paraissent suffisants. Un commissaire des guerres ou un adjudant sera attaché à chaque division. La cavalerie comptera pour deux divisions. 48 officiers de santé me paraissent suffisants ; 302 employés et ouvriers d'administration me paraissent également suffisants. Mais il est nécessaire d'en maintenir le nombre au complet, et, à cet effet, vous devez donner ordre qu'aussitôt que la Garde sera partie, on ait à former de nouveau une compagnie de 100 ouvriers, composée principalement de boulangers, pour recruter les compagnies actives. On les fera rejoindre ensuite par détachements de 50 hommes.

Le bataillon des équipages militaires a 6 compagnies, 18 officiers, 771 hommes et 1.200 chevaux. Il sert 30 fourgons et 12 forges des corps, 28 ambulances, 52 fourgons de vivres, 120 voitures du nouveau modèle, 6 forges, 4 prolonges, total : 252 voitures, ce qui me paraît suffisant. La distribution en sera faite, pour les fourgons d'administration, à raison de cinq fourgons par division et dix en réserve pour la cavalerie ; pour les fourgons d'ambulance, à raison de cinq par division et de huit pour la cavalerie ; pour les caissons de vivres, anciens modèles, à raison de quatorze pour les deux premières divisions et de douze pour les deux dernières, et sans y comprendre les fourgons de la Garde italienne. Je vois qu'il ne manque pour tout cela que 229 chevaux en y comprenant les 200 chevaux qui sont en Espagne, que 4 voitures d'ambulance, 120 voitures de nouvelle construction et 6 fourgons. Je prends un décret pour l'objet le plus important, qui est l'achat des chevaux ; je ne compte pas les chevaux qui reviennent d'Espagne, et, par conséquent, j'ordonne l'achat de 400 chevaux. Quant aux voitures qui manquent, je pense qu'on les confectionne. Veillez à ce qu'au 30 janvier, les chevaux, les harnais, les voitures, les hommes, tout soit prêt à partir. Faites-moi connaître où se font les 120 voitures. Moyennant ce, la Garde pourra porter :

A sa suite sur les 120 voitures de nouveau modèle....................................	480.000 rations.
Sur les fourgons...........................	45.000 —
	525.000 rations.

Ce qui fera des vivres pour 50.000 hommes pendant dix jours.
En outre, le 7ᵉ bataillon des équipages militaires sera sous les

ordres de l'ordonnateur de la Garde et organisé comme les autres équipages de la Garde, à 252 voitures portant un million de rations de biscuit, ce qui fera pour 50.000 hommes pendant vingt jours : ci 1.000.000.

La Garde aura donc de vivres (1.525.000 rations) pour 50.000 hommes pendant trente jours, indépendamment de ce que les fourgons et autres voitures attachés au corps porteront.

Le ministre de l'administration de la guerre tiendra à la disposition de l'ordonnateur de la Garde l'argent nécessaire pour mettre en état le 7ᵉ bataillon.

L'ordonnateur veillera à ce que les remontes de ce 7ᵉ bataillon soient bien faites, à ce que les voitures soient en bon état et le bataillon bien organisé. Il en ira passer la revue à Metz, car il est inutile que ce bataillon vienne à Paris. Vous-même, ayez l'œil sur l'organisation de ce bataillon.

NAPOLÉON.

Le même jour, l'Empereur indique également au maréchal Bessières les mesures qu'il a prises pour compléter, en hommes et en chevaux, l'effectif de la cavalerie de la Garde et organiser le service du génie.

21 décembre 1811.

Mon Cousin, je vois par votre travail que l'effectif de la cavalerie de la Garde est de 6.450 et qu'il manque 400 hommes au complet. J'ai pris un décret pour que les régiments ci-après, savoir : les 1ᵉʳ, 2ᵉ, 3ᵉ, 4ᵉ et 10ᵉ de hussards, les 10ᵉ, 13ᵉ, 14ᵉ, 15ᵉ, 22ᵉ, 26ᵉ, 27ᵉ, 29ᵉ et 31ᵉ de chasseurs, fournissent chacun 10 hommes ayant les qualités requises, ce qui fera 140 hommes ; ces hommes seront pris au dépôt, et, s'il ne se trouve pas aux dépôts de ces régiments le nombre d'hommes demandés ayant les qualités requises, le surplus, ayant ces qualités, sera tiré des escadrons de guerre qui sont en Espagne. Les 20 régiments de dragons qui sont en Espagne fourniront chacun 10 hommes, ce qui fera 200 hommes. Les 16 régiments de cuirassiers et carabiniers fourniront chacun 6 hommes, ce qui fera 96 hommes. Quant aux 60 hommes qui manquent au second régiment de chevau-légers, les vélites les compléteront. Moyennant ce, la cavalerie de la Garde sera complète, c'est-à-dire portée à 6.800 hommes. Il manque 543 chevaux. J'ai pris un décret qui ordonne de se les procurer, savoir : 188 pour les chasseurs à cheval, 65 pour les mameluks, 176 pour les dragons, 79 pour les grenadiers à cheval, 22 pour la gendarmerie d'élite et 13 pour le 2ᵉ régiment de chevau-légers. Donnez des ordres pour que cette remonte ait lieu sans délai ; mais veillez à ce qu'on ne prenne que des chevaux ayant jeté leur gourme et qui aient 60 mois révolus au 1ᵉʳ février. 4.057 hommes sont présents, 332 sont détachés en France et rejoindront ; 1.200 sont en Espagne et rejoindront. Je compte donc qu'avec les

Cavalerie de la Garde

500 hommes qui vont être fournis, cela fera 6.000 hommes de cavalerie en campagne ou 60 escadrons.

Passez vous-même des revues pour vous assurer pourquoi il y a 441 hommes et 400 chevaux non disponibles. Il est important qu'au 1er février j'aie ces 6.000 hommes prêts à marcher.

NAPOLÉON.

L'Empereur écrit au sujet de l'organisation du génie de la Garde :

Paris, le 21 décembre 1811.

Organisation du génie de la Garde.

Mon Cousin, j'ai reçu votre travail sur le génie de la Garde. J'ai décidé que la ligne fournirait trois compagnies de sapeurs avec leurs outils, trois capitaines, trois lieutenants et trois sous-lieutenants; que la compagnie de sapeurs de la Garde ferait le service près de la 4e division, ainsi que deux officiers supérieurs du génie de la Garde. Cette compagnie aura ses outils comme les autres compagnies de la Garde. Ces compagnies seront sous les ordres des autres commandants de la Garde; par conséquent, il n'y a rien à changer à l'organisation actuelle.

NAPOLÉON.

Le 23 décembre, l'Empereur prescrit au prince de Neufchâtel et de Wagram, major général de l'armée d'Espagne à Paris, de « donner l'ordre de rentrer en France aux deux compagnies d'artillerie à cheval de la Garde, aux deux compagnies d'artillerie à pied de la Garde, aux ouvriers d'artillerie et aux soldats du train de la Garde ».

Ordres concernant le rappel en France de cadres qui sont en Espagne et répartition des conscrits de 1812 destinés à la Garde.

Le 24 décembre, l'Empereur prescrit au ministre de la guerre de faire rentrer en France les cadres de la Garde qui sont en Espagne, et lui indique la répartition à faire des conscrits de la conscription de 1812 appelés à entrer dans la Garde :

Paris, le 24 décembre 1811.

Monsieur le duc de Feltre, donnez à ma Garde les ordres suivants : Les cadres du 4e régiment de voltigeurs et du 4e régiment de tirailleurs, qui sont en Espagne, partiront le 10 janvier pour rentrer en France. Les cadres seront bien complets en officiers et surtout en sous-officiers. Chaque compagnie gardera 25 hommes d'élite au-dessus du cadre, lesquels seront désignés par les chefs de bataillon et les capitaines. Tout le reste sera versé dans les trois premiers régiments pour les compléter.

Ces cadres recevront, en outre, en subsistance et pour les conduire à Paris, 200 hommes sachant très bien lire et écrire, pris dans les régiments des fusiliers-chasseurs, et 200 hommes pris dans les régiments des fusiliers-grenadiers (ces 400 hommes seront destinés au dépôt de Fontainebleau pour recruter les fusiliers-sergents); plus 400 hommes que les régiments de voltigeurs fourniront et 400 hommes qui seront fournis par les régiments de tirailleurs, sachant bien lire et écrire et ayant plus de deux ans de service, qui seront destinés à faire partie des voltigeurs et des tirailleurs-caporaux du dépôt de Fontainebleau, et, en outre, 200 hommes de gardes nationaux de la Garde, également destinés pour les caporaux.

Les cadres du 4e régiment de voltigeurs et du 4e régiment de tirailleurs reviendront donc composés chacun :

De 160 hommes	pour le cadre d'un régiment,	
De 200	—	pour les 25 hommes d'élite,
De 200	—	pour les fusiliers-sergents,
De 400	—	pour les caporaux.

Total.. 960 hommes par régiment et 1.920 hommes pour les deux régiments.

En y joignant les 100 hommes de gardes nationaux de la Garde, on aura 2.020 hommes.

Les 5es régiments de voltigeurs et de tirailleurs, qui sont à Bruxelles, enverront chacun, au dépôt de Fontainebleau, 100 hommes d'élite de la première formation, très intelligents et ayant l'étoffe pour faire des caporaux.

Les quatre régiments de voltigeurs et de tirailleurs, qui sont en Espagne, fourniront chacun 100 hommes d'élite, sachant lire et écrire, pour recruter les fusiliers. Cette opération sera faite sans délai en Espagne, à la réception de votre ordre; de sorte que les fusiliers, qui auront perdu 200 hommes qu'ils fournissent au dépôt de Fontainebleau, en gagneront 400.

Les 7.000 conscrits qui sont appelés pour la Garde par la conscription de 1812 seront distribués de la manière suivante :

Au 5e régiment de voltigeurs..........	300 hommes.
Au 6e — —	600 —
Au 4e — —	1.340 —
A répartir entre les trois premiers régiments de voltigeurs, aussitôt qu'ils arriveront à Paris, et le régiment de la garde nationale de la Garde......	900 —
Au 5e régiment de tirailleurs..........	400 —
Au 6e — —	700 —
Au 4e — —	1.340 —
A répartir entre les trois premiers régiments à leur arrivée à Paris........	560 —
Total.........	6.140 hommes.

Les 860 hommes restants serviront à combler le déficit de l'artillerie, du génie et aux autres besoins de la Garde. Tous les conscrits arrivant à la Garde seront dirigés sur Courbevoie à leur arrivée ; le départ en sera fait par rang de taille entre les grenadiers et les chasseurs.

Les premiers arrivés seront destinés à compléter les 5es régiments, et, aussitôt habillés, dirigés sur Bruxelles. Immédiatement après, on complétera les 6es régiments. Après avoir complété les 6es régiments, on complétera les 4es. Après avoir complété les 4es régiments, on enverra à Fontainebleau et en subsistance les 1.500 hommes destinés à recruter les régiments qui sont en Espagne.

NAPOLÉON.

Prélèvement dans des régiments d'infanterie de 600 hommes destinés au dépôt de Fontainebleau.

Le même jour, l'Empereur, dans le but de former de nouveaux cadres de sous-officiers et caporaux, prescrit au ministre de la guerre d'envoyer au dépôt d'instruction de Fontainebleau 600 hommes, qui seront prélevés sur les bataillons de guerre de certains régiments d'infanterie qu'il a soin de désigner.

24 décembre 1811.

Monsieur le duc de Feltre, donnez ordre aux bataillons de guerre des 8e et 18e légers et du 23e de ligne, qui sont en Illyrie, d'envoyer chacun 50 hommes au dépôt de Fontainebleau, en prenant des hommes sachant lire et écrire, ayant plus de trois ans de service, de la capacité, et propres à faire de bons caporaux et de bons sergents.

Donnez ordre au vice-roi d'envoyer 25 hommes ayant les mêmes qualités, pris chacun dans les sept régiments de ligne qui sont en Italie, lesquels seront destinés pour le dépôt de Fontainebleau.

Donnez ordre à la grande-duchesse de Toscane d'envoyer 50 hommes du 112e.

Donnez ordre au général Miollis d'envoyer 25 hommes du 6e de ligne et 25 hommes du 14e léger.

Donnez ordre au général Grenier d'envoyer 50 hommes du 22e léger, qui est dans le royaume de Naples.

Enfin, donnez ordre que le 29e, qui est à Toulon, envoie 25 hommes.

Ce qui fera un total de 600 hommes, qui, joints aux 2.000 que la Jeune Garde envoie à Fontainebleau, remontera ce dépôt et mettra à même d'y trouver les moyens pour recruter les régiments.

NAPOLÉON.

P.-S. — Le cinquième de ces hommes, c'est-à-dire 120, devront être propres à faire des sergents ; les autres quatre cinquièmes propres à faire des caporaux ; tous devront avoir trois ans de service.

L'EMPEREUR AU MINISTRE DE LA GUERRE.

Paris, le 26 décembre 1811.

Organisation générale de la Garde.

Monsieur le duc de Feltre, la Garde se trouve composée de 38 bataillons français et 6 bataillons italiens, total 44 bataillons, y compris ce qui est en Espagne. Mon intention est de partager, pour la campagne qui se prépare, la Garde en quatre divisions, chaque division ayant son administration, ses transports, son artillerie et génie, de manière à pouvoir agir convenablement, les quatre divisions formant un corps.

La cavalerie aura cinq régiments formant 6.000 chevaux; les lanciers formeront une division; les trois autres régiments en formeront une autre.

Je ne vois pas de nouveaux ordres à donner pour l'administration de la Garde, ses ambulances, équipages, etc., si ce n'est de les compléter. Donnez vos ordres à cet effet.

J'ai ordonné que le 4ᵉ bataillon principal et le 7ᵉ bataillon *bis* du train fussent réunis à la Garde avec 250 voitures de nouveau modèle portant un million de rations, ce qui, joint à ce que portent les caissons de la Garde, fera 1.550.000 rations, ou des vivres pour une armée de 50.000 hommes pendant trente jours. La remonte et l'administration de ces deux bataillons seront payées par l'administration de la guerre, qui se servira seulement de l'intermédiaire de l'ordonnateur de la Garde. Faites-vous rendre compte de toutes les parties du matériel et de l'administration de la Garde pour la compléter et la mettre en état d'entrer en campagne au mois de février.

Génie. — Les trois premières divisions de la Garde seront servies par le génie de l'armée. A cet effet, trois capitaines, trois lieutenants et trois sous-lieutenants et trois compagnies de sapeurs seront attachés aux trois premières divisions de la Garde. La compagnie de sapeurs qu'a la Garde servira la quatrième division. La compagnie de sapeurs de la Garde devra avoir ses caissons d'outils et être organisée comme les compagnies de sapeurs de l'armée. Désignez les compagnies de sapeurs et les officiers et faites vos dispositions en conséquence.

Artillerie. — La Garde aura 208 pièces de canon, savoir : 176 pièces françaises et 32 pièces italiennes.

Des 176 pièces françaises, 72 seront servies par la ligne et 104 par la Garde. — Les 32 pièces italiennes seront :

1º Pièces de régiments servies par les compagnies de la garde italienne.	18
2º Une batterie servie par une compagnie d'artillerie à pied.	8
3º — — — — à cheval.	6
TOTAL	32

L'artillerie servie par la ligne sera composée :
1° De 4 batteries d'artillerie à cheval.... 24 pièces. ⎫ Total :
2° De 6   —   —   à pied...... 48 — ⎭ 72 pièces.

Des six batteries à pied, deux seront des pièces de 12 et d'obusiers à grande portée.

L'artillerie servie par la Garde sera composée :
1° De pièces de régiments.............. 32 pièces. ⎫
2° De 6 batteries d'artillerie à pied..... 48 —   ⎬ Total :
3° De 4   —   — à cheval.... 24 —   ⎭ 104 pièces

Les 176 pièces françaises formeront donc ⎧ 32 pièces de 4,
⎪ 80   —   de 6,
⎨ 24   —   de 12,
⎪ 40 obusiers, dont 8
⎩   à grande portée.

Le train d'artillerie français se trouvera être de 1.000 voitures, ce qui exigera 5.000 chevaux, dont 3.000 chevaux de la Garde, 1.800 officiers, sous-officiers et soldats du train. Ils existent. Il faut, pour servir les 2.000 chevaux de la ligne, 1.100 à 1.200 officiers, sous-officiers et soldats ; ils existent dans les 4e et 7e bataillons du train, en supposant la rentrée des hommes qui sont en Espagne.

La Garde, en y comprenant la deuxième commande de 1812, aura 2.200 chevaux. On peut supposer que 400 chevaux reviendront d'Espagne, ce qui fera 2.600. Elle est portée dans la troisième commande pour..... Ces dispositions sont donc faites pour lui procurer les 3.000 chevaux qui lui sont nécessaires.

Il faut activer l'achat des chevaux pour le 4e bataillon principal et pour le 7e bataillon *bis*. Comme le ..e bataillon arrivera à La Fère, il est nécessaire que les chevaux soient achetés d'avance ; le général commandant l'artillerie a besoin de quelques centaines d'hommes pour recruter les compagnies soit d'artillerie, soit du train de la Garde, il les prendra dans les conscrits de la levée de 1812 destinés pour la Garde.

En fournissant quatre compagnies d'artillerie à cheval et six compagnies à pied, la ligne devra fournir un colonel et un chef d'escadron d'artillerie à cheval, et deux colonels et deux chefs de bataillon d'artillerie à pied. Il faudra prendre aussi dans la ligne un général pour commander l'artillerie de la Garde, sous les ordres du général Sorbier.

Comme l'artillerie à cheval ramènera d'Espagne une partie de son matériel, peut-être le matériel d'artillerie de la Garde se trouvera-t-il complété. Aussitôt que vous saurez que cette artillerie aura passé Bayonne et que vous aurez l'état du matériel qu'elle ramène avec elle, vous vous empresserez de commander le supplément à La Fère, à Metz, à Mayence et à Strasbourg.

NAPOLÉON.

L'EMPEREUR A JÉROME NAPOLÉON, ROI DE WESTPHALIE, A CASSEL.

Paris, le 17 décembre 1811.

Mon Frère, je reçois votre lettre du 13 décembre. Je ne vois pas dans les états qui l'accompagnent l'organisation de l'artillerie, du génie, des équipages et caissons de toute espèce de votre armée. Je n'y vois pas les caissons d'ambulance, les caissons des transports militaires pour les vivres. Votre armée a besoin d'avoir une quantité de voitures nécessaires pour porter dix jours de vivres. Je ne vois pas non plus l'organisation du corps que vous voulez laisser à Cassel pour garder le pays, réprimer les insurrections et se porter où il serait nécessaire.

Le général Morio est tout à fait incapable de commander votre corps d'armée. Il faut le garder auprès de vous comme grand maréchal ou comme aide de camp, ou bien le charger de commander le génie de votre armée. Ces 16.000 hommes, commandés par ce général, ne seraient d'aucune valeur. Je ne vois pas non plus l'homme capable de commander la cavalerie et sachant bien se tirer d'une charge.

Enfin votre corps a besoin, pour entrer en campagne, d'être muni de tout le matériel nécessaire à cet effet. Il est nécessaire qu'il ait des sapeurs et des outils pour pouvoir se retrancher. Comme il paraît que la Prusse sera avec moi en cas de guerre, votre corps d'armée, s'il doit être employé au delà de la Vistule, doit être complètement organisé et muni de tout. Pour faire la grande guerre, vous ne pouvez pas avoir moins de 40 pièces de canon et de 250 voitures, c'est-à-dire 1.200 chevaux d'artillerie.

Si vous devez vous absenter de la Westphalie, qui est-ce qui gouvernera le pays pendant votre absence ? Quelles forces lui laisseriez-vous pour le contenir ?

NAPOLÉON.

Ordre au roi Jérôme de hâter l'organisation de son armée.

L'EMPEREUR AU GÉNÉRAL COMTE DUMAS, DIRECTEUR DES REVUES ET DE LA CONSCRIPTION MILITAIRE, A PARIS.

Paris, le 18 décembre 1811.

Monsieur le comte Dumas, je destine la plus grande partie de la conscription que je vais lever à compléter les 4es et 5es bataillons, afin de pouvoir occuper le camp de Boulogne, la Hollande et les côtes de la 32e division militaire, Cherbourg, Brest, et de retirer de ces points les troupes de ligne que j'y ai.

Je suis dans l'intention de garder spécialement la Hollande et Hambourg par des 4es bataillons. Je voudrais avoir, rendus dans le

De la conscription de 1812 : principes généraux à observer dans la répartition des conscrits.

courant de février, à Harlém et La Haye, au moins quatre 4es bataillons formant 3.000 hommes, les cadres complets et bien composés, les conscrits habillés et se formant là, afin de retirer le 18e de ligne, que, sans cela, je serais obligé d'y laisser.

Je voudrais avoir, rendus à Boulogne, pour la même époque, huit 4es bataillons, pour en retirer les troupes que j'y ai, et quatre ou cinq bataillons à Brest.

Je désire donc que la levée soit activée dans les 1re, 2e, 3e, 4e, 5e, 6e, 26e, 25e, 24e, 16e, 18e, 15e, 14e et 13e divisions militaires. Ces pays étant les plus près de Paris, on peut gagner beaucoup de temps et réduire les délais à moitié.

Par ce moyen, les côtes opposées à l'Angleterre seront suffisamment garnies pour que je puisse en retirer les troupes qui y sont aujourd'hui. Dans le courant de mars et d'avril, le tout se renforcera et se formera pour mettre les choses dans la situation convenable.

Les principes généraux doivent être observés dans la répartition des conscrits, c'est-à-dire que les cadres destinés à rester en Italie ne doivent point recevoir d'Italiens ni d'hommes au delà des Alpes, mais des Dauphinois, des Provençaux, des Languedociens, des Lyonnais. Nous avons, d'ailleurs, quinze ou vingt jours devant nous pour dresser les éléments de la répartition de la circonscription. Le principal est que les délais soient avancés pour les divisions que j'ai citées.

NAPOLÉON.

LE PRINCE D'ECKMUHL A L'EMPEREUR.

Hambourg, le 18 décembre 1811.

Rapports des places de l'Oder : renseignements sur les mouvements des armées prussienne et russe.

Sire, j'ai l'honneur d'adresser à Votre Majesté les derniers rapports que j'ai reçus des places de l'Oder.

PRINCE D'ECKMUHL.

Rapport des places de l'Oder.

Glogau, le 11 décembre 1811.

J'ai l'honneur d'adresser à Votre Excellence un rapport que je viens de recevoir de Breslau.

Copie du rapport précité.

Garnison de Lüben[1]. — Le 2e de hussards n'est pas encore retourné. On croit même qu'il restera pour toujours aux environs de Francfort.

---

1. En Saxe, sur la Sprée.

La garnison de Liegnitz est très tranquille. Plusieurs officiers sont en permission.

A Breslau, tout est aussi tranquille. Le régiment de Breslau a reçu une quantité de recrues qui sont exercés autant que la saison le permet. Il n'y a de monde présent sous les armes que ce qui est nécessaire au service de la garnison. La cavalerie est toujours la même. Quant à l'artillerie, on ne peut guère savoir si elle augmente ou diminue, parce qu'elle varie, dans sa force, deux ou trois fois par semaine; mais on peut bien compter 1.000 hommes présents d'artillerie à pied et à cheval.

A Breslau, comme à Liegnitz, on s'attend à des événements que la position des troupes saxonnes pourrait produire.

D'après les nouvelles de Berlin, on travaille ardemment à s'attacher de plus en plus à la France.

Le lieutenant-colonel de Klüx, chef de la brigade de Liegnitz, m'a dit qu'ordinairement on rassemblait plusieurs régiments pour les manœuvres d'automne, mais que, pour cette fois, on s'était contenté de faire manœuvrer chaque bataillon dans sa garnison, afin d'éviter tout soupçon.

Rapport du 12 décembre.

M. le général Grawert a prévenu MM. les officiers prussiens en non-activité que S. M. le roi de Prusse avait décidé que les quatorze mois de solde arriérée, qui leur sont dus, leur seraient payés en papier d'État. Ils ont reçu des modèles de quittances.

Glogau, le 13 décembre.

Envoi du rapport d'un officier arrivant de Breslau, du 13 décembre :

J'ai quitté Breslau le 8; j'ai passé par Liegnitz et Polkwitz. Je n'ai aperçu nulle part aucun mouvement dans les troupes, ni qu'on exerçât les paysans.

Toute la partie de la Silésie que j'ai parcourue est dans la plus parfaite tranquillité. Plusieurs officiers de garnison de Breslau et de Liegnitz sont en semestre.

Rapport du 12 décembre.

D'après les nouvelles de Wolhynie, l'armée russe n'a fait aucun mouvement depuis longtemps. Une division de huit régiments, commandée par M. le général Kapcewickz (*Kapsevitch*), occupe les villes de Brzesc, Loubolm, Turysk (*Tourisk*) et Kamienkazierski (*Kamen-Kachirski*). Une autre division de six régiments, sous les ordres de M. le général Lichaczew (*Likhatchev*), occupe les villes de Zaslaw, Ostrog, Doubno et Luck (*Loutsk*); elle est composée presque tout à fait de recrues, cette division ayant beaucoup souffert dans les dernières campagnes contre les Turcs. Deux compagnies d'artillerie et un parc de 24 pièces de canon occupent la ville de Morawica (*Mouravitsa*), près de Doubno. A Brzesc, à quelque distance de Wlodzimierz (*Vladimir*), à trois lieues de la rivière de Bug, il y a un parc de 30 pièces de canon. Une troisième division, commandé par M. le général Czaplicz (*Tchaplits*), et composée de douze régiments de cavalerie, occupe depuis la ville de Berdyczew (*Berditschev*), où est l'état-major de ce général, et Konstantinov, une ligne de toutes les villes qui vont jusqu'au Dniester.

Il y a aussi une division de 20.000 hommes sur les frontières des États autrichiens.

On a transporté, dans les derniers jours de novembre, de l'Autriche en Russie, par Brody et Radzivilov, des armes, à ce que l'on dit, pour 120.000 hommes.

Rapport de Stettin.

Du 14 décembre 1811.

On forme en ce moment, à Coeslin, un nouvel hôpital militaire qui devra contenir 120 malades, outre celui qui y existe déjà. Les bois de lit sont déjà placés ; on s'occupe maintenant de la confection des draps, couvertures, etc.

On fait le logement, à Coeslin, de 100 chevaux du régiment de hulans de Brandebourg. Ce ne peut donc être une surcharge pour les habitants d'avoir six chevaux français pour la correspondance ; ce qui détruit le motif donné pour changer cette ligne.

Les bruits de guerre qui avaient cessé, en Poméranie, se renouvellent. Ceux populaires, qui circulent aux environs de Colberg, sont que l'Empereur veut avoir cette place et que le roi de Prusse la lui refuse ; on attribue à ce motif l'armement et approvisionnement de cette place, afin de la mettre en état de soutenir un long siège.

Le 11, il est passé à Pyritz sept voitures attelées de six à sept chevaux, chargées de vin. Les voituriers, qui étaient de la capitale, ont dit — ce qui probablement n'est pas — que ce vin était pour les troupes françaises à Danzig. Il est probable que c'est pour Colberg.

Deux voitures, attelées chacune de sept chevaux, chargées d'effets militaires venant de Berlin, se rendant à Colberg, ont passé dans le même endroit. Il y est aussi passé, le 12, un major de dragons de West-Preuss, venant de Colberg et allant à Kœnigsberg, ayant avec lui huit sous-officiers et dragons.

Le 11, il est passé à Soldin quatorze voitures russes attelées d'un cheval, que l'on dit être chargées d'huile, de suif et de coton pour Berlin. Le même jour, un officier et 47 soldats polonais, allant à Paris, ont logé à Soldin.

Le 13, le 12ᵉ régiment d'infanterie de ligne, sous les ordres du général de brigade Desailly, venant de Magdebourg, est entré dans la place. Ce régiment, à son arrivée, a été reconnu militairement et était en bon ordre ; aucune plainte n'a été portée contre lui pendant la route.

J'ai l'honneur, etc.

Signé : LIÉBERT.

L'EMPEREUR A M. BARBIER, BIBLIOTHÉCAIRE DE L'EMPEREUR, A PARIS.

Paris, le 19 décembre 1811.

Je prie M. Barbier de m'envoyer pour Sa Majesté quelques bons ouvrages, les plus propres à faire connaître la topographie de la Russie et surtout de la Lithuanie, sous le rapport des marais, rivières, bois, chemins, etc.

P. O. de l'Empereur,
MÉNEVAL.

Ouvrages militaires sur la Russie, demandés par l'Empereur.

Sa Majesté désire avoir aussi ce que nous avons en français de plus détaillé sur la campagne de Charles XII en Pologne et en Russie. Quelques ouvrages sur des opérations militaires dans cette partie seraient également utiles.

Le 7 janvier cet ordre est renouvelé à M. Barbier par M. Méneval, secrétaire du portefeuille.

L'Empereur demande une histoire de la Courlande et tout ce qu'on peut trouver d'historique et de topographique sur Riga, la Livonie, etc.

MÉNEVAL.

L'EMPEREUR AU MINISTRE DES RELATIONS EXTÉRIEURES.

Paris, 19 décembre 1811.

Monsieur le duc de Bassano, je désire que vous écriviez confidentiellement à mon ministre Bignon, à Varsovie, pour lui demander s'il serait possible de faire, dans le grand-duché, une levée de trois mille chevaux de chasseurs, hussards et chevau-légers, en les payant argent comptant. Il faudrait que les chevaux eussent 60 mois révolus ; on les prendrait à 6 et à 7 ans.

Démarche secrète à faire, en vue d'achats, de chevaux, dans le grand duché de Varsovie, le Wurtemberg, le Hanovre, la Westphalie et en Autriche.

Demandez également à mon ministre à Stuttgard s'il y aurait moyen de se procurer dans le Wurtemberg un millier ou deux de chevaux de chasseurs et hussards ayant plus de 60 mois. On les prendrait à 6 et 7 ans ; on les payerait argent comptant.

Écrivez à mon ministre à Cassel pour savoir si l'on pourrait acheter en Hanovre et en Westphalie deux milliers de chevaux de la taille de chasseurs, ayant, comme les autres, 60 mois révolus, et qu'on payerait en argent comptant.

Écrivez dans le même sens, confidentiellement, à mon ministre Otto, à Vienne, et parlez ici au prince Schwarzenberg. Demandez-lui s'il serait possible de faire acheter en Autriche trois ou quatre mille chevaux de cavalerie légère qu'on payerait comptant, ayant les qualités requises.

NAPOLÉON.

Le même jour, l'Empereur prescrit au comte de Montalivet, ministre de l'intérieur, de faire une enquête sur les ressources que la France peut fournir à la remonte de la cavalerie.

Monsieur le comte Montalivet, je désirerais des renseignements sur ce que peut fournir la France en chevaux de remonte, surtout pour la cavalerie légère. J'en ai besoin, et il paraît que les fournisseurs ont beaucoup de peine à s'en procurer. En 1811, j'ai demandé 25.000 chevaux; je n'ai pu en avoir que 18.000. Faites-moi connaître l'état des chevaux existants et quelle est, sur cet objet, l'opinion des inspecteurs des haras, ainsi que des personnes qui suivent cette partie de l'administration.

NAPOLÉON.

L'EMPEREUR AU GÉNÉRAL COMTE DUMAS, DIRECTEUR DES REVUES ET DE LA CONSCRIPTION MILITAIRE.

Paris, le 19 décembre 1811.

Ordre de présenter au Conseil d'État le décret relatif à la levée de 1812.

Présentez demain, au Conseil d'État, le décret pour la levée de la conscription et la répartition entre les départements. Faites-le imprimer cette nuit. Envoyez vos circulaires dans la journée du 20, afin que les jours nécessaires comptent à dater du 20 décembre[1].

(D'après la minute.)

L'EMPEREUR AU MINISTRE DE LA GUERRE.

Paris, le 19 décembre 1811.

Ordre de préparer les chevau-légers à partir en février et mars.

Monsieur le duc de Feltre, je désire que vous fassiez connaître aux majors des 1er, 2e, 3e, 4e et 5e de chevau-légers que leur régiment doit être organisé, habillé, monté et équipé, de manière à pouvoir fournir deux escadrons de 250 hommes chaque, c'est-à-dire 500 hommes à cheval et prêts à partir au 15 février prochain. Mandez-leur de vous faire connaître où en est l'instruction, l'armement, la construction des lances, la remonte, etc., et prenez toutes les mesures convenables pour être assuré que les deux premiers escadrons seront prêts avant le 15 février, et que les deux autres, également de 250 hommes chaque, seront prêts dans le courant de mars.

---

(1) Le décret pour l'appel de la conscription de 1812 est promulgué le 24 décembre 1812.

Faites-moi, dans les premiers jours de janvier, un rapport sur ces cinq régiments.

Faites connaître aux majors des 6e et 8e de chevau-légers qu'ils doivent fournir, au 15 février, leurs quatre escadrons présentant, par régiment, 900 chevaux bien équipés.

NAPOLÉON.

L'EMPEREUR AU PRINCE D'ECKMUHL.

Paris, le 19 décembre 1811.

Mon Cousin, vous devez, à l'heure qu'il est, avoir reçu soixante voitures du nouveau modèle des transports militaires; faites-moi connaître si vous en avez été content. Ne pourrait-on pas en faire construire une centaine à Hambourg et à Lubeck? En les faisant confectionner sur les lieux, combien me coûteraient-elles? On devrait les avoir meilleur marché qu'en France, et elles seraient rendues. J'en fais construire cent à Danzig. J'en fais construire à Sampigny autant qu'on peut en construire.

NAPOLÉON.

Marginal note: De la construction à Hambourg et à Lubeck de chariots nouveau modèle.

Le 28 décembre, le prince d'Eckmühl, en réponse à la lettre ci-dessus, transmet le rapport de la commission qu'il avait désignée pour examiner les chariots nouveau modèle.

Bremen, le 27 décembre 1811.

Conformément à l'ordre de Votre Excellence du 23 de ce mois, j'ai invité M. le commissaire des guerres de la 5e division, le commandant des équipages, le capitaine d'artillerie Gresset et M. Moine, lieutenant de mon régiment, de se réunir chez moi pour examiner un des chariots du nouveau modèle. Je vais répondre successivement à chacune des questions que Votre Excellence a posées.

1re question. La construction de ces voitures est-elle solide?

La construction est très solide, toutes les dimensions sont très fortes, et nous croyons que la pesanteur qui en résulte est un désavantage.

2e question. Ces voitures sont-elles propres à aller dans les mauvais chemins?

Les roues, construites à la demi-Malboroug, présentent une grosseur d'un pouce et demi à peu près de plus que les roues des caissons. Les roues de devant sont beaucoup plus élevées; il en résulte que les voitures ne peuvent parcourir, en tournant, qu'une très petite partie de cercle, et que, par conséquent, elles sont plus versantes. Nous avons déjà dit qu'elles étaient plus lourdes; ainsi, elles ne paraissent pas convenir du tout aux mauvais chemins; l'expérience du trajet qu'elles viennent de faire et les observations de ceux qui les accompagnaient coïncident toutes à prouver que ces voitures, qui seraient très bonnes sur de grandes routes ferrées, seront très difficiles à traîner dans les sables et chemins de traverse.

3ᵉ *question.*
Quel est le poids qu'elles peuvent porter ?

4.000 et au-dessus.

4ᵉ *question.*
Combien faut-il de chevaux pour les traîner ?

La réponse à cette question ne peut être que relative ; elle est subordonnée d'abord au chargement et ensuite à l'état des chemins.

Dans les routes d'ici à Hambourg, on estime qu'il faudrait en ce moment douze chevaux au moins pour porter 4.000.

5ᵉ *question.*
Quelle est la différence entre ces voitures de nouveau modèle et les anciens caissons ?

Ces voitures sont construites dans la forme des prolonges d'artillerie, les fonds sont barrés à jour, les côtés sont appuyés de ridelles aussi à jour de vingt-deux pouces de hauteur. On a placé, sur chaque côté, six douilles en fer, qui peuvent recevoir des ranchets destinés à exhausser les ridelles.

On a généralement trouvé que ces voitures, destinées à remplacer les caissons d'équipages et, par conséquent, à transporter des vivres, des effets d'habillement, des approvisionnements de toute espèce et même quelquefois des malades, avaient le très grand inconvénient de ne pas être couvertes. Il est vrai qu'au moyen du treuil placé derrière, il serait possible de bâcher ces chariots ; mais une bâche n'aura jamais l'avantage des berceaux des caissons d'équipages.

Nous devons observer que les barreaux du fond et des ridelles sont trop espacés pour qu'on puisse y charger du pain ou des fournitures qui ne seraient pas encaissées.

Nous venons tous de reconnaître que les effets arrivés de Wesel sur ces voitures découvertes ont éprouvé de grandes avaries causées par les pluies continuelles qui ont eu lieu depuis leur départ. Transportés sur des caissons couverts, ces effets n'auraient point souffert.

Deux de ces voitures étant parties pour Hambourg, nous ne croyons pas devoir donner à ce rapport plus de développement.

L'EMPEREUR AU MINISTRE DES RELATIONS EXTÉRIEURES.

Paris, 20 décembre 1811.

Réseau de surveillance à établir à l'aide d'agents polonais autour de l'armée russe.

Monsieur le duc de Bassano, écrivez en chiffre au baron Bignon [1] que, si la guerre avait lieu, mon intention est de l'attacher à mon quartier général et le mettre à la tête de la police secrète, comprenant l'espionnage dans l'armée ennemie, la traduction des lettres et pièces interceptées, les rapports des prisonniers, etc. ; qu'il est donc nécessaire que, dès aujourd'hui, il monte une bonne organisation de

---

1. Résident français à Varsovie.

police secrète; qu'il faudrait qu'il eût deux Polonais parlant bien la langue russe, militaires, ayant fait la guerre, intelligents, et dans lesquels on pût avoir confiance, connaissant bien l'un la Lithuanie, l'autre la Volhynie, la Podolie et l'Ukraine et un troisième parlant allemand et connaissant bien la Livonie et la Courlande. Ces trois officiers seront chargés d'interroger les prisonniers. Ils devraient parler parfaitement le polonais, le russe et l'allemand. Ils auront sous leurs ordres une douzaine d'agents bien choisis, lesquels seront payés suivant les renseignements qu'ils donneront. Ils devraient également être en état de donner des éclaircissements sur les endroits où passerait l'armée.

Je désire que le sieur Bignon s'occupe, sans délai, de cette grande organisation. En commençant cette organisation, les trois agents de correspondance devront avoir des agents sur les routes de Pétersbourg à Vilna, de Pétersbourg à Riga, de Riga à Memel, sur les routes de Kiev et sur les trois routes qui, de Bucharest, conduisent à Saint-Péterbourg, à Moscou et à Grodno; en envoyer à Riga, à Dunabourg, à Pinsk, dans les marais, à Grodno, et donner l'état des fortifications jour par jour. Si les renseignements sont satisfaisants, je ne regretterai pas une dépense de 12.000 francs par mois. Pendant la guerre, les récompenses pour ceux qui donneront des avis utiles à temps seront indéterminées. Il y a, parmi les Polonais, des hommes qui connaissent les fortifications et qui peuvent, de ces différentes places, bien indiquer l'état où elles se trouvent.

NAPOLÉON.

Le lendemain, 21 décembre, l'Empereur prescrit au duc de Bassano de faire des recherches pour s'assurer de l'état exact de la situation de l'armée russe.

L'EMPEREUR AU MINISTRE DE LA GUERRE.

Paris, le 20 décembre 1811.

Monsieur le duc de Feltre, pour compléter l'effectif des régiments du corps d'observation de l'Elbe à 150 hommes par compagnie, officiers compris, c'est-à-dire 900 hommes par bataillon, il manque 3.400 hommes. Je ne porte le 33ᵉ que pour quatre bataillons. Je ne compte pas les Espagnols. Je désire faire l'envoi de ces 3.400 hommes en envoyant d'abord ce qui est disponible aux dépôts des seize régiments du corps d'observation de l'Elbe. Le 15ᵉ léger peut, je crois, envoyer 200 hommes; le 33ᵉ léger peut envoyer 500 ou 600 hommes; les autres dépôts peuvent tous envoyer plus ou moins. En joignant ces détachements à ce que ce corps recevra du régiment de l'île de Ré, dont l'incorporation n'était pas consommée au 1ᵉʳ décembre, date de l'état de situation envoyé par le prince d'Eckmühl, sur lequel

Détachements à envoyer par les dépôts pour compléter les régiments du corps de l'Elbe.

j'ai fait mes calculs, ces régiments se trouveront parfaitement complets. Faites donc faire le dépouillement de ce que les dépôts de ces seize régiments pourront envoyer. Quant au régiment espagnol[1], il doit avoir 1.800 hommes; faites partir de son dépôt ce qui manque pour le compléter. Il y a des officiers espagnols de bonne volonté qui ont prêté serment; il y a aussi des soldats. La création d'un bataillon de sapeurs espagnols pourrait être utile; on l'éparpillerait entre les différentes divisions, ou bien on l'emploierait au parc du génie.

NAPOLÉON.

L'EMPEREUR AU PRINCE D'ECKMUHL.

Paris, le 20 décembre 1811.

Ordre de compléter le 9ᵉ lanciers polonais en hommes et chevaux.

Mon Cousin, je vois dans l'état de situation de votre armée, au 1ᵉʳ décembre, que le 9ᵉ régiment de lanciers polonais n'a que 472 hommes. Je ne conçois pas que, lorsque je fais acheter des chevaux à mes frais et que le grand-duché n'a à fournir que les hommes, ce régiment ne soit pas à 1.000 hommes et à 1.000 chevaux. Pressez donc le complétement de ce régiment.

Je vois également que vos cadres ne sont pas complets. Attendez-

---

1. Dans une lettre du 28 novembre 1811, le prince d'Eckmühl avait spécialement recommandé le régiment espagnol aux bons soins du général Friant, qui l'avait sous ses ordres :

« Hambourg, 28 novembre 1811.

» J'ai désiré, mon cher Général, faire la connaissance du général qui accompagne le régiment espagnol de Joseph Napoléon. J'en ai été fort satisfait. Je lui ai parlé de ces deux bataillons. Il paraît qu'ils ne sont pas très instruits. Beaucoup de soldats espagnols parlent français. Il faut que les nôtres les traitent bien. Recommandez aussi que les officiers français voient beaucoup les officiers espagnols, et enfin qu'on ne néglige rien de ce qui doit fortifier la bonne harmonie avec ces alliés.
» Il y a avec ces deux bataillons un aumônier qui paraît être animé d'un bon esprit. Traitez-le bien et entretenez-le par de bons procédés dans ces dispositions. C'est par lui que vous pourrez être informé des intrigues que seraient dans le cas de faire quelques étrangers pour séduire des Espagnols. Veillez à ce qu'il ait un bon logement chez quelqu'un de sûr.
» Je vous ai parlé d'une messe militaire pour les Français et les Espagnols, les dimanches et jours de fête. Prenez des arrangements avec l'aumônier pour que ce soit lui qui la dise. N'oubliez pas de faire chanter le *Domine, salvum fac imperatorem*, etc., et de faire faire la prière.
» Il ne faut pas mettre ce régiment dans une de vos trois brigades. Vous donnerez des ordres discrets au général espagnol. Ces deux bataillons n'ont point eu de déserteurs en route. Ils ont eu seulement quelques malades.
» Le premier agent de séduction ou d'embauchage qui vous tombera sous la main, faites-en prompte justice. »

vous encore quelque chose des dépôts de Strasbourg et de Wesel, et de l'île de Ré et de Belle-Isle ?

NAPOLÉON.

L'EMPEREUR AU PRINCE D'ECKMUHL, A HAMBOURG.

Paris, le 20 décembre 1811.

Mon Cousin, je vois, par votre état de situation, que vous avez à la 1re division 1.600 malades aux hôpitaux, 601 aux infirmeries régimentaires ou à la chambre, total 2.200 malades ; à la 2e division, 2.000 ; à la 3e division, 1.500 ; à la 4e division, 1.900 ; à la 5e division, 2.500 ; total pour l'infanterie, 10.100 malades.

Corps de l'Elbe : de la situation sanitaire de ce corps d'observation ; nécessité d'en compléter promptement l'effectif.

Vous avez, sans compter les Espagnols, 79 bataillons, qui, à 900 hommes chacun, devraient faire 71.000 hommes. Il manque au complet 3.400 hommes ; vous avez 10.000 malades : il faut donc ôter 13.000 hommes. Ces 79 bataillons ne forment pas 58 à 60.000 hommes sous les armes devant l'ennemi. Je suppose que votre état, étant du 1er décembre, éprouvera une grande amélioration au 1er janvier et une plus grande encore au 1er février. De mon côté, je donne ordre qu'on vous envoie des cadres pour compléter l'effectif. Vous ne devez pas avoir en ce moment 750 hommes par bataillon prêts à marcher ; je désire beaucoup que votre situation au 1er février soit telle que chaque bataillon ait 800 hommes sous les armes, que chaque régiment ait 4.000 hommes, officiers compris, et que vous ayez 64.000 hommes d'infanterie à présenter à l'ennemi. Le 15e léger a 200 hommes à vous envoyer de son dépôt à Paris ; le 33e léger en a 600 ; d'autres dépôts en ont plus ou moins. Comme je n'ai pas trouvé les bataillons de l'île de Ré mentionnés dans votre état de situation au nombre des bataillons que vous avez distribués, je présume qu'ils n'étaient pas encore incorporés au 1er décembre ; cela doit faire encore la valeur de 3.000 hommes. Faites-moi bien connaître votre situation au 15 décembre et, par un second état, votre situation au 1er janvier.

NAPOLÉON.

Au reçu de cette lettre le prince d'Eckmühl s'empresse de répondre :

LE PRINCE D'ECKMUHL A L'EMPEREUR.

Hambourg, le 26 décembre 1811.

Sire, j'ai reçu la lettre de Votre Majesté du 20 décembre. Elle remarque que, dans la dernière situation que j'ai eu l'honneur de lui adresser, le nombre des malades des régiments d'infanterie est porté à environ 10.000, et, dans le calcul des hommes présents sous les armes que nous aurions à présenter à l'ennemi, Votre Majesté a déduit ces 10.000 hommes. Je lui demande la permission de lui observer que, dans ces 10.000 hommes, sont compris les galeux et les malades à la chambre et aux infirmeries régimentaires, qui forment à peu près 3.200 hommes, et qui doivent être mis avec les présents sous les armes.

Il y a un grand nombre de galeux dans les régiments. Les détachements venant de Belle-Isle, Walcheren, et même Strasbourg, étaient infectés de cette maladie; ils en ont laissé les traces dans les gîtes où ils ont couché et l'ont ainsi communiquée à la plupart des détachements qui les ont suivis. J'ai écrit aux préfets et aux commandants des départements en deçà du Rhin pour qu'ils eussent à prendre des mesures contre la propagation de ce mal, en faisant aérer et nettoyer avec soin les lieux où couchaient les militaires dans les différents gîtes; j'en ai informé le ministre de la guerre, en le priant d'ordonner des mesures dans l'intérieur.

Tous les détachements de réfractaires annoncés pour les régiments d'infanterie sont arrivés, et, si les bataillons de l'île de Ré n'ont pas été particulièrement désignés dans la situation du 1er décembre, c'est par un oubli qui sera réparé dans la situation du 15 décembre. Au reste, loin de produire 3.000 hommes, ces bataillons n'ont fourni aux 30e, 67e, 33e et 61e que 1.116 hommes, dont 308 sont restés dans les hôpitaux de la route.

PRINCE D'ECKMUHL.

P.-S. — Tant que ces temps-ci continueront, on ne peut guère espérer voir de diminution dans le nombre des malades. Cette humidité occasionne beaucoup de rechutes; le vin seul pourrait les prévenir, mais il manque dans ce pays.

Ce n'était pas, en effet, faute de sollicitude ni de recommandations si le nombre des malades était aussi élevé dans le corps de l'Elbe. La lettre suivante, adressée par le général Romeuf, chef d'état-major de ce corps d'observation, au général Friant, montre combien le prince d'Eckmühl se préoccupait de la santé des troupes, surtout pendant la mauvaise saison:

Le général Romeuf au général Friant, commandant la 2º division du corps d'observation de l'Elbe.

Hambourg, le 5 décembre 1811.

MON GÉNÉRAL,

Recommandations au sujet des manœuvres et de la santé des troupes.

M. le Maréchal a pensé que des exercices trop fréquents dans la saison où nous nous trouvons pourraient avoir les effets les plus dangereux pour la santé des soldats, et Son Excellence m'a, en conséquence, chargé de vous faire connaître les dispositions suivantes, dont elle vous recommande de surveiller l'exécution.

MM. les généraux cesseront, à la réception de cet ordre, d'exercer aux manœuvres de ligne les régiments cantonnés; ils se borneront à tenir la main à ce que ces corps, lorsque le temps le permettra, fassent l'école de bataillon une fois par semaine et les écoles de peloton et du soldat toutes les fois qu'ils n'y verront aucun inconvénient.

Quant aux régiments dont les bataillons sont réunis dans les villes, ils n'iront plus à l'exercice que les jours d'un temps sec et beau, dont on profitera pour faire faire les diverses écoles en plein air.

Les jours où le temps sera mauvais, les régiments s'occuperont de l'instruction de détail, des manœuvres à la corde, de l'intonation et des théories.

M. le maréchal, en généralisant les dispositions pour qu'elles soient applicables à tous les régiments de l'armée, vous laisse le soin d'y apporter les changements que les localités rendront nécessaires ou plus convenables.

L'objet principal est de n'exercer le soldat que lorsqu'il fait beau et qu'il ne peut en résulter aucun inconvénient pour sa santé. Son Excellence s'en rapporte ensuite à vos soins pour tout ce qui pourra contribuer à l'instruction des officiers et sous-officiers pendant la mauvaise saison.

J'ai l'honneur de vous saluer avec respect.

Le Chef d'état-major général,
L. ROMEUF.

DÉCRET DU 21 DÉCEMBRE 1811.

Titre Ier.
Équipages de siège.

ARTICLE PREMIER. *Équipage de siège de la ville de Danzig.* — Sur l'artillerie existante à Danzig et destinée à la défense de la place,

> 30 pièces de 24,
> 60 — de 12,
> 24 obusiers,
> 16 mortiers, dont 8 de 10 pouces et 8 de 8 pouces,

TOTAL..... 130 bouches à feu, seront destinés à former, s'il en est nécessaire, un équipage de siège.

ART. 2. *Équipage de siège à Magdebourg.* — Un autre équipage de siège sera formé à Magdebourg sur l'artillerie destinée à la défense de la place. Il sera composé de :

> 20 pièces de 24,
> 40 — de 12,
> 20 obusiers,
> 20 mortiers.

TOTAL..... 100 bouches à feu.

Cet équipage de siège, pourvu des affûts, plates-formes, chevaux, artifices, armement et approvisionnement nécessaires, sera prêt et les pièces et leur attirail désignés à l'avance, de manière qu'au moment de décider les opérations d'un siège, tout soit connu et préparé.

Marginal note: Équipages de siège et armement des places de l'armée d'Allemagne.

Titre II.
Armement des places.

ART. 3. *Armement de Magdebourg.* — L'armement de la place de Magdebourg se compose :

223 { de 20 pièces de 24 / de 84 — de 12 / de 94 — de 6 / de 25 — de 3 } en bronze.

110 { de 50 pièces de 12 / de 45 — de 6 / de 15 — de 3 } en fer.

48 canons de campagne............ { 6 pièces de 12. / 12 — de 6. / 30 — de 3.

42 obusiers de campagne............ { 30 pièces de 6 pouces 4 lignes. / 12 — de 5 — 6 —

39 mortiers......... { 20 pièces de 10 pouces 8 lignes, en bronze. / 10 pièces de 11 pouces 2 lignes / 5 — de 8 — 6 — / 2 — de 8 — 4 — / 2 — de 7 — 7 — } en fer.

462 bouches à feu. (Dans ce nombre de pièces sera compris l'équipage de siège ordonné par l'article précédent.)

ART. 4. *Armement de Stettin.* — L'armement de la place de Stettin sera composé, savoir :

246 {
214 pièces de siège { de 19 pièces de 24, en fer. / 21 — de 20. / 20 — de 18. / 20 — de 12. / 54 — de 6. / 80 — de 3.
10 pièces de campagne....... { de 2 pièces de 12 de campagne, en fer. / de 4 pièces de 6. / 4 — de 3.
22 obusiers..... { de 10 obusiers de 7 pouces 2 lignes / 6 — de 6 — 4 — / 6 — de 5 — 6 —
}

17 | 17 mortiers..... { de 6 mortiers de 10 pouces 5 lignes / 3 — de 11 — 2 — / 8 — de 9 — 8 —

A reporter 725   263 bouches à feu.

Report.. 725

ART. 5. *Armement de Custrin.* — L'armement de Custrin sera composé :

108 {
- 44 pièces....... { de 20 pièces de 12 en bronze. / 18 — de 20 en fer. / 6 — de 12 en fer.
- 42 pièces de campagne...... { de 14 pièces de 12 de campagne. / 28 — de 6
- 12 obusiers..... { de 6 obusiers de campagne. / 6 — de 6 pouces 4 lignes.
- 10 mortiers..... { de 4 mortiers de 10 pouces 5 lignes / 6 autres mortiers. (Il y aura à Custrin 10 mortiers de n'importe quel calibre.)
}

108 bouches à feu.

ART. 6. *Armement de Glogau.* — L'armement de Glogau sera composé :

108 {
- 85 pièces....... { de 61 pièces de 12 en fer. / 6 — de 12 de campagne. / 12 — de 6 — / 6 — de 3 —
- 10 obusiers..... { de 6 obusiers de campagne. / 4 — de 6 pouces 4 lignes.
- 13 mortiers..... { de 4 mortiers de 10 pouces 8 lignes / 5 — de 6 — 4 — / 1 en fer de 8 — 4 — / 3 — de 8 — 2 —
}

108 bouches à feu.

TOTAL.. 941 bouches à feu.

ART. 7. — Notre ministre de la guerre réglera les envois à faire entre les places de Magdebourg, Custrin, Stettin et Glogau pour compléter leur armement tel qu'il vient d'être réglé par les articles précédents; il ne sera tiré de France que ce que ce revirement ne pourrait pas procurer.

Titre III.

Approvisionnement en poudre et en boulets.

ART. 8. — L'approvisionnement pour l'armement, réglé par les articles précédents, devra être de 1.000 coups par pièce et de 800 bombes par mortier. Pourtant, il ne sera fait d'envoi de France pour compléter ledit approvisionnement qu'autant que cela sera nécessaire pour le porter au taux de 800 coups par pièce et de 600 bombes par mortier. Le revirement des boulets entre les places ne se fera qu'autant qu'il sera nécessaire pour atteindre au minimum qui vient d'être indiqué.

Art. 9. — L'approvisionnement de poudre devra être en raison de 600 coups par pièce. Si la poudre existant en magasin, confectionnée ou en barils était au-dessous de cette proportion, il y serait pourvu par des envois de France.

Art. 10. — L'approvisionnement en cartouches est réglé :

2.000.000 pour Magdebourg.
1.000.000 pour Stettin.
1.000.000 pour Custrin.
1.000.000 pour Glogau.
─────────
5.000.000

Art. 11. — Il sera dirigé, sans délai, de la Hollande, de Grave, de Wesel :

300.000 de poudre de guerre (poids de marc) sur Danzig.
300.000 — — — sur Magdebourg.
200.000 — — — sur Stettin.
100.000 — — — sur Custrin.
100.000 — — — sur Glogau.
─────────
1.000.000 poids de marc.

Ces transports seront faits jusqu'à Stettin par les chevaux d'artillerie du corps d'observation de l'Elbe.

Titre IV.
Dispositions générales.

Art. 12. — Les états en détail de tout ce qui est nécessaire pour la formation de l'approvisionnement, tant des deux équipages de siège réglés au titre Ier du présent décret que de l'armement des places de Danzig, Magdebourg, Custrin, Stettin et Glogau, sera dressé conformément aux principes ci-dessus.

Art. 13. — Des mesures seront prises pour qu'au 15 février tous les envois qui devront être faits d'une place à une autre pour en compléter l'armement et l'approvisionnement y soient rendus ; et, au 1er mars, un officier général d'artillerie passera la revue de chaque place pour s'assurer que les dispositions ordonnées sont exécutées et que chaque place est pourvue de tout ce qui a été réglé comme nécessaire pour son armement et son approvisionnement.

Art. 14. — Toutes les pièces, affûts et boulets qui existent dans les différentes places et ne seraient pas compris dans l'état de ce qui est nécessaire resteront dans lesdites places en dépôt, pour être employés selon les besoins du service

Napoléon.

LE PRINCE D'ECKMUHL A L'EMPEREUR.

Hambourg, le 21 décembre 1811.

Sire, j'ai l'honneur d'adresser à Votre Majesté les derniers rapports que je viens de recevoir des places de l'Oder[1] et de Danzig.

Renseignements sur la Russie et sur la Prusse.

PRINCE D'ECKMUHL.

Rapport du général Rapp.

Danzig, le 17 décembre 1811.

On avait répandu le bruit que la Garde russe était partie de Pétersbourg : il n'en est rien. Les lettres que le commerce reçoit de la Russie sont depuis quelque temps plus pacifiques; une d'elles, adressée à un négociant de cette ville, s'exprime ainsi : « Nous ne voulons pas la guerre, et il paraît que nous ne l'aurons pas si les Français ne nous attaquent pas les premiers; mais nous ne voulons et nous ne pouvons pas non plus mourir de faim. » Des étrangers russes, polonais et allemands qui arrivent de Paris ont répandu le bruit sur leur route qu'on était très mécontent en France, particulièrement à Paris, que la disette en tout genre s'y faisait sentir, que le peuple était extrêmement malheureux, et que tout le monde criait contre le gouvernement.

Comme je l'ai dit dans plusieurs de mes précédentes, tous ces étrangers menteurs sont écoutés comme des apôtres quand ils débitent ces fausses nouvelles dans des pays où on ne nous aime pas. Nous avons l'habitude de les bien traiter chez nous, et, lorsqu'ils rentrent chez eux, il n'y a pas d'horreurs qu'ils ne débitent de la nation française et particulièrement du gouvernement.

On ne peut rien concevoir à la conduite de la Prusse. Les recrues ne sont pas rentrées, mais seulement les travailleurs. On dit que, si la guerre avait lieu, tout marcherait, depuis 15 ans jusqu'à 40. On dit également que trois courriers français sont arrivés à Berlin, et que leurs dépêches étaient relatives à l'alliance.

Je viens d'apprendre qu'il y avait une boulangerie établie à Elbing; il y a 40 ouvriers d'engagés. On dit que c'est pour les troupes qui sont dans les environs.

RAPP.

---

1. Les rapports concernant les places de l'Oder n'étaient pas joints à la présente lettre et n'ont pu être retrouvés aux archives.

LE PRINCE D'ECKMUHL A L'EMPEREUR.

Hambourg, le 22 décembre 1811.

Renseignements sur l'armée russe et sur la crise du grand-duché.

Sire, j'ai l'honneur d'adresser à Votre Majesté un rapport du général Rapp[1] sur les déclarations et différents renseignements que lui a transmis le sieur Klunrath, l'un des capitaines de corsaires.

J'y joins copie d'une lettre de M. Bignon, qui accompagnait les rapports que j'ai eu l'honneur de transmettre hier à Votre Majesté sur la Russie.

PRINCE D'ECKMUHL.

Copie d'une lettre de M. Bignon.

Varsovie, le 14 décembre 1811.

Les rapports que vous recevrez de l'état-major général ne vous apprendront rien qui mérite une attention particulière, si ce n'est la formation d'un régiment de Lithuanie, destiné, dit-on, à faire partie de la Garde impériale russe. A en croire les bruits qui nous viennent, le but politique de la formation de ce corps serait de lier à la Russie un grand nombre de familles distinguées, en obligeant les jeunes gens à y prendre des grades. La première question est de savoir si le fait est vrai. Nous savons qu'il n'est pas prudent de croire à un premier rapport.

Du reste, les petits mouvements dont il est question n'ont rien de grave. Ce sont des régiments qui changent de cantonnements et rien de plus. Les rapports qui viennent de Prusse sont toujours une chose fort étrange.

Nous sommes ici dans une sorte de crise. On ne sait pas bien encore si la Diète adoptera ou non les projets de finances qui lui sont proposés. En attendant, on donne de grands dîners, qui ont cela de bon qu'ils se terminent toujours par des expressions de reconnaissance et de dévouement pour Sa Majesté l'Empereur.

BIGNON.

Décret du 24 décembre 1811.

Mise en activité des conscrits de 1812 et levées de 7.920 conscrits sur les classes 1810 et 1811.

ARTICLE PREMIER. — Sur les 120.000 conscrits de 1812, dont l'appel est autorisé par le sénatus-consulte du 20 de ce mois, 112.249 sont mis en activité; 7.751 formeront la réserve.

ART. 2. — Les 7.920 conscrits dus sur les classes de 1810, 1811, dans les départements ci-après, seront levés immédiatement et suivant le mode prescrit pour tous les autres appels, savoir :

---

1. Le rapport du général Rapp n'était pas joint à la présente lettre d'envoi du prince d'Eckmühl conservée aux archives nationales ; une annotation mise en marge indique que ce rapport a été transmis par l'Empereur au ministre des relations extérieures le 27 décembre 1811.

Sur la classe de 1810.

Bouches-de-la-Meuse	720
Bouches-de-l'Issel	252
Ems-Occidental	288
Ems-Oriental	228
Frise	291
Zuyderzée	900
Issel-Supérieur	321
Bouches-de-l'Escaut	120
Bouches-du-Rhin	351
Arrondissement de Bréda	129

Sur la classe de 1811.

Bouches-de-l'Elbe	1.165
Bouches-du-Weser	1.027
Ems-Supérieur	1.308
Lippe	720
Simplon	100
	7.920

Art. 3. — La levée est suspendue pour la classe de 1812 dans les départements désignés dans l'article précédent ; elle l'est également pour la classe de 1811 dans les sept départements de la Hollande et dans les Bouches-du-Rhin, de l'Escaut et arrondissement de Bréda.

Art. 7. — Les levées ci-dessus prescrites seront exécutées conformément au règlement sur la conscription.

Art. 8. — Toutes les opérations qui doivent précéder la réunion des conseils de recrutement seront terminées le 10 février ; les conseils s'assembleront le même jour. Les départs commenceront le 25 février ; ils seront terminés le 10 mars.

NAPOLÉON.

L'EMPEREUR AU PRINCE D'ECKMUHL, A HAMBOURG.

Paris, le 24 décembre 1811.

Mon Cousin, je lis avec attention votre lettre du 19 décembre. Voici comme je désire que les choses soient réglées. Votre ordonnateur vous fera un rapport qui établira que, pendant tant de jours, tant de mille hommes et tant de chevaux, au delà du nombre fixé par les conventions, ont été à la charge de la Westphalie ; que ce nombre d'hommes et de chevaux a dû coûter tant à la Westphalie, et vous diminuerez sur chaque objet 25 p. 100 du prix où les choses sont dans la 32ᵉ division militaire pour équivaloir, à l'argent qui

Arrangement à conclure pour l'indemnité des frais de solde supportés par la Westphalie.

sort de chez moi; ainsi, la ration de fourrage sera de moins de 20 sous, la journée d'hôpital de moins de 20 sous. On pourra aussi compter la fourniture des draps. On fera entrer en compensation la nourriture des troupes westphaliennes qui sont à Danzig. La conclusion de ce rapport sera que telle quantité de troupes a occasionné à la Westphalie tant de dépense, sans parler de la solde. Vous communiquerez ce résultat à mon ministre, et vous lui écrirez que, vu le rapport de l'intendant de l'armée, l'intention de Sa Majesté étant de faire une chose avantageuse à la Westphalie, vous donnez ordre que la solde du surplus des troupes qui étaient à la charge du roi soit payée jusqu'à due concurrence, et que vous priez le roi d'acquitter le reste. Le roi acquittera ou n'acquittera pas, puisque la note de mon ministre au ministre westphalien ne sera que confidentielle, et qu'elle ne fera pas connaître la raison, mais se bornera à dire qu'une somme de tant a été envoyée pour payer la solde de 12.500 hommes et qu'il reste dû tant pour aligner la solde. Par ce moyen, cela ne fera pas règle pour les autres princes de la Confédération, ni pour la Westphalie, qui, lorsqu'elle recevra une plus grande quantité de troupes, ne sera pas effrayée, et ainsi vous aurez fait solder les troupes qui sont en Westphalie.

NAPOLÉON.

Rapport du ministre de la guerre à l'Empereur.

Paris, le 24 décembre 1811.

Au sujet de l'instruction du 6ᵉ chevau-légers dans les exercices et manœuvres de la lance.

J'ai l'honneur de rendre compte à Sa Majesté que le général Marulas, commandant la 6ᵉ division militaire, désirant connaître à fond les exercices et manœuvres de la lance, les a fait exécuter, en sa présence, par douze canonniers du 5ᵉ régiment d'artillerie à cheval, dirigés par un officier de hussards en retraite, un de ses aides de camp et un maréchal des logis du 6ᵉ régiment de chevau-légers, et que, dans l'espace de vingt-huit jours, ils ont fait des progrès étonnants. Ce général, s'étant transporté à Dôle, a remarqué que l'instruction du 6ᵉ régiment de chevau-légers n'était pas poussée activement, parce qu'on manquait d'effets de harnachement et parce qu'il n'y a pas de manège dans la ville. Il demande, en conséquence, à être autorisé à faire venir successivement de Dôle à Besançon, où il y a des manèges couverts, 100 ou 150 hommes à la fois pour les y faire instruire par les officiers et sous-officiers dont il s'est servi pour les canonniers et à renvoyer chaque détachement à Dôle lorsqu'il sera assez instruit.

Je prie Sa Majesté de me faire connaître si elle veut que j'autorise ces mouvements successifs.

DUC DE FELTRE.

APPROUVÉ :
Paris, le 25 décembre 1811.
NAPOLÉON.

LE PRINCE D'ECKMUHL A L'EMPEREUR.

Hambourg, le 24 décembre 1811.

Sire, je reçois la lettre de Votre Majesté, du 20, où elle me demande si on peut trouver à acheter dans le Mecklembourg, le Holstein et ce pays-ci 2 à 3.000 chevaux de cavalerie légère.

Renseignements sur les achats de chevaux qu'on peut effectuer en Allemagne.

Le ministre-directeur m'avait déjà écrit pour me demander des renseignements à cet égard. Voici ceux que j'ai obtenus aujourd'hui et sur lesquels Votre Majesté peut compter.

Un sieur Widal s'engage à fournir 2.000 chevaux de troupes légères d'ici à trois mois, au prix de 360 francs, qui est celui du ministre.

Il fournirait 500 chevaux à Hambourg, 900 à Hanovre et 600 à Dusseldorf; mais il désire avoir une réponse sous huit à dix jours, attendu que c'est le véritable moment pour acheter des chevaux. Au mois de février, cela devient déjà plus difficile, parce que les paysans commencent à s'en servir pour les travaux de la terre.

Si Votre Majesté est dans cette intention, il faudrait que les corps à qui les chevaux sont destinés envoyassent de suite des hommes dans ces endroits-là pour les recevoir et les soigner. La commission qui est à Hanovre pour la réception des chevaux de cuirassiers recevrait aussi ceux-là.

Je formerais une commission pour la réception des 500 chevaux de Hambourg, et il n'y en aurait plus qu'une à nommer pour Dusseldorf.

Le sieur Widal eût trouvé plus de facilité à être en même temps chargé d'acheter des chevaux de grosse cavalerie, attendu que tel cheval qui est rejeté pour cette arme, par défaut de taille, serait reçu par la cavalerie légère. On pourrait donc le charger de l'achat de quelques centaines de chevaux de grosse cavalerie, que l'on recevrait à Hanovre.

Je ne doute point que l'on pourrait même aller jusqu'à 3.000 chevaux de troupes légères, en passant des marchés avec d'autres marchands.

Dans sa lettre, M. le comte de Cessac me chargeait de faire panser ces chevaux par des hommes de troupe à cheval de l'armée, ou par des journaliers que l'on paierait. Aucune de ces deux mesures ne serait bonne; ces chevaux exigeront beaucoup de soins dans les premiers temps, à cause du changement de nourriture.

Il n'y a que ceux qui auront un grand intérêt à en prendre soin qui pourront remplir cet objet.

Aussi, je propose à Votre Majesté d'envoyer sur les points désignés des hommes des régiments pour lesquels ces chevaux sont destinés; il faut même que les colonels fassent de bons choix.

Il serait même avantageux qu'on laissât les chevaux dans ces endroits pendant un mois, avant de les faire voyager.

Je réitère à Votre Majesté que le sieur Widal demande à avoir sous huit à dix jours une réponse positive, afin de prendre ses arrangements. Ce Widal est le même qui avait fait au ministre-directeur des propositions qui m'ont été renvoyées.

PRINCE D'ECKMUHL.

Le lendemain, le prince d'Eckmühl ajoute dans une nouvelle lettre à l'Empereur.

Hambourg, le 25 décembre 1811.

J'ai eu l'honneur de faire part hier à Votre Majesté des propositions du sieur Widal, marchand de chevaux, qui promettait de livrer dans trois mois, au prix de 360 francs, 500 chevaux de cavalerie légère à Hambourg, 900 à Hanovre et 600 à Dusseldorf.

J'ai l'honneur de rendre compte à Votre Majesté que ce même marchand, vu l'éloignement de Dusseldorf, s'engage à en fournir, d'ici au 10 avril, 800 à Munster; ce serait donc sur ce point et non sur Dusseldorf qu'il faudrait que les hommes qu'enverraient les régiments pour lesquels ces chevaux seraient destinés fussent dirigés.

Il s'engage, en outre, à fournir, pour la même époque, 1.000 chevaux à Hambourg, au lieu de 500 comme je l'ai annoncé, et il maintient la promesse qu'il a faite d'en livrer 900 à Hanovre.

Je prie Votre Majesté de me faire connaître ses intentions; le sieur Widal désire une réponse positive sous huit à neuf jours; il a fait ses soumissions au prix de 360 francs, mais ces marchés ne seront définitivement passés que lorsque Votre Majesté m'aura fait connaître ses intentions.

PRINCE D'ECKMUHL.

Ces propositions furent approuvées par l'Empereur. (Lettres du 30 décembre, pages 463 et suivantes.)

Décret du 25 décembre 1811.

Décret relatif aux aigles, drapeaux et étendards.

ARTICLE PREMIER. — Aucun corps ne peut porter pour enseigne l'aigle française, s'il ne l'a reçue de nos mains, et s'il n'a prêté le serment, par ses députés, de mourir pour la défendre.

ART. 2. — L'aigle n'est donnée qu'à des corps d'infanterie d'un complet supérieur à 1.200 hommes, et qu'à des corps de cavalerie de plus de 600 chevaux.

ART. 3. — Les vaisseaux de 74 et au-dessus auront sur leur grand pavillon une aigle; les autres bâtiments auront pour enseigne un simple pavillon.

ART. 4. — Les corps isolés et bataillons isolés, n'étant pas au complet de 1.200 hommes, auront pour enseigne un drapeau sans aigle.

ART. 5. — Les gardes nationales auront une aigle par département, qui restera chez le préfet; les légions et cohortes particulières auront pour enseigne un simple drapeau.

ART. 6. — Tous ceux de nos régiments d'infanterie, de cavalerie, d'artillerie, légions de gendarmerie, bataillon de pontonniers, compagnies départementales et autres corps, sous quelque dénomination que ce soit, qui ont pris l'aigle pour enseigne et l'ont arborée sans qu'elle ait été donnée de nos mains au corps ou à ses députés, en instruiront notre ministre de la guerre et lui renverront ladite aigle.

Art. 7. — Un régiment d'infanterie ou de cavalerie n'aura qu'une seule aigle.

Un régiment d'artillerie de vingt compagnies n'aura qu'une seule aigle.

Les bataillons du train d'artillerie n'auront qu'une seule aigle, qui restera chez le premier inspecteur d'artillerie.

Les deux bataillons de pontonniers et les ouvriers d'artillerie n'auront ensemble qu'une seule aigle, qui restera chez le premier inspecteur.

Les mineurs et les sapeurs réunis n'auront, pour l'arme du génie, qu'une seule aigle, qui restera chez le premier inspecteur de l'arme.

Il n'y aura également, pour l'arme de la gendarmerie, qu'une seule aigle, qui sera déposée chez le premier inspecteur.

Les quatorze bataillons du train des équipages militaires n'auront qu'une aigle, qui restera dans le cabinet du ministre de l'administration de la guerre.

Art. 8. — Lorsque l'étendard qui est actuellement attaché aux aigles sera usé par le temps, et au plus tôt tous les deux ans, notre ministre de la guerre nous proposera l'envoi au corps d'un nouvel étendard, sur lequel sera brodé d'un côté : *L'empereur Napoléon à tel régiment*, et de l'autre *le nom des batailles de la Grande Armée auxquelles ce régiment se sera trouvé, savoir : les batailles d'Ulm, d'Austerlitz, d'Iéna, d'Eylau, de Friedland, d'Eckmühl, d'Essling et de Wagram*.

Art. 9. — Le 1er bataillon de chaque régiment d'infanterie portera pour enseigne l'aigle du régiment ; les autres bataillons auront des fanions sans inscription et auxquels il ne sera attaché aucune importance ni rendu aucuns honneurs[1].

Art. 10. — Le fanion du 2e bataillon sera blanc ;

Celui du 3e sera rouge ;

Celui du 4e sera bleu ;

Celui du 5e sera vert,

Et celui du 6e sera jaune.

Art. 11. — Les régiments de cavalerie de ligne ayant plus de quatre escadrons auront une aigle pour enseigne ; l'aigle sera portée au 1er escadron.

---

1. Les fanions seront donnés par les colonels aux bataillons, et resteront déposés chez le sous-officier qui doit les porter.

Ils seront confectionnés en étoffe de laine, de la couleur déterminée par le décret, et seront garnis autour d'un galon de laine de cette même couleur. Leurs dimensions seront de 813 millimètres (30 pouces) en tous sens. Ils n'auront ni frange, ni cravate, ni aucune espèce d'ornement, et seront supportés par un bâton noirci de la hauteur de 2 mètres 600 millimètres (8 pieds), terminé par une pointe de fer ou d'acier.

Art. 12. — Le deuxième et le troisième porte-aigles auront un casque et des épaulettes défensives; ils seront armés d'un épieu avec flammes, ou espadon de parade et de défense, avec une paire de pistolets.

Art. 13. — Les régiments d'infanterie et de cavalerie qui ont plus d'une aigle les enverront sans délai à notre ministre de la guerre[1].

NAPOLÉON.

L'Empereur fait, au sujet de l'application de ce décret, les recommandations suivantes au ministre directeur de l'administration de la guerre :

Monsieur le comte de Cessac, vous recevrez le décret que je viens de prendre relativement aux drapeaux. Vous trouverez, ci-joint, un état qui vous fera connaître les batailles où chaque corps s'est trouvé. On ne doit mettre pour chaque régiment que le nom de la bataille où il était présent. La manière de porter l'étendard, à peu près comme à la procession, ne me paraît pas bonne. Toutefois, faites faire un nouveau modèle, on les comparera. Il faut aussi me proposer le choix d'une étoffe peu pesante et qui cependant puisse durer longtemps. Il faut disposer cela de manière que cet étendard puisse se placer facilement, de sorte que l'aigle reste toujours la même et que l'on n'ait jamais à changer que l'étendard. On conçoit que dans deux ou trois siècles, ce sera pour les régiments un objet d'émulation que de voir la même aigle que j'ai donnée et qui a assisté à telles et telles batailles. Ainsi, il ne faut pas changer les aigles, mais tous les deux ou trois ans on leur remettra les drapeaux. Quant aux compagnies départementales et autres corps particuliers, ils ne seront autorisés à avoir qu'un fanion ou petit drapeau. Il en sera de même pour les gardes d'honneurs et toute compagnie isolée, sous quelque prétexte que ce soit[2].

NAPOLÉON.

---

1. Quelques jours après, le 14 janvier, ce décret ayant été mal interprété par le ministre directeur, l'Empereur lui écrit :

« Monsieur le comte de Cessac, je reçois votre rapport du 13 janvier sur les étendards; il paraît que vous n'avez pas compris mon décret du 25 décembre, puisque vous me dites « *que la confection des aigles prendra du temps, etc.* »; mais, par mon décret, je ne veux pas d'aigles nouvelles, pas même de bâton, je ne veux que l'étendard, le morceau de soie qui flotte. Ce que je demande est une dépense de rien; ce que vous proposez est une dépense considérable. Le décret du 25 décembre ne peut pas être mis à l'ordre par le prince de Wagram, qui ne commande pas et dont la juridiction ne s'étend pas au delà de l'armée d'Espagne, c'est donc le ministre de la guerre qui doit mettre ces dispositions à l'ordre de l'armée. Pour éviter un conflit entre les deux ministères, je prends un décret portant que tout ce qui est relatif aux drapeaux regarde le ministre de la guerre.

» NAPOLÉON. »

2. Voir chapitre suivant, au sujet de la confection des étendards, la lettre de l'Empereur au ministre de la guerre en date du 14 janvier 1812.

DÉCEMBRE 1811.   439

L'EMPEREUR AU MINISTRE DE LA GUERRE.

Paris, 25 décembre 1811.

Corps de l'Elbe : changements apportés dans la composition de la 6ᵉ division. De la formation des 8ᵉ et 9ᵉ divisions.

Monsieur le duc de Feltre, je juge convenable de changer la formation de la 6ᵉ division du corps d'observation de l'Elbe, qui n'était encore formée que sur le papier. En conséquence, cette division sera composée de 15 bataillons, savoir : de 4 bataillons du 24ᵉ léger, qui partiront de Paris le 16 janvier; de 4 bataillons du 19ᵉ de ligne, qui partiront de Boulogne le 15 janvier; de 4 bataillons du 56ᵉ, qui partiront le 20 janvier, et de 3 bataillons du 128ᵉ : 2 bataillons seront fournis sur-le-champ; le 3ᵉ partira aussitôt que possible.

La 6ᵉ division se réunira le 1ᵉʳ janvier à Osnabrück, avec son artillerie, génie, administration, etc. Le général Legrand la commandera; il sera rendu à Osnabrück le 1ᵉʳ février. Les généraux de brigade Albert et Maison seront employés dans cette division. Vous consulterez le général Legrand pour nommer le troisième général de brigade et l'adjudant-commandant nécessaire à la division, laquelle sera composée de trois brigades.

Dès le 1ᵉʳ janvier, le général Legrand prendra le commandement; les chefs de corps lui adresseront leurs demandes, et il travaillera avec vous et avec le ministre de l'administration de la guerre pour la formation et l'organisation de sa division.

Les 4 bataillons du 54ᵉ léger seront à 800 hommes présents sous les armes au 1ᵉʳ février, à Osnabrück. Il lui manque, je crois, peut-être, à ce complet, 600 hommes. Présentez-moi un projet pour détacher des 5ᵉˢ bataillons d'infanterie légère dont les régiments sont en Espagne les hommes disponibles pour former les 600 hommes nécessaires pour recruter ce régiment; les 21ᵉ, 28ᵉ, 27ᵉ, 17ᵉ, 25ᵉ, 6ᵉ, 2ᵉ, 4ᵉ, 12ᵉ, 16ᵉ, 23ᵉ, etc., pourront fournir ces 600 hommes. Choisissez dans chaque dépôt ce qu'on peut en tirer.

La 8ᵉ division sera composée de 17 bataillons, savoir : 4 bataillons du 11ᵉ régiment d'infanterie légère, 5 bataillons du 2ᵉ régiment de ligne, 5 bataillons du 37ᵉ et 3 bataillons du 124ᵉ[1]. Elle se réunira à Munster et à Wesel. Le général de division Verdier en

---

1. Quelques jours après, le 29 décembre, l'Empereur écrit au ministre de la guerre au sujet du 124ᵉ :

« Monsieur le duc de Feltre, le 124ᵉ régiment ne doit fournir que trois bataillons à la 8ᵉ division. Donnez donc les ordres que tout ce qui est disponible dans le 4ᵉ bataillon soit incorporé dans les trois premiers; le cadre de ce 4ᵉ bataillon retournera à son dépôt pour y attendre les conscrits.

» Donnez le même ordre au 125ᵉ et 126ᵉ.

» Je n'approuve pas l'idée d'envoyer le 124ᵉ à Munster. Munster est d'ailleurs fort encombré. Vous manderez au prince d'Eckmühl que, lorsque la division qui se réunit à Osnabrück sera réunie, il place ce régiment plus loin, dans les environs de Magdebourg. »

aura le commandement; il sera rendu à Munster le 1er février. Le général de brigade Viviès sera employé dans cette division; il sera nommé deux autres généraux de brigade et un adjudant-commandant. Cette division aura trois brigades, comme la 6e division; le général Verdier en prendra le commandement au 1er janvier.

La 9e division sera composée de 17 bataillons, savoir : 2 bataillons croates, qui partiront le 2 janvier de Paris, bien habillés et bien équipés; 12 bataillons suisses et 3 bataillons du 123e.

Chaque régiment suisse fournira d'abord 2 bataillons avec une compagnie d'artillerie, chaque bataillon complété à 840 hommes, et, aussitôt que les recrues arriveront, chaque régiment formera son 3e bataillon. Les bataillons qui de Cherbourg se rendent à Paris, ceux qui sont à Paris, partiront de Paris le 15 janvier. Donnez ordre à leurs dépôts d'envoyer à Paris ce qu'ils ont de disponible; faites-y venir spécialement la compagnie d'artillerie qui est à Marseille. Les deux bataillons qui se rendent à Besançon s'embarqueront à Strasbourg sur le Rhin pour passer à Wesel.

Les deux bataillons du 123e qui sont à Boulogne partiront le 15 janvier; ils se rendront à Saint-Omer, où est leur dépôt; ils y séjourneront cinq ou six jours; ils prendront tous les hommes disponibles pour compléter les deux premiers bataillons à 1.600 hommes; après quoi ils se rendront à Nimègue. Le 4e bataillon, qui est à Magdebourg, fera partie de ce régiment; il restera à Magdebourg jusqu'à nouvel ordre.

Le général Belliard aura le commandement de cette division; le général Amey servira sous ses ordres comme général de brigade. Le général Belliard fera connaître quels sont les deux autres généraux de brigade qu'il désire pour commander ses deux autres brigades, et l'adjudant-commandant qu'il veut pour chef d'état-major.

NAPOLÉON.

L'EMPEREUR AU MINISTRE DE LA GUERRE.

Paris, 25 décembre 1811.

Organisation des cuirassiers en cinq divisions. Du service des chevau-légers en campagne.

Les cuirassiers seront organisés de la manière suivante[1] :

La 1re division, commandée par le général Saint-Germain, sera composée du 2e, du 3e et du 9e de cuirassiers. Chaque régiment formera une brigade, étant de huit escadrons. Il y aura trois généraux de brigade, savoir : Bessières, Bruno et Queunot.

La 5e division sera composée du 12e, du 6e et du 11e de cuirassiers. Il y aura un général de division et trois généraux de brigade; ces derniers seront les généraux Raynaud, Quinette et Dejean.

---

1. Voir, pour la formation de la cavalerie, grosse et légère, l'annexe n° 6 du tome Ier, pages 317 et suivantes.

La 2ᵉ division de cuirassiers sera composée du 5ᵉ régiment, du 10ᵉ et du 8ᵉ régiment. Les généraux de brigade Beaumont, Richter et Dornès seront employés dans cette division.

La 3ᵉ division sera commandée par le général Doumerc; elle sera composée du 4ᵉ, du 7ᵉ et du 14ᵉ régiment de cuirassiers. Les généraux de brigade Berkheim, Lhéritier et d'Oullembourg seront employés dans cette division.

La 4ᵉ division sera composée du 1ᵉʳ, du 2ᵉ régiment de carabiniers et du 1ᵉʳ de cuirassiers. Les généraux de brigade Schwarz et Paultre seront employés dans cette division. Vous donnerez, en conséquence, l'ordre à ces généraux d'être rendus pour le 1ᵉʳ février au quartier général de leur division.

Vous donnerez ordre au prince d'Eckmühl de former la 5ᵉ division, et, à cet effet, vous ordonnerez au 6ᵉ et au 11ᵉ régiment de cuirassiers de partir d'Erfurt pour se rendre en Hanovre. Cette 5ᵉ division se formera dans le Hanovre et dans le Mecklembourg. Douze pièces d'artillerie légère seront attachées à cette division.

Comme les compagnies d'artillerie légère pourraient manquer, on prendra une de celles du corps d'observation de l'Océan et une de celles du corps de l'Elbe, qu'on remplacera par une compagnie à pied.

Le 1ᵉʳ régiment de lanciers sera attaché à la 1ʳᵉ division de cuirassiers; le 2ᵉ régiment à la 2ᵉ division; le 3ᵉ régiment à la 3ᵉ division; le 4ᵉ régiment à la 4ᵉ division, et le 5ᵉ régiment à la 5ᵉ division. Chaque régiment de lanciers fournira trois escadrons complétés à près de 800 hommes et de 800 chevaux. Vous me ferez connaître si, au 1ᵉʳ février, vous pouvez faire partir un escadron de 250 hommes, bien habillés et bien équipés, pour les divisions de cuirassiers; si, au 1ᵉʳ mars, le 2ᵉ escadron peut partir, et le 3ᵉ escadron au 15 avril. En supposant que chaque régiment de cuirassiers soit à 900 chevaux au 1ᵉʳ mars, l'augmentation de 800 chevau-légers portera la force de la division à 3.500 chevaux.

Vous ferez une ordonnance sur le service des chevau-légers avec les cuirassiers [1]. Sous aucun prétexte, les cuirassiers ne pourront être donnés en ordonnance. Ce service sera fait par les lanciers; les généraux mêmes se serviront de lanciers. Le service de correspondance, d'escorte, celui de tirailleurs sera fait par les lanciers.

Quand les cuirassiers chargent des colonnes d'infanterie, les chevau-légers doivent être placés sur les derrières ou sur les flancs, pour passer dans les intervalles des régiments et tomber sur l'infanterie lorsqu'elle est en déroute, ou, si l'on a affaire à la cavalerie, sur la cavalerie et la poursuivre l'épée dans les reins.

(D'après la minute.)

---

1. Cette ordonnance fut aussitôt rédigée et parut en février 1812.

L'EMPEREUR AU MINISTRE DE LA GUERRE.

Paris, 25 décembre 1811.

Formation de 13 brigades de cavalerie légère.

Il sera formé douze brigades de cavalerie légère française et une brigade de cavalerie italienne. Ces brigades seront organisées et porteront les numéros suivants :

1re *brigade.* — Général de brigade Pajol.
- 2e de chasseurs,
- 9e de cavalerie légère polonais, qui est à ma solde à Danzig

Réitérez les ordres pour que le 9e polonais soit complété à 1.000 hommes et à 1.000 chevaux à mes frais, en prenant les chevaux et les hommes en Pologne[1].

2e *brigade.* — Général Bordessoulle.
- 1er de chasseurs,
- 3e de chasseurs.

3e *brigade.* — Général Jacquinot.
- 7e de hussards,
- 9e de chevau-légers.

4e *brigade.* — Général Piré.
- 8e de hussards,
- 7e de chasseurs.

5e *brigade.* — Général Castex.
- 23e de chasseurs,
- 24e de chasseurs.

6e *brigade.* — Général Corbineau.
- 7e de chasseurs,
- 20e de chasseurs,
- 8e chevau-légers.

7e *brigade.* — Général Saint-Geniès.
- 11e de chasseurs,
- 12e de chasseurs.

8e *brigade.* — Général Burthe.
- 5e de hussards,
- 9e de hussards.

9e *brigade.* — Général Mouriez.
- 11e de hussards,
- 6e de chevau-légers.

10e *brigade.* — Général Gérard.
- 6e de chasseurs,
- 25e de chasseurs.

11e *brigade.* — Général Gauthrin.
- 6e de hussards,
- 8e de chasseurs.

12e *brigade.* — Général Ferrière.
- 9e de chasseurs,
- 19e de chasseurs.

13e *brigade.* — Général italien Villata.
- 2e régiment de chasseurs italiens,
- 3e id.

Les cinq premières brigades font partie du corps d'observation de l'Elbe; elles doivent compléter leur remonte en Allemagne, sous l'inspection des généraux de division et de brigade.

---

1. L'Empereur fait ici allusion à son ordre du 20 décembre, page 424.

Les généraux Corbineau, Saint-Geniès, Burthe et Mouriez recevront l'ordre d'aller passer la revue des régiments de leur brigade, de recevoir les chevaux, et prendront toutes les mesures nécessaires pour que ces régiments puissent entrer en campagne le plus forts que possible en février. Ils verront le ministre de l'administration de la guerre pour prendre ses instructions. Ils séjourneront alternativement à l'un et à l'autre régiment. Un général de brigade sera envoyé dans la 6e division militaire, pour présider à la remonte et à l'organisation des 4es escadrons de cavalerie légère et de dragons dont les régiments sont en Italie.

(D'après la minute.)

Le même jour, 25 décembre, l'Empereur, en envoyant au comte de Cessac, ministre-directeur de l'administration de la guerre, le tableau de formation de ces treize brigades de cavalerie légère, ajoute :

Vous verrez que chaque brigade a, dès à présent, son général de brigade, qui peut être chargé de présider aux remontes. Voyez ces généraux avant leur départ, et mettez-les au fait de ce qui concerne leur brigade. Ils sont chargés d'en passer la revue, de veiller à la réception des chevaux et à ce que tout soit de bonne nature et susceptible d'un bon service. Faites-moi connaître où les quatre brigades doivent se remonter ; tous ces régiments doivent finir par se diriger sur Mayence, Dusseldorf et Munster. On pourrait même les réunir dans des points centraux sur le Rhin, si les remontes devaient venir de ce côté. J'attendrai un rapport là-dessus.

NAPOLÉON.

Rapport du ministre de la guerre à l'Empereur, du 25 décembre 1811.

Au sujet de l'armement à donner aux cuirassiers et aux chevau-légers.

J'ai l'honneur de mettre sous les yeux de Sa Majesté le rapport de la commission d'officiers généraux de cavalerie que j'avais chargés d'émettre leur opinion sur l'armement à donner aux cuirassiers et aux chevau-légers [1].

La commission, composée des généraux Bourcier, Wather, Bellavesne, Preval et du major des lanciers d'Autancourt, pense :

1° Que les régiments de cuirassiers doivent être, en totalité, armés de mousquetons ;

2° Que les chevau-légers peuvent aussi être, en totalité, armés de carabines du modèle de celles de chasseurs et hussards ;

3° Que le mousqueton et la carabine doivent être armés d'une baïonnette de 18 pouces.

---

1. Ce rapport de la commission, qu'il eût été intéressant de connaître, n'a pu être retrouvé aux archives nationales, d'où celui du ministre de la guerre a été extrait (AF. IV, 1164).

L'opinion du général Preval, consignée dans une lettre particulière, diffère de celle de la commission, en ce que :

1° Il ne pense pas que la baïonnette soit nécessaire ;

2° Il ne propose d'armer de carabines qu'une ou deux compagnies par régiment de chevau-légers.

Le général Nansouty, qui n'a pu faire partie de cette commission, mais que j'ai particulièrement consulté sur cet objet, pense qu'il est nécessaire de donner des mousquetons aux cuirassiers, mais il regarde la baïonnette comme inutile.

La commission pense aussi qu'un seul pistolet suffira aux cuirassiers, quand ils seront armés du mousqueton. Ils ont actuellement la paire de pistolets.

Je prie Sa Majesté de me faire connaître ce qu'elle aura décidé sur l'armement des cuirassiers et des chevau-légers.

Duc de Feltre.

Le même jour, l'Empereur rend le décret suivant :

Armement des régiments de cuirassiers.

Article premier. — Tous nos régiments de cuirassiers seront armés d'un mousqueton.

Art. 2. — Ce mousqueton sera de même modèle et porté de la même manière que cela était en usage dans la grosse cavalerie française il y a vingt ans.

Art. 3. — Notre ministre de la guerre fera une ordonnance sur tout ce qui est relatif à cette arme et prendra des mesures pour que tous nos régiments de cuirassiers en soient pourvus avant le 1er mai prochain.

Armement des chevau-légers lanciers.

Art. 4. — Nos régiments de chevau-légers lanciers porteront, indépendamment de la lance, une carabine comme nos régiments de cavalerie légère.

Art. 5. — La carabine des chevau-légers sera portée à la selle au moyen d'une botte de carabine, perpendiculairement en avant de la fente droite, le bout du canon dans la botte.

Art. 6. — Au lieu de dix hommes par compagnie, nombre déterminé par l'article 9 de notre décret du 15 juillet 1811 sur l'organisation des régiments de chevau-légers, il y aura trente hommes par compagnie armés de la carabine au lieu de la lance, pour pouvoir tirer à cheval et faire, au besoin, le service de tirailleurs.

Napoléon.

Le lendemain, 26 décembre, l'Empereur écrit au ministre de la guerre :

J'ai pris un décret pour armer les cuirassiers d'un mousqueton et les lanciers d'une carabine. Faites un règlement pour leur donner cela.

NAPOLÉON.

Et quelques jours après, le 31, il écrit également au maréchal Bessières, qui commande la Garde impériale :

Avez-vous reçu le décret que j'ai pris pour l'armement des chevau-légers? Je désire qu'il soit appliqué aux deux régiments de la Garde.

NAPOLÉON.

Rapport du ministre de la guerre à l'Empereur, du 25 décembre 1811.

Compte rendu des revues passées aux 127e, 128e et 129e de ligne, en vue d'épurer ces trois régiments.

Par son ordre du 12 novembre, Sa Majesté a prescrit de passer des revues extraordinaires aux 127e, 128e et 129e régiments [1], et elle a tracé la marche à suivre pour épurer ces trois corps, qui ne rendaient pas de bons services.

Les intentions de Sa Majesté ont été suivies dans tous les détails sur les 127e et 128e régiments, dont M. le maréchal prince d'Eckmül vient de me transmettre les pièces. Cette opération donne les résultats suivants :

127e *régiment*. — L'effectif au 6 décembre, époque de la revue, était de 1.490 hommes, déduction faite de 61 hommes à réformer et de 130 qui seront dirigés sur Liège, Metz et Flessingue, ci 1.490 hommes.

Le manque au complet de trois bataillons est de 1.093 hommes.

128e *régiment*. — L'effectif au jour de la revue était de 1.572 hommes, déduction faite de 8 réformés ou en retraite et de 118 passés à d'autres corps, ci 1.572 hommes.

Le manque au complet est de 1.011 hommes.

Au moyen de l'extraction qui a eu lieu, les hommes qui ont été conservés à ces deux corps paraissent animés d'un bon esprit. Les effets d'habillement, de grand et de petit équipement suffisent pour l'effectif actuel, et toutes les parties du service et de l'administration présentent une situation satisfaisante, à l'exception de l'instruction, qui est peu avancée.

Le 129e *régiment* a été dirigé sur Maëstricht, et j'aurai l'honneur de mettre sous les yeux de Votre Majesté le travail de la revue qu'on a dû y passer, dès que les états m'auront été adressés.

DUC DE FELTRE.

---

1. Régiments créés par décret du 3 février 1811 et tirés des villes hanséatiques.

L'EMPEREUR AU ROI DE WESTPHALIE.

Paris, le 26 décembre 1811.

De l'organisation de l'armée westphalienne en vue d'une entrée en campagne.

Mon Frère, je reçois votre lettre du 22; j'y réponds sans perdre de temps. Je pense que le général Morio[1], qui a votre confiance, est très bien placé dans votre maison. C'est même un officier distingué qui serait utile dans votre état-major ou dans votre génie, ces services ayant de l'analogie; mais il n'a jamais mené au feu même une compagnie de voltigeurs. Un parfait honnête homme et un homme d'honneur pourrait-il désirer d'être grand maréchal d'un prince qui a détrôné sa famille? Il peut désirer d'être colonel ou général, vous ayant reconnu; il pourra être avec honneur le grand maréchal de votre fils, mais pas le vôtre. Supposez une défaite, la marche de l'Électeur sur Cassel : dans ce cas, pourriez-vous vous défendre d'un sentiment d'effroi de trouver à vos côtés un homme qui aurait tant de liens par lesquels on peut le saisir? Quant à la régence que vous voulez laisser chez vous en cas d'absence, je vois bien que Siméon[2] mérite toute confiance pour l'administration; je suppose que le chef de votre gendarmerie, Bongars, resterait en Westphalie; mais il faudrait encore un général de quelque distinction qui pût se porter à la tête des troupes partout où il serait nécessaire.

Vous avez 18 bataillons et 8 escadrons en ligne. Il vous faudrait 60 pièces de canon. Le moins possible serait 48 pièces, savoir : 12 pièces de régiment; deux batteries à pied, chacune de 6 pièces de 6 et 2 obusiers, 16 pièces; deux batteries à cheval de 4 pièces de 6 et 2 obusiers, 12 pièces; une batterie de réserve de 6 pièces de 12 et 2 obusiers, 8 pièces; total : 48 pièces.

Pour le service de vos 36 pièces de réserve, il faut 200 voitures, car il faut avoir 400 coups à tirer par pièce. Ces 200 voitures exigeraient 1.000 chevaux : vous n'en avez que 600, c'est-à-dire que vous ne pouvez atteler que 120 voitures avec votre train. Il faudrait donc que les 80 autres voitures fussent attelées, au moment de la guerre, par une levée de chevaux de réquisition. Vos 36 pièces de réserve se trouveraient marcher naturellement, savoir : 16 avec l'infanterie, ce qui fera 28 avec les 12 régimentaires; les 8 pièces de la batterie de réserve avec la Garde; les 12 de deux batteries à cheval l'une avec la Garde, l'autre avec la brigade de cuirassiers.

C'est là la moindre organisation que vous puissiez avoir, et encore n'aurez-vous que la moitié de l'organisation actuelle de mes troupes, et moins que n'ont les troupes étrangères.

---

1. Morio (comte), général de division dans l'armée westphalienne.
2. Siméon, ministre de la justice et de l'intérieur du royaume de Westphalie

Vos compagnies d'artillerie à pied, pour servir 8 pièces, doivent être de 120 hommes. Les deux compagnies à cheval et les six compagnies à pied que vous avez me paraissent suffisantes ; trois de ces dernières serviront l'artillerie des divisions et trois seront au parc.

18 bataillons, représentant 12.000 baïonnettes, doivent avoir 60 cartouches par homme dans les caissons, outre celles des gibernes. Il vous faudrait 48 caissons à cartouches ; vous en avez 18 avec les régiments : il en resterait donc 30 avec la réserve. Ces 30 caissons marcheraient, savoir : 18 avec l'infanterie et 12 avec le parc ou la Garde. Mais les caissons d'infanterie entrent dans l'évaluation des 200 voitures.

Je passe au génie. Ce n'est pas avoir une armée que de ne pas pouvoir se retrancher. Vous avez une compagnie de sapeurs ; il faudrait la porter à 120 hommes au moins. Il faudrait avoir une demi-compagnie du génie organisée comme elles le sont en France. Cette demi-compagnie servirait 25 voitures, portant 3.000 outils de pionniers, des cordages et autres objets nécessaires pour réparer les ponts et aider à passer une petite rivière.

Vivres. — Pour faire la guerre dans le pays où votre corps d'armée servira, vous avez besoin d'avoir du pain pour quinze jours, en transportant du biscuit et de la farine. Je suppose que votre corps se montera à 18.000 bouches ; pour quinze jours, c'est l'emploi de 270.000 rations de farine ou de grains. En ayant de grosses voitures portant chacune quatre milliers, vous auriez besoin de 40 à 50 chariots.

Souliers. — Il est nécessaire que chaque homme partant de Cassel ait une paire de souliers aux pieds, deux paires dans le sac et une portée paire dans des voitures, afin qu'une campagne d'été puisse se faire sans que le soldat vienne à être nu-pieds.

Tous les préparatifs se font ici comme si la guerre était certaine. J'ai dans mes équipages 2.000 voitures de gros modèle portant quatre milliers, et 4.000 voitures d'artillerie attelées par 20.000 chevaux. Ma Garde seule a 200 pièces de canon attelées avec 600 caissons de transport, etc. L'armée française a seule 800 pièces de canon.

Vous serez toujours prévenu quinze jours d'avance. Tâchez que votre armée soit munie de tout, surtout d'artillerie et de moyens de transport pour les vivres.

NAPOLÉON.

Rapport du ministre de la guerre à l'Empereur, du 26 décembre 1811.

<small>Compte rendu de la formation des équipages de pont à Danzig.</small>

J'ai l'honneur de soumettre à Sa Majesté les nouveaux états qu'elle m'a demandés sur la formation des équipages de pont, qui doivent être préparés à Danzig et consister en deux équipages complets et mobiles de 100 bateaux chacun et en un troisième équipage n'ayant que les agrès, cordages, engins et outils pour un même nombre de bateaux.

L'état n° 1 fait connaître la composition des voitures nécessaires pour ces trois équipages, et le calcul en a été fait sur les bases suivantes :

1° Les haquets à bateau de nouvelle construction ne peuvent porter que 3.600 livres au plus ; le bateau pesant 1.400 livres, il reste donc 2.200 livres à charger sur le haquet en poutrelles, madriers, cordages et ancres.

2° Il faut par bateau :

8 poutrelles de 28 pieds de long, de 5 pieds et demi d'équarrissage, pesant chacune 180 livres, ce qui fait pour les 8 poutrelles de chaque bateau.................... 1.440 livres.
21 madriers de 15 pieds de long, de 1 pied de largeur de 1 pied et demi d'épaisseur, pesant chacun 60 livres, ce qui fait pour les 21....................................... 1.260 —
1 ancre avec son cordage, pesant, terme moyen.......... 260 —
Rames, crocs et écopes par bateau..................... 140 —

    TOTAL des agrès par bateau................ 3.100 livres.

Et comme le haquet chargé de son bateau ne peut porter en outre de 2.200 livres, il en résulte qu'il y a un excédent de poids de 900 livres, ce qui oblige d'avoir cinq haquets pour quatre bateaux, le cinquième portant les 3.600 livres qui excèdent sur le chargement des quatre autres.

3° Ainsi, le chargement des haquets chargés de leur bateau se composera :

1° Du bateau........................ 1.400 livres.
2° De l'ancre et de son cordage.......... 260 —
3° Des menus agrès.................... 140 —
4° De six poutrelles................... 1.080 —
5° De douze madriers.................. 720 —
    TOTAL................. 3.600 livres.

Et le chargement des haquets de rechange (à raison d'un sur quatre, avec bateau) sera de :

1° Huit poutrelles, pesant.............. 1.440 livres.
2° Trente-six madriers, pesant.......... 2.160 —
    TOTAL................. 3.600 livres.

Mais, outre les agrès portés sur les haquets, il y a encore à porter, à la suite de l'équipage de pont, les engins, ustensiles, cordages, outils à pionniers, les rechanges pour les voitures et les menus approvisionnements ; ces objets pour un équipage de 100 bateaux pèsent 60.000 livres environ et exigent 30 chariots à munitions ou voitures du pays, à raison de 2.000 livres par voiture.

Comme j'ai mis dans ce nouveau projet d'équipage un plus grand nombre de haquets de rechange, j'ai pu diminuer le nombre des chariots à munitions, en ne leur faisant porter que les effets mentionnés plus haut.

Il existe à Danzig 100 chariots agricoles qui peuvent suppléer ces chariots d'artillerie.

Les caissons d'outils sont destinés à porter les outils d'art des compagnies de pontonniers et des ouvriers de la marine ; on pourra, pour plus de facilité dans les transports, mettre ces outils dans des caisses et les faire porter sur des chariots à munitions.

Les forges sont celles de campagne ordinaires, complètement outillées.

L'état n° 2 fait connaître le nombre, l'espèce et le poids de tous les effets qui doivent composer ces trois équipages de pont et l'espèce des voitures sur lesquelles ils doivent être portés.

J'ai mis une sonnette par équipage, ainsi que tous les engins qui sont nécessaires.

L'état n° 3 indique le nécessaire des principaux effets des trois équipages, l'existant à Danzig, ce qui était déjà commandé dans cette place et ce qui vient de l'être pour compléter lesdits équipages ; mais je ne puis assurer Sa Majesté que tous ces effets seront confectionnés au 1er mars ; j'ai donné l'ordre de mettre la plus grande activité dans ces constructions et de me rendre compte de l'époque où ils pourront être terminés.

Comme il y aura nécessairement des transports à faire de Magdebourg sur Danzig, je pense que l'on pourrait employer à ces transports 40 haquets qui existent dans la première de ces places, ce qui réduirait à 46 le nombre de ceux à construire.

Il serait fort difficile de faire confectionner à Danzig les outils d'artillerie pour les compagnies de pontonniers et d'ouvriers de la marine ; ceux des pontonniers existent à l'arsenal de Strasbourg, et la marine donnera les siens dans un des ports de France ; je pense donc qu'il conviendrait de faire faire des caisses pour renfermer tous ces outils et de les envoyer à Danzig sur des chariots à munitions.

L'arsenal de Danzig aura de la peine à construire des forges de campagne, et surtout à les outiller ; je proposerais donc de tirer de France les dix forges manquantes.

Néanmoins, j'ai préalablement, et conformément aux premiers ordres de Sa Majesté, commandé à Danzig ces vingt-deux caissons-chariots et ces dix forges.

Le prix de construction de ces voitures à Danzig et à Strasbourg est à peu près le même ; mais on est obligé, à Danzig, d'employer du bois nouvellement acheté, et l'arsenal de Strasbourg a des approvisionnements en bois.

Danzig offre de grandes ressources pour l'achat et la fabrication des cordages, agrès, engins et ustensiles, et des bois pour poutrelles et madriers ; je ne doute point que tous ces objets ne soient prêts au 1er mars prochain ; mais il faut des fonds pour ces achats, et je prie Sa Majesté de m'accorder un fonds de 100.000 francs pour cet objet.

Les bateaux qui pourront composer le troisième équipage devant être pris sur la Vistule ou rivières affluentes, j'ai l'honneur de faire observer à Sa Majesté que ces bateaux sont trop lourds pour être transportés sur des haquets et que leur transport ne pourra avoir lieu que par eau. C'est par cette raison qu'il était inutile de mettre des haquets à cet équipage, autres que les dix destinés à porter des agrès.

Personnel des équipages.

Les officiers supérieurs que j'ai désignés pour servir à cet équipage sortent tous des pontonniers et sont très versés dans cette partie du service; il en est de même d'une partie des capitaines.

Quant au général Camas, que j'avais désigné pour commandant, il n'a jamais servi dans les équipages de pont; mais mon choix était borné aux généraux disponibles.

De tous les généraux d'artillerie, deux seuls ont été chargés du service des ponts; ce sont les généraux de brigade Tirlet et Bouchu.

Le premier commande l'artillerie de l'armée de Portugal et le second est employé à l'armée du Midi en Espagne.

Sous tous les rapports, le général Tirlet conviendrait mieux pour le commandement de ce grand équipage de pont que les autres généraux que je pourrais proposer.

Duc de Feltre.

LE PRINCE D'ECKMUHL A L'EMPEREUR.

Hambourg, le 26 décembre 1811.

Corps de l'Elbe : situation en hommes et chevaux des régiments de cavalerie.

Sire, Votre Majesté, dans sa lettre du 18 décembre, dit que les 1er et 2e de chasseurs, 7e et 8e de hussards doivent être au complet de 1.200 hommes, et me prescrit de faire faire une commande de 100 chevaux pour chacun de ces régiments, afin de les porter au complet de 1.100.

Votre Majesté comprend sans doute dans l'effectif de ces régiments les hommes qui sont à leurs dépôts et suppose que chacun de ces régiments est à 1.000 chevaux, d'après la première remonte de 1812 qu'elle a décrétée en leur faveur le 26 octobre dernier.

Comme tous les autres régiments de l'armée ne sont pas, non plus que les quatre ci-dessus, à l'effectif en chevaux prescrit par Votre Majesté, je vais mettre sous ses yeux la situation exacte de chaque régiment de cavalerie du corps d'observation, au 15 de ce mois, en partant du 1er novembre, époque où le décret de Votre Majesté pour la première commande de 1812 m'a été connu.

Cette situation vous fera connaître, Sire, le véritable état des choses et les motifs de diminution, en hommes et en chevaux, depuis le 1er novembre.

Je dois, avant tout, faire remarquer à Votre Majesté que le ministre de la guerre m'a annoncé, le 9 novembre, que la 3e division de grosse cavalerie devait recevoir 610 conscrits de Strasbourg et Wesel, et que sept autres régiments de cavalerie du corps d'observation devaient aussi recevoir 400 conscrits réfractaires des régiments d'infanterie, pour être répartis entre les régiments, afin de porter leur complet à 1.100 hommes (dont 50 au dépôt) et à 1.000 chevaux.

C'est d'après cette base que je vais présenter à Votre Majesté la situation des régiments aux escadrons de guerre.

Je lui présenterai également ce qui, à ma connaissance, est disponible en hommes et en chevaux aux dépôts, d'après les dernières situations que j'ai reçues.

En résumant tous ces détails, Votre Majesté verra :

Qu'il manque à la 1re division de grosse cavalerie, pour porter l'effectif des escadrons de guerre à 1.050 hommes et à 1.000 chevaux, 132 hommes et 96 chevaux (le 3e régiment a un excédent de 14 chevaux) ;

Qu'il manque à la 3e division 630 hommes, en comprenant même dans l'effectif les 510 réfractaires de Strasbourg et Wesel, dont il est à craindre qu'elle ne reçoive pas la totalité, et 162 chevaux ;

Aux 3e et 16e régiments de chasseurs, pour le même complet, 274 hommes et 171 chevaux ;

Et aux 1er, 2e de chasseurs, 7e et 8e hussards, pour être au complet de 1.200 hommes et 1.100 chevaux, non compris ce qui existe aux dépôts, 539 hommes et 438 chevaux.

J'ai donné les ordres les plus pressants à M. l'intendant général pour qu'il mette à la disposition des corps les fonds nécessaires pour la confection du harnachement, au fur et à mesure qu'ils reçoivent des chevaux.

J'ai en même temps prescrit aux chefs des corps de faire travailler sans relâche à la confection du harnachement, aussitôt qu'ils auront reçu des fonds pour cet objet.

Votre Majesté sera sans doute étonnée de voir que les régiments de cavalerie du corps d'armée n'ont pas encore atteint le complet de 1.000 chevaux, malgré les remontes qu'elle a ordonnées.

Je la prierai de permettre que je lui en expose les causes.

D'après les premiers ordres donnés, les remontes ont été déterminées d'après les chevaux existant aux escadrons de guerre et aux dépôts, et les chevaux de ces dépôts devaient être compris dans le complet de 1.000 chevaux.

D'après une autre détermination, les chevaux du dépôt ont dû être déduits, parce que Votre Majesté avait voulu que le complet fût de 1.000 aux escadrons de guerre.

On n'a donc envoyé à ces escadrons de guerre que les chevaux disponibles aux dépôts. Les autres sont restés soit pour l'instruction des recrues, soit pour y attendre leur réforme.

Peut-être serait-il utile que Votre Majesté voulût bien déterminer ce que chaque dépôt doit conserver de chevaux pour l'instruction.

D'un autre côté, Votre Majesté remarquera que, depuis le mois de novembre jusqu'au 15 décembre, il y a eu 157 chevaux de cavalerie abattus ou morts.

Les huit régiments de grosse cavalerie et les six anciens régiments de cavalerie légère forment ensemble un total de 13.433 chevaux, tant en chevaux présents qu'en chevaux attendus et annoncés des dépôts de la première commande de 1812.

Il manque, pour compléter à 1.000 chevaux les huit régiment de cuirassiers et les 3e et 16e régiments de chasseurs.......... 429 chevaux,
et pour compléter à 1.100 les 1er et 2e de chasseurs et 7e et 8e hussards... 438 chevaux.
                                                                                            867 chevaux.

Il existe dans les dépôts des régiments de la 1re division de cuirassiers et les six régiments de cavalerie légère 149 chevaux, tant disponibles que nécessaires au service des dépôts et qu'à réformer.

Les dépôts de la 3e division de cuirassiers ne m'ont point encore adressé leurs états de situation. Je les ai vivement demandés pour savoir ce qu'il y a de disponible en hommes et en chevaux.

D'après l'état de situation que m'a envoyé le général Castex, le 23ᵉ régiment de chasseurs, composé de trois escadrons et de la 8ᵉ compagnie, vient à l'armée avec un effectif de 727 hommes et 584 chevaux ; le 24ᵉ, composé de quatre escadrons, marche avec un effectif de 728 hommes et 606 chevaux.

Votre Majesté m'annonce dans sa lettre que l'effectif de chacun de ces régiments est de 1.000 hommes et de 1.000 chevaux.

J'ai écrit au général Castex, qui commande la brigade, pour lui demander les renseignements sur ce que ces corps peuvent recevoir de leurs dépôts, en hommes, chevaux et harnachements, et sur le nombre de chevaux qu'ils attendent des remontes qui peuvent avoir été ordonnées pour eux dans l'intérieur.

Ces renseignements me mettront à même de connaître et de rendre compte à Votre Majesté de la grande différence qui existe, en hommes, entre l'effectif annoncé par elle et celui des escadrons de guerre d'après les états de situation qui m'ont été adressés.

Prince d'Eckmuhl.

LE PRINCE D'ECKMUHL A L'EMPEREUR.

Hambourg, le 26 décembre 1811.

Renseignements sur l'armée russe.

Sire, j'ai l'honneur d'adresser à Votre Majesté les derniers rapports que j'ai reçus de Varsovie et copie d'une lettre de M. Bignon.

Prince d'Eckmuhl.

Extrait d'un rapport de Seyny, du 10 décembre 1811.

Le général Essen est toujours attendu à Grodno, mais, le 6 décembre, il ne s'y trouvait pas encore.

Le général Pahlen, frère de celui qui commande un régiment de hussards, est arrivé à Grodno.

On me mande de Vilna qu'il a été donné ordre de payer la solde au corps d'Essen en argent sonnant ; comme jusqu'à présent les troupes russes ont toujours été payées en papier monnaie, on présume que ce corps se portera sous peu hors du pays.

Il doit être formé à Pétersbourg un régiment de garde lithuanienne, fort de 2.000 hommes, composé de Polonais, dont le chef sera l'empereur Alexandre lui-même.

L'artillerie en garnison à Vilna est employée à faire des cartouches.

Lettre de M. Bignon, ministre résident.

Varsovie, le 18 décembre 1811.

Plusieurs articles de la lettre de Votre Excellence s'accordaient avec quelques relations qui nous arrivent ici. Je remarque d'abord la déclaration qui a été faite par le Français porteur de dépêches du général Lauriston à Paris. L'arrivée d'un renfort de cosaques du Don, en Lithuanie, est un fait certain. M. Niemcewicz, secrétaire du Sénat, a reçu de son frère, qui est sur le territoire russe, un avis verbal qui confirme cette nouvelle. Ce frère de M. Niemcewicz lui fait dire qu'il ne lui écrit pas, ayant été obligé de donner sa parole de ne pas écrire dans le duché; mais qu'on doit ici ne point être dupe des petits mouvements des Russes sur la frontière; que ces petits mouvements ont pour but d'en masquer de plus essentiels; que la Russie songe sérieusement à la guerre, qu'elle veut porter sur la frontière du duché 12.000 cosaques et que, quand ce rassemblement sera prêt, on pourra s'attendre à l'ouverture des hostilités.

D'un autre côté, il faut observer encore que la *Gazette de Vilna*, du 15 novembre, a réimprimé l'ukase de l'empereur Alexandre du mois d'août dernier, par lequel ce souverain donnait de grands éloges aux services rendus par les cosaques du Don pendant la campagne de 1807.

La vérité est que les cosaques sont, dans ce moment-ci, mécontents de ce que, pour les empêcher de favoriser la contrebande, on les a mis sous le commandement d'officiers supérieurs tirés des troupes régulières.

Nous n'avons point d'avis encore qu'aucun corps d'armée de Moldavie se soit rapproché du Dniester. L'état-major général a plusieurs correspondants dans la Galicie autrichienne, mais souvent nous sommes honteux du ridicule ou de l'insignifiance des rapports qu'on reçoit. J'ai moi-même envoyé un agent en Podolie; son retour est encore éloigné.

Le rapport qui dit qu'à Riga la garde bourgeoise est obligée de faire le service est d'accord avec ceux que nous avons reçus, et qui portaient que les troupes cantonnées en Courlande marchaient toutes sur la Samogitie.

Relations tendues avec la Suède.

Les relations avec la Suède continuent à être rien moins qu'amicales; l'Empereur menace cette puissance d'une rupture immédiate si elle tolère l'établissement des Anglais dans la baie de Gœteborg et refuse d'accéder au désir exprimé par Bernadotte d'envoyer un tambour suédois à Rostock pour apprendre les batteries françaises et les mettre en usage dans son armée.

L'EMPEREUR AU MINISTRE DES RELATIONS EXTÉRIEURES.

Paris, le 27 décembre 1811.

Monsieur le duc de Bassano, je vous envoie un rapport d'un corsaire. Les mêmes bruits reviennent de tous côtés. Il me paraît convenable de faire demander des explications positives de cette île [1]. Interrogez mon chargé d'affaires pour savoir ce que cela veut dire. Faites-lui connaître que, si effectivement la Suède laissait les Anglais s'établir dans cette île, ce serait l'équivalent d'une rupture, et que, dans ce cas, il devrait quitter sur-le-champ Stockholm avec sa légation. Dites-en un mot ici au chargé d'affaires de Suède.

NAPOLÉON.

P.-S. — Tout ceci ne doit être que matière à un rapport. Jeudi prochain, vous présenterez la lettre à mon chargé d'affaires à Stockholm.

---

1. Fotœ, dans la baie de Gœteborg.

Rapport du ministre de la guerre à l'Empereur.

Paris, le 28 décembre 1811.

Sire, un aide de camp du général suédois qui commande en Poméranie a fait connaître au général Friant le désir qu'avait le prince royal de Suède d'introduire dans ce royaume la manière de battre la caisse en usage dans l'armée de Votre Majesté.

Il a demandé, en conséquence, au général Friant l'autorisation d'envoyer à Rostock un tambour suédois pour y apprendre les diverses batteries usitées parmi les troupes françaises.

M. le prince d'Eckmühl me demande et je prie Votre Majesté de vouloir me faire connaître si elle est dans l'intention d'accéder à cette demande.

Duc de Feltre.

Décision de l'Empereur. — Le prince d'Eckmühl ne fera aucune réponse ; si on le presse, il répondra qu'il n'a pas d'ordres et qu'il a écrit.
Paris, le 29 décembre 1811.

Napoléon.

L'EMPEREUR AU PRINCE D'ECKMÜHL, A HAMBOURG.

Paris, le 27 décembre 1811.

Corps de l'Elbe : de l'organisation. des divisions ; bataillons qui les composent.

Mon Cousin, mon intention est que les deux bataillons de Bade, qui sont à Danzig, soient portés sur les états comme attachés à la 1re division du corps d'observation de l'Elbe, que les deux bataillons de Hesse-Darmstadt soient portés comme attachés à la 4e division et que les deux premiers bataillons du 127e soient attachés sans délai à la 3e division (du général Gudin). Par ce moyen, les cinq premières divisions de votre corps d'armée formeront 87 bataillons, et vous vous trouverez gagner une augmentation de six pièces de campagne. Donnez des ordres en conséquence. Vous avez reçu l'organisation des 6e, 8e et 9e divisions qui se composent, savoir :

La 6e *division*, de 4 bataillons du 24e léger[1], de 5 bataillons du 19e de ligne, de 5 bataillons du 56e, de 2 bataillons du 128e d'abord et d'un troisième dans le courant de l'année ; ce qui fera d'abord 16 bataillons.

La 8e *division*, de 4 bataillons du 11e léger, de 4 bataillons du 2e de ligne, de 4 bataillons du 37e et de 3 bataillons du 123e ; au total, 15 bataillons.

---

1. On verra, dans le chapitre suivant, que, par ordre de l'Empereur du 8 janvier 1812, le 24e léger passe de la 6e division à la 10e, par permutation avec le 26e léger.

La 9e *division*, de 2 bataillons croates, de 8 bataillons suisses d'abord et 4 autres plus tard, ce qui fera 12, de 3 bataillons du 123e ; total, 13 bataillons d'abord et plus tard 17.

Faites-moi connaître si les 3e, 4e et 5e bataillons des 127e et 128e sont formés. Ne pensez-vous pas convenable, après en avoir extrait les hommes disponibles pour les deux premiers bataillons, d'envoyer ces cadres dans la 25e division militaire[1], afin que les conscrits qui vont être levés passent sans délai le Rhin et viennent rejoindre ces bataillons en France ?

NAPOLÉON.

L'EMPEREUR A EUGÈNE NAPOLÉON, VICE-ROI D'ITALIE, A MILAN.

Paris, le 28 décembre 1811.

Mon Fils, je reçois votre état de situation des 13e, 14e et 15e divisions. Je vous prie de me renvoyer le même état avec plus de détail. Comment se fait-il que vous me demandiez jusqu'au 10 février pour la réunion des troupes ? Ayant calculé que je vous enverrais l'ordre le 2 janvier, vous avez dû compter que vous le recevriez le 8 ; vous pourriez donc l'exécuter le 10. Comment faut-il un mois pour ce mouvement ? Je préfère que vous vous prépariez bien dans vos cantonnements. Il est possible que je vous envoie les ordres d'ici au 10 janvier.

Corps d'Italie: ordre de hâter la réunion des troupes de ce corps; dispositions relatives à l'organisation de l'artillerie et du train.

Envoyez-moi, en détail, l'organisation de votre artillerie ; j'y vois bien un nombre suffisant de pièces, mais je n'y vois pas les caissons ni les chevaux. La Garde royale a trois compagnies d'artillerie régimentaire ; elles devraient donc servir 18 pièces de régiment : vous n'en avez donc que 90 de ligne. Pour servir ces 90 pièces, il faut 500 à 600 voitures, c'est-à-dire 3.000 chevaux. Le 7e bataillon principal du train français a 1.500 chevaux environ ; il faut que vous en ayez 1.500 italiens.

Je ne vois pas de pontonniers. Je vois que la compagnie du train du génie n'est pas organisée.

Il faut bien vous garder de prendre les hommes ni les chevaux du 9e bataillon des transports ; j'ai plus besoin de ce bataillon que de l'artillerie ; le pain va avant tout.

Les compagnies de sapeurs sont bien faibles. La 1re compagnie du 7e bataillon n'est que de 70 hommes ; il faut la compléter à 140 hommes.

Celle que vous attachez à la 14e division n'a que 80 hommes. Il faut compléter les compagnies d'artillerie à pied italiennes à 120 hommes, les compagnies d'artillerie à cheval à 100 hommes, et les

---

1. 25e division militaire à Wesel.

compagnies de sapeurs à 140 hommes. La 4ᶜ compagnie de sapeurs n'a que 80 hommes.

Vous ne me dites pas si les régiments de cavalerie ont leur forge de campagne.

Deux compagnies d'artillerie à pied françaises ne sont pas suffisantes au grand parc, il en faudrait quatre. Je ne vois pas que vous mettiez au grand parc des compagnies d'artillerie italiennes; il en faudrait deux. Enfin, je le répète, je ne vois pas de pontonniers. Je vois, portés dans votre état, 670 chevaux du train italien et 250 chevaux d'équipages militaires; cela est bien peu de chose; il vous en faudrait au moins 2.000 d'artillerie pour avoir votre parc. Je suppose que chaque caisson d'outils attaché aux sapeurs est attelé.

Le ministre de l'administration de la guerre vous écrit pour vous charger d'équiper les deux bataillons croates et pour que vous en fassiez entièrement votre affaire; faites en sorte qu'ils soient prêts avant le 1ᵉʳ février. Je pense qu'il serait convenable que vous les fissiez venir à Brescia, où vous en seriez plus le maître.

Faites-moi connaître où en est la conscription, afin que je voie dans quelle situation je laisse l'Italie.

Il faut laisser Gérard à la cavalerie légère, c'est son métier.

NAPOLÉON.

L'EMPEREUR A EUGÈNE NAPOLÉON, VICE-ROI D'ITALIE, A MILAN.

Paris, le 28 décembre 1811.

Corps d'Italie : mesures à prendre en vue de l'approvisionnement de ce corps; mode de transports à employer.

Mon Fils, les 16.000 Italiens qui sont au corps d'armée, dans le pays où se fera la guerre qu'ils sont appelés à faire, ne peuvent servir s'ils ne portent avec eux trente jours de vivres. Chaque régiment doit avoir un caisson d'ambulance. Ayant la valeur de huit régiments, vous devez avoir huit caissons d'ambulance; mais cela ne sera pas suffisant; il faudra huit caissons de transports militaires pour les ambulances de la Garde, de l'infanterie et de la brigade de cavalerie. Chaque bataillon doit avoir son caisson de transports militaires. Ces caissons ne portent guère que 1.000 rations ou des vivres pour un jour; il en faudrait donc vingt-neuf fois autant; mais, au lieu de caissons de transports militaires il faut avoir des caissons de nouveau modèle portant 4.000 livres ou 40 quintaux. Le corps d'armée étant de 16.000 rationnaires, quatre de ces voitures porteraient la subsistance de l'armée pour un jour; pour trente jours, il faudrait donc 120 caissons. Il serait nécessaire, alors, de former un bataillon d'équipages militaires italiens de quatre compagnies, chaque compagnie de 42 voitures, total 168 voitures. La 1ʳᵉ compagnie aura des caissons de transports militaires d'ancien modèle, de manière qu'avec les caissons des bataillons elle puisse faire le service du pain, du magasin au camp; cette compagnie fournira aussi huit caissons pour les ambulances. Les trois autres compagnies auront des chariots de nouveau modèle portant 4.000 rations de farine et de blé. Par ce moyen, les vivres pour trente jours seront assurés à la Garde et à l'armée italiennes. Je crois que le dépôt de Plaisance peut fournir les caissons de transports militaires dont vous avez besoin. On peut faire construire dans l'Italie et dans le Nord les chariots nouveau modèle. Les chevaux et harnais seraient achetés aussitôt que vous vous mettriez en mouvement. Faites-moi un rapport qui me fasse connaître ce que vous avez, ce qui vous manque pour cette organisation et combien cela coûtera.

Le 9e bataillon des équipages militaires ne peut être employé en entier pour l'armée française; quelques compagnies pourraient être cédées aux divisions italiennes.

NAPOLÉON.

LE PRINCE D'ECKMUHL A L'EMPEREUR.

Hambourg, le 28 décembre 1811.

Sire, je transmets à Votre Majesté copie d'une lettre du prince Poniatowski. Il résulte de cette lettre que le 5e régiment polonais, qui est à Thorn et qui est à la charge de Sa Majesté, va se trouver sans vivres.

Je me suis empressé d'écrire au prince que je pensais que son gouvernement, sauf à s'entendre avec le mien, devait continuer à fournir les vivres à ce régiment. Je l'ai même prié de prendre des mesures à cet égard, en attendant la décision que je demandais, et que je prie Votre Majesté de me faire connaître.

Des graves inconvénients que présente la mesure prise dans le grand-duché de remplacer les vivres en nature par une solde.

Je ne puis dissimuler à Votre Majesté que je considère la mesure qu'on vient de prendre dans le duché, dans un moment où tout est sur le pied de guerre, comme devant entraîner les plus grands inconvénients. Il est plus que douteux que la solde puisse être faite régulièrement aux troupes, et, lorsqu'elle ne sera pas faite, le soldat se trouvera manquer de tout, et ne pourra se procurer ses subsistances. Il résultera, en outre, de cette mesure, qu'il n'y aura de magasins nulle part, et que, si on était tenu à des mouvements extraordinaires, tout le pays serait sens dessus dessous.

Les Russes lèvent des régiments polonais; ils comptent se faire un parti, et toutes ces fausses mesures excitent bien des mécontentements qui leur sont favorables.

PRINCE D'ECKMUHL.

P.-S. — Il est à craindre que la troupe ne se désorganise : on peut maintenir une troupe qui est nourrie et un peu vêtue, quoique sans solde; mais il ne faut que quarante-huit heures pour mettre le désordre dans celle qui n'est ni nourrie, ni soldée.

LE PRINCE D'ECKMUHL A L'EMPEREUR.

Hambourg, le 28 décembre 1811.

Renseignements sur les préparatifs militaires de la Russie et les mouvements de son armée.

Sire, j'ai l'honneur d'adresser à Votre Majesté un rapport de l'armateur Castel fils [1].

Le général Saunier, commandant de Hambourg, m'a assuré qu'on pouvait ajouter foi aux renseignements qu'il contient, par la connaissance qu'il a du caractère de cet homme.

Je joins à cette lettre l'extrait d'une lettre de M. Bignon et les différents rapports de Varsovie, Danzig et des places de l'Oder.

PRINCE D'ECKMUHL.

Extrait d'un rapport de Terespol, en date du 15 décembre 1811.

Il a été publié aux habitants du district de Brzesc que le gouvernement achèterait, pour les magasins de Grodno, 44.000 hectolitres de blé.

Le colonel Naryskin, aide de camp de Sa Majesté l'empereur Alexandre, est arrivé le 7 de ce mois à Brzesc et y a passé deux nuits et un jour. Après le départ de celui-ci est venu le général des cosaques Matachin, n'ayant qu'un bras; ce général, qui possède la confiance des cosaques, a ordre de faire le tour des régiments et d'y publier le nouvel ukase en vertu duquel l'empereur Alexandre leur accorde un étendard, en récompense des services qu'ils ont rendus à l'armée durant les campagnes. Il paraît qu'on veut flatter, par là, les cosaques, qui sont très mécontents de ce qu'on a adjoint à leurs commandants des officiers de troupes de ligne.

Extrait d'un rapport du général Rozniecki, du 18 décembre 1811.

Plusieurs mouvements viennent d'avoir lieu sur différents points occupés par les armées russes. Ainsi :

1° Le régiment de grenadiers de Saint-Pétersbourg, qui avait été cantonné à Luboml, vient de passer à Czerey (*peut être Chérechev, auprès de Proujanoui?*).

2° Le régiment de mousquetaires Rylski, cantonné à Bykow (*Biekhor, sur le Dniéper*), ainsi que le 18° de chasseurs, cantonné à Bobr, appartenaient tous les deux à la 23° division ; ces régiments arrivèrent en Lithuanie l'automne dernier, venant de Sibérie et ayant mis dix mois de temps pour faire ce long trajet ; arrivés qu'ils étaient, ils furent attachés à la 26° division jusqu'au moment où deux autres régiments appartenant à la même 23° division, celui de Seleginski et celui d'Ekaterinenbourgski-mousquetaires, ne fussent de même venus en Lithuanie ; alors les deux régiments nommés ci-dessus furent retirés à la 26° et — réunis aux

---

[1]. Le rapport de l'armateur Castel n'était pas joint au présent dossier conservé aux archives nationales (série AF IV, 1657) ; une annotation mise en marge indique que ce rapport fut envoyé le 2 janvier 1812 au duc de Bassano, ministre des relations extérieures.

deux autres régiments venus plus tard — furent organisés en une division qui a pris le 23ᵉ numéro.

Les deux premiers régiments occupent leurs anciens cantonnements; les deux autres sont placés: celui de Seleginski à Mohilow, en Russie Blanche, et celui d'Ekaterinenbourg à Rogaczew (*Roghatschev*).

Le général Bachmetiew (*Bakhmetiev*) a eu le commandement de la division. Le général-major Alexopol, chef du 18ᵉ de chasseurs, commande une brigade. Le général-major Okolow, chef du régiment de Rylski, commande l'autre. Le régiment de Seleginski et le 18ᵉ de chasseurs forment la première et les autres régiments la seconde brigade. Le colonel Miszczerckin est le chef du régiment de Seleginski; le nom du chef de celui d'Ekaterinenbourg est si mal écrit qu'il ne m'a pas été possible de le déchiffrer.

Un des quatre régiments de mousquetaires, ainsi que le second de chasseurs, appartenant à la 23ᵉ division, sont restés en Sibérie.

Les rapports que je reçois des divisions de Lichaczeff (*Likhatchev*) et Kapcewicz (*Kaptsevitch*), ainsi que de celles de Lawrow et Konowniczyn (*Konovnitsyne*) sont tranquillisants.

Extrait d'un rapport du général Rozniecki, en date du 21 décembre 1811.

Les lettres de Vilna annoncent que les Russes parlent hautement de la formation de six nouveaux régiments de cavalerie organisés sur le pied de l'ancienne cavalerie polonaise. Ces corps seront tous composés de gentilshommes polonais et lithuaniens.

On établit d'énormes magasins tout le long de la frontière, ainsi que dans le chef-lieu de chaque district.

On a demandé aux habitants de fournir en grains, foin et paille, non seulement la valeur du montant de tous les impôts arriérés, mais encore un fort acompte sur ceux à venir.

Après l'arrivée de la dernière poste de Pétersbourg, les ducats de Hollande, qui étaient en cours à raison de 22 florins la pièce, sont tombés à 19 florins, à cause, disait-on, qu'il était venu beaucoup d'or de l'étranger.

Les lettres de Grodno nous annoncent que les deux escadrons de hussards de Szumsk ont quitté la ville pour aller en cantonnement et qu'ils ont été remplacés par deux escadrons de hussards de Mariampol.

Le général de division Pahlen, commandant la cavalerie du corps d'armée sous les ordres du général Essen, a établi son quartier général à Grodno; on y attend de même le général Essen, qui devait y venir encore le 1ᵉʳ décembre.

Le général Pahlen soutenait constamment que notre Diète ne pourrait jamais avoir lieu, que l'empereur Alexandre ne souffrirait pas cette seconde réunion nationale d'un pays dont l'existence politique minerait la tranquillité et la fidélité de ses sujets des provinces acquises sur la Pologne.

Il est pourtant positif que la convocation de notre Diète a réellement donné lieu à quelques petits mouvements partiels et préparatoires, ainsi qu'à beaucoup d'attention de la part du gouvernement russe.

Un conseiller d'État a été expressément envoyé de Pétersbourg à Bialystok, avec des instructions secrètes, pour, de là, veiller sur la procédure de notre Diète; il a à sa suite un aide de camp du général Essen et un autre du général Bagration.

Résumé des interrogatoires de voyageurs de Danzig, du 16 au 25 décembre.

Les rapports des voyageurs venant de Memel, Kœnigsberg, Pillau, Colberg, Elbing, Marienwerder, etc., sur la force de la garnison de ces places sont entièrement conformes à l'état d'emplacement; mais ils en diffèrent totalement lorsque ces voyageurs n'ont fait que traverser ces lieux ou qu'ils n'en savent quelque chose que par ouï-dire.

On a cru remarquer que certains voyageurs prussiens des bords de la Vistule affectent d'augmenter beaucoup le nombre des troupes, comme aussi d'annoncer pour le printemps prochain la guerre, l'alliance de la Prusse et de la Russie et l'invasion de la Pologne par les Prussiens.

Tout ce qui vient de Berlin, au contraire, annonce l'alliance de la Prusse et de la France contre la Russie.

Les voyageurs venant de Riga confirment ce que l'on sait de l'active continuation des fortifications de Riga; qu'il y a des mouvements dans cette partie et qu'on y fait une levée d'hommes. Ils ajoutent qu'on y regarde la guerre comme prochaine et devant se faire au printemps.

Copie d'une lettre de M. Bignon.

Varsovie, le 21 décembre 1811.

Les rapports des frontières ne présentent rien de bien intéressant. Ce sont toujours quelques escadrons ou quelques compagnies que l'on voit passer d'un cantonnement à un autre. Dans quelques avis on voit figurer une division nouvelle, la 23e [1], mais on la place bien loin de nous. Elle doit être sur le haut Dnieper, à Mohilev et environs.

Les dernières séances de la Diète ont été assez orageuses; on a beaucoup crié contre les vices de l'administration, et on demande vivement des réductions dans les dépenses. Les projets d'impôts présentés par le gouvernement ont presque tous subi des modifications qui ont diminué le produit qu'on devait en attendre. Le véritable mal est encore qu'indépendamment de leur diminution, on ne peut guère compter sur l'exactitude de leur rentrée.

Bignon.

---

1. D'après Boutourlin, les 23e et 24e divisions avaient été réunies en une seule qui prit le n° 23. (Voir tome 1er, annexe n° 3, pages 275 et suivantes.)

Décret du 29 décembre 1811.

ARTICLE PREMIER. — Nos régiments d'infanterie ci-après désignés auront des équipages des administrations composés dans les proportions suivantes :

Composition des équipages régimentaires d'infanterie et de cavalerie.

NUMÉROS DES RÉGIMENTS.	NOMBRE des BATAILLONS.	CAISSONS DES		
		Vivres.	Ambulance.	Comptabilité.
11ᵉ léger	4	4	1	1
2ᵉ de ligne	5	5	1	1
37ᵉ —	5	5	1	1
4ᵉ —	4	4	1	1
18ᵉ —	4	4	1	1
19ᵉ —	4	4	1	1
46ᵉ —	4	4	1	1
56ᵉ —	4	4	1	1
72ᵉ —	4	4	1	1
93ᵉ —	4	4	1	1
123ᵉ —	3	3	1	1
124ᵉ —	3	3	1	1
125ᵉ —	3	3	1	1
126ᵉ —	3	3	1	1
44ᵉ —	2	2	1	1
36ᵉ —	1	1	1	
55ᵉ —	1	1	1	1
51ᵉ —	1	1	1	
Illyriens	4	4	1	1
8ᵉ léger	2	2	1	1
18ᵉ —	2	2	1	1
9ᵉ de ligne	4	4	1	1
13ᵉ —	4	4	1	1
35ᵉ —	4	4	1	1
53ᵉ —	4	4	1	1
106ᵉ —	4	4	1	1
84ᵉ —	4	4	1	1
92ᵉ —	4	4	1	1
Espagnols	4	4	1	1
Portugais	6	6	1	1

ART. 2. — Les régiments désignés au précédent article recevront pour le 1ᵉʳ février prochain, par les soins de notre ministre directeur, tout ce qui leur sera nécessaire pour organiser ou compléter les équipages ci-dessus déterminés.

ART. 3. — Les régiments de cavalerie légère ci-après désignés seront pourvus chacun d'un équipage d'ambulance et d'une forge, également pour le 1ᵉʳ février, savoir :

Les 1ᵉʳ, 2ᵉ, 3ᵉ, 4ᵉ, 5ᵉ, 6ᵉ et 7ᵉ de chevau-légers ;
Le 9ᵉ hussards, les 19ᵉ, 20ᵉ et 28ᵉ chasseurs ;
Le 28ᵉ dragons.

ART. 4. — Les régiments de cavalerie légère ci-après, étant déjà pourvus d'un équipage d'ambulance, recevront également une forge, savoir :

Le 9e chevau-légers ;

Les 5e, 6e, 7e. 8e et 11e hussards ;

Les 1er, 2e, 3e, 4e, 6e, 7e, 8e, 9e, 11e, 12e, 16e, 23e, 24e et 25e chasseurs ;

Les 7e, 23e et 30e dragons.

Art. 5. — Ces forges seront données en bon état avec les outils nécessaires et sur procès-verbal de réception ; elles seront livrées à tous les régiments avant le 1er février prochain.

NAPOLÉON.

Cavalerie légère : Mesures ordonnées pour inspecter certaines brigades et les compléter en chevaux.

L'Empereur, qui vient d'ordonner la formation de treize brigades de cavalerie légère (25 décembre), prescrit aux généraux désignés pour commander les 5e, 6e, 7e, 8e et 9e brigades [1] de partir, avant le 3 janvier, pour aller passer l'inspection des corps qui les composent et fixe en même temps les détachements que ces brigades devront envoyer en Allemagne pour recevoir le complément de chevaux qui leur sont nécessaires.

L'EMPEREUR AU MINISTRE DE LA GUERRE.

Paris, le 29 décembre 1811.

Monsieur le duc de Feltre, donnez ordre aux généraux commandant les 5e, 6e, 7e, 8e et 9e brigades de cavalerie légère de partir avant le 3 janvier, pour aller passer la revue en détail de leur brigade. Donnez-leur ordre de faire partir au 15 janvier, savoir :

5e *brigade*. — Un escadron à pied de 200 hommes de chacun des 23e et 24e de chasseurs, lesquels se rendront à Hambourg pour y recevoir des chevaux. Ces hommes seront bien armés, bien équipés, et devront avoir leurs selles ;

6e *brigade*. — Une compagnie de 100 hommes du 20e de chasseurs et 300 hommes du 7e, qui, bien armés et bien équipés, se rendront avec leurs selles à Hanovre ;

7e *brigade*. — 150 hommes du 11e et 200 hommes du 12e, qui se rendront de même à Hanovre pour recevoir des chevaux ;

8e *brigade*. — Le 3e escadron du 5e de hussards, fort de 300 hommes, et le 3e escadron [2] du 9e, de même force, qui se rendront avec leurs selles à Dusseldorf, pour y recevoir leurs chevaux ;

Et 9e *brigade*. — 280 hommes du 11e de hussards, qui seront dirigés : 180 sur Hambourg et 100 sur Hanovre.

---

1. La 5e brigade (général Castex) est depuis le mois de novembre à Munster, où elle s'est rendue après la dissolution du camp d'Utrecht. Les lieux de réunion des autres brigades ne sont pas encore fixés.
2. Ce 3e escadron est en Espagne.

Si tous ces régiments ne pouvaient pas faire partir ces hommes en bon état au 15 janvier, ils en feraient partir moitié ou le tiers à cette époque, et le reste partirait successivement tous les dix jours.

NAPOLÉON.

Le même jour, l'Empereur écrit au ministre de l'administration de la guerre :

Paris, le 29 décembre 1811.

La 5ᵉ brigade recevra	à Hambourg............	320 chevaux.	
La 6ᵉ —	en Hanovre............	374	—
La 7ᵉ —	en Hanovre............	330	—
La 8ᵉ —	à Dusseldorf..........	484	—
Enfin la 9ᵉ —	{ à Hambourg 180 chev. { en Hanovre 100 —	280 chevaux.	

Il y aura donc de distribués, à compte de la 2ᵉ commande.................................... 1.788 chevaux, ce qui laisse disponibles, sur les 2.000 chevaux que le prince d'Eckmühl a en Allemagne, 212 chevaux. Il est bien important que ces cinq brigades, qui, au 1ᵉʳ décembre, avaient encore 1.400 ou 1.500 chevaux à recevoir des commandes, les reçoivent sans délai. Si elles pouvaient les avoir reçus en janvier, ces brigades se trouveraient alors en position d'entrer en campagne.

NAPOLÉON.

Le lendemain, 30 décembre, l'Empereur donne l'ordre au ministre de la guerre de former, sous les ordres du général Beurmann, une 14ᵉ brigade de cavalerie avec les 4ᵉ et 28ᵉ chasseurs et, dans une seconde lettre, lui fait connaître le nombre de chevaux qui ont été réunis à Munster (au lieu de Dusseldorf précédemment indiqué), à Hambourg et Hanovre, pour être distribués à la cavalerie légère.

Formation d'une 14ᵉ brigade de cavalerie légère. Dispositions concernant la livraison de chevaux à Hambourg, Hanovre et Munster.

Monsieur le duc de Feltre, le 28ᵉ de chasseurs a un escadron en Espagne et trois escadrons en France. Ce régiment et le 4ᵉ de chasseurs, qui est à Vienne, formeront une 14ᵉ brigade de cavalerie légère, qui sera commandée par le général Beurmann. Donnez ordre au 28ᵉ régiment de chasseurs de se tenir prêt à entrer en campagne.

NAPOLÉON.

Paris, le 30 décembre 1811.

Le prince d'Eckmühl me mande que les fournisseurs, qui devaient fournir 600 chevaux à Dusseldorf, préfèrent en fournir 800 à Munster[1]. Je donne ordre que le 4ᵉ de chasseurs et le 28ᵉ, dont j'ai

---

1. Lettres du prince d'Eckmühl à l'Empereur, en date des 24 et 25 décembre 1811, pages 435 et 436.

formé une brigade de cavalerie légère, fassent partir chacun 200 hommes bien armés et équipés, avec leurs selles et brides, pour se rendre à Munster, où ils recevront 400 chevaux.

Le prince d'Eckmühl me mande également qu'au lieu de 500 chevaux que les fournisseurs doivent fournir à Hambourg, ils offrent d'en fournir 1.000 dans la même ville; c'est donc 500 nouveaux chevaux. Je donne ordre que les 6e, 8e, 9e et 25e de chasseurs et le 6e de hussards forment un escadron de marche, composé de deux officiers et de 60 hommes de chacun de ces régiments, et que ce détachement de 300 hommes, sous les ordres d'un chef d'escadrons, se rende à Hambourg pour y recevoir 300 chevaux. Ce détachement restera à Hambourg pour y attendre les régiments qui, d'Italie, doivent se rendre sur l'Elbe.

Il restera encore 200 chevaux à Hambourg, lesquels seront donnés, en conséquence d'une seconde commande supplémentaire, à la seconde commande de 1812, et conformément à mon décret de ce jour, savoir :

    100 chevaux au 7e de hussards,
    100 — au 8e —
    100 — au 9e —
et 100 — au 11e —

Ces quatre régiments enverront à Hambourg chacun 100 hommes armés et équipés, avec leurs selles, pour recevoir ces chevaux.

Ainsi, dans ce nouvel état de la question, le prince d'Eckmühl fournit :

    800 chevaux à Munster,
 1.000 — à Hambourg,
    900 — à Hanovre.

Total.... 2.700 chevaux.

Par ma lettre d'hier :

La 5e brigade de cavalerie légère reçoit. 320 chevaux. ⎫
La 6e — — — 374 — ⎪
La 7e — — — 330 — ⎬ 1.788 chev.
La 8e — — — 484 — ⎪
La 9e — — — 280 — ⎭

Par les dispositions de la présente lettre :

La 14e brigade en reçoit..................... 400 ⎫
Les 6e, 8e, 9e et 25e de chasseurs et 6e de hussards. 300 ⎬ 1.100 chev.
Les 7e, 8e, 9e et 11e de hussards................ 400 ⎭

        Total............... 2.888 chev.

Les 200 chevaux que j'accorde aux trois escadrons du 28e régiment de chasseurs porteront ce régiment à 750 hommes montés, savoir :

   273 présents,
   277 à recevoir des commandes de 1811
et les 200 de la nouvelle commande.
TOTAL...... 750 hommes.

NAPOLÉON.

L'Empereur écrit également au prince d'Eckmühl pour l'informer qu'il approuve toutes les mesures prises au sujet de la livraison des chevaux à Munster, Hambourg et Hanovre.

Paris, le 30 décembre 1811.

Mon Cousin, je reçois votre lettre du 24, par laquelle vous me faites connaître qu'au lieu de fournir 600 chevaux à Dusseldorf les fournisseurs préfèrent en fournir 800 à Munster : cela n'entraîne aucun inconvénient ; les détachements qui avaient reçu des ordres de mouvement sur Dusseldorf iront à Munster. J'approuve également la livraison de 1.000 chevaux à Hambourg, au lieu de 500. Je donne ordre que 500 hommes à pied, avec leurs selles, soient dirigés sur Hambourg. Vous me demandez une décision avant huit jours : ma lettre d'hier répond à cette question. Allez de l'avant ; vous pouvez, sans avoir besoin d'autorisation, lever 6.000 chevaux de cavalerie légère, si vous les trouvez. La France est épuisée de chevaux. On dit qu'il y en a beaucoup dans le Jutland et dans le Holstein ; faites les achats, on ne saurait trop en avoir, car je suis décidé à mettre ma cavalerie sur le meilleur pied. Je ne regretterai pas un ou deux millions pour cela. Comme mon intention est d'envoyer ma cavalerie légère à Hanovre, il n'y a pas d'inconvénient à ce que vous poussiez les livraisons à Hanovre, à Magdebourg et à Hambourg jusqu'à 2.000 chevaux.

NAPOLÉON.

L'EMPEREUR AU MINISTRE DES RELATIONS EXTÉRIEURES.

Paris, 30 décembre 1811.

Monsieur le duc de Bassano, écrivez à mon ministre à Francfort [1] pour la mise sur pied du contingent du prince Primat. Demandez-lui de quoi ce contingent sera composé et quand il sera prêt. Il faut faire demander également les 1.100 hommes qui sont dus pour la 1re brigade par le collège des princes. Demandez au grand-duc

L'Empereur presse la mise sur pied des contingents de la Confédération.

---

1. Comte Hédouville.

de Würzboug et aux maisons ducales de Saxe la 2ᵉ brigade, et la 3ᵉ brigade aux princes de Schwarzbourg, d'Anhalt, de la Lippe, de Reuss et de Waldeck, car je désirerais avoir ces six régiments dans le courant de février².

NAPOLÉON.

L'EMPEREUR AU MINISTRE DE LA GUERRE.

Paris, 30 décembre 1811.

Grande Armée : organisation et répartition des pontonniers, sapeurs et mineurs.

Pontonniers. — Le corps des pontonniers de la Grande Armée aura 13 compagnies, savoir : 7 compagnies du 1ᵉʳ bataillon (ce bataillon a 4 compagnies en Espagne) et 6 compagnies du 2ᵉ bataillon. La 3ᵉ compagnie, qui est à la réserve de Bayonne, recevra ordre de se rendre à Metz. Ce que ces deux bataillons ont de disponible au dépôt sera renvoyé pour recruter les 13 compagnies.

Ainsi il y aura : une compagnie de pontonniers au corps de l'Elbe, une compagnie au corps de l'Océan, une compagnie au corps d'observation d'Italie, une compagnie à la Garde et neuf compagnies au grand parc des ponts (trois par équipage, ou divisées comme les circonstances le voudront).

Toutes les compagnies du 2ᵉ bataillon qui sont en Italie suivront le mouvement du corps d'observation d'Italie; celles qui sont en Allemagne suivront le mouvement du corps d'observation de l'Elbe et des équipages de pont.

Sapeurs. — Les sapeurs seront répartis de la manière suivante : le 1ᵉʳ bataillon a 2 compagnies en Espagne et 7 en Italie : ces 7 compagnies seront employées à la Grande Armée. Le 3ᵉ bataillon, qui est à Alexandrie, a 8 compagnies présentes et 1 à Corfou. Le 5ᵉ bataillon, qui est à Metz, a ses 9 compagnies présentes. Ainsi, il y aura à la Grande Armée, savoir : 1ᵉʳ bataillon, 7 compagnies; 3ᵉ bataillon, 8 compagnies; 5ᵉ bataillon, 9 compagnies; total, 24 compagnies.

Tout ce que les dépôts ont de disponible sera incorporé dans ces 24 compagnies.

Le dépôt du 4ᵉ bataillon, qui est à Metz, servira à porter au complet les compagnies du 5ᵉ bataillon.

Avoir un rapport sur le bataillon qui est à l'île d'Elbe, afin de voir ce que ce bataillon peut fournir pour compléter le 1ᵉʳ bataillon. Avoir le même rapport sur les compagnies de sapeurs de Belle-Ile et de Walcheren, pour savoir si l'on pourrait en prendre quatre compagnies, ce qui porterait les 24 compagnies à 28.

---

2. Voir, tome I, chapitre I, page 38, la composition des troupes de la Confédération du Rhin.

14 compagnies sont nécessaires pour les quatorze divisions et 3 pour la Garde; il n'en restera donc que 7 au parc du génie.

Des 20 compagnies qui sont en Espagne, il faudrait me présenter un projet pour faire rentrer les cadres de 6 compagnies.

Mineurs. — J'ai 12 compagnies de mineurs. La 1re compagnie du 1er bataillon est à Corfou; la 2e compagnie est à Badajoz; la 3e et la 6e feront partie de la Grande Armée; il faut faire revenir d'Espagne la 4e compagnie et l'envoyer à Metz; il faut rappeler la 5e compagnie, qui est à Bayonne. Par ce moyen, j'aurai 4 compagnies de mineurs à la Grande Armée. Le 2e bataillon a 3 compagnies en Espagne et 1 compagnie à Corfou; il ne reste donc que 2 compagnies, la 1re et la 5e. 6 compagnies de mineurs marcheront donc avec le parc du génie. Il faut les compléter à 120 ou 140 hommes. J'ai déjà donné l'ordre de faire revenir la 6e compagnie du train du génie qui est à Bayonne. J'aurai 6 compagnies du train du génie; il faut employer le dépôt de ce bataillon à porter ces 6 compagnies au grand complet.

(D'après la minute.)

L'EMPEREUR AU PRINCE D'ECKMUHL, A HAMBOURG.

Paris, 39 décembre 1811.

Mon Cousin, vous recevrez un décret que je viens de prendre pour mettre entièrement à ma solde les trois régiments d'infanterie et le régiment de cavalerie polonais qui sont à Danzig; cela met fin à tout. Donnez ordre que les 400 chevaux que j'accorde par mon décret au 9e polonais soient achetés sans délai dans le duché de Varsovie, afin que ce régiment ait ses 1.000 chevaux. Donnez ordre également que ce régiment ait, comme nos régiments de lanciers, un certain nombre de carabines. Prenez des mesures pour que les 5e, 10e et 11e polonais aient chacun 3.000 hommes; ce qui fera 9.000 hommes pour les trois régiments.

Grande Armée: organisation générale et force qu'elle présentera au mois de mars 1812.

La compagnie d'artillerie française qui est à Danzig ne fera plus partie de la 7e division, puisqu'il y a une compagnie d'artillerie légère polonaise. J'ai besoin de cette compagnie, puisque l'augmentation d'une 5e division dans les cuirassiers nécessite l'emploi de 12 pièces d'artillerie de plus. J'ai donné le commandement de la 5e division au général Valence, sénateur. Le 11e régiment de cuirassiers a reçu l'ordre de se mettre en marche; je vous recommande de compléter ses chevaux. Vous aurez ainsi trois divisions de cuirassiers, chaque division de trois régiments, chaque régiment présentant 900 hommes en bataille; ce qui fait 2.700 chevaux par division. A chaque division doit être attaché un régiment de chevau-légers de trois escadrons. Le 1er escadron partira au 15 janvier pour se rendre en Allemagne; les 2e et 3e escadrons suivront à quinze jours de distance. Ainsi chaque division de cuirassiers sera de 3.400 ou 3.500 chevaux. Chaque division aura deux batteries d'artillerie à cheval ou 12 pièces.

J'ai jugé convenable de partager toute la Grande Armée en quinze divisions d'infanterie, toutes à peu près égales aux vôtres; la 7e en fait cependant partie. Les neuf premières divisions sont sous vos ordres; les 10e, 11e et 12e divisions sont au camp de Boulogne; les 13e, 14e et 15e se réunissent à Bolzano, en Italie; la Garde est composée de quatre divisions, ce qui fait dix-neuf divisions françaises. La cavalerie légère est partagée en quatorze brigades: cinq brigades sont sous vos ordres, y compris celle du général Castex; il y en a trois en Italie et six sur le Rhin. Les généraux de brigade sont nommés et passent des revues pour vérifier les remontes et organiser les régiments. Six généraux de division seront attachés à ces quatorze brigades. La réserve de la cavalerie est composée de six divisions, dont cinq de cuirassiers et une de dragons. Chaque division a 12 pièces d'artillerie légère. Un équipage de siège est organisé à Danzig et un à Magdebourg. Trois équipages de pont sont organisés à Danzig; ces équipages emploient 400 voitures et 2.000 chevaux.

Les Bavarois, les Wurtembergeois, les Saxons, les Polonais, ne sont pas compris dans cette organisation.

Tous calculs faits, j'espère avoir au mois de mars plus de 200.000 hommes d'infanterie, 45.000 hommes de cavalerie, 800 pièces de canon attelées par plus de 20.000 chevaux et 1.500 voitures de transports militaires. L'armée française se montera à près de 300.000 hommes. Vous voyez que je n'ai jamais fait de plus grands préparatifs.

Nous manquons de chevaux de cavalerie en France; il faut en lever de votre côté le plus que vous pourrez; on m'assure qu'il y en a une assez grande quantité dans le Jutland et dans le Holstein.

NAPOLÉON.

L'EMPEREUR A EUGÈNE NAPOLÉON, VICE-ROI D'ITALIE, A MILAN.

Paris, 30 décembre 1811.

Corps d'Italie : de la formation d'un bataillon d'équipages italien.

Mon Fils, Aldini[1] vous expédie un décret par lequel j'ordonne la formation d'un bataillon d'équipages militaires italien. Ce bataillon sera formé, en tout et pour tout, comme les bataillons français. J'aurai ainsi dans mon armée italienne un bataillon d'équipages militaires de six compagnies, chaque compagnie servant 42 voitures, forges et prolonges; total, 252 voitures pour le bataillon. Je

---

1. Aldini, ministre secrétaire d'État d'Italie auprès de l'Empereur, à Paris.

ne veux que des prolonges et chariots de nouveau modèle, qui portent quatre milliers. Deux de ces compagnies seront attachées à la Garde, les quatre autres seront pour l'infanterie. Ce que vous avez aujourd'hui en transports militaires sera fondu dans ce bataillon. Mais cela est indépendamment du caisson d'ambulance de chaque régiment d'infanterie et du caisson d'ambulance et de la forge de campagne de chaque régiment de cavalerie.

La guerre de Pologne ne ressemble en rien à la guerre d'Autriche; sans moyens de transport, tout y est inutile. Chaque bataillon d'équipages militaires doit avoir 771 hommes, 1.227 chevaux et 252 voitures. Passez vos marchés sans délai. Vous prendrez les hommes dans les dépôts; vous passerez des marchés pour l'achat des chevaux en Suisse. Faites faire des caissons dans l'arsenal de Venise. Que vingt-quatre heures après la réception de cette lettre tous vos ordres soient expédiés. Il faut soixante journées d'ouvrier pour faire un caisson; il faut donc 200 ouvriers pour faire 200 caissons en soixante jours; mais, comme il faut que tous les caissons soient faits au 1er février, employez 300, 400 ou 500 ouvriers. Les bois et les fers ne manqueront pas à Venise. Cela apportera un petit retard dans les travaux de la marine; mais je fais moi-même cela à Anvers pour avoir le plus que possible de caissons de nouveau modèle, qui sont préférables aux autres.

Je désire que le 9e bataillon des transports militaires ait de ces nouveaux caissons; à cet effet, j'en fais confectionner à l'arsenal de Turin; mais je crains que cet arsenal ne puisse en fournir un si grand nombre pour un temps si rapproché; voyez si l'arsenal de Pavie ne pourrait pas aider à en faire une quarantaine. Je regarde donc ceci comme une affaire terminée.

Vous savez le grand besoin qu'on a de boulangers à l'armée; je suppose que vous en avez un bon nombre dans vos divisions. Une compagnie d'infirmiers italiens vous est aussi nécessaire. Je suppose que vous avez aussi des ouvriers pour construire en vingt-quatre heures six fours. Ces objets sont d'une grande importance dans une guerre de Pologne. Je vous ai mandé qu'il fallait que chaque homme eût quatre paires de souliers; il serait même avantageux d'en avoir cinq paires.

Indépendamment des ambulances de régiment, vous avez besoin de quatre ambulances italiennes pour la division italienne et pour la Garde; chaque ambulance étant de 4 caissons, cela emploiera 16 caissons. Les forges de campagne devront être fournies par l'artillerie; vous devez en avoir beaucoup dans le royaume.

Napoléon.

L'EMPEREUR AU MINISTRE DES RELATIONS EXTÉRIEURES.

Paris, le 31 décembre 1811.

Instructions concernant les armements du grand-duché et les ressources qu'il y a lieu de prévoir en subsistances et chevaux.

Monsieur le duc de Bassano, il serait convenable d'écrire au baron Bignon pour qu'il presse le gouvernement du grand-duché de faire armer et approvisionner Modlin, actuellement que cette place est dans le cas de soutenir un siège, et d'y faire diriger les armements qu'il serait inutile d'avoir à Varsovie. Je désirerais que tous les lanciers du grand-duché fussent armés de carabines, comme je l'ai ordonné pour les miens. Demandez-lui des détails sur la manière dont ces hommes sont armés aujourd'hui. Je désirerais également que les régiments de lanciers pussent être portés au complet de 1.100 hommes et de 1.000 chevaux ; ce qui ferait pour les hommes un total de 17.600 et pour les chevaux 16.000. Si cela était trop disproportionné avec les moyens du grand-duché, je voudrais du moins que le complet fût de 16.000 hommes et de 14.400 chevaux, c'est-à-dire de 1.000 hommes et de 900 chevaux par régiment, de manière à en avoir toujours au moins 850 sur le champ de bataille. Comme le complet est de 12.000 hommes, ce serait une augmentation de 4.000. Je consentirais volontiers à faire les frais de cette remonte ; mais je ne voudrais payer que l'excédent qu'il y aurait au delà du complet actuel de 12.000.

Je vois avec étonnement dans les états du 1er novembre qu'il y a plus de 1.800 chevaux aux dépôts ; c'est beaucoup trop ; il ne devrait pas y avoir dans chaque dépôt plus de 30 chevaux, excepté pourtant aux époques des remontes.

Je ne serais pas éloigné d'organiser un bataillon de transports militaires, organisé à l'instar de ceux de France. Pourrait-on se procurer à Varsovie des chevaux de trait, des harnais, des voitures ? En combien de mois ces voitures seraient-elles construites ? Le duché fournirait-il les hommes ? Combien cela coûterait-il ? Il faudrait que cela fût fait sous les couleurs du grand-duché, afin de conserver les apparences.

Il faudrait aussi que le baron Bignon, avec toute la discrétion convenable, donnât des renseignements qui pussent nous rassurer sur la facilité d'avoir du blé, de l'avoine, et enfin les subsistances nécessaires pour l'armée. Il faudrait également qu'il s'occupât des moyens qu'on pourrait organiser, comme on l'a fait à peu près au mois de mai dans la dernière campagne, pour avoir un service de transport de Thorn, de Plock, de Varsovie et de Zamosc sur les points où l'on pourrait se porter : un service de 4.000 voitures serait nécessaire.

Il faut qu'il s'étudie à connaître les hommes, sans cependant rien affecter, afin de savoir à qui s'adresser quand le moment sera arrivé.

Recommandez-lui d'envoyer des mémoires sur tous ces objets, en y mettant la discrétion convenable.

Je désire également connaître quelle quantité de vins de Hongrie on pourrait se procurer par la Vistule, et à quel prix ces envois reviendraient rendus à Varsovie ; quels sont les moyens de transport de la Hongrie à la Vistule ; quelle quantité d'eaux-de-vie de grain on pourrait tirer de Moldavie, et à quel prix.

Indépendamment des chevaux nécessaires au duché, pourrait-on se procurer 3.000 chevaux de hussards ? Où les trouverait-on ? A quel prix, et en quel temps seraient-ils rendus à Varsovie ? Vous sentez l'importance de ne faire ces demandes que par des occasions sûres, afin d'éviter la voie des postes ordinaires et que vos lettres ne soient pas lues par les princes des pays intermédiaires.

NAPOLÉON.

L'EMPEREUR AU MINISTRE DIRECTEUR DE L'ADMINISTRATION DE LA GUERRE.

Paris, le 31 décembre 1811.

Ordre pour les achats de vins et d'eaux-de-vie destinés à l'armée d'Allemagne.

Je reçois votre rapport sur les vivres et les eaux-de-vie. Faites acheter, si elles sont de bonne qualité, les 300.000 litres d'eau-de-vie qui sont à Strasbourg. Vous dirigerez sur Wesel ces 1.200 barriques. Il faut que le premier convoi parte avant le 6 janvier pour Wesel. Écrivez au prince d'Eckmühl d'envoyer les caissons de ses régiments et de transports militaires pour prendre ces 1.200 barriques et les conduire à Magdebourg. Par ce moyen elles arriveront à Magdebourg sans que le transport me coûte rien [1].

Faites acheter 1.440 barriques d'eau-de-vie à Bordeaux ; faites-les charger sur les 240 voitures du 10e bataillon d'équipages, et dirigez-les sur Mayence, d'où elles continueront leur route sur Magdebourg.

Faites acheter 1.440 barriques à Paris, que vous ferez conduire par le 2e bataillon de transports militaires jusqu'à Magdebourg.

Faites acheter à Cologne et à Francfort, si le prix est raisonnable et si elles sont de bonne qualité, une bonne quantité d'eaux-de-vie que vous ferez conduire à Magdebourg, soit en leur faisant remonter le Main jusqu'à Würzbourg, soit en vous servant des voitures qui transportent des denrées coloniales à Francfort. Les douanes font venir des denrées coloniales à Francfort ; les vivres font venir des blés de Hambourg sur Wesel.

Mon intention est d'acheter 9.000 barriques d'eau-de-vie et

---

1. Les transports de Magdebourg à la Vistule se faisant par eau à cette époque, l'Empereur ne s'occupe que de ceux de France à Magdebourg.

d'avoir 34 millions de rations, pour les transporter sur Magdebourg.

Je ne veux rien prendre à Hambourg, parce que je serai toujours à même de puiser là.

Quant aux vins, faire venir du vin de Bordeaux me paraît une opération bien compliquée, à moins de la combiner avec le retour des voitures qui transportent des denrées coloniales. D'ailleurs, les vins arrivent par la Hongrie et la Silésie; ils arrivent à Magdebourg par Würzbourg et Bamberg, où il y en a une grande quantité; il y en a même beaucoup à Dresde. Il est donc indispensable, avant de se jeter dans les spéculations des vins, de savoir combien ils coûtent à Dresde, à Würzbourg, à Bamberg, à Varsovie, en les faisant venir de Hongrie et de Cracovie. Il y a aussi des vins sur le Rhin, du côté de Mayence, qui sont bons. Quelle quantité peut-on en avoir, et à quel prix? Ce ne sera que lorsque vous m'aurez remis ces renseignements que j'arrêterai mes idées sur l'achat des vins nécessaires pour les hôpitaux et les convalescents.

J'encouragerai volontiers par quelque moyen l'arrivée à l'armée de 4.000 barriques de bon vin, que les officiers d'état-major et autres puissent avoir pour 50 sous ou 3 francs la bouteille, ce qui leur sera d'un grand soulagement. Cela serait une spéculation avantageuse pour un commerçant. Vous sentez qu'il n'y a que le commerce qui puisse se charger de cette spéculation et qui puisse avoir le moyen de conserver le vin, d'empêcher qu'on le boive en route ou qu'on le détériore.

(D'après la minute.)

L'EMPEREUR AU MINISTRE DIRECTEUR DE L'ADMINISTRATION DE LA GUERRE.

Palais des Tuileries, le 31 décembre 1811.

Grande Armée : ordre de pourvoir chaque homme de 4 paires de souliers.

Monsieur le comte de Cessac, il est nécessaire que vous donniez l'ordre à tous les régiments qui doivent faire partie de la Grande Armée de s'approvisionner de souliers, de manière que tous les hommes aient en partant une paire de souliers aux pieds, deux dans le havresac et une quatrième paire qui serait transportée à la suite du régiment pour remplacer celle qui aurait été usée dans la route. Il en résultera qu'en sortant de la frontière, les corps auront quatre paires de souliers par homme. Cet ordre peut se donner de suite. Il n'y aura, ce me semble, aucune indemnité à payer aux corps, parce qu'ils confectionneront ces souliers sur leur masse de de linge et chaussure.

NAPOLÉON.

L'EMPEREUR AU PRINCE D'ECKMUHL, A HAMBOURG.

Paris, le 31 décembre 1811.

Projet de formation d'un dépôt de cavalerie sur la Vistule et d'un bataillon d'équipages à Varsovie. Nécessité de compléter l'armement et la remonte de la cavalerie polonaise.

Mon Cousin, écrivez en Pologne pour savoir s'il serait possible d'acheter 3.000 chevaux pour le dépôt de cavalerie légère qu'on formerait sur la rive gauche de la Vistule. Combien coûteraient ces chevaux? Quelle taille auraient-ils? Combien de jours faudrait-il prévenir d'avance? Pourrait-on trouver aussi 3.000 chevaux de trait? Il me semble que la Pologne fournit peu de ressources de ce genre. Pourriez-vous trouver dans le Mecklembourg et dans le nord de l'Allemagne 3.000 chevaux de trait, et à quel prix? Pourrait-on former à Varsovie un bataillon d'équipages militaires, organisé comme les nôtres à six compagnies, de 771 hommes et de 1.227 chevaux, et 252 voitures? Où trouverait-on les chevaux? Où ferait-on les caissons? Trouverait-on les hommes? Dans ce cas, ne serait-il pas nécessaire d'envoyer quelques commandants de compagnie pour aider à les organiser? Combien coûterait la formation de ce bataillon; quand serait-elle finie? Si je me décidais à le former, je voudrais qu'il eût l'air d'être créé pour l'armée polonaise, afin de garder les apparences.

Tous les régiments de cavalerie polonaise ne sont qu'à quatre escadrons; je remarque qu'il faudrait placer les quatre escadrons à l'armée et n'avoir qu'un piquet au dépôt. Communiquez au prince Poniatowski mon décret sur l'armement de la cavalerie. Il est impossible de laisser tant de régiments de lanciers sans carabines; il faut que tous les hommes, ou au moins la moitié, aient des carabines, comme c'était l'ancien usage des Polonais. Pressez-le là-dessus, car je trouve fâcheux d'avoir 7 à 8.000 hommes sans armes, d'autant plus que les cosaques sont armés de fusils. Faites-moi connaître, régiment par régiment, comment la cavalerie polonaise est armée, quel est l'armement des lanciers, quel est celui des chevau-légers? Sur les états que vous m'avez envoyés, je ne vois plus de cuirassiers. Je voudrais bien que tous les régiments fussent portés à 1.100 hommes et à 1.000 chevaux, afin d'en avoir 950 devant l'ennemi. Il faudrait donc pour les seize régiments 16.000 chevaux; il y en a, je crois, 11.000; ce serait donc 5.000 à acheter. Il faudrait, en outre, des hommes et des selles. S'il n'y avait pas d'autre difficulté que l'argent, j'y pourvoirais volontiers; mais aurait-on les hommes, leur habillement et leur harnachement? Je vois aux dépôts 1.800 chevaux, ce qui fait plus de 100 chevaux par régiment; je suppose que les trois quarts rejoindraient les escadrons de guerre. Remettez-moi l'état de situation des troupes du grand-duché au 1er janvier. Entrez dans tous les détails pour l'artillerie, car vous m'avez bien envoyé un état de l'artillerie de l'armée saxonne, mais vous ne m'en avez pas envoyé un semblable pour le grand-duché.

Entrez également dans le détail des transports militaires.

Je reviens sur la situation de leur cavalerie. Je vois que le complet n'est que de 12.000 hommes et chevaux. Je voudrais que le complet fût de 17.600 hommes et de 16.000 chevaux. Si cela leur paraît trop considérable, on pourrait admettre un complet de 16.000 hommes et de 14.400 chevaux, c'est-à-dire de 900 chevaux par régiment ; ce serait donc 4.900 chevaux à acheter. Je vous le répète, je ne vois pas de difficulté à en faire la dépense.

Il faudrait aussi demander au prince Poniatowski de préparer quelque travail pour l'organisation des ressources en transports militaires, comme cela avait été fait dans le courant de mai, quelque temps avant la campagne de Friedland, afin de s'assurer des moyens de convoi et de transport de Thorn, de Plock, de Zamosc et de Varsovie sur les points où l'on se porterait. Je suppose que le blé et l'avoine seront cette année en abondance.

NAPOLÉON.

CHAPITRE XXI

Du 1ᵉʳ au 15 janvier 1812.

Grande Armée : Organisation générale (2, 3, 9, 10 janvier). Corps d'observation de l'Elbe, dédoublement de ce corps (2, 9, 14, 15 janvier). Corps d'observation d'Italie (2, 3, 10, 13 janvier). Corps d'observation de l'Océan (9 janvier). Service du Trésor (5, 14 janvier). — *Cavalerie :* De l'armement des cuirassiers et chevau-légers (3, 6 janvier). Des ressources de chevaux en Allemagne et en Pologne (5 janvier). Des commandes (9 janvier). Mesures ordonnées pour compléter les cinq divisions de cuirassiers (9 janvier). Décrets : 1° pour la formation d'un cinquième escadron dans les régiments de cavalerie; 2° pour la formation du 9ᵉ *bis* de hussards (10 janvier). Établissement à Hanovre d'un dépôt général de cavalerie (12, 14 et 17 janvier). Détachements de cavalerie dirigés sur l'Allemagne (15 janvier). — *Garde impériale :* De la remonte de cavalerie de la Garde (10 janvier). Formation d'une compagnie de canonniers vétérans (12 janvier). — *Équipages et transports :* De l'espèce de voiture qu'il convient d'adopter pour la prochaine campagne (4 janvier). Des transports dans la 32ᵉ division militaire (5 janvier). De l'emploi des bœufs comme attelage (6 janvier). Des 6ᵉ, 7ᵉ et 10ᵉ bataillons d'équipages (9 janvier). Du transport des effets expédiés en Allemagne par les dépôts (10 janvier). Des transports de poudre (13 janvier). Composition de l'équipage de guerre de l'Empereur (14 janvier). — *Places de Danzig et de l'Oder :* Approvisionnements à réunir à Danzig (3, 13, 14, 15 janvier). Moyens de mouture existant à Danzig et dans les places de l'Oder (10 janvier). — *Grand-duché de Varsovie :* Détresse du pays (2 janvier). Organisation d'un service d'espionnage (2 janvier). Rôle et emploi des gardes nationales du duché (7 janvier). Rappel d'Espagne en France de la légion de la Vistule (8 janvier). — *Renseignements :* 1° sur la Russie (10, 12 janvier); 2° sur la Prusse (4, 12 janvier). — *Divers :* De la défense des côtes de la 32ᵉ division militaire (13 janvier). Projet de décret sur l'habillement des troupes (13 janvier). De la confection des étendards (14 janvier). De la répartition des hommes de la conscription de 1812 (14 janvier). Observations du roi Jérôme au sujet de l'occupation de la Westphalie par les troupes françaises (14 janvier). Proposition du prince d'Eckmühl en vue de la réoccupation de la Poméranie suédoise (15 janvier).

L'EMPEREUR AU MINISTRE DIRECTEUR DE L'ADMINISTRATION
DE LA GUERRE.

Paris, le 2 janvier 1812.

Monsieur le comte de Cessac, je vous envoie, pour votre gouverne, l'organisation de la Grande Armée. Le corps de l'Elbe formera deux corps. Il est nécessaire d'envoyer un ordonnateur à chaque corps et tout le personnel d'administration qui est indispen-

Grande Armée : organisation générale; dédoublement du corps de l'Elbe.

sable. Présentez-moi un projet d'organisation. Comme je n'ai pas encore organisé en deux corps le corps d'observation de l'Elbe, envoyez-y tout double.

NAPOLÉON.

Note sur l'organisation de la Grande Armée.

La Grande Armée sera partagée en quatre corps : le corps d'observation de l'Elbe en fera deux ; le corps d'observation de l'Océan en fera un ; le corps d'observation d'Italie en fera un autre.

La Grande Armée sera organisée en 15 divisions d'infanterie :

Division	Régiments		Total
1re division.	13e léger	5 bataillons	17
	17e de ligne	5 —	
	30e —	5 —	
	Régiment badois (celui qui est à Danzig)	2 —	
2e division.	15e léger	5 bataillons	17
	33e de ligne	5 —	
	30e —	5 —	
	Régiment espagnol	2 —	
3e division.	17e léger	5 bataillons	17
	12e de ligne	5 —	
	21e —	5 —	
	127e —	2 —	
4e division.	33e léger	4 bataillons	16
	85e de ligne	5 —	
	108e —	5 —	
	Régiment de Hesse-Darmstadt (celui qui est à Danzig)	2 —	
5e division.	25e de ligne	5 bataillons	20
	57e —	5 —	
	61e —	5 —	
	111e —	5 —	
6e division. (Se réunit à Osnabrück.)	26e léger [1]	4 bataillons	16
	56e de ligne	5 —	
	19e —	5 —	
	128e —	2 —	
7e division. (Toute cette division, commandée par le général Granjean, est réunie à Danzig.)	5e polonais	3 bataillons	17
	10e —	3 —	
	11e —	3 —	
	1er westphalien	2 —	
	8e —	2 —	
	Saxons	2 —	
	Bavarois	2 —	

1. Le 26e léger, qui entrait jusque-là dans la composition de la 10e division, est porté dans la présente organisation comme faisant partie de la 6e, par permuta-

8ᵉ *division*. (Se réunit à Munster.)	11ᵉ léger............ 4 bataillons 2ᵉ de ligne........ 5 — 37ᵉ — .... 5 — 124ᵉ — .... 3 —		17
9ᵉ *division*. (Se réunit à Nimègue.)	Croates............ 2 bataillons Suisses............ 9 — 123ᵉ de ligne........ 3 —		14

Corps d'observation de l'Océan.

10ᵉ *division*. (Le lieu de la réunion n'est pas encore fixé.)	24ᵉ léger[1]........... 4 bataillons 46ᵉ de ligne........ 5 — 72ᵉ — .... 4 — 126ᵉ — .... 3 — 1ᵉʳ régimᵗ portugais. 2 —		18
11ᵉ *division*. (Le lieu de la réunion n'est pas encore fixé.)	Régiment illyrien.... 4 bataillons 4ᵉ de ligne........ 4 — 18ᵉ — .... 4 — 93ᵉ — .... 5 — 2ᵉ régimᵗ portugais. 2 —		19
12ᵉ *division*. (Le lieu de la réunion n'est pas encore fixé.)	29ᵉ léger............ 4 bataillons 44ᵉ de ligne........ 2 — Régiment provisoire de Boulogne....... 2 — 125ᵉ de ligne........ 3 — 129ᵉ — .... 2 —		13

Corps d'observation d'Italie.

13ᵉ *division*. (Se réunit à Bolzano)	8ᵉ léger............ 2 bataillons 84ᵉ de ligne........ 4 — 92ᵉ — .... 4 — 102ᵉ — .... 4 — Croates............ 2 —		16
14ᵉ *division*. (Se réunit à Trente.)	18ᵉ léger............ 4 bataillons 9ᵉ — .... 4 — 35ᵉ de ligne........ 4 — 53ᵉ — .... 4 — Régiment espagnol... 2 —		18
15ᵉ *division* (italienne). (Se réunit à Brescia)	3ᵉ léger italien..... 4 bataillons Dalmates........... 3 — 2ᵉ de ligne italien.. 3 — 3ᵉ — — .. 4 — 5ᵉ — — .. 2 —		16

---

tion avec le 24ᵉ léger. Ce changement est effectué par ordre de l'Empereur du 8 janvier 1812, dans le but de diminuer le trajet que chacun de ces régiments avait à parcourir pour se rendre au point de réunion de leur division.

1. Voir le renvoi 1, page précédente.

Cavalerie.[1]

Brigades de cavalerie légère.

1re brigade. Gal Pajol.	2e de chasseurs .... 9e de cavalerie légère polonais, qui est à Danzig...........	
2e brigade. Gal Bordessoulle.	1er de chasseurs.............. 3e —	Ces cinq premières brigades sont au corps d'observation de l'Elbe.
3e brigade. Gal Jacquinot.	7e de hussards.............. 9e de chevau-légers	
4e brigade. Gal Piré.	8e de hussards.............. 7e de chasseurs	
5e brigade. Gal Castex.	23e de chasseurs .... 24e —	
6e brigade. Gal Corbineau.	7e de chasseurs.............. 20e — .... 8e de chevau-légers	
7e brigade. Gal Saint-Geniès.	11e de chasseurs .... 12e —	Pour ces quatre brigades, le lieu de réunion n'est pas encore fixé[2].
8e brigade. Gal Burthe.	5e de hussards .... 9e —	
9e brigade. Gal Mouriez.	11e de hussards .... 6e de chevau-légers	
10e brigade. Gal Gérard.	6e de chasseurs .... 25e —	Ces deux brigades se réuniront sur la Brenta, du côté de Bassano.
11e brigade. Gal Gautherin.	6e de hussards .... 8e de chasseurs	
12e brigade. Gal Ferrières.	9e de chasseurs .... 10e —	Se réunira sur l'Oglio et sur Brescia
13e brigade. Gal italien Villata.	2e de chasseurs .... 3e —	Se réunira sur l'Oglio et sur Brescia

Réserve de cavalerie.

1re division. Gal St-Germain.	2e de cuirassiers.............. 3e — .... 9e — .... Le 1er de lanciers sera attaché à cette division.	En Hanovre.
2e division. Gal Beaumont.	5e de cuirassiers .... 10e — .... 8e — .... 2e de lanciers..................	A Bonn.

---

1. Il est à remarquer que, dans cette note comme dans beaucoup de ses ordres, l'Empereur emploie indifféremment les dénominations de *chevau-légers* ou *lanciers* pour désigner les régiments de *chevau-légers-lanciers*, créés par décret du 18 juin 1811.
2. La mise en route des régiments de chasseurs et hussards composant les 6e, 7e et 8e brigades de cavalerie légère est prescrite par un ordre de l'Empereur du 30 janvier 1812.

3ᵉ *division.* Gᵃˡ Doumerc.	4ᵉ de cuirassiers 7ᵉ — 14ᵉ — 3ᵉ de lanciers	À Erfurt.
4ᵉ *division.*	1ᵉʳ de carabiniers 2ᵉ — 1ᵉʳ de cuirassiers 4ᵉ de lanciers	À Cologne.
5ᵉ *division.* Gᵃˡ Valence.	6ᵉ de cuirassiers 11ᵉ — 12ᵉ — 5ᵉ de lanciers	En Hanovre.
6ᵉ *division.*	7ᵉ de dragons 23ᵉ — 28ᵉ — 30ᵉ —	Se réunira sur le Mincio.

L'EMPEREUR AU MINISTRE DE LA GUERRE.

Paris, le 2 janvier 1812.

Monsieur le duc de Feltre, le corps d'observation d'Italie sera organisé de la manière suivante :

Corps d'observation d'Italie : organisation définitive de ce corps.

1ʳᵉ *division* (c'est-à-dire la 13ᵉ de la Grande Armée).

8ᵉ d'infanterie légère	2	bataillons.
84ᵉ —	4	—
92ᵉ —	4	—
106ᵉ —	4	—
Régiments croates	2	—
	16	bataillons.

Le général Delzons commandera cette division ; les généraux de brigade Huard, Roussel et Bertrand de Sirai y seront employés. Il y aura une compagnie d'artillerie à cheval, une à pied, une compagnie de sapeurs, un détachement d'ouvriers et toute l'administration nécessaire.

Chaque régiment ayant deux pièces d'artillerie, cette division aura dix pièces de régiment, ce qui, avec la batterie d'artillerie à pied et à cheval, fera vingt-quatre pièces de canon.

Vous donnerez ordre au régiment croate de se rendre à Brescia pour s'y former, au 8ᵉ d'infanterie légère de se réunir à Lientz, et aux 84ᵉ, 92ᵉ et 106ᵉ à Bolzano et pays environnants, sans sortir du royaume d'Italie.

Toute l'artillerie, personnel et matériel, que doit fournir l'Illyrie pour cette division se réunira également à Lientz.

2ᵉ *division* (c'est-à-dire la 14ᵉ de la Grande Armée).

La seconde division sera commandée par le général Broussier; elle se composera :

De 4 bataillons du 18ᵉ léger,
De 4 — du 9ᵉ de ligne,
De 4 — du 35ᵉ —
De 4 — du 53ᵉ —
Et de 2 — du régiment espagnol.
──
18 bataillons.

Le 18ᵉ léger se réunira à Villach avec tout ce que doit fournir l'Illyrie à cette division. Le reste de cette division se réunira à Trente, Roveredo et autres pays voisins.

Division italienne (c'est-à-dire la 15ᵉ division de la Grande Armée).

Cette division se composera :

De 4 bataillons du 3ᵉ léger italien,
De 3 — dalmates,
De 3 — du 2ᵉ de ligne italien,
De 4 — du 3ᵉ —
De 2 — du 5ᵉ —
──
16 bataillons.

Chacun de ces régiments aura deux pièces d'artillerie; une batterie d'artillerie à cheval servant six pièces d'artillerie, une batterie d'artillerie à pied en servant huit et une compagnie de sapeurs seront attachés à cette division.

La division se réunira à Brescia, Salo et jusqu'à Riva.

Les quatre brigades de cavalerie légère qui sont en Italie se réuniront : les 1ʳᵉ et 2ᵉ, sur la Brenta, du côté de Bassano; les 3ᵉ et 4ᵉ à Brescia, devant déboucher par la route.

Tout le parc et les équipages militaires, le 9ᵉ bataillon des équipages, le bataillon des équipages italiens, le parc du génie se réuniront à Vérone.

La 6ᵉ division de cavalerie de réserve se composera des 7ᵉ, 23ᵉ, 28ᵉ et 30ᵉ de dragons; les généraux Thizy et Seron y seront employés; cette division se réunira sur le Mincio. Elle aura avec elle deux batteries d'artillerie à cheval.

Il y aura une réserve de deux batteries d'artillerie à pied françaises, chaque batterie de 6 pièces de 12 et de 2 obusiers à grande portée, ce qui fait, pour les deux, 12 pièces de 12 et 4 obusiers.

La Garde italienne se réunira à Milan et s'y tiendra prête à partir; son artillerie se composera de 6 pièces de régiment, 8 pièces d'artillerie de ligne et 6 pièces d'artillerie à cheval. Total : 20 pièces, et une réserve de deux batteries à pied et à cheval composée de 12 pièces de 12 et 4 obusiers.

Ainsi, l'artillerie de la Garde étant de 36 pièces..... 36 pièces,
Celle de la division italienne étant de 10 pièces de régiment, de 8 d'artillerie de ligne à pied et de 6 pièces d'artillerie à cheval............................ 24 —
Plus 20 pièces de régiment,
    16 — d'artillerie de ligne à pied,
    12 — — légère,
    16 — des batteries de réserve,
    12 — de la division de dragons,
76 pièces composant l'artillerie française, ci. 76 —

TOTAL des pièces de l'artillerie................ 136 pièces.

Il y aura au bataillon des équipages militaires 250 voitures françaises, ainsi qu'au bataillon italien.

Il y aura à la réserve du parc 2 compagnies d'artillerie à cheval françaises et 8 compagnies d'artillerie à pied.

Toutes les compagnies de pontonniers disponibles, toutes celles que les sapeurs qui sont au delà des Alpes doivent former y seront également avec leurs caissons bien attelés.

Tous les employés d'administration seront rendus le 15 février à leur poste.

Vous laisserez le vice-roi maître de faire le mouvement comme il l'entendra, en le commençant par les troupes qui sont les plus éloignées, de manière que toutes arrivent en même temps au 10 février à Brescia, Bolzano, Vérone, Trente, Villach et Lientz.

                           NAPOLÉON.

LE PRINCE D'ECKMUHL A L'EMPEREUR.

                    Hambourg, le 2 janvier 1812.

Sire, j'ai l'honneur d'adresser à Votre Majesté copie d'une lettre du prince Poniatowski et les rapports de Varsovie qui y étaient joints. Le prince parle de nouveau de la détresse dans laquelle se trouve le duché et de toutes les craintes pour l'avenir. Ce qui m'en donne beaucoup, c'est la mesure prise de supprimer les vivres à la troupe et de charger les soldats de pourvoir à leur subsistance au moyen de la solde. *De la détresse du grand-duché. Renseignements sur l'armée russe.*

Il est impossible que, sous peu, il n'arrive pas les plus grands désordres et une désorganisation dans ces troupes. Je ne puis que répéter à cet égard ce que j'ai déjà mandé à Votre Majesté.

                        PRINCE D'ECKMUHL.

Le prince Poniatowski au prince d'Eckmühl.

Varsovie, le 25 décembre 1811.

J'ai l'honneur d'accuser à Votre Altesse la réception de la lettre qu'elle a bien voulu m'adresser le 17 de ce mois.

Je désirerais être à même de lui faire parvenir au plus tôt les renseignements qui nous manquent sur la 14ᵉ division russe, et je fais tous mes efforts pour y parvenir; mais, depuis quelque temps, les obstacles de toute espèce que l'on oppose à nos communications dans les provinces voisines se sont tellement multipliés que ce n'est qu'avec la plus grande difficulté, et non sans danger pour les personnes qui se chargent de ces commissions, que l'on parvient à recueillir quelques notions.

D'après les données que nous avons, les trois régiments de chasseurs à cheval qui, dans les derniers temps, n'existaient point en Russie ont dû être formés d'hommes tirés des autres corps et qu'on a dû monter avec d'assez mauvais chevaux.

J'ai lieu de croire que les grenadiers du corps et ceux d'Araktchev appartiennent à la division Baggovout, et s'ils ont été omis dans l'état, ce n'est que parce qu'ils se trouvent encore à Pétersbourg. N'ayant eu depuis aucun renseignement sur les mouvements du régiment de chasseurs qui s'est trouvé il y a quelque temps à Troski, je suppose qu'il doit y avoir eu erreur dans le numéro, car le 7ᵉ de chasseurs à pied a toujours appartenu à la 9ᵉ division. Il est probable que ce régiment sera un des deux qui sont à Svir et dans les environs, également à portée de Vilna, mais du côté opposé à Troki.

Les renseignements que j'ai communiqués à Votre Altesse sur la 26ᵉ division viennent d'une personne sûre, et je n'ai pas remarqué de contradiction entre son rapport et ceux que j'ai reçus postérieurement. Cependant, si Votre Altesse a des données qu'elle a lieu de croire positives, je n'hésite pas à adopter la manière dont elle compose cette division, jusqu'à ce que nous en ayons une notion entièrement incontestable. En adoptant alors la probabilité dont j'ai fait mention à Votre Altesse, en lui faisant passer le tableau de l'armée russe, ce serait la division que j'ai cru devoir être la 26ᵉ qui aurait le numéro 24. Je ne négligerai cependant rien pour en avoir l'entière conviction.

Le régiment de dragons de Charkov se trouve, dans mon tableau, attaché à la division de cavalerie du général Czapliz (*Tchaplits*), qui est effectivement à Zytomierz (*Jitomir*). L'incertitude de Votre Altesse à cet égard n'a pu venir que de la manière différente d'orthographier, qui est comme je l'écris et non Karkov.

Quant à l'artillerie russe, j'ai eu l'honneur de transmettre à Votre Altesse, dans ma dernière dépêche, les derniers renseignements que j'ai reçus à ce sujet. Ils m'ont été apportés par un officier supérieur intelligent, qui arrive, il y a peu de jours, de la Russie.

Pour me convaincre de ce qu'on pourrait attendre des gardes nationales, avant que de leur confier des armes, autant que pour les rendre disponibles dans les circonstances actuelles, j'avais, il y a quelque temps, donné l'ordre de les réunir dans les chefs-lieux des départements. Cette mesure n'a servi, malheureusement, qu'à constater ce que je soupçonnais depuis longtemps, c'est-à-dire la nullité absolue de ce moyen de défense dans le duché. Presque partout, les habitants de nos petites villes, dont les familles ne subsistent que du travail de leurs mains, ont montré la plus grande répugnance à s'astreindre à un service qui pouvait les éloigner de leurs domiciles pendant un espace de temps indéterminé. Sur environ 7.000 hommes qu'on avait cru pouvoir rassembler, une partie n'a pu être réunie, et d'entre ceux qui se sont trouvés à l'appel, la plus grande partie, composée d'individus ou trop âgés ou trop jeunes, ne pouvait être d'aucun service. Si l'on ajoute à ce tableau que peu ont le moyen de s'équiper et que leur absence, tant soit peu prolongée, laisserait leurs familles sans moyens d'existence, il est facile de se convaincre que, dans le calcul des moyens militaires de notre pays, les gardes nationales doivent être entièrement mises de côté; et j'ai acquis la conviction la plus positive qu'on n'en saurait tirer aucun parti pour la défense du pays. D'après ces données, je me suis vu contraint de les faire retourner dans leurs domiciles, en laissant seulement sur pied quelques compagnies qui ne rendront pas de grands services.

La clôture de la Diète a eu lieu avant-hier, après qu'elle eut décrété les taxes nécessaires pour subvenir aux dépenses publiques. On a pu voir à cette occasion la lutte occasionnée par le désir de faire pour sa patrie toute espèce de sacrifices, et la conviction des obstacles qu'y apporte le dénuement général. Les tableaux qui, dans le cours des discussions, ont été mis sous les yeux du conseil d'État ne sont rien moins que rassurants. Dans aucune des années précédentes, les rentrées des revenus de l'État n'ont été aussi loin de leur taux calculé qu'en 1811, et, si, comme il est à prévoir, ils décroissent dans la même proportion l'année prochaine, j'ignore comment il sera possible de maintenir sur pied l'armée.

En un mot, je ne puis que répéter à Votre Altesse ce que malheureusement je n'ai eu que trop souvent occasion de lui dire, que les moyens du pays sont tellement épuisés que, si, de manière ou d'autre, S. M. l'Empereur ne vient à notre secours, tout doit nécessairement et immanquablement crouler.

Joseph prince Poniatowski.

Exposé donné par un officier venu de la Wolhynie le 21 décembre 1811.

L'opinion généralement répandue dans ce pays, et qui est l'objet de toutes les conversations, est que, sitôt que les hostilités commenceront entre la France et la Russie, l'empereur Alexandre se déclarera roi de Pologne avec la constitution du 3 mai 1791; non seulement cette opinion prend le caractère de certitude par des nouvelles de Pétersbourg, mais elle est appuyée et presque officiellement publiée par les personnes composant le gouvernement russe dans ces provinces. Ce gouvernement, qui, jusqu'à présent, faisait bien sentir aux Polonais son sceptre de fer, change tout à fait de système et commence à les caresser de toutes les manières. La levée des recrues, qui était toujours la terreur et la ruine des habitants par les vexations qu'exerçaient contre eux les gouverneurs des provinces et leurs subalternes, s'est passée actuellement avec une complaisance et une indulgence inconnues jusqu'à présent aux Russes, même au détriment du service de l'Empereur, car j'ai vu moi-même des recrues qu'on n'aurait jamais acceptés chez nous, à cause de leurs infirmités. L'armée, disséminée dans le pays, observe une discipline si sévère que l'on ne peut porter aucune plainte fondée, et c'est à peine si les particuliers savent qu'ils ont des soldats dans leur village, tandis qu'autrefois ils apportaient avec eux tous les excès de l'insubordination. Quantité de Polonais, employés dans le gouvernement, ont reçu des décorations, des tabatières et beaucoup d'autres preuves de la bonté particulière de l'empereur de Russie, qu'on distribue avec profusion. En un mot, on emploie toutes les manières pour attirer à eux l'esprit des Polonais, on se sert même de femmes, connues par leur amabilité ou les charmes de leur figure, pour séduire surtout les jeunes gens. Mme Potocka, veuve de Szeremy Potocki, parcourait, l'année passée, les provinces de Wolhynie, de Podolie et d'Ukraine, entourée de jeunes demoiselles à sa suite, et actuellement Mme Narychkin, née princesse Cutwertynska, vient de quitter ce pays, après y avoir fait une tournée et après y avoir resté plusieurs semaines. Ces dames ont employé toutes les agaceries pour attirer nos jeunes gens au service russe, la seconde surtout, connue par ses intimes liaisons avec l'empereur Alexandre, a promis, en son nom, à tous, des grâces particulières, et voulait absolument persuader et convaincre les Polonais que l'empereur de Russie a pour eux une prédilection marquée; qu'il prouvera dans peu son penchant pour cette nation, mais que les circonstances l'ont forcé à ne pas le faire voir. Quoique j'aie une bonne opinion de mes compatriotes, je crains néanmoins que tous ces traitements doux et affables, joints aux promesses et aux récompenses prodiguées, n'affaiblissent cet état de patriotisme qui faisait toujours honneur aux Polonais, et il y a d'autant plus de raison de le craindre que ces provinces, et surtout la Wolhynie, étaient de tout temps connues pour en avoir moins que les autres parties de la Pologne. Au moment de mon départ, on a répandu la nouvelle que l'empereur Alexandre viendrait visiter les gouvernements de Wolhynie, de Podolie et de Kijow (*Kiev*). Cette nouvelle paraît avoir un fond de vérité, vu l'époque des contrats, au 6 janvier de chaque année, qui attirent une grande affluence de la noblesse à Kijow (*Kiev*) pour y arranger les affaires. Outre cela, une personne de distinction m'a assuré avoir vu elle-même une lettre autographe de l'Empereur, écrite au duc de Richelieu, gouverneur d'Odessa, dans laquelle ce souverain lui promet son arrivée certaine cet hiver, pour voir cette ville et le port que l'on y a creusé.

L'armée russe, répandue dans des cantonnements très étendus, est composée de trois divisions d'infanterie sous les ordres des lieutenants généraux Doktorow (*Dokhtourov*), Capcewitz (*Kaptsewitch*) et Likoszyn (*sans doute Likhatchev*), d'une division de cavalerie, forte de dix régiments de toute arme, commandée par le lieutenant général Czaplic (*Tchaplits*) et de deux divisions de réserve aux ordres des lieutenants-généraux prince de Mecklembourg et Koulibakin (*Kolioubakine*). Toute cette armée, auparavant sous les ordres du lieutenant général Doktorow (*Dokhtourov*), est actuellement commandée par le prince Bagration, ce qui a occasionné une mésintelligence marquée parmi ces deux généraux. Cette armée, s'étendant depuis Kaménets-Podolski jusqu'à Brzesc de Lithuanie, est disposée de la manière suivante : les cosaques garnissent la frontière et forment la première ligne; derrière eux sont postés les régiments de chasseurs à pied, ou infanterie légère; en troisième ligne, l'infanterie de bataille avec de l'artillerie dans les intervalles et derrière l'infanterie toute la cavalerie. Le quartier général du prince Bagration est à Zytomirz (*Jitomir*), mais il parcourt lui-même souvent toute la ligne de l'armée. Les quartiers généraux des divisions sont placés de la manière suivante : le général Doktorow (*Dokhtourov*) à Dubno, Kapcewitz (*Kaptsevitch*) à Kowel, Likaszew (*Likhatchev*) à Zaslaw, Czaplitz (*Tchaplits*) à Constantinow, le prince de Mecklembourg à Kamieniec (*Kaménets*), Kolioubakine à Lipowice (*Lipovets*) en Podolie. Ces deux divisions de réserve, fortes environ de 20.000 hommes, sont placées entre deux armées russes, pour porter du secours, au cas avenant, contre les Turcs ou contre nous. On ne peut pas évaluer au juste la force de cette armée; on peut cependant croire qu'avec les deux divisions de réserve elle est forte de 60.000 hommes. Presque tous les régiments composant cette armée sont formés d'indigènes de la plupart des pays russes très éloignés de nos frontières; il y a même quatre régiments d'infanterie, arrivés de la Sibérie, dans lesquels il n'y a que des gens de ces pays qui, pour la première fois, ont quitté leur patrie. Tous les régiments composés des Polonais ou bien ceux qui en ont beaucoup sont envoyés contre les Turcs ou contre les Suédois; la levée de recrues même actuelle a été partagée en deux, dont une partie a été envoyée en Valachie et au fond de la Russie, l'autre en Finlande. A leur place sont venus les recrues des provinces les plus reculées, qui ont employé jusqu'à quatre mois de temps pour arriver en Volhynie.

L'armée d'Ukraine a beaucoup d'artillerie. Cette armée est commandée par des généraux, Archarow et Sivers; le premier a son quartier général à Lubar (*Lioubar*), l'autre à Polonnoé. L'artillerie est placée de la manière suivante : à Lubar, 24 pièces de campagne dont 12 d'artillerie légère; à Ostrog, 12 pièces d'artillerie légère; à Kowel, 12 pièces d'artillerie à pied; à Luck (*Loutsk*), 12 pièces d'artillerie légère; à Polonnoé, 24 pièces d'artillerie à pied; à Nieswiez (*Nesvij*), 24 pièces, dont 12 d'artillerie légère; à Tuczyn (*Tortschin*), 12 pièces de siège; le grand parc, contenant 60 pièces de position, est en Podolie, entre Dunajowce (?) et Woloczyska (*Volotschisk*), mais il se transporte souvent d'un endroit dans l'autre.

Cette artillerie est en très bon état; le matériel en est superbe, presque toutes les pièces sont neuves; j'en ai vu une partie à Nieswiez (*Nesvij*). On l'exerce tous les jours au polygone, et, pendant le temps que j'ai resté en Volhynie, j'ai entendu tous les jours les coups de canon de leurs exercices.

Les principaux magasins de l'armée sont les suivants : à Luck (*Loutsk*) 300.000 czetwerts[1], ce qui fait 500.000 boisseaux de notre mesure de farine et d'avoine; à Kovel, Zaslav, Dubno, Uswza (?), Constantinov, Kamieniec (*Kaménets*) et Pinsk, chacun de ces magasins contient 200.000 czetwerts ou 300.000 boisseaux; outre cela, il est beaucoup de magasins dans l'intérieur et une ressource presque inépuisable en cas de besoin chez des particuliers, car la loi de l'approvisionnement, appelée *Zsypka* en russe, n'était pas mise à exécution pendant huit ans; en vertu de cette loi, chaque individu mâle, sans exception de rang, est obligé de fournir au magasin impérial, par tête, tous les ans, un quart de boisseau de seigle, un huitième d'orge ou d'avoine et un seizième des légumes, ce qui don-

---

1. Czetwert, mesure de capacité équivalant à 209 litres.

nera des magasins énormes; et il paraît qu'on veut s'en servir, car les ordres ont été donnés pour tenir prêts ces approvisionnements au premier ukase.

Excepté Kijow (*Kiev*), où, outre les anciennes fortifications de la partie de la ville appelée Puzerskoïe, on a fortifié le quartier appelé Vieux Kijow et où on a fait un camp retranché pour 20.000 hommes, les Russes n'ont fortifié aucun point dans toute cette partie de la Pologne.

D'après tous les rapports des particuliers et des nouvelles qu'on peut avoir, l'armée russe s'étendant depuis Kamieniec (*Kaménets*) jusqu'à Mitau doit être forte de 200.000 hommes. L'aile droite est commandée par le général Bennigsen, le centre par le ministre de la guerre Barclay de Tolly et l'aile gauche par le prince Bagration.

LE PRINCE D'ECKMUHL A L'EMPEREUR.

Hambourg, le 2 janvier 1812.

Organisation à Varsovie d'un service d'espionnage.

Sire, j'ai reçu la lettre de Votre Majesté, du 20 décembre, où elle me fait connaître qu'il faudrait avoir à Varsovie un espionnage monté, à la tête duquel serait un Polonais sûr et intelligent; que ces individus viendraient ensuite rejoindre mon quartier général, et que ce serait une machine toute montée pour la guerre.

J'en ai écrit à M. Bignon, et je suis entré avec lui dans tous les détails nécessaires pour que cette organisation puisse remplir son objet.

PRINCE D'ECKMUHL.

L'EMPEREUR AU GÉNÉRAL CLARKE, DUC DE FELTRE, MINISTRE DE LA GUERRE, A PARIS.

Paris, le 3 janvier 1811.

Ordre d'établir un livret de la Grande Armée.

Monsieur le duc de Feltre, je désire avoir un livret de la Grande Armée, comprenant l'infanterie, la cavalerie, l'artillerie, les équipages de pont, le génie, avec l'emplacement des troupes au 1er janvier et les ordres qu'elles ont reçus.

Infanterie. — La Grande Armée sera composée de quatre corps. Le corps d'observation de l'Elbe comptera pour deux.

Je vous ai fait connaître l'organisation du corps d'armée de l'Océan, qui n'aura que 3 divisions au lieu de 4, et celle du corps d'observation d'Italie, qui n'aura que 3 divisions au lieu de 4, savoir : 2 divisions françaises et 1 italienne.

La Grande Armée ne sera donc composée que de 15 divisions; j'en joins ici l'état pour plus de clarté; il y aura 2 divisions de moins que dans le premier projet, ce qui influera sur l'artillerie.

Cavalerie. — La cavalerie légère sera divisée en 14 brigades. Vous en avez les numéros; pour plus de clarté, je joins ici l'état de leur formation. Ces 14 brigades formeront 7 divisions.

La cavalerie de réserve sera composée de 6 divisions, savoir : 5 divisions de cuirassiers et 1 de dragons ; pour plus de clarté, j'en joins ici l'organisation.

Il y aura donc une division de cavalerie de plus que je n'avais ordonné ; ce qui donne une augmentation de deux batteries d'artillerie à cheval de plus que je n'avais ordonné.

Artillerie. — Les 14 divisions françaises auront chacune une batterie à pied de 6 pièces de 6 et de 2 obusiers, et 13 batteries à cheval [1] de 4 pièces de 6 et de 2 obusiers, la 7e division étant servie par une compagnie d'artillerie à cheval polonaise. Le corps d'observation de l'Elbe, formant deux corps d'armée, aura 4 batteries de réserve, chacune de 6 pièces de 12 et de 2 obusiers à grande portée ou licornes. Le corps d'observation de l'Océan aura 2 batteries pareilles. Le corps d'observation d'Italie aura 2 batteries pareilles. Total de l'artillerie française attachée aux 14 divisions d'infanterie : 35 batteries à pied, à cheval ou de réserve, formant :

48 pièces de 12,
146 pièces de 6,
70 obusiers, dont 16 à grande portée ou licornes ;

total : 264 pièces attachées à l'infanterie.

La division italienne aura 1 batterie à pied et 1 à cheval. Il y aura 2 batteries d'artillerie de réserve italienne attachées à la Garde. Total de l'artillerie attachée à l'infanterie italienne : 6 batteries à pied, à cheval ou de réserve, formant :

12 pièces de 12,
20 pièces de 6,
12 obusiers, dont 4 licornes ;

total : 44 pièces de canon italiennes.

L'artillerie de la cavalerie sera composée de 12 batteries à cheval, savoir :

48 pièces de 6
et 24 obusiers ;

total : 72.

Le total de l'artillerie de la Grande Armée sera donc de 51 batteries à pied, à cheval, ou de réserve, formant :

60 pièces de 12, françaises ou italiennes,
214 pièces de 6
et 106 obusiers ;

total : 380 bouches à feu, sans comprendre l'artillerie régimentaire.

---

1. Soit une batterie à cheval par division.

Conformément à l'état ci-joint, les 15 divisions auront 174 pièces de régiment, dont 10 italiennes et 16 de la Confédération.

La Garde impériale aura :

        8 batteries d'artillerie à cheval,
        8 batteries d'artillerie à pied,
et   4 de régiments ;
total : 20 batteries servies[1] ;
      24 pièces de 12,
      80 pièces de 6,
      32 pièces de 4,
      40 obusiers, dont 8 à grande portée ou licornes ;
total : 176 pièces. Ce qui, avec les
      36 pièces de la Garde italienne, y compris les 16 de la réserve italienne, fera
    212 pièces pour la Garde.

Ainsi, il y aura à la Grande Armée :

        84 pièces de 12,
     294 pièces de 6,
     146 obusiers
et 206 pièces de régiment, y compris la Garde.

TOTAL GÉNÉRAL : 730 bouches à feu.

Équipages de pont et parcs de siège. — Il y aura 3 équipages de pont, dont 2 seront formés et 1 avec les agrès seulement, servis par 13 compagnies de pontonniers ;

2 équipages de siège, avec au moins 12 compagnies françaises pour le service des 2 équipages, et 12 alliées, dont 3 italiennes, 3 polonaises et 6 des autres nations ;

24 compagnies de sapeurs, françaises, 2 italiennes, non compris les sapeurs de la Garde ;

6 compagnies de mineurs ;

1 bataillon d'ouvriers de la marine, de 6 compagnies.

Transports militaires. — Il y aura 7 bataillons, dont 6 français et 1 italien, formant 1.774 voitures.

Génie. — 2 équipages de siège et 3 équipages de pont, composés des simples matériaux en réserve à Danzig.

Il faudrait joindre à l'artillerie un certain nombre de pièces attelées au parc général, pour pouvoir promptement réparer les pertes.

                                            NAPOLÉON.

---

1. La pièce originale porte un total de 24 batteries au lieu de 20, mais c'est là sans doute une erreur.

L'EMPEREUR A EUGÈNE NAPOLÉON, VICE-ROI D'ITALIE, A MILAN.

Paris, le 3 janvier 1812.

Mon Fils, le ministre de la guerre vous a transmis mes ordres pour l'organisation des 13e, 14e et 15e divisions, pour celle des quatre brigades de cavalerie légère et de la division de dragons. Cachez votre mouvement le plus longtemps que vous pourrez, en commençant par tout ce qui est insignifiant, c'est-à-dire par ce qui est le plus éloigné. J'ai décidé que la 13e division serait réunie à Bolzana et jusqu'aux limites du territoire bavarois; que la partie de la division qui vient des provinces illyriennes se rendrait à Linz, hormis toutefois les Croates, qui ne doivent partir que bien habillés et bien armés; que la 14e division se réunirait du côté de Trente et de Roveredo, et la 15e division à Lodrone, à la Rocca-d'Anfo, à Brescio et à Salo; que deux brigades de cavalerie légère se réuniraient dans la vallée de la Brenta, de manière que la tête ne soit qu'à une marche de Trente, et les deux autres brigades dans la vallée de la Chiese, de manière à pouvoir promptement déboucher par la Rocca-d'Anfo; que la division de dragons se réunirait sur le Mincio; le grand parc, les transports militaires et le génie, à Vérone. Bien entendu que chaque division aura avec elle son artillerie, son détachement du génie et tout ce qui lui est nécessaire. Comme il est possible que les divisions restent dans cet état pendant douze ou quinze jours, il faut que des mesures soient prises pour les subsistances et pour que les divisions mènent avec elles huit jours de vivres, pour pouvoir marcher rapidement. Vous ne ferez aucuns demande de passage en Bavière, ni aucune démonstration; quand le cas arrivera, je donnerai les ordres nécessaires.

Corps d'observation d'Italie : ordre de prendre discrètement des mesures pour tenir ce corps prêt à marcher.

Il faut m'envoyer un autre état de formation de votre corps, qui soit mieux fait. Prenez les mesures nécessaires pour que toutes les compagnies des régiments italiens soient fortes de 140 hommes, et pour que vos seize bataillons aient 13.440 hommes, leurs compagnies d'artillerie régimentaires non comprises. Il est même nécessaire qu'il y ait 10 hommes de plus par compagnie, de sorte qu'à son passage à Ratisbonne le corps italien se trouve avoir 13.440 hommes présents sous les armes.

Le 8e et le 18e régiment d'infanterie légère pourront avoir le même complet, puisque ces régiments viennent de recevoir 400 hommes réfractaires. Les Croates devront avoir le même complet.

Quant aux autres régiments français, il faut les porter à ce complet aussitôt que possible. Le bataillon du 10e de ligne doit être arrivé; vous le ferez sur-le-champ incorporer. Vous pourrez incorporer également les deux bataillons du 2e régiment de la Méditerranée, qui ont 1.500 hommes; ce qui vous fera près de 2.000 hommes.

Le 4ᵉ bataillon du 8ᵉ léger est parti à la fin de décembre des îles d'Hyères, composé de conscrits réfractaires, pour rejoindre son régiment; vous aurez ainsi trois bataillons du 8ᵉ léger, au lieu de deux; vous ferez tiercer ce 3ᵉ bataillon avec les deux autres. Comme j'attache une grande importance à ce que le corps d'observation d'Italie parte complet, écrivez au prince Borghèse pour savoir ce que les dépôts qui sont dans son gouvernement peuvent fournir à vos régiments.

Je donne ordre, d'ailleurs, que les bataillons du régiment de la Méditerranée qui sont à l'île d'Elbe et en Corse suivent le mouvement pour vous joindre. Je désirerais que tous vos bataillons pussent passer le Tyrol forts de 840 hommes chacun. Il faudrait former à Trente un dépôt pour tous les hommes malades et fatigués; à mesure qu'ils guériront, ils viendront vous rejoindre; on ne les fera partir que lorsqu'il y en aura 1.500 ou 2.000, avec les effets que les corps voudront envoyer. Toutes les compagnies de pontonniers qui sont en Italie ou dans le gouvernement du prince Borghèse doivent se réunir à Vérone, ainsi que la plus grande partie des compagnies de sapeurs, les compagnies de pontonniers complétées à 120 hommes et les compagnies de sapeurs à 140 hommes. Il en est de même des compagnies de mineurs. Tout cela, arrivé à la Grande Armée, sera distribué dans les corps selon l'organisation.

Les régiments de chasseurs italiens sont bien faibles; il faudrait les porter à 1.100 hommes et 1.000 chevaux. Vous devez avoir des hommes disponibles; faites-les armer et habiller, pour porter vos régiments à 1.200 hommes. Ils pourront partir à pied, avec leurs selles, et prendre leurs chevaux à Dresde ou à Posen, où vous les aurez fait acheter d'avance. Tous les régiments de cavalerie légère française ont des marchés passés pour 300 chevaux du côté de Hambourg et de Hanovre, de sorte qu'ils seront à 1.000 chevaux dans le courant de mars. La Garde doit être au grand complet, de sorte que vous vous trouverez avoir 46 à 47.000 hommes d'infanterie, sans compter l'artillerie et le génie. Vous devez avoir deux bataillons d'équipages militaires, un français et un italien. En attendant que les nouvelles voitures soient faites, on se servira des anciennes; mais ne les faites partir de Plaisance qu'au dernier moment, c'est-à-dire au commencement de février, puisque, pour arriver à Vérone, je ne crois pas qu'il faille plus de sept à huit jours. Vous renverrez les cadres des bataillons du 10ᵉ et du 20ᵉ à leurs dépôts, et ceux des bataillons du 2ᵉ régiment de la Méditerranée à Toulon. Assurez-vous, avant le départ de ces cadres, que les sous-officiers ont deux ans de service; s'ils ne les avaient pas, faites faire l'échange avec de vieux sergents et caporaux de vos régiments.

Le ministre de l'administration de la guerre a dû donner des ordres pour que tous les employés de l'administration fussent rendus à Milan le 15 février.

Faites-moi connaître où en est la conscription italienne de 1812. La conscription de 1811 est-elle toute levée?

NAPOLÉON.

Le lendemain, 4 janvier, l'Empereur ajoute :

Mon Fils, je pense que tous les soldats qui entreront dans la composition de la 15e division seront tous à l'école de bataillon.

L'EMPEREUR AU PRINCE D'ECKMÜHL,
COMMANDANT LE CORPS D'OBSERVATION DE L'ELBE, A HAMBOURG,

Paris, le 3 janvier 1812.

Mon Cousin, je suppose que vous avez déjà reçu le décret du 12 décembre sur Danzig [1]. Vous y verrez que j'ai fait un fonds de 12.000 francs, moyennant lequel je dois avoir à Danzig 33.000 quintaux métriques de blé, ou 66.000 quintaux poids de marc, 3.900 quintaux métriques de riz, savoir : 1.900 pour l'approvisionnement de siège et 2.000 pour la réserve; 612.000 décalitres d'avoine. Les fonds sont accordés pour tout cela. Il est nécessaire que, sur les 66.000 quintaux de blé, 50.000 soient convertis en farine au 1er mars ; que cette farine soit prête à être entonnellée et que les tonneaux soient d'une dimension telle qu'ils puissent facilement se charger sur nos nouveaux chariots. Tout cela doit être préparé de manière que, lorsque le mouvement sera démasqué, on puisse faire embariller la farine sans donner l'alerte et la faire passer soit par la Vistule, soit par le Frische-Haff, soit par terre au moyen des équipages. Il faut aussi que les 600.000 rations de biscuit soient dans des caisses qui aillent parfaitement sur les nouveaux caissons. De même pour les 2.000 quintaux métriques de riz qui n'appartiennent pas à l'approvisionnement de siège. Je vous ai déjà mandé qu'indépendamment de ce riz vous eussiez à envoyer tout le riz qui est à votre disposition soit à Hambourg, soit à Magdebourg, soit dans les places de l'Oder. Moyennant ces précautions, on pourra être assuré d'avoir 600.000 rations de biscuit et 50.000 quintaux de farine poids de marc ; ce qui fera à peu près pour 200.000 hommes pendant trente jours. Ce sera un approvisionnement raisonnable, mais il faut que tout cela soit disposé de manière à pouvoir être transporté à deux ou trois cents lieues, et notamment le riz.

Je désirerais avoir un rapport qui me fît connaître les moyens de mouture qu'on a à Danzig.

NAPOLÉON.

Instructions pour les approvisionnements de blé, riz et farine, à préparer dans la place de Danzig.

---

1. Ce décret est inséré au chapitre précédent, page 385.

Rapport du ministre de la guerre à l'Empereur, du 3 janvier 1812.

Mesures proposées pour armer les cuirassiers de mousquetons et les chevau-légers de carabines.

Le décret impérial du 25 du mois dernier[1] ordonne d'armer tous les cuirassiers d'un mousqueton semblable à celui qui était en usage, il y a vingt ans, dans la grosse cavalerie, et tous les chevau-légers d'une carabine semblable à celle dont sont actuellement armés les chasseurs et hussards.

Il faut, en conséquence :

16.000 mousquetons pour les deux régiments de carabiniers *cuirassés* et pour les quatorze régiments de cuirassiers ;

9.000 carabines pour les neuf régiments de chevau-légers.

Il n'existe actuellement en magasin que 14.000 mousquetons (*modèle an IX*) et il n'en a point été fabriqué d'autre espèce, depuis l'an X, dans les manufactures d'armes.

C'est avec ces mousquetons (*modèle an IX*) que sont maintenant armés les chasseurs, hussards, les grenadiers à pied et à cheval et les bataillons du train des équipages.

La formation de ces derniers bataillons et l'augmentation considérable des troupes de gendarmerie ont consommé, depuis deux ans, une grande quantité de mousquetons et réduit l'existant actuel à 14.000.

Le décret porte que les régiments de cuirassiers devront avoir reçu leurs mousquetons avant le 1ᵉʳ mars. Comme il n'existe plus en magasin de mousquetons (*ancien modèle*), il faut les faire fabriquer dans les manufactures d'armes, et, pour monter cette fabrication abandonnée depuis dix ans, il faut refaire les calibres, mandrins, instruments vérificateurs, outils, pièces de modèles, etc.

En l'an IX, il existait trois espèces de mousquetons :

1° Celui de maréchaussée ou gendarmerie (modèle de 1770), canon de 30 pouces ;

2° Celui de grosse cavalerie (*modèle de* 1777), canon de 28 pouces ;

3° Celui de cavalerie légère (*modèle de* 1786), canon de 26 pouces.

Sa Majesté, sur le rapport d'un comité d'officiers généraux de cavalerie et d'artillerie, approuva, en l'an IX, que ces trois modèles, qui différaient peu entre eux, seraient réduits à un seul qui deviendrait commun aux trois armes, et l'on adopta, en conséquence, le mousqueton modèle an IX, armé d'une baïonnette, et dont le canon a 28 pouces.

Ce mousqueton ne diffère que de deux pouces de longueur avec celui de la grosse cavalerie, et il est généralement reconnu meilleur comme plus léger et mieux entendu dans toutes ses parties.

Je pense donc que, pour éviter les délais qu'entraînera nécessairement une nouvelle fabrication, il serait convenable de donner le mousqueton modèle an IX aux régiments de cuirassiers.

Si Sa Majesté approuve cette proposition, je pourrai faire armer en mousquetons de ce modèle, pour le 1ᵉʳ mars, les quinze régiments de grosse cavalerie qui sont en Allemagne et faire donner, d'abord, aux chevau-légers les mousquetons du même modèle (*improprement appelés carabines par la commission, puisque les canons n'en sont pas carabinés*) nécessaires

---

1. Ce décret est inséré au chapitre précédent, page 444.

aux hommes non armés de lances et qui se composent, par régiment, de : 288 sous-officiers et chevau-légers, 6 sous-officiers et 30 chevau-légers par compagnie ne devant pas être armés de lances, ce qui fait, pour les huit régiments qui sont en France et en Allemagne, 2.304 mousquetons.

Les 5.504 autres mousquetons que doivent avoir les chevau-légers armés de lances leur seraient distribués plus tard.

Quant aux lances, les huit régiments ne doivent en avoir que 5.504 (38 hommes par compagnie n'en étant plus armés); ils en ont déjà 4.500, et j'ai donné l'ordre de faire distribuer les 1.000 qui manquent encore et que ces régiments auront reçues au 20 de ce mois[1].

Duc de Feltre.

L'EMPEREUR AU PRINCE DE NEUCHATEL ET DE WAGRAM,
MAJOR GÉNÉRAL DE L'ARMÉE D'ESPAGNE, A PARIS.

Paris, le 4 janvier 1812.

Mon Cousin, vous réunirez chez vous le grand écuyer, le duc d'Istrie, le général Lariboisière, l'ordonnateur de la Garde, et vous leur demanderez des réponses à ces questions :

De l'espèce de voiture de transport qu'il convient d'adopter pour la prochaine campagne.

1° Quelle est l'espèce de voiture de transport dont se servent les Russes et les Polonais dans leurs pays ?
2° Combien de pareilles voitures coûteraient-elles à faire faire ?
3° Combien pèsent-elles ?
4° Combien portent-elles de quintaux ?
5° De combien de gros chevaux d'attelage ont-elles besoin ?
6° Ne serait-il pas convenable d'avoir, à la suite de l'armée, en Pologne, un ou plusieurs bataillons attelant ces voitures ?

Napoléon.

LE PRINCE D'ECKMUHL A L'EMPEREUR.

Hambourg, le 4 janvier 1812.

Sire, Votre Majesté m'a demandé par sa lettre du 16 décembre des renseignements sur les cuirassiers westphaliens, saxons et polonais.

Renseignements sur les cuirassiers westphaliens, saxons et polonais. Rapport du général saxon Gersdorf sur l'état des esprits et les sociétés secrètes en Allemagne.

Le général Saint-Germain m'a donné les meilleurs renseignements sur les cuirassiers westphaliens; il les regarde comme en état d'entrer en ligne.

J'ai demandé au général Gersdorf des renseignements sur les deux régiments de cuirassiers saxons. Ils sont conformes à l'opinion que j'en avais, c'est-à-dire que ce sont de beaux régiments et sur lesquels on peut compter.

---

1. Voir, sur la même question, la lettre de l'Empereur au prince d'Eckmühl, du 6 janvier (page 503), le compte rendu du maréchal, du 10 janvier (page 504), et un second rapport du ministre de la guerre, du 20 janvier (page 596).

J'adresse à Votre Majesté un rapport du général Gersdorf, assez long, mais dont elle pourra faire faire des extraits; j'attache du prix à la manière de voir de ce général, parce que c'est un officier de beaucoup de sens.

Tous les rapports s'accordent à dire que l'armée saxonne a beaucoup gagné, et je crois que Votre Majesté peut compter dessus; cela est dû en grande partie aux soins de cet officier général.

Je rappellerai ici ce que j'ai eu l'honneur d'écrire à Votre Majesté le 11 décembre, et même je joins ici copie de ma lettre; cette marque de satisfaction de Votre Majesté ne peut produire qu'un bon effet pour son service[1].

Si je répète cette demande, c'est par le motif que, toutes les fois qu'une demande me paraîtra utile au bien du service de Votre Majesté, je la reproduirai tant que l'occasion s'en présentera.

Dans les papiers ci-joints, Votre Majesté verra la composition des régiments de l'armée saxonne.

Leurs compagnies sont à peu près de la même force que celles des régiments de Votre Majesté. Ils ont mis deux sous-lieutenants par compagnie dans les régiments de toute arme. Je crois cette mesure excellente. Le nombre des officiers me paraîtrait devoir être augmenté d'un sous-lieutenant par compagnie en raison de leur force; on pourrait alors compter toujours sur deux sous-lieutenants, ce qui n'est pas trop pour une compagnie de 140 à 150 hommes.

Dans les papiers du général Gersdorf, il y a une note sur les fortifications de Torgau; on y a travaillé pendant tout le courant de l'année dernière.

PRINCE D'ECKMÜHL.

Le général saxon Gersdorf au prince d'Eckmühl.

Dresde, 29 décembre 1811.

Monseigneur, j'ai reçu hier matin, à 3 heures, les lettres que Votre Altesse m'a fait l'honneur de m'écrire en date du 19 et 20 du courant.

Ces lettres touchant plusieurs objets, Votre Altesse me permettra que j'entre dans leurs détails ainsi qu'Elle a bien voulu me les représenter. Je saisis en même temps l'occasion pour exposer mes idées sur ces diverses matières selon ma conviction et mes sentiments.

1° Il est évident qu'il existe continuellement en Westphalie des personnes qui tâchent d'exciter des troubles dans l'État, et que le feu, pas assez éteint, couve encore sous les cendres. J'ai cru, depuis quelque temps, devoir porter mon attention particulièrement sur cet objet, et j'ai fait autant que me le permettait ma sphère d'activité, c'est-à-dire je chargeai plusieurs personnes de confiance d'observer en secret le train des affaires et de voir surtout si ces flammes pourraient s'étendre sur la Saxe.

En suite de cette mesure, j'avais un officier aux frontières du temps de

---

[1]. Il s'agit d'une proposition pour la Légion d'honneur. Voir, chapitre précédent, la lettre du prince d'Eckmühl à l'Empereur, du 11 décembre 1811, page 385.

l'arrestation du conseiller Becker à Gotha, et j'étais sûr que rien ne lui échappât de l'impression que cet événement dût faire sur les différents esprits.

Voici mes idées en général :

Il existe trois ligues en Allemagne :

a) L'*Union de la vertu* (*Tugendverein*), qui a son siège en Prusse, et à la tête de laquelle se trouvent les princes de la maison et les généraux les plus distingués ;

b) La *Concorde*, qui prit son origine dans le Hanovre et dont il existe encore des descendants dans la Westphalie ;

c) La *Société pour le droit et la fidélité germaniques* (*Die Gesellschaft für deutsches Recht und Treue*), dont les partisans se trouvent en grande partie dans les États autrichiens.

Toutes ces sociétés ont la même tendance : c'est d'agir contre le gouvernement français. Le but de la première paraît être, outre cela, d'éloigner le roi de Prusse de son trône et d'y placer un des princes, frère du roi, ou son cousin Auguste-Ferdinand, cela revient au même.

La *Concorde* est principalement entretenue par le gouvernement anglais.

A la tête de la troisième société, se trouve un homme qui est, sans contredit, le plus nuisible : c'est le ci-devant ministre Stein. Elle a, en outre, une quantité d'écrivains à sa suite, parmi lesquels se trouvent des têtes distinguées.

L'union de ces sociétés est plutôt morale que politique, et leur lien magique est tenu joint par quelques enragés qui ne sont guère nuisibles, parce qu'ils manquent de génie.

En Prusse, l'armée est disposée pour l'*Union de la vertu*, ce qui n'est pas surprenant, les premiers généraux étant membres de cette ligue.

Je ne sais si l'armée westphalienne est dévouée à son gouvernement. J'observe seulement qu'elle me paraît encore trop mêlée pour qu'on puisse compter sur sa fidélité.

L'armée autrichienne ne prend aucun parti. Elle est soumise à son souverain.

Toutes ces sociétés ne peuvent devenir dangereuses que lorsqu'un homme de grandes qualités les réunit d'une main puissante. Mais voilà ce qu'il leur manque.

En ce qui regarde l'influence de ces sociétés sur la Saxe, je pense qu'elle est de nulle conséquence, et cela par les raisons suivantes : Un règne heureux de plus de quarante ans a rendu notre roi si intime avec la nation que sa volonté est celle de son peuple, et je crois que jamais des actes importants ne se commettront qui ne seraient conformes aux sentiments du monarque. L'attachement de l'armée au roi et l'esprit qui l'anime actuellement est une autre raison essentielle qui soutient mon assertion.

Le Saxon ne passe que difficilement d'un système à un autre ; mais, une fois décidé, il lui reste fidèle. Les mêmes troupes qui, en 1807, ne marchaient qu'avec répugnance et non sans beaucoup de peine de notre côté contre les Prussiens feront aujourd'hui leur possible pour Sa Majesté l'Empereur. La conviction qu'il faut s'attacher entièrement au gouvernement français a passé dans l'armée saxonne. Elle pense et agit dans le sens de son souverain.

Je crois pouvoir maintenir qu'aucune des armées de la Confédération du Rhin n'a fait autant pour se perfectionner et se préparer pour des événements futurs comme l'armée saxonne. La construction des fortifications de Torgau pendant cette année en est une preuve nouvelle. La note ci-jointe donnera à Votre Altesse un aperçu de l'état actuel de cette place.

Leipzig est le seul point qui sert de reproche à la Saxe; j'ose observer cependant que les habitants de cette ville sont tous marchands et par conséquent des hommes d'après lesquels une nation ne peut être jugée. L'opinion de ces individus ne mérite donc aucune considération.

La librairie pourrait être de plus d'importance. Pour celle-ci, Leipzig fut depuis plusieurs siècles le point central en Allemagne. Il s'agit principalement qu'il y ait dans cette place un homme d'une intégrité connue et qui, avec un véritable attachement à son gouvernement, fait passer la censure à tous les écrits avant qu'ils soient imprimés. C'est le cas à présent, vu que, d'après les ordres de Sa Majesté le roi, un homme qui certainement réunit toutes ces qualités vient d'être placé à cet effet à Leipzig.

Votre Altesse peut être persuadée que l'esprit qui règne dans la Saxe est bon, parce qu'il sort du souverain, auquel se réunissent son ancien ami, M. le comte ......, et les personnes qui ont le droit d'accès auprès de sa personne. Je crois pouvoir avancer avec certitude que jamais une faction ne se formera chez nous et qu'en général il n'y a pas de pays sur lequel Sa Majesté l'Empereur peut compter autant que sur la Saxe.

Je m'en rapporte à cet égard au témoignage de l'ambassade française auprès de notre cour.

2° D'après les nouvelles récemment reçues, tout est tranquille en Prusse. L'année fort avancée empêche les travaux aux fortifications qui ne seraient pas encore achevées. Dans les régiments, on observe toujours les mêmes principes adoptés depuis.

Il n'y a pas eu de changement important dans la situation des troupes en Silésie. La majeure partie est toujours garnisonnée dans les places fortes, ainsi que le mandent mes rapports précédents. Ceci se confirme par les déserteurs qui ont été examinés tant aux frontières qu'ici dans la place.

Il est difficile d'avoir des nouvelles exactes sur la position des troupes dans l'intérieur de la Silésie. Je sais que le voyage de deux officiers, l'un envoyé par M. le général Jacquinot, l'autre par moi, a été de suite annoncé au gouvernement, à Berlin, par les autorités silésiennes.

L'officier en retraite, auteur de la lettre dont j'ai eu l'honneur d'adresser la traduction à Votre Altesse, est sur le point de partir pour Glogau. J'envoie un autre officier à Breslau et un troisième à Berlin, qui tâcheront surtout de se procurer des renseignements exacts sur la situation des troupes. Je ne manquerai pas de soumettre à Votre Altesse les résultats de leurs voyages aussitôt qu'ils en seront revenus.

3° Votre Altesse saura qu'un corps de 20.000 Autrichiens, sous les ordres du prince de Reuss, est entré en Galicie, vraisemblablement pour former une ligne de démarcation. Ce corps est tout composé de régiments hongrois.

L'armée autrichienne a perdu, dans la personne du général de Stutterheim, un de ses meilleurs généraux, mais aussi une tête turbulente, qui savait, par ses connaissances et son habileté, procurer à la partie pour laquelle il se déclarait une supériorité décisive.

4° Aussitôt que S. M. le Roi sera revenu de Varsovie, je ne manquerai pas de prendre ses ordres relativement aux soldats et chevaux du train qui devront partir pour Danzig. J'avoue que j'aurais fortement désiré les employer ici pour notre artillerie, mais ils ne devront pas manquer pour cela à Danzig.

5° J'ai encore l'honneur de remettre à Votre Altesse un état détaillé de nos régiments de cavalerie, artillerie et infanterie, en y ajoutant les observations suivantes :

La cavalerie saxonne a toujours été une des meilleures qui existent. Elle est très bien montée et équipée, et surtout bien bridée; les hommes montent bien à cheval et se servent du sabre avec une force et une agilité telles qu'on ne trouve que rarement une cavalerie qui les égale dans cette manœuvre.

Le désir que j'ai de voir l'armée dans le meilleur état possible m'oblige d'observer à Votre Altesse que la transformation d'un régiment de chevau-légers en lanciers est une chose qui peut très facilement être nuisible pour le moment. J'ai moi-même servi pendant vingt ans dans les chevau-légers, et je connais trop notre cavalerie pour ne pas être persuadé que les hommes ne prendront de sitôt confiance en une arme qui leur est étrangère, et j'avoue franchement que, malgré les peines que nous nous donnons, je crois cependant qu'on n'osera se promettre un grand avantage de ce changement dans une guerre prochaine.

Si notre cavalerie était bonne autrefois, elle ne l'est pas moins à présent. Lorsque, après mon retour de l'Autriche, S. M. le Roi me conféra ma charge actuelle, il manquait à l'armée au delà de 3.000 chevaux que j'ai dû remplacer successivement, et, à cet effet, des commissions en remontes ont été données pour l'année prochaine. Elle est maintenant supérieurement bien montée.

Les cuirassiers n'ont point de carabines; seulement les chevau-légers et hussards. Ces derniers auront des carabines, pistolets et sabres neufs à la fin du mois d'avril. Les troupes sont bien habillées et les équipages des chevaux sont dans le meilleur état; aussi ai-je soin d'en avoir toujours en magasin pour que rien ne manque en cas de nécessité.

Les officiers de notre cavalerie sortent tous de bonnes familles, et les sous-officiers et soldats sont des gens de bonne conduite. Les commandants des régiments sont actifs et habiles, excepté celui du régiment des Gardes à cheval, qui aura sa retraite aussitôt que la guerre éclatera.

Notre grosse cavalerie ne cède en rien au reste de la cavalerie; mais le régiment des Gardes cuirassiers pourrait bien être préférable aux régiments des Gardes à cheval et de Zastrow. Cependant, ces deux régiments n'ayant pas encore eu l'occasion de se distinguer comme le régiment des Gardes cuirassiers, et brûlant d'ardeur à pouvoir noter dans leurs annales, comme celui-ci, des jours de Heilsberg, Domnin, Friedland et Wagram, il aurait été injuste si l'on n'eût placé ces régiments aux deux divisions de campagne.

Il faut ajouter que le régiment des Gardes cuirassiers a une quantité de chevaux de remonte dont on ne peut encore se servir avec succès.

Si, d'un autre côté, on ne doit pas omettre qu'en cas d'une guerre la division de réserve, qui reste dans le pays, aura beaucoup à faire et qu'elle devra être organisée de manière à pouvoir servir d'élite à l'armée dans des moments critiques, je crois que le régiment des Gardes cuirassiers et le très beau régiment de chevau-légers du prince Jean rempliront cette tâche honorablement.

Comme la confiance qu'on a dans une troupe décide souvent sur sa valeur dans des moments critiques, je puis donner ma parole à Votre Altesse que les deux régiments de grosse cavalerie feront tout pour se rendre dignes de l'honneur d'être les premiers qui seront conduits à la victoire par Votre Altesse.

Je suis persuadé que le général de brigade qui les commandera fera son devoir à tous égards. Ce serait sa faute si ces régiments ne s'acquittent de leur devoir, ce qui n'est cependant vraisemblable sous aucun rapport.

Avant la nouvelle organisation de l'armée, l'artillerie et l'infanterie étaient toujours fort en arrière de la cavalerie. J'espère que Votre Altesse et MM. les généraux qui ont vu ces troupes avant cette époque ne les reconnaîtront plus à présent. Ces troupes ont infiniment gagné dans la légèreté des mouvements et dans l'instruction, et, si l'on y ajoute l'expérience que nous avons acquise pendant six ans, je crois pouvoir compter, au nom de l'armée, sur la satisfaction de Votre Altesse.

La formation de notre train d'artillerie, qui n'était réuni autrefois qu'en temps de guerre, a beaucoup servi au perfectionnement de l'artillerie, dont on est occupé à refondre le matériel. Déjà six batteries sont prêtes à marcher, plusieurs sont aux ateliers.

Toute l'infanterie sera nouvellement armée au mois de mai prochain. Les armes actuelles sont cependant encore en état de service.

Votre Altesse pardonnera la longueur de ce rapport. Je crois cependant de mon devoir de lui communiquer tout ce qui peut contribuer à la mettre au fait de la véritable situation des choses.

De Gersdorf.

Le baron Bignon, résident de France à Varsovie, au prince d'Eckmühl.

Varsovie, le 28 décembre 1811.

Renseignements sur les mouvements de l'armée russe.

Nous n'avons, du côté de la Russie, rien de récent qui doive donner la moindre inquiétude. Quelques rapports venus à l'état-major général n'ont rien de remarquable, sinon qu'ils s'accordent avec ceux que j'ai reçus précédemment d'un de mes agents en Wolhynie et par conséquent les confirment. J'en attends de nouveaux à chaque minute.

Que penser des rapports qui viennent des provinces prussiennes? Toujours on parle de levées d'hommes, de chevaux et d'autres préparatifs. Croire tous ces bruits-là vraiment faux, c'est difficile. Comment, d'un autre côté, admettre que le Gouvernement ait l'audace d'agir dans un sens formellement contraire à ses déclarations? Il faudrait d'autres données que celles que nous avons ici pour expliquer cette énigme.

Ed. Bignon.

LE PRINCE D'ECKMUHL A L'EMPEREUR.

Hambourg, le 5 janvier 1812.

Sire, j'ai reçu la lettre de Votre Majesté du 31 décembre 1811. Je vais prendre près du prince Poniatowski tous les renseignements que demande Votre Majesté. Les chevaux de la Galicie ont, ce me semble, plus de taille que les autres, et je crois qu'on pourrait y trouver quelques milliers de chevaux de trait.

Je ne doute point, Sire, qu'on puisse trouver 3.000 chevaux de trait dans le nord de l'Allemagne, au prix de 400 ou 410 francs.

Je présume qu'une grande partie de tout ce qu'on désire pourrait se trouver en Pologne, en fournissant de l'argent.

D'après les comptes qui m'ont été rendus, il paraît qu'on devra au duché environ cinq millions sur la liquidation qui se fait en ce moment des fournitures qu'ils ont livrées aux troupes de Votre Majesté. Ainsi, en leur avançant deux ou trois millions, Votre Majesté se liquiderait, en même temps qu'elle les mettrait à même de former leur armée sur un bon pied.

Votre Majesté m'observe dans sa lettre que je lui ai bien envoyé un état de situation de l'artillerie de l'armée saxonne, mais [que] je ne lui en ai point adressé pour l'artillerie de l'armée polonaise. J'ai l'honneur de lui rappeler que je lui avais adressé cet état le 10 décembre.

La récolte en blé a dû être très mauvaise cette année en Pologne, mais il ne doit pas y manquer, attendu qu'il n'y a pas eu d'exportation l'année dernière. La récolte a également été mauvaise en avoine.

Au surplus, je ne pourrais en ce moment donner à Votre Majesté des renseignements bien exacts; mais je vais en écrire au prince Poniatowski, et je m'empresserai de vous communiquer sa réponse.

PRINCE D'ECKMUHL.

Des ressources en chevaux, dans la Galicie, le nord de l'Allemagne et la Pologne.

LE PRINCE D'ECKMUHL A L'EMPEREUR.

Hambourg, le 5 janvier 1812.

Sire, il me paraît utile de mettre sous les yeux de Votre Majesté un aperçu des différentes dépenses auxquelles l'exécution de ses ordres a donné lieu, tant pour l'achat des chevaux de remonte de son armée, pour l'approvisionnement de siège de Danzig, que pour les transports d'artillerie, afin que leur exécution ne se trouve pas retardée par le défaut de fonds.

Je fais connaître aussi, dans cette note, les besoins mensuels de la caisse du payeur.

Besoins mensuels de la caisse du payeur.

Il reste dû, pour solder les dépenses de 1811, une somme d'environ... 3.000.000 fr.
La solde des troupes pour janvier s'élèvera à.......... 2.000.000
L'approvisionnement de siège de Danzig, à............ 1.200.000
L'achat des chevaux, à.............................. 1.000.000
Les dépenses de l'artillerie, à....................... 300.000
Subsistances à la charge de la caisse de l'armée (par mois), à... 500.000
Pour le service courant de Danzig (par mois), à........ 500.000
Dépenses extraordinaires et diverses du ministère de la guerre (par mois), à................................... 100.000

TOTAL des fonds à faire pour le mois courant........... 8.600.000 fr.

Il faut ajouter à ces sommes les dépenses que Votre Majesté est dans l'intention de faire dans le duché de Varsovie.

Les produits dont le Trésor peut disposer pour le service de l'armée sur les trois départements de la 32ᵉ division ne pouvant être évalués qu'à 1.500.000 francs par mois environ, je supplie Votre Majesté de vouloir bien prescrire ce qu'elle jugera convenable pour faire verser dans la caisse de son armée les fonds nécessaires pour les paiements dont le payeur général est chargé.

PRINCE D'ECKMUHL.

Ordre.

Hambourg, le 5 janvier 1812.

Ordre du prince d'Eckmühl concernant le service des convois et transports dans la 32ᵉ division militaire.

M. le maréchal prince d'Eckmühl, commandant en chef, prévient l'armée qu'à dater du 1ᵉʳ janvier 1812, les services des convois militaires, convois à la suite et transports directs, seront exécutés dans la 32ᵉ division militaire [1] aux frais du Gouvernement, et par le soin des entrepreneurs généraux.

Les dispositions du règlement du 9 décembre 1805, en vigueur dans tout l'Empire, seront strictement suivies pour tout ce qui concerne lesdits services.

Les commissaires des guerres sont chargés d'en assurer l'exécution; les corps, détachements et militaires isolés ne pourront exiger d'autres fournitures que celles qui leur sont allouées par ce règlement.

L'ordre du 26 février 1811 est révoqué en tout ce qui y est contraire.

Cependant, le service de l'armée exigeant souvent des mesures promptes, qui nécessitent l'usage de ces moyens de transport, Son Excellence autorise le chef de l'état-major général, les officiers généraux en cantonnement et l'ordonnateur en chef à accorder, par voie de réquisition, les moyens de transport en cas de mission urgente, ou lorsqu'ils le croiront indispensable au bien du service.

---

1. 32ᵉ division militaire, chef-lieu : Hambourg.

Nul autre fonctionnaire ne pourra allouer ces moyens de transport.

En conséquence, les colonels et officiers commandants de cantonnements et les chefs de services administratifs adresseront leurs demandes aux autorités ci-dessus désignées, qui délivreront, s'il y a lieu, leurs réquisitions.

Les officiers, sous-officiers et employés qui en seront porteurs les présenteront aux commissaires des guerres, et en leur absence aux préfets, sous-préfets et maires, qui les feront exécuter sur des mandats particuliers.

Les communes n'auront à prétendre aucun payement pour ce service extraordinaire.

Les officiers, sous-officiers, soldats et employés sont admis à réclamer les moyens de transport par voie de réquisition, seulement dans les deux positions suivantes, où le règlement du 9 décembre 1805 ne leur accorde pas de transport, savoir :

1° Lorsqu'ils seront envoyés en mission pressée pour service militaire ;

2° Lorsqu'ils sortiront des hôpitaux externes. (Dans cette circonstance, ils s'adresseront, pour les obtenir, aux commissaires des guerres, préfets, sous-préfets et maires, et seront toutefois tenus de leur présenter le certificat de l'officier de santé constatant qu'ils sont trop faibles pour faire route à pied.)

Il sera en outre accordé aux corps et détachements en marche dans la 32ᵉ division, pour les transports à leur suite, un supplément de voitures de réquisition égal au tiers du nombre qui leur est alloué par le règlement.

Les commissaires des guerres tiendront un registre conforme au modèle n° 2, annexé à l'ordre du 26 février, des mandats particuliers de transport par réquisition qu'ils auront délivrés. Ils le transmettront, à la fin de chaque mois, à l'ordonnateur en chef, qui le présentera tous les 1ᵉʳ et 15 de chaque mois à Son Excellence le maréchal commandant en chef.

Les maires feront également connaître aux sous-préfets, et ceux-ci aux préfets, les registres qu'ils tiendront des moyens de transport de cette nature qu'ils seront dans le cas d'ordonner.

L'intention du prince est que la voie de réquisition pour les transports ne soit employée que dans les occasions importantes et avec beaucoup de ménagement, mais que les communes et autorités civiles ne pourront s'y refuser.

Le chef de l'état-major général, les officiers généraux et l'ordonnateur en chef sont chargés, chacun en ce qui le concerne, de l'exécution du présent ordre, qui sera imprimé dans les deux langues, envoyé à MM. les préfets et sous-préfets et aux maires des principales villes de la 32ᵉ division militaire.

Prince d'Eckmuhl.

(Papiers Gudin.)

L'EMPEREUR AU MINISTRE DIRECTEUR DE L'ADMINISTRATION
DE LA GUERRE.

Paris, le 6 janvier 1812.

De l'emploi des bœufs comme attelage dans le service des transports.

Monsieur le comte de Cessac, la rareté des chevaux, la difficulté de les remplacer et l'avantage qu'ont les bœufs, en ce qu'il est facile de s'en procurer partout et qu'ils se nourrissent plus aisément, me portent à désirer d'avoir un ou plusieurs bataillons des transports militaires attelés de bœufs; faites-moi un rapport sur les poids qu'ils pourraient traîner, enfin sur ce qu'ils coûteraient.

NAPOLÉON.

L'EMPEREUR AU MINISTRE DE LA GUERRE.

Paris, le 6 janvier 1812.

Ordre de compléter les deux premiers bataillons des 127e, 128e et 129e d'infanterie. Compte rendu du ministre à ce sujet et décision de l'Empereur.

Monsieur le duc de Feltre, donnez ordre que les cadres des 3e, 4e et 5e bataillons du 127e et du 128e se rendent dans des places sur la Meuse. Tous les hommes disponibles seront employés à compléter les premiers bataillons. Les majors et les dépôts partiront avec ces cadres, après avoir habillé et armé parfaitement les deux premiers bataillons.

Tous les conscrits de la 32e division militaire seront dirigés en droite ligne sur la France.

Enfin, il est convenable de compléter, en officiers au moins, le 3e et le 5e bataillon pour recevoir les conscrits que ces régiments vont avoir.

NAPOLÉON.

Le 23 janvier, le ministre de la guerre rend compte à l'Empereur de l'exécution de l'ordre ci-dessus :

Conformément à l'ordre de Sa Majesté du 6 de ce mois, j'ai fait les dispositions nécessaires pour que les hommes des 3es bataillons des 127e, 128e et 129e régiments soient versés dans les deux premiers de chacun de ces corps et pour que ces cadres soient envoyés en France, où les dépôts de ces régiments doivent être établis.

Celui du 129e est déjà établi à Maëstricht;
Celui du 128e le sera à Philippeville;
Celui du 127e le sera à Namur.

Sa Majesté suppose dans son ordre que les cadres des 4es et 5es bataillons de ces trois régiments existent.

J'ai l'honneur de lui représenter qu'il n'a été donné, jusqu'à présent, des ordres que pour la formation du 3ᵉ bataillon, conformément à l'article 7 du décret impérial du 3 février dernier qui crée ces corps. Les 4ᵉˢ et 5ᵉˢ bataillons sont à former.

Le contingent de la conscription dont la levée va s'opérer dans les départements de la 32ᵉ division militaire est de 3.500 hommes. Ces conscrits doivent venir en France et servir à compléter ces régiments.

Je pense qu'on peut en placer 2.400 dans les cadres des 3ᵉˢ bataillons qui existent et qu'on peut former les cadres des 5ᵉˢ bataillons, dits de dépôts, pour recevoir les autres. Quant aux 4ᵉˢ bataillons, leurs cadres ne seraient formés que quand on aurait des hommes pour les remplir.

Je prie Sa Majesté de me faire connaître ses intentions à cet égard, et j'ai l'honneur de lui faire remarquer que, si Elle ordonne la formation des 5ᵉˢ bataillons, il sera nécessaire qu'Elle m'autorise à demander à M. le maréchal prince d'Eckmühl des sous-officiers et caporaux pour ces nouveaux cadres.

Duc de Feltre.

Décision de l'Empereur, portée en marge du rapport :

Puisqu'il y a les cadres de trois bataillons, il faut les laisser; le 3ᵉ bataillon formera le dépôt. Deux bataillons seront à l'armée et un en France.

Paris, le 23 janvier 1812.

Napoléon.

L'EMPEREUR AU PRINCE D'ECKMUHL, A HAMBOURG.

Paris, 6 janvier 1812.

Mon Cousin, vous aurez reçu un décret ayant pour objet d'armer la grosse cavalerie de mousquetons[1], portés comme la cavalerie les portait autrefois. Mettez une attention particulière à ce que vos régiments de cuirassiers soient pourvus de ces mousquetons, et à ce qu'ils les reçoivent dans le commencement de février. Ordonnez qu'on fasse des arrangements en conséquence aux selles. Faites faire l'exercice aux régiments pour leur apprendre à charger et à décharger cette arme, et les premiers éléments de la manœuvre à pied, afin que, se trouvant dans un village et mettant pied à terre pour défiler, ils sachent se mettre ensemble.

J'ai ordonné que les chevau-légers seraient armés de carabines; je désirerais bien que les Polonais en eussent; j'apprends qu'ils

Corps de l'Elbe : de l'armement des cuirassiers et chevau-légers.

---

[1]. L'Empereur fait allusion au décret du 25 décembre 1811, reproduit au chapitre précédent. Voir également, sur la question, les rapports du ministre de la guerre des 3 et 20 janvier 1812, pages 492 et 596.

n'en ont que six par compagnie, ce qui est ridicule, ayant affaire aux cosaques, qui sont armés de pied en cap. Faites-moi connaître si le 9ᵉ de lanciers en a.

NAPOLÉON.

Le prince d'Eckmühl répond aussitôt à l'Empereur :

Hambourg, le 10 janvier 1812.

Sire, je reçois la lettre de Votre Majesté du 6 janvier, où elle m'informe que je dois avoir reçu son décret ayant pour objet d'armer toute la grosse cavalerie de mousquetons. Jusqu'ici, Sire, ce décret ne m'est point parvenu. Je vais, en attendant, donner les ordres aux régiments des trois divisions de cuirassiers qui font partie du corps d'observation de l'Elbe de faire aux selles tous les arrangements nécessaires pour que ces mousquetons puissent être portés comme la cavalerie les portait autrefois.

Je leur prescrirai aussi d'instruire les cuirassiers à apprendre à charger et décharger l'arme à cheval, et les premiers éléments des manœuvres à pied.

J'ai déjà écrit au prince Poniatowski sur la nécessité de donner des carabines aux régiments de cavalerie de l'armée du grand-duché.

Parmi les armes que le grand-duché a évacuées sur Danzig, Custrin et Glogau, il n'y a pas de carabines; mais il s'y trouve près de 4.000 mousquetons dont je presse la réparation et que le prince pourra faire donner à défaut de carabines.

Je crois cependant qu'il sera indispensable qu'on fasse des envois de quelques milliers de carabines pour l'armée du grand-duché.

PRINCE D'ECKMUHL.

Ajoutons, pour mémoire, qu'un décret du 6 janvier 1812 prescrit d'armer de la carabine les 1ᵉʳ et 2ᵉ régiments de chevau-légers de la Garde.

L'EMPEREUR AU MINISTRE DE LA GUERRE.

Paris, le 7 janvier 1812.

Dispositions ordonnées pour une parade des troupes de la Garde et de la ligne.

Monsieur le duc de Feltre, il y aura dimanche parade. La Garde à pied et à cheval s'y trouvera.

Des troupes de la ligne, il y aura le 24ᵉ régiment d'infanterie légère avec sa compagnie d'artillerie, ses fourgons et attelages, les deux régiments suisses et les deux bataillons croates.

Les deux bataillons croates resteront à Paris.

Les deux bataillons suisses du 2ᵉ régiment partiront le lendemain pour Liège.

Les deux bataillons suisses du 4ᵉ régiment, qui arrivent, resteront à Paris.

Le 24ᵉ régiment d'infanterie légère partira le lendemain pour Metz.

NAPOLÉON.

Le lendemain, 8, l'Empereur prescrit les détails ci-après, pour la revue des troupes de la Garde, au colonel général de service :

La cavalerie devra se placer sur cinq lignes dans la cour du palais; l'infanterie, sur trois colonnes serrées par division, sur la place du Carrousel. La colonne de droite se composera du 24ᵉ léger, qui sera en colonne serrée par division vis-à-vis la grille droite. Les croates et les suisses seront vis-à-vis la grille gauche, et la Garde au centre, vis-à-vis l'Arc de Triomphe.

Après que la cavalerie aura défilé, on enverra des cadres pour faire avancer ces trois colonnes et pour leur déploiement.

NAPOLÉON.

L'EMPEREUR AU PRINCE D'ECKMUHL, A HAMBOURG.

Paris, le 7 janvier 1812.

Mon Cousin, je ne conçois pas ce que vous voulez dire, qu'on a ôté les vivres aux Polonais : je suppose que ce sont les vivres de campagne; mais qu'on leur donne le pain, car il serait trop absurde et trop contraire aux intérêts du trésor du pays de leur donner le pain en argent[1].

L'essai du prince Poniatowski ne signifie rien. Jamais on n'a prétendu que les gardes nationales pussent se réunir; mais on a entendu qu'en leur donnant une ville, telle que Grodno, Cracovie ou même Pultusk, elles ne se laisseraient pas rançonner par un détachement de 30 ou 40 cosaques. Si l'on obtient ce résultat, il ne faut pas demander plus, et il suffit que les villes et les derrières de l'armée se mettent à l'abri des incursions de la cavalerie légère, par la raison qu'elles ont des armes.

NAPOLÉON.

Du rôle et de l'emploi des gardes nationales du grand-duché.

L'EMPEREUR AU PRINCE DE NEUFCHATEL ET DE WAGRAM.

Paris, le 8 janvier 1812.

Mon Cousin, le régiment de lanciers polonais, qui est le 7ᵉ de chevau-légers, doit recevoir ordre de revenir en même temps que les trois régiments d'infanterie. Quant au 4ᵉ de la Vistule, j'attends l'exécution du mouvement que j'ai ordonné de l'armée du Portugal

Ordre de faire rentrer d'Espagne la légion de la Vistule, la gendarmerie d'élite et le train d'artillerie de la Garde.

---

1. L'Empereur fait allusion à la lettre du prince d'Eckmühl en date du 2 janvier courant, à laquelle était joint un rapport du prince Poniatowski, pages 481 et suivantes.

placée à Valladolid[1]. Donnez ordre à la gendarmerie d'élite, ainsi qu'au train d'artillerie de ma Garde, qui seraient arrivés à Bayonne ou y arriveraient, d'en partir, sans délai, pour se rendre à Paris.

NAPOLÉON.

L'EMPEREUR AU MINISTRE DE LA GUERRE.

Paris, le 8 janvier 1812.

Le 26ᵉ léger de la 10ᵉ division permute avec le 24ᵉ léger de la 6ᵉ.

Monsieur le duc de Feltre, le 26ᵉ régiment d'infanterie légère fera partie de la 6ᵉ division, en place du 24ᵉ régiment d'infanterie légère; le 24ᵉ d'infanterie légère fera partie de la 10ᵉ division en échange du 26ᵉ léger.

Par ce moyen, le 24ᵉ léger, qui est à Metz, où est son dépôt, n'aura que peu de mouvement à faire pour se rendre à Mayence, et le 26ᵉ léger, qui est à Anvers, n'aura que peu de chemin à faire pour se rendre à Osnabrück.

Vous donnerez ordre que le 126ᵉ envoie ses deux premiers bataillons à Anvers et qu'ils y soient arrivés le 25 janvier. Le 3ᵉ et le 4ᵉ bataillon tiendront garnison à Ostende et à Dunkerque.

Le 26 janvier, le 26ᵉ léger partira d'Anvers pour Osnabrück.

Vous donnerez l'ordre que 800 hommes, pris dans les dépôts des 21ᵉ, 27ᵉ, 28ᵉ, 25ᵉ, 17ᵉ, 16ᵉ et 6ᵉ d'infanterie légère et autres régiments qui sont en Espagne, se dirigent sur Osnabrück, où ils seront incorporés dans le 26ᵉ léger, qui par ce moyen sera au grand complet de 3.300 hommes.

NAPOLÉON.

---

1. En ce qui concerne les régiments de la Vistule, alors tous en Espagne, l'ordre ci-dessus ne reçut pas immédiatement son entière exécution. Seuls, les 1ᵉʳ, 2ᵉ et 3ᵉ régiments d'infanterie rentrèrent en France; ils arrivèrent à Paris dans le courant de février et furent de là dirigés sur Sedan, où se trouvaient tous les dépôts de la légion, d'un effectif total de 19 officiers et 644 hommes. Ces trois régiments prirent part à la campagne de Russie (division Claparède). Le 4ᵉ ne revint en France qu'au mois de juin 1812. Après avoir formé son 3ᵉ bataillon à Sedan, il fut dirigé sur le grand-duché, arriva à Posen dans les premiers jours de novembre, et à Varsovie en décembre. C'est dans cette dernière place qu'il reçut l'ordre de rejoindre les débris de la Grande Armée à Kovno et d'en former l'arrière-garde.

Quant au 7ᵉ de chevau-légers, ex-1ᵉʳ régiment de cavalerie de la légion de la Vistule, il fut maintenu en Espagne pendant toute l'année 1812 et ne rentra à Bayonne qu'en février 1813. (Voir tome 1ᵉʳ, chapitre I, page 33, Corps hors ligne, légion de la Vistule.)

L'EMPEREUR AU MINISTRE DE LA GUERRE.

Paris, le 9 janvier 1812.

Mesures ordonnées pour compléter en hommes les cinq divisions de cuirassiers.

Monsieur le duc de Feltre, je vois, par l'état de situation des régiments de cuirassiers joints à votre lettre du 8, que les cinq divisions de cuirassiers ont 800 hommes à pied à leurs dépôts. Il est nécessaire de faire partir ces 800 hommes sans délai pour l'Allemagne, où se font les remontes, en ayant soin de les envoyer bien habillés et équipés avec leurs selles, ou du moins que les dépôts prissent des mesures pour que les selles suivent de près.

Je vois qu'il manque 955 hommes au complet pour les cinq divisions. Mais je pense que tous les régiments de cuirassiers devraient être au complet de 1.100 hommes par régiment et de 1.000 chevaux, les chevaux d'officiers non compris. Faites-moi connaître ce qu'il faudrait en hommes et en chevaux pour atteindre ce complet. Beaucoup de détachements d'hommes à pied partent pour l'Allemagne. Faites-moi connaître ce qu'il y a d'hommes à pied aux dépôts de lanciers. Il faut que tous les hommes disponibles partent pour les escadrons de guerre et que les selles suivent de près. Ayez une correspondance avec les majors des chevau-légers pour vous assurer que les selles et harnachements sont prêts, et qu'au 15 février tout cela sera à cheval en Allemagne et prêt à servir [1].

(D'après une copie.)

L'EMPEREUR AU MINISTRE DE LA GUERRE.

Paris, le 9 janvier 1812.

Grande Armée : formation du 2ᵉ corps de l'Elbe ; composition du corps de l'Océan en infanterie et artillerie. Répartition des brigades de cavalerie légère. Organisation de la réserve de cavalerie en trois grands corps.

Monsieur le duc de Feltre, dans les quinze premiers jours de février, les 6ᵉ, 8ᵉ et 9ᵉ divisions seront réunies à Munster et à Osnabrück.

Mon intention est que ces trois divisions forment un corps sous le titre de 2ᵉ *corps de l'Elbe*. Le duc de Reggio en aura le commandement. Vous lui prescrirez d'être rendu, avec tous les équipages, au 15 février, à Munster. Toutes ses administrations devront y être rendues à la même époque.

Indépendamment de l'artillerie attachée aux trois divisions qui composent ce corps d'armée, avec la portion du parc du corps d'observation de l'Elbe qui lui appartient, il y sera attaché deux batteries de la réserve de celles qui étaient attachées au corps d'observation de l'Elbe, de sorte que le nouveau corps aura :

---

1 Voir la situation annexée au décret du 19 janvier 1812, pages 571 et suivantes.

Pièces de régiment. { 6ᵉ division .... 8 pièces
8ᵉ   —   .... 8 — } 28 pièces.
9ᵉ   —   .... 12 — }
Artillerie de ligne............................... .... 42 —
Artillerie de réserve............................ 16 —

TOTAL............ 86 pièces.

Désignez un général de brigade, un directeur du parc, un officier supérieur du génie, et tous les officiers nécessaires, en les prenant sur ceux qui étaient destinés au corps d'observation de l'Elbe. Tous devront être rendus au 15 février.

Le corps d'observation de l'Océan, comme je vous l'ai mandé, sera réuni à la même époque, ayant une division à Mayence et une division à Dusseldorf.

Ce corps sera composé de la 10ᵉ et de la 11ᵉ division. La 7ᵉ, qui est à Danzig, et la 12ᵉ, qui ne pourra se réunir, comme je vous l'ai mandé, que dans le courant d'avril, feront également partie de ce corps d'armée.

L'artillerie du corps de l'Océan aura donc :
36 pièces de régiment,
57 — de ligne,
et 16 — de réserve.

Ensemble, 108 pièces.

L'artillerie pour la 12ᵉ division se réunira également à Mayence, ainsi que tout le parc, et même celle de la 11ᵉ division, si cela vous est plus commode.

La 1ʳᵉ brigade de cavalerie légère, commandée par le général Pajol et composée du 2ᵉ de chasseurs et du 9ᵉ polonais, et la 2ᵉ brigade, commandée par le général Bordessoulle et composée des 1ᵉʳ et 3ᵉ de chasseurs, seront attachées au corps d'observation de l'Elbe.

La 5ᵉ brigade, commandée par le général Castex, et la 6ᵉ, par le général Corbineau, seront attachées au 2ᵉ corps d'observation de l'Elbe.

La 9ᵉ brigade, commandée par le général Mourier, et la 14ᵉ, commandée par le général Beurmann, seront attachées au corps d'observation de l'Océan. En conséquence, le 11ᵉ de hussards et le 6ᵉ de chevau-légers feront partir, au 1ᵉʳ février, un, deux, trois ou quatre escadrons, selon leur force, bien montés et bien équipés, pour se rendre à Mayence.

Le 4ᵉ de chasseurs fera partir au 20 janvier de Vienne, et le 28ᵉ de chasseurs au 1ᵉʳ février d'Orléans, un, deux, trois ou quatre escadrons, selon leur force. Ces deux régiments se rendront également à Mayence, de telle sorte que ces deux brigades, dans le meilleur état possible et avec leurs généraux de brigade, puissent arriver à Mayence vers le 15 février.

Tous les hommes à pied que ces différents régiments ont envoyés en remonte dans le nord rejoindront leur régiment lorsqu'ils seront avancés sur l'Elbe et sur l'Oder, mais il est nécessaire que leurs selles et leurs effets d'équipement soient exactement envoyés pour que cela n'éprouve aucun retard.

La 12ᵉ et la 13ᵉ brigade seront attachées au corps d'observation d'Italie.

La 3ᵉ et la 4ᵉ brigade, commandées par les généraux Jacquinot et Piré, formeront la 2ᵉ division de cavalerie légère de réserve, qui sera sous les ordres du général de division Bruyère.

La 7ᵉ et la 8ᵉ brigade, commandées par les généraux Saint-Geniez et Burthe, formeront la 2ᵉ division de la réserve, qui sera commandée par le général Wattier. Cette division se réunira à Mayence. Le général Wattier ira passer la revue de ses régiments au 15 janvier. Chaque régiment partira avec deux, trois ou quatre escadrons, selon le nombre d'hommes à cheval en bon état qu'il pourra réunir.

La 10ᵉ et la 11ᵉ brigade, commandées par les généraux Gérard et Gauthrin, formeront la 3ᵉ division de la réserve. Le général Kellermann la commandera ; il sera rendu le 15 février à Vérone.

Par ce moyen, chacun des quatre corps aura deux brigades pour son service, et il y aura en outre trois divisions, chacune de deux brigades, pour le service de la réserve.

Il sera attaché à chacune de ces divisions de réserve une batterie d'artillerie à cheval. La 3ᵉ division, c'est-à-dire celle du général Kellermann, recevra sa compagnie d'artillerie à cheval du régiment d'artillerie à cheval et du matériel qui est en Italie.

Vous me proposerez l'organisation et mettrez en mouvement, le plus tôt possible, tout ce qui est nécessaire pour que les divisions Bruyère et Wattier aient leur compagnie d'artillerie à cheval. Vous pouvez prendre la compagnie d'artillerie qui était destinée pour la 12ᵉ division, pour la joindre à l'une des divisions.

La 12ᵉ division d'infanterie n'aura pas de compagnie d'artillerie légère, sauf à lui en donner plus tard, s'il y a des moyens.

J'ai déjà fait connaître l'organisation de la réserve de cavalerie. La 1ʳᵉ division est commandée par le général Saint-Germain ; la 2ᵉ, par le général Saint-Sulpice ; la 3ᵉ, par le général Doumerc ; la 4ᵉ, par le général Defrance ; la 5ᵉ, par le général Valence ; la 6ᵉ, par le général Lahoussaye.

Il est nécessaire que tous ces généraux soient à leur poste avant le 15 février.

La réserve se trouve donc composée de 9 divisions, dont 3 de cavalerie légère, 5 de cuirassiers et 1 de dragons.

Les cinq régiments de chevau-légers, qui doivent être attachés chacun à une division de cuirassiers, doivent être, s'il est possible, rendus à leur division au 15 février ; si ce ne peut être avec trois escadrons, que ce soit du moins avec deux; si ce ne peut être avec deux, que ce soit enfin avec un, — chaque escadron complété à 250 hommes, tous les hommes bien montés, et tous armés de lances et de carabines.

Cependant, ne faites faire aucune marche forcée à cette cavalerie, et faites mettre, s'il est possible, tous les premiers escadrons en marche dans les premiers jours de janvier.

La réserve sera partagée en trois grands corps :

Le 1er *corps* de la cavalerie de la réserve sera composé de la 1re division de cavalerie légère (général Bruyère), de la 1re et de la 5e division de cuirassiers, commandées par les généraux Saint-Germain et Valence.

Le 2e *corps* sera composé de la 2e division de cavalerie légère (général Wattier), de la 2e division de cuirassiers (général Saint-Sulpice), et de la 4e division de cuirassiers, commandée par le général Defrance.

Le 3e *corps* sera composé de la 3e division de cavalerie légère (général Kellermann), de la 3e division de cuirassiers (général Doumerc), et de la division de dragons commandée par le général Lahoussaye.

Ainsi, chaque corps sera composé de trois divisions formant un complet de 12.000 hommes, mais ayant au moins 9 à 10.000 chevaux sur le champ de bataille.

Chaque corps aura 5 batteries d'artillerie légère, ce qui fera 30 pièces, savoir : 1 à chaque division de cavalerie légère, et 2 à chaque division de grosse cavalerie.

Les généraux Nansouty, Montbrun et Latour-Maubourg commanderont ces trois corps.

Il est nécessaire que chaque corps ait son service d'ambulance, que le parc de cavalerie soit partagé entre eux, et qu'ils aient un officier supérieur d'artillerie capable de commander leur artillerie, indépendamment des commandants attachés à chaque division.

L'armée ainsi organisée, tout le monde doit être rendu à son poste au 15 février.

Napoléon.
(D'après une copie.)

L'EMPEREUR AU MINISTRE DE LA GUERRE.

Paris, le 9 janvier 1812.

Ordre de réunir la 9e division à Munster, avec les 6e et 8e.

Monsieur le duc de Feltre, au 1er février prochain, les 6e et 8e divisions se trouveront réunies, l'une à Osnabrück et l'autre à Munster.

Le 2e régiment suisse partira de Paris le 13 janvier pour se rendre à Liège. Vous me ferez connaître le jour où il arrivera.

Le 4ᵉ régiment suisse partira de Paris le 20 janvier pour la même destination. Vous me ferez connaître également le jour où il arrivera à Liège.

Le régiment croate partira le 14 de Paris pour se rendre à Aix-la-Chapelle. Vous me ferez connaître le jour où il y arrivera.

Vous me ferez connaître aussi le jour où arrivera à Strasbourg le 1ᵉʳ régiment, qui est en Italie, et vous me proposerez les mouvements nécessaires pour que, dans les quinze premiers jours de février, toute la 9ᵉ division se trouve réunie à Munster.

Par ce moyen, les 6ᵉ, 8ᵉ et 9ᵉ divisions seront parfaitement réunies.

NAPOLÉON.

P.-S. — J'approuve que les colonels de ces régiments organisent, aussitôt que faire se pourra, un 3ᵉ bataillon.

L'EMPEREUR AU MINISTRE DE LA GUERRE.

Paris, le 9 janvier 1812.

Monsieur le duc de Feltre, les neuf divisions du corps d'observation de l'Elbe seront toutes sur la droite du Rhin dans le courant de février.

Le corps d'observation d'Italie sera placé, en février, aux limites du royaume, dans le Tyrol.

Il ne reste plus d'ordres à donner que pour le corps d'observation de l'Océan.

La 10ᵉ division, qui sera la première du corps d'observation de l'Océan, sera réunie, au 15 février, à Mayence. Le quartier général de ce corps y sera relevé pour ladite époque.

Donnez, en conséquence, l'ordre au duc d'Elchingen de faire ses dispositions de manière que ses équipages et ceux de son état-major soient rendus, le 15 février au matin, à Mayence. Donnez les mêmes ordres pour tout ce qui regarde le génie, les batteries de réserve et tout ce qui appartient à ce corps.

Le 24ᵉ léger partira le 10 février de Metz pour se rendre à Mayence.

Le 46ᵉ et le 72ᵉ partiront, l'un le 20 et l'autre le 25 janvier, de Boulogne.

Les deux bataillons portugais partiront de manière à arriver à Mayence le 15 février.

Le général de division Ledru, deux généraux de brigade et un adjudant commandant partiront et régleront leur marche de manière à se trouver à Mayence avec le 46ᵉ et le 72ᵉ.

Vous donnerez ordre que les sapeurs, l'artillerie, les officiers du

Corps d'observation de l'Océan : mise en route des troupes qui doivent composer ce corps.

génie, les administrations[1] se trouvent réunis à Mayence pour la même époque.

Par ce moyen, la 10ᵉ division du corps d'observation de l'Océan pourra partir au 15 février si elle en reçoit l'ordre.

La 11ᵉ division (2ᵉ du corps d'observation de l'Océan) se réunira à Dusseldorf au 15 février.

Vous donnerez ordre au général Partouneaux d'être rendu à la même époque à Dusseldorf pour prendre le commandement de cette division.

Les quatre bataillons du régiment illyrien s'embarqueront à Strasbourg pour être rendus le 15 février à Dusseldorf.

Le 4ᵉ de ligne partira le 1ᵉʳ février du camp de Boulogne pour se rendre à Dusseldorf et y être le 15.

Le 18ᵉ et le 93ᵉ partiront de leurs garnisons respectives le plus tard possible, mais en calculant leur arrivée à Dusseldorf pour le 15 février.

Les deux bataillons portugais du 2ᵉ régiment régleront leur départ de manière à être arrivés le 15 février à Dusseldorf.

Deux généraux de brigade et un adjudant commandant seront employés dans cette division. Ils seront rendus à Dusseldorf pour la même époque.

L'artillerie nécessaire à cette division se trouvera indifféremment à Mayence et à Dusseldorf.

12ᵉ *division*. — Présentez-moi un projet de mouvement pour réunir à Mayence la 12ᵉ division au 15 avril.

En attendant, il est nécessaire que le 44ᵉ et la demi-brigade provisoire de Boulogne tiennent garnison à Boulogne, et que le 125ᵉ tienne garnison à Groningue et dans la 31ᵉ division militaire.

Le 29ᵉ léger, seul de la 12ᵉ division, peut partir au premier ordre, puisqu'il se trouve à l'île de Ré.

J'attends un rapport sur la manière de le faire sortir des îles avec le moins de pertes possible.

Au 1ᵉʳ mars, le corps d'observation de l'Océan aura deux divisions : la 10ᵉ, composée de quinze bataillons, et la 11ᵉ, composée de dix-neuf bataillons. Le 126ᵉ, qui appartient à la 10ᵉ division, ne se mettra en marche que lorsqu'il sera relevé par les brigades provisoires qui vont être recrutées par la conscription.

Il est nécessaire que vous travailliez avec le duc d'Elchingen pour organiser son état-major, son artillerie, génie, etc.

Au 1ᵉʳ février, le duc d'Elchingen cessera d'avoir le commandement du camp de Boulogne ; il sera remplacé par le général Sébas-

---

1. Dès la veille, 8 janvier, l'Empereur avait écrit au comte de Cessac : « Il est nécessaire que les administrations du corps d'observation de l'Océan que commande le duc d'Elchingen, pour les 10ᵉ et 11ᵉ divisions, soient rendues à Mayence au 15 février. »

tiani, auquel vous donnerez ordre de se rendre à Boulogne. Il aura sous ses ordres le général de division Razout.

Vous donnerez ordre au 1er bataillon de pupilles, qui est au Havre, au 3e bataillon, qui est à Dieppe, et au 4e bataillon, qui est à Rouen, de partir le 20 janvier de ces places pour se rendre à Boulogne. Le 5e bataillon, qui est à Evreux, et le 6e, qui est à Beauvais, se rendront également à Boulogne, mais ces deux derniers bataillons ne partiront que lorsqu'ils seront complètement habillés et armés. Donnez ordre au colonel et au conseil d'administration de prendre des mesures pour que ces deux bataillons puissent partir au 1er février.

Par ce moyen, il y aura cinq bataillons de pupilles à Boulogne.

Le 7e bataillon, aussitôt qu'il sera formé, se rendra au Havre; le 8e bataillon se rendra à Dieppe. Il est nécessaire que ces bataillons puissent partir du 1er au 15 février, bien habillés, bien équipés.

Des huit bataillons de pupilles, il y en aura donc cinq à Boulogne, un à Cherbourg, un au Havre et un à Dieppe.

Faites-moi connaître si j'ai encore des ordres à donner pour la parfaite formation des 6e, 8e et 9e divisions.

Je désirerais que tous les régiments français qui font partie des 6e, 8e, 9e, 10e et 11e divisions fussent au complet d'au moins 800 hommes par bataillon, présents sous les armes.

La 6e division est composée du 26e de ligne (je le crois au complet), du 56e (ses quatre premiers bataillons sont complets, le 5e sera complété à Strasbourg), du 19e (ses cinq bataillons doivent être complets) et du 128e (ses deux bataillons doivent être complets).

La 8e division est composée du 11e léger (je le crois au complet), des 2e et 37e de ligne (les compléter à cinq bataillons) et du 124e (ses trois bataillons doivent être complets).

La 9e division est composée de huit bataillons suisses (ils sont complets; savoir quand chaque régiment pourra fournir un nouveau bataillon pour avoir 12 bataillons suisses) et du 123e (compléter ses trois bataillons).

Les 10e et 11e divisions sont composées du 24e léger (le compléter à quatre bataillons), du 46e (doit avoir cinq bataillons complets), du 72e (doit avoir quatre bataillons complets), du 4e de ligne (doit avoir quatre bataillons complets), du 18e (quatre bataillons) et du 93e (cinq bataillons, le 5e bataillon complété à Wesel).

Le nombre d'hommes, pour arriver à ce résultat, ne doit pas être considérable et doit se trouver dans les dépôts de l'armée d'Espagne qui sont au nord.

NAPOLÉON.

Il n'est pas sans intérêt de donner, à titre d'exemple, des extraits d'un rapport d'inspection du général Viviès (Raymond de), présentant, à la date du 7 janvier 1812, la physionomie du 2e de ligne en garnison à Münster, au moment où ce régiment est désigné pour faire partie de la 8e division, dont il est fréquemment question dans les ordres du 9 janvier.

Composition du régiment. — Le régiment a quatre compagnies de grenadiers et quatre de voltigeurs au complet de 140 hommes. Le 4ᵉ bataillon n'a que ses cadres. Il existe au régiment des grenadiers et voltigeurs provenant des réductions des compagnies d'élite de 150 à 140 hommes, par suite de la suppression des bataillons d'élite; le colonel, par ses lettres des 16 décembre et 5 janvier, a demandé l'autorisation de former lesdites compagnies d'élite du 4ᵉ bataillon.

Artillerie régimentaire. — Le régiment a maintenu son organisation primitive par rapport au personnel des hommes et au nombre des chevaux; mais il a été augmenté en voitures d'artillerie, qui sont portées au nombre de dix, dont deux pièces de 3, le nombre de voitures d'administration est de cinq, ce qui donne au total 15 voitures, lesquelles devraient être attelées de 70 chevaux; comme il n'en existe que 56, il en manquerait 14, sans compter ceux à réformer. Le colonel a réclamé différentes fois auprès de S. E. le ministre directeur, et notamment encore par la dernière lettre du 5 janvier, par laquelle il sollicite pour son régiment la même organisation que celle des autres compagnies d'artillerie régimentaire du corps de l'armée du prince d'Eckmühl.

Instruction. — Le régiment ayant été détaché à l'infini pendant l'espace de deux années, n'a pas tout l'ensemble qu'on pourrait désirer par rapport aux manœuvres, mais l'exercice de détail et le maniement des armes est bon. La saison actuelle laisse peu de moments propres à l'instruction; tous les endroits couverts sont employés pour les premiers principes à enseigner aux hommes réfractaires.

Fonds. — Il est dû au régiment sur les exercices arriérés 6.570 fr. 86. La masse générale a fait des emprunts de plus de 60.000 francs aux autres masses, en sorte que le régiment n'avait de disponible, au 1ᵉʳ janvier 1811, que 5.964 fr. 43, et, depuis cette époque, les fonds ont peu augmenté, ce qui gêne infiniment le régiment pour les approvisionnements à faire.

Vivres et fourrages. — Suivant les instructions du prince d'Eckmühl, les vivres sont d'assez bonne qualité; le régiment, étant considéré sur le pied de paix, a traité pour la fourniture de la viande et pain blanc. Les soldats sont réunis par escouade dans le logement des caporaux afin de faire ordinaire; cet ordinaire absorbe toute la solde.

Habillement et coiffure. — Le régiment est bien habillé, à l'exception de la compagnie d'artillerie régimentaire, qui n'a pas reçu les habits courts, les culottes de peau et les bottes ordonnés par les règlements; ce règlement n'alloue point les porte-manteaux, si nécessaires aux soldats du train.

Moitié des tambours sont garnis de galons de livrée; l'autre moitié le sera à la fin de la présente année.

500 schakos annoncés par la direction d'habillement ne sont pas encore arrivés.

A l'exception d'un certain nombre de conscrits réfractaires et d'hommes versés par la cavalerie, les sous-officiers et soldats sont pourvus d'un pantalon et gilet de drap et de toile ainsi que des guêtres grises; il manque encore beaucoup de couvre-schakos, très nécessaires à cause de la mauvaise qualité de cette coiffure. Il ne reste aucun moyen au corps, ni au soldat de se procurer ces objets non alloués, étant obligé d'employer tout son traitement à sa subsistance.

Armement. — L'armement est généralement bon et bien entretenu. Quatre bataillons sont munis de grands et petits bidons, marmites et gamelles; le 4ᵉ bataillon n'a aucun effet de campement, mais il en a été réclamé près S. E. le ministre directeur, qui probablement en accordera bientôt.

Le régiment n'a point de haches, ni pioches, ni pelles et ne sait comment s'en procurer.

Linge et chaussure. — Chaque soldat est muni de trois chemises et de trois paires de souliers en bon état; il n'existe, en résumé, que 500 paires de souliers, mais le corps a passé marché pour la fourniture de 3.000 paires qui devront être livrées dans cinq semaines; ces souliers coûteront 15.000 francs à raison de 5 francs la paire, ce qui absorbe le total de l'avoir du régiment.

Logement. — Le soldat est logé en ville chez les bourgeois et dans le couvent Egidé, où sont aussi établis les ateliers. Il est extrêmement mal couché et resserré à cause des passages nombreux; ces derniers infectent le logement avec la gale, que les soldats du régiment prennent à leur tour; cette maladie fait de grands progrès, bien que l'infirmerie reçoive de suite les hommes qui en sont attaqués.

École régimentaire. — L'école régimentaire, établie par ordre du prince d'Eckmühl, a eu un succès si étonnant que, depuis le 24 novembre, jour de son installation, jusqu'au 1ᵉʳ janvier, elle a déjà fourni plus de dix fourriers et caporaux. Ces progrès sont d'un si grand avantage pour le régiment que le colonel, par sa lettre du 27 décembre, en a rendu un compte détaillé à S. E. le ministre de la guerre, en le priant de venir au secours de cet établissement, le corps ne pouvant subvenir aux dépenses qu'il exige et qui sont calculées à 350 francs par mois. Il est à observer que les écoliers ne peuvent rien fournir ni être sujets d'une retenue, la solde suffisant ici à peine à leur subsistance; faute de moyens, le colonel se verra obligé de fermer cette école le 1ᵉʳ février prochain.

L'EMPEREUR AU MINISTRE DIRECTEUR DE L'ADMINISTRATION
DE LA GUERRE.

Paris, le 9 janvier 1812.

Ordre de compléter sur-le-champ, les 6ᵉ, 7ᵉ et 10ᵉ bataillons des équipages militaires.

Monsieur le comte de Cessac, par l'article 7 du décret du 29 décembre, il est dit que les 6ᵉ, 7ᵉ et 10ᵉ bataillons des équipages militaires seront complétés en mars et en avril. Ceci me paraît trop tardif; j'ai, en conséquence, pris un décret pour les compléter sur-le-champ. Les trois dernières compagnies du 6ᵉ bataillon seront complétées à l'armée d'Allemagne par le prince d'Eckmühl; les trois compagnies du 7ᵉ seront complétées à Sampigny. J'ordonne, en conséquence, que des hommes soient fournis par la conscription. Nommez-en les cadres sans délai. Quant au 10ᵉ, je l'ai complété en y incorporant trois autres compagnies.

J'ai donc six bataillons d'équipages complets, savoir : le 12ᵉ, le 2ᵉ, le 9ᵉ, le 6ᵉ, le 7ᵉ et le 10ᵉ. Il sera créé, dans le courant d'avril et de mai, un bien plus grand nombre d'équipages militaires, mais on aura le temps d'y pourvoir alors. Le prince d'Eckmühl pourra se servir des harnais et des 120 voitures de l'ancien modèle qui appartenaient au 12e bataillon et qu'il a. Ainsi, soit que vous l'autorisiez à nommer les cadres, soit que vous envoyiez des officiers de France, ce bataillon pourra être formé sur-le-champ; il pourra prendre des harnais dans la 32e division militaire.

NAPOLÉON.

L'EMPEREUR AU MINISTRE DIRECTEUR DE L'ADMINISTRATION DE LA GUERRE.

Paris, le 9 janvier 1812.

Des commandes de chevaux. Ordre de faire confectionner des selles dans les dépôts en France.

Monsieur le comte de Cessac, je vous envoie une lettre du prince d'Eckmühl. Je vous prie de me faire un prompt rapport sur cet objet et de me faire connaître la situation des commandes qui ont été faites. La première commande a été faite depuis longtemps : elle concerne les régiments qui sont en Allemagne; une seconde commande a eu lieu et a été suivie de deux suppléments pour porter au grand complet tout ce qui ne l'est pas; et, enfin, une troisième commande pour monter les hommes que la conscription va fournir. Si la France est dégagée de ce qu'elle doit fournir pour l'armée d'Allemagne, elle doit facilement trouver les chevaux nécessaires à l'armée d'Espagne. 2.000 à 3.000 chevaux de cavalerie légère partent pour Hambourg, Osnabrück et Munster. Il est nécessaire que leurs selles les suivent et qu'on ne soit pas arrêté en Allemagne par le manque de selles. Veillez à cela. Je crois qu'il faudrait que les dépôts eussent une centaine de selles et équipements complets au delà de ce qui leur est nécessaire; ce serait un fonds de régiment. Assurez-vous que chaque régiment a toutes les selles et objets de harnachement pour les hommes qu'il doit mettre à cheval. Je n'aime point à faire faire des selles en Allemagne, cela prive les dépôts d'une utile industrie. D'ailleurs, ce qu'on fait en France est bien plus solide. Je suppose que vous avez des selles et brides en quantité suffisante; s'il en était autrement, il faudrait en faire faire en Hanovre pour les régiments qui tarderaient à en fournir.

Je désire voir, dans le travail que je vous demande, ce que vos marchés rendront dans le courant de février et dans la première quinzaine de mars, afin que, s'il y avait des marchés douteux, vous me proposiez d'envoyer des hommes à pied avec leurs selles pour se monter en Allemagne.

Je vous prie de me faire connaître ce qu'il faudrait donner de la conscription à ma cavalerie pour avoir 1.100 hommes par régiment de cuirassiers, chasseurs, hussards et chevau-légers. Ma définition de troisième commande est nécessaire pour recruter toute ma cavalerie. Si mes régiments de cavalerie sont à 1.100 hommes, il faudra qu'ils aient, non compris les officiers, 1.000 chevaux.

NAPOLÉON.

L'Empereur fait connaître au ministre directeur de l'administration de la guerre l'organisation définitive de la Grande Armée et donne avis de cette formation au prince d'Eckmühl. *Grande Armée : organisation.*

L'EMPEREUR AU MINISTRE DIRECTEUR DE L'ADMINISTRATION DE LA GUERRE.

Paris, le 10 janvier 1812.

Monsieur le comte de Cessac, j'ai définitivement organisé la Grande Armée en quatre corps, à compter du 15 février.

1er corps d'observation de l'Elbe.

Le prince d'Eckmühl commandant. — Les 1re, 2e, 3e, 4e, 5e divisions d'infanterie et les 1re et 2e brigades de cavalerie légère.

2e corps d'observation de l'Elbe.

Le duc de Reggio commandant. — Les 6e, 8e et 9e divisions d'infanterie et les 5e et 6e brigades de cavalerie légère. Au 15 février, tout ce corps sera réuni à Munster et Osnabrück.

Corps d'observation de l'Océan.

Le duc d'Elchingen, commandant. — Il sera, au 15 février, à Mayence. Les 10e, 11e, 12e, 7e divisions (la 10e division se réunit à Mayence, la 11e se réunit à Dusseldorf, la 7e est à Danzig ; la 12e division ne pourra être formée que dans le courant d'avril), les 9e et 14e brigades de cavalerie légère. Tout cela sera prêt à marcher le 15 février.

Corps d'observation d'Italie.

Les 13e, 14e et 15e divisions d'infanterie, les 12e et 13e brigades de cavalerie légère. Elles seront réunies le 15 février à Botzen, Trente, Vérone et Brescia.

Réserve de cavalerie.

La réserve de cavalerie sera divisée en trois corps :

1er corps. Gal Nansouty.
- 1re division de cavalerie légère, général Bruyère.
  - 3e brigade, général Jacquinot.
  - 4e brigade, général Piré.
- 1re division de cuirassiers, général Saint-Germain.
- 5e division de cuirassiers, général Valence.

2ᵉ corps.
Gᵃˡ Montbrun.
{ 2ᵉ division de cavalerie légère, comprenant les 7ᵉ et 8ᵉ brigades, général Wattier.
2ᵉ division de cuirassiers, général Saint-Sulpice.
4ᵉ division de cuirassiers, général Defrance.

3ᵉ corps.
Gᵃˡ Latour-Maubourg.
{ 3ᵉ division de cavalerie légère, comprenant les 10ᵉ et 11ᵉ brigades, général Kellermann.
4ᵉ division de cuirassiers, général Doumerc.
Division de dragons, général Lahoussaye.

Du reste, il n'y a aucun changement dans l'organisation des brigades d'infanterie, si ce n'est que le 24ᵉ léger est mis dans la 10ᵉ division à la place du 26ᵉ, et que le 26ᵉ est mis dans la 6ᵉ division à la place du 24ᵉ.

Dans les derniers états, il n'y avait que treize brigades de cavalerie légère; il y en a aujourd'hui quatorze. La 14ᵉ est formée du 4ᵉ et du 28ᵉ de chasseurs; elle est sous les ordres du général Beurmann.

Chaque division de cavalerie aura besoin de son ambulance, de ses commissaires des guerres et de son administration. Il serait bon que chaque corps, composé de trois divisions, eût ou un ordonnateur ou du moins un commissaire des guerres principal.

La Garde sera toujours composée de quatre divisions, comme il a été dit. Je désirerais que, vers le 15 février, l'état-major général pût être réuni à Mayence. J'attendrai le rapport que vous devez me faire là-dessus.

NAPOLÉON.

L'EMPEREUR AU PRINCE D'ECKMUHL, A HAMBOURG.

Paris, le 10 janvier 1812.

Formation de la Grande Armée en quatre corps d'armée et trois corps de cavalerie de réserve.

Mon Cousin, j'ai formé quatre corps d'armée. Le corps d'observation de l'Elbe sera composé de vos cinq premières divisions et des 1ʳᵉ et 2ᵉ brigades de cavalerie légère. Le 2ᵉ corps de l'Elbe sera commandé par le duc de Reggio et sera composé des 6ᵉ, 8ᵉ et 9ᵉ divisions et des 5ᵉ et 6ᵉ brigades de cavalerie légère. Le quartier général du duc de Reggio sera à Munster, et tout sera réuni au 15 février.

Le corps d'observation de l'Océan sera composé des 7ᵉ, 10ᵉ et 11ᵉ divisions, et des 9ᵉ et 14ᵉ brigades de cavalerie légère. Deux de ces divisions seront réunies à Mayence avec le quartier général, l'artillerie, etc., au 15 février. La 12ᵉ division ne peut se réunir que dans le courant d'avril.

Le corps d'observation d'Italie sera composé des 13ᵉ, 14ᵉ et 15ᵉ divisions, et des 12ᵉ et 13ᵉ brigades de cavalerie légère.

Une cavalerie de réserve sera divisée en trois corps, chaque corps commandé par un lieutenant général.

Le 1er corps de cavalerie sera composé de la 1re division de cavalerie légère, commandée par le général Bruyère, composée des 3e et 4e brigades; de la 1re division de cuirassiers, commandée par le général Saint-Germain, et de la 5e division de cuirassiers, que commande le général Valence. Il sera attaché une batterie d'artillerie légère à la division Bruyère. Ce corps, ayant ainsi trente pièces d'artillerie légère, sera commandé par le général Nansouty.

Le 2e corps de cavalerie sera composé de la 2e division de cavalerie légère, que commande le général Wattier, formée des 7e et 8e brigades, lesquelles se réunissent à Mayence, de la 2e et de la 4e divisions de cuirassiers.

Le 3e corps de cavalerie sera composé de la 3e division de cavalerie légère, commandée par le général Kellermann et formée des 10e et 11e brigades, laquelle se réunit à Vérone; de la 3e division de cuirassiers, que commande le général Doumerc, et de la division de dragons qui se réunit à Vérone.

Tout le monde sera rendu à son poste et prêt à marcher au 15 février.

J'ai cru devoir vous donner avis de cette formation de l'armée pour que vous vous en formiez une idée. Le 125e est laissé jusqu'à ce qu'il soit remplacé du côté d'Emden. J'ai ordonné que les 4e, 5e et 6e compagnies du 6e bataillon d'équipages militaires soient formées sous votre direction. Vous vous servirez des cent vingt caissons et harnais d'ancien modèle du 12e bataillon, et vous prendrez les hommes dans la 32e division militaire. Le ministre de l'administration de la guerre vous écrira pour les cadres.

NAPOLÉON.

Décret du 10 janvier 1812.

ARTICLE PREMIER. — Il sera formé un cinquième escadron à chacun des deux régiments de carabiniers, des treize régiments de cuirassiers et des quatre régiments de dragons qui font partie de la réserve de cavalerie de la Grande Armée, et aux régiments de chasseurs et de hussards qui font partie des quatorze brigades de cavalerie légère.

ART. 2. — Les neuf régiments de chevau-légers ne sont point compris dans la disposition de l'article précédent. Ces régiments resteront à quatre escadrons, à moins qu'ils ne viennent à dépasser 1.000 chevaux, auquel cas notre ministre de la guerre prendra nos ordres.

ART. 3. — Les colonels commandant les régiments désignés dans l'article 1er désigneront, sans délai, les capitaines, lieutenants et sous-lieutenants, maréchaux des logis et brigadiers qui devront faire partie du 5e escadron.

Les officiers instructeurs feront partie du 5e escadron.

Grande armée : formation d'un 5e escadron dans tous les régiments de cavalerie, sauf dans ceux de chevau-légers, qui restent à 4 escadrons.

Ceux des officiers et sous-officiers désignés pour le 5ᵉ escadron se rendront au dépôt sur l'ordre du colonel.

Art. 4. — Notre ministre de la guerre présentera à notre nomination les emplois qui viendront à vaquer, par suite des présentes dispositions, dans le courant de janvier.

Art. 5. — Le sous-aide vétérinaire, qui est actuellement au dépôt, se rendra aux escadrons de guerre. Un second sous-aide sera attaché au 5ᵉ escadron; il comptera parmi les brigadiers.

Art. 6. — Aucun officier ni sous-officier, adjudant sous-officier, ne pourra rester au dépôt, sous quelque prétexte que ce soit, s'il ne fait pas partie du 5ᵉ escadron. Les colonels leur enverront l'ordre de rejoindre le régiment.

Napoléon.

Décret du 10 janvier 1812.

Formation du 9ᵉ bis de hussards.

Article premier. — Le 9ᵉ régiment de hussards sera composé du 1ᵉʳ escadron, qui est à Neufbrisach, et des 5ᵉ, 6ᵉ et 7ᵉ escadrons, qui sont à Schlestadt.

En conséquence, le 5ᵉ escadron deviendra le 2ᵉ, le 6ᵉ le 3ᵉ, et le 7ᵉ le 4ᵉ.

Art. 2. — Ce régiment sera organisé comme nos régiments de troupes légères.

Art. 3. — Il sera formé un régiment (9ᵉ *bis*) de hussards.

Art. 4. — Le 9ᵉ *bis* de hussards sera composé des 2ᵉ, 3ᵉ et 4ᵉ escadrons du 9ᵉ hussards, qui sont en Espagne.

En conséquence, le 2ᵉ escadron deviendra 1ᵉʳ, le 3ᵉ sera le 2ᵉ, et le 4ᵉ le 3ᵉ. Le dépôt sera à Niort.

Art. 5. — Le 9ᵉ *bis* de hussards sera organisé en tout comme les autres régiments de hussards.

Art. 6. — Le dépôt du 9ᵉ régiment de hussards, qui est à Schlestadt, enverra au dépôt du 9ᵉ *bis*, à Niort, tous les matricules, registres des masses, notes et effets qui doivent appartenir à ce régiment.

Napoléon.

L'EMPEREUR AU MARÉCHAL BESSIÈRES, DUC D'ISTRIE, COMMANDANT LA GARDE IMPÉRIALE, A PARIS.

Paris, le 10 janvier 1812.

Garde impériale : ordre concernant la remonte de la cavalerie.

Mon Cousin, le prince d'Eckmühl fait acheter 6.000 chevaux de cuirassiers, de dragons et de cavalerie légère dans le Jutland. Mon intention est de prendre les meilleurs pour monter les corps de ma Garde. Donnez ordre qu'on n'achète en Normandie aucun cheval qui n'ait 60 mois révolus, et faites-moi connaître quel est le nombre de chevaux de grosse cavalerie, de chasseurs et de dragons qui seront nécessaires. Proposez-moi de faire partir un piquet d'hommes à pied de la Garde, qui se rendraient à Hanovre pour attendre ces chevaux. Ces hommes seront montés là et formeront des escadrons de marche qui rejoindront leurs régiments au passage.

NAPOLÉON.

LE PRINCE D'ECKMUHL A L'EMPEREUR.

Hambourg, le 10 janvier 1812.

Compte rendu des moyens de mouture existant à Danzig et dans les places de l'Oder.

Sire, dans une de ses lettres du 3 janvier, Votre Majesté me charge de lui adresser un rapport pour lui faire connaître les moyens de mouture qui existent à Danzig.

Ayant déjà, il y a quelque temps, fait ces demandes aux différents gouverneurs, j'ai vu, en cherchant les rapports de Danzig, qu'on pouvait y moudre, par jour, 1.000 quintaux poids de marc.

Les moyens de mouture des autres places de l'Oder ne sont pas, à beaucoup près, aussi considérables :

A Stettin : 200 quintaux ;

A Custrin : 100 quintaux dans la place et, à trois ou quatre lieues, 200 ; ce qui fait 300 quintaux pour cette place ;

A Glogau, mais dans un rayon très étendu, 400 quintaux.

Tout le biscuit qui existe à Danzig et dans les autres places, ainsi que le riz, est entonnelé, y compris même les 430 quintaux de riz qui se trouvent à Hambourg.

Les ordres sont donnés pour réparer les tonneaux qui pourraient avoir besoin de réparations. Je vais charger l'ordonnateur en chef de passer les marchés avec le commerce pour transporter à Danzig tout le riz qui se trouve à Magdebourg, Hambourg et dans les places de l'Oder ; car, en le faisant faire par réquisition, outre que ce serait un objet en litige avec le gouvernement prussien, les chargements et déchargements continuels occasionneraient de grandes avaries et feraient que la responsabilité ne pèserait sur personne.

PRINCE D'ECKMUHL.

LE PRINCE EUGÈNE NAPOLÉON, VICE-ROI D'ITALIE, A L'EMPEREUR.

Milan, le 10 janvier 1812.

Corps d'armée d'Italie : compte rendu de l'état d'instruction et de l'exécution des mouvements ordonnés.

Sire, en réponse à la lettre de Votre Majesté du 4 janvier, j'ai l'honneur de lui rendre compte que tous les hommes destinés à marcher dans la division italienne sont à l'école de bataillon. Il en est de même des régiments français, si j'en excepte, toutefois, 150 à 160 hommes par corps provenant des derniers réfractaires reçus.

Le seul corps qui offrira bien peu d'instruction sera le bataillon de transports italien, puisqu'on le forme seulement en ce moment, que les quatre dernières compagnies ne recevront les chevaux que d'ici au 15 février et sauront à peine les panser et soigner.

Quant à la cavalerie, à l'exception des derniers détachements arrivés des dépôts, qui n'étaient qu'à l'école du soldat, tout le reste des régiments était à l'école d'escadron. On soigne et on surveille beaucoup l'instruction de ces recrues, et j'espère qu'ils seront tous à l'école de peloton au moment de les mettre en route.

Je reçois à l'instant les ordres du ministre de la guerre pour les mouvements à ordonner. Je n'ai fait, aux dispositions indiquées dans les lettres du ministre, qu'un très léger changement. J'ai placé la division italienne à Vicence et à Bassano, c'est-à-dire dans la vallée de la Brenta, au lieu de la placer dans la vallée du Chiese. Mes raisons sont : 1° que, dans cette saison, la route de la Rocca-d'Anfo à Trente n'est pas praticable pour des voitures, artillerie, etc. ; 2° que les régiments composant l'armée italienne se trouvent déjà à Venise, Trévise, Padoue et Vicence. Cela simplifiera les mouvements, et la 15ᵉ division sera toujours, de là, à deux journées de marche de Trente, comme elle y eût été dans les vallées de Brescia.

L'habillement neuf du régiment croate, que Votre Majesté m'a chargé de faire confectionner en Italie sera prêt à Vérone du 1ᵉʳ au 5 février. J'ai écrit au général Bertrand de diriger ce régiment sur cette ville.

EUGÈNE NAPOLÉON.

Lettre du baron Bignon, résident à Varsovie, transmise par le prince d'Eckmühl à l'empereur, le 10 janvier 1812.

Varsovie, le 4 janvier 1812.

Renseignements sur la Russie.

Monsieur le Maréchal, les rapports qui viennent du côté de la Russie ne font mention que de petits déplacements de quelques escadrons qui se relèvent les uns les autres. Tout y parait être dans une parfaite tranquillité.

La *Gazette de Vilna*, du 6 décembre dernier, a publié un ukase du 17 novembre, qui autorise les contribuables en retard à payer en denrées l'arriéré de leurs impositions. Ce même ukase accorde d'avance l'autorisation de payer en 1812 l'impôt de la capitation aussi par des livraisons en nature. On conçoit que c'est un moyen facile pour former en peu de temps des magasins considérables.

ED. BIGNON.

Le général de brigade Romeuf, faisant fonctions de chef de l'état-major général du corps d'observation de l'Elbe, au général d'infanterie Gudin, commandant la 3ᵉ division.

Hambourg, le 10 janvier 1812.

Corps de l'Elbe : ordre du prince d'Eckmühl concernant le transport des effets expédiés par les dépôts.

D'après les intentions de M. le maréchal, j'ai l'honneur de vous adresser, ci-joint, un ordre dont Son Excellence désire que vous donniez connaissance aux chefs de corps sous vos ordres, afin qu'ils en remplissent les dispositions.

Son Excellence vous invite à veiller à l'exécution dudit ordre.

ROMEUF.

Ordre aux régiments d'infanterie et de cavalerie de l'armée.

Hambourg, le 10 janvier 1812.

Le 11 novembre dernier, des mesures ont été prises pour établir de Wesel à Brêmen une ligne de transports réguliers, qui devait servir à amener sans frais à l'armée les effets expédiés aux corps par les dépôts qui avaient reçu l'ordre du ministre de les diriger sur Wesel.

Le 13 novembre, tous les corps de l'armée ont reçu ordre d'envoyer à Brêmen des officiers ou sous-officiers pour recevoir leurs effets et les conduire au cantonnement. Pour ce dernier transport, les régiments d'infanterie devaient employer leurs caissons de vivres, et ceux de cavalerie des voitures de réquisition.

Toutes ces mesures ont reçu leur exécution. Les régiments ont dû se conformer à l'ordre du 13 novembre et le transport à Brêmen des effets des corps a été exécuté en partie.

S. E. le prince d'Eckmühl, conformément aux ordres de l'Empereur, voulant affecter à un transport d'une autre nature les voitures du 12ᵉ bataillon des équipages, changer la ligne établie et la tracer de Wesel à Magdebourg, décide :

1° Que les effets parvenus à Wesel ne seront plus chargés sur les voitures du train des équipages ;

2° Que les corps prendront les moyens de les faire arriver aux bataillons et escadrons de guerre comme si le transport gratuit de Wesel à Brêmen ne leur eût jamais été accordé.

En conséquence, les régiments, tant d'infanterie que de cavalerie, et les compagnies détachées de l'artillerie et du génie s'entendront avec leurs dépôts pour que ceux-ci n'envoient plus leurs effets à Wesel, mais les expédient directement à l'armée.

Les corps dont les effets sont déposés à Wesel les y enverront chercher en employant les mêmes moyens que ceux dont ils faisaient usage avant ce dernier.

ROMEUF.
(Papiers Gudin.)

LE PRINCE D'ECKMUHL A L'EMPEREUR.

Hambourg, le 11 janvier 1812.

Sire, je reçois la lettre de Votre Majesté du 7 janvier[1], où elle me prescrit que, lorsque je serai assuré qu'il y a une bonne quantité de denrées coloniales rassemblées à Stralsund, d'y faire marcher brusquement deux divisions d'infanterie et deux brigades de cavalerie légère.

Le temps qu'il me faudra pour avoir les renseignements nécessaires me donnera celui de recevoir les explications que je prie Votre Majesté de me donner.

Le maréchal Davout demande des explications plus précises au sujet des ordres de mouvement qu'il a reçus.

---

1. Cette lettre de l'Empereur, du 7 janvier, qu'il eut été intéressant de connaître, n'a pu être retrouvée ni aux archives historiques du ministère de la Guerre ni aux archives nationales.

Ce sont les expressions renfermées dans la lettre de Votre Majesté, et que je vais transcrire, qui m'obligent à lui demander ces explications.

« Ainsi, la division Dessaix, la division Friant et la division Compans ou Gudin seraient toutes sur Stettin, de sorte qu'elles se trouveraient avoir tourné Berlin, et être à portée de la Vistule. Deux régiments de cavalerie légère se trouvent déjà à Danzig. Vous enverrez à Stralsund quatre régiments de cavalerie légère avec le général Bruyère, ce qui fera six régiments à portée. »

Telles sont, Sire, les expressions sur lesquelles je vais vous demander des explications.

Je suppose qu'il y a erreur dans ces mots : « *La division Compans ou Gudin* »; cette dernière a deux régiments à Magdebourg et un à Stettin. Votre Majesté a voulu parler de la division Morand et dire que, pour remplir ses vues lorsque j'aurai les renseignements nécessaires, je devrai faire entrer dans la Poméranie suédoise la division Friant, qui est sur les frontières; dans le Mecklembourg, la division Compans et les brigades de cavalerie légère Bordesoulle et Castex.

La division Morand se porterait dans le Mecklembourg. Ce qui me fait supposer que telles sont vos intentions, c'est que, quelques lignes plus haut, Votre Majesté s'exprime ainsi : « Une division est suffisante pour occuper ce pays (la Poméranie suédoise), mais je désire en mettre deux d'abord pour infliger une sévère punition au pays, ensuite pour me trouver, sous ce prétexte, avoir quatre régiments de cavalerie et trois divisions d'infanterie très près de Stettin et rapprochées de huit ou dix marches de Danzig.

» Il faudra donc que les troupes occupent de préférence les environs d'Anclam et Desnin (sans doute Demmin). Vous établirez sur-le-champ une communication directe de la Poméranie suédoise avec Stettin. »

Pour avoir trois divisions auprès de Stettin, il convient de faire porter les divisions Friant et Compans dans la Poméranie suédoise et une autre dans le Mecklembourg.

Aucune des expressions de la lettre de Votre Majesté ne me fait supposer que je doive me porter de ma personne à Stralsund.

En conséquence, je resterai à Hambourg, à moins que Votre Majesté ne me fasse connaître que j'ai mal compris.

Si je dois rester à Hambourg, j'y ferai venir le 25ᵉ régiment qui est un des quatre de la division Compans, et qui est maintenant à Brêmen.

Si j'ai pris sur moi de demander ces explications, c'est que, je le répète, d'après la teneur de la lettre de Votre Majesté, j'aurai le temps de les recevoir, pouvant avoir sa réponse le 19 ou le 20.

Il serait possible que le gouvernement suédois eût prévu notre visite, depuis les coups de canon tirés sur un bâtiment français. Car il y a quelques jours qu'une dépêche chiffrée très volumineuse est passée à Hambourg venant de Stockholm pour le gouverneur de Stralsund.

Prince d'Eckmuhl.

Décret du 12 janvier 1812.

(Pour mémoire.)

ARTICLE PREMIER. — Le corps de l'artillerie de la Garde impériale sera augmenté d'une compagnie de canonniers vétérans, composée de 62 hommes, dont 1 capitaine, 1 lieutenant et 60 sous-officiers et canonniers.

ART. 2. — Cette compagnie sera composée d'officiers et de canonniers de la Vieille Garde, ayant cinq ans de service effectif dans la Garde, qui ne sont plus susceptibles de faire un service actif, mais qui peuvent faire encore un service sédentaire.

ART. 3. — Les officiers auront la solde, les indemnités d'habillement et de logement de la dernière classe de leur grade de l'artillerie à pied, Vieille Garde.

ART. 4. — L'uniforme sera le même que celui de l'artillerie à pied, Vieille Garde, à l'exception du collet, qui sera écarlate. Le bonnet à poil sera remplacé par le chapeau.

NAPOLÉON.

Garde impériale : formation d'une compagnie de canonniers vétérans.

L'EMPEREUR AU MINISTRE DE LA GUERRE.

Paris, le 12 janvier 1812.

Monsieur le duc de Feltre, le prince d'Eckmühl me mande qu'il a passé des marchés pour 12.000 chevaux dans le nord, dont 2.000 chevaux de trait.

Déjà je vous ai mandé, par ma lettre du 9 de ce mois, de faire partir bien habillés, bien équipés, et avec leurs selles, tous les carabiniers et cuirassiers qui se trouveraient à pied dans les dépôts en France.

Par mes lettres du 29 et du 30 décembre, je vous ai ordonné de faire partir 3.100 hommes à pied des régiments de cavalerie légère.

Enfin, par ma lettre de ce jour, je vous ordonne de faire partir également 1.375 chevau-légers[1]; cela fera donc environ 5.000 hommes à pied qui vont se mettre en route pour aller prendre des chevaux. Il est nécessaire que ces hommes aient leurs selles, leurs brides, ou du moins que ces effets les suivent de très près, de

Des hommes à pied à envoyer à l'armée d'Allemagne par les dépôts de cavalerie. Ordre d'établir à Hanovre un grand dépôt de cavalerie sous le commandement du général Bourcier.

---

1. Le même jour, en effet, dans une lettre au ministre de la guerre, l'Empereur prescrit de diriger de France sur le dépôt de Hanovre des détachements à pied de 125 ou 250 hommes des 1ᵉʳ, 2ᵉ, 3ᵉ, 4ᵉ, 5ᵉ, 6ᵉ et 8ᵉ chevau-léger, formant un total de 1.375 hommes, avec leurs selles, « tous parfaitement habillés, bien armés et dans l'uniforme complet de chevau-légers ». Ces hommes, mis en route le 25 janvier, vont recevoir les chevaux que le prince d'Eckmühl a fait acheter en Allemagne.

manière qu'à la fin de février ils se trouvent parfaitement montés. Tous ces hommes doivent rester à Hanovre, parce que tous leurs régiments doivent se rendre dans cette direction.

Il est nécessaire que vous me remettiez l'état de tout ce qui est parti, et de tout ce que l'on pourrait faire partir encore.

Voyez ce que les quatre régiments de dragons qui sont en Italie et dont les dépôts sont dans la 6e division militaire peuvent faire partir d'hommes à pied.

Les huit régiments de dragons dont j'ai fait venir les 4es escadrons d'Espagne ont des hommes à pied à leur dépôt; proposez-moi tout ce qu'on en pourrait faire partir.

Enfin les régiments de hussards et de chasseurs, qui forment les quatorze brigades de cavalerie légère, auront encore des hommes à pied; faites un travail général pour me proposer de les faire partir.

Je désirerais réunir ainsi 8.000 hommes à Hanovre; mais un dépôt aussi considérable a besoin d'une direction spéciale. Mon intention est donc que vous ordonniez au général de division Bourcier de partir lundi pour se rendre à Hanovre. Vous lui donnerez deux généraux de brigade, quatre majors en second et douze vétérinaires que vous tirerez d'Alfort, et vous le chargerez d'aller établir le dépôt de Hanovre. Il embrassera toute l'opération de la remonte de 12.000 chevaux que le prince d'Eckmühl fait acheter dans le Jutland et dans le Holstein. Il correspondra avec vous par l'estafette. Vous ferez comprendre au général Bourcier l'importance que j'attache à avoir, au commencement de mars, au moins 8.000 hommes montés, ce qui augmentera d'autant mes régiments à mesure qu'ils arriveront sur l'Elbe.

NAPOLÉON.

Conformément aux instructions contenues dans la lettre de l'Empereur, ci-dessus, le ministre de la guerre prévient immédiatement le général Bourcier qu'un grand dépôt de cavalerie sera établi à Hanovre, sous son commandement, et rend compte à l'Empereur des mesures qu'il a ordonnées à cet effet.

LE MINISTRE DE LA GUERRE A L'EMPEREUR.

Paris, le 14 janvier 1812.

Compte rendu des ordres donnés au général Bourcier pour établir à Hanovre le dépôt général de cavalerie.

Sire, j'ai l'honneur de rendre compte à Votre Majesté qu'en exécution de son ordre en date du 12 de ce mois, j'ai adressé de suite au général de division Bourcier l'ordre de partir de Paris, dans la journée de lundi, pour se rendre à Hanovre et y établir le dépôt général de cavalerie dont la direction spéciale lui est confiée.

J'ai fait connaître à ce général que M. le maréchal prince d'Eckmühl faisait acheter dans le nord 12.000 chevaux, dont 2.000 de trait, qui seront dirigés sur le dépôt de Hanovre; je lui ai transmis en même temps un état des hommes à pied qui ont reçu l'ordre de se rendre au corps d'observation de l'Elbe pour y recevoir des chevaux de remonte, indépendamment des 1.375 hommes à pied que les sept régiments de chevau-légers doivent faire partir le vingt-cinquième jour, et je lui ai fait entendre que Votre Majesté attache la plus grande importance à avoir au commencement de mars environ 8.000 hommes montés, afin de renforcer les régiments de cavalerie, à mesure qu'ils arriveront sur l'Elbe.

J'ai aussi informé le général Bourcier qu'il aura sous ses ordres les généraux de brigade Duverger et Guiton, ainsi que les majors en second Duvernois, Thinus, Mouly et Mercier, et qu'il sera attaché au dépôt de Hanovre douze artistes vétérinaires qui seront tirés d'Alfort.

J'ai d'ailleurs engagé ce général à correspondre fréquemment avec moi par l'estafette, et à me donner connaissance de la situation du dépôt de Hanovre en hommes et en chevaux pour que je puisse en rendre compte à Votre Majesté.

J'ai prévenu M. le maréchal prince d'Eckmühl des intentions de Votre Majesté à cet égard.

J'aurai l'honneur de mettre incessamment sous les yeux de Votre Majesté le tableau des hommes à pied qui ont reçu l'ordre de se rendre au corps d'observation de l'Elbe, pour y recevoir des chevaux de remonte, ainsi que le nombre d'hommes à pied qu'il sera encore possible de tirer des dépôts de cavalerie légère et de dragons, pour les envoyer au dépôt de Hanovre.

Duc de Feltre.

Le 17, le ministre de la guerre informe le général Bourcier que le prince d'Eckmühl lui donnera les ordres et instructions nécessaires pour la remonte des hommes à pied et que des fonds sont mis à cet effet à sa disposition.

Le ministre de la guerre au général de division Bourcier, conseiller d'État, commandant supérieur du dépôt général de cavalerie, à Hanovre.

Paris, 17 janvier 1812.

Général, par ma lettre du 13 de ce mois j'ai eu l'honneur de vous donner connaissance des intentions de l'Empereur, relativement à l'établissement du dépôt général de cavalerie à Hanovre, sur lequel M. le maréchal prince d'Eckmühl fera diriger les 12.000 chevaux qu'il fait acheter dans le Jutland et dans le Holstein.

J'ai l'honneur de vous prévenir que j'ai écrit à M. le maréchal prince d'Eckmühl, conformément aux intentions de Sa Majesté, pour l'informer que le dépôt général de cavalerie de Hanovre se trouvera sous ses ordres, et qu'en conséquence il doit vous adresser les ordres et instructions qu'il jugera nécessaires pour la remonte des hommes à pied qui sont dirigés sur Hanovre.

Je vous préviens en même temps, Général, que j'ai engagé le ministre directeur de l'administration de la guerre à mettre à votre disposition les fonds nécessaires pour le ferrage, la sellerie et les médicaments, et que j'ai invité aussi Son Excellence à envoyer de suite à Hanovre douze artistes vétérinaires, tirés d'Alfort, pour être attachés au dépôt général de cavalerie dont la direction spéciale vous est confiée.

Duc de Feltre.

L'EMPEREUR AU MINISTRE DE LA GUERRE.

Paris, le 12 janvier 1812.

Ordres concernant les bataillons croates et le 24ᵉ léger; du mode d'attache de la lance sur le cheval pendant le combat à pied.

Monsieur le duc de Feltre, les Croates ne me paraissent pas assez organisés pour partir; je désire qu'ils restent à Paris jusqu'à nouvel ordre. Il est nécessaire qu'avant de partir ils aient leurs caissons, leur compagnie d'artillerie, leurs sacs bien garnis, deux paires de souliers dans le sac et une aux pieds; qu'on les fasse un peu manœuvrer et qu'on complète et ajuste leur habillement. Je les verrai à la première parade que je passerai en février, et je donnerai alors des ordres pour leur départ.

Faites passer la revue du 24ᵉ léger demain matin pour que les hommes éclopés et marqués pour la retraite ne suivent point le régiment. Il est nécessaire d'attacher un major en second à ce régiment.

Enfin, il faudrait faire une ordonnance sur une manière d'attacher leur lance à leur cheval, lorsque les chevau-légers combattent à pied, afin qu'ils aient toute liberté de se servir de leur carabine[1].

NAPOLÉON.

Lettre transmise par le prince d'Eckmühl à l'Empereur le 12 janvier 1812.

Le général Rapp au prince d'Eckmühl.

Danzig, le 8 janvier 1812.

Renseignements sur la Prusse et la Russie.

Monsieur le Maréchal, Votre Excellence a désiré savoir ce que pouvait contenir les tonneaux qui étaient chargés sur des voitures parties de Berlin, et dont le général Fornier d'Albe m'a prévenu en son nom. J'ai envoyé quelqu'un pour les attendre sur la Vistule; cette personne vient de me faire part que ces tonneaux contiennent des uniformes et autres équipements militaires pour des troupes prussiennes stationnées dans la Vieille Prusse.

Il est parti de Pillau une quinzaine de bâtiments chargés de grains depuis quelques semaines; quatre sont pris par les glaces dans la rade de Pillau. Ces grains sont pour le compte des Anglais.

D'après des nouvelles de Russie, il paraît certain que le commandement de l'armée russe sera partagé en deux commandements supérieurs; l'un serait donné à Bennigsen et l'autre au comte de Pahlen, le même qui a assassiné le père de l'empereur actuel. Les armées sont toujours tran-

---

[1]. Cette question fut résolue dans les premiers jours de février par une ordonnance qui sera publiée dans le volume suivant.

D'après cette ordonnance, quand les lanciers mettaient pied à terre, la lance, qui était portée à droite, devait être placée sur le cheval à gauche, le bout dans une botte adaptée à cet effet à l'étrier, et le manche assujetti, au moyen d'une courroie, à la palette de derrière de la selle.

quilles. Tous les renseignements sur ce pays coïncident avec ceux que j'ai souvent transmis, c'est-à-dire que les Russes n'attaqueront pas.

RAPP.

L'EMPEREUR AU MINISTRE DIRECTEUR DE L'ADMINISTRATION DE LA GUERRE.

Paris, le 13 janvier 1812.

Monsieur le comte de Cessac, je viens de vous accorder un supplément de 2.400.000 francs sur le budget de Danzig de 1811. Mon intention est que vous achetiez sans délai 100.000 quintaux de froment, 100.000 quintaux de seigle et un million de boisseaux d'avoine.

Des approvisionnements à réunir à Danzig.

Je vous ai donné l'ordre, que je vous réitère, que le riz qui est à Passau, à Hambourg et dans les places de l'Oder, entre les mains des administrations françaises, et à Magdebourg, fût sans délai dirigé sur Danzig. Je charge le directeur général des douanes d'empêcher toute vente de riz, et de mettre à votre disposition, pour être dirigé sur Danzig, tout le riz qui est à Hambourg et autres places d'Allemagne.

Mon intention n'est pas de le payer au prix de l'entrepreneur, qui est de vingt-cinq pour cent trop cher, mais de le payer au plus bas prix possible. Je n'ai pas besoin de vous recommander qu'il faut qu'on mette de l'adresse dans ces achats. Par ce moyen, j'aurai au 1er mars, savoir : à la réserve, 200.000 quintaux de froment et de seigle ; à l'approvisionnement de siège, 70.000 ; total, 270.000 quintaux. Sur ces 270.000 quintaux, 70.000 seront convertis en farine, bien embarillée, et pouvant faire trente jours de marche. J'aurai à la réserve 4.000 quintaux de riz ; à l'approvisionnement de siège, 4.000 quintaux de riz ; venant de Passau et des places de l'Oder, 4.000 quintaux de riz ; total, 12.000 quintaux de riz. J'aurai à la réserve 1.400.000 boisseaux d'avoine ; à l'approvisionnement de siège, 600.000 boisseaux d'avoine ; total, 2 millions de boisseaux.

J'aurai donc 20 millions de rations de pain, ou pour une armée de 400.000 hommes pendant cinquante jours ; j'aurai 20 millions de rations de riz à une once par jour, ou pour 400.000 hommes pendant cinquante jours ; j'aurai 2 millions de boisseaux d'avoine, ou pour 50.000 chevaux pendant cinquante jours. Je suppose que je ne me trompe pas dans ces différentes données. Indépendamment de cela, il y a un grand approvisionnement sur l'Oder.

Quant au biscuit, je désire que le biscuit qui est à Danzig puisse être encaissé et embarillé en peu de jours, de même que les 1.800.000 rations qui existent dans les places de l'Oder, de manière à pouvoir se transporter promptement ; ce qui fera 2.300.000 rations de biscuit. Faites-moi connaître le temps qu'il faudrait à Danzig pour fabriquer 1.700.000 rations, ayant besoin de 4 millions de rations de biscuit. Comme ce temps est le plus favorable aux achats, il est nécessaire que vous donniez des ordres sans délai.

NAPOLÉON.

L'EMPEREUR AU PRINCE D'ECKMUHL, COMMANDANT LE 1er CORPS D'OBSERVATION DE L'ELBE, A HAMBOURG.

Paris, 13 janvier 1812.

Demandes à faire à la Hesse-Darmstadt, au Wurtemberg, à la Bavière et à la Saxe pour compléter leurs régiments. De la défense des côtes de la 32e division militaire.

Mon Cousin, je reçois vos lettres du 8. J'approuve que les deux détachements de 200 hommes westphaliens se rendent à Danzig pour compléter ces régiments. Faites la même demande aux cours de Hesse-Darmstadt, Wurtemberg, Bavière, Saxe, par le canal de mes ministres. Cela servira à réparer les pertes que ces régiments auraient faites par mort, par désertion ou autrement, et à les tenir au complet. Je vois avec plaisir que vous fassiez compléter l'approvisionnement du riz à Danzig. Remettez-moi l'état de l'approvisionnement de cette place au 1er février. Envoyez-moi le plan de Glückstadt et tous les renseignements que vous avez sur cette place. Contre qui les Danois l'avaient-ils faite? Quelles sont ses fortifications? Je laisserai toujours sur les côtes de la 32e division militaire un corps de 7 à 8.000 hommes, ce qui, joint aux troupes que les Danois fourniraient dans la circonstance, mettrait, dans l'état actuel des choses, Hambourg à l'abri de l'invasion des Anglais. On pourrait tirer de Hollande quelques renforts pour garder les batteries. Il est nécessaire que ces batteries soient fermées à la gorge, soit par des tours, soit par des ouvrages de campagne, de sorte qu'elles soient à l'abri des débarquements et du feu des vaisseaux. Ces batteries, avec quelques hommes dans leur enceinte, seraient défendues; en cas d'une grande expédition des Anglais, elles seraient prises, mais elles sont faites pour cela. Faites-moi connaître leur nombre, leur emplacement et leur armement. Comprenez dans ce détail les batteries des côtes de Mecklembourg. Il me semble avoir ordonné que des gardes-côtes fussent formés. Je laisserai d'ailleurs sur la côte trois compagnies d'artillerie françaises.

NAPOLÉON.

L'EMPEREUR AU MINISTRE DIRECTEUR DE L'ADMINISTRATION DE LA GUERRE.

Paris, le 13 janvier 1812.

Projet de décret sur le nouvel habillement des troupes. Des caissons d'ambulance régimentaire. Des drapeaux.

Monsieur le comte de Cessac, je désire que vous m'envoyiez le rapport de la commission sur le nouvel habillement avec le projet de décret, afin que je le signe dans la journée, et que l'on puisse s'occuper de suite de l'habillement des troupes, parce qu'elles font confectionner dans ce moment.

Les Croates [1] qui sont à Paris n'ont qu'une chemise, une paire de souliers et point de cols; leur première mise n'est pas complète. Il est fâcheux que leur habillement ne soit pas de nouveau modèle; leurs schakos sont d'une qualité inférieure.

Le 24ᵉ régiment d'infanterie légère n'a point son caisson d'ambulance garni; il manque aussi à ce corps beaucoup de chirurgiens. Faites-moi connaître si les régiments du corps d'observation de l'Elbe ont leur caisson d'ambulance garni ou non, ce qu'ils doivent avoir, et quand l'administration de la guerre le leur fournira. Ces caissons pourraient contenir beaucoup plus que l'on ne propose d'y mettre. Comme il y a quatre régiments par division et quatre caissons, ces quatre caissons pourraient former l'ambulance. Ils doivent être aussi chargés que les caissons d'ambulance.

Faites-moi connaître si vous avez commandé et fait faire tout ce qui est relatif aux drapeaux. Le décret a-t-il été mis à l'ordre de l'armée? Il faut en envoyer et mettre en état tout ce qui se trouve à l'armée d'Allemagne. Les régiments ne connaissent pas ce décret. Il y a des régiments de cavalerie qui ont quatre aigles; il y en a d'autres, comme le 24ᵉ, qui n'en ont pas. Donnez connaissance de mon décret aux corps, sans cependant le faire mettre dans les journaux, ce qui est inutile. Envoyez-moi, avant de les faire broder, les noms des batailles auxquelles on suppose que chaque régiment a assisté, afin qu'on les vérifie bien et qu'il n'y ait point de méprise.

NAPOLÉON.

L'EMPEREUR AU PRINCE EUGÈNE NAPOLÉON, VICE-ROI D'ITALIE,
A MILAN.

Paris, le 13 janvier 1812.

Mon Fils, le ministre de la guerre vous aura envoyé des ordres pour le corps d'observation d'Italie, et je suppose que dans les premiers jours de février tout sera en marche.

Il faut régler l'organisation militaire du royaume d'Italie :

1º Qui est-ce qui commandera en chef?

2º Qui est-ce qui commandera la place de Palmanera, celles d'Ancône, de Mantoue?

3º Ces places sont-elles armées et en état de défense? L'absence de l'armée comporte l'obligation de leur armement.

4º Seront-elles approvisionnées? L'absence de l'armée comporte aussi l'obligation de l'approvisionnement de ces places.

Faites-moi un rapport là-dessus. Tout cela doit se faire successivement et sans secousse.

Ordre au prince Eugène : 1º De régler avant son départ l'organisation militaire du royaume d'Italie;

---

1. On a pu remarquer qu'il est déjà question des Croates et du 24ᵉ léger dans une lettre de l'Empereur adressée la veille, 12 janvier, au ministre de la guerre.

Au Même, 13 janvier 1812.

2° De former une compagnie de marins de la garde italienne;

Mon Fils, il faudrait former une compagnie de marins de la garde italienne qui serait composée de 3 officiers, de 7 ou 8 maîtres et contre maîtres et d'une centaine de bons matelots qui puissent nous servir pour le passage d'une grande rivière ou d'un lac et pour la réparation d'un pont. Cette compagnie serait à la suite de la garde, et les marins feraient d'ailleurs le service de canonniers. Ils seraient armés de fusils comme les marins de la Garde impériale.

NAPOLÉON.

Au Même, 13 janvier 1812.

3° D'avoir 1.100 hommes et 1.000 chevaux dans chacun des régiments de cavalerie de la 13° brigade.

Mon Fils, je crois vous avoir déjà mandé que les deux régiments de cavalerie légère de la 13° brigade [1] étaient bien faibles. Il est indispensable qu'ils soient forts chacun de 1.100 hommes et que vous fassiez partir avec ces régiments 400 hommes à pied, bien équipés, avec leurs selles, brides, etc. Ces hommes, arrivés à Posen ou à Dresde, trouveront là des chevaux; par ce moyen, chaque régiment aura un effectif de 1.100 hommes et de 1.000 chevaux et pourra se maintenir constamment à un effectif raisonnable.

NAPOLÉON.

LE PRINCE D'ECKMUHL A L'EMPEREUR.

Hambourg, le 13 janvier 1812.

Compte rendu relatif aux transports de poudre.

Sire, j'ai l'honneur de rendre compte à Votre Majesté que le général Baltus m'informe que, du 9 au 10 de ce mois, par les mesures qu'il a prises en dirigeant des voitures sur Wesel, un convoi de poudre a dû en partir. Un second convoi devait suivre le premier; les deux doivent porter en tout deux cents milliers. Des moyens de transport s'organisent pour l'exécution des ordres de Votre Majesté relatifs à la conduite du million de poudre sur Magdebourg.

PRINCE D'ECKMUHL.

---

1. 2° et 3° chasseurs à cheval italiens.

COMPOSITION ET ORGANISATION DE L'ÉQUIPAGE DE GUERRE DE L'EMPEREUR NAPOLÉON EN 1812.

Au début de l'année 1812, en prévision d'une guerre de plus en plus probable avec la Russie, l'Empereur voulut réorganiser ses équipages militaires. A cet effet, il dicta la note suivante :

NOTE.

Le 10 janvier 1812.

Le prince de Neufchâtel, le grand maréchal et le grand écuyer se réuniront en conseil pour rédiger un projet d'organisation d'équipages et de règlement conformes aux bases suivantes et le présenter à l'Empereur dimanche après la parade.

Les équipages du prince de Neufchâtel seront organisés et divisés d'après les mêmes bases que ceux de l'Empereur.

Le prince de Neufchâtel fera organiser pour être attaché à l'état-major général un bataillon de transports militaires de six compagnies, de manière à avoir des rations pour 6.000 hommes, pendant un mois, tant en pain que biscuit, vin et eau-de-vie.

Une des compagnies de ce bataillon sera à la disposition du grand maréchal pour tout ce qui tient à la maison et à la suite de l'Empereur.

Une autre servira pour toute la maison du major général et ce qui en dépend.

Les quatre autres pour les troupes du quartier général, les prisonniers, les hommes isolés, etc.

La Garde est devenue un corps trop considérable pour pouvoir faire ce service.

Les équipages de l'Empereur se composeront :

1° D'un service léger de 60 mulets de bât ou chevaux de selle. Ce service léger sera composé ainsi, de manière à pouvoir être divisé en deux bien complets :

4 tentes légères	4	mulets de bât.
2 petits lits de campagne	2	—
Différents objets nécessaires et indispensables	2	—
6 équipages de cantine	12	—
Mulets de conduite et pouvant servir de rechange	10	—
A reporter	30	

Report......	30
Un vaguemestre chargé de la police des équipages, choisi parmi les militaires et ayant servi comme officier	} 17 chevaux de selle.
3 maîtres d'hôtel.................................	
2 valets de chambre.............................	
3 cuisiniers..	
4 valets de pied...................................	
4 palefreniers.....................................	
2 briskas ou voitures légères attelées chacune de 6 chevaux.......................................	12
On peut y ajouter un mulet de bât pour porter un petit bureau......................................	1
Total...........	60

2° Un service d'expédition, composé de 30 voitures et de 200 chevaux ;

3° Des gros bagages, composés de 20 voitures et de 200 chevaux ;

4° D'un équipage de chevaux de selle, composé de 2 brigades, de chacune :

	2 chevaux de bataille pour l'Empereur.	
	1 cheval d'allure —	
	1 — pour le grand écuyer.	
	1 — pour l'écuyer de service.	
	1 --- pour le page.	
	1 — pour le chirurgien.	
	1 -- pour le piqueur.	
	1 — pour le mameluck.	
	1 — pour un guide du pays.	
	3 chevaux pour palefreniers.	
Total...	13	

Les trois premiers services font un total de 460 chevaux ou mulets, auxquels on pourra en ajouter 40 pour réserve et remplacement, de manière à en porter le total à 500.

Les chevaux de gros bagages serviront à fournir les relais quand on voudra se porter rapidement d'un point à un autre. En prenant ces 200 chevaux et en en prenant 70 dans le service d'expédition, soit ceux des voitures de service que l'on fera marcher par relais, soit ceux de selle que l'on pourra porter en avant par un mouvement quelconque, on aura 270 chevaux, avec lesquels on pourra faire dix relais.

Le service d'expédition portera toutes les tentes nécessaires pour camper, de manière à avoir un beau camp avec tous les meubles nécessaires et à y être bien.

Le conseil se réunit ainsi que l'Empereur l'avait ordonné et proposa un projet de règlement qui fut adopté avec les modifications indiquées dans la lettre suivante, adressée par Sa Majesté au grand maréchal :

Monsieur le duc de Frioul, l'intendant vous enverra le règlement que j'ai approuvé pour mon service en campagne. J'y ai fait quelques changements. J'ai réduit les caissons de tente de dix à huit.
　Le major général n'aura pas de tente particulière. Comme j'en ai quatre, il restera dans un de mes salons. Mon intention est que ma tente soit toujours contenue dans un seul fourgon. C'est en cela que consiste l'art du garde-meuble. Dépensez le double s'il le faut, mais faites une chose commode, forte et légère. Dans les équipages de tentes, n'oubliez pas qu'il y ait de grandes lanternes ; j'en voudrais une à chaque tente. — J'ai porté de *un* à *cinq* le nombre des fourgons de la bouche. Les vivres font le principal, et mon intention est qu'il y ait au moins deux fourgons chargés de biscuit, de riz, d'eau-de-vie : je désire également que, dans le service léger, il y ait toujours de quoi donner des vivres à ma maison, que je suppose devoir être là de 400 personnes. Ainsi, en partant avec quatre jours de vivres à mon équipage léger, avec quatre jours à mon équipage d'expédition, et quatre jours aux gros bagages, cela fera douze jours de vivres, ce qui ne laisse pas d'être un objet important. — J'ai augmenté également les caissons de bouche pour les gros bagages. J'en ai porté le nombre à huit, afin de pouvoir, en cas de besoin, déposer tout ce qui est inutile dans les magasins et charger ces fourgons de quarante jours de vivres. — J'ai fait aussi quelques changements dans la composition de mes portemanteaux. Je ne les ai pas faits tous de même ; par ce moyen, je gâterai moins d'effets ; ce sera une économie pour la garde-robe, et je serai mieux servi. J'ai mis à toutes les brigades *paires* un habit, et à toutes les brigades *impaires* une robe de chambre ; et je fais attacher derrière un cheval de chaque brigade, un manteau, une redingote ou une fourrure. Je crois vos cantines mal composées parce qu'elles le sont toutes de même. Il faudrait également diviser par brigade paire et impaire. — La batterie de cuisine est inutile pour le service du déjeuner. La batterie d'office et une partie de l'argenterie sont également inutiles. Cette place serait beaucoup mieux employée en y mettant du vin et du pain. De plus, je comprends très bien que vous prévoyiez que je pourrai rester huit ou dix jours n'ayant d'autre bouche que mes cantines, et que c'est pour cela que vous avez mis cette batterie de cuisine ; mais il me semble qu'il suffirait d'en mettre dans deux seules cantines ; car je trouve, en général, qu'il y a bien peu de pain. Vous ne portez que 60 livres de pain par cantine ; ainsi, pour mes six cantines réunies, je n'aurais que 360 livres de pain tandis que j'aurais 72 casseroles, 6 marmites, 6 grils, 6 poêles ; tout cela est fort inutile. Faites-en un chargement particulier pour

les cantines n° 1 et n° 4, qui sont deux têtes de division; la batterie disposée ainsi donnera de la place pour deux sacs de plus sur les quatre autres cantines. — Au lieu de rhum, mettez huit bouteilles de bonne eau-de-vie. — Le vin de Lunel est inutile dans ces cantines. — En été, il serait peut-être convenable de mettre, en place d'une bouteille de rhum, du vinaigre ou tout autre acide. — Vous verrez également que j'ai fait mettre dans le règlement que chaque officier devra avoir son pain; ce serait un bon usage que de n'en donner des cantines qu'en cas de nécessité. Tout homme à la guerre qui est à cheval, n'est pas excusable de n'avoir pas son pain ou son biscuit dans sa poche. — J'ai supprimé l'équipage des transports; il n'en sera plus question. — J'ai ordonné que les valets de chambre à cheval porteraient un petit appareil d'ambulance. Voyez Yvan pour qu'il indique ce qui est nécessaire; il faut que ce soit peu de chose, et ce pourra n'en être pas moins important. Présentez-moi un petit modèle des nécessaires pour écrire, que doivent porter les pages; et arrangez cela comme maître de la garde-robe, de manière à ce que cela ne me coûte rien.

Sur ce, je prie Dieu qu'il vous ait en sa sainte garde.

Paris, le 14 janvier 1812.

NAPOLÉON.

Ces documents sont l'introduction nécessaire du règlement ci-après, approuvé par l'Empereur le 14 janvier 1812 :

RÈGLEMENT.

CHAPITRE PREMIER.

DIVISION DES ÉQUIPAGES.

ARTICLE PREMIER. — L'équipage de guerre de l'Empereur se divise en :

Service léger;
Service d'expédition;
Gros bagages;
Chevaux de selle.

ART. 2. — Tous ces services sont sous les ordres et la direction du grand écuyer; ils sont composés ainsi qu'il va être dit et conformément aux tableaux ci-annexés[1]; il leur est attaché des escortes de gendarmerie d'élite commandées par un officier supérieur, qui sont dès lors sous les ordres du grand écuyer.

---

1. Malheureusement ces tableaux annexes n'ont pu être retrouvés.

CHAPITRE II.

SERVICE LÉGER.

Art. 3. — Le service léger ne comprend que des chevaux de selle et des tentes et bagages portés à dos de mulet; ce service est double, pour être placé en même temps sur deux points différents, et chacun d'eux-mêmes se subdivise.

Art. 4. — Le service léger est sous les ordres d'un vaguemestre, choisi parmi les militaires ayant servi comme officiers.

Art. 5. — Le service léger est composé de :

6 équipages de cantine de 2 mulets chacun...	12
4 tentes légères portées chacune sur un mulet.	4
2 lits de campagne portés chacun sur un mulet.	2
Divers objets de service les plus indispensables.	2
Mulets de conduite portant chacun une petite cantine................	10
2 brigadiers............ ⎫	
3 maîtres d'hôtel .... ⎪	
2 valets de chambre........ ⎬ à cheval ou sur	
3 cuisiniers............. ⎨ des mulets....	24
4 valets de pied .... ⎪	
8 palefreniers........... ⎪	
2 bourreliers ou maréchaux. ⎭	
2 mulets de bât pour le bureau et la pharmacie.	2
2 petites forges attelées chacune de 4 chevaux.	8
2 briskas ou voitures légères pour porter les provisions, portant chacune 800 rations de biscuit, en tout 1.600 rations, ou pour quatre jours pour la maison, lesquels, joints aux quatre jours donnés en partant, feraient huit jours de vivres....................	12
	76 mulets ou chevaux.

Art. 6. — Il sera recommandé qu'en cas d'événement ou d'accident qui arriveraient dans les marches et qui empêcheraient tous les mulets d'arriver, de faire en sorte de faire arriver d'abord les cantines, ensuite les tentes, ensuite les lits, et enfin les mulets portant les objets divers, mais dont on peut se passer de préférence aux autres.

Un équipage de cantine portera les objets renfermés dans l'état A.

CHAPITRE III.

SERVICE D'EXPÉDITION.

Art. 7. — Le service d'expédition comprend les voitures légères nécessaires pour le service de Sa Majesté et de sa suite, les tentes du camp impérial, l'état-major général mobile, une partie du cabinet de Sa Majesté, les bagages légers, et généralement tout ce qu'il faut pour faire le service de campagne, sans avoir besoin de gros bagages.

Art. 8. — Le service d'expédition comprend 26 voitures attelées par 160 chevaux, savoir :

   1 voiture de course pour Sa Majesté ;
   3 calèches d'officiers ;
   1 calèche de bureau ;
   2 calèches pour la chambre ;
   1 calèche pour domestiques ;
   2 calèches pour la bouche ;
   5 fourgons pour les tentes, un fourgon portant 1.000 rations de biscuit, riz, eau-de-vie, non compris celui de l'état-major général ;
   1 fourgon d'ambulance ;
   4 fourgons pour pain, légumes, vin, office, vin ou eau-de-vie et autres vivres, argenterie, lingerie, flambeaux ; il y aura 2.000 rations de biscuit ou pour quatre jours, pour la maison de l'Empereur, ce qui, avec quatre jours du petit équipage et quatre jours en partant, fera douze jours.
   1 fourgon pour portemanteaux... (On réglera ce que chacun
   1 fourgon de rechange p' l'écurie. (devra avoir.
   2 forges ;
   2 petites charrettes.

Total ... 26 voitures.

CHAPITRE IV.

GROS BAGAGES.

Art. 9. — Les gros bagages comprennent 24 voitures, attelées par 240 chevaux, savoir :

   1 berline pour Sa Majesté ;
   2 berlines de suite ;
   1 calèche de rechange ;
   2 voitures pour les secrétaires, cartes et papiers ;
   1 voiture de garde-robe ;
   2 pourvoyeuses ;
   8 fourgons pour la bouche, pain, office, cave, et pour toutes les provisions, le linge et l'argenterie ;
   2 fourgons portemanteaux des gens de différents services ;
   2 fourgons de rechange pour l'écurie ;
   2 petites charettes pour la selle et les ouvriers ;
   1 forge.

Total ... 24 voitures.

et les papiers de la secrétairerie d'Etat, du major général, le dépôt des hommes et chevaux malades ou éclopés, et généralement tout ce qui peut gêner la marche en campagne, ce qui ne doit se trouver que dans les quartiers impériaux stables; en cas de besoin, les 8 voitures ou fourgons affectés aux vivres dans les gros bagages, les 2 pourvoyeuses et les 2 fourgons pour portemanteaux qui doivent rester également aux gros bagages, les 2 fourgons de rechange pour l'écurie faisant 14 voitures de gros bagages qui, jointes aux 2 fourgons pour le pain du service d'expédition, faisant un total de 16 voitures, seraient toutes les seize employées à porter du pain, de l'eau-de-vie, du riz, ce qui assurerait toujours le service de 600 hommes pendant un mois.

Ce cas arrivant, les effets seront toujours mis en dépôt dans les magasins.

Art. 10. — Ainsi, les trois services ci-dessus se composeront en tout de 500 chevaux ou mulets, savoir :

  Service léger.................. 76
  Service d'expédition........... 160
  Gros bagages 240
  Réserve au dépôt 24
    Total............... 500 chevaux ou mulets.

CHAPITRE V.

ÉQUIPAGE DE SELLE.

Art. 11. — L'équipage de selle comprend 10 brigades chacune de 13 chevaux. Total, 130 chevaux.

Art. 12. — Chaque brigade se compose ainsi, savoir :

 2 chevaux de bataille pour Sa Majesté ;
 1 cheval d'allure pour Sa Majesté ;
 1 — pour le grand écuyer ;
 1 — pour l'écuyer de service, ou tout autre ;
 1 — pour le page de service ;
 1 — pour le mameluck de Sa Majesté ;
 1 — pour un guide (paysan du pays) ;
 3 chevaux de palefreniers montés et un à pied ;
 1 cheval pour le chirurgien ;
 1 — pour le piqueur de service.

Total ... 13

Art. 13. — Une paire de pistolets fera partie de l'équipement de tous les chevaux de selle destinés pour l'Empereur; ces pistolets seront chargés tous les jours et déchargés avec le tire-bourre par le mameluck de service, sous l'inspection du grand écuyer ou, en son absence, de l'écuyer de service au bivouac ou sous la tente; le déchargement et le chargement des pistolets se fera chaque soir.

Art. 14. — Le page de service porte en bandoulière la lunette de Sa Majesté, et il a sur le devant de sa selle des sacoches arrangées, qui renferment un mouchoir et une paire de gants pour Sa Majesté et un petit assortiment de bureau, contenant papier, plumes, encre, crayons, compas, cire d'Espagne, le tout conforme à l'état B ; il porte sur le derrière de la selle un petit portemanteau avec des armes à son usage.

Le chirurgien porte derrière sa selle un porte-manteau avec un assortiment d'instruments et de tout ce qu'il faut pour panser, conforme à l'état E.

Le mameluck porte en bandoulière une fiole pleine d'eau-de-vie, et sur le devant de sa selle le manteau et le frac de Sa Majesté.

Le piqueur porte sur le devant de sa selle des petites sacoches pour cantines approvisionnées conformément à l'état D et sur le derrière de sa selle une portemanteau d'effets à l'usage de Sa Majesté, conformément à l'état T ; il porte aussi en bandoulière un flacon plein d'eau-de-vie. En conséquence, il est attaché un portemanteau semblable à chacune des brigades des chevaux de selle.

Les deux valets de chambre, qui sont à cheval, auront devant eux un petit appareil contenant de la charpie, des sels, de l'éther, de l'eau, une demi-bouteille de vin de Madère et quelques ustensiles de chirurgie dont le chirurgien ordinaire donnera le détail.

Les trois maîtres d'hôtel, qui sont à cheval, auront chacun devant eux une petite cantine, semblable à celle détaillée pour les piqueurs.

CHAPITRE VI.

DES RELAIS.

Art. 15. — Au moyen des 200 chevaux de l'équipage des gros bagages et de ceux que l'on pourra tirer du service de l'expédition, on peut former des relais plus ou moins, suivant les circonstances, et de manière à faire parcourir rapidement 50 lieues au moins à quatre voitures du service de l'expédition, dont :

    Une pour Sa Majesté,
    Deux pour ses officiers,
    Une pour sa chambre et son cabinet.

On donnera des postillons choisis aux relais destinés à la voiture de Sa Majesté.

Les officiers d'ordonnance, pages, aides de camp du major général et ses secrétaires sont placés en relais, de manière à en trouver partout où ira Sa Majesté.

Art. 16. — Lorsque, dans des circonstances extraordinaires, on sera dans le cas de faire parcourir un plus grand espace à ces voitures, on pourra prendre les 240 chevaux des gros bagages, les 160 du service d'expédition (ce qui fera 15 relais ou 90 lieues) que l'on pourra établir.

Art. 17. — Les piquets d'escorte de Sa Majesté sont toujours placés au même endroit que ses relais, soit de chevaux de selle, soit de chevaux de voiture, qui sont sous la surveillance de l'officier commandant; le piqueur qui veille à la sûreté et à la police des hommes d'écurie leur fait faire à chacun le service.

CHAPITRE VII.
DE L'AMBULANCE.

Art. 18. — Indépendamment du chirurgien de Sa Majesté, il y a une ambulance de campagne, composée d'un médecin, un chirurgien et un pharmacien de la maison, qui suivent à cheval le service de l'expédition, dans lequel est compris le fourgon d'ambulance portant tous les instruments de chirurgie pour faire toutes les opérations, le linge et les remèdes nécessaires pour panser les blessés et soigner les malades.

Quelques infirmiers sont attachés à ce fourgon.

CHAPITRE VIII.
CAMP IMPÉRIAL.

Art. 19. — Le camp impérial comprend :
La tente de l'Empereur,
Celle des grands officiers,
Celle des aides de camp de l'Empereur,
Celle des officiers d'ordonnance,
Celle des officiers de service, maréchaux des logis, fourriers et secrétaires de Sa Majesté,
Celles de la suite ;
En tout, huit tentes.

La tente de l'Empereur se compose d'un premier salon, d'un deuxième salon, d'un cabinet et d'une chambre à coucher, le tout porté dans un seul fourgon.

Art. 20. — Le major général a son camp à part, à 150 toises[1] de

---
1. La toise valait 6 pieds ou 2 mètres environ, soit exactement 1m,949.

celui de l'Empereur. Il a dans son camp toutes celles des officiers attachés à son état-major; les bagages du quartier général mobile et le bataillon des transports qui lui est attaché, tout cela marche sous l'escorte de la compagnie d'élite du quartier général et de deux bataillons d'infanterie attachés à l'état-major général.

Art. 21. — Les maréchaux des logis, fourriers, sapeurs de la Garde et un piquet de gendarmerie d'élite, marchant avec le camp impérial, l'escortent et servent à dresser les tentes et à établir le camp; ils ont avec eux des guides connaissant bien le pays et ses ressources.

Art. 22. — L'enceinte du camp impérial est comprise dans un rectangle de 100 toises sur 200. Elle est marquée par des piquets et un rang de factionnaires avec deux portes, une sur le front de bandière, en face de la tente de l'Empereur, et la seconde sur la face de derrière, pour le service.

Il est défendu d'entrer dans l'enceinte autrement que par les portes; le grand maréchal a le commandement du camp; il a sous ses ordres un officier supérieur pour les détails du service et la police.

Art. 23. — Le placement des tentes du camp impérial avec les différents intervalles, celui des gardes, des piquets, des chevaux, voitures, cuisines et bagages est réglé pour toujours conformément au tableau annexé.

Art. 24. — Il y a, avec ces tentes, un assortiment de meubles de campagne, de matelas et de tapis, de manière à y être aussi commodément que possible, et des prolonges pour attacher les chevaux au piquet.

Art. 25. — La nuit, l'enceinte du camp et le devant des principales tentes sont éclairés par des lanternes, indépendamment des feux de bivouac.

Art. 26. — Une cantine sera toujours chargée et prête à suivre l'escadron de service; l'aide de camp de service veillera à ce que, tous les soirs, elle soit bien pourvue.

Art. 27. — Une marmite sera constamment au feu, de manière qu'à quelque heure que ce soit du jour et de la nuit, l'Empereur et sa maison militaire puissent avoir une soupe.

Art. 28. — Les grands officiers et officiers de service près l'Empereur devront avoir par devers eux leurs rations de pain et de biscuit, de sorte que la cantine ne soit pas tenue de leur en fournir.

Art. 29. — Tous les gens de la bouche et de l'écurie attachés au service léger auront un flacon contenant une demi-pinte d'eau-de-vie pour leur usage. Ils auront toujours du pain et du biscuit pour quatre jours.

CHAPITRE IX.

DU SERVICE MILITAIRE ET DES ESCORTES DE SA MAJESTÉ.

Art. 30. — Il y a constamment de service un bataillon de la Garde impériale, qui fournit les gardes d'honneur et de police.

Art. 31. — Il y a, pour l'escorte de Sa Majesté, un piquet d'un escadron complet; le piquet est sous les ordres du colonel général de service et, en son absence, sous ceux du grand écuyer.

Art. 32. — Le bataillon de service aura toujours ses armes chargées; le piquet d'escorte aura ses chevaux constamment sellés et bridés, les pistolets, carabines et fusils chargés. Il sera placé auprès de la brigade des chevaux de selle du service de Sa Majesté.

La brigade des chevaux de selle de Sa Majesté aura toujours ses chevaux sellés et bridés.

L'escadron qui doit accompagner l'Empereur aura constamment ses chevaux sellés et attendra l'ordre pour les brider.

Une heure avant le jour, il sera bridé et les hommes à cheval jusqu'à une heure après le lever du soleil.

Art. 33. — Il y a, pendant le jour, deux aides de camp généraux de service, ainsi que la moitié des officiers d'ordonnance et des pages présents.

Art. 34. — La nuit, il n'y a qu'un aide de camp général de service, qui couche dans le deuxième salon de Sa Majesté, et la moitié des officiers d'ordonnance et des pages présents, qui couchent dans le premier salon avec l'officier de piquet; il y a de service un écuyer et des piqueurs, dont un a son cheval bridé.

Art. 35. — L'aide de camp général de service pour les vingt-quatre heures a la liste de tous les officiers et autres personnes de service.

Art. 36. — Tous les officiers de service doivent avoir constamment un cheval sellé et bridé avec la brigade de service des chevaux de l'Empereur.

Art. 37. — L'aide de camp de service a toujours soin de faire porter pour l'Empereur un portefeuille contenant les cartes du pays avec une écritoire, papier, plumes, encre, canifs, crayons, compas, pelottes et épingles; ce portefeuille sera porté par un des plus anciens et des plus forts soldats de piquet.

Art. 38. — L'écuyer de service s'assure toujours que le chirurgien, le page, le piqueur et le mameluck portent avec eux tous les objets désignés dans l'article 13.

Il a soin aussi de se pourvoir de bons guides, qu'il met sous la garde de l'officier du piquet et du commandant de l'escadron de service qui en sont responsables.

Art. 39. — Il est attaché une escorte de la Garde, commandée par un officier, à la voiture de Sa Majesté et à celle de son cabinet qui renferme ses papiers; toutes les voitures ou calèches sont garnies d'armes à feu.

Art. 40. — Lorsque Sa Majesté est à la tête de son armée, et devant l'ennemi, elle ne peut être accompagnée, outre les personnes montées par sa brigade et son piquet, que du major général, un de ses aides de camp, un officier supérieur de l'état-major, du grand maréchal, de deux aides de camp de l'Empereur, de deux officiers d'ordonnance de l'Empereur, sans domestiques ni piqueurs.

Art. 41. — Les autres aides de camp et officiers d'ordonnance de Sa Majesté, les officiers de sa maison, les aides de camp des généraux qui lui sont attachés forment un second groupe, qui reste à droite, à 200 toises plus loin de l'ennemi, avec une brigade de chevaux de selle de Sa Majesté.

Art. 42. — Les autres aides de camp du major général, les officiers de son état-major dont il a le plus besoin, avec un portefeuille en bandoulière, le général commandant l'artillerie, celui commandant le génie, forment un troisième groupe plus à gauche, à même distance de l'Empereur que le second, à 200 toises de celui-ci et sur la même ligne.

Art. 43. — Enfin, tout l'état-major général et tout ce qui lui est attaché, tous les chevaux de main forment un quatrième groupe placé en arrière et à 600 toises au moins de Sa Majesté, sous les ordres d'un général de l'état-major.

Art. 44. — L'escadron de service se place suivant les circonstances; un officier supérieur de gendarmerie, sous les ordres du major général, veille à la formation des groupes et à ce qu'ils observent bien les distances prescrites.

Art. 45. — Lorsque Sa Majesté se transporte d'un lieu à un autre, l'officier le plus élevé en grade, qui commande chaque groupe, envoie un officier pour prendre des ordres et fait suivre au pas la même direction.

Certifié conforme à l'original :
Duc de Cadore.

(Archives historiques du ministère de la Guerre.)

L'EMPEREUR AU MINISTRE DIRECTEUR DE L'ADMINISTRATION DE LA GUERRE.

Paris, le 14 janvier 1812.

Observations au sujet de la constitution de l'approvisionnement de Danzig.

Monsieur le comte de Cessac, je vous envoie une dépêche du prince d'Eckmühl. Il paraît qu'il y a malhabileté ou dilapidation à Danzig. Quel est l'ordonnateur qui se trouve là ? Témoignez mon mécontentement au général Rapp et dites-lui que non seulement je suis très mécontent, mais même que je n'entends pas payer le prix fixé par vous; que le taux des mercuriales est beaucoup plus bas; que je ne suis pas pressé; que j'ai désiré avoir cet approvisionnement au 1er mars, mais que je ne veux pas pour cela jeter mon argent; que je ne veux pas qu'on dépasse le prix des mercuriales; que je n'ordonne l'achat d'un supplément de 100.000 quintaux de blé, de 100.000 quintaux de seigle et de 1.400.000 boisseaux d'avoine qu'autant que les prix seront moindres que ceux fixés par vous.

Veillez à ce qu'il n'y ait pas de pots-de-vin et, s'il est nécessaire, à ce que les marchés soient passés en Pologne. Si les viandes salées s'arrangent mieux l'été, il n'y a qu'à attendre l'été. Les entrepreneurs ont cru que j'étais pressé : ils se sont trompés.

NAPOLÉON.

L'EMPEREUR AU COMTE MOLLIEN, MINISTRE DU TRÉSOR PUBLIC, A PARIS.

Paris, 14 janvier 1812.

Grande Armée : organisation du service du Trésor.

Monsieur le comte Mollien, mon intention est qu'à compter du 1er mars la comptabilité de la Grande Armée commence, et que tous les payements de solde se fassent entre les mains de ses payeurs; présentez-moi le projet que l'expérience a prouvé être le plus convenable pour l'organisation du service du Trésor.

Voici quelle est l'organisation de la Grande Armée :

Le prince d'Eckmühl, commandant le corps d'observation de l'Elbe, a sous ses ordres les 1re, 2e, 3e, 4e et 5e divisions et deux brigades de cavalerie légère.

Le duc de Reggio commandera les 6e, 8e et 9e divisions et deux brigades de cavalerie légère; il sera rendu au 15 février à Munster.

Le maréchal duc d'Elchingen commandera les 10e, 11e et 7e divisions; les deux premières seront à Dusseldorf et à Mayence; la 7e division est déjà à Danzig. Il aura également sous ses ordres deux brigades de cavalerie légère.

Le corps d'observation d'Italie qui sera à Bolzano, Trente et Vérone sera composé des 13e et 14e divisions, qui seront françaises, et de la 15e division, qui sera italienne.

La cavalerie de réserve sera partagée en trois corps, savoir :

Une division de cavalerie légère et deux divisions de cuirassiers, formant le 1er corps ;

Une division de cavalerie légère et deux divisions de cuirassiers, formant le 2e corps.

Une division de cavalerie légère, une division de cuirassiers et une division de dragons, formant le 3e corps.

Chaque corps d'armée aura un parc commun ; chacun des trois corps de réserve de cavalerie aura un parc.

Enfin, la Garde impériale, infanterie, cavalerie, artillerie, etc., fera partie de l'armée.

Il faut un payeur par division. Est-il convenable d'avoir un payeur par corps d'armée, ou vaut-il mieux que les payeurs de division aient leur comptabilité directe avec le payeur général ? C'est ce que l'expérience seule peut faire connaître.

Il sera nécessaire que vous présentiez à ma signature la nomination du payeur général, et que ce payeur soit le 15 février à Mayence, où sera censé être le grand quartier général. Prenez des mesures dès le commencement pour éviter tout embarras dans cette comptabilité. Vous aurez soin que le payeur général ait le nombre de caissons attelés nécessaire pour transporter ses fonds.

Vous devez regarder cette lettre comme très secrète et comme ne devant pas sortir de vos mains. J'ai jugé à propos de vous l'écrire pour que vous puissiez arrêter, sur les bases qu'elle contient, la meilleure organisation.

NAPOLÉON.

L'EMPEREUR AU MINISTRE DE LA GUERRE.

Paris, le 14 janvier 1812.

De la confection des étendards.

Monsieur le duc de Feltre, je vous envoie un rapport du ministre de l'administration de la guerre sur les étendards. Vous verrez qu'il n'a pas compris mon décret du 25 décembre[1] et qu'il croit devoir faire confectionner des aigles nouvelles, tandis qu'il ne s'agit que d'étendards à y adapter. Je prends un décret pour vous charger désormais de cette attribution. Cela passera au budget sur les dépenses diverses de votre ministère. Remarquez bien que je ne veux ni aigles ni bâtons ; que, par mon décret, je veux seule-

---

1. Voir ce décret du 25 décembre 1811 au chapitre précédent, page 436.

ment qu'on confectionne l'étendard qui doit être attaché aux aigles. L'aigle ne changera pas; mais cependant elle aura toujours une belle apparence, parce que l'étendard sera renouvelé tous les trois ans. Ce sera quelque chose d'imposant qu'une aigle dont on pourra citer les batailles. C'est là l'avantage d'avoir pour enseigne quelque chose qui ait un corps. Il faut, pour l'étoffe, faire choix d'une double soie bien serrée, et la faire broder avec soin. Ne regardez pas au prix. Faites-en faire d'abord pour les régiments qui composent la Grande Armée. Faites-y inscrire les batailles où le corps s'est trouvé, et qu'on puisse les envoyer au 1er mars.

Faites un ordre à l'armée basé sur ce décret. Recommandez bien qu'on ne mette rien aux fanions que les colonels doivent donner aux bataillons, afin que, si, par malheur, ils venaient à tomber au pouvoir de l'ennemi, on vît bien, par leur extrême simplicité, que c'est sans conséquence.

L'aigle seule doit recevoir des honneurs. Le fanion ne doit pas même être déposé chez le chef de bataillon ; il doit rester chez le sous-officier qui le porte.

NAPOLÉON.

L'EMPEREUR AU GÉNÉRAL DE DIVISION COMTE DUMAS, DIRECTEUR DES REVUES ET DE LA CONSCRIPTION MILITAIRE.

Paris, le 14 janvier 1812.

Monsieur le comte Dumas, je vous renvoie votre travail sur la conscription avec les notes que j'ai dictées au baron Fain et les observations qu'il y a faites. Cela vous mettra au fait de mes intentions. J'ajoute les observations suivantes :

Conscription : répartition des hommes.

Mon intention est que ma cavalerie reçoive le nombre d'hommes nécessaire pour que chaque régiment ait 1.100 hommes.

Ces régiments sont : 2 régiments de carabiniers,
13 — de cuirassiers,
4 — de dragons,
6 — de hussards,
7 — de chevau-légers
et 17 — de chasseurs.

Il me faut 10 ou 12.000 hommes. Indépendamment de ce, chaque dépôt des régiments de cavalerie de l'armée d'Espagne doit recevoir 100 hommes.

Il n'y a rien de changé à la disposition qui accorde 7.000 hommes à ma Garde.

L'artillerie et le génie doivent recevoir ce qui est porté dans la répartition. Les équipages militaires doivent recevoir un nombre d'hommes suffisant pour compléter les bataillons.

Vous savez que j'ai formé les six compagnies du 10e bataillon. Il faut, de plus, des hommes pour quatre bataillons attelant de petites charrettes à la comtoise; j'en estime le nombre à 1.500 ou 1.600, et pour trois bataillons de voitures traînées par des bœufs, qui emploieront à peu près le même nombre d'hommes. Il faudrait que les hommes destinés à servir ces derniers bataillons fussent pris dans le pays où l'on se sert d'attelages de bœufs.

J'avais le dessein de lever dans les huit départements voisins d'Espagne des régiments de garde nationale, savoir: dans les départements des Pyrénées-Orientales, des Hautes et Basses-Pyrénées, de l'Ariège, de l'Aude, de la Haute-Garonne et des Landes. Mais je préfère augmenter la conscription de ces huit départements, de manière à me procurer une force de 9.000 à 10.000 hommes. En prenant les 4es bataillons du 5e de ligne, du 11e, du 14e, qui est à Sedan, le 3e bataillon du 79e, et les 4es bataillons du 115e et du 3e léger, un bataillon des 115e, 116e et 117e, et des cadres dans les régiments de l'armée d'Aragon et de l'armée de Catalogne, on réunirait ainsi 16 3es ou 4es bataillons. Ces bataillons recevraient chacun 600 hommes; on les diviserait en quatre brigades provisoires, dont les chefs-lieux seraient à Pau, à Tarbes, à Perpignan, à Montlouis. On y dirigerait les conscrits des huit départements, en ayant soin qu'aucun conscrit ne se trouve dans son département. La conscription de ces huit départements serait plus forte, mais on fera connaître que cela épargnera la garde nationale. Les quatre brigades seront sous les ordres de quatre généraux de brigade et d'un général de division. On aurait ainsi 9.000 ou 10.000 hommes qui ne bougeraient pas de la frontière, qui seraient chargés de la garder et de la mettre à l'abri de toute insulte. Vous concevez que les bataillons portés pour la réserve de Bordeaux, de Tarbes, de Pau, de Perpignan ne seront plus nécessaires.

Aussitôt que vous aurez saisi ce travail, vous me l'apporterez. Il faudra ensuite s'occuper du mouvement des conscrits. Tous les hommes de la 32e division militaire, tous les hommes du Piémont et du reste de l'Italie doivent venir en France. Il ne faut pas cependant envoyer les Italiens à Hambourg: ils resteraient tous dans les hôpitaux. Il faut faire marcher les conscrits de manière qu'ils aillent directement aux lieux où ils doivent aller. Vous connaissez l'emplacement de leurs dépôts. C'est ce qui m'a fait penser que le travail que je vous envoie devait précéder la conscription, afin d'opérer avec connaissance de cause. Il ne faut pas qu'un homme fasse une contre-marche et revienne sur ses pas pour gagner sa destination précise.

NAPOLÉON.

LE PRINCE D'ECKMUHL A L'EMPEREUR.

Hambourg, le 14 janvier 1812.

Je transmets à Votre Majesté copie d'une lettre que je reçois de Sa Majesté le roi de Westphalie. Les observations renfermées dans cette lettre sont toutes exactes; mais il n'est pas en mon pouvoir de mettre, sans un ordre exprès, un seul soldat dans les États de la Lippe, d'Anhalt et duché de Saxe; l'ayant demandé dans le temps à Votre Majesté pour la 3ᵉ division de cuirassiers, elle m'a répondu qu'elle devait être placée sur le territoire qui lui appartenait.

Observations présentées par le roi Jérôme au sujet de l'occupation de la Westphalie par des troupes du corps de l'Elbe.

Au surplus, les États du roi vont se trouver déchargés de troupes ces jours-ci par le mouvement que Votre Majesté m'a ordonné de faire sur la Poméranie suédoise.

Le 23ᵉ de chasseurs, qui s'y portera, était à Lunebourg. Je le ferai remplacer de suite par un des régiments de cuirassiers de la 5ᵉ division. Ce sera toujours un commencement de soulagement.

Votre Majesté me disant d'établir la 5ᵉ division entre Hambourg et Magdebourg, je lui propose de placer les deux autres régiments de cette division dans la 32ᵉ division militaire, savoir : un à Lubeck, qui est un pays abondant en fourrages, et un à Ratzebourg et Lawenbourg. Aussitôt que j'aurai reçu cette autorisation, il se trouvera 3,000 chevaux de moins en Westphalie.

J'ai fait connaître à Votre Majesté, dans le temps, la lettre que j'avais écrite à M. le baron de Reinhardt [1], pour la convention à faire avec la Westphalie, et ce n'est que ces jours-ci que j'ai reçu sa réponse; il fait connaître que la mort du général Moris a été cause des retards qui ont eu lieu ; je lui envoie aujourd'hui des calculs pour baser la convention qu'il doit prendre.

J'adresse à Votre Majesté copie de ma lettre à son ministre, parce qu'elle la mettra au courant des prétentions mises en avant par le gouvernement westphalien et des explications que j'ai données, toutes basées sur les intentions de Votre Majesté, qu'elle me fait connaître par ses différentes lettres.

Je dois observer à Votre Majesté que, par les renseignements que j'ai pris, si on place deux divisions d'infanterie et quatre régiments de cavalerie dans la Poméranie suédoise, les troupes seront très mal : ce petit pays n'est pas le tiers de Mecklembourg. Enfin, on fera pour le mieux.

Par tous les rapports que j'ai, il paraît que c'est sur Anclam, ville prussienne qui est tout à fait sur les frontières de la Poméranie, que l'on dirige tout de Suède, par le passage de Schweinemunde, qui est également prussien, la Penne étant navigable jusqu'à Anclam.

Lorsqu'on nous verra si proche, nul doute que l'on ne fasse transporter dans l'intérieur de la Prusse toutes les denrées coloniales et marchandises anglaises qui se trouvent à Anclam ; devons-nous nous y opposer ?

---

1. Baron Reinhardt, ambassadeur près le roi Jérôme.

J'aurai encore le temps de recevoir les ordres de Votre Majesté à cet égard.

Prince d'Eckmuhl.

Lettre du roi de Westphalie au prince d'Eckmühl.

Cassel, le 11 janvier 1812.

J'expédie un courrier à l'Empereur pour lui faire part de la situation de mon royaume. Je pense qu'il est de l'intérêt des deux gouvernements que je vous donne connaissance de ce que je lui mande. Voici le fait :

Il y a en Westphalie 20.832 hommes et 11.127 chevaux de troupes françaises, coûtant (indépendamment de l'entretien, solde, etc., des 12.500 hommes qui doivent être seuls à la charge de la Westphalie, y compris 1.500 chevaux) la somme de 782.392 francs par mois.

Le mois prochain, mon trésor, malgré la meilleure volonté, ne pourra faire cette avance; il faudra donc que les troupes françaises vivent à discrétion chez l'habitant, et dès lors les contributions cesseront de rentrer.

Les duchés de Saxe, les États de la Lippe, d'Anhalt, etc., sont sans un seul soldat, et tout pèse sur mon royaume.

Les avances faites par mon trésor s'élèvent déjà au 1er janvier à 1.615.876 francs; celles du mois courant seront de 782,392 francs, et par conséquent, au 1er février, les avances totales seront de 2.398.268 francs.

Vous sentirez aisément, mon Cousin, que cet état de choses ne peut se prolonger. Il ne peut être dans l'intérêt de l'Empereur de paralyser entièrement mes moyens en épuisant toutes mes ressources.

Je me flatte que vous prendrez, de votre côté, toutes les dispositions convenables pour empêcher la ruine totale de mon royaume; car elle serait aussi préjudiciable aux intérêts de la France qu'aux miens propres. Cette lettre n'étant à d'autre fin, etc...

Jérome Napoléon.

LE PRINCE D'ECKMUHL A L'EMPEREUR.

Hambourg, le 14 janvier 1812.

Corps de l'Elbe : compte rendu des emplois vacants.

Sire, dans différentes lettres, Votre Majesté m'a recommandé de tenir la main à ce que les emplois d'officiers et de sous-officiers soient remplis; cela est d'autant plus nécessaire à son service que maintenant les compagnies sont nombreuses.

Les propositions pour les emplois vacants sont adressées régulièrement au ministre; mais la nomination et les expéditions, en raison du grand travail des bureaux du ministère de la guerre, sont toujours très arriérées.

Tous les jours on m'adresse beaucoup de réclamations à cet égard; il existe beaucoup d'emplois vacants, et dans une proportion très nuisible.

Je me bornerai à faire connaître seulement les emplois vacants dans la 4ᵉ division :

33ᵉ d'infanterie légère....... { 9 capitaines, 19 lieutenants, 4 sous-lieutenants.

85ᵉ de ligne................ { 2 capitaines, 7 lieutenants, 8 sous-lieutenants.

108ᵉ de ligne............... { 3 capitaines, 6 lieutenants, 7 sous-lieutenants.

Je réclame de Votre Majesté que des ordres soient donnés pour que ces nominations soient promptement expédiées.

PRINCE D'ECKMUHL.

L'EMPEREUR AU PRINCE D'ECKMUHL, A HAMBOURG.

Paris, le 15 janvier 1812.

Corps de l'Elbe : observations auxquelles donne lieu l'examen des états de situation.

Mon Cousin, je reçois vos états de situation à l'époque du .. décembre. Ne tardez pas à m'envoyer ceux du 1ᵉʳ janvier ; nous sommes au 15, je devrais les avoir déjà.

Vous devez avoir reçu l'ordre de renvoyer en France les 3ᵉ, 4ᵉ et 5ᵉ bataillons du 127ᵉ, en gardant seulement les 1ᵉʳ et 2ᵉ bataillons avec la compagnie d'artillerie, et en les complétant avec les hommes des trois derniers bataillons. Vous devez avoir reçu le même ordre pour le 128ᵉ.

Je vois, dans l'état de situation du corps d'observation, le 4ᵉ bataillon du 19ᵉ porté comme étant dans le département de la Lippe et ne devant pas faire partie du corps d'observation ; je ne comprends pas cela. Le 4ᵉ bataillon du 19ᵉ, ceux du 46ᵉ, du 123ᵉ doivent être à Magdebourg ; faites-les y diriger. Je vois avec peine que le 4ᵉ bataillon du 46ᵉ n'a que 600 hommes.

A la division de cuirassiers Saint-Germain, je ne vois qu'un général de brigade ; est-ce que le général Bessières n'y est pas arrivé ?

Je trouve les malades des corps bien nombreux, puisque le nombre s'élève à 10.000, indépendamment de 4.000 aux infirmeries régimentaires et à la chambre, ce qui fait 14.000 malades. Faites-moi connaître où sont ces malades, hôpital par hôpital. J'ai toujours remarqué qu'il y avait une différence très grande entre le nombre de malades qu'accusent les corps et le nombre que porte l'administration.

NAPOLÉON.

Rapport du ministre de la guerre à l'Empereur.

Paris, le 15 janvier 1812.

Détachements de cavalerie dirigés sur l'Allemagne; nombre d'hommes qu'on pourrait tirer des dépôts des huit régiments de dragons.

Sire, j'ai l'honneur de mettre ci-joint sous les yeux de Votre Majesté, conformément à son ordre du 12 de ce mois, un état qui lui fera connaître les différents détachements de cavalerie mis en marche, en exécution des ordres des 29 et 30 décembre, 9 et 12 janvier, pour aller recevoir des remontes soit à Bonn, Cologne et Munster, soit en Allemagne.

M. le maréchal prince d'Eckmühl est chargé de donner des ordres pour la marche ultérieure de ces détachements à pied, pour se rendre sur le point où ils doivent recevoir leurs chevaux et leur réunion au dépôt général de Hanovre.

Il a été commandé aux divers dépôts régimentaires d'envoyer avec ces détachements toutes les selles et brides que ces dépôts ont de disponibles, et M. le comte de Cessac a été invité à faire également diriger sur l'Allemagne toutes celles dont l'achat est ordonné, à mesure que les dépôts les recevront.

Il résulte de cet état que la cavalerie légère a reçu l'ordre de faire partir environ...................... 3.130 hommes;
La grosse cavalerie................. 2.056 —
Les chevau-légers................... 1.375 —

TOTAL................... 6.561 hommes,

indépendamment d'environ 700 chevaux qui se trouvaient encore disponibles dans les dépôts de grosse cavalerie et de cavalerie légère, et qui partent avec des détachements pour rejoindre leurs escadrons de guerre respectifs.

Votre Majesté me prescrit aussi, par son ordre du 12, de lui faire connaître ce qu'on pourrait tirer d'hommes à pied des dépôts des quatre régiments de dragons de l'armée d'Italie, des dépôts des huit régiments de dragons qui ont ordre de renvoyer les cadres de leurs 4es escadrons d'Espagne en France et des dépôts des régiments de hussards et chasseurs qui forment la 14e brigade de cavalerie légère.

Les dépôts des quatre régiments de dragons de l'armée d'Italie n'ont qu'environ 75 hommes à pied disponibles aux dépôts. Les huit autres régiments n'ont à leurs dépôts qu'environ 45 hommes à pied disponibles. Ce qui fait en tout, pour les douze régiments, environ 120 hommes à pied jusqu'à l'arrivée des recrues de la prochaine levée.

Ces mêmes régiments ont, en outre, quelques remontes à recevoir encore dans l'intérieur.

Je supplie Votre Majesté de vouloir bien me faire connaître si son intention est que j'envoie ces 120 hommes à pied à Hanovre.

Quant à la cavalerie légère, j'aurai l'honneur d'adresser incessamment à Votre Majesté un état des hommes à pied qui pourraient encore être extraits de leurs dépôts, pour aller en remonte à Hanovre, au dépôt général de cavalerie.

Comme ces dépôts régimentaires ont déjà l'ordre de fournir 3.130 hommes et que plusieurs même, ainsi qu'il résulte déjà de quelques rapports, n'enverront pas tout ce qu'on leur a demandé, il est à présumer que les ressources que présenteront le nouvel état que j'annonce seront très faibles.

Au surplus, ainsi que Votre Majesté l'a prescrit, si tous ces dépôts ne peuvent faire partir au 15 janvier, en bon état, la totalité des détachements demandés, ils ont ordre de n'en faire partir à cette époque que la moitié ou le tiers, et le reste successivement tous les dix jours.

Duc de Feltre.

LE PRINCE D'ECKMUHL A L'EMPEREUR.

Hambourg, le 15 janvier 1812.

Sire, j'ai reçu la lettre de Votre Majesté, du 9 janvier, où elle m'ordonne de faire mettre, sous différents prétextes, un sévère embargo sur les côtes du Mecklembourg, de la 32ᵉ division militaire et à Danzig. Je vais réitérer les ordres pour l'embargo qui existe déjà. Les glaces empêcheront d'ailleurs cette communication.

Propositions du maréchal Davout pour occuper la Poméranie suédoise et avoir ses troupes à portée de l'Oder.

Le contenu de cette lettre est pour moi un nouveau motif d'attendre la réponse de Votre Majesté à ma lettre du 11 courant, pour envoyer des troupes dans la Poméranie suédoise. Je crois, Sire, que quatre régiments d'infanterie forts comme ils le sont maintenant, avec l'artillerie d'une division et trois régiments de cavalerie, seraient tout ce qu'on pourrait placer dans la Poméranie, et que vos vues seraient remplies. Il y aurait donc de disponible à portée de l'Oder : 9 bataillons d'infanterie française qui sont à Stettin ; 20 bataillons dans la Poméranie suédoise ; 17, dont 2 espagnols, dans le Mecklembourg ; cinq régiments de cavalerie légère, savoir : 1 à Stettin, 3 dans la Poméranie suédoise et 1 dans le Mecklembourg. Ajouter à cela, le 108ᵉ, fort de 5 bataillons, qui est à Custrin, cela ferait donc qu'on aurait de disponible, au bout de très peu de jours, sur l'Oder : 51 bataillons, dont 2 espagnols, et 20 escadrons qui formeraient plus de 4.000 chevaux présents.

Il y aurait, en outre, 40 bouches à feu d'artillerie régimentaire et 42 d'artillerie de division, ce qui ferait une très belle force.

Six ou sept jours après, les 15 bataillons de la division Morand et 12 bataillons de la division Gudin, y compris les 2 du 127ᵉ, ainsi que 11 escadrons de cavalerie légère, y compris le 9ᵉ de lanciers et six régiments de cuirassiers, les deux divisions Saint-Germain et Valence avec l'artillerie qui est attachée à ces corps.

Alors, si Votre Majesté approuve ces dispositions, la division Morand resterait à Hambourg, la division Compans irait dans le Mecklembourg, à l'exception de son 4ᵉ régiment, qui se porterait dans la Poméranie avec toute la division Friant[1].

Prince d'Eckmuhl.

---

1. On trouvera dans le chapitre suivant, à la date du 19 janvier, les ordres de l'Empereur et les instructions du prince d'Eckmühl au sujet de l'occupation de la Poméranie suédoise, page 577.

LE PRINCE D'ECKMUHL A L'EMPEREUR.

Hambourg, le 15 janvier 1812.

Des envois de riz à Danzig.

Sire, j'ai l'honneur de rendre compte à Votre Majesté que, d'après les ordres qu'elle m'a adressés, j'en ai donné pour le transport sur Danzig du riz que nous avons à Hambourg, Magdebourg et dans les places de l'Oder. Celui de Hambourg y sera conduit moyennant un marché passé avec l'ordonnateur, à raison de 37 francs le quintal, et sous la condition d'y rendre le tout en mêmes qualité et quantité sous quarante jours. L'ordonnateur s'occupe des dispositions à prendre pour le transport du riz qui se trouve dans les autres places; j'écris, à cet égard, aux différents gouvernements.

L'ordonnateur observe que la translation de ce riz va laisser, dans les places fortes, l'approvisionnement incomplet et qu'il est indispensable dans les hôpitaux en cas de siège. Il ajoute qu'on pourrait se procurer 1.000 ou 1.200 quintaux de riz à Hambourg, à raison de 70 à 75 francs le quintal, et que, rendu à Danzig, il reviendrait à 115 francs au plus, et que cette denrée enchérira sans doute beaucoup par la suite. Il propose d'en faire l'acquisition et de garder dans les places ce qui s'y trouve. Je prie Votre Majesté de me donner des ordres à cet égard.

PRINCE D'ECKMUHL.

LE PRINCE D'ECKMUHL A L'EMPEREUR.

Hambourg, le 15 janvier 1812.

1er corps d'observation de l'Elbe : compte rendu de l'instruction et du bon esprit des troupes.

Sire, j'ai reçu la lettre de Votre Majesté, du 10, où elle daigne me faire connaître la formation des quatre corps d'armée destinés pour le Nord.

Je ne négligerai rien pour justifier la confiance de Votre Majesté, et j'espère y parvenir, puisqu'elle laisse sous mon commandement des corps que je connais depuis longtemps.

Un commandement plus considérable eût été au delà de mes moyens.

Tous les régiments des cinq divisions ont bien mis à profit, pour leur instruction, l'année 1811, l'hiver même n'est pas perdu; il y a de fréquentes théories pour les officiers et sous-officiers, et les écoles régimentaires, qui sont très nombreuses, forment d'excellents sujets pour des sous-officiers.

L'esprit qui règne dans toutes les troupes me donne l'assurance que Votre Majesté en sera satisfaite, si elle est dans le cas de les présenter à ses ennemis.

Aussitôt que j'aurai reçu les instructions du directeur-ministre sur la formation des 4e, 5e et 6e compagnies du 6e bataillon des équipages militaires, je les mettrai à exécution.

PRINCE D'ECKMUHL.

On croit devoir indiquer ci-après, à titre d'exemple, le modèle des rapports que les chefs de corps étaient tenus de fournir au maréchal pour tout ce qui concernait l'instruction de leur régiment.

Le général de brigade Romeuf, faisant fonctions de chef de l'état-major général du corps d'observation de l'Elbe, à M. le général de division Friant.

Hambourg, le 13 janvier 1812.

Mon Général,

J'ai l'honneur de vous adresser un modèle de rapport qui a été adopté par M. le maréchal pour tout ce qui concerne l'instruction des régiments. Son Excellence désire que ce modèle soit suivi, que vous donniez vos instructions en conséquence et que vous lui envoyiez un rapport d'après ce modèle avec vos rapports ordinaires. Mais, pour ne pas trop multiplier les écritures, M. le maréchal a arrêté qu'à l'avenir, les rapports qui lui étaient envoyés tous les cinq jours ne lui seraient plus, ainsi que celui-ci, adressés que les 1er et 15 de chaque mois.

J'ai l'honneur de vous saluer avec respect.

ROMEUF.

Modèle de rapport à fournir sur l'instruction des régiments.

Rapport de quinzaine sur les diverses branches de l'instruction du régiment à l'époque (1er et 15).

Exercices du régiment.

On décrira ici les divers exercices que le régiment aura faits dans la quinzaine, soit dans ses promenades militaires, soit à couvert, et on fera connaître le nombre d'hommes de recrue qui sont encore à chacune des écoles du soldat, du peloton, ainsi que les divers degrés d'application et d'instruction de ces hommes dans ces écoles.

Le dernier paragraphe sera consacré aux exercices de la compagnie d'artillerie.

Théories du régiment.

On décrira ici les diverses théories qui auront eu lieu dans la quinzaine, en exécution des ordres de l'armée, et on fera connaître quel est le nombre des officiers et celui des sous-officiers instruits dans chacune des écoles du soldat, du peloton, du bataillon et de ligne, selon ce qui les concerne. On fera aussi mention des divers degrés d'instruction des officiers et sous-officiers dans ces diverses écoles.

Le dernier paragraphe sera consacré aux théories de la compagnie d'artillerie.

École régimentaire.

ÉCRITURE, LECTURE ET CALCUL.

1ʳᵉ classe............
2ᵉ — ....
3ᵉ — ....
4ᵉ — ....
} Dire de combien d'élèves se compose chaque classe et indiquer les divers degrés de leur instruction dans l'écriture, la lecture, l'orthographe et le calcul.
Nommer les trois ou quatre sujets de chaque classe qui se distinguent le plus par leurs progrès et leur application.

Théorie.

1ʳᵉ classe............
2ᵉ — ....
3ᵉ — ....
4ᵉ — ....
} Dire combien d'hommes connaissent telle ou telle autre partie de l'école du soldat, combien d'hommes connaissent entièrement cette école, et combien d'hommes connaissent à la fois l'école du soldat et celle du peloton.
Dire ensuite quel est le nombre de ceux qui savent rédiger un rapport de ce qu'ils ont vu et de ce qui s'est passé de nouveau à un poste, à une grand'garde, etc.

Artillerie.

Dire combien d'hommes sont instruits dans ce qu'on enseigne concernant cette arme, dans l'école régimentaire; préciser les divers degrés de leur instruction, faire mention des exercices et théories de la quinzaine.

Génie.

Dire combien d'hommes sont instruits dans ce qu'on enseigne concernant cette arme, dans l'école régimentaire; préciser les divers degrés de leur instruction, faire mention des exercices et théories de la quinzaine.

Observations générales.

Faire mention ici des visites de l'école faites dans la quinzaine par le général de brigade, le colonel ou les autres officiers supérieurs et subalternes, et des remarques auxquelles elles auront donné lieu, soit sous le rapport de l'organisation intérieure de cette école, soit sous le rapport des progrès des élèves, soit sous le rapport du zèle et de l'exactitude des militaires préposés à leur enseignement.

Écoles des compagnies.

1ʳᵉ compagnie.........
2ᵉ — ....
3ᵉ — ....
4ᵉ — ....
5ᵉ — ....
6ᵉ — ....
Compagnie d'artillerie.
} Énoncer d'abord de quel nombre d'hommes se composent les écoles des six compagnies de chaque bataillon; faire connaître ensuite leur degré d'instruction sous le rapport de la lecture, de l'écriture et de l'étude de la langue française. Faire un dernier article pour la compagnie d'artillerie.

CHAPITRE XXII

Du 16 au 31 janvier 1812.

Grande Armée : Nomination du prince de Neufchâtel et de Wagram aux fonctions de major général (16 janvier) et composition de son état-major (29 janvier). De l'organisation : du génie (16 janvier), des équipages de l'artillerie (20 janvier), du haut personnel administratif et du service de santé (23 janvier). Décret prescrivant que toutes les troupes de la Grande Armée seront traitées sur le pied de guerre à partir du 15 février (27 janvier). Situation du corps de l'Elbe au 15 janvier, proportion des malades (28 janvier). De la mise en marche du corps d'Italie (29 janvier). Dispositions relatives aux équipages de pont et de siège, au grand parc et aux places d'Allemagne (31 janvier). — *Cavalerie :* Ordre pour la mise en route des huit régiments de chevau-légers (16, 27 janvier). Des fournitures de chevaux (17, 26 janvier). Fixation de l'effectif des régiments de cavalerie faisant partie de la Grande Armée (19 janvier). Formation à Hanovre d'un dépôt général de cavalerie (19, 22 janvier). De l'armement des cuirassiers et chevau-légers (20 janvier). Effectifs, en fin janvier, des 4e, 6e, 7e et 14e cuirassiers (31 janvier). — *Garde impériale :* Du personnel constituant l'état-major de la Garde (27 janvier). — *Équipages et transports :* Décret d'organisation des 14e et 15e bataillons avec voitures à la comtoise, et des 20e et 21e bataillons attelés de bœufs (24 janvier). Des caissons d'ambulance (27 janvier). De la construction des voitures nouveau modèle (29 janvier). — *Grand-duché de Varsovie :* Rapport de Poniatowski sur la défense du grand-duché (16 janvier). Situation générale de l'armée polonaise au 1er janvier (26 janvier). — *Westphalie :* Le roi Jérôme est invité à tenir son contingent prêt à entrer en campagne le 15 février (27 janvier). — *Confédération du Rhin :* De l'organisation de la division des Princes (28 janvier). — *Italie :* Projet d'organisation militaire du royaume d'Italie après le départ du corps d'observation (20 janvier). — *Suède :* De la réoccupation de la Poméranie suédoise (19, 28 janvier). — *Renseignements :* 1° Sur la Russie (28, 29 janvier); 2° sur la Prusse et l'Allemagne (23, 25 janvier). — *Divers :* Ordre concernant le 29e léger (16 janvier). Projet de l'Empereur de lever le 1er ban de la garde nationale (24 janvier).

Le 16 janvier 1812, l'Empereur informe Son Altesse Sérénissime le maréchal Alexandre Berthier, prince de Neufchâtel et de Wagram, vice-connétable de l'Empire et colonel général des Suisses, qu'à dater du 1er février il remplira les fonctions de major général de la Grande Armée.

A partir de cette époque, le prince de Neufchâtel figure, en effet, sur les livrets de la Grande Armée, établis les 1er et 15 de chaque mois au ministère de la guerre, comme « *major général expédiant les ordres de Sa Majesté* ».

D'après une décision du premier Consul du 25 pluviôse an XII (15 février 1804), le major général avait un pouvoir égal à celui du général commandant en chef une armée.

Nomination du prince de Neufchâtel aux fonctions de major général de la Grande Armée.

L'EMPEREUR AU PRINCE DE NEUFCHATEL ET DE WAGRAM.

Paris, le 16 janvier 1812.

Mon Cousin, mon intention est qu'à dater du 1er février vous commenciez à faire les fonctions de major général de la Grande Armée. Faites-vous remettre par les ministres de la guerre et de l'administration de la guerre tous les renseignements nécessaires, et remettez-moi, du 20 au 25 janvier, l'état des mouvements pour la formation de l'armée, en me faisant connaître les lieux où seront les troupes du 30 janvier au 15 février, mon intention étant que l'armée soit en position au 15 février et prête à faire un mouvement.

Il est convenable que vos équipages, ceux de votre état-major et ce qui appartient au grand quartier général soient réunis du 15 février au 1er mars à Mayence.

NAPOLÉON.

Au reçu de cette lettre, le prince de Neufchâtel prévient immédiatement le ministre de la guerre de sa nomination aux fonctions de major général et lui demande un état de situation de la grande armée avec les emplacements et itinéraires des troupes qui la composent.

Le prince de Neufchâtel au ministre de la guerre.

Paris, le 20 janvier 1812.

L'intention de l'Empereur, Monsieur le duc, est qu'à compter du 1er février prochain, ainsi que Votre Excellence en est informée, je commence à exercer les fonctions de major général de la Grande Armée, connue aujourd'hui sous le nom de corps d'observation de l'Elbe.

Sa Majesté m'a ordonné de lui remettre au 25 janvier l'état du mouvement pour la formation de l'armée, en lui faisant connaître les lieux où seront les troupes du 30 janvier au 15 février, car elle désirerait que l'armée fût en position au 15 février et prête à faire un mouvement, s'il y a lieu.

Je prie Votre Excellence de vouloir bien me donner connaissance des dispositions militaires qu'elle pourrait avoir ordonnées sur cet objet et de prescrire aux bureaux du ministère de me remettre les divers renseignements dont il est nécessaire que je sois informé concernant les détails de l'organisation de la Grande Armée.

Je prie en même temps Votre Excellence de vouloir bien faire connaître aux commandants en chef des corps composant la Grande Armée, aux commandants en chef de l'artillerie et du génie, aux commandants de divisions isolées, arrondissements particuliers ou places, que je prendrai, au 1er février, l'exercice des fonctions de major général, et leur ordonner, en conséquence, de correspondre avec moi à partir de cette époque. Dès que je serai instruit que Votre Excellence leur aura adressé ses ordres, je leur écrirai de mon côté pour qu'ils se mettent en correspondance avec moi.

(D'après la minute.)

Le ministre de la guerre répond au prince de Neufchâtel :

Paris, le 25 janvier 1812.

Monseigneur, j'ai reçu la lettre que Votre Altesse Sérénissime m'a fait l'honneur de m'écrire, le 20 de ce mois, pour m'annoncer que, conformément aux intentions de l'Empereur, Votre Altesse exercera les fonctions de major général de la Grande Armée à dater du 1er février.

Je me suis empressé de notifier cette décision à MM. les maréchaux et généraux commandant en chef les différents corps de la Grande Armée et je leur ai fait connaître qu'ils doivent dorénavant correspondre directement avec Votre Altesse Sérénissime pour tout ce qui concernera les troupes qui se trouvent sous leur commandement.

J'ai écrit dans le même sens aux généraux commandant en chef l'artillerie et le génie; au général Rapp, gouverneur de Danzig; au général de division Bourcier, commandant le dépôt général de cavalerie établi à Hanovre; au général Michaud, commandant à Magdebourg, et aux généraux commandant les 25e, 26e et 32e divisions militaires.

Je leur ai fait connaître également qu'ils doivent néanmoins continuer de m'adresser, les 1er et 15 de chaque mois, l'état de situation des troupes qui sont sous leur commandement, et je prie Votre Altesse Sérénissime de vouloir bien, de son côté, leur donner le même ordre.

J'ai fait aussi dresser le tableau général de l'organisation de la Grande Armée, ainsi que le tableau de la situation et de l'emplacement, avec l'itinéraire des troupes de toutes armes qui la composent; M. Salamon, chef de bureau du mouvement des troupes, mettra tous ces détails sous les yeux de Votre Altesse.

Votre Altesse Sérénissime verra, par ces différents tableaux, que la Grande Armée est composée de quatre grands corps, d'une réserve de cavalerie divisée en trois corps, d'une grande réserve, d'un parc général, d'un équipage de ponts et de siège de l'artillerie et du génie.

Le 1er corps, composé de cinq divisions d'infanterie et de deux brigades de cavalerie légère, est commandé en chef par M. le maréchal prince d'Eckmühl, qui se trouve avec son état-major à Hambourg.

Le 2e corps, composé de trois divisions d'infanterie et de deux brigades de cavalerie légère, est commandé en chef par M. le maréchal duc de Reggio, qui a l'ordre d'être rendu à Munster avec son état-major le 15 février.

Le 3e corps, composé de quatre divisions d'infanterie et de deux brigades de cavalerie légère, est commandé aussi en chef par M. le maréchal duc d'Elchingen, qui doit être rendu avec son état-major à Mayence également le 15 février.

Le 4e corps, composé de trois divisions d'infanterie et de deux brigades de cavalerie légère, se trouve sous les ordres immédiats de S. A. I. et R. le prince Eugène Napoléon, vice-roi d'Italie.

Le 1ᵉʳ corps de la réserve de cavalerie, composé d'une division de cavalerie légère et de deux divisions de cuirassiers, est commandé par le général de division Nansouty.

Le 2ᵉ corps, composé comme le 1ᵉʳ, sera commandé par le général de division Montbrun.

Le 3ᵉ corps de la réserve de cavalerie est composé d'une division de cavalerie, d'une division de cuirassiers et d'une division de dragons, et sera commandé par le général Latour-Maubourg.

Enfin, l'artillerie et le génie de la Grande Armée sont commandés en chef par les généraux (*un nom manque*) et Chasseloup, auxquels Votre Altesse Sérénissime pourra adresser les ordres et instructions qu'elle jugera convenable de leur donner.

Des ordres sont donnés pour que tout le personnel et le matériel de l'artillerie, du génie, de l'infanterie, de la cavalerie et des administrations soient rendus à leur poste du 15 février au 1ᵉʳ mars, et pour que le 4ᵉ corps de la Grande Armée et le 3ᵉ corps de la réserve de cavalerie soient réunis à Vérone, à l'exception de la division de cuirassiers; pour que le 3ᵉ corps de la Grande Armée et le 2ᵉ corps de la réserve de cavalerie soient réunis à Mayence; le parc général à Mayence; le grand quartier général à Mayence; le 2ᵉ corps de la Grande Armée à Munster; le 1ᵉʳ corps dans la 32ᵉ division militaire avec le 1ᵉʳ corps de la réserve de cavalerie.

Telles sont, Monseigneur, toutes les dispositions qui ont été faites pour l'exécution des ordres donnés jusqu'à ce jour par Sa Majesté l'Empereur et Roi.

J'ai l'honneur, etc.

Duc de Feltre.

Le prince de Neufchâtel, étant ainsi mis au courant de l'organisation générale et de la situation de la Grande Armée, et sachant également que le ministre de la guerre a notifié, comme il l'a demandé, sa nomination de major général à tous les intéressés, écrit au prince d'Eckmühl pour lui donner des instructions au sujet des pièces périodiques qu'il y a lieu de fournir à partir du 1ᵉʳ février.

Paris, le 27 janvier 1812.

Je vous préviens, Prince, que l'Empereur m'a ordonné de prendre, à compter du 1ᵉʳ janvier prochain, l'exercice des fonctions de major général de la Grande Armée, dont le corps d'observation de l'Elbe, que vous commandez, forme le 1ᵉʳ corps.

Le ministre de la guerre me mande qu'il vous en a informé officiellement.

Je vous invite, en conséquence, à commencer au 1ᵉʳ février à vous mettre en correspondance habituelle et journalière avec moi sur tous les détails du service.

Faites-moi parvenir, à compter de cette époque et avec la plus grande exactitude :

1° *Tous les quinze jours*, le grand état de situation de quinzaine dans la forme accoutumée et rédigé avec beaucoup de soin, indiquant les états-majors, les numéros de régiments, bataillons et escadrons, les numéros de compagnies pour les troupes d'artillerie, du génie et des équipages militaires; l'emplacement exact de toutes les troupes, la force des présents, celle des détachés, des hôpitaux; l'effectif, la distinction des chevaux d'officiers, de troupe et du train; le détail du matériel de l'artillerie, du génie et des équipages militaires; les motifs des différences survenues dans la situation des corps dans l'intervalle d'un état à l'autre, les diverses mutations, le rapport des mouvements opérés, etc.;

2° *Tous les cinq jours*, l'état de situation sommaire contenant, par régiment, la force des présents, détachés, hôpitaux, l'effectif et l'emplacement de chaque troupe, ainsi que cela avait lieu à la Grande Armée dans nos précédentes campagnes.

Il faudra continuer aussi d'adresser le grand état de quinzaine au ministre de la guerre le 1ᵉʳ et le 15 de chaque mois.

Faites-moi connaître, Monsieur le Maréchal, si votre armée est bien organisée conformément à la formation ordonnée par l'Empereur et dont le ministre de la guerre vous a informé; il est surtout essentiel que vous me mettiez bien à portée de rendre compte à l'Empereur de l'emplacement exact de ses troupes.

Je vous engage, pour l'ordre du travail, à écrire particulièrement pour les différentes natures d'affaires, c'est-à-dire à ne pas comprendre dans une même lettre les opérations militaires avec le personnel, la comptabilité, l'administration, etc.

(D'après la minute.)

Même lettre est adressée au maréchal duc de Reggio, commandant en chef le 2ᵉ corps d'observation de l'Elbe; au maréchal duc d'Elchingen, commandant en chef le corps d'observation des côtes de l'Océan; à S. A. I. le prince vice-roi d'Italie; au général de division Nansouty, commandant le 1ᵉʳ corps des réserves de cavalerie de la Grande Armée; au général commandant le 2ᵉ corps des réserves de la cavalerie; au général commandant le 3ᵉ corps des réserves de la cavalerie; au général Bourcier, commandant supérieur du dépôt général de cavalerie, à Hanovre; au général de division Rapp, aide de camp de l'Empereur, gouverneur de Danzig; au général Chasseloup, commandant en chef le génie de la Grande Armée, au général commandant l'artillerie de la Grande Armée et aux généraux commandant les 32ᵉ, 25ᵉ et 26ᵉ divisions militaires.

L'EMPEREUR AU MINISTRE DE LA GUERRE.

Paris, le 16 janvier 1812.

Monsieur le duc de Feltre, je reçois votre rapport du (*la date manque*) sur les huit régiments de chevau-légers. Il est nécessaire que le 6ᵉ et le 8ᵉ, qui font partie des brigades de cavalerie légère, fassent partir deux escadrons dans les quinze premiers jours de février, comme cela est indiqué, pour se joindre à leurs brigades. Les 3ᵉ et 4ᵉ escadrons joindront successivement aussitôt qu'ils seront prêts.

Quant aux cinq régiments de chevau-légers qui doivent être attachés aux cinq divisions de cuirassiers, il est nécessaire que les régiments qui fournissent aux 1ʳᵉ, 3ᵉ et 5ᵉ divisions de cuirassiers partent le 1ᵉʳ février. Ceux qui doivent fournir à la 2ᵉ et à la 4ᵉ peuvent ne partir que le 15 février. Les escadrons doivent partir à 250 chevaux. S'ils ne peuvent avoir 250 hommes bien équipés et

Ordre pour la mise en route en février des huit régiments de chevau-légers.

bien montés, je consens qu'ils partent complétés à 200 hommes, mais bien équipés et bien habillés. Vous me rendrez compte des obstacles qui s'opposeraient à l'exécution de mes ordres.

J'attache de l'importance à l'époque fixe du départ de ces troupes, mais j'en attache encore plus à ce qu'elles soient munies de tout et parfaitement en état.

NAPOLÉON.

L'EMPEREUR AU MINISTRE DE LA GUERRE.

Paris, 16 janvier 1812.

Grande Armée : organisation du génie; toutes les troupes doivent être rendues à leur poste, avec leur matériel, du 15 février au 1er mars.

Monsieur le duc de Feltre, j'approuve l'organisation des officiers du génie.

Le général Campredon, qui est au service de Naples, demande à rentrer au service de France; il faut l'accepter avec le grade qu'il avait et l'employer.

Les six compagnies de mineurs doivent être attachées au parc.

Le corps d'observation de l'Elbe doit avoir cinq compagnies de sapeurs.

Le 2e corps de l'Elbe doit en avoir trois.

Le corps d'observation de l'Océan doit en avoir deux.

Le corps d'observation d'Italie doit en avoir deux. (Je ne comprends pas les compagnies italiennes, ni polonaises.)

La Garde doit avoir trois compagnies de sapeurs.

Ce qui fera quinze compagnies.

L'armée doit en avoir vingt-quatre. Il restera au parc général neuf compagnies de sapeurs et six compagnies de mineurs. Au reste, je réglerai cette répartition selon les circonstances.

Dans le livret que vous me remettrez, il faut attacher au corps d'observation d'Italie et mettre à Vérone tous les mineurs et sapeurs qui sont en Italie; aux deux corps d'observation de l'Elbe, ceux qui sont au delà du Rhin; mettre à Mayence les deux compagnies destinées au corps d'observation de l'Océan et tout ce qui est destiné au parc général.

Des trois compagnies du train du génie, deux seront attachées au parc et se rendront à Mayence; l'autre restera où elle se trouve, au corps d'observation de l'Elbe.

Tout le personnel et le matériel de l'artillerie, comme du génie, comme de l'infanterie, comme de la cavalerie, comme des administrations, doivent être rendus à leur poste du 15 février au 1er mars; le corps d'observation d'Italie et le 3e corps de cavalerie de réserve, à Vérone, hormis la division de cuirassiers; le corps d'observation de l'Océan et le 2e corps de cavalerie de réserve, à Mayence; le parc général, à Mayence; le grand quartier général, à

Mayence; le 2ᵉ corps de l'Elbe, à Munster; le corps d'observation de l'Elbe, dans la 32ᵉ division militaire, avec le 1ᵉʳ corps de cavalerie de réserve.

NAPOLÉON.

L'EMPEREUR AU MINISTRE DE LA GUERRE.

Paris, le 16 janvier 1812.

Ordre de mouvement concernant le 29ᵉ léger. Dispositions relatives aux régiments de l'île de Ré, et de Walcheren, aux sapeurs de l'île d'Elbe, etc.

Monsieur le duc de Feltre, témoignez mon mécontentement au major du régiment de l'île de Ré de ce que les deux compagnies du 5ᵉ bataillon de ce régiment, fortes de 400 hommes, sont sans instruction, qu'elles n'ont pas de livrets ni de cahiers d'ordinaire, et de ce que ces hommes vivent comme des ouvriers et non comme des soldats. Écrivez à ce major qu'il ait à apporter un prompt changement à cette fausse méthode.

Donnez ordre à l'inspecteur aux revues de la 12ᵉ division militaire de passer la revue des corps qui sont à l'île de Ré et de s'assurer que la comptabilité est en bon état.

Vous donnerez les ordres suivants : 1° que le 3ᵉ et le 4ᵉ bataillon du 29ᵉ léger[1], forts chacun de 1.000 hommes, lesquels sont dans l'île de Ré, partent le 1ᵉʳ février pour se rendre à Paris ; 2° que le 1ᵉʳ et le 2ᵉ bataillon du régiment de l'île de Ré, qui sont à Brest, en partent le 21 janvier pour se rendre à Paris.

Vous chargerez le colonel du 29ᵉ léger de se rendre à Belle-Ile, de passer la revue des dépôts de son régiment, et, s'il juge que les 300 hommes qu'a le 5ᵉ bataillon soient assez exercés et disciplinés pour faire un mouvement, de faire partir tout le dépôt pour Paris. Il sera toutefois convenable que les déserteurs invétérés et les mauvais sujets de ce 5ᵉ bataillon en soient retirés et placés dans le régiment de Belle-Ile, qui les remplacera par de bons sujets et complétera ce bataillon à 560 hommes. Par ce moyen, les cinq bataillons du 29ᵉ léger arriveraient en même temps à Paris, ce qui pourrait faire espérer de mettre ce régiment en ligne au delà du Rhin à plus de 2.400 hommes.

Vous me présenterez un projet de décret, si déjà ce décret n'existe pas, pour que tout individu des 3ᵉ, 4ᵉ et 5ᵉ bataillons de ce régiment qui déserterait en route soit condamné à mort, comme s'il désertait à l'ennemi. Si cette loi a déjà été rendue, vous en enverrez ampliation au colonel; vous ordonnerez aux généraux commandant la 12ᵉ et la 13ᵉ division militaire de la faire mettre à l'ordre et d'en

---

[1]. Le 29ᵉ léger, incorporé autrefois dans le 16ᵉ régiment et reconstitué par décret du 14 mars 1811 avec les hommes du régiment de l'Ile-de-France, avait reçu dans ses cadres beaucoup de réfractaires.

faire surveiller l'exécution. Le premier déserteur qui sera pris devra être fusillé au milieu de ses camarades.

Le 4e bataillon du 29e léger partira trois jours après le 3e bataillon; et, si la désertion était trop considérable, le général commandant la 12e division serait autorisé à garder le 4e bataillon.

Ce général recevra ordre de faire sortir des 3es et 4es bataillons tous les hommes natifs des 12e et 22e divisions militaires, et des 13e et 1re; il les mettra dans le régiment de l'île de Ré et les fera remplacer par d'autres.

Avant de partir, les capitaines feront signer par chaque soldat sa parole d'honneur qu'il ne désertera pas; ce sera le lendemain de cette opération qu'on leur fera connaître le décret qui condamne à mort les déserteurs [1].

Tous les hommes qui seraient malades, incommodés ou malingres au moment du départ, seront retenus et incorporés dans le régiment de l'île de Ré, qui les remplacera par des hommes forts et bien portants. Une fois les bataillons du 29e sortis de l'île, tous les hommes restés comme malingres seront rayés des contrôles de ce régiment et portés sur ceux du régiment de l'île de Ré; et, en général, on ne laissera plus sortir du régiment de l'île de Ré aucun homme, sous prétexte de rejoindre le 29e léger, lorsque ce régiment ne sera plus dans l'île. Vous donnerez ordre à l'inspecteur aux revues de rétablir l'effectif quelques jours après le départ des bataillons du 29e.

Le 4e bataillon du 10e léger et le 4e bataillon du régiment de Walcheren se tiendront prêts à partir l'un et l'autre le 10 février. Les mêmes dispositions seront faites et les mêmes précautions seront prises pour ces deux bataillons. Ils se dirigeront également sur Paris.

Les mêmes précautions seront prises pour la 4e compagnie de sapeurs de l'île de l'Elbe, qui partira le 28 janvier de l'île de Ré pour se rendre à Paris. Recommandez au général qui commande la division que, s'il déserte quelqu'un, il en fasse rattraper un et le fasse fusiller, en ayant soin que la connaissance de sa sentence soit donnée dans l'île de Ré.

Donnez ordre aux deux compagnies de sapeurs de l'île d'Elbe

---

1. Ce décret, déjà reproduit dans le tome Ier, chapitre VIII, relatif aux réfractaires, page 262, fut promulgué le 19 janvier 1812. Il est conçu ainsi qu'il suit :
« ARTICLE PREMIER. — Tout insoumis, retardataire, réfractaire ou déserteur qui, ayant été placé dans un de nos régiments de Walcheren, de la Méditerranée, de l'île de Ré, de Belle-Ile, ou dans un dépôt de réfractaires, aura, dans le courant de la présente année, déserté du régiment de ligne dans lequel il aurait été incorporé, sera puni de mort.
» ART. 2. — Les dispositions des articles 3 et 4 de notre décret du 23 novembre dernier sont applicables aux condamnations à mort qui seront prononcées en exécution du présent décret.
» NAPOLÉON. »

qui sont à Porto-Ferrajo d'en partir le 1er février pour se rendre à Vérone. Vous prescrirez les mêmes précautions et les mêmes mesures que pour la 4e compagnie.

Donnez ordre à la compagnie du bataillon de sapeurs de l'île d'Elbe qui est à Belle-Ile de partir pour Paris, et prescrivez les mêmes dispositions que pour les autres compagnies.

Les deux compagnies de sapeurs de l'île d'Elbe qui sont à l'île de Ré et à Belle-Ile se réuniront à Paris, de sorte que, lorsque le corps d'observation d'Italie sera réuni, ce bataillon de sapeurs puisse le rejoindre.

J'ai à ordonner des mouvements qui sont pressés pour les 5e et 7e bataillons du 6e de ligne, pour les 5e et 7e bataillons du 14e léger, pour les 1er et 3e bataillons du 1er régiment de la Méditerranée, qui sont à l'île d'Elbe. Je désire faire passer ces bataillons sur le continent; mais j'ai besoin de savoir de quels départements sont les hommes qui les composent, comment ils sont habillés et dans quelle situation ils sont.

Faites-moi le même rapport sur les bataillons du régiment de la Méditerranée qui sont en Corse, afin que je puisse donner des ordres pour que la partie de ces troupes dont j'ai besoin parte au 1er février pour se rendre à Vérone.

NAPOLÉON.

Rapport de Poniatowski sur la défense du grand-duché, en cas d'attaque simultanée par la Prusse et la Russie.

Le prince d'Eckmühl transmet à l'Empereur un rapport du prince Poniatowski, dans lequel ce prince expose les moyens de défense des places de Zamosc, Modlin et Thorn et envisage l'hypothèse d'une attaque simultanée du grand-duché par les Russes et les troupes prussiennes concentrées dans la haute Silésie. Le maréchal Davout ne partage ni l'opinion ni les craintes du prince Poniatowski.

LE PRINCE D'ECKMUHL A L'EMPEREUR.

Hambourg, le 16 janvier 1812.

Sire, j'ai l'honneur d'adresser à Votre Majesté une lettre du prince Poniatowski, en la priant de me faire connaître ses ordres sur les dispositions que le prince est dans l'intention de prendre pour la défense des places, d'où il résulte que 19 bataillons et 3 escadrons seraient pris sur l'armée du duché pour la défense des trois places Zamosc, Modlin et Thorn.

Par ces arrangements, il resterait disponible au prince, en supposant que ces places soient livrées à elles-mêmes pour un moment, 12.000 hommes d'infanterie et 9.000 de cavalerie.

La supposition que le prince fait de la position où il serait, dans le cas où la Russie et la Prusse agiraient de concert, ainsi que les raisonnements qu'il en tire, sont dénués de fondement. Je [le] lui ferai observer dans ma réponse.

Suivant les rapports mêmes, il n'y a d'autres troupes prussiennes, dans la haute Silésie, que 11 bataillons et 2.000 recrues qui sont réunis à

Kosel, puis 12 escadrons. Ces troupes ne peuvent être destinées qu'à se jeter dans les places à la première marche des Saxons, et, en supposant même qu'elles fissent les manœuvres que le prince suppose, il serait toujours bien supérieur à elles et par conséquent maître de gagner l'Oder.

La lettre du prince fait aussi connaître les mesures qu'il a prises pour l'exécution des ordres de Votre Majesté pour l'armement des places; il y a peu de modifications qui, du reste, me paraissent remplir l'objet.

J'adresse aussi à Votre Majesté l'emplacement des troupes du duché de Varsovie et des armées russe et prussienne, sur une carte de l'ancien royaume de Pologne. Cette carte est accompagnée d'un état qui donne le détail des emplacements et, à la fin, des observations sur la différence qui existe entre ces emplacements et ceux que j'ai adressés à Votre Majesté dans le mois passé, lesquels étaient également sur une carte [1].

PRINCE D'ECKMUHL.

Le prince Poniatowski au prince d'Eckmühl.

Varsovie, le 4 janvier 1812.

Monseigneur, je reprends la dépêche que Votre Altesse m'a fait l'honneur de m'adresser le 23 décembre, pour répondre à son contenu d'une manière plus détaillée que la brièveté du temps ne m'a permis de le faire par le dernier courrier.

Je dois d'abord observer à Votre Altesse qu'après avoir bien attentivement examiné l'état et les moyens de défense de chacune de nos places, je me suis bien convaincu qu'abandonnées, comme elles peuvent se trouver, à elles-mêmes pendant quelque temps, on ne peut se dispenser de mettre :

A Zamosc	4 bataillons.
A Modlin	9 —
A Thorn	6 —
TOTAL	19 bataillons.

En admettant que deux de ces bataillons pourraient être remplacés par les dépôts, et qu'il faudrait répartir dans ces places environ un régiment de cavalerie, il ne resterait effectivement de disponible, sur les 11 régiments d'infanterie et 15 de cavalerie qui se trouvent dans le pays, que 5 régiments d'infanterie et 14 de cavalerie, qui, dans leur complet actuel, peuvent être évalués à environ 12.000 hommes d'infanterie et 9.000 de cavalerie.

Si maintenant on suppose que la Russie et la Prusse, agissant d'après le même plan et commençant simultanément les hostilités, portent avec quelque rapidité dans le duché, la première, les troupes qu'elle a du

---

1. Ni la carte ni les états d'emplacement des armées polonaises, russes et prussiennes n'étaient joints à la lettre du prince d'Eckmühl, qui a été tirée des Archives nationales (AF IV, 1657).

côté de Vladimir et, la seconde, celles qui cantonnent en Silésie, à portée de nos frontières, mouvement dont leur position actuelle indique assez le projet; si l'on suppose, de plus, que les corps russes qui sont actuellement autour de Brzesc et du côté de Vilna se portent directement sur nous, tandis que ce qui est plus à portée de la Prusse se joint aux troupes de cette puissance, en passant la lisière étroite du duché qui les en sépare, il paraît assez probable que, dans cette hypothèse, ayant devant nous une armée beaucoup trop majeure pour ne pas occuper entièrement notre attention, et sur notre flanc droit le corps russe qui aurait pénétré dans le duché par Vladimir, et auquel les troupes prussiennes venues de la Silésie se joindraient selon toute apparence, il paraît probable, dis-je, que, vu ces circonstances, et avec la cavalerie nombreuse dont les Russes peuvent inonder le pays, notre position, si l'ennemi manœuvre bien, serait pendant quelque temps assez embarrassante. Je ne doute nullement qu'elle ne cesse de l'être dès que les troupes françaises et alliées seront à portée; mais (en supposant toujours que les hostilités commençassent du côté de la Russie) il s'écoulerait nécessairement douze à quinze jours avant cette époque, et c'est de ce seul intervalle que j'ai prétendu parler. Il est tout simple que ces circonstances n'auraient point lieu si c'était la France qui prenait l'initiative des mouvements.

Quant à l'esprit qui anime les armées ennemies, je me flatte que Votre Altesse me connaît trop pour penser que je le croie bien formidable; et j'espère de même qu'elle ne doutera pas que, tout en envisageant notre position du côté le moins favorable, je n'en ferai pas moins ce qui sera possible pour tirer le meilleur parti des moyens que j'aurai à ma disposition.

J'ai déjà eu l'honneur d'indiquer plus haut à Votre Altesse l'usage que je compte faire des dépôts d'infanterie. Ceux de la cavalerie seront employés, autant qu'il se pourra, à renforcer les escadrons de guerre. Mais, comme ils manquent en grande partie des objets nécessaires pour les utiliser, et que le manque de fonds ne permet guère de les leur procurer, il sera difficile de les placer de manière à les mettre en sûreté, à moins de les garder sur les derrières de notre corps.

La partie la plus embarrassante des dispositions que Votre Altesse indique, c'est l'évacuation des hôpitaux. Il n'est guère possible de les placer à Zamosc; Modlin n'a, comme elle le sait, pas même d'abri pour la garnison, et il paraît tout aussi peu convenable d'en encombrer Thorn, qui, d'ailleurs, n'a pas d'emplacements suffisants. Je ne vois donc d'autre mesure à prendre que de les laisser où ils sont, c'est-à-dire à Varsovie et à Kalisch. Ils se trouveront par là, il est vrai, surtout le premier, à la merci de l'ennemi; mais il est difficile de penser qu'il songe à en transporter les malades, quand même les progrès présumables des armées françaises lui en laisseraient le loisir.

La même difficulté existe quant aux magasins. Faute de bâtiments, il est impossible de mettre dans les places plus d'approvisionnements qu'il n'en faut pour les garnisons. L'état misérable de nos villes ne permet guère de resserrer beaucoup les cantonnements d'hiver, de manière que les magasins sont répandus sur une assez grande surface du pays. Heureusement, ils ne sont jamais bien considérables.

On continue à travailler à Modlin, mais la terre est si complètement gelée que le résultat se réduit à peu près à rien; il n'y a que les ouvrages en charpente qui peuvent être poussés avec plus d'activité.

D'après un travail que j'ai fait avec le général Pelletier relativement à la répartition des bouches à feu dans les places, j'ai l'honneur de faire parvenir à Votre Altesse un état comparatif de leur armement rédigé en conséquence de celui qu'elle a bien voulu m'envoyer.

Votre Altesse remarquera que l'armement de Zamosc, au lieu de 73 bouches à feu, ne sera que de 68; que celui de Modlin, de 132 bouches à feu, se trouve réduit à 127; mais que, par ce moyen et avec deux pièces omises dans l'état qu'elle m'a envoyé, l'armement de Thorn, au lieu de n'être que de 48 bouches à feu, restera de 60.

Ces modifications ont paru nécessaires parce que l'armement de Thorn, réduit à 48 bouches à feu, s'est trouvé absolument insuffisant, et qu'il a paru préférable de l'augmenter, en diminuant un tant soit peu celui de Modlin. Cette mesure offre d'autant moins d'inconvénients que les circonstances donneront probablement la possibilité de jeter dans cette dernière place une partie de l'armement qu'on laisse à Praga.

D'après ces dispositions, on peut laisser à Thorn les pièces de 24 et les mortiers de 50 livres Stein, non seulement à cause de la difficulté de les transporter, mais aussi parce que Thorn, se trouvant très près de Graudenz, il peut se faire que, dans le cas où l'on voudrait attaquer cette dernière place, on trouvât avantageux d'avoir à Thorn des bouches à feu de ce calibre.

Je reçois dans ce moment même la dépêche que Votre Altesse a bien voulu m'adresser le 28 décembre.

L'opinion que Votre Altesse y témoigne à l'égard de la mesure qu'on a prise pour la subsistance du soldat justifie les craintes que j'ai moi-même conçues d'abord à cet égard, et qu'elle aura vu énoncées dans ma correspondance. Au reste, je n'ai point à me reprocher de les avoir dissimulées, et si cette mesure a été ordonnée, ce n'est que parce qu'il n'a pas été en mon pouvoir de l'empêcher. On a pris, sur ma réquisition, des mesures pour que le 5ᵉ régiment continue à recevoir ses rations de vivres sur le même pied qu'il les a perçues jusqu'à aujourd'hui.

Je n'ai pas manqué, sur la demande que Votre Altesse m'en a faite dans le temps, d'enjoindre au colonel de ce régiment d'envoyer chercher à Danzig les fonds nécessaire pour sa solde, et je ne doute point qu'il ne l'ait déjà fait.

Votre Altesse verra, par le contenu de la présente dépêche, mon opinion sur la possibilité de placer les hôpitaux et les dépôts de cavalerie. Ne voyant point la possibilité de prendre à cet égard d'autres mesures, je serais charmé qu'elle voulût me communiquer ses idées sur cet objet.

Les obusiers de 8 qui sont à Zamosc pourront être utilisés en employant des projectiles d'un calibre un peu inférieur.

J'envoie aujourd'hui à Votre Altesse, comme elle l'a désiré, l'emplacement des troupes du duché, ainsi que de celles de la Russie et de Prusse, marqué sur une carte. Nous n'avons, jusqu'ici, que peu de renseignements sur ces dernières, et cela est tout simple, vu les dispositions du pays. J'attends le retour de plusieurs émissaires qui, peut-être, m'apporteront quelques détails.

Pour vérifier ce qui est douteux relativement aux divisions russes, je fais partir un officier sachant parfaitement la langue et dont la tournure n'inspire guère de soupçons; j'espère, vu son intelligence et sa connaissance du pays, qu'il rapportera de bons renseignements.

JOSEPH PRINCE PONIATOWSKI.

LE PRINCE D'ECKMUHL A L'EMPEREUR.

Hambourg, le 17 janvier 1812.

Sire, le 29 janvier 1811, je fis connaître à M. le comte de Chaban [1] des ordres de Votre Majesté pour que le duc d'Oldenbourg cessât de jouir de ses biens privés, qui devaient faire partie des autres domaines. Cet ordre était en opposition au décret du 22 janvier 1811, art. 4.

Votre Majesté donna de nouveaux ordres le 15 avril même année, qui disaient qu'il fallait bien se garder de mettre le séquestre sur les propriétés du duc; qu'il fallait, au contraire, avoir toutes sortes d'égards pour ses intérêts particuliers. Cet ordre a été suivi par M. le comte de Chaban, qui m'a informé des lettres qu'il recevait de S. E. le ministre des finances, pour rendre compte de tous les biens du duc d'Oldenbourg et les porter sur les états des domaines, lettres auxquelles il a toujours fait des réponses évasives, pour se conformer aux ordres de Votre Majesté.

Votre ministre des finances lui écrit encore pour avoir une réponse précise. Votre Majesté veut-elle que ces biens soient encore réservés, ou autorise-t-elle à les séquestrer et à les porter comme domaines? Établira-t-on une distinction entre les domaines du duché et ceux du duc?

Le prince d'Eckmühl demande si les biens du duc d'Oldenbourg doivent être séquestrés ou encore réservés.

Les premiers montent à...................... 6.000.000 fr.
Les autres à.................................. 1.800.000
                          TOTAL............... 7.800.000 fr.

Cet état est approximatif; mais il est plutôt inférieur que trop élevé.

On n'aurait dans ces départements que cette ressource pour compléter les quatre millions que Votre Majesté a assignés pour la route de Wesel, sur lesquels il n'y en a de fourni encore que pour 1.960.953 fr. 20.

PRINCE D'ECKMUHL.

LE PRINCE D'ECKMUHL A L'EMPEREUR.

Hambourg, le 17 janvier 1812.

Sire, j'ai reçu la lettre de Votre Majesté, du 12 janvier, où elle m'informe que je peux conclure le marché pour les 12.000 chevaux que l'on m'offrait, ainsi que je le lui ai annoncé le 6. Mais je dois rendre compte que, depuis, M. le comte de Cessac m'a écrit pour m'annoncer que deux Hollandais, les sieurs Dabrusse et Galesloot, lui avaient proposé une fourniture de 8.000 chevaux de différentes armes. Le ministre, dans la

Des fournitures de chevaux.

---

1. Comte de Chaban, conseiller d'État, comte de l'Empire, à Hambourg.

crainte de nuire aux opérations qui se faisaient, avait différé d'accepter ces propositions.

Je transmets à Votre Majesté copie de ma réponse. Je ne doute pas que le ministre n'ait conclu définitivement avec les deux Hollandais. J'entre dans ces détails pour éviter des malentendus et pour que Votre Majesté connaisse bien cet état de choses.

Ainsi, il y a deux fournitures de chevaux conclues :

1° Une avec le sieur Widal, de 2.902 chevaux de cavalerie légère à livrer à Hambourg, Hanovre et Munster.

2° L'autre, de 8.000 chevaux de différentes armes qui doivent être livrés par les sieurs Dabrusse et Galesloot, avec lesquels le ministre directeur a dû traiter.

S'il est dans les intentions de Votre Majesté de traiter pour de nouvelles fournitures, je la prie de me le faire connaître en me désignant la quantité pour chaque arme, c'est-à-dire : tant de chevaux pour l'artillerie, tant pour les dragons, tant pour les chasseurs, etc.

Je ne doute pas, en raison des différentes offres faites, que l'on ne trouve ici à remplir vos intentions.

J'observerai qu'il n'y a pas de temps à perdre, puisqu'on est occupé à recevoir les premières fournitures.

Prince d'Eckmuhl.

Quelques jours après, le prince d'Eckmühl rend compte à l'Empereur du peu de résultats obtenus par les marchés passés avec les deux Hollandais Dabrusse et Galesloot pour la fourniture de 8.000 chevaux et propose, pour y remédier, de faire un appel dans les 31° et 32° divisions militaires en payant aux paysans les animaux argent comptant.

Hambourg, le 26 janvier 1812.

Sire, j'ai l'honneur de rendre compte à Votre Majesté que je n'ai pas encore de nouvelles des deux Hollandais Dabrusse et Galesloot, avec lesquels le ministre directeur a passé un marché de 8.000 chevaux.

Toutes les informations que j'ai prises ne me font point supposer qu'ils aient préparé leurs achats. Quelques hommes ont fait des soumissions pour quelques milliers de chevaux; mais tous demandent d'assez longs délais. Leur intérêt même leur prescrit cette condition, parce qu'ils ont les chevaux à meilleur compte et qu'en outre, dans la crainte d'en avoir de rejetés, ce qui les entraînerait dans des pertes considérables, ils sont obligés d'employer beaucoup de temps dans le choix des chevaux.

Je crois, Sire, que, si Votre Majesté tient à avoir la totalité des chevaux d'ici au 1ᵉʳ avril, il faut en venir à un appel dans la 31ᵉ et la 32ᵉ divisions militaires. Je sais que ces moyens sont irréguliers; mais, en payant comptant, non sur les impositions, mais en donnant aux paysans l'argent qu'on donnerait aux fournisseurs, cette irrégularité ne produit aucun mal dans le pays. Le résultat en serait de bons chevaux de service, que l'on aurait dans deux mois.

Je n'entre point dans le détail des ordres et instructions à donner pour éviter les abus et rendre cette mesure la moins onéreuse possible.

Je ne vais point jusqu'à dire de renoncer aux entrepreneurs; mais on ne peut pas espérer qu'ils fournissent au delà de 3.000 à 4.000 chevaux d'ici au 1ᵉʳ avril; il faut donc, d'après ma manière de voir, se procurer le reste par ce moyen-là.

J'ai fait dresser, dans le temps, un état de tous les chevaux qui existent dans la 32ᵉ division. Cette opération en deviendrait plus facile si je recevais des ordres pour cela. Je suppose que les administrations en ont fait autant dans la 31ᵉ. Si Votre Majesté adopte cette idée, je la prie de vouloir bien indiquer la quantité de chevaux de chaque arme que devront fournir les fournisseurs, et celle de chaque arme que l'on devra lever.

Prince d'Eckmuhl.

Note
sur l'habille-
ment
des troupes.

Le 19 janvier 1812, l'Empereur fixe par un décret l'habillement de l'infanterie et de l'artillerie. Quelques jours après, le 7 février, il en fait paraître un autre déterminant l'uniforme de la cavalerie, de l'artillerie à cheval et des troupes assimilées. La principale caractéristique de ces réformes est le remplacement de l'habit long par l'habit-veste.

Ces deux décrets, complétés en mars par des instructions ministérielles qui en règlent l'application, ont été réunis en un tout qui sera publié dans le tome suivant avec les pièces du mois de février 1812.

Fixation
de l'effectif,
en
hommes
et
chevaux,
des
régiments
de
cavalerie
de la
Grande Armée
et
formation
à
Hanovre
d'un
dépôt général.

Le même jour, l'Empereur prescrit également par un décret que tous les régiments de cavalerie qui doivent entrer dans la composition de la Grande Armée seront complétés chacun à 1.100 hommes et 1.000 chevaux, et qu'un dépôt général de cavalerie sera formé à Hanovre sous les ordres du général de division Bourcier.

Voici la teneur des principales dispositions contenues dans ce décret, auquel on a joint la situation en hommes et chevaux, au 1ᵉʳ janvier 1812, des régiments de cavalerie susvisés.

Décret du 19 janvier 1812.
(Extrait.)

Article premier. — Les 2 régiments de carabiniers, 13 régiments de cuirassiers, 4 régiments de dragons, 17 régiments de chasseurs, les 6 régiments de hussards, 8 régiments de chevau-légers, devant composer la cavalerie de la Grande Armée, seront complétés chacun à 1.100 hommes et 1.000 chevaux.

. . . .

Art. 5. — Il sera formé un dépôt général à Hanovre sous le commandement du général Bourcier.

Ce dépôt sera chargé de fournir les 8.150 chevaux qui doivent être livrés en Allemagne, plus 2.000 chevaux de trait pour les équipages militaires et le train d'artillerie, ce qui portera cette remonte à 10.150 chevaux.

. . . .

Art 7. — 8.150 cavaliers à pied bien armés, bien équipés, seront réunis au dépôt de Hanovre, dans le courant de janvier, février et mars; ils y arriveront avec leurs selles et leurs brides, harnacheront 8.150 chevaux de remonte et rejoindront leur régiment au fur et à mesure que les régiments arriveront sur l'Elbe.

. . . .

ART. 18. — A cet effet, tous les hommes à pied existant dans les dépôts des 50 régiments de cavalerie de la Grande Armée seront dirigés sur Hanovre jusqu'à la concurrence de 1.300 carabiniers et cuirassiers, 640 dragons, 4.210 chasseurs et hussards et 1.700 chevau-légers nécessaires pour monter les chevaux assignés à chaque arme dans la remonte de Hanovre.

NAPOLÉON.

Annexe du décret du 19 janvier 1812.

SITUATION *en hommes et en chevaux, au 1ᵉʳ janvier 1812, des régiments de cavalerie de l'armée d'Allemagne et de ceux stationnés dans l'intérieur et au delà des Alpes, indiquant les hommes qu'il serait nécessaire d'accorder et les chevaux à acheter tant pour porter les régiments au complet déterminé par le décret du 4 décembre 1811, que pour porter tous les corps à 1.100 hommes et à 1.100 chevaux, conformément à la lettre de Sa Majesté du 9 janvier 1812.*

DÉSIGNATION DES ARMES.	NUMÉROS DES RÉGIMENTS.	EMPLACEMENT.	Présents au 1er janvier 1812.	Conscrits de 1811 restant à recevoir.	À recevoir des régiments d'infanterie ou des dépôts de Wesel et de Strasbourg.	Accordé sur la conscription de 1812 par le décret du 4 décembre 1811.	TOTAL.	Manque au complet déterminé par le décret du 4 décembre 1811.	TOTAL.	Manquerait pour porter tous les corps à 1.100 hommes conformément à la lettre de l'Empereur du 6 janvier 1812.
CUIRASSIERS.	2e.	Escadrons à Hanovre / Dépôt à Sarrelouis	1.026	2	26	»	1.054	46	1.100	»
	3e.	Escadrons à Brunswich / Dépôt à Sarreguemines	1.006	»	120	»	1.126	»	1.126	»
	4e.	Escadrons à Erfurt / Dépôt à Caen	904	»	200	»	1.104	»	1.104	»
	6e.	Escadrons à Erfurt / Dépôt à Cambrai	874	45	170	»	1.089	11	1.100	»
	7e.	Escadrons à Erfurt / Dépôt à Rouen	960	»	140	»	1.100	»	1.100	»
	9e.	Escadrons à Neldeheim / Dépôt à Mayence	985	27	90	»	1.102	»	1.102	»
	11e.	Escadrons à / Dépôt à Thionville	802	12	»	170	984	16	1.000	100
	12e.	Escadrons à Celle / Dépôt à Deux-Ponts	951	26	110	»	1.087	13	1.100	»
	14e.	Escadrons à Erfurt / Dépôt à Lille	912	88	100	»	1.100	»	1.100	»
CHASSEURS.	1er.	Escadrons à Neubrandebourg / Dépôt à Maubeuge	1.062	»	»	»	1.062	38	1.100	»
	2e.	Escadrons à Danzig / Dépôt à Tournai	1.177	»	»	»	1.177	»	1.177	»
	3e.	Escadrons à Varen / Dépôt à Joinville	995	125	16	»	1.136	»	1.136	»
	16e.	Escadrons à Splietau / Dépôt à Neufbrisach	950	150	16	»	1.116	»	1.116	»
CHEVAU-LÉGERS. HUSSARDS.	7e.	Escadrons à Stettin / Dépôt à Liége	1.223	»	»	»	1.223	»	1.223	»
	8e.	Escadrons à Borkhom / Dépôt à Strasbourg	1.219	»	»	»	1.219	»	1.219	»
	9e.	Escadrons à Bremen / Dépôt à Bremen	760	90	»	»	850	»	850	250
		TOTAUX	15.806	565	988	170	17.529	124	17.653	350

Récapitulation des régiments

Carabiniers et cuirassiers	5.262	36	»	576	5.874	126	6.000	600
Dragons	2.867	70	»	995	3.932	68	4.000	400
Chasseurs et hussards	14.492	»	»	3.467	17.959	653	18.612	353
Chevau-légers	4.347	»	»	»	4.347	2.303	6.650	1.050
TOTAUX	26.968	106	»	5.038	32.112	3.150	35.262	2.403

Récapitulation

Régiments de l'armée d'Allemagne	15.806	565	988	170	17.529	124	17.653	350
Régiments stationnés dans l'intérieur et au delà des Alpes	26.968	106	»	5.038	32.112	3.150	35.262	2.403
TOTAUX GÉNÉRAUX	42.774	671	988	5.208	49.641	3.274	52.915	2.753

DU 16 AU 31 JANVIER 1812.

commandes de 1811 à livrer en France.	CHEVAUX							Hommes à pied à envoyer à Hanovre pour monter les chevaux qui y seront livrés.	Hommes à pied déjà partis au 15 janvier.	Hommes à pied restant à partir.
	REMONTE DE 1812			Manque au complet au 4 décembre, 1er supplément à la 3e commande à livrer en France.	TOTAL.	Manque au complet de 1.000 chevaux, suite du 1er supplément, à livrer en France.	TOTAL GÉNÉRAL.			
	Commandes faites.		Commandes à faire.							
	1er à livrer à Hanovre.	2e et son supplément à livrer, moitié à Hanovre et moitié en France.	3e à livrer à Hanovre.	TOTAL.						
»	70	»	»	988	12	1.000	»	1.000	70	40	30
»	30	»	»	991	9	1.000	»	1.000	30	11	19
»	220	»	»	985	15	1.000	»	1.000	220	280	»
»	160	»	»	980	20	1.000	»	1.000	160	250	»
»	220	»	»	990	10	1.000	»	1.000	200	190	10
»	50	»	»	990	10	1.000	»	1.000	50	20	30
66	»	58	»	889	11	900	100	1.000	29	»	29
»	40	»	»	987	13	1.000	»	1.000	40	69	»
»	230	»	»	990	10	1.000	»	1.000	230	100	130
»	35	»	»	979	21	1.000	»	1.000	35	»	35
»	75	»	»	995	5	1.000	»	1.000	75	»	75
45	30	»	»	995	5	1.000	»	1.000	30	»	30
11	70	»	»	982	18	1.000	»	1.000	70	»	70
»	40	100	»	1.099	»	1.099	»	1.099	90	400	»
»	50	100	»	1.092	»	1.092	»	1.092	100	100	»
»	»	»	»	800	»	800	200	1.000	»	»	»
122	1.300	258	»	15.732	159	15.891	300	16.191	1.429	1.451	458

...ieur et au delà des Alpes.

182	»	543	»	5.314	86	5.400	600	6.000	271		
53	»	481	400	3.569	31	3.600	400	4.000	640		
819	»	3.141	2.240	16.445	495	16.940	250	17.190	3.810		
2.324	»	900	1.250	5.950	»	5.950	1.050	7.000	1.700		
3.378	»	5.065	3.890	31.278	612	31.890	2.300	34.190	6.421		

...ale.

122	1.300	258	»	15.732	159	15.891	300	16.191	1.429		
3.378	»	5.065	3.890	31.278	612	31.890	2.300	34.190	6.421		
3.500	1.300	5.313	3.890	47.010	771	47.781	2.600	50.381	7.850		

3.371 chevaux à livrer en France.

NOTA. — Aux remontes portées au présent état et qui s'élèvent à .... 14.013 chevaux, il faut ajouter :

1° 800 chevaux accordés par décret du 24 décembre 1811 aux 2°, 5°, 12°, 13°, 14°, 17°, 19° et 20° régiments de dragons pour monter les 4ᵉˢ escadrons de ces corps rentrant d'Espagne .... 800 —

2° 600 chevaux accordés aux régiments d'artillerie à cheval par le décret du 4 décembre .... 600 —

Total des remontes accordées jusqu'à ce jour aux régiments de la Grande Armée .... 15.413 chevaux.

Et si l'on accordait :

1° Un supplément de 771 chevaux pour porter les corps au complet fixé par le décret du 4 décembre.... 771 —

2° Les 2.600 qui seraient nécessaires pour porter tous les corps à 1.000 chevaux .... 2.600 —

Les remontes s'élèveraient alors à .... 18.784 chevaux.

Le ministre directeur ayant signalé quelques erreurs au sujet de ce décret, l'Empereur lui demande la rectification qu'il convient d'y faire et prescrit d'adopter pour les chevaux de chasseurs la même taille que pour ceux de chevau-légers.

Paris, le 24 janvier 1812.

Ordre d'adopter pour les chevaux de chasseurs la taille des chevau-légers.

Monsieur le comte de Cessac, je reçois votre rapport de ce jour. Vous trouvez des erreurs dans le décret relatif au complétement de la cavalerie de la Grande Armée. Présentez-moi la rectification à faire.

Mon intention est que le 19° régiment de chasseurs, comme tous les régiments de cavalerie de l'armée, soit porté à 1.100 hommes et à 1.000 chevaux et d'adopter pour les chasseurs la même taille que pour les chevau-légers, que vous fixiez à 4 pieds 6 à 7 pouces. Quant à la proposition d'autoriser la commission de Hanovre à forcer les achats, je n'ai aucune objection à faire, si le Hanovre peut les procurer. Vous pouvez autoriser le général Bourcier à acheter, indépendamment des 7.800 chevaux demandés par mon décret, 5.000 à 6.000 autres chevaux.

NAPOLÉON.

Occupation de la Poméranie suédoise.

On a vu, tome Ier, qu'en vertu d'un traité du 6 janvier 1810, le roi de Suède avait adopté le système continental et qu'en retour Napoléon avait consenti à lui restituer la Poméranie.

Depuis lors, la Suède n'en avait pas moins continué, malgré des avis réitérés, à tolérer la contrebande anglaise et à se dérober ainsi à ses engagements.

Des faits récents étant venus prouver que non seulement cette puissance laissait violer les lois du blocus en Poméranie, mais qu'elle y prenait elle-même une part active, l'Empereur, irrité de ce manque persistant de fidélité, donne l'ordre au prince d'Eckmühl de réoccuper cette province et invite son ministre des relations extérieures, le duc de Bassano, à remettre à M. d'Osshon, ministre plénipotentiaire de Suède à Paris, une note exposant les motifs qui nécessitent cette mesure.

L'EMPEREUR AU MINISTRE DES RELATIONS EXTÉRIEURES.

Paris, le 19 janvier 1812.

Monsieur le duc de Bassano, je vous renvoie l'affaire de Suède. Vous me représenterez jeudi le projet de note à M. d'Osshon. Cette note est trop chaude ; elle n'est pas assez calme, pas assez conciliante ; il n'y faut point de fièvre. Refaites donc cette note ; faites-la plus douce, qu'elle soit sincère, et surtout qu'elle soit beaucoup plus courte. Du reste, s'il vous parle, point de réponse.

NAPOLÉON.

L'EMPEREUR AU MARÉCHAL DAVOUT, PRINCE D'ECKMUHL, COMMANDANT LE 1er CORPS D'OBSERVATION DE L'ELBE, A HAMBOURG.

Paris, le 19 janvier 1812.

Mon Cousin, aussitôt que vous serez assuré de saisir une grande quantité de marchandises coloniales dans la Poméranie suédoise, vous ferez prendre possession de cette province, et vous ferez saisir, soit à Stralsund, soit à Anclam, enfin sur tous les points de la Poméranie, tout ce qui s'y trouverait de marchandises coloniales.

Vous donnerez à vos divisions la direction suivante : la 4e division, ayant son quartier général à Stettin, continuera d'occuper Stettin, Custrin et Glogau ; la 2e division se rendra dans la Poméranie ; la 3e division se rendra à Stettin, où se réunira son quartier général ; elle sera disponible pour se porter partout ; la 1re division restera à Hambourg ; une brigade se rendra à Rostock, et, en cas d'événement, elle sera prête à se réunir à la 5e division ; la 5e division se réunira tout entière autour de Magdebourg ; la 7e division continuera à rester à Danzig.

Aussitôt que j'aurai désigné le corps qui doit relever le 127e à Cuxhaven, ce régiment rejoindra sa division.

J'attache une grande importance à ce que vos divisions soient bien réunies.

Donnez ordre que les 3e, 4e et 5e bataillons des 127e et 128e, après avoir versé tous les hommes disponibles dans les deux premiers bataillons, se rendent en France.

Dans la première quinzaine de février, la 6e division se trouvera organisée à Osnabrück, la 8e à Munster et la 9e à Nimègue. La 1re brigade de cavalerie légère est à Danzig; la 2e se réunira à Stettin. Il est convenable que le général Jacquinot quitte le commandement de la place où il se trouve pour suivre sa brigade. Le général Bruyère, avec la 1re division de cavalerie légère, qui se compose des 3e et 4e brigades, se dirigera sur la Poméranie avec la division Friant. La 5e brigade de cavalerie légère et vos trois divisions de cuirassiers ne bougeront pas de la position où elles se trouvent. La division Friant, la division Gudin, la division Dessaix, la division de cavalerie légère du général Bruyère et la 2e brigade de cavalerie légère seront à portée d'arriver promptement sur Danzig et de s'y joindre à la 1re brigade de cavalerie légère, dans le temps que la 1re et la 5e division d'infanterie, les trois divisions de grosse cavalerie et la 5e brigade de cavalerie légère seraient dans votre main pour se porter sur Berlin et partout où il serait nécessaire, se faisant soutenir par les Saxons et les Westphaliens. Il est cependant convenable que la 5e brigade de cavalerie légère, qui est destinée au 2e corps de l'Elbe, ne bouge pas.

NAPOLÉON.

Le prince d'Eckmühl rend compte aussitôt à l'Empereur des dispositions qu'il a prises pour assurer l'exécution des ordres reçus et occuper la Poméranie suédoise.

Hambourg, le 23 janvier 1812.

Sire, je reçois les deux lettres de Votre Majesté, du 19 janvier, où elle m'informe qu'aussitôt que je serai assuré de trouver une grande quantité de denrées coloniales dans la Poméranie, d'y entrer pour soutenir le système continental.

Par ma dépêche du 20, j'ai informé Votre Majesté que j'avais donné des ordres pour l'entrée de la division Friant et de la brigade Bordessoulle dans la Poméranie; ainsi tout est déjà en mouvement pour cela.

Voici les dispositions prises:

Le général Friant, avec toute sa division, et la brigade Bordessoulle entrent dans la Poméranie le 26, et le même jour, il sera fait partout simultanément les saisies de toutes les denrées coloniales qui se trouveront dans le pays.

La division Compans se met en mouvement; je ne serais plus à temps d'envoyer des contre-ordres, elle sera, du 26 au 30, entièrement rendue dans le Mecklembourg, ayant un régiment dans la Poméranie.

La brigade du général Castex est également en mouvement, elle aura un régiment dans le Mecklembourg et l'autre dans la Poméranie. Le général Bruyère sera de sa personne à Stralsund.

La 4ᵉ division, commandée par le général Dessaix, qui a son quartier général à Stettin, occupe Custrin et Glogau.

. La 3ᵉ division, commandée par le général Gudin, a deux régiments, les 7ᵉ d'infanterie légère et 21ᵉ de ligne à Magdebourg; le troisième, le 12ᵉ de ligne, est déjà depuis longtemps à Stettin.

Le 127ᵉ va être mis en route pour la rejoindre, après avoir toutefois fait partir les cadres de son 3ᵉ bataillon.

La 1ʳᵉ division, commandée par le général Morand, a deux régiments à Hambourg et l'autre à Lubeck.

La 7ᵉ division est à Danzig.

Croquis de la Poméranie suédoise.

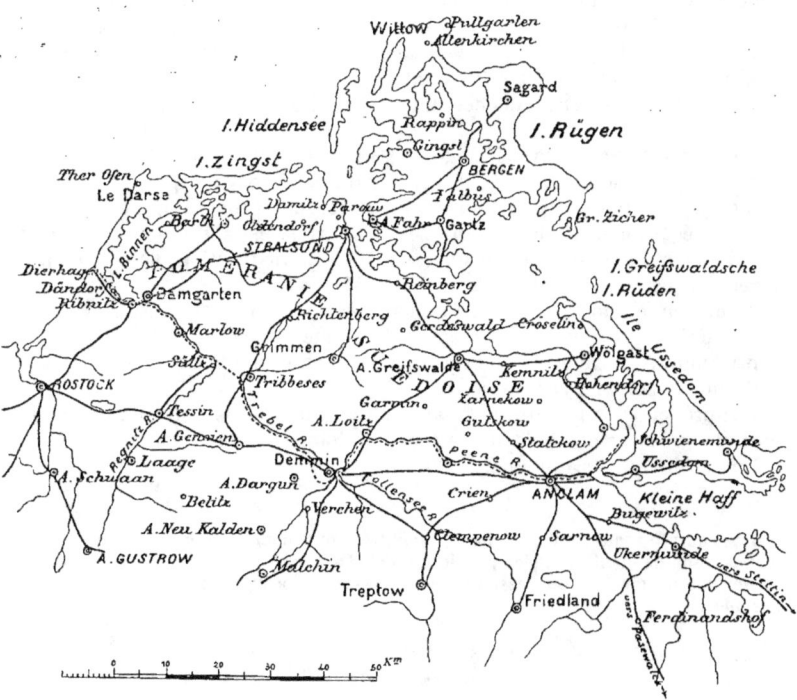

Il résulte, Sire, de ces dispositions, qui sont conformes à vos lettres antérieures, une différence avec celle du 19; Votre Majesté, par cette dernière, voulait réunir toute la 3ᵉ division à Stettin, la 5ᵉ à Magdebourg et une brigade de la 1ʳᵉ à Rostock.

Pour la mettre à exécution il était trop tard, puisque, je le répète, toutes les troupes sont en mouvement et qu'en second lieu il eut fallu mettre en mouvement toutes les troupes du corps d'armée; cela eut porté au comble les inquiétudes des Prussiens, et par suite des Russes, au lieu que, par les mesures prises, il n'y a qu'un mouvement qui fixe l'attention, c'est celui de la 5ᵉ division.

J'enverrai demain un officier à M. le comte de Saint-Marsan pour le prévenir de notre entrée dans la Poméranie et des motifs; je lui donnerais avis des mouvements de troupes, de manière à ce qu'il puisse rassurer le gouvernement prussien.

J'ai profité du départ de deux régiments de cavalerie et de quatre d'infanterie de la 32ᵉ division pour soulager la Westphalie, conformément aux intentions de Votre Majesté. J'en fais sortir toute la 5ᵉ division de cuirassiers qui sera mise : un régiment à Stade, un à Lunebourg et un à Ratzebourg.

Pour rendre Hanovre absolument disponible, et mettre cette ville à la disposition du général Bourcier, j'en fais sortir le 124ᵉ régiment qui sera entre Nieubourg et Lunebourg.

La Westphalie n'aura plus d'autres troupes françaises que la division Gudin qui est à Magdebourg, moins le 12ᵉ de ligne qui est à Stettin, la division de grosse cavalerie du général Saint-Germain, forte de trois régiments, et la brigade de cavalerie légère du général Piré, forte de deux régiments, cantonnés entre Ulzen et Magdebourg.

Les choses resteront dans cet état jusqu'à des ordres contraires de Votre Majesté.

La 1ʳᵉ brigade de cavalerie légère est à Danzig en entier.

La 2ᵉ, commandée par le général Jacquinot, n'a encore qu'un régiment qui est à Stettin, c'est le 7ᵉ de hussards. Le second régiment, qui est le 9ᵉ de chevau-légers nouvellement formé dans ce pays, est à Werden; je ne lui ai fait faire aucun mouvement à cause de son instruction, pour laquelle il restera jusqu'à nouvel ordre de Votre Majesté.

Je ne donne aucun avis aux Saxons ni aux Westphaliens jusqu'à ce que Votre Majesté l'ordonne; au surplus, le calme qui règnera de ce côté là contribuera à dissiper l'ombrage que nos mouvements peuvent donner, ainsi que le petit moyen suivant.

J'ai prévenu les généraux Friant et Compans qu'ils pouvaient garder leurs femmes, ce mouvement de leurs divisions n'ayant d'autre but que celui que je leur ai annoncé.

Prince d'Eckmuhl.

A ce compte rendu, on croit devoir joindre, pour mémoire, quelques-unes des instructions de détail données par le maréchal Davout au général Friant et par ce dernier au général Bordessoulle, pour assurer l'occupation de la Poméranie suédoise.

Le prince d'Eckmühl au général Friant, commandant la 2ᵉ division du 1ᵉʳ corps d'observation de l'Elbe, à Rostock.

Hambourg, 21 janvier 1812.

Malgré les assertions contraires, il est bien certain, mon cher Général, qu'il s'est fait un grand commerce de marchandises prohibées par le décret de Berlin dans la Poméranie suédoise. De grandes spéculations, de l'aveu même du sieur Mahelin, qui en est peut-être complice, sont projetées. Le maintien du système continental exige qu'on prenne des mesures. Voici les dispositions que je vous prescris en conséquence des ordres que j'ai [1].

Il faut que, le 26, toutes les communications sur la Regnitz, qui vont dans la Poméranie soient interceptées, c'est-à-dire que vous ne laisserez passer personne du Mecklembourg dans la Poméranie. Tous les voyageurs qui viendront de la Poméranie seront retenus en surveillance. On visitera avec soin leurs papiers et les voitures de ceux qui en auraient.

Tous les courriers et estafettes allant ou venant seront compris dans cette mesure, à l'exception que leurs dépêches ne seront pas visitées, mais qu'elles vous seront remises et que vous me les enverrez intactes.

Ceux des voyageurs qui se trouveraient porteurs de libelles ou de correspondances qui les compromettraient, vous les ferez arrêter, et le 26, lorsque vous entrerez en Poméranie, ils vous seraient envoyés à Stralsund avec leurs papiers.

Le même jour, 26, vous mettrez toute votre division en mouvement, et vous vous arrangerez de manière à avoir, rendus le 26 au soir, à Ribnitz le régiment espagnol et le régiment français qui sont à Rostock. Le 27, vous partirez à 3 heures du matin, de manière à arriver le même jour à Stralsund.

Avec les premières troupes qui arriveront vous ferez occuper le fort. Vous ferez mettre l'embargo sur tous les bâtiments sans distinction. Vous ne laisserez rien décharger, n'importe le chargement des bâtiments.

Prenez les mesures pour empêcher que l'on ne communique avec la mer et pour que l'on ne puisse pas donner de nouvelles.

Il est très important que les sentinelles qui seront sur la côte soient placées de manière à ne pas être découvertes, afin que les bâtiments qui arrivent ne puissent pas voir que ce sont des Français.

Il y a régulièrement des paquebots qui portent les dépêches, non seulement de la Suède, mais même de l'Angleterre, sur le continent. Vous sentez qu'il est bien important que, lorsqu'un bâtiment arrive, on s'y prenne de manière à lui ôter tout soupçon, et à saisir toute la correspondance. Cela est d'un très grand intérêt. Vous me l'enverrez sans y toucher, et tout, sans exception, qu'elle soit adressée à des particuliers ou à des gens en place, n'importe.

Vous mettrez des postes à toutes les portes de Stralsund pour empêcher qu'on ne sorte et qu'aucun émissaire ne soit envoyé en pays étranger.

Vous donnerez l'ordre aux postes que tout ce qui arrivera, courrier ou estafette ou qui que ce soit, soit conduit chez le commandant de place français que vous désignerez, qui se fera remettre toutes les dépêches, et qui vous les donnera intactes. Vous me les ferez passer de même à quelqu'adresse qu'elles soient (*sic*).

Enfin, vous laisserez entrer tout ce qui vient de l'étranger, soit par terre, soit par mer, et m'enverrez toutes les lettres et dépêches. Jusqu'à nouvel ordre, vous ne laisserez rien sortir, sous quelque prétexte que ce soit, pour l'étranger par terre ou par mer.

Le général Bordessoulle arrivera le 26 janvier dans la Poméranie par

---

1. Voir le croquis de la Poméranie suédoise, page 579.

Anclam, avec un régiment. Il occupera la frontière avec sa cavalerie, depuis Lassahn exclu jusque vis-à-vis Demmin. Votre infanterie occupera depuis là, exclusivement, jusqu'à la Baltique. Partout les postes auront l'ordre de ne rien laisser sortir et de tout laisser entrer ; tous les courriers de la poste ordinaire ou extraordinaire, estafettes et leurs dépêches, vous seront envoyés et vous me les transmettrez intacts.

Le 24 ou le 25, il vous arrivera à Rostock 200 marins de la flottille de l'Elbe, conduits par un aide de camp de l'amiral Ver Huell. L'amiral lui-même et son aide de camp croient qu'il est question d'une expédition qui aurait lieu sur des bâtiments marchands qui seraient arrêtés par les glaces sur les côtes de Warnemunde. C'est là le prétexte dont je me suis servi pour vous envoyer les marins. Ils partiront de manière à arriver en même temps que vous à Stralsund. S'il est possible, vous en ferez passer 50 le même jour dans l'île de Rugen avec un bataillon du régiment français qui sera avec vous.

Deux ou trois compagnies seront logées dans l'île de Rugen, à une lieue au plus de Stralsund ; deux autres à Bergen, et deux autres seront employées à mettre l'embargo dans tous les ports de l'île de Rugen avec les marins. Donnez là les mêmes ordres que pour Stralsund.

Ce bataillon restera jusqu'à l'arrivée des deux bataillons de Berg que je fais venir de Stettin. Aussitôt leur arrivée, vous les cantonnerez dans l'île de Rugen pour empêcher la contrebande.

Il paraît qu'une grande partie de contrebande aura été expédiée directement sur Anclam, soit par le port de Schwienemunde, soit par celui de Wolgast. Schwienemunde est prussien. Il sera bon d'envoyer 50 de nos marins et une couple de nos officiers à Wolgast.

Si le temps le permet, ils arrangeraient de suite des bâtiments du port pour parcourir l'embouchure de la Peene, et le Kleine Haff. S'ils trouvaient quelques pièces de canon sur des bâtiments marchands, ils arrangeraient cela ; d'ailleurs on leur donnerait des détachements de troupes. Tous les bâtiments qu'ils trouveront, pourvu que ce ne soit pas dans les ports de Prusse, ils les ramèneront à Wolgast. S'ils poursuivaient des bâtiments chargés de marchandises prohibées qui se réfugieraient dans les ports de Prusse, ils les y suivraient et se les feraient remettre.

Par ce mouvement, mon cher Général, tous les postes de douane qui étaient sur les frontières de la Poméranie sont inutiles. Vous vous arrangerez avec le directeur des douanes pour transporter le même jour, 27, tous ces douaniers sur les côtes de la Poméranie, depuis et y compris le Darse jusqu'à Stralsund.

Des postes de douane seront mis aussi dans les principaux postes à Greifswald, Wolgast, Lassahn, etc., et, suivant les renseignements que vous obtiendrez, sur l'île de Rugen. Vous ferez placer des postes de douane dans les différents petits ports de cabotage de cette île.

Voici maintenant la conduite que vous devez tenir dans le pays :

Si les Suédois ne font point de résistance, ce qui est très vraisemblable, vous les laisserez tranquilles. S'ils résistent, vous les ferez prisonniers, ce qui ne sera pas difficile, puisqu'il n'y a que 1.200 hommes disséminés.

Vous ne ferez aucun changement dans l'administration. Vous n'exigerez que les vivres et le logement. Vous vivrez là comme dans le Mecklembourg, officiers et soldats, et vous ferez le même règlement.

Je veux que, quatre jours après votre arrivée dans les cantonnements, il y ait partout des distributions régulières de vivres et de fourrages.

Le chef d'état-major vous fera connaître toutes les troupes qui seront en Poméranie. Tout sera sous vos ordres, infanterie, cavalerie, généraux, tout en un mot, et même le 57ᵉ d'infanterie de ligne, quoiqu'il soit de la division Compans.

Vous ferez, pour le cantonnement, les changements que vous jugerez convenables suivant les ressources et pour assurer les subsistances de toutes espèces.

L'embargo sera mis sur tous les bâtiments; vous ferez confisquer toutes denrées coloniales et marchandises anglaises qui se trouveraient dans le pays appartenant aux Suédois. Un moyen infaillible de savoir ce qu'il y a, c'est par les différentes douanes du pays qui doivent exister dans le port. Vous ferez mettre les scellés sur tous les bureaux de douanes, et l'examen des registres et papiers vous donnera de très grands renseignements.

Il faut avoir deux ou trois commissions que vous organiserez à l'instar de celles de Francfort : une pour l'île de Rugen, une pour Stralsund, une autre pour Wolgast.

Vous pourriez, si vous le jugiez convenable, en établir une ou deux de plus.

Chaque commission aurait son arrondissement qui serait basé sur les arrondissements administratifs du pays.

Chaque habitant de ces arrondissements serait tenu de faire venir à cette commission, d'après ce qui sera indiqué, la déclaration exacte de toutes les denrées coloniales ou marchandises anglaises qu'il se trouve avoir.

Les bourgmestres et les prêtres seront chargés de faire ces publications, et de faire connaître que ceux qui feront de fausses déclarations ou qui n'en feront pas, devant en faire, encourront des peines corporelles. Toutefois, il ne devra rien être écrit touchant ces publications ; les recommandations doivent être faites verbalement.

Je vous recommande, mon cher Général, de ne faire aucun manifeste, aucune proclamation, aucun écrit, et vous ne souffrirez pas que la régence, les autorités ou le gouverneur en fassent. Ils n'auront que le droit de donner des ordres pour la subsistance des troupes.

Si vous éprouviez des oppositions, vous renverriez le gouverneur. A toutes les réclamations, à toutes les lettres qu'on vous adressera de ce pays, vous ne répondrez rien. Vous direz verbalement que vous me transmettez le tout, et vous pourrez ajouter, aussi verbalement, que vous savez que, le système continental ayant été violé dans ce pays, on vous y a fait entrer et que vous poursuivez les denrées coloniales partout où elles se trouvent.

Vous vous arrangerez avec le gouverneur pour placer le peu de troupes qui sont dans le pays. Répartissez-les dans les cantonnements français. Il faut recommander à nos officiers de parfaitement traiter les troupes suédoises. Il ne faudra cependant pas laisser de détachements, ni de postes suédois sur les côtes. Ni généraux ni colonels ne pourront avoir de correspondance par écrit avec les autorités que pour demander des vivres, dans le cas où cela deviendrait nécessaire.

Il faut que les saisies de denrées coloniales soient faites avec le plus grand ordre, que les procès-verbaux soient clairs et bien rédigés.

Attachez-vous, pour les commissions, à faire de bons choix.

Le service de notre souverain et l'honneur de notre uniforme exigent, quand l'on confie de semblables missions à des militaires, qu'ils en sortent sans reproche.

Le général Bordessoulle établira de suite, du 27 au 28, des postes de correspondance entre Stralsund et Anclam.

Le général Liebert reçoit ordre d'en établir entre Anclam et Stettin.

En vous portant de Rostock sur Stralsund, vous établirez de quatre en quatre lieues des postes de correspondance de six hommes entre Rostock et Stralsund, de façon que, du 27 au 28, la correspondance de Stettin à Hambourg se fera par Anclam, Stralsund, Rostock, etc. Je supprimerai alors celle de Rostock à Stettin.

J'ai l'intention, dans quelques jours, d'établir une estafette journalière de Hambourg à Stralsund, ce qui évitera d'y employer nos chevaux ; mais, jusqu'à ce que cela ait lieu, la correspondance se fera comme je vous le mande.

Je vous recommande, mon cher Général, de donner toutes vos instructions et de faire vos dispositions de manière à faire prendre le change à tout le monde, même autour de vous.

Le 26 au soir, pour donner le change, vous direz aux officiers chargés d'empêcher la communication avec la Poméranie que c'est pour empêcher des embaucheurs signalés de s'échapper.

Il est très important que vous arriviez à l'improviste à Stralsund, de manière à pouvoir saisir tout ce qui se trouve de denrées coloniales en Poméranie.

Trois régiments de la division Compans ont l'ordre d'aller occuper les cantonnements des régiments français de votre division. Il faut donc laisser subsister tous vos établissements et les écoles régimentaires, etc.

Je vous fais la même recommandation pour le camp. Laissez en arrière des officiers qui feront la remise de tout aux officiers du général Compans.

Ce général a ordre d'envoyer son chef d'état-major à Rostock, pour recevoir de l'officier d'état-major que vous désignerez à cet effet tous les détails sur les cantonnements et établissements des troupes, artillerie, etc., afin qu'il puisse faire lui-même la dislocation en conséquence.

Faites faire la remise des couvertures avec la plus grande exactitude. Recommandez qu'on les nettoie, pour qu'elles puissent servir aux troupes du général Compans.

Je vous ai dit, mon cher Général, que le 57ᵉ régiment de cette division était destiné à cantonner en Poméranie ; mais, comme il continuera à faire partie de la même division, vous ne le porterez pas sur vos états de situation. Il ne sera sous vos ordres que militairement, et il continuera à correspondre avec le général Compans pour l'ordre et la comptabilité.

Quant aux gros bagages de vos régiments, ils devront partir le lendemain et le surlendemain des troupes et rejoindre leurs corps.

Les moyens de transport seront fournis par le pays.

Vous laisserez des instructions et des gardes à tous vos hôpitaux, même aux hôpitaux régimentaires où il faudra laisser les galeux jusqu'à la fin de leur traitement, et afin que les hommes ne rejoignent leur régiment que par détachement de quinze à vingt hommes au moins. On leur donnera des moyens de transport et des feuilles de route toutes bien en règle.

Vous écrirez au général Compans, et votre officier d'état-major sera chargé de lui remettre la lettre à son arrivée, pour lui faire connaître vos différents hôpitaux, leur force, leur emplacement, ainsi que des infirmeries régimentaires, et les ordres et les instructions que vous avez donnés, en le priant de vouloir bien donner des ordres pour qu'ils soient exécutés.

Il faut prescrire aux commandants des corps de laisser des officiers de santé avec des médicaments pour faire achever le traitement des galeux et les faire guérir.

Il faut que, quatre jours après l'arrivée de vos régiments dans la Poméranie, toutes vos écoles régimentaires soient établies dans les nouveaux cantonnements, afin de ne pas perdre de temps.

Par les dispositions que je vous ai prescrites, il vous restera 100 marins disponibles à Stralsund. Vous pourriez en envoyer une cinquantaine à Barth, qui arrangeraient des bâtiments pour parcourir tous les lacs, qui ont plusieurs communications avec la mer Baltique, depuis la Regnitz.

Quant aux 50 autres, ils seraient sous votre main à Stralsund. Il ne faut pas qu'ils fassent une expédition en pleine mer, surtout pendant dix ou douze jours, pour laisser plus de sécurité aux bâtiments qui voudraient entrer dans les ports de la Poméranie.

Ces 200 marins seront commandés par le chef d'état-major de M. l'amiral Ver Huell, officier plein de zèle et dont vous serez satisfait.

Il serait bon que tous les colonels laissassent dans leur logement un sous-officier intelligent, pour donner au colonel qui viendra le remplacer toutes les indications sur l'emplacement de l'école régimentaire et autres établissements du régiment.

Nous n'avons, mon cher Général, aucune carte de la Poméranie, ni de l'île de Rugen. Je ne doute point que le gouverneur et la Régence n'en aient de très bonnes. Il faut les leur enlever avec toute l'adresse possible. Vous vous y prendrez de cette manière-ci :

Le jour de votre arrivée à Stralsund, c'est-à-dire dans le moment de la grande consternation, vous enverrez un officier intelligent et sûr chez le gouverneur et un à la Régence. Ces officiers devront s'habiller de manière à ne pas être reconnus, soit en se faisant des moustaches ou autrement. Ils demanderont sèchement qu'on ait à leur remettre toutes les cartes et plans de la Poméranie et de l'île de Rugen, sans en cacher un seul. Si on leur demande un reçu, ils en donneront un, en le signant d'un nom supposé.

Ces officiers vous remettront les cartes : s'il y en a des duplicata, je vous autorise à les garder ; mais envoyez-moi tout ce qui ne serait pas en double. Je vous en ferai faire des copies que je vous enverrai.

Si on vous fait des réclamations, vous ferez beaucoup de tapage, et vous permettrez de faire une enquête bien sévère.

Pour penser à tout, mon cher Général, vos dames pourront vous suivre ; cela fera un bon effet et prouvera que ce mouvement n'a pas d'autre motif, puisque vos ménages vous suivront.

Il est inutile de vous dire qu'il faut que les troupes sous vos ordres observent là, comme partout, une sévère discipline. Si quelques militaires commettent des délits, faites en faire une prompte justice.

Il faut envoyer à la poste à votre arrivée à Stralsund et, sous prétexte d'y avoir un sous-officier de sauvegarde, il faut que tout ce qui y arrivera ou qui y sera poste restante vous soit remis.

Si tout ce que je vous ai recommandé pour la saisie des marchandises, denrées et lettres est bien exécuté, sous huit jours j'aurai de très bons renseignements, car il est certain que la correspondance de l'Angleterre avec le continent est très suivie par le pays où je vous envoie.

Pour éviter tout malentendu, je préfère, mon cher Général, vous donner l'ordre complet; ainsi, le chef d'état-major ne vous écrira rien.

En même temps que vous partirez de Rostock vous mettrez en mouvement vos deux autres régiments et votre artillerie.

Vous dirigerez le 48e sur Wolgast où il cantonnera. Il pourra mettre trois bataillons à Wolgast, et deux à Lassahn.

Vous enverrez le 33e à Greifswald où il cantonnera. Il aura un bataillon à Grimmen avec l'artillerie du régiment.

Les compagnies du 48e les plus proches de la Poméranie n'attendront pas la réunion de leur régiment. Vous les ferez partir dès le 25 pour se rendre à grandes marches sur Wolgast, afin d'y mettre l'embargo et exécuter vos instructions.

Les compagnies du 33e les plus proches de la Poméranie se rendraient de même à grandes marches, sans attendre leur régiment, à Greifswald, pour y mettre l'embargo et exécuter vos instructions.

Les autres compagnies des 33e et 48e feront des marches ordinaires, ainsi que votre artillerie.

Vous laisserez le 57e de ligne, qui est le régiment de la division Compans qui doit entrer en Poméranie, à Damgarten, où il aura trois bataillons et deux à Tribbeses. Vous lui assignerez un arrondissement, l'état-major sera à Damgarten. Il est bon que vous connaissiez le mouvement des autres régiments.

Le 111e arrivera à Rostock le 28 ou le 29.

Le 61e, à peu près à la même époque, à Gustrow, et le 25e, le 31 janvier, à Wismar.

L'artillerie de la 5e division arrivera avec le 61e.

Comme il est nécessaire qu'il y ait beaucoup d'ensemble et que les mouvements du général Bordessoulle coïncident avec les vôtres, je me borne à écrire à ce général qu'il ait à suivre vos mouvements et à exécuter vos instructions. La lettre pour le général Bordessoulle est ci-jointe, vous en prendrez communication.

Le général Bruyère a l'ordre aussi de se rendre à Stralsund où il arrivera le 31 avec le 33e de chasseurs : ainsi, ce régiment devra cantonner aux environs de Stralsund. Il est fort de 6 à 700 chevaux. Faites vos dispositions en conséquence.

Je vous adresserai ultérieurement l'itinéraire de ce régiment. Il serait bon que vous eussiez, en attendant son arrivée à Stralsund, environ 150 chevaux de la brigade Bordessoulle avec vous. Vous leur donneriez une direction de manière à ce qu'ils arrivassent avec vous à Stralsund.

Je joins ici une note qui vous servira de base pour les instructions à donner au général Bordessoulle.

Voilà quatre heures que je vous tiens, mon cher Général, j'en ai assez. Demain je vous enverrai quelques dispositions particulières que vous aurez à faire à Stralsund, et en particulier à l'égard du sieur Mahelin ; mais cela ne doit pas retarder la mise à exécution des ordres que je vous donne.

Veillez à ce qu'au fur et à mesure que des saisies et déclarations seront faites, on vous en rende compte. Vous m'en informerez exactement. Je désire beaucoup que cela produise une grande quantité de riz. Vous concevez que, faisant cette opération, il est important que rien n'échappe ; plus cela rapportera et mieux cela vaudra.

Il faut recommander dans vos instructions que tous les courriers ou estafettes qui arriveront avec des dépêches ne soient pas arrêtés aux frontières. Il faut qu'on les laisse aller jusqu'à Stralsund, qu'on les empêche de sortir, mais qu'on les laisse entrer sans rien leur dire.

Tenez la main à ce que la *Gazette de Stralsund* ne mette aucun article des actes de la Régence ou des autorités de Stralsund ; qu'elle n'insère que des articles des journaux français que je vous transmettrai. Ne donnez point d'ordre par écrit pour cela, ainsi que pour le reste.

Vous trouverez une note sur un individu qui a fait insérer un article dans la *Gazette de Stralsund* au commencement du mois. Faites exécuter le contenu de cette note.

Vous verrez aussi, ainsi que je vous l'ai annoncé, la lettre pour le général Bordessoulle. Prenez-en connaissance et envoyez-la lui, en lui transmettant les instructions que je vous donne sur elle et sur la note additionnelle.

Recommandez confidentiellement à tous les chefs de ne rien négliger pour être bien informés de la disposition des esprits dans le pays : s'il y a beaucoup d'armes dans les villes et villages, beaucoup de paysans armés, le nom des villages et celui des habitants qui auraient des armes. N'écrivez rien à cet égard, même aux officiers ; aussi ces recommandations devront être faites verbalement aux colonels, qui les confieront à des officiers sûrs et ceux-ci à de vieux soldats également sûrs.

Les premiers moments pour le pain seront difficiles. Il sera bon que les soldats en emportent pour deux ou trois jours, et que chaque régiment ait pour deux jours de pain à sa suite. Il serait utile aussi d'avoir pour deux jours de viande, un dans le sac du soldat, et un à la suite de la troupe.

Cela vous donnera le temps d'organiser les distributions de subsistances dans le pays et préviendra bien des désordres.

Il y aura certainement dans les magasins de Stralsund des capotes et des bonnets de Suédois. Faites-en délivrer aux soldats qui seront de garde sur les points du côté où on arrive de Suède, afin de mieux tromper. Il est très important de pouvoir saisir le premier paquebot qui arrivera de Suède.

Il est possible qu'il y ait des signaux ; il faut faire main basse dessus et qu'on vous en donne la clef, afin d'y répondre.

Il serait possible que les signaux fussent à quelques lieues en avant de Stralsund, du côté de Parow et de Damitz.

Je vous préviens, mon cher Général, que je me sers, pour vous écrire, de la carte du Mecklembourg, de la Poméranie et de l'île de Rugen par Schmettau.

Amitiés.

Prince d'Eckmuhl.

Ainsi qu'il l'annonce dans la lettre précédente, le prince d'Eckmühl envoie le même jour au général Friant des instructions particulières pour le général Bordessoulle, commandant la 2ᵉ brigade de cavalerie légère, composée des 1ᵉʳ et 3ᵉ régiments de chasseurs à cheval.

Hambourg, 21 janvier 1812.

Le général Friant donnera les ordres au général Bordessoulle, de manière à ce que le régiment qui est le plus près de Friedland y soit réuni le 26 (je crois que c'est le 1ᵉʳ de chasseurs). Ce régiment en repartirait le 27, à 5 heures du matin.

Le général Bordessoulle et l'état-major pourraient se mettre à Gütskow. Tout le régiment serait cantonné dans un arrondissement de trois ou quatre lieues.

Le même jour, il enverrait une compagnie du même régiment à Greifswald, une autre à Wolgast, et une à Lassahn, qui y resteraient jusqu'à l'arrivée de l'infanterie. Ils auraient l'ordre de mettre l'embargo dans tous ces ports jusqu'à l'arrivée des commissaires nommés par le général Friant.

Ce régiment, le même jour, aurait des cantonnements sur tous les passages de la Peene, depuis Loitz exclusivement jusqu'à Lassahn, pour exécuter toutes les dispositions que prescrirait le général Friant d'après les instructions que je lui ai données.

Le général Bordessoulle mettra un poste de correspondance de six à sept hommes avec un sous-officier intelligent à Anclam, territoire prussien; il fera connaître que c'est en vertu de la convention du 22 février 1809, qui nous accorde une ligne de communication entre Stettin et Stralsund, qu'on établit ce poste de correspondance.

Le général Bordessoulle, du 27 au 28, établira sa ligne de correspondance d'Anclam à Stralsund, la ligne des postes passera par Greifswald; tous les postes devront être établis du 27 au 28 et placés de deux milles en deux milles environ.

A dater du 26 janvier, la ligne de correspondance qui était établie entre Stettin et Rostock n'existera plus. Ainsi le général Bordessoulle sera autorisé à retirer, dès le 26, tous les postes de correspondance qu'il avait dans le Mecklembourg, depuis la frontière prussienne jusqu'à Rostock exclusivement; ces postes rejoindront leurs régiments respectifs.

Le général Bordessoulle sera prévenu que je me propose de lui renvoyer sous huit à dix jours les postes de correspondance qui appartiennent à sa brigade, et qui sont entre Hambourg et Stralsund, mais je me réserve de donner des ordres directs; il n'aura rien à faire.

Le général Liebert sera prévenu, à dater du 26, de ne plus rien établir pour la correspondance de Mecklembourg et d'établir des postes de correspondance entre Anclam et Stettin. Ces postes passeront par Lœcknitz, Passewalck et Ferdinandshoff.

Le général Liebert fournira depuis Anclam exclusivement; Anclam sera fourni, comme je l'ai dit, par le général Bordessoulle.

L'autre régiment de chasseurs de la brigade Bordessoulle serait dirigé en laissant le territoire à droite pour entrer dans la Poméranie, de manière à être le 27 à Loïtz où serait l'état-major du régiment. Ce régiment prendrait ses cantonnements entre Loïtz et Tribbeses, où il établirait même une compagnie en attendant l'arrivée du 57°. Ce régiment fournirait de petits postes sur toutes les issues qu'a la Poméranie de ces côtés sur le Mecklembourg et la Prusse, depuis Loitz inclusivement jusqu'à Sultz aussi inclusivement.

Le général Friant remarquera que le 27, par les dispositions que je prescris, tous les ports de la Poméranie, depuis Stralsund, Greifswald, Wolgast, Lassahn et toutes les issues qu'a la Poméranie sur le Mecklembourg et la Prusse, depuis Lassahn jusqu'à Sultz, seront fermées.

Le général Friant, pour les fermer totalement, fera mettre depuis Sultz exclusivement jusqu'à Ribnitz inclusivement, des postes d'infanterie qui resteront jusqu'à l'arrivée du 57°.

Le général Friant prescrira, du reste, au général Bordessoulle, pour la discipline, les hôpitaux, les écoles régimentaires, les bagages, etc., les mêmes dispositions que pour son infanterie.

Prince d'Eckmuhl.

Le général Friant s'empresse de transmettre au général Bordessoulle les instructions du prince d'Eckmühl, en y ajoutant ses propres recommandations.

24 janvier 1812.

Mon cher Général,

Après vous avoir fait transmettre les ordres de Son Excellence le prince d'Eckmühl pour le mouvement que vous devez opérer sur la Poméranie suédoise, je vais y joindre les instructions que je suis chargé de vous donner, tant sur le service de vos troupes que sur les dispositions qu'elles doivent exécuter.

Il faut que le 26 toutes les communications sur la Regnitz qui vont dans la Poméranie soient interceptées, c'est-à-dire que vous ne laissiez passer personne du Mecklembourg dans la Poméranie. Tous les voyageurs qui viendront de la Poméranie seront retenus en surveillance, et visiter avec soin leurs papiers et les voitures de ceux qui en auraient.

Tous les courriers et estafettes venant de la Poméranie seront compris dans cette mesure, à l'exception que leurs dépêches ne seront pas visitées, mais qu'elles me seront remises.

Ceux des voyageurs qui se trouveraient porteurs de libelles ou de correspondance qui les compromettraient, vous les ferez arrêter, et, lorsque j'entrerai en Poméranie, ils me seront envoyés à Stralsund avec leurs papiers.

L'embargo sera mis sur tout bâtiment sans distinction ; on ne devra rien laisser décharger, n'importe le chargement des bâtiments.

Les mesures doivent être prises pour empêcher que l'on ne communique avec la mer et pour que l'on ne puisse pas donner de nouvelles.

D'après les ordres de Son Excellence, vous devez arriver le 26 janvier dans la Poméranie, par Anclam, avec un régiment ; vous devez occuper la frontière avec votre cavalerie depuis Lassahn exclu jusque vis-à-vis Demmin. Mon infanterie occupera depuis ce point exclusivement jusqu'à la Baltique. Partout les postes auront l'ordre de ne rien laisser sortir et tout laisser entrer.

Anclam est le point sur lequel il paraît qu'une grande partie de contrebande aura été expédiée directement.

Si les Suédois ne font point de résistance, ce qui est très vraisemblable, vous les laisserez tranquilles; s'ils résistent, vous les ferez prisonniers, ce qui ne sera pas difficile, puisqu'il n'y a en Poméranie que 1.200 hommes disséminés.

Vous n'exigerez que les vivres et le logement. Vous vivrez là comme dans le Mecklembourg, officiers et soldats; les mêmes règlements seront observés.

Son Excellence veut que, quatre jours après l'arrivée dans les cantonnements, il y ait partout des distributions régulières de vivres et fourrages.

Toutes denrées coloniales et marchandises anglaises qui se trouveraient dans le pays seront confisquées; il sera nommé par moi des commissions à cet égard.

Vous ne répondrez à aucune réclamation; vous direz verbalement que vous me transmettez le tout, et vous pourrez ajouter aussi verbalement que, le système continental ayant été violé dans ce pays, on y a fait entrer les troupes françaises et que vous poursuivez les denrées coloniales partout où elles se trouvent.

Son Excellence recommande que l'on traite parfaitement les troupes suédoises; ni généraux, ni colonels ne pourront avoir de correspondance par écrit avec les autorités, que pour demander des vivres, dans le cas où cela deviendrait nécessaire.

Vous devez établir de suite, du 27 au 28, des postes de correspondance entre Stralsund et Anclam. Le général Liebert reçoit ordre d'en établir entre Anclam et Stettin.

En me portant de Rostock sur Stralsund, j'établirai de quatre en quatre lieues des postes de correspondance de six hommes entre Rostock et Stralsund, de façon que, du 27 au 28, la correspondance de Stettin à Hambourg se fera par Anclam, Stralsund, Rostock, et celle de Rostock à Stettin sera supprimée.

L'intention de Son Excellence est, dans quelques jours, d'établir une estafette journalière de Hambourg à Stralsund, ce qui évitera d'y employer nos chevaux; mais, jusqu'à ce que cela ait lieu, sa correspondance se fera comme je vous le mande.

En exécutant les dispositions renfermées dans cette lettre, il est nécessaire de faire prendre le change sur le véritable but au moment du départ.

Les moyens de transport vous seront fournis par le pays.

Vous laisserez des instructions et des gardes à vos hôpitaux, même régimentaires, où il faudra laisser les galeux jusqu'à la fin de leur traitement, et afin que les hommes ne rejoignent les régiments que par détachements de 15 à 20 hommes au moins; on leur donnera des moyens de transport et des feuilles de route bien en règle. Il faut prescrire aux commandants des corps de laisser des officiers de santé avec des médicaments pour faire achever le traitement des galeux et les faire guérir.

Quatre jours après l'arrivée des régiments dans la Poméranie, les écoles régimentaires devront être établies dans les nouveaux cantonnements; il serait bon que les colonels laissassent dans leur logement un sous-officier intelligent pour donner au colonel qui viendra le remplacer toutes indications sur l'emplacement de l'école régimentaire et autres établissements du régiment.

Les troupes sous vos ordres devront observer là comme partout une sévère discipline; si quelques militaires commettaient des délits, il en sera fait une prompte justice.

Comme il doit y avoir beaucoup d'ensemble dans les mouvements de cavalerie et dans mon infanterie, je vous fais connaître que toute ma division se mettra en mouvement le 26, et deux régiments arriveront le même jour à Ribnitz. Le lendemain, 27, j'arriverai avec eux à Stralsund.

Les compagnies du 48e régiment les plus proches de la Poméranie partiront dès le 25, pour se rendre à grande marche sur Wolgast.

Les compagnies du 33e régiment les plus proches de la Poméranie se rendront de même à Greifswald.

Le reste des compagnies suivra à marches ordinaires avec mon artillerie.

Le général Bruyère a l'ordre de se rendre à Stralsund, où il arrivera le 31 avec le 33e de chasseurs, qui cantonnera aux environs de Stralsund. Il serait bon que j'eusse, en attendant son arrivée à Stralsund, environ 150 hommes de votre brigade avec moi ; donnez-leur une direction, de manière à ce qu'ils arrivent avec moi à Stralsund le 27.

Son Excellence recommande que tous les courriers ou estafettes qui arriveront dans la Poméranie avec des dépêches ne soient pas arrêtés aux frontières; il faut qu'on les laisse aller jusqu'à Stralsund, où ils seront retenus.

Je vous recommande confidentiellement de ne rien négliger pour être bien informé par vos chefs de corps de la disposition des esprits dans le pays.

Les premiers moments pour le pain seront difficiles; il sera bon que les soldats en emportent pour deux ou trois jours et que chaque régiment ait pour deux jours de pain à sa suite; il serait utile aussi d'avoir pour deux jours de viande ou dans le sac des soldats ou à la suite de la troupe: cela préviendra bien des désordres en attendant que les distributions soient réglées.

Cette instruction étant rédigée un peu à la hâte, mais cependant d'après celles qui me sont données par Son Excellence, s'il s'y est glissé quelques dispositions qui ne puissent pas vous concerner, vous les considérerez comme nulles pour vous et votre brigade.

(D'après la minute.)

Le 23 janvier, le prince d'Eckmühl écrit à nouveau au général Friant pour lui indiquer les moyens qui lui paraissent les plus propres à surprendre les denrées coloniales passées en contrebande. Voici les principaux passages de la lettre du maréchal :

Hambourg, 23 janvier 1812.

Il paraît, mon cher Général, que l'écoulement de la contrebande qui s'est faite dans la Poméranie a eu lieu par trois issues :

La première par le Mecklembourg ; mais, depuis la saisie qui a eu lieu dans le mois d'octobre, on y a renoncé.

La deuxième par Demmin. Je suppose que cela passait par Loïtz ou Grimmen.

La troisième par Anclam. C'étaient les convois destinés pour la Prusse. Ce qui passait par Demmin était destiné à être jeté en Westphalie et dans les pays d'Anhalt.

....

Il est du plus grand intérêt, s'il ne se trouve pas beaucoup de denrées coloniales, que l'on découvre au moins toutes les violations du système continental qui ont été faites dans la Poméranie.

....

Il est vraisemblable qu'il y ait un petit cabotage de l'île de Rugen avec la Suède.

Il doit y avoir, dans les différents points de cette île, de bonnes captures à faire. Il faut profiter du premier moment de terreur, et que toute la vérité soit sue au bout de quarante-huit heures dans les différents points.

Barth m'a été signalé comme un des abords les plus usités de la côte. Il faudra donc l'occuper de suite et laisser une compagnie.

Il faut saisir des livres, faire des arrestations et des interrogatoires; c'est le moyen de tout découvrir.

Il n'y a pas de doute que l'on rencontrera en route des voitures chargées de marchandises coloniales; il faut les arrêter bien en règle, mettre les hommes au secret, les questionner pour savoir d'où cela sort, et y aller de suite.

On m'a cité aussi les villages de Firschland (?), Dierhagen et de Dändorf comme servant d'asile à des agents de fraude. Il faut occuper aussi le bord de la mer, le Darse et tous les petits ports où le cabotage se fait. Deux heures après votre entrée à Stralsund, vous devez avoir ces renseignements.

....

Le gouvernement suédois, en favorisant d'une manière éhontée nos éternels ennemis, a toujours protesté de sa fidélité au système continental. Il a traité de calomnies les faits les plus authentiquement prouvés, tout ce qui s'est passé à Gothembourg et sur ses côtes.

Votre opération dans la Poméranie, où tout s'est fait par l'impulsion de ce gouvernement, doit fournir des preuves matérielles de son imposture. Il faut donc que rien n'échappe. Il faut aussi acquérir les preuves de la contrebande qui s'est faite en 1811; pour cela il faut saisir tous les livres et registres des douanes et des marchands, comme vous avez fait à Francfort.

Il faut que tout ce qui a des connexions avec les marchands de Londres sache qu'on ne viole pas impunément le système continental et les décrets de notre souverain.

En attendant que le 57e occupe Damgarten, Barth et Tribbeses, mettez-y du monde pour faire faire les saisies de denrées coloniales et marchandises anglaises.

Il y a un petit bout de terrain sur la rive gauche du Trebel, près de Demmin, appartenant à la Poméranie; il faut charger le régiment de chasseurs qui va à Loïtz de fouiller ce pays.

....

Dans une de mes précédentes instructions, je vous ai parlé d'Anclam. Vous devez ajouter au général Bordessoulle que, s'il acquiert la preuve qu'il existe à Anclam beaucoup de denrées coloniales, il faut qu'il envoie un officier avec 25 ou 50 hommes, ce qui lui paraîtra nécessaire, pour faire mettre les scellés sur tous les magasins, qu'il y emploie les autorités et les requière pour concourir à cette opération. Il fera mettre les scellés partout où il y a des marchandises pour empêcher qu'on ne les sorte. Il fera réunir dans la Poméranie les voitures nécessaires pour enlever ces marchandises et les mener à Wolgast.

Il faut charger le général Bordessoulle de bien faire observer tous les mouvements qui peuvent avoir lieu dans la Poméranie prussienne, si on rappelle les recrues, les hommes en semestre, etc.

Tous les postes de correspondance entre Stralsund et Anclam seront d'une grande utilité. Pour cela, il faut que le général Bordessoulle les fasse visiter souvent par des officiers intelligents ; vous leur recommanderez de faire connaître, par le passage des portefeuilles depuis Stettin, tout ce qu'ils apprendront, même les plus petits mouvements.

On m'a fait le rapport, mon cher Général, qu'il y avait à Stralsund des déserteurs français qui étaient précepteurs dans différentes maisons, et que, dans la Poméranie, il y avait une assez grande quantité de déserteurs français. Prescrivez à la régence et aux autorités d'avoir à vous les faire remettre. Vous les ferez conduire dans les prisons de Stralsund, et vous leur ferez subir des interrogatoires que vous m'adresserez.

Amitiés.

PRINCE D'ECKMUHL.

Rapport du Ministre de la guerre à l'Empereur, du 20 janvier 1812.

J'ai l'honneur de rendre compte à Sa Majesté des mesures que j'ai ordonnées pour l'exécution de ses ordres, en date des 9 et 10 de ce mois, relatifs à la nouvelle organisation du corps de l'Elbe en deux corps distincts, des 10ᵉ et 11ᵉ divisions du corps de l'Océan et des trois nouvelles divisions de cavalerie légère, en ce qui concerne le service de l'artillerie.

J'attendais la tenue du conseil d'artillerie pour soumettre à Sa Majesté tout le travail relatif à la formation et à l'organisation de tous les équipages d'artillerie ; mais, ce conseil n'ayant pas eu lieu, je me suis cru suffisamment autorisé, par ses ordres précités, à ordonner les dispositions et les mouvements dont j'ai l'honneur de lui rendre compte.

Compte rendu des mesures ordonnées pour l'organisation du service de l'artillerie dans la Grande Armée.

1ᵉʳ corps de l'Elbe.

J'ordonne au prince d'Eckmühl de céder au 2ᵉ corps, après les transferts de poudre, un bataillon complet du train d'artillerie et trois compagnies complètes d'un autre bataillon ; il lui restera au 1ᵉʳ corps deux bataillons et demi du train, et cela sera suffisant.

2ᵉ corps de l'Elbe.

Les 6ᵉ et 8ᵉ divisions sont au delà du Rhin et ont leur personnel, leurs troupes et leur matériel d'artillerie, ainsi que leurs attelages.

Le personnel, les troupes et le matériel de la 9ᵉ division, de la double batterie de réserve et du parc formé du double approvisionnement des trois divisions et de la réserve se trouvent à Wesel ; mais On n'a point d'attelages. Les 600 chevaux qui s'y trouvent sont attachés aux réserves de cavalerie.

Ce matériel consiste en 320 voitures; j'en fais rendre 60 à Munster par 290 chevaux du 11ᵉ bataillon *bis*, qui partent de Wesel le 25 janvier et qui continuent leur route sur Hanovre pour atteler l'artillerie de la 1ʳᵉ division de cuirassiers dont les chevaux actuels rentrent au corps de l'Elbe.

Les 260 voitures restantes à Wesel seront réunies successivement à Munster au moyen des chevaux des 6ᵉ et 8ᵉ divisions, et ce sera dans cette place que le prince d'Eckmühl devra aussi faire réunir le surplus des chevaux à fournir au 2ᵉ corps.

J'ai donné tous les ordres nécessaires pour faire fournir le matériel d'artillerie au 11ᵉ régiment d'infanterie légère à Wesel, aux quatre régiments suisses et au 123ᵉ à leur arrivée dans cette place. Il y est tout préparé.

Corps de l'Océan.

Je fais partir de Besançon 600 chevaux du 6ᵉ bataillon principal destiné au corps de l'Océan.

300 attelleront à Strasbourg le matériel de la 10ᵉ division et le conduiront à Mayence.

300 autres attelleront le matériel de la 11ᵉ division et le conduiront aussi à Mayence, quoique cette division se réunisse à Dusseldorf, mais Sa Majesté m'a autorisé à le diriger aussi sur Mayence.

200 chevaux du 1ᵉʳ *bis*, joints aux 400 du 8ᵉ principal, attelleront la double batterie de réserve et une partie du parc et se rendront également à Mayence; le surplus du parc sera conduit à l'armée par les chevaux qui sont encore à recevoir dans l'intérieur.

Il restera encore 200 voitures de cet équipage à atteler.

J'ai donné les ordres nécessaires pour que le 24ᵉ régiment d'infanterie légère, 4ᵉ, 18ᵉ, 46ᵉ, 72ᵉ, 93ᵉ et 126ᵉ régiments d'infanterie de ligne, qui font partie des 10ᵉ et 11ᵉ divisions, prennent leur matériel d'artillerie en route ou le trouvent à Mayence et à Dusseldorf. Quant aux deux régiments portugais et au régiment illyrien, ces trois corps ne doivent point avoir d'artillerie régimentaire d'après l'ordre de Sa Majesté du 3 de ce mois.

Corps d'armée des réserves de cavalerie.

1ᵉʳ *corps*.

(1ʳᵉ et 3ᵉ divisions de cuirassiers et 1ʳᵉ de cavalerie légère.)

580 chevaux du 11ᵉ bataillon *bis*, dont 290 conduisent le matériel destiné à la 3ᵉ division, passent le Rhin à Wesel le 24 de ce mois et sont dirigés sur Hanovre.

La 6ᵉ compagnie du 5ᵉ régiment d'artillerie est également dirigée sur Hanovre, ce qui complète les troupes, le matériel et les attelages, des 1ʳᵉ et 3ᵉ divisions de cuirassiers.

La compagnie d'artillerie à cheval, avec son matériel et ses attelages destinés à la 1ʳᵉ division de cavalerie légère, partira aussitôt qu'elle aura reçu les chevaux qu'elle attend.

2e *corps.*

(2e et 4e divisions de cuirassiers et 2e division de cavalerie légère.)

Ces deux divisions de cuirassiers ont à Wesel leur personnel, troupes et matériel d'artillerie; elles ont aussi 600 chevaux d'attelage, en attendant que le 11e bataillon *bis*, destiné aux réserves, puisse avec ses remontes remplacer ces détachements du train qui doivent avoir une autre destination; mais, si l'ordre de départ arrive avant cet échange, ces 600 chevaux attelleront l'équipage.

Le matériel et les attelages seront rendus à Mayence, pour la 2e division de cavalerie légère, en même temps que cette division, mais la compagnie d'artillerie doit venir avec le corps d'observation d'Italie.

Partie du 3e corps en Allemagne.

(3e division de cuirassiers.)

Cette division a son personnel, troupes, matériel et attelages; le 11e bataillon *bis* lui envoie 150 chevaux et lui fournira incessamment les 140 autres nécessaires pour remplacer ses attelages, qui doivent rentrer au 1er corps de l'Elbe.

Troupes d'artillerie.

Je fais partir, avec le matériel des 10e et 11e divisions et la double batterie de réserve du corps de l'Océan, les compagnies d'artillerie à pied qui doivent les servir, complétées à 120 hommes; mais les deux compagnies du 6e régiment d'artillerie à cheval, qui doivent aussi être employées, n'ont chacune que 70 hommes, dont 30 seulement montés; je différerai leur départ jusqu'à ce que le ministre directeur ait fait fournir les chevaux qui manquent à ces compagnies et qu'il est instant de leur procurer.

J'écris au comte de Cessac pour presser cette fourniture, et je prie Sa Majesté de me faire connaître s'il faut néanmoins faire partir les 30 hommes montés, en laissant un officier du dépôt pour conduire le surplus de la compagnie en Allemagne, aussitôt que la réception des chevaux aura été effectuée, ou enfin s'il faut faire partir aussi les hommes non montés, en leur assignant des chevaux à prendre sur la levée de Hanovre.

Duc de Feltre.

LE PRINCE EUGÈNE NAPOLÉON, VICE-ROI D'ITALIE, A L'EMPEREUR.

Milan, le 20 janvier 1812.

Sire, Votre Majesté, m'a fait l'honneur de me demander quelle sera l'organisation militaire de son royaume d'Italie au moment du départ du corps d'observation et désire savoir si les places de Palma, Venise, Mantoue, Ancône sont en état de défense sous tous les rapports [1].

Projet d'organisation militaire du royaume d'Italie après le départ du corps d'observation.

---

1. Lettre du 13 janvier 1812, page 531.

J'ai adressé à Votre Majesté, d'après ses ordres, un projet de composition de quatre divisions actives sur lequel j'attends sa décision. J'y ai joint un autre état présentant la composition de chaque garnison indépendante de ces quatre divisions.

Pour commander toutes ces troupes dans l'intérieur, je présente à Votre Majesté deux sujets qui me paraissent dignes de sa confiance. J'ai demandé à Votre Majesté de pouvoir conserver le général Vignolles au corps d'observation. Si Votre Majesté n'acquiesce pas à ma demande, je crois que ce général pourrait commander en Italie; il est au courant de tout ce qui concerne le pays, je crois qu'il remplirait bien son service. Si cependant Votre Majesté n'avait pas intention de laisser le général Vignolles en Italie, je lui proposerai alors de donner le commandement au général Baraguey d'Hilliers.

Quant aux places, elles ont toutes des commandants et des états-majors de place. Palma est commandée par le général Walther, qui y a été envoyé il y a quatre ans par Votre Majesté avec des lettres de service pour ce commandement, et, si elle pense qu'il soit nécessaire d'un second général, je proposerai pour commandant supérieur le général Schilt qui a bien rempli cette fonction pendant la dernière campagne. Venise a pour gouverneur le général Villaret-Joyeuse; il y a, en outre, un bon commandant d'armes, le général Daurier, et chaque fort a son commandant particulier. Ancône a un commandant d'armes, et le général de division Barbou, qui commande la division territoriale avec un général de brigade sous ses ordres, est en même temps commandant supérieur de la place. Mantoue a un général de brigade italien pour commandant d'armes, le général Julien. Si Votre Majesté pense que cette place doit avoir un commandant supérieur, je proposerai le général de division Fresia ou le général Peyri pour commander la division militaire et, en cas d'événement, commander supérieurement la place.

Les places ne sont pas armées, excepté Venise et Ancône, du côté de la mer. Je propose à Votre Majesté d'armer complètement ces deux places et de se borner à un demi-armement pour les places de Palma, Osoppo, Legnano, Mantoue, Peschiera. Toutes ces places ont leurs commandants d'artillerie et du génie.

Il n'y a pas d'approvisionnement de siège, et j'aurai l'honneur de proposer à Votre Majesté : 1° un demi-approvisionnement complet pour Venise et Ancône; 2° un dépôt de biscuit et eau-de-vie dans les autres places, en prenant pour base six mois d'approvisionnement pour la garnison présumée nécessaire. Ce qui me porte à ne pas proposer le complet des approvisionnements, c'est la cherté de tous les comestibles et le renchérissement qui aurait lieu pour toutes les denrées, surtout les grains.

En résumé, Votre Majesté aura dans son système d'Italie, non compris l'Illyrie, c'est-à-dire dans le Pays vénitien, le Piémont et Gênes, Bologne et Florence, Rome : 31.000 hommes actifs répartis en quatre divisions, et près de 11.000 hommes de garnison, toutes les places du royaume en état, excepté les grands approvisionnements.

Eugène Napoléon.

Rapport du ministre de la guerre à l'Empereur.

Paris, le 20 janvier 1812.

Compte rendu des mesures prises pour fournir des mousquetons aux cuirassiers et chevau-légers.

J'ai l'honneur de rendre compte à Sa Majesté des mesures que j'ai prises pour fournir aux cuirassiers et aux lanciers les mousquetons dont ils doivent être armés, et de donner des renseignements sur le nombre et l'espèce de mousquetons et carabines qui existent dans les magasins et sur les commandes faites pour 1812 [1].

J'ai fait expédier à chacun des huit régiments de chevau-légers 300 mousquetons neufs (modèle an IX) pour armer les sous-officiers et les 30 hommes par compagnie qui ne doivent point avoir de lances.

J'ai également fait expédier 700 mousquetons étrangers à chacun de ces régiments pour en armer les chevau-légers qui doivent avoir cette arme avec leur lance. Quand la situation des magasins le permettra, je ferai échanger ces mousquetons étrangers contre d'autres du modèle français.

J'ai fait diriger sur Wesel 9.000 mousquetons neufs (modèle an IX) pour armer les régiments de cuirassiers et de carabiniers qui se trouvent aux environs de cette place, et j'ai prescrit de diriger le surplus sur Erfurt et Hanovre. Comme ce nombre ne suffit pas pour l'armement des quinze régiments, j'ai ordonné d'expédier sur Wesel les produits des manufactures d'armes de décembre, janvier, février et mars, qui pourront s'élever à 6.000 mousquetons et qui compléteront le nombre nécessaire de cette espèce d'arme à ces quinze régiments.

Mais, si Sa Majesté voulait faire armer de suite de mousquetons étrangers les six régiments de cuirassiers qui sont à Hanovre, la place de Magdebourg pourrait fournir 2.000 mousquetons étrangers qui y existent, indépendamment de 1.000 mousquetons français que j'ordonne de leur distribuer.

Il existait en magasin au 1er janvier 1811 :

  30.269 mousquetons français ;
  21.122   —   étrangers.
Total...... 51.391

Il en a été fabriqué pendant 1811 la quantité de 14.533, et il n'existait en France, au 1er décembre 1811, que :

  26.771 mousquetons français, dont 16.187 neufs (modèle an IX) ;
  8.262   —   étrangers.
Total.. 35.033, sur lesquels il faut en donner :

  15.000 aux carabiniers et cuirassiers ;
  10.000 aux lanciers (y compris ceux de la Garde).
Total.. 25.000.

---

[1]. Un décret du 25 décembre 1811 avait prescrit d'armer d'un mousqueton les cuirassiers et chevau-légers. Voir également à ce sujet le rapport du ministre de la guerre en date du 3 janvier, page 492, et la lettre de l'Empereur au prince d'Eckmühl du 6 janvier, page 503.

Il ne restera donc en magasin que 10.000 mousquetons en France, sans y comprendre les 13.000 mousquetons étrangers qui sont à Danzig, Magdebourg et Stettin.

La consommation de ces armes a été très considérable, et beaucoup plus que je ne le comptais en réglant les commandes de 1811, par suite de l'augmentation du corps de gendarmerie, dont les soldats à pied et à cheval sont armés du mousqueton, par la création et le complément des bataillons du train des équipages et par suite des distributions faites aux troupes de cavalerie légère, qui ont reçu beaucoup de recrues, et aux détachements revenus sans armes de l'Espagne.

Le relevé ci-joint présente l'existant en magasin au 1er décembre en mousquetons et carabines; mais ces dernières armes ont leurs canons carabinés et se chargent à balles forcées. Comme elles doivent être chargées à balles forcées, il est impossible que la cavalerie s'en serve, et elles ne sont destinées qu'aux tirailleurs à pied.

C'est donc une fausse dénomination que les troupes de cavalerie légère donnent à leurs mousquetons en les appelant des carabines, puisque ni les anciens mousquetons de 1763, de 1777 et de 1786, ni ceux du nouveau modèle ne sont carabinés.

Je n'ai, en conséquence, fait donner aux lanciers que des mousquetons étrangers et non des carabines.

Les commandes provisoires que j'ai faites pour 1812, en attendant le règlement du budget de l'artillerie, consistent, pour les mousquetons et sabres de cavalerie légère, en 38.000 mousquetons et en 20.000 sabres de cavalerie légère.

On pourra augmenter ces quantités en proportion des fonds que Sa Majesté réglera pour la fabrication des armes.

Duc de Feltre.

L'EMPEREUR A EUGÈNE NAPOLÉON, VICE-ROI D'ITALIE, A MILAN.

Paris, le 22 janvier 1812.

Corps d'Italie : ordre de former à Vérone un équipage militaire attelé par des bœufs.

Mon Fils, vous trouverez ci-joint un décret qui ordonne la formation d'un bataillon d'équipages militaires attelés par des bœufs[1], qui sera formé à Vérone sans délai. Ne perdez pas un moment pour la formation de ce bataillon; nommez-en les cadres. Prenez pour les remplir des Italiens accoutumés à conduire des bœufs. Il faut que ce bataillon soit prêt à partir au 1er mars. Le royaume d'Italie a beaucoup de bœufs; c'est un moyen de les utiliser. Par ce moyen, mon royaume d'Italie fournira 500 voitures à l'armée.

Napoléon.

---

1. Le décret auquel l'Empereur fait allusion n'est daté que du 24 janvier 1812; il semble donc qu'il ait été envoyé par avance au prince Eugène, à moins qu'il n'y ait eu une erreur de date commise dans la présente lettre.

Le général de division Bourcier, conseiller d'État, au ministre de la guerre.

Hanovre, le 22 janvier 1812.

Monseigneur, j'ai l'honneur d'informer Votre Excellence que je suis arrivé aujourd'hui à Hanovre.

Je me suis aussitôt occupé de l'objet de ma mission; j'ai demandé au préfet et au maire les renseignements qui me sont nécessaires pour connaître les ressources que présentent les localités tant pour le logement des hommes que pour celui des chevaux. Lorsque je les aurai obtenus, je prendrai toutes les mesures convenables pour que les détachements puissent être logés à mesure de leur arrivée.

Les informations que j'ai prises, depuis quelques heures que je suis ici, m'ont appris qu'il existe à Hanovre le 1er régiment de hussards westphaliens et le 124e régiment d'infanterie, et que l'on y attend, pour le 24 de ce mois, le 11e régiment de cavalerie qui doit également y tenir garnison.

La présence de ces troupes absorbant la plus grande partie des ressources que la ville et les environs peuvent offrir pour le logement, j'en ai fait l'observation à S. E. le maréchal prince d'Eckmühl, en lui annonçant mon arrivée à Hanovre, et je lui ai demandé s'il ne jugeait pas convenable au bien du service de donner une autre destination à ces troupes, afin de laisser la ville entièrement disponible pour l'établissement du dépôt général.

Comme il importe aussi que je connaisse à quelle époque les entrepreneurs avec lesquels M. le Maréchal a traité doivent commencer leurs fournitures et dans quelles proportions elles doivent avoir lieu, je l'ai prié de vouloir bien me donner connaissance des conditions des marchés, afin que je puisse en surveiller l'exécution; jusqu'à ce moment, les réceptions de chevaux qui ont eu lieu ont été faites par une commission de quatre officiers désignés par S. E. le prince d'Eckmühl.

Aussitôt que j'aurai acquis des notions plus complètes sur les moyens d'organisation du dépôt général, j'aurai l'honneur de rendre à Votre Excellence un compte plus détaillé à cet égard.

Il ne me semble plus possible, Monseigneur, de correspondre avec Votre Excellence par la voie de l'estafette; elle ne passe point par Hanovre, ainsi que Votre Excellence le pensait. Ma correspondance ne pourra donc avoir lieu que par le courrier qui part tous les quatre jours pour Paris; cette voie sera un peu lente, mais je n'ai aucun autre moyen à ma disposition. J'y suppléerai par la plus grande exactitude dans mes rapports à Votre Excellence.

Comte BOURCIER.

Marginalia: Compte rendu relatif à l'installation d'un grand dépôt de cavalerie à Hanovre.

Le général de brigade Romeuf, faisant fonctions de chef de l'état-major général, au général Gudin, commandant la 3ᵉ division du 1ᵉʳ corps d'observation de l'Elbe.

Hambourg, le 23 janvier 1812.

<small>Le général Gudin est avisé que le 127ᵉ fera dorénavant partie de sa division.</small>

M. le Maréchal me charge d'avoir l'honneur de vous prévenir que Sa Majesté a décidé que le 127ᵉ régiment ferait partie de votre division. Il reçoit, en conséquence, l'ordre de partir de Stade le 28 de ce mois pour se rendre à Magdebourg où il arrivera le 7 février.

Ce régiment n'est composé que de trois bataillons. Il vient de recevoir des instructions pour compléter le cadre du 3ᵉ bataillon et le diriger avec le fond du dépôt sur Namur et de verser dans les deux premiers bataillons les soldats du 3ᵉ. Il a son artillerie régimentaire organisée à deux pièces.

J'aurai l'honneur de vous en communiquer la situation, quand il aura terminé le travail dont il s'occupe en ce moment.

ROMEUF.

(Papiers Gudin.)

L'EMPEREUR AU MINISTRE DIRECTEUR DE L'ADMINISTRATION DE LA GUERRE.

Paris, le 23 janvier 1812.

<small>Grande Armée : organisation du haut personnel administratif, et du service de santé.</small>

Monsieur le comte de Cessac, les fonctions de l'intendant général du pays et du commissaire général de l'armée ne peuvent pas être séparées. Il faudrait trouver un homme, soit général de brigade ou de division, soit administrateur, qui pût remplir ce double service. Le comte Chaban est un excellent homme, mais trop étranger à l'organisation d'une armée pour que je puisse lui confier ces fonctions. Passé quarante ans, un homme n'apprend plus facilement des détails qu'il n'a pas pratiqués. Le sieur Joinville sera commissaire ordonnateur du quartier général; le sieur Duprat, du premier corps d'observation de l'Elbe; le sieur Deschamps, du second corps d'observation de l'Elbe; le sieur Trousset, du corps d'observation de l'Océan; le sieur Joubert, de celui d'Italie. Un seul ordonnateur me paraît suffisant pour la réserve générale de cavalerie, en mettant un bon commissaire des guerres à chaque division. J'ai besoin d'un ordonnateur pour les hôpitaux. Le sieur Lombart, qui en était chargé à la Grande Armée et qui est mort après Eylau, a rendu de grands services; ses fonctions ont été remplies ensuite par le sieur Dumast, qu'on pourrait aussi en charger dans cette occasion. Il faut aussi un ordonnateur pour les détails des subsistances; on pourrait y employer le sieur Chefdebien. Les sieurs Sartelon et Ricard seraient à la disposition de l'intendant général. Le sieur Chambon sera ordonnateur en chef, sous les ordres de l'intendant général; on le chargera de tous les derrières, et il fera les fonctions que faisait le comte Villemansy dans la campagne de Pologne. On le placerait soit à Berlin, soit dans une autre localité. Le nombre des ordonnateurs ne me paraît pas suffisant. Il faut considérer qu'il y aura des arrondissements territoriaux dans lesquels il faudra organiser l'administration militaire. Par exemple, entre le Rhin et l'Elbe, entre l'Elbe et l'Oder, entre l'Oder et la Vistule et sur la rive droite de la Vistule. J'accepte les sieurs Desgenettes, Heurteloup et Lambert pour officiers de santé en chef. Je voudrais deux régisseurs des hôpitaux (sauf à subordonner l'un à l'autre), un pour les ambulances et la partie active de l'armée, l'autre pour les derrières, selon la destination que leur donnera l'intendant général. En supposant une armée sur la Vistule, qu'aurait de commun le service qui se ferait entre la Vistule et le Rhin? J'accepte le sieur Courtin pour les hôpitaux. Il faudrait engager à faire cette campagne le sieur Mouron, ancien régisseur qui a beaucoup d'expérience. Je désirerais aussi deux régisseurs, pour les vivres-pain. Vous pourriez nommer le sieur Reubell avec le sieur Bagieu. La viande et les fourrages sont des services moins importants, un seul régisseur suffit. Vous aurez enfin à nommer un inspecteur de l'habillement pour diriger la comptabilité des magasins et des ateliers qu'on pourra être dans le cas de former.

NAPOLÉON.

LE PRINCE D'ECKMUHL A L'EMPEREUR.

Hambourg, le 23 janvier 1812.

Sire, je vois sur un rapport qu'il a dû arriver ici une lettre d'une personne qui annonce tenir de M. Auger, adjudant du palais des Tuileries, qu'il ne serait pas extraordinaire que Votre Majesté fut ici à la fin du mois. J'empêcherai ce bruit de circuler. Je fais dire à cette personne de garder cette lettre pour elle, parce que ces bavardages peuvent avoir des inconvénients. *Compte rendu des bruits circulant en Allemagne.*

Des lettres de Trèves ont aussi annoncé le passage à Trèves de 50 chevaux de Votre Majesté. Je fais dire à la personne qui a reçu cette lettre de ne point en parler et d'en garder le contenu pour elle.

Les bruits de formation des 2ᵉ et 3ᵉ corps de l'Elbe commencent à courir, parce qu'il est arrivé des commissions de commissaires, inspecteurs, etc., pour ces divisions.

PRINCE D'ECKMUHL.

Le même jour, 23, le maréchal Davout informe le ministre de la guerre des marches d'entraînement effectuées par les troupes prussiennes.

Monseigneur, j'ai l'honneur de rendre compte à Votre Excellence, que j'ai reçu l'avis de M. le général gouverneur de Glogau que l'on faisait souvent faire des marches de dix ou douze lieues aux troupes prussiennes pour les accoutumer à la fatigue. Ces promenades se font par détachements de 40 à 60 hommes. *Des marches exécutées par les troupes prussiennes.*

Décret du 24 janvier 1812 [1]

(Extrait).

TITRE 1er.

Bataillons d'équipages militaires avec voitures à la comtoise.

<small>Équipages militaires : organisation des 14e et 15e bataillons avec voitures à la comtoise et des 20e et 21e bataillons attelés de bœufs.</small>

ARTICLE PREMIER. — Il sera organisé deux nouveaux bataillons d'équipages militaires qui porteront les numéros 14 et 15.

Ces deux bataillons seront attelés à des voitures légères à quatre roues dites *à la comtoise*.

ART. 2. — Chaque bataillon sera composé de six compagnies.

. . . .

ART. 4. — Chaque compagnie sera composée de 100 voitures légères à quatre roues attelées d'un seul cheval, d'une forge à quatre chevaux et d'une prolonge à quatre chevaux.

Il y aura un homme par voiture, 16 chevaux et 16 hommes haut-le-pied.

La force des bataillons sera de 681 hommes, 135 chevaux de selle et 690 chevaux de trait.

ART. 5. — Les officiers et sous-officiers montés seront armés d'un mousqueton et d'un sabre de chasseurs; les soldats, d'un mousqueton et d'un sabre-briquet.

ART. 6. — Les officiers et sous-officiers porteront la carabine suspendue au porte-carabine; le mousqueton du soldat sera garni d'une bretelle seulement.

ART. 7. — L'uniforme sera le même que celui du train, sauf que les soldats porteront un pantalon de tricot de la couleur de l'habit, garni d'une basane, des souliers et des demi-guêtres.

ART. 8. — Chaque voiture pourra porter six quintaux métriques; elle sera garnie d'une bâche en toile à voile et de deux cordes pour assujettir le chargement.

Ne pouvant espérer qu'un cheval puisse traîner constamment un poids de 1.850 livres, le ministre a décidé que la charge serait proportionnelle à la force du cheval, à la nature des objets à transporter et à l'état des routes.

ART. 9. — Les chevaux des officiers et sous-officiers seront harnachés à la dragonne; ceux de trait seront harnachés d'un collier, d'une sellette de limonière et de deux traits en corde.

. . . .

ART. 13. — Le 14e bataillon sera organisé à Danzig; à cet effet, les

---

1. Ce décret fut modifié le même jour par un autre, dont il a été tenu compte dans la rédaction des articles.

806 voitures nécessaires seront construites à Danzig et avant les chariots que l'on y construit.

Le parc de Danzig étant à peine organisé, le prince d'Eckmühl pourra faire construire ces voitures au point qu'il jugera convenable de désigner.

Les harnais seront confectionnés à Danzig.

Les cadres seront remplis au moyen d'une levée de 500 hommes faite sur la population du territoire de Danzig ou en Pologne.

Le prince d'Eckmühl dirigera cette organisation de manière qu'elle soit complète et puisse servir au 15 mars.

Art. 14. — Le 15e bataillon sera organisé à Sampigny ; on construira 606 voitures. Les hommes seront pris sur la conscription de 1812. Il partira le 15 mars de Sampigny.

Comme il n'existe à Sampigny aucun local propre à recevoir des hommes et des chevaux, le ministre a décidé que le 15e bataillon serait organisé à Lons-le-Saunier, dans le pays où se confectionnent les voitures requises et les chevaux propres à y être attelés.

TITRE II.

Bataillons d'équipages militaires attelés de bœufs.

Art. 15. — Formation des 20e et 21e bataillons d'équipages attelés de bœufs.

Art. 16. — Le bataillon sera composé de six compagnies, en tout 483 hommes.

. . . .

Art. 18. — Chaque compagnie sera composée de 50 voitures à quatre roues attelées de deux bœufs, d'une forge de campagne à quatre bœufs et d'une prolonge à quatre bœufs. Il y aura un homme par paire de bœufs et huit paires de bœufs haut-le-pied. Il y aura, en tout, 62 chevaux et 744 bœufs.

Art. 19. — Les hommes seront armés comme les 14e et 15e bataillons. (Voir titre Ier du présent décret, art. 5, 6.)

Art. 20. — Ils seront habillés comme les 14e et 15e bataillons. (Voir titre Ier, art, 7.)

Art. 21. — Les voitures seront construites d'après le modèle qui sera arrêté par notre ministre de la guerre ; chaque voiture aura une bâche et deux cordes pour assujettir le chargement.

Art. 22. — (Voir art. 9 du titre Ier.) Les bœufs seront attelés au timon par un joug et auront une couverture en toile sur les reins et un chasse-mouches en corde tressée sur les yeux.

. . . .

Art. 26. — Le 20e bataillon sera organisé à Danzig par les soins du prince d'Eckmühl ; il devra remplir les cadres de ce bataillon par des hommes levés dans la 32e division militaire ou de la garnison de Danzig. Les voitures seront construites dans la ville de Danzig. Les bœufs seront achetés en Pologne et en Prusse.

Le prince d'Eckmühl prendra ses mesures pour qu'il soit prêt le 15 mars.

ART. 27. — Le 21e bataillon sera organisé à Sampigny.

Les hommes seront pris sur la conscription de 1812. Notre ministre de la guerre prendra des mesures pour que ce bataillon soit prêt à marcher le 1er mars.

TITRE III.

ART. 28. — Indépendamment des 14e et 15e et des 20e et 21e, il sera envoyé de la conscription de 1812, à Sampigny, les hommes nécessaires pour organiser quatre autres bataillons, savoir : deux, sous les numéros 16 et 17, de voitures à la comtoise, et deux, sous les numéros 22 et 23, de voitures à bœufs.

Notre ministre de la guerre prendra nos ordres en février, sur la formation de ces quatre bataillons.

NAPOLÉON.

Le même jour, 24, l'Empereur complète son décret par les instructions ci-après, qu'il adresse au ministre directeur de l'administration de la guerre.

Paris, 24 janvier 1812.

De l'organisation générale des équipages militaires de la Grande Armée.

Monsieur le comte de Cessac, je juge convenable de vous faire connaître mes intentions tout entières sur les équipages militaires de la Grande Armée. Mon intention est d'avoir les 12e, 2e, 6e, 7e, 9e et 10e bataillons français, un bataillon du royaume d'Italie et un de la Garde impériale ; total : huit bataillons, attelant 2.016 voitures ; quatre bataillons de voitures comtoises, attelant 2.424 voitures ; quatre bataillons attelés par des bœufs, composés de 1.224 voitures ; un bataillon de voitures à bœufs du royaume d'Italie, attelant 306 voitures. Total général : 17 bataillons attelant près de 6.000 voitures et portant de 110.000 à 120.000 quintaux, savoir : les 8 bataillons d'équipages, 30 quintaux chaque voiture ; les bataillons de voitures à la comtoise, 12 quintaux, et les bataillons de voitures attelées par des bœufs, 20 quintaux ; total 114.000 quintaux, ce qui ferait un million de rations de farine, ou, pour une armée de 200.000 hommes pendant près de deux mois. Le décret que j'ai pris aujourd'hui pour la formation des 14e et 15e bataillons et des 20e et 21e, et pour faire fournir par la conscription des hommes pour tous les bataillons pourvoit à tous ces besoins. Ceux de ces bataillons qui resteraient en arrière, si l'armée faisait un mouvement, serviraient à porter les effets d'habillement des convois destinés à partir le 15 mars et le 1er avril.

NAPOLÉON.

L'EMPEREUR AU MINISTRE DIRECTEUR DE L'ADMINISTRATION
DE LA GUERRE.

Paris, le 24 janvier 1812.

Monsieur le comte de Cessac, je vous écris cette lettre pour vous seul. Je désire qu'elle ne sorte point de vos mains, afin que le contenu en reste tout à fait secret.

Mon intention est, lorsque la conscription de 1812 sera partie et au moment où la guerre viendra à être déclarée, c'est-à-dire vers la fin de mars, de lever 120.000 hommes, sous le titre de premier ban de la garde nationale. Ces 120.000 hommes seraient pris dans les conscriptions de 1809, 1810, 1811 et 1812, ce qui ferait 30.000 hommes par conscription. Le sénatus-consulte leur donnerait l'assurance de ne point sortir des frontières de France, mais ils devraient servir pendant tout le temps que durerait la guerre. Cette levée se fera rapidement parce que les hommes resteraient dans les localités : les Hollandais en Hollande, les Flamands en Flandre, les Bretons en Bretagne. Je suppose donc qu'il me faudra en avril et mai tout ce qui est nécessaire pour l'habillement de ces 120.000 hommes. Il serait convenable de prendre, dès à présent, quelques précautions pour avoir des draps. Ces 120.000 hommes ne bougeraient effectivement pas de l'intérieur, afin d'avoir la garantie de la tranquillité et de l'inviolabilité du territoire pendant la guerre. Je formerai probablement de ces 120.000 hommes cent vingt bataillons.

NAPOLÉON.

Projet de l'Empereur de lever le 1er ban de la garde nationale.

Trois jours après, le 27, l'Empereur, revenant sur son projet de levée de la garde nationale, le modifie en ce qui concerne le nombre d'hommes à appeler, leur répartition sur le territoire et leur habillement.

Paris, le 27 janvier 1812.

Monsieur le comte de Cessac, j'ai reçu votre lettre du 25.

1º Au lieu de 120.000 hommes du premier ban de la garde nationale, je n'en lèverai que 60.000 ;

2º Au lieu de les faire habiller dans tous les chefs-lieux de département, j'en formerai des régiments dans les plus grandes villes et spécialement dans les chefs-lieux de division militaire où on les habillera.

Ce qui sera surtout important, c'est que les chemises, les vestes à manches, les culottes, les guêtres, les souliers, la buffleterie, les schakos et les capotes soient fournis tout d'abord. Les hommes pourront passer ainsi les mois d'avril et de mai, et, quand les habits ne leur arriveraient qu'en juin et juillet, ils n'en feront pas moins le service. Ainsi, j'espère que tout cela ne sera pas un objet d'embarras.

NAPOLÉON.

L'EMPEREUR AU PRINCE EUGÈNE NAPOLÉON, VICE-ROI D'ITALIE,
A MILAN.

Paris, le 24 janvier 1812.

De la formation d'une compagnie italienne du train du génie.

Mon Fils, le train du génie français est composé de six compagnies. Ces six compagnies me suffisent. Ce ne sont pas les chevaux que je regretterais, ce sont les hommes. Cependant on ne saurait avoir trop d'une de ces compagnies de plus. J'ai pris un décret pour former une compagnie entière italienne du train du génie. Ce qui me porte à cette mesure, c'est que vous pouvez vous procurer plus facilement des Italiens que des Français. Je désire donc que toutes les dépenses que vous avez faites pour la formation d'une demi-compagnie du train du génie soient imputées sur le trésor d'Italie[1]. Si vous avez tiré des hommes des régiments d'infanterie française, faites-les rentrer à leurs régiments.

NAPOLÉON.

L'EMPEREUR AU PRINCE EUGÈNE.

Paris, le 27 janvier 1812.

Corps d'Italie : composition de l'équipage d'artillerie.
De la formation d'une compagnie italienne du train du génie.

Mon Fils, le ministre de la guerre m'a soumis le projet de composition de l'équipage de campagne du corps d'observation d'Italie que vous proposez. J'approuve ce projet avec l'augmentation de six pièces d'artillerie légère pour la division Kellermann[2], ce qui portera l'artillerie française de 48 pièces à 54 pièces. Les arrangements que vous faites me font perdre 16 pièces extrêmement précieuses que je regrette. Mon intention est que le personnel et le matériel de ces pièces soient prêts au 15 février à Vérone et que vous pourvoyiez, par l'augmentation de quelques hommes du train d'artillerie, à atteler les 8 pièces de réserve italienne. Je prescris au ministre de la guerre de pourvoir à l'attelage des 8 pièces d'artillerie françaises, afin qu'au 15 mars, pour tout délai, ces 8 pièces puissent partir, car il est d'une absolue nécessité que l'artillerie de votre corps d'armée soit de 130 pièces de canon.

Vous avez dû recevoir le décret qui ordonne la formation d'une

---

1. La formation de cette demi-compagnie du train du génie avait déjà donné lieu de la part de l'Empereur à l'observation suivante :
« Mon Fils, je suppose que la demi-compagnie du train du génie dont vous avez ordonné la formation est destinée au génie italien, car, pour les troupes françaises, elles ont tout ce qu'il faut. — Paris, le 11 janvier 1812. — N. »
2. La division Kellermann, qui formait la 3ᵉ division de cavalerie de réserve avec les 10ᵉ et 11ᵉ brigades, devait, par ordre de l'Empereur du 9 janvier, recevoir son artillerie, personnel et matériel, du régiment d'artillerie à cheval qui était en Italie.

compagnie du train du génie italienne. Vous m'avez rendu compte que vous organisez une demi-compagnie du train français. Vous pouvez vous servir de ce que vous avez fait pour cette organisation et l'appliquer à la compagnie italienne que j'ai ordonnée.

Vous ne m'avez point rendu compte si vous aviez reçu l'ordre d'incorporer sur les deux bataillons du régiment de la Méditerranée; 300 hommes du 62e sont partis pour vous rejoindre. Je désire beaucoup que ces régiments partent complets de leurs cantonnements. Deux compagnies de sapeurs de l'île d'Elbe doivent être débarquées en Toscane pour vous rejoindre; elles sont composées de conscrits réfractaires. J'ai ordonné qu'un millier de conscrits réfractaires vous rejoignît à Vérone pour compléter vos cadres[1].

J'ai ordonné la formation d'un bataillon d'équipages italiens attelés par des bœufs[2]. L'armée d'Italie aura donc 252 voitures de transport militaire italien, 306 voitures attelées par des bœufs et le 9e bataillon français. Le conseil d'administration du 7e bataillon français doit faire acheter, sans délai, les 100 chevaux qu'il peut servir. La Suisse doit vous offrir des ressources pour l'achat des chevaux.

NAPOLÉON.

LE PRINCE D'ECKMUHL A L'EMPEREUR.

Hambourg, le 25 janvier 1812.

Sire, j'ai l'honneur d'adresser à Votre Majesté un rapport, que m'a transmis le général Rapp, d'un officier qui a parcouru les frontières russes; les emplacements sont conformes à ceux que j'ai communiqués à Votre Majesté. Le rapport est très volumineux; je l'envoie en original, attendu que Votre Majesté peut en faire faire des extraits; il a le cachet de la vérité, et il est exempt de l'exagération de ceux que font ordinairement les Polonais.

Renseignements sur l'état des esprits en Allemagne et la composition de l'armée prussienne.

PRINCE D'ECKMUHL.

Aperçu sur la Prusse.

En parcourant la Prusse, de Danzig à Marienwerder jusqu'à la frontière du duché, et depuis Elbing jusqu'à Kœnigsberg, Tilsit et Memel, on ne parle que de guerre. Il n'y a pas de classe d'habitants qui ne la désire, et ils sont persuadés que l'armée prussienne, conjointement avec celle de la Russie, obtiendra des avantages sur la France, et qu'à la suite de ces victoires, le commerce, sans lequel la Prusse ne saurait exister, sera libre.

Les patriotes prussiens soutiennent que, hors la guerre, il n'y a point

---

1. L'Empereur fait allusion aux ordres donnés le 16 janvier au ministre de la guerre, page 563.
2. Décret du 24 janvier 1812.

de salut pour la Prusse, et que, quand même le roi de Prusse adhèrerait à la confédération du Rhin et deviendrait par là l'allié de Sa Majesté Impériale et Royale, il n'y aurait que lui qui puisse y gagner, et que la nation gémirait toujours dans la misère, étant accablée d'impôts.

Le gouvernement prussien emploie tous les moyens possibles pour soutenir l'esprit national dans la haine contre les Français; entr'autres, à chaque publication de nouveaux impôts, on dit que ces mesures, si onéreuses pour la Prusse, ne sont prises que pour payer les contributions dues à la France, ce qui aigrit les esprits des habitants, de manière qu'il n'y a pas un coin dans la Prusse occidentale où l'on ne déteste les Français[1].

Les Prussiens haïssent également les Polonais; ils leur attribuent les malheurs de leurs pays et disent que, depuis que ces derniers sont sous la protection de S. M. l'Empereur, ils sont devenus les plus redoutables voisins; mais, connaissant le duché, ils espèrent que le pays, faute de moyens pour entretenir une si grande armée que celle qu'il a maintenant sur pied, ne pourra pas se soutenir, et que l'armée, mécontente de n'être pas payée, se dissoudra d'elle-même.

Les habitants de la Prusse orientale, depuis Kœnigsberg, sur la route de Kreutzburg, Preuss-Eylau, et Rastenburg, Drengfurth, Angeburg, Goldapp jusqu'à Stalupöhnen, sur la *.....* du duché, ne sont pas si indisposés contre les Français que ceux de la Prusse occidentale.

Ils désirent aussi un changement de choses, mais il paraît qu'il leur est égal à quelle nation ils appartiendraient, pourvu qu'ils ne paient pas de si fortes impositions, et que ce changement ne s'effectue pas par une guerre, vu qu'ils se ressentent encore des ravages de la dernière.

Les impôts sont énormes en Prusse; celui du luxe qui force à payer pour des chiens, des chevaux, des voitures, des domestiques, etc., indispose les riches contre le gouvernement, et celui relatif à la mouture porte la misère dans les habitations des indigents.

On rencontre très souvent sur les routes des recrues que l'on mène à leur régiment; et, à mesure qu'on les y incorpore, on voit des soldats rentrer dans leurs foyers. Ces soldats portent en Prusse le nom de *kraempfer*, du mot allemand « ueberkrampf », ou « uebermaas », ce qui signifie *surnuméraire*[2].

---

1. Le général Rapp avait ajouté de sa main, en annotation sur le rapport :
« Cette nouvelle est certaine et prouvée par le texte d'un nouvel impôt qui vient d'être levé et qui est annoncé comme devant servir à couvrir les dépenses des garnisons françaises dans les places fortes de l'Oder. » RAPP.

2. L'auteur du rapport, qui est un Polonais, commet une erreur. Les soldats dont il est question étaient désignés sous le nom de *Krümper* et non de *Kraempfer*, qui en allemand n'a aucune signification, pas plus du reste que le mot « überkrampf ».

Krümper vient de *krume* (miette, restes de table). On appelait et on appelle encore Krümper (Pferde) les chevaux réformés ou déclassés, conservés dans les escadrons ou batteries pour le service de la garnison et nourris sur les économies de fourrages, ne coûtant par conséquent rien au budget.

C'est par analogie qu'en 1811 et 1812 la dénomination de *Krümper* avait été appliquée aux militaires renvoyés dans leurs foyers, où ils vivaient sans être une charge pour l'État, tout en restant à la disposition de l'autorité supérieure et prêts à répondre au premier appel.

Les kraempfer (*krümper*) ne sont que des recrues exercés pendant deux à trois mois dans leur régiment, et que l'on renvoie en congé. Ils sont inspectés dans leur commune par un officier et quelques vieux sous-officiers que l'on voit dans les villes, lesquels les rassemblent quand il le faut, pour les envoyer au régiment ou au travail des fortifications.

Toute l'armée prussienne est composée de ces kraempfer (*krümper*); les patriotes enragés soutiennent que leur nombre monte à 150.000 et qu'en peu de temps, tout Prussien, en devenant kraempfer (*krümper*), sera en état de porter les armes pour la défense de sa patrie.

Ceux qui paraissent connaître de plus près les affaires de leur pays soutiennent que le nombre des kraempfer (*krümper*) susdésignés est très exagéré, et que la Prusse, dans le plus urgent besoin, ne pourrait jamais mettre au delà de 80.000 hommes sur pied. Ils assurent que, sans compter les gardes du roi, la Prusse n'a que 12 régiments d'infanterie, 19 de cavalerie et 52 batteries d'artillerie, tant à pied qu'à cheval.

Chaque régiment d'infanterie au grand complet est composé de 3.000 hommes, chaque régiment de cavalerie de 4 compagnies, fortes chacune de 150 cavaliers, à l'exception de la cavalerie légère dont les régiments sont plus forts.

Le cadre de l'armée est toujours rempli, et on assure que le parc d'artillerie est grand et très beau.

Les patriotes en Prusse sont paralysés par les mécontents du pays. J'ai parlé à plusieurs de ces messieurs : M. le baron Domhart, ci-devant major prussien, intendant des haras du roi et présentement riche propriétaire de terres dans les environs de Saalfeld, M. Bart, intendant général des douanes, et M. Wiezbicki, intendant des postes à Gumbinen, m'ont assuré que toutes les mesures que le gouvernement prussien emploie pour conserver l'existence du pays ne sont que des demi-moyens; que, ni les kraempfer (*krümper*), ni la haine fomentée par le gouvernement contre les Français ne sauront défendre le pays et qu'avant que les Russes y arrivent comme alliés, la Prusse serait inondée par les armées françaises et celles de la ligue rhénane.

Ils m'ont dit que tous les régiments sont postés depuis Glatz jusqu'à Memel, et que dans ce grand intervalle il n'y avait rien de plus aisé que de couper et de tourner l'armée, et que les semestriers n'auraient pas même le temps de rejoindre leurs drapeaux.

Ils désirent beaucoup que S. M. l'Empereur permette au roi de Prusse d'entrer dans la confédération du Rhin, et croient que sans cela tout Prussien censé ne peut que s'attendre au partage de la Prusse et à apprendre d'un jour à l'autre à quel nouveau gouvernement il appartient.

Les patriotes prussiens désirent la guerre, la croient prochaine et pensent que c'est au printemps qu'elle commencera; que la Russie ne peut voir avec indifférence les changements survenus en Suède, ainsi que dans l'existence politique des villes hanséatiques, et qu'elle saura profiter du moment où les armées de France sont pour la plupart en Espagne.

On avait répandu en Prusse que l'armée prussienne s'était concentrée à Tilsit, Tapiau et Augensburg, pour se porter dans la Warmie et observer la garnison de Danzig; mais la nouvelle était fausse. 500 kraempfer (*krümper*), qui retournaient de Pillau et des fortifications sur les côtes de la mer, et deux compagnies de cuirassiers, qui venaient de Goldapp à Kœnigsberg, ont donné lieu à ce faux bruit.

Je puis assurer qu'en descendant depuis Kœnigsberg jusqu'à la frontière du duché par Preuss-Eylau, Ratzenburg et Angeburg, hormis quelques officiers qui inspectent les kraempfer (*krümper*), je n'ai aperçu aucun soldat prussien.

Tapiau est un des points centraux où l'on rassemble les recrues pour les envoyer dans les régiments, sous l'escorte des hussards noirs qui sont cantonnés dans les environs de la ville.

J'ai vu un bataillon d'infanterie de la Prusse occidentale à Marienburg, au moment où le général de brigade York (nommé depuis gouverneur général militaire de la Prusse occidentale et orientale, à la place du général Stutersheim) le passait en revue. J'ai assisté à la parade de Kœnigsberg et à l'exercice des recrues dans l'*exerzier'haus*.

Les soldats que j'ai vus sous les armes sont très jeunes, hormis les sous-officiers. Il n'y en a pas un seul qui ait au delà de 30 ans. Ils sont bien habillés, régulièrement payés, et ils ont l'air de régiments nouvellement formés.

Parmi les recrues, on trouve des jeunes gens de 16 à 17 ans; on les exerce deux fois par jour, principalement à la justesse du tir.

La cavalerie est formée de jeunes gens, ainsi que l'infanterie; les cuirassiers que j'ai vus à Kœnigsberg sont bien montés.

Les officiers supérieurs en Prusse penchent pour la guerre. Ils tâchent d'entretenir l'esprit militaire de la troupe. On m'a assuré que le général York doit sous peu distribuer, au nom du roi, des médailles et des croix à ceux qui se sont distingués dans la dernière campagne et que les régiments recevront de nouveaux drapeaux.

L'esprit des officiers subalternes n'est pas des meilleurs et le soldat désire retourner dans ses foyers.

Les Prussiens ont des magasins à Graudenz, Marienwerder, Elbing, Kœnigsberg, Tapiau, Tilsit, Ragnit, Insterburg et Pillau, que l'on dit être approvisionnés pour trois ans. Il est impossible de savoir au juste la quantité de grains que ces magasins contiennent; mais on sait que, hors les livraisons faites par les habitants, la maison Krœslingen de Kœnigsberg a versé dans ces différents magasins au delà de 100.000 korzecs de seigle.

On soutient que les magasins de Tilsit et Ragnit sont achetés pour le compte de l'empereur de Russie, et qu'on y a déposé au delà de 3.000 lasts d'avoine et de 2.000 de seigle.

Kœnigsberg est le dépôt de toutes sortes de munitions. Les soldats de la garnison sont employés à la confection des cartouches.

On m'a assuré, en outre, que cette ville était de tous temps l'entrepôt des poudres et des munitions de guerre que l'on envoyait à tous les régiments en Prusse.

Beaucoup de moulins dans les environs de Kœnigsberg sont jusqu'à présent en réquisition pour moudre le blé des magasins.

La nouvelle répandue en Prusse, que les effets précieux de la couronne avaient été envoyés de Berlin à Elbing et remis à la maison d'Abek pour les mettre en sûreté si la guerre éclate, n'a point de fondement.

Au moment de mon départ de Kœnigsberg des lettres de Berlin ont apporté la nouvelle que le roi de Prusse avait adhéré à la ligue rhéanienne, et qu'une alliance avec la France était conclue, moyennant laquelle la Prusse mettait à la disposition de l'Empereur 30.000 soldats; que l'Empereur rendait à la Prusse une des forteresses situées sur l'Oder; que le paiement des contributions était remis à deux ans; que les écluses et les canaux de Bromberg seraient échangés pour Graudenz, dont le territoire appartiendrait à l'avenir au duché de Varsovie; que l'empereur, quoique étant persuadé de l'amitié du roi de Prusse, ne pouvant toutefois se fier à l'armée prussienne qui avait déjà donné des preuves d'insubordination, se voit obligé de mettre des garnisons françaises dans quelques villes de la Prusse.

Les politiques prussiens présument que les villes d'Elbing, de Kœnigsberg, de Memel et de Colberg sont de ce nombre. Cette nouvelle a causé beaucoup de joie aux propriétaires des terres, aux employés et aux négociants.

Le lendemain, 26 janvier, le général Liebert, gouverneur de Stettin, fait connaître que, d'après les renseignements qui lui sont donnés, « les troupes prussiennes auraient reçu l'ordre de se tenir prêtes à marcher au premier avis, que les régiments de dragons de la Reine et de Brandebourg ont l'ordre d'être à cheval au premier coup de trompette et que les portemanteaux sont toujours faits. L'opinion des habitants flotte, ajoute-t-il entre la crainte et l'espérance ».

Dans un autre rapport adressé à l'Empereur, en janvier 1812, mais ne portant ni signature ni date précise du jour, il est dit :

Prusse. — Il est constant que la Prusse tient, outre le complet de son armée, 10.000 recrues ou travailleurs rassemblés.

Russie. — On a acquis des données plus certaines sur l'existence et la composition des 9e et 23e divisions de l'armée russe.

Il en résulte l'existence de 13 divisions d'infanterie, dont 11 à six régiments et 2 à quatre, et celle de 7 divisions de cavalerie, dont : 1 à 36 escadrons, 2 à 32, 1 à 30, 2 à 16, 1 à 12, sans compter les cosaques.

Le 26 janvier, le prince d'Eckmühl transmet à l'Empereur la lettre ci-après, qu'il a reçue du prince Poniatowski :

Le prince Poniatowski au prince d'Eckmühl.

Varsovie, le 15 janvier 1812.

J'ai l'honneur d'adresser à Votre Excellence la situation générale de l'armée du duché au 1er de ce mois[1].

Les régiments de cavalerie n'ont en effet que quatre escadrons. Leurs dépôts ne se sont trouvés momentanément aussi nombreux en hommes

Compte rendu de la situation générale de l'armée du grand-duché au 1er janvier 1812.

---

[1]. L'état de situation qui accompagnait le présent rapport du prince Poniatowski n'a pu être retrouvé aux Archives nationales, d'où ce document a été tiré (série AF IV, 1657).

qu'en raison des circonstances, parce qu'on avait jugé nécessaire d'avoir disponibles trois escadrons entièrement complets, et qu'on a compté dans le 4⁰ non seulement les dépôts proprement dits, mais encore tous les détachés, malades, non équipés, etc. Ayant toujours fait mes efforts pour fournir aux régiments ce qui leur manquait en effets et y ayant réussi en partie, les 4⁰ˢ escadrons vont rejoindre incessamment leurs corps, et, d'après l'organisation ci-jointe, le dépôt de la cavalerie, officiers, ouvriers et soldats compris, ne serait que de 71 hommes chacun; de sorte que les régiments présenteront en guerre une force de 752 hommes.

On n'a point donné de carabines aux régiments de lanciers du duché, parce qu'une carabine longue gêne beaucoup le cavalier dans le maniement de la lance, et que, la portée d'une carabine courte se rapprochant beaucoup de celle du pistolet, la légère différence qui peut exister n'a pas paru suffisante pour compenser le désavantage du poids.

D'après ces considérations, on s'est contenté jusqu'ici d'avoir par compagnie de lanciers une dizaine de bons tireurs, qui, outre la lance, sont armés d'une carabine rayée comme celle des cosaques. Les sous-officiers n'ont jamais eu de lances dans nos régiments; on ne leur avait point donné de carabines, parce que, nos gens n'étant que trop portés à tirailler, on avait voulu que les sous-officiers s'habituassent plutôt à surveiller les cavaliers qu'à s'amuser à tirer eux-mêmes.

Dans l'ancienne armée polonaise, la moitié de chaque régiment était armée de lances, et l'autre avait, en place, des carabines; mais ces deux armes n'étaient jamais réunies et formaient des pelotons séparés. Ceux qui avaient des carabines étaient destinés, à peu près comme les dragons, à combattre à pied au besoin.

Au reste, Votre Excellence peut compter que l'intention de Sa Majesté sera remplie. Je ne puis encore lui dire aujourd'hui si nous avons assez de carabines pour cela.

L'armement de la cavalerie du duché est comme il suit :

Les 2⁰, 3⁰, 6⁰, 7⁰, 8⁰, 9⁰, 11⁰, 12⁰, 15⁰ et 16⁰ de lanciers sont armés d'une lance, d'un sabre et d'une paire de pistolets.

Les sous-officiers n'ont point de lances. Il se trouve dans chaque compagnie 10 hommes ayant le même armement que le reste des cavaliers, et de plus une carabine rayée.

Les trois régiments de chasseurs, qui sont les 1ᵉʳ, 4⁰ et 5⁰, sont armés d'un sabre, d'une carabine, d'une paire de pistolets :

Le 1ᵉʳ a des sabres droits prussiens;

Le 4⁰, des sabres de chasseurs français;

Le 5⁰, des sabres de chasseurs français et des carabines courtes prussiennes.

Les régiments de hussards, qui sont les 11⁰ et 13⁰, sont armés comme les chasseurs. Ils ont des sabres courbes et des carabines courtes.

Le régiment de cuirassiers, le 14⁰, est armé de sabres droits de cuirassiers, d'une paire de pistolets, d'une carabine longue.

Ce dernier régiment, qui n'est que de deux escadrons, n'est pas désigné dans mes états comme cuirassiers, parce que S. M. le roi de Saxe, croyant que l'intention de S. M. l'Empereur était que cette arme n'existât point dans le duché, l'a fait ranger au nombre des régiments de chasseurs. Au reste, tout l'équipement y est demeuré comme auparavant. On s'est contenté de lui faire déposer les cuirasses, qu'on pourra lui faire reprendre si l'on veut.

L'opération de la masse de pain de soupe a beaucoup mieux réussi que je ne m'y attendais. Au moyen des mesures qui ont été prescrites aux colonels pour faire faire la boucherie pour le compte même des corps, on a de très bonne viande pour les deux tiers de ce qu'elle coûtait à l'État, et le soldat, infiniment mieux nourri, conserve encore quelques sous pour ses besoins particuliers. Aussi est-il très content, et le Trésor épargne environ 5 millions par an, qui, reversés sur l'ensemble des dépenses, permettent d'espérer qu'on pourra au moins payer exactement la solde.

Il est bien à désirer que le ministre des finances puisse y parvenir, car, outre l'économie qui résulte de cette mesure, elle a déjà produit des effets si salutaires qu'autant j'en ai d'abord craint les suites, autant je suis maintenant d'avis d'y persévérer tant que le permettront les circonstances.

Joseph prince Poniatowski.

Le général Bourcier rend compte au ministre de la guerre de l'état des marchés passés avec divers entrepreneurs pour la fourniture de chevaux au dépôt général de cavalerie nouvellement établi à Hanovre. Deux lettres du prince d'Eckmühl à l'Empereur, en date des 17 et 26 janvier, font déjà l'objet de cette question.

Le général Bourcier, en vue de faciliter les achats, devenus difficiles, demande que les tailles des chevaux soient réduites pour toutes les armes et que l'âge exigé comme minimum soit abaissé de soixante mois à cinquante.

Le comte Bourcier, général de division, conseiller d'État,
au ministre de la guerre.

Hanovre, 26 janvier 1812.

Monseigneur,

En conséquence des ordres qui m'ont été donnés par Votre Excellence le 13 janvier, je me suis rendu de suite à Hanovre avec toute la diligence possible, et j'y suis arrivé le 22 de ce mois, ainsi que j'ai eu l'honneur d'en informer Votre Excellence par ma lettre du même jour.

J'ai aussitôt donné avis de mon arrivée à Son Excellence le prince d'Eckmühl, en le priant de me faire connaître les dispositions déjà faites pour les remontes et pour l'établissement du dépôt général; j'ai en même temps pris à Hanovre toutes les informations nécessaires sur les localités et les ressources du pays.

Il résulte de ces renseignements et des lettres qui m'ont été écrites par Son Excellence le prince d'Eckmühl qu'au lieu de marchés pour 2.000 chevaux que Sa Majesté paraît croire avoir été passés, il n'en existe que pour les 810 chevaux de cuirassiers dont la levée a été ordonnée par décret du 26 octobre 1811 et pour les 2.902 chevaux que Son Excellence s'était engagée à faire fournir avant mon départ de Paris.

Sur le premier marché qui s'exécute à Hanovre, il reste encore à livrer 290 chevaux de cuirassiers, et le second, passé au sieur Vidal de Dusseldorf le 5 janvier, paraît n'avoir encore aucun commencement d'exécution; car, sur 900 chevaux que ce fournisseur doit livrer à Hanovre

Dépôt général de cavalerie de Hanovre : de l'état des marchés passés pour la fourniture des chevaux.

et dont 250 doivent être fournis dans le courant de janvier, il n'en a pas encore présenté un seul, et, d'après l'opinion qu'en ont MM. les généraux Bessières et Bruno, qui ont été jusqu'à ce jour chargés des réceptions dans cette place, opinion que partage aussi M. le général Saint-Germain, ce fournisseur ne paraît pas devoir mériter une grande confiance.

Dans cet état de choses, il reste donc à assurer la fourniture totale des 10.000 chevaux que Sa Majesté désire qu'on puisse se procurer en Allemagne pour être répartis aux différentes armes, savoir :

Aux cuirassiers.............................	1.000
Dragons et artillerie légère.................	2.000
Chasseurs et hussards......................	1.500
Chevau-légers..............................	3.500
Trains d'artillerie...........................	2.000
	10.000

Son Excellence le prince d'Eckmühl m'annonce, à cet égard, qu'il n'a point vu de moyen plus sûr et plus prompt que de traiter avec deux négociants hollandais qui lui ont fait des propositions ; qu'il les a en conséquence renvoyés à Son Excellence le ministre directeur, qui leur a fait écrire de se rendre à Hanovre pour me faire leurs offres ; il termine par m'engager à passer marché le plus promptement possible, soit avec ces négociants, soit avec d'autres fournisseurs qu'il m'indique.

J'attends avec la plus vive impatience les négociants hollandais, et je crains qu'ils ne tardent trop à arriver ; j'ai mandé aussi le sieur Brauds, de Brunswick, qui a déjà fait des fournitures à la satisfaction des généraux chargés des réceptions, ainsi qu'un autre négociant de Nieubourg, dont on m'a parlé avantageusement et qu'on croit capable d'entreprendre une partie de la fourniture. Comme il n'y a point de temps à perdre pour être en mesure dans les délais fixés par l'Empereur, je traiterai avec eux pour les quantités qu'ils pourront fournir ; j'ai à craindre cependant que ces marchés particuliers ne soient un obstacle au marché général et que cette concurrence n'arrête les négociants hollandais. D'un autre côté, si l'on ne multiplie pas les moyens, il serait peut-être douteux que toutes les ressources nécessaires fussent réalisées à l'époque indiquée. Dans cette alternative, je ferai ce que les circonstances indiqueront être plus avantageux.

Dans tous les cas, je préviens Son Excellence le ministre de l'administration de la guerre qu'il est bien important qu'il me soit ouvert un crédit proportionné aux fournitures présumées, afin qu'elles puissent être régulièrement acquittées et que je puisse aussi pourvoir aux dépenses du dépôt général, telles que ferrage, médicaments, réparations du harnachement et frais d'administration.

Le marché passé au sieur Vidal pour 2.902 chevaux de cavalerie légère porte qu'ils seront reçus à 4 pieds 6 pouces 1/2 jusqu'à 4 pieds 8 pouces 1/2 [1]. Il semble, Monseigneur, que, dans la circonstance présente, cette taille pourrait être réduite à 4 pieds 5 pouces 1/2 [2]. Cette réduction a été proposée dans le rapport que Sa Majesté a chargé le général Nansouty et

---

1. C'est-à-dire de 1^m,471 à 1^m,525.
2. Soit 1^m,444.

moi de lui faire sur le service des remontes, et cette proposition paraissait conforme à l'opinion manifestée par l'Empereur dans la séance du conseil tenue le 29 décembre. Si cette réduction avait lieu, il en résulterait plus de facilité pour se procurer des chevaux de cavalerie légère, puisqu'on pourrait recevoir ceux de 4 pieds 5 pouces 1/2 à 4 pieds 6 pouces 1/2, qui ont été refusés jusqu'à ce jour et qui sont sans doute en assez grand nombre. Il en serait de même pour les autres armes, si Sa Majesté adoptait les réductions qui lui ont été proposées et d'après lesquelles les chevaux de carabiniers et de cuirassiers pourraient être reçus de 4 pieds 9 pouces à 5 pieds [1] et ceux de dragons et d'artillerie légère de 4 pieds 7 pouces 1/2 à 4 pieds 9 pouces [2].

Je prie Votre Excellence d'avoir la bonté de me faire connaître ce que Sa Majesté aura décidé à cet égard.

Les ressources qui résulteraient de cette décision augmenteraient encore si l'on recevait des chevaux de 58 mois ; je pense qu'on en pourrait tirer un bon service, l'expérience m'ayant appris que les chevaux d'Allemagne sont plus tôt formés que ceux de France et que le plus grand nombre est capable de soutenir les fatigues de la guerre dès l'âge de 56 mois [3].

Je remarque, Monseigneur, que, dans le nombre des 8.000 chevaux de cavalerie pour lesquels il reste à passer des marchés, il y en a 2.000 destinés à l'arme des dragons et à celle de l'artillerie légère ; cependant l'état que Votre Excellence m'a fait l'honneur de m'adresser des détachements d'hommes à pied, qui sont en route pour se rendre à Hanovre à l'effet d'y recevoir des chevaux, ne comprend aucun détachement de l'arme des dragons ni de l'artillerie légère. Votre Excellence pensera, sans doute, qu'il convient que ceux de ces corps qui ont à recevoir des chevaux, envoient promptement les détachements auxquels on doit les fournir, attendu que, s'il s'en trouve dans les premières livraisons qui soient propres à ces armes, je ne saurais à qui les remettre pour les soigner jusqu'à l'arrivée des détachements, à moins d'employer des palefreniers à gages, ce qui deviendrait très coûteux.

Son Excellence le prince d'Eckmühl, à qui j'avais fourni, aussitôt après mon arrivée, quelques observations sur l'établissement du dépôt général, vient de m'annoncer qu'il a mis à ma disposition les villes de Hanovre, Hameln et Celle. Je pense que la première de ces villes sera suffisante, et ce n'est que dans le cas contraire que je ferai usage des deux autres. Je prends toutes les mesures nécessaires pour que les détachements qui doivent se rendre au dépôt général puissent y être établis à mesure qu'ils arriveront.

Le point essentiel en ce moment et qui appelle plus particulièrement mon attention à cause des difficultés que je prévois, ce sont les marchés à passer ; je ne négligerai rien pour trouver des fournisseurs et pour compléter, dans les moindres délais possibles, les remontes ordonnées par Sa Majesté.

---

1. C'est-à-dire de 1^m,539 à 1^m,62.
2. De 1^m,498 à 1^m,539.
3. Le ministre ne répondit pas à cette proposition, mais on verra plus tard que l'Empereur, à qui la même demande fut adressée, défendit d'une façon formelle d'acheter des chevaux n'ayant pas *au moins 60 mois accomplis*.

Le dépôt général se trouvant sous les ordres de M. le maréchal prince d'Eckmühl, à qui je dois rendre compte de toutes les opérations, je prie Votre Excellence d'avoir la bonté de me faire connaître si je dois continuer à lui adresser des rapports circonstanciés sur le service du dépôt général.

Je suis, etc.

Comte Bourcier.

Décret.

Au palais des Tuileries, le 27 janvier 1812.

Toutes les troupes composant la Grande Armée seront traitées sur le pied de guerre à partir du 15 février prochain.

Article premier. — Toutes les troupes du corps d'observation de l'Elbe, du 2e corps d'observation de l'Elbe, des corps de réserve de cavalerie qui sont sur la droite du Rhin, du corps d'observation de l'Océan, du corps d'observation d'Italie, enfin toutes les troupes appartenant à l'armée active, qui sont encore sur le pied de paix, seront traitées sur le pied de guerre et recevront les vivres de campagne à partir du 15 février prochain, dans quelque lieu qu'elles se trouvent stationnées.

Art. 2. — Nos ministres de la Guerre et de l'administration de la Guerre, et notre ministre du Trésor impérial sont chargés de l'exécution du présent décret.

Napoléon.

L'EMPEREUR A JÉROME NAPOLÉON, ROI DE WESTPHALIE, A CASSEL.

Paris, le 27 janvier 1812.

Le roi Jérôme est invité à tenir son contingent prêt à entrer en campagne le 15 février.

Monsieur mon Frère, divers indices m'avaient depuis longtemps fait craindre que l'empereur de Russie n'eût cessé d'être dans les sentiments de Tilsit. Un ukase, publié en décembre 1810, blessait essentiellement les intérêts de la France et de la Confédération; il était avantageux à l'Angleterre; il était contraire au traité de Tilsit. Cependant, je m'étais abstenu de toute plainte, me bornant à des représentations tout amicales. Au mois d'avril suivant, l'empereur de Russie fit remettre, par ses ministres près des différentes cours, une protestation relative à l'Oldenbourg. Je dus être d'autant plus étonné d'une démarche si singulière que, prévenant les vœux de la Russie, j'avais, dès le principe, offert pour le duc d'Oldenbourg une indemnité convenable. Je ne pensais toutefois qu'à réitérer cette offre. La Russie paraissant ne point agréer l'objet proposé en indemnité, je la pressai de faire connaître ce qu'elle désirait. Enfin, je mis tout en usage pour arrêter les conséquences d'un acte public qui, bien qu'il parlât de la conservation de l'alliance, devait naturellement faire succéder la méfiance à la bonne harmonie qui avait régné entre les deux cours. Au lieu de s'expliquer, la Russie affaiblit son armée du Danube, évacua la droite de ce fleuve, retira de la Finlande une partie des troupes qui occupent cette province si récemment conquise, et réunit toutes ses forces disponibles sur les frontières du duché de Varsovie.

Le territoire de la Confédération se trouva ainsi menacé, au point que je fus obligé de faire rétrograder les troupes du duché sur la Vistule, afin de pouvoir les appuyer en cas d'attaque soudaine. Dès le commencement de ces mouvements de la Russie, mon premier soin avait été de pourvoir à la défense de Danzig, qui est un des boulevards de la Confédération, et d'en rendre la garnison respectable; ce qui me mit dans le cas de requérir, dès lors, une partie des contingents et d'écrire, pour cet effet, à Votre Majesté, qui envoya l'un de ses régiments dans cette place.

Peu de temps après, un envoyé du Brésil, transporté sur une frégate anglaise, fut reçu à Saint-Pétersbourg comme ministre d'une puissance amie, quoique, en vertu de l'alliance de Tilsit, la Russie doive être en état de guerre avec la maison de Bragance. Je désirais la paix, j'avais intérêt à la conserver, puisqu'une partie de mes troupes était en Espagne; mais, quand la Russie appuyait la violation des traités par l'appareil des armes, j'ai dû aussi recourir aux armes. Cette précaution est plus que justifiée aujourd'hui par la levée extraordinaire de 4 hommes sur 500, qui vient d'être ordonnée dans toute l'étendue de l'empire russe, sans que la Russie se soit expliquée sur sa protestation, ni sur son ukase, sans que ses troupes aient quitté les positions qu'elle leur a fait prendre dans le voisinage du duché.

J'ai dû rassembler mes armées, les former et rétablir mon matériel de guerre. Ces préparatifs ont employé une année. Maintenant, 300.000 hommes vont traverser l'Allemagne et se porter sur les frontières de la Confédération, non dans des sentiments hostiles, mais pour que mes armées se trouvent aussi près de la Vistule que les armées russes.

Je chargerai, quand il en sera temps, mon ministre de répondre à la protestation relative à l'Oldenbourg : que les affaires de ce pays sont réellement étrangères à la Russie; que le duc, requis lors de la dernière guerre de fournir son contingent, ne l'avait pas fait; que, n'ayant pas rempli les devoirs de confédéré, il en avait perdu les droits; que, cependant, et par amour de la paix, j'ai offert pour lui une indemnité convenable, et que je suis prêt encore à la lui donner.

Tout en adoptant le principe, la Russie n'a pas dit ce qu'elle voulait, et j'ai dû penser qu'il était dans ses intentions de demander Danzig et une portion quelconque de la Confédération. Si, en effet, elle n'avait pas eu à faire des propositions contraires au traité de Tilsit et à mes principes, et que je ne pourrais entendre sans y répondre par les armes, aurait-elle armé, et depuis un an refuserait-elle de s'expliquer? Je suis loin, toutefois, d'avoir perdu l'espoir de la paix. Mais, puisqu'on admet, envers moi, le procédé funeste de négocier à la tête d'une puissante et nombreuse armée, il est de mon honneur de négocier aussi à la tête d'une armée nombreuse et puissante. Je ne veux point commencer les hostilités, mais je veux me mettre en mesure de les repousser. Je ne veux point violer le territoire russe, mais je veux être prêt à faire repentir quiconque violerait le territoire de la Confédération.

Je désire, en conséquence, que le contingent de Votre Majesté se réunisse et soit prêt à entrer en campagne le 15 février prochain. Je la prie de me faire remettre l'état de son contingent en officiers généraux, officiers d'état-major, infanterie, cavalerie, artillerie, avec caissons et équipages, et telle qu'elle est dans l'intention de l'organiser.

NAPOLÉON.

Même lettre est adressée au roi de Bavière, au roi de Wurtemberg, etc.

L'EMPEREUR AU MINISTRE DE LA GUERRE.

Paris, le 27 janvier 1812.

Ordre pour la mise en route des compagnies de chevau-légers attachées aux divisions de cuirassiers.

Monsieur le duc de Feltre, je réponds à votre lettre du 25 sur les chevau-légers. Le 1er régiment fera partir la 1re compagnie du 1er escadron, complétée et forte de 125 hommes, bien montés, bien armés et bien équipés, puisque ce régiment ne peut pas fournir un escadron. Aussitôt que possible, la 2e compagnie rejoindra. Un chef d'escadron marchera avec la 1re compagnie.

Le 2e régiment fera partir, au 15 février, une compagnie forte de 125 hommes bien montés et bien équipés.

Le 3e régiment, le 4e et le 5e feront également partir chacun une compagnie de 125 hommes.

Par ce moyen, les cinq régiments de chevau-légers attachés aux divisions de cuirassiers, au lieu d'avoir un escadron, n'auront d'abord qu'une compagnie de 125 hommes bien montés ayant leur carabine et les officiers au complet. Pressez ces corps de fournir au plus tôt la 2e compagnie.

Faites une ordonnance pour régler le service des chevau-légers avec les carabiniers et cuirassiers[1]. Vous défendrez sévèrement à tout officier, colonel ou même général, de se servir de cuirassiers ou de carabiniers pour ordonnances. Vous prescrirez le nombre d'ordonnances dont peut avoir besoin une brigade et sous les ordres de qui ils doivent se trouver.

NAPOLÉON.

L'EMPEREUR AU COMTE DARU, MINISTRE SECRÉTAIRE D'ÉTAT, A PARIS

Paris, le 27 janvier 1812.

Des caissons d'ambulance.

Monsieur le comte Daru, y aurait-il de l'inconvénient à pres-

---

1. Cette ordonnance parut au commencement de février 1812.

crire, par un décret, que le caisson d'ambulance des régiments portera deux matelas assortis aux caissons, avec leurs couvertures, quatre demi-fournitures, ce qui donnerait de quoi coucher 12 hommes, 12 brancards sanglés, une caisse à amputations, 100 kilogrammes de charpie, 125 kilogrammes de linge à pansements, une boîte de médicaments pesant au moins 5 kilogrammes, ce qui ferait pour tous les régiments une augmentation de moyens de pansements qui serait très considérable ?

Ne pourrait-on pas prescrire également que les quatre caissons d'ambulance des divisions porteraient chacun au moins 10 brancards sanglés, 2 caisses à amputations, etc.?

Représentez-moi cela avec votre rapport [1].

NAPOLÉON.

L'EMPEREUR AU MARÉCHAL BESSIÈRE, DUC D'ISTRIE,
COMMANDANT LA GARDE IMPÉRIALE, A PARIS.

Paris, le 27 janvier 1812.

Garde impériale : du personnel formant l'état-major.

Mon Cousin, faites-moi un rapport sur l'état-major de ma Garde. Je commence par les chevau-légers polonais : le général Krasinski en est le colonel. J'ai nommé major de ce régiment le général de brigade Konopka, qui a commandé longtemps un régiment de lanciers à l'armée du Midi d'Espagne. Quel est le second major? Le 2e régiment de chevau-légers lanciers est commandé par le général Colbert; il y a, je crois, un major hollandais. Quel est le second major? Puis-je avoir confiance dans le major hollandais?

Le général Guyot commande les chasseurs à cheval; le colonel Lion est un des majors; j'ai nommé le général Exelmans major dans ce régiment. Daumesnil, étant blessé, ne peut rester major; il faut me faire un rapport sur cet officier, que mon intention est d'employer militairement. Ne pourrait-on pas lui donner le commandement de Vincennes, avec un grade supérieur et un bon traitement? Vincennes étant une prison d'État et un des quartiers de ma Garde, j'ai besoin là d'un homme sûr.

Le général Saint-Sulpice commande les dragons; le colonel Letort est un des majors; je ne connais pas le second; faites-moi un rapport qui me le fasse connaître.

Le général Walther commande mes grenadiers à cheval; les généraux Lepic et Chastel sont majors.

Le général Lepic aimerait-il à être fait général de division et à aller commander une division de grosse cavalerie? Comme mes grenadiers chargent rarement, il acquerrait de l'expérience dans la ligne, et je pourrais ensuite l'appeler au commandement des gre-

---

1. Ce rapport, qu'il eût été intéressant de connaître, n'a pu être retrouvé.

nadiers lorsque le général Walther se retirerait. Je ne veux faire au reste que ce qui lui convient. Voyez-le et parlez-lui de cela comme venant de vous.

On accorde au général Chastel du talent; le commandement d'une brigade de cavalerie lui donnerait de l'expérience; je ne ferai également là-dessus que ce qui lui conviendra.

Je désirerais placer comme major dans des régiments de cavale- de ma Garde le général Ornano, qui, ayant toujours été à l'armée, acquerra dans ma Garde un aplomb qui lui sera utile; je le placerai après cela dans la ligne.

Si les généraux Lepic et Chastel passaient dans la ligne, quels sont les généraux de brigade ou colonels que je pourrais nommer majors dans les grenadiers?

Je passe à l'infanterie. Le général Dorsenne, étant général en chef, doit désormais suivre sa carrière; je désire nommer un général de division pour le remplacer dans ma Garde.

Faites-moi connaître si j'ai suffisamment de généraux et de colonels pour commander tout le reste de ma Garde.

NAPOLÉON.

La lettre ci-après, que le général Romeuf, chef d'état-major du corps de l'Elbe, adresse, par ordre, au général Gudin, commandant la 3ᵉ division d'infanterie, témoigne de la sévérité avec laquelle le maréchal Davout faisait respecter en Allemagne les droits du soldat français, quand il était attaqué sans motif légitime.

Le général Romeuf au général Gudin.
(A lui seul.)

Hambourg, le 27 janvier 1812.

Mesures ordonnées pour punir les habitants de Brunswick qui ont blessé des soldats français.

M. le maréchal vient d'être informé que plusieurs cuirassiers et une vingtaine de soldats du train attachés à la 1ʳᵉ division ont été grièvement blessés par des habitants de Brunswick dans une émeute qui a eu lieu il y a quelques jours.

Comme de pareilles scènes se sont déjà plusieurs fois renouvelées et que les auteurs en sont restés impunis, Son Excellence est déterminée à faire un grand exemple: elle veut venger le sang français qui a coulé dans la dernière sédition et faire passer par les armes ceux qui y ont pris part.

Le général Saint-Germain a déjà reçu des instructions à cet égard; mais, pour éviter de nouvelles scènes, M. le maréchal veut mettre à sa disposition des forces importantes qui puissent effrayer et contenir les habitants de Brunswick. Vous voudrez bien, en conséquence, au reçu de ma lettre, faire partir, avec armes et bagages, le 21ᵉ régiment de ligne, qui devra être rendu à Brunswick dans trois marches. Les soldats recevront, avant leur départ, pour deux jours de vivres; ils auront à leur suite pour un jour de pain dans les caissons, et ils seront munis de 40 cartouches par homme.

Les gros bagages resteront à Magdebourg. Le général qui commande ce régiment aura tout simplement l'ordre d'être à la disposition du général Saint-Germain, qui connaît les intentions de Son Excellence.

On doit ignorer à Magdebourg la destination de ce régiment. Le général et le colonel seront les seuls qui en seront instruits.

Son Excellence suppose que ma lettre arrivera à Magdebourg le 30, que le régiment partira le 31 et qu'il sera rendu le 2 février à sa destination.

La marche du 21ᵉ doit être calculée d'après ces dispositions : rien ne peut la retarder. Le général Saint-Germain a reçu des ordres qui doivent être mis en exécution le 2 février et à l'accomplissement desquels le 21ᵉ doit concourir [1].

M. le maréchal ne saurait trop vous recommander d'exiger le plus grand secret, afin que ce mouvement ne donne aucun soupçon aux habitants de Brunswick. Il sera même nécessaire qu'on laisse croire aux officiers du 21ᵉ régiment qu'ils vont prendre des cantonnements dans les environs du gîte qui précède Brunswick. De cette manière, ils ne sauront qu'au dernier moment le but de l'expédition.

Son Excellence vous prie d'indiquer au général Saint-Germain quelques officiers capables par leur instruction et leur fermeté d'être juges et rapporteurs.

M. le maréchal désire que, pendant l'absence du 21ᵉ de ligne, le 7ᵉ d'infanterie légère soit seul chargé du service de la place, sans qu'on ait besoin de recourir aux 4ᵉˢ bataillons, dont l'instruction réclame tous vos soins. Son Excellence est persuadée que, si le service est bien entendu, on peut avec 500 hommes fournir à tous les postes, ce qui laissera sept à huit nuits de repos aux soldats du 7ᵉ d'infanterie légère. On peut d'ailleurs suppléer au grand nombre de postes par des rondes. Il resterait donc encore une milice d'honneur pour ce qu'on appelle *le piquet*.

Je vous prie de vouloir bien m'accuser réception de cette lettre.

ROMEUF.

Le régiment prenant ses vivres avec lui, vous pourrez facilement, mon Général, régler ses marches ainsi qu'il vous conviendra.

L. R.
(Papiers Gudin).

L'EMPEREUR AU MINISTRE DES RELATIONS EXTÉRIEURES.

Paris, 28 janvier 1812.

De l'organisation d'une division sous les ordres du général Daendels avec les contingents des princes de la Confédération

Monsieur le duc de Bassano, mettez-moi sous les yeux le traité du 22 avril 1809 avec Nassau. Je crois qu'il résulte de ce traité que Nassau doit fournir trois régiments. Faites-moi connaître ce que ce prince a de disponible, et s'il pourrait fournir un régiment à la campagne prochaine.

Je voudrais composer ainsi la division des princes, savoir :

1ʳᵉ brigade : un régiment de Nassau, 1.680 hommes ; un régiment du prince Primat, 1.680 hommes (indépendamment de 500 hommes

---

1. Ces ordres, qu'il eût été intéressant de connaître dans le détail, n'ont pu être retrouvés.

qu'il a en Espagne); un régiment de Würzbourg, 1.680 hommes; total, 5.040 hommes;

2ᵉ brigade : les trois régiments ¹ tels qu'ils étaient composés, savoir : le 4ᵉ régiment, 2.800 hommes ; le 5ᵉ régiment, 1.700 hommes; le 6ᵉ régiment, 1.500 hommes; total, 6.000 hommes;

3ᵉ brigade : les deux régiments de Mecklembourg, 2.000 hommes. Total général, 13.040 hommes.

Préparez-moi le détail de l'organisation de cette division. Demandez que chaque régiment ait deux pièces d'artillerie de régiment, et faites les démarches nécessaires pour que les contingents soient réunis au 20 février dans les lieux respectifs, de manière à pouvoir partir du 25 au 30 et être réunis à Dessau le 1ᵉʳ mars. Mon intention est de charger le général Daendels de se rendre dans ces différents pays pour réunir cette division et en prendre le commandement. Faites-moi donc un rapport détaillé sur ce qui regarde cette partie des contingents de la Confédération.

NAPOLÉON.

L'EMPEREUR AU MINISTRE DE LA GUERRE.

Paris, le 28 janvier 1812.

Ordre d'arrêter à Coblentz le 2ᵉ régiment portugais et de retenir le régiment illyrien à Strasbourg.

Monsieur le duc de Feltre, le 2ᵉ régiment portugais est attaché à une division qui se réunit à Dusseldorf, où il arrive le 19 février.

Il serait convenable qu'il s'arrêtât à Coblentz, à la disposition du général commandant la division, pour ne pas trop encombrer Dusseldorf.

Le régiment illyrien arrive à Strasbourg du 6 au 22 février. Je pense qu'il faut réunir tout ce régiment à Strasbourg, sans lui donner la peine de se rendre à Dusseldorf.

Quand la division qui est à Dusseldorf marchera en Allemagne, ce régiment la rejoindra alors. Cela évitera beaucoup de fatigue aux hommes et de l'encombrement à Dusseldorf.

Faites-moi connaître si les 1ᵉʳ, 3ᵉ et 4ᵉ bataillons des pupilles de la Garde sont arrivés à Boulogne.

NAPOLÉON.

L'EMPEREUR AU PRINCE D'ECKMUHL, A HAMBOURG.

Paris, 28 janvier 1812.

De l'occupation de la Poméranie suédoise.

Mon Cousin, j'attends avec impatience votre rapport sur les marchandises coloniales que vous aurez trouvées dans la Poméranie ².

---

1. C'est-à-dire les régiments formés par les contingents de la Saxe ducale (4ᵉ régiment), d'Anhalt et de Lippe (5ᵉ), de Schwarzbourg, Waldeck et Reuss (6ᵉ).
2. Voir page 576 et suivantes les ordres et instructions diverses déjà donnés pour l'occupation de cette province suédoise.

Vous y avez sans doute envoyé un détachement de vos douaniers.

Je destine le général Damas, qui commande les troupes du grand-duché de Berg, à commander une division, qui se composera de huit bataillons de Berg, de quatre de Hesse-Darmstadt, ce qui fera douze bataillons, d'un régiment de cavalerie de Berg et d'un régiment de cavalerie hessoise, et enfin des troupes d'artillerie appartenant à ces deux contingents. Deux bataillons du grand-duché de Berg sont déjà à Stettin. J'ai donné ordre que trois bataillons, formant 2.400 hommes, soient prêts à partir à Dusseldorf sous les ordres d'un général de brigade. Une égale quantité de troupes sera prête à partir de Hesse-Darmstadt. Vous pouvez donc vous adresser directement à Dusseldorf pour mettre en mouvement la brigade de Berg et la diriger sur Hambourg, où elle relèvera vos troupes aussitôt que vous serez obligé de marcher plus loin.

Puisque vous entrez en Poméranie, il est nécessaire que vous fermiez hermétiquement tous les passages entre la Suède et le continent, et que, sans rien faire d'ostensible, vous mettiez une espèce d'embargo tel que rien ne puisse entrer ni sortir, si ce n'est les courriers de cabinet que le gouvernement de Suède voudrait envoyer en France; mais aucune malle de commerce ne doit passer. Vous arrêterez également toute la correspondance avec la Suède que l'on voudrait faire passer par le Danemark.

NAPOLÉON.

LE PRINCE D'ECKMUHL A L'EMPEREUR.

Hambourg, le 28 janvier 1812.

SIRE,

La récapitulation des six divisions, en comprenant la 7°, les 4°° bataillons des 19°, 46°, 56°, 93° et 123° régiments de ligne et le 124° régiment, les 1°, 3° et 5° divisions de cuirassiers, les dix régiments de cavalerie légère et les troupes spécialement attachées aux garnisons des places, telles que le régiment de Berg, de Low, etc., forme un effectif de 127.745 hommes, sur quoi l'état porte 10.655 hommes aux hôpitaux, parce qu'on y a compris ceux qui sont entrés aux hôpitaux externes, avant de rejoindre leurs corps, dont le nombre s'élève à 2.810.

Votre Majesté trouvera aussi, ci-joint, l'état des malades de l'armée existant dans les hôpitaux, qui m'a été fourni par l'ordonnateur en chef; il se monte à 7.874.

La totalité des hommes aux hôpitaux relevée sur les états fournis par les corps est de 10.655, dont 2.810 aux hôpitaux externes qui n'ont jamais paru aux corps; ainsi, la proportion réelle des malades à l'effectif de 127.745 n'est donc que dans le rapport de ce nombre à celui de 7.874, qui est le nombre des malades existant dans les hôpitaux de l'armée; ce qui fait environ le dix-septième. Cette proportion n'est pas trop forte, vu la

Situation du corps de l'Elbe au 15 janvier; proportion des malades.

mauvaise saison, et, en outre, les malades sont, dans la plus grande partie, des réfractaires et des jeunes gens des 4es et 6es bataillons.

Le montant des malades dans les infirmeries régimentaires et les malades à la chambre ne font pas partie de celui sur lequel j'ai basé la proportion; mais les galeux et les vénériens peuvent être regardés comme disponibles. Ces différentes observations sont pour prouver à Votre Majesté que la proportion du dix-septième est à peu de chose près exacte.

Il y a, cette fois, une légère différence entre l'état des hôpitaux fourni par les corps et celui de l'ordonnateur en chef; elle est peu considérable puisqu'elle n'est que de 29 hommes. Il doit toujours y en avoir, vu que l'état de l'ordonnateur comprend des hommes qui existent dans les hôpitaux et qui ne font pas partie des corps de l'armée.

Prince d'Eckmuhl.

Rapport du général Rapp, gouverneur de Danzig, au ministre de la guerre.

Danzig, le 28 janvier 1812.

Renseignements sur la Russie.

J'ai envoyé en secret un homme sûr à Riga avec un passeport russe. Je lui avais dit de s'arrêter huit jours dans cette ville pour savoir des nouvelles de Pétersbourg, ainsi que des pays où il a séjourné.

Voici le rapport qu'il m'a fait hier à son arrivée : « Le général anglais Sonntag est à Pétersbourg; il se fait voir en public, même à la cour, en uniforme. Le général Sonntag est le même qui s'est trouvé, en 1806, au quartier général russe avec le général Hutchinson; il est venu alors jusqu'à Danzig.

» On attend, à Pétersbourg, l'arrivée de lord Thornthon, qui a séjourné longtemps en Suède. On dit publiquement qu'il est chargé de traiter une alliance entre l'Angleterre et la Russie; on appelle même cette alliance « *mariage entre les deux puissances* ». Le bruit est général, en Russie, que la Suède s'alliera aux deux susdites puissances, et que l'empereur de Russie, dans cette supposition, doit avoir promis la restitution de la Finlande à la Suède.

» On prétend que la mésintelligence entre la Suède et la France est au suprême degré, et que le prince royal[1] en est particulièrement l'auteur. On donne pour certain que deux vaisseaux de guerre anglais ont pris leur station d'hiver à Bingoé et qu'ils reçoivent tous leurs secours des Suédois.

» La *Gazette de Pétersbourg* a annoncé dernièrement que les intrigues du cabinet français avaient jusqu'à présent retardé la paix avec la Porte, mais que l'empereur Alexandre les avait déjouées et avait donné de nouvelles instructions au général Koutouzov pour conclure une paix définitive avec la Turquie.

» On recrute et on exerce à force en Russie. On donne pour exemple la bonne intelligence qui règne déjà entre la Russie et l'Angleterre, et la baisse subite de 25 p. 100 des marchandises et des denrées coloniales.

» Les troupes russes occupent leurs mêmes positions, et on prétend toujours qu'elles n'attaqueront pas. »

---

1. Bernadotte.

Il est à remarquer que ce rapport, envoyé de Danzig le 28 janvier, ne dut, vraisemblablement, parvenir au ministre de la guerre, à Paris, que dans la première quinzaine de février.

L'EMPEREUR AU PRINCE DE NEUFCHATEL ET DE WAGRAM.

Paris, le 29 janvier 1812.

Composition de l'état-major adjoint au major général

Mon Cousin, j'ai approuvé la composition de votre état-major que vous m'avez présentée. Il sera nécessaire que le général Monthion et le général Lecamus ne soient retirés de Bayonne et de l'armée du Nord qu'après qu'ils seront remplacés. J'ai effacé l'adjudant commandant Dentzel pour un autre officier qui parle allemand. Je ne veux pas avoir si près de moi cet officier qui ne s'est pas bien conduit dans l'affaire du convoi de Biscaye.

NAPOLÉON.

État-major général.

Le prince de WAGRAM et de NEUFCHATEL[1], major général.

Le baron LEJEUNE, colonel..........
— FLAHAUT, colonel..........
— PERNET, chef d'escadron.....
— DE NOAILLES, capitaine......
— LECOULTEUX, lieutenant.....
— FERRERI, lieutenant........
Aides de camp de Son Altesse.

Employés près le major général.

Le général de brigade comte DE GIRARDIN......... 2 aides de camp.
M. SION, lieutenant, ingénieur géographe;
M. DE LA PLACE, lieutenant d'artillerie.

État-major.

Le général de division comte SANSON, chargé de la topographie et de l'historique....................	2	—
Le général de brigade comte MONTHION, chargé du détail de l'état-major.............................	2	—
Le général de brigade baron GUILLEMINOT.........	2	—
Le général de brigade baron LECAMUS, commandant du quartier général et de l'état-major.............	2	—
Le général de brigade baron JOMINI, chargé de l'historique..	2	
Aides de camp des généraux.........	12 aides de camp.	

---

1. On écrit également Neuchâtel.

Adjudants-commandants.

Le baron DENTZEL[1];
Le baron GRESSOT, à Bayonne[2];
L'adjudant-commandant SIMONIN, à Paris;
— ZIMMERS à l'armée du Nord;
— MICHAL, en Espagne[3];
— PINTHON, à Paris;
— THÉRY, à Paris.

Chefs d'escadrons.

MM. PUTHON, en mission en Espagne;
AUBERT, en mission en Espagne[4];
GALBOIS, en mission en Espagne;
BEDOS, en mission en Espagne[5];
STOFFEL, à Paris;
FONTENILLES, en mission en Espagne;
MALCZEWSKI, à Paris[6];
SAINT-REMY, en mission en Espagne;
TERRIER, en mission en Espagne[7];
SAINT-SIMON, à Paris.

Capitaines.

MM. MECKENEM, en mission devant Valence;
LEVASSEUR, à Bayonne;
DEAUTERNE, en mission devant Valence;
DE MONDREVILLE, aide de camp du duc de Rovigo.

Le général comte LAUER, commandant la gendarmerie.

Administration.

L'ordonnateur en chef JOINVILLE et son organisation;
Le sous-inspecteur aux revues DENNIÉE fils.
M. LEVRAULT, et l'imprimerie.
M. Philippe RIEGERT, vaguemestre.

ALEXANDRE.

Approuvé :
NAPOLÉON.

NOTA : Les renvois ci-après sont des annotations portées en marge de la pièce originale, après l'approbation de l'Empereur :

1. Rayé de la main de l'Empereur.
2. En mission.
3. En mission; il lui a été envoyé un congé pour rentrer en France.
4. De retour de sa mission.
5. Il lui a été expédié un congé pour rentrer en France.
6. Parti en mission à l'armée d'Espagne; à Valence, depuis la rédaction de l'état.
7. De retour à Paris.

L'EMPEREUR AU MINISTRE DE LA GUERRE.

Paris, le 29 janvier 1812.

Monsieur le duc de Feltre, vous avez écrit au général Damas, qui est au service de Westphalie, une lettre qui a beaucoup inquiété le roi de Westphalie. Je vous ai dit cent fois que, pour tout ce qui est au delà du Rhin, vous deviez écrire au prince d'Eckmühl. Je ne sais pas pourquoi, à la Guerre, on n'exécute pas mes ordres. Comme je crois qu'il n'y a pas de mauvaise volonté, je suis fondé à penser qu'il y a beaucoup d'anarchie. Aujourd'hui qu'il y a un major général, j'espère que tous les ordres passeront par lui. J'ai nommé des commandants en chef du génie et de l'artillerie; j'espère que les bureaux de l'artillerie et du génie n'adresseront les ordres qu'aux commandants de ces armes, et que les bureaux du mouvement, des revues et autres bureaux, ne transmettront rien que par le major général. Tenez la main à la stricte exécution de ces ordres, sans quoi tout sera anarchie et désordre, comme il paraît que cela est dans ce moment.

NAPOLÉON.

Intermédiaires par lesquels il est nécessaire de faire passer tous les ordres.

L'EMPEREUR AU MINISTRE DIRECTEUR DE L'ADMINISTRATION DE LA GUERRE.

Paris, le 29 janvier 1812.

Monsieur le comte de Cessac, je reçois votre lettre du 28 janvier. Pourrait-on réduire le poids des voitures qui se construisent à Anvers, à Sampigny et en Italie, du modèle de juillet dernier, et leur faire supporter une diminution de poids conformément à votre rapport, c'est-à-dire qu'au lieu de peser 1.200 kilogrammes, elles ne pesassent que 983 kilogrammes, ce qui ferait une réduction de 217 kilogrammes ou de 434 livres? Donnez ordre que l'on fasse cette opération sur toutes les voitures auxquelles on pourra l'appliquer. Envoyez des instructions à la marine, à Sampigny, à Plaisance au vice-roi et à l'artillerie. Recommandez que, pour chaque service, on écrive sur chaque voiture son poids, afin de distinguer facilement les unes et les autres.

Je vois dans votre rapport que les voitures du nouveau modèle pèsent 983 kilogrammes, et celles de l'ancien modèle 915; la différence est de 68 kilogrammes; on peut donc considérer ces deux modèles de caissons comme de même poids. Il serait fort à souhaiter qu'on pût, des trois modèles de caissons, en faire un seul pour l'avenir. Ces voitures auraient l'avantage d'avoir un couvercle, ce que je regarde comme une chose importante, d'être les plus

Prescriptions relatives au mode de construction des voitures nouveau modèle.

légères possibles et de porter le même poids que les voitures du nouveau modèle; ce serait celui que l'on construirait à Sampigny et à Plaisance.

Je crois vous avoir mandé qu'il était inutile de faire à Danzig les 160 voitures du nouveau modèle, et qu'il fallait, auparavant, faire construire les chariots à la comtoise.

Je désirerais que vous me remissiez un état par bataillon des 1.485 voitures et des 371 chariots qui existent, et que vous me fissiez connaître si les chariots à la comtoise pourront être fournis avant le 1er mai. Il me semble que les 600 chariots qu'on fabrique à Lons-le-Saunier pourraient être fournis moitié en mars et moitié en avril; il y en a une immense quantité en Franche-Comté. Les 900 chariots qu'on construit à Danzig pourront être livrés en avril, surtout si l'on ne fait pas les 160 chariots de nouveau modèle.

NAPOLÉON.

L'EMPEREUR A EUGÈNE NAPOLÉON, VICE-ROI D'ITALIE, A MILAN.

Paris, 29 janvier 1812.

Dispositions à prendre pour une prochaine mise en marche du corps d'Italie.

Mon Fils, dirigez la garde royale sur Brescia, de manière qu'elle arrive du 20 au 25 février, infanterie, cavalerie, artillerie, etc. Mon intention serait de commencer le mouvement sur Ratisbonne du 15 au 20. Tout pourrait se mettre en mouvement le même jour et par brigade. Pendant que la première brigade partirait de Bolzano, la dernière partirait de Bassano et de Vérone, et se trouverait ainsi à distance de sept jours de la première, car je compte qu'il y a sept marches de Vérone à Bolzano. L'armée marcherait donc en sept colonnes. Il faudrait commencer par faire marcher une brigade de cavalerie.

NAPOLÉON.

P.-S. — Ne mettez rien en mouvement, mais faites-moi un projet, et instruisez-moi si tout sera prêt.

Le 29 janvier, le prince d'Eckmühl transmet de Hambourg à l'Empereur la lettre suivante du baron Bignon, résident de France à Varsovie.

Varsovie, le 22 janvier 1812.

Renseignements sur la Russie.

Enfin, j'ai reçu les rapports de deux de mes agents en Volhynie et Podolie. L'un a été arrêté quelque temps; mais comme on n'a rien trouvé à sa charge, il a été remis en liberté et il continuera à nous servir encore. J'ai l'honneur d'adresser à Votre Excellence deux pièces renfermant les rapports de ces deux voyageurs. On y trouve peu de désignations nouvelles; Votre Excellence y remarquera cependant quelques corps qui figurent pour la première fois, savoir : les régiments d'Orlow, de Kiow, de Petrow et d'Astrakan. Ces rapports renferment aussi quelques autres détails qui ne sont pas sans intérêt. Ils s'accordent à dire que l'abondance de l'or, qui reparaît dans les provinces, est la suite d'un rapprochement déjà conclu ou prêt à se conclure entre la Russie et l'Angleterre. Tout paraît prendre de nouveau une couleur de guerre plus forte que jamais.

Tous les rapports qu'on reçoit du Nord sont dans le même sens.

BIGNON.

L'EMPEREUR AU MINISTRE DE LA GUERRE.

Paris, le 30 janvier 1812.

Monsieur le duc de Feltre, donnez ordre que le 7º régiment de chasseurs complète ses deux premiers escadrons à 400 hommes à cheval, officiers non compris, et que ces deux escadrons, commandés par le colonel, se mettent en marche le 10 février pour se rendre à Munster. Les hommes qui ont été en remonte en Allemagne serviront à compléter les deux autres escadrons, et comme ces deux escadrons ne doivent pas revenir en France, il faudra que les cadres aillent les rejoindre en Allemagne. Le 5ᵉ escadron et le dépôt resteront seuls à Strasbourg.

Ordre pour la mise en marche sur l'Allemagne de quatre régiments de chasseurs et deux de hussards.

Le même ordre sera donné pour le 20ᵉ de chasseurs. Les cadres d'escadrons qui ne seraient pas complétés à 200 chevaux resteront à Bonn pour recevoir les conscrits.

Donnez ordre au 11ᵉ de chasseurs de faire partir les deux premiers escadrons pour Mayence. Les hommes qui sont en remonte en Allemagne compléteront le 3ᵉ escadron. Les cadres des 4ᵉ et 5ᵉ escadrons resteront au dépôt.

Donnez le même ordre au 12ᵉ de chasseurs; mais ce régiment, ayant 550 hommes montés au dépôt et 200 en Allemagne, complétera ses trois escadrons à 250 hommes chacun, ce qui portera sa force à 750 hommes. Le 4ᵉ et le 5ᵉ escadron resteront au dépôt.

Le 5ᵉ régiment de hussards a 600 hommes montés au dépôt. Ces 600 hommes formeront les trois premiers escadrons qui se rendront à Mayence. Les 300 hommes qui sont en Allemagne seront placés dans le cadre du 4ᵉ escadron. Ce régiment aura donc quatre escadrons et 900 hommes en Allemagne. Le 5ᵉ escadron restera au dépôt.

Le 9ᵉ régiment de hussards fera partir les 700 hommes montés qu'il a au dépôt. Ces 700 hommes formeront trois escadrons. Les 400 hommes que ce régiment a en Allemagne seront placés dans le 4ᵉ escadron, de sorte que le 9ᵉ de hussards aura quatre escadrons ou 1.100 chevaux à l'armée.

Résumé. — Le 7ᵉ régiment de chasseurs aura trois escadrons à cheval ou en remonte à Munster ou en Allemagne, et le 20ᵉ aura deux escadrons. Ces deux régiments laisseront à leurs dépôts les autres cadres pour recevoir les conscrits. La brigade formée de ces régiments ne pourra donc être que de cinq escadrons, qui, avec les trois ou quatre escadrons du 8ᵉ régiment de lanciers, formeront neuf escadrons, ce qui est la force ordinaire d'une brigade.

Le 11ᵉ de chasseurs aura trois escadrons, le 12ᵉ de chasseurs, trois escadrons, ce qui fera six; ainsi cette brigade n'aura que six escadrons.

Le 5ᵉ de hussards aura quatre escadrons, et le 9ᵉ de hussards quatre escadrons.

Ainsi, cette division sera composée tout d'abord de quatorze escadrons, en attendant que les autres la rejoignent.

Faites mettre tout cela en marche du 1ᵉʳ au 10 février.

NAPOLÉON.

NOTE POUR LE PRINCE DE NEUFCHATEL ET DE WAGRAM.

Paris, le 30 janvier 1812.

<small>Du manque de précision dans l'établissement des états de situation de la Grande Armée.</small>

L'Empereur envoie au major général les états de la Grande Armée remis par le ministre de la guerre; Sa Majesté ne les trouve pas assez précis pour donner des ordres. Cette nuit, elle s'est levée et a voulu travailler, ce qu'elle n'a pu faire, n'ayant pas trouvé les renseignements nécessaires.

L'état n° 5 porte la 2ᵉ division de cavalerie légère (7ᵉ et 8ᵉ brigades), savoir : le 11ᵉ régiment de chasseurs à Verdun le 22, et les autres régiments à Saint-Mihiel, Stenay et Schlestadt. Que font ces régiments à dater du 22 ? Cela suppose que je n'aie donné aucun ordre à la 2ᵉ division de cavalerie légère, ce que je ne crois pas exact. Je crois avoir donné l'ordre que cela se réunît sur Mayence; il est possible que, vu la proximité, je n'aie pas donné d'ordre, mais je crois avoir donné des ordres généraux au ministre de la guerre.

Dans l'état n° 3, je vois à l'artillerie le bataillon du train destiné à la 10ᵉ division encore à Besançon. Est-ce que je ne lui ai pas donné d'ordre? La 10ᵉ division doit cependant être réunie le 15 février à Mayence; elle n'aura donc pas d'artillerie? Je puis n'avoir pas donné d'ordre de détail au ministre, mais tout cela devait marcher ensemble.

Le parc d'artillerie du corps d'observation de l'Océan n'a donc aucun ordre? Il y a des compagnies à Strasbourg, au camp de Boulogne; il faut que tout cela reçoive des ordres.

Les pontonniers qui sont à Bonn, Wesel, paraissent aussi n'avoir pas d'ordres.

Le major général enverra au bureau du mouvement prendre tous ces détails, pour que j'aie demain matin tout dans l'ordre suivi pour les armées d'Espagne.

Il faut que tout ce qui n'a pas d'ordres en reçoive.

Il est possible que tout cela vienne de ce que l'artillerie, le génie et les troupes ne dépendent pas du même bureau.

Je crois que les troupes sont mal dirigées. Quand je vois que, de La Haye et d'Utrecht, on les fait passer par Bois-le-Duc, il ne peut qu'y avoir une erreur; s'il en est temps encore, changez leur route. Il était plus naturel de leur faire passer le Rhin sur Wesel et Dusseldorf, ce qui aurait considérablement raccourci.

Enfin, je veux voir, sur le tableau que me remettra le major général, tous les corps qui composent la Grande Armée, leur marche, jour par jour, jusqu'à leur destination, et, en observation et aussi par un état particulier, quels sont les corps ou fragments de corps, soit d'infanterie, cavalerie, artillerie, équipages du train, équipages des transports militaires, qui n'ont pas d'ordre pour rejoindre la division à la destination de réunion prescrite par mes ordres.

(D'après l'original non signé.)

Le lendemain, l'Empereur écrit de nouveau au prince de Neufchâtel :

Paris, le 31 janvier 1812.

Ordres concernant le 11ᵉ léger, le 56ᵉ de ligne, les régiments croates et suisses.

Mon Cousin, le 11ᵉ régiment d'infanterie légère étant dans l'arrondissement de sa division, il n'y a pas d'ordre à lui donner.

Le 4ᵉ bataillon du 56ᵉ ne peut partir de Strasbourg que quand il aura reçu ses conscrits.

Passez demain la revue des deux bataillons croates.

Le 1ᵉʳ régiment suisse doit attendre à Strasbourg; je le ferai partir de là par le chemin le plus court pour aller sur l'Elbe joindre sa division. Mandez-le au général Belliard.

Le 2ᵉ régiment suisse qui est à Liège, le 3ᵉ qui est à Nimègue, le 4ᵉ qui est à Aix-la-Chapelle, le 123ᵉ régiment de ligne qui est à Nimègue ou à Arnheim sont rendus à leur division. Le général Belliard doit les passer en revue et recevoir leurs états de situation. Quant aux différents détachements d'artillerie et du train qui n'ont pas d'ordre, vous ne me faites pas connaître à quelles divisions ils sont attachés; quand vous me l'aurez fait connaître, je déciderai leur destination.

NAPOLÉON.

Rapport du ministre de la guerre à l'Empereur.

Paris, le 31 janvier 1812.

Compte rendu du nombre d'hommes existant, à la fin de janvier, dans les 4ᵉ, 5ᵉ, 6ᵉ et 14ᵉ cuirassiers. Observation de l'Empereur à ce sujet.

J'ai l'honneur de rendre compte à Votre Majesté que M. le maréchal prince d'Eckmühl annonce que le détachement de 100 conscrits réfractaires du dépôt de Strasbourg, destiné pour le 14ᵉ régiment de cuirassiers, a perdu pendant sa marche jusqu'à Wesel, et malgré toutes les précautions qui avaient été prises, 13 hommes par la désertion et 19 hommes entrés aux hôpitaux.

Le prince d'Eckmühl demande qu'il soit pris des mesures pour porter ce régiment, ainsi que les 4ᵉ, 6ᵉ et 7ᵉ régiments de cuirassiers, au complet de 1.050 hommes chacun, attendu que ces corps reçoivent journellement une grande quantité de chevaux.

J'ai l'honneur de soumettre à Votre Majesté la force de ces quatre régiments en Allemagne, y compris les détachements qui sont en marche pour les rejoindre et le nombre d'hommes qui leur manque pour porter leur effectif à 1.050 hommes chacun.

	EFFECTIF, officiers compris.		MANQUE au complet.
4ᵉ *régiment de cuirassiers*	766		
Détachement en route pour Hanovre	80	1.046	4
Conscrits réfractaires partis de Wesel	200		
6ᵉ *régiment de cuirassiers*	681		
Détachement à pied, en route pour Hanovre	82	978	72
Conscrits réfractaires partis de Strasbourg	170		
Conscrits à recevoir sur 1811	45		
7ᵉ *régiment de cuirassiers*	808		
Détachement à pied, en route pour Hanovre	66	1.051	»
Autre détachement, en route pour Hanovre	37		
Conscrits réfractaires partis de Strasbourg	140		
14ᵉ *régiment de cuirassiers*	689		
Détachement à pied, en route pour Hanovre	104		
Détachement monté, en route pour Hanovre	20	988	62
Conscrits réfractaires partis de Strasbourg, déduction faite des 13 hommes désertés jusqu'à Wesel	87		
Conscrits restants à recevoir sur 1811	88		
TOTAL du manque au complet			138

J'ai cru devoir mettre ces détails sous les yeux de Votre Majesté et demander des ordres à ce sujet.

Duc de Feltre.

L'Empereur répond en marge du présent rapport :

Je suis fondé à croire que cet état n'est pas exact et que Strasbourg et Wesel devaient bien fournir ce nombre d'hommes, mais ne les ont pas fournis. — Paris, le 31 janvier 1812. — Napoléon.

Rapport du ministre de la guerre à l'Empereur.

Paris, le 31 janvier 1812.

J'ai eu l'honneur de rendre compte à Sa Majesté, dans un de mes rapports joints à celui-ci, des mesures que j'ai prescrites pour l'organisation du service de l'artillerie aux deux corps de l'Elbe, à celui des côtes de l'Océan et aux réserves de cavalerie[1].

J'ai aussi eu l'honneur de lui rendre compte de l'organisation des équipages du corps d'observation d'Italie et des réserves de la Garde impériale.

Il ne me reste plus qu'à soumettre à Sa Majesté les dispositions relative aux équipages de pont et de siège, au grand parc et au service des cinq places d'Allemagne pour compléter entièrement l'organisation du service de l'artillerie de la Grande Armée.

Grande Armée : mesures proposées pour compléter l'organisation de l'artillerie, en ce qui concerne les équipages de pont et de siège, le grand parc et les places d'Allemagne.

Équipages de pont.

Tout le matériel se prépare à Danzig.
Les attelages doivent se composer de :

1.500 chevaux du 8ᵉ principal.
{ 500 chevaux sont à Wesel, provisoirement attachés aux divisions de cavalerie;
400 sont en convois sur Mayence;
600 sont à recevoir avant le 1ᵉʳ avril.

1.000 chevaux du 9ᵉ *bis*.
{ 400 seront à Mayence le 15 février;
600 sont à recevoir avant le 1ᵉʳ avril.

Sa Majesté est dans l'intention de faire atteler des voitures de siège chargées de poudre à ces 2.500 chevaux; ce sera l'objet d'un rapport particulier que j'aurai l'honneur de lui soumettre.

Quant aux troupes d'artillerie, sur huit compagnies de pontonniers qui doivent être attachées aux grands équipages de pont (cinq autres sont attachées aux quatre corps d'armée et à la réserve de la Garde) :

3 sont à Danzig,
4 suivent le mouvement du corps d'Italie,
1 est en route de Bayonne à Metz (où elle arrive le 29 février).

TOTAL... 8

Équipages de siège.

Sur quatorze compagnies d'artillerie à pied destinées aux équipages de siège, neuf sont déjà dans les places d'Allemagne; les cinq autres suivent le mouvement du corps d'observation d'Italie.

Grand parc général.

Le grand parc général doit se composer d'un demi-approvisionnement

---

1. Voir rapport du 20 janvier 1812, page 593.

de toutes les bouches à feu de la Grande Armée et d'un quart des caissons d'infanterie.

Il ne se formera, en conséquence, qu'en prenant à chaque corps d'armée le quart de ses voitures d'approvisionnement et une ou deux compagnies par bataillon du train pour leur attelage; ce ne sera que lorsque l'armée sera en ligne qu'il sera possible de le former.

Cinq compagnies d'artillerie y sont attachées; trois ont l'ordre de se rendre à Mayence, et les deux autres suivent le mouvement du corps d'observation d'Italie.

Places d'Allemagne.

Sa Majesté a fixé à huit le nombre des compagnies d'artillerie à laisser dans ces places, savoir :

3 à Danzig,
2 à Magdebourg,
1 à Stettin,
1 à Custrin,
1 à Glogau.

Ces huit compagnies sont dans ces places.

Places de dépôt et sur la ligne d'opérations.

Sa Majesté m'a ordonné de désigner, en outre, quatre compagnies d'artillerie à pied pour ce service; deux sont à prendre à Boulogne et deux à Anvers. Je prie Sa Majesté de me faire connaître si son intention est que ces quatre compagnies soient dirigées de suite sur l'Allemagne et sur quel point je dois les diriger.

Résumé.

Ainsi, à l'exception de ces quatre compagnies, destinées au service des places de dépôt, tous les ordres sont donnés pour les équipages de pont, de siège, le grand parc et les places d'Allemagne.

Duc de Feltre.

FIN DE LA PREMIÈRE PARTIE

TABLE DES MATIÈRES

CHAPITRE XV.

Juillet 1811.

Pages.

Préparatifs maritimes contre l'Angleterre, en juillet. — *Conscription* : appel de la réserve de 1811 (1ᵉʳ juillet); appel des conscrits de 1812 dans les cantons maritimes (14 juillet); levée de la conscription de 1810-1811 dans la 32ᵉ division militaire (19 juillet). — *Armée d'Allemagne* : ancienneté exigée pour les sous-officiers et caporaux (1ᵉʳ, 7, 14, 20 et 27 juillet); marche des convois d'artillerie (2 juillet); mise en marche : 1° des 4ᵉˢ et 6ᵉˢ bataillons des régiments du corps de l'Elbe (4 juillet); 2° des détachements tirés du régiment de Walcheren et des îles de Goërec et de Schouwen (3, 7, 28 et 30 juillet). Formation d'une 6ᵉ division (4 juillet). État présentant les années de service des officiers, sous-officiers, et caporaux des régiments du corps de l'Elbe (8 juillet). Ordre de faire rétrograder à Magdebourg deux bataillons westphaliens en marche sur Danzig; bruits pacifiques à répandre en Allemagne (19 et 24 juillet). Complément nécessaire dans les régiments de cuirassiers pour atteindre l'effectif fixé; des conscrits, des manœuvres à exécuter, des revues à passer, etc. (20 juillet). Instruction du maréchal Davout concernant le tiercement des bataillons (24 juillet). Nombre d'hommes disponibles dans les dépôts (25 juillet). Emplacement des cinq divisions (26 juillet). — *Corps d'observation de l'armée du Rhin* : artillerie régimentaire (1ᵉʳ juillet). — *Renseignements* : 1° sur la Russie (3, 5, 11, 15, 17, 19, 25, 31 juillet); 2° sur la Prusse (19, 31 juillet). — *Transports militaires* : substitution d'un nouveau chariot à l'ancien caisson (4 et 7 juillet). — *Place de Danzig* : approvisionnement de siège (4 juillet). — *Blocus continental* : instruction du maréchal Davout (5 juillet); effet produit sur le commerce anglais (29 juillet). — *Relations diplomatiques* concernant : 1° la Russie (15, 18, 20, 28 juillet); 2° la Suède (15, 21 juillet). — *Génie et artillerie* : fonds affectés au service de ces deux armes (14 juillet). — *Cavalerie* : des remontes (14 juillet); création de neuf régiments de chevau-légers (15 juillet). — *Garde impériale* : du choix des hommes (18 juillet); du mode d'incorporation des vélites (29 juillet). — *Divers* : situation que présenteront les troupes actives et sédentaires dans l'intérieur de l'empire au 1ᵉʳ septembre 1811 (4 juillet). Prohibition des tenues de luxe dans les corps (19 juillet). Du mauvais état des selles confectionnées à Paris (23 juillet). De l'incorporation des étrangers (27 juillet). Des colonels et des majors en second (29 juillet). Formation des camps de Boulogne, d'Utrecht et de Suidlaaren (19 et 26 juillet)...................................... 17

CHAPITRE XVI.

Août 1811.

Coup d'œil sur les préparatifs maritimes contre l'Angleterre. — *Garde impériale* : incorporation des vélites; conditions exigées pour entrer dans la cavalerie (1ᵉʳ août). Création d'un bataillon du train des équipages (24 août). Formation des 6ᵉˢ régiments de voltigeurs et de tirailleurs (28 août). — *Organisation et administration* : de l'avancement dans les grades inférieurs et du classement des officiers remis en activité (2 août). Formation de quatre bataillons de pionniers. Nouvelle appellation des régiments étrangers (3 août). Des colonels et des majors en second (4 août). Formation du 11ᵉ léger à Wesel (11 août). Des régiments étrangers et des corps irréguliers; de l'organisation des 32ᵉ et 29ᵉ légers et du 28ᵉ chasseurs (11 août). Du modèle de la lance à donner aux chevau-légers (11 août). Dispositions relatives aux élèves des lycées et du prytanée militaire proposés pour sous-officiers (17 août). Des sous-officiers et soldats proposés pour la Garde (26 août). — *Conscription* : appel de la classe de 1810 dans la 32ᵉ division militaire, en Hollande et dans les départements romains et toscans (2 et 4 août). Appel de la conscription de 1811 du grand-duché de Berg et formation d'une division (9 août). — *Corps d'observation de l'Elbe* : projet de formation d'un 7ᵉ bataillon par régiment (2 août). Conscrits réfractaires destinés au corps de l'Elbe (2, 3 et 9 août). Compte rendu des revues passées aux 4ᵉˢ et 6ᵉˢ bataillons à leur arrivée en Allemagne (8 août). Envoi en Allemagne des hommes disponibles dans les dépôts des régiments d'infanterie et de cavalerie du corps de l'Elbe (9 août). Des chevaux nécessaires pour compléter les régiments de cavalerie et les bataillons du train d'artillerie (9 août). Compte rendu de la force des régiments de cavalerie (14 août). Compte rendu relatif aux désertions (15 août). De la santé des troupes (16 et 27 août). Instructions du maréchal Davout pour les écoles à feu d'artillerie et pour le tir à la cible (16 août). Compte rendu du tiercement des compagnies à l'arrivée des 4ᵉˢ et 6ᵉˢ bataillons et force numérique de l'infanterie (25 août). Emplacements des cinq divisions (30 août). Compte rendu des malades et emplois vacants (30 août). — *Blocus continental* : ordre de brûler toute la correspondance anglaise (4 août). — *Renseignements sur la Russie* (5, 10, 14, 18, 21, 24, 26 et 27 août). — Commandement confié à l'amiral Ver Huell. — Relations diplomatiques concernant la Russie (25 août) 94

CHAPITRE XVII.

Septembre 1811.

Coup d'œil sur les préparatifs maritimes contre l'Angleterre. — *Blocus continental :* Des corsaires. De l'impéritie des officiers gardes-côtes (2 septembre). Projet de réorganisation des régiments de l'artillerie à pied (4 septembre). Nécessité de confier la sûreté des côtes au corps de l'artillerie de terre (8 septembre). Du droit des neutres (9 septembre). De la défense des mouillages de l'Elbe, du Weser et de la Jahde (12 septembre). — *Organisation et administration :* Des régiments de chevau-légers (3, 4 septembre). Fixation de l'effectif des compagnies d'artillerie à pied (6 septembre). Création du 31ᵉ chasseurs (7 septembre). Circulaire relative aux uniformes de fantaisie dans les corps de troupe (21 septembre). De l'artillerie légère destinée à la 3ᵉ division de cuirassiers (25 septembre). — *Corps d'observation de l'Elbe :* Du 12ᵉ bataillon du train des équipages (5 septembre). Formation d'une 6ᵉ division (3 et 11 septembre). De l'augmentation du corps de l'Elbe (3 septembre). De la santé des troupes (1, 3, 8 et 14 septembre). Opinion du maréchal Davout sur la formation d'un 7ᵉ bataillon par régiment. Fonctionnement des écoles régimentaires (10 septembre). Du pont de bateaux confectionné à Danzig (10 septembre). Compte rendu de l'inspection passée au 57ᵉ de ligne (12 septembre). Mesures prises en cas d'hostilité de la Prusse (18 et 20 septembre). Cartes, en vente au dépôt de la guerre, mises à la disposition des généraux et officiers supérieurs (22 septembre). De l'organisation de la division polonaise (25 septembre). — *Corps d'observation d'Italie :* Formation dans les régiments italiens d'écoles de sous-officiers (3 septembre). Des hommes manquants (14 septembre). — *Garde impériale :* Création d'un régiment de flanqueurs-chasseurs (4 septembre). — *Renseignements :* 1° Sur la Russie (4, 8 ou 9, 16, 18, 20, 28 septembre); 2° Sur les armements de la Prusse (16, 20, 22, 28 et 30 septembre). Injonction faite à la Prusse de cesser ses armements (14 septembre). — *Divers :* De la place de Danzig (16 septembre). Note sur le voyage de Napoléon dans les Pays-Bas et en Hollande (19 septembre).......................... 153

CHAPITRE XVIII.

Octobre 1811.

Coup d'œil sur les préparatifs maritimes de Napoléon contre l'Angleterre. — *Armée d'Italie :* Mesures à prendre pour compléter les régiments (3 octobre). Ordre concernant les 4es bataillons (23 octobre). — *Renseignements* : 1° Sur la Prusse (4, 7, 10, 17, 18, 19, 22, 23, 26 octobre); 2° Sur la Russie (3, 10, 12, 26 octobre). — *Corps d'observation de l'Elbe* : Conscrits tirés des dépôts de Wesel et de Strasbourg (4 octobre). Du nombre élevé des malades et des déserteurs; les régiments d'infanterie seront portés à 4.500 hommes (8, 29 octobre). Ordre du prince d'Eckmühl d'exécuter des manœuvres de régiment et de bataillon (8 octobre). De la nécessité d'éloigner de Custrin le 5e polonais. De l'équipage de pont de Magdebourg (10 octobre). Situation numérique des régiments de cavalerie (12 octobre). Ordre d'envoyer à Danzig les régiments de Bade et de Hesse, et à Thorn le 5e polonais (14 octobre). Du nombre d'hommes manquant aux régiments d'infanterie (14 octobre). Du service des transports (20 octobre). De l'insuffisance des caissons; nécessité d'y suppléer par des chariots (20 octobre). Envoi en Allemagne de sept 4es bataillons. Projets d'organisation de la cavalerie (22 octobre). Compte rendu des travaux exécutés dans les places de l'Oder (22 octobre). Mesures ordonnées pour compléter les régiments de cavalerie du corps de l'Elbe (26 octobre). Compte rendu de l'inspection des 2e et 9e cuirassiers (29 octobre); du 3e cuirassiers (31 octobre). Base pour la réorganisation de l'artillerie (30 octobre). Ordre d'exercer les jeunes soldats au tir à la cible (30 octobre). Formation des 6e, 8e et 9e divisions au corps de l'Elbe, ainsi que d'une brigade de cavalerie légère avec le 23e et le 24e chasseurs (30 et 31 octobre). — *Organisation et administration* : Observations de l'Empereur au sujet de l'habillement des troupes (8 octobre). Décret relatif aux officiers des dépôts des régiments d'infanterie (14 octobre). Circulaire portant envoi d'un décret relatif à la composition d'un approvisionnement de réserve en effets d'habillement et d'équipement dans chaque régiment d'infanterie et d'artillerie à pied (14 octobre). Décret fixant le complet des compagnies d'artillerie à cheval sur le pied de guerre (18 octobre). Contingent de jeunes gens à prendre dans les lycées pour l'artillerie (18 octobre). Des régiments portugais et suisses (26 octobre). Réunion à Munster des 23e et 24e chasseurs; dissolution du camp d'Utrecht et de Suidlaaren (30 octobre). De l'attelage des pièces et caissons de l'artillerie régimentaire (30 octobre). — *Garde impériale* : Projet de classification des corps en jeune, moyenne et vieille Garde (11 octobre). Admission des officiers de l'ex-Garde hollandaise. Détachements rappelés d'Espagne (23 octobre). — *Armée d'Allemagne* : Mouvements concernant les carabiniers et les cuirassiers (15, 26 octobre). — *Remonte* : Décret ordonnant l'achat sur la 1re remonte de 1812 des chevaux nécessaires à l'armée d'Allemagne (26 octobre). — *Grand-duché de Varsovie* : De la détresse du grand-duché au point de vue financier et du dénûment de son armée (19 octobre)............................... 204

CHAPITRE XIX.

Novembre 1811.

Pages.

Coup d'œil sur les préparatifs maritimes contre l'Angleterre. — *Corps d'observation de l'Elbe :* observations de l'Empereur au maréchal Davout au sujet de quelques actes de sévérité militaire (1er novembre). Des Français ou étrangers renvoyés de l'Angleterre (1er novembre). Rectifications à faire sur les états de situations (1er novembre). Formation de la 9e division (3, 27 novembre). Mesures concernant l'artillerie régimentaire des 127e, 128e, 129e de ligne et 11e léger (4 novembre). Opinion du maréchal Davout sur l'organisation du corps de l'Elbe en neuf divisions (4 et 18 novembre). Chevaux nécessaires aux bataillons du train d'artillerie (6 novembre). Rapport concernant les déserteurs; instructions du maréchal Davout sur le cantonnement et l'instruction des troupes (8 et 10 novembre). Des équipages d'artillerie (12 novembre). Instructions en cas d'hostilités de la part de la Prusse ; ordre de préparer deux équipages de siège (14 novembre). Nouvelle organisation de la 6e division (16 novembre). État des déserteurs du 1er juillet au 1er novembre 1811 (17 novembre). De la nécessité d'établir des dépôts de convalescents (23 novembre). Hypothèse d'une marche du maréchal Davout sur la Vistule, en avant-garde (24 novembre). Opinion du maréchal Davout sur l'initiative à prendre en cas de guerre avec la Russie; tableau d'emplacements des troupes françaises, westphaliennes, saxonnes, polonaises, prussiennes et russes (25 novembre). De la nécessité d'avoir sur le pied de guerre de grands approvisionnements de souliers et d'effets de campement (29 novembre). Défense d'employer des officiers étrangers dans les états-majors français (30 novembre). Griefs de Napoléon contre la Suède (3 novembre). — *Relations diplomatiques concernant :* 1° la Prusse (5 novembre); 2° la Russie (6, 12 novembre). — *Renseignements :* 1° Sur la Russie (5, 8, 13, 16, 20, 23, 30 novembre); 2° Sur la Prusse (5, 8, 13, 26 novembre). — *Organisation et administration :* Du 11e léger (1er novembre). — Nécessité de munir de forges de campagne et de caissons d'ambulance tous les régiments de cavalerie; suppression des colonels en second, leur remplacement par des majors (6, 21 novembre et 4 décembre). Effectif des carabiniers et cuirassiers à compléter (6 novembre). Rapport sur la composition des batteries attachées aux divisions de cuirassiers (6 novembre). — Décret de création d'une compagnie d'ouvriers du génie (12 novembre). — De l'artillerie et du train attachés aux divisions de cuirassiers (12 novembre). — Nécessité d'armer les lanciers et cuirassiers de carabines (12 novembre). — De l'insuffisance d'effectif des régiments suisses (12 novembre). — De la nécessité d'épurer les cadres des 127e, 128e, 129e d'infanterie (12 novembre). — De la mauvaise qualité des fournitures de troupe (12 et 14 novembre). — Rapport sur le nombre des élèves des lycées présentés pour l'école de Fontainebleau (12 et 14 novembre). — Des inscriptions à porter sur les drapeaux (16 novembre). — Des hommes et chevaux à diriger sur la 3ᵉ division de cuirassiers (17 novembre). — Des mortiers à la Villantroys (20 novembre). — Décret relatif aux déserteurs (23 novembre). — Ordre de faire un manuel d'artillerie (27 novembre). — Du rang des officiers de la Garde passant dans la ligne et vice versa (27 novembre). — Décret de formation d'une 11ᵉ compagnie d'infirmiers (29 novembre). — *Armée d'Allemagne* : mesures concernant les 2ᵉ et 37ᵉ de ligne, 23ᵉ et 24ᵉ chasseurs (4, 6, 12 novembre). — Cantonnements d'hiver des divisions de cuirassiers qui sont à Cologne et à Bonn (12 novembre). — Organisation du service d'artillerie des corps d'observation (23 novembre). — De la faiblesse du contingent de l'armée polonaise (25 novembre)........................ 262

CHAPITRE XX.

Décembre 1811.

Grande Armée : Décret prescrivant la levée des chevaux nécessaires au train d'artillerie (4 décembre). Organisation des équipages de l'artillerie, du train des équipages militaires, du service des ponts et des équipages du génie (4 décembre). Composition du matériel du génie (14 décembre); des équipages de pont (14 et 26 décembre). Répartition des pontonniers, sapeurs et mineurs (30 décembre). Organisation générale de la Grande Armée et force qu'elle présentera en mars 1812 (30 décembre). Ordre à tous les régiments de s'approvisionner en souliers à raison de quatre paires par homme (31 décembre). — *Corps d'observation de l'Elbe :* De la composition des 6ᵉ, 8ᵉ et 9ᵉ divisions (9, 25, 27 décembre). Ordres de mouvement concernant : 1° les bataillons suisses, illyriens, croates; 2° les régiments de la brigade de cavalerie légère Castex (9 décembre). Adjonction au corps de l'Elbe d'un bataillon d'équipage de matelots (16 décembre). Détachements à envoyer en Allemagne par les dépôts (20 décembre). De la situation sanitaire du corps de l'Elbe; nécessité de compléter promptement l'effectif de ce corps (20 décembre). Situation des régiments de cavalerie attachés au corps de l'Elbe (26 décembre). — *Corps d'observation d'Italie :* Organisation de ce corps (16 décembre). Ordre au vice-roi de hâter la réunion de ses troupes et d'assurer leur approvisionnement (28 décembre). De la formation d'un bataillon d'équipages militaires italien (30 décembre). — *Cavalerie :* Décret réglant l'organisation de la cavalerie pour 1812 (4 décembre). Des chevau-légers (19, 24 décembre). Organisation des cuirassiers en cinq divisions et de la cavalerie légère en treize brigades (25 décembre). De l'armement à donner aux cuirassiers et aux chevau-légers (25 décembre). Mesures ordon-

Pages.

nées pour l'inspection de plusieurs brigades de cavalerie légère (29 décembre). Formation d'une 14e brigade de cavalerie et dispositions concernant la livraison des chevaux à Munster, Hambourg et Hanovre (30 décembre). — *Garde impériale :* Organisation générale de l'infanterie et de la cavalerie; répartition de l'artillerie, du génie et des services administratifs (16, 17, 21, 24, 26 décembre). — *Grand-duché de Varsovie :* De la détresse du pays (2 décembre). Comptes rendus des embarras financiers du duché et de la misère de son armée (3, 7, 22 décembre). De l'approvisionnement des places de Modlin et de Zamosc (15 décembre). Ordre d'accélérer l'armement du grand-duché (31 décembre). — *Places de Danzig et de l'armée d'Allemagne :* Décret réglant l'approvisionnement de siège de Danzig (12 décembre). Instructions complémentaires (13 décembre). Décret concernant les équipages de siège de Danzig et de Magdebourg et l'armement des places de Magdebourg, Stettin, Custrin et Glogau (21 décembre). — *Westphalie :* État des esprits (7 décembre). Des troupes westphaliennes (9, 10 décembre). Convention à passer avec la Westphalie (10, 24 décembre). Ordre au roi Jérôme de hâter l'organisation de son armée (17 décembre), et mesures à prendre à cet effet (26 décembre.). — *Confédération du Rhin :* Ordre aux princes de la Confédération de préparer leur contingent (16 décembre) et d'en hâter la mise sur pied (30 décembre). — *Renseignements :* 1° Sur la Russie (4, 12, 15, 18, 21, 22, 26, 28 décembre); 2° Sur la Prusse (2, 4, 7, 18, 21 décembre). Réseau de surveillance à établir autour de l'armée russe (20 décembre). — *Divers :* Décret concernant les 6e, 7e et 12e bataillons des équipages militaires (14, 15 décembre). Des chariots nouveau modèle (19 décembre.). De la conscription de 1812 (18, 19, 24 décembre). Des achats de chevaux (19, 24, 30 décembre). Des achats de vins et d'eaux-de-vie destinés à l'armée d'Allemagne (31 décembre). Décret relatif aux étendards (25 décembre). Décret réglant la composition des équipages régimentaires (29 décembre). Relations tendues avec la Suède (27 et 28 décembre)..................................... 358

CHAPITRE XXI.

Du 1er au 15 janvier 1812.

Grande Armée : Organisation générale (2, 3, 9, 10 janvier). Corps d'observation de l'Elbe, dédoublement de ce corps (2, 9, 14, 15 janvier). Corps d'observation d'Italie (2, 3, 10, 13 janvier). Corps d'observation de l'Océan (9 janvier). Service du Trésor (5, 14 janvier). — *Cavalerie :* De l'armement des cuirassiers et chevau-légers (3, 6 janvier). Des ressources de chevaux en Allemagne et en Pologne (5 janvier). Des commandes (9 janvier). Mesures ordonnées pour compléter les cinq divisions de cuirassiers (9 janvier). Décrets : 1° pour la formation d'un cinquième escadron dans les régiments de cavalerie ; 2° pour la formation du 9ᵉ *bis* de hussards (10 janvier). Établissement à Hanovre d'un dépôt général de cavalerie (12, 14 et 17 janvier). Détachements de cavalerie dirigés sur l'Allemagne (15 janvier). — *Garde impériale :* De la remonte de cavalerie de la Garde (10 janvier). Formation d'une compagnie de canonniers vétérans (12 janvier). — *Équipages et transports.* De l'espèce de voiture qu'il convient d'adopter pour la prochaine campagne (4 janvier). Des transports dans la 32ᵉ division militaire (5 janvier). De l'emploi des bœufs comme attelage (6 janvier). Des 6ᵉ, 7ᵉ et 10ᵉ bataillons d'équipages (9 janvier). Du transport des effets expédiés en Allemagne par les dépôts (10 janvier). Des transports de poudre (13 janvier). Composition de l'équipage de guerre de l'Empereur (14 janvier). — *Places de Danzig et de l'Oder :* Approvisionnements à réunir à Danzig (3, 13, 14, 15 janvier). Moyens de mouture existant à Danzig et dans les places de l'Oder (10 janvier). — *Grand-duché de Varsovie :* Détresse du pays (2 janvier). Organisation d'un service d'espionnage (2 janvier). Rôle et emploi des gardes nationales du duché (7 janvier). Rappel d'Espagne en France de la légion de la Vistule (8 janvier). — *Renseignements :* 1° Sur la Russie (10, 12 janvier) ; 2° Sur la Prusse (4, 12 janvier). — *Divers :* De la défense des côtes de la 32ᵉ division militaire (13 janvier). Projet de décret sur l'habillement des troupes (13 janvier). De la confection des étendards (14 janvier). De la répartition des hommes de la conscription de 1812 (14 janvier). Observations du roi Jérôme au sujet de l'occupation de la Westphalie par les troupes françaises (14 janvier). Proposition du prince d'Eckmühl en vue de la réoccupation de la Poméranie suédoise (15 janvier)........ 475

CHAPITRE XXII.

Du 15 au 31 janvier 1812.

Grande Armée : Nomination du prince de Neufchâtel et de Wagram aux fonctions de major général (16 janvier) et composition de son état-major (29 janvier). De l'organisation : du génie (16 janvier), des équipages de l'artillerie (20 janvier), du haut personnel administratif et du service de santé (23 janvier). Décret prescrivant que toutes les troupes de la Grande Armée seront traitées sur le pied de guerre à partir du 15 février (27 janvier). Situation du corps de l'Elbe au 15 janvier, proportion des malades (28 janvier). De la mise en marche du corps d'Italie (29 janvier). Dispositions relatives aux équipages de pont et de siège, au grand parc et aux places d'Allemagne (31 janvier). — *Cavalerie :* Ordre pour la mise en route des huit régiments de chevau-légers (16, 27 janvier). Des fournitures de chevaux (17, 26 janvier). Fixation de l'effectif des régiments de cavalerie faisant partie de la Grande Armée

(19 janvier). Formation à Hanovre d'un dépôt général de cavalerie (19, 22 janvier). De l'armement des cuirassiers et chevau-légers (20 janvier). Effectifs, en fin janvier, des 4e, 6e, 7e et 14e cuirassiers (31 janvier). — *Garde impériale:* Du personnel constituant l'état-major de la Garde (27 janvier). — *Équipages et transports:* Décret d'organisation des 14e et 15e bataillons avec voitures à la comtoise, et des 20e et 21e bataillons attelés de bœufs (24 janvier). Des caissons d'ambulance (27 janvier). De la construction des voitures nouveau modèle (29 janvier). — *Grand-duché de Varsovie:* Rapport de Poniatowski sur la défense du grand-duché (16 janvier). Situation générale de l'armée polonaise au 1er janvier (26 janvier). — *Westphalie:* Le roi Jérôme est invité à tenir son contingent prêt à entrer en campagne le 15 février (27 janvier). — *Confédération du Rhin:* De l'organisation de la division des Princes (28 janvier). — *Italie:* Projet d'organisation militaire du royaume d'Italie après le départ du corps d'observation (20 janvier). — *Suède:* De la réoccupation de la Poméranie suédoise (19, 28 janvier). — *Renseignements:* 1° Sur la Russie (28, 29 janvier); 2° Sur la Prusse et l'Allemagne (23, 25 janvier). — *Divers:* Ordre concernant le 29e léger (16 janvier). Projet de l'Empereur de lever le 1er ban de la garde nationale (24 janvier).................. 557

CROQUIS.

Croquis pour servir à l'étude des emplacements du corps d'observation de l'Elbe au 30 août 1811............................ 152
Croquis pour servir à l'étude des emplacements, en novembre 1811:
1° De l'armée westphalienne............................ 333
2° — saxonne............................ 334
3° — polonaise............................ 336
4° — prussienne............................ 338
5° Des régiments de la 3e division d'infanterie du corps russe... 343
Croquis de la Poméranie suédoise en 1811-1812.................. 579

Paris et Limoges. — Imprimerie militaire Henri CHARLES-LAVAUZELLE.

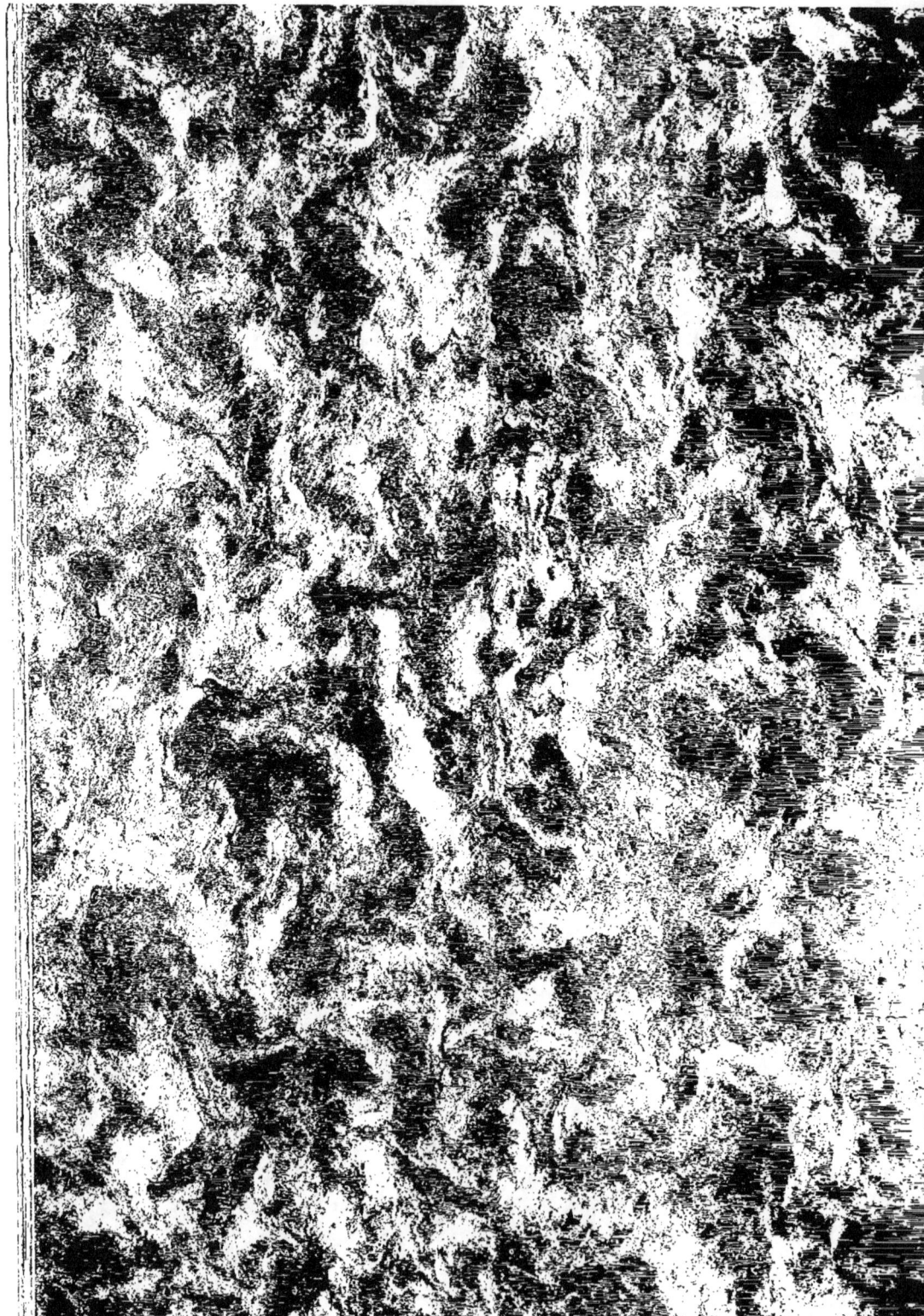

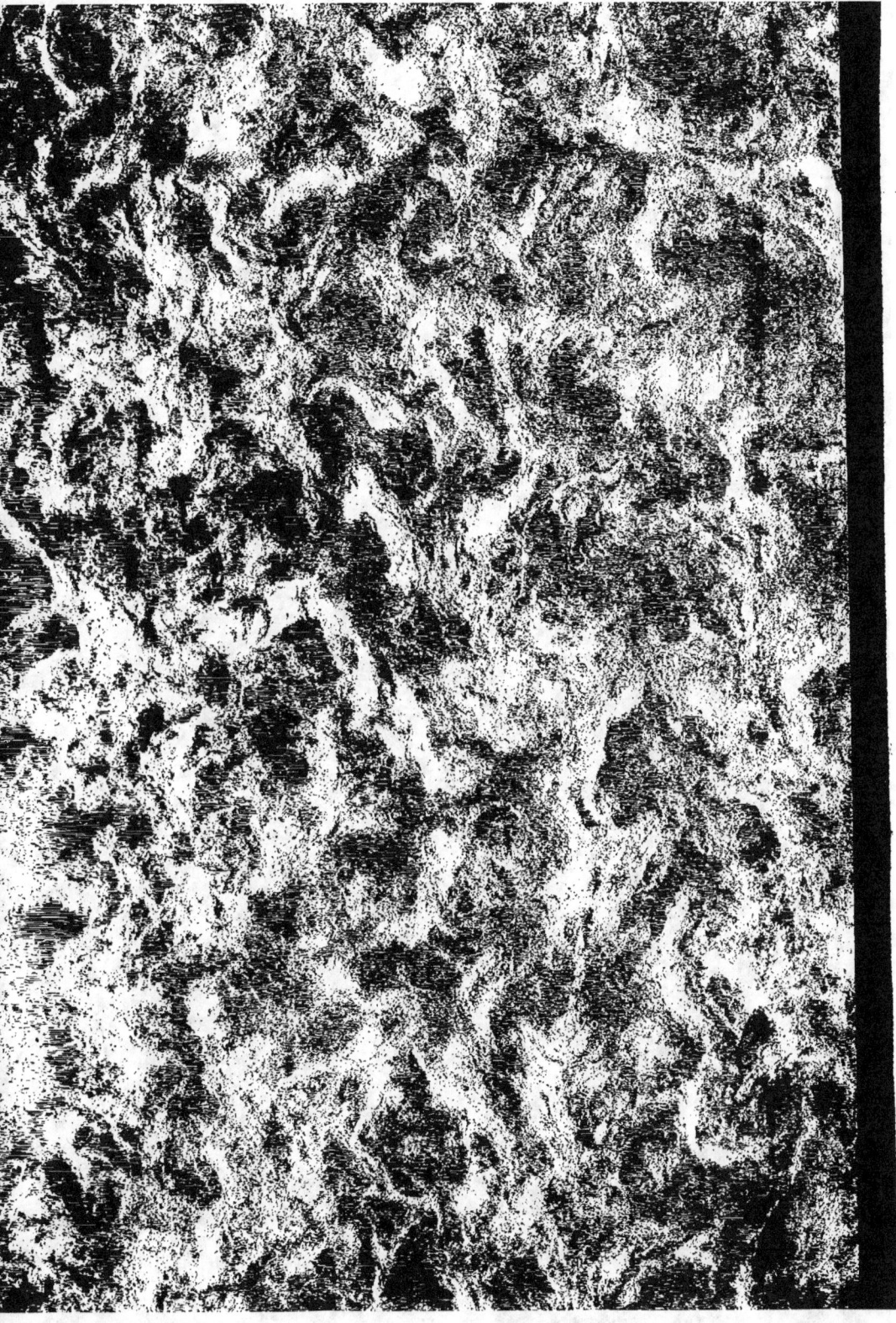

www.ingramcontent.com/pod-product-compliance
Lightning Source LLC
Chambersburg PA
CBHW070837250426
43673CB00060B/1505